DIE
KUNSTDENKMÄLER
DER SCHWEIZ

HERAUSGEGEBEN VON DER

GESELLSCHAFT FÜR SCHWEIZERISCHE KUNSTGESCHICHTE

MIT EIDGENÖSSISCHEN, KANTONALEN,

KOMMUNALEN UND PRIVATEN SUBVENTIONEN

BIRKHÄUSER VERLAG BASEL

1979

DIE KUNSTDENKMÄLER
DES
KANTONS WALLIS

BAND II

DAS UNTERGOMS

DIE EHEMALIGE GROSSPFARREI ERNEN

VON

WALTER RUPPEN

MIT 496 ABBILDUNGEN UND 4 FARBTAFELN

HERAUSGEGEBEN VON DER

GESELLSCHAFT FÜR SCHWEIZERISCHE KUNSTGESCHICHTE

BERN

BIRKHÄUSER VERLAG BASEL

1979

REDAKTION

GESELLSCHAFT FÜR SCHWEIZERISCHE KUNSTGESCHICHTE, BERN

CIP-Kurztitelaufnahme der Deutschen Bibliothek

DIE KUNSTDENKMÄLER DER SCHWEIZ/
hrsg. von d. Ges. für Schweizer. Kunstgeschichte. –
Basel: Birkhäuser
Teilw. u. d. T.: Les monuments d'art et d'histoire de la Suisse
NE: Gesellschaft für Schweizerische Kunstgeschichte; Abw. T.
Bd. 67 → Die Kunstdenkmäler des Kantons Wallis

DIE KUNSTDENKMÄLER DES KANTONS WALLIS/
hrsg. von d. Ges. für Schweizer. Kunstgeschichte. –
Basel: Birkhäuser
NE: Gesellschaft für Schweizerische Kunstgeschichte
Bd. 2 Das Untergoms: d. ehemalige Großpfarrei Ernen/
von Walter Ruppen. – 1979
(Die Kunstdenkmäler der Schweiz; Bd. 67)
ISBN 3-7643-1080-4
NE: Ruppen, Walter [Mitarb.]

© Birkhäuser Verlag Basel, 1979
Alle Rechte vorbehalten – Tous droits réservés
Druck: Birkhäuser AG, Basel
Photolithos: Steiner & Co. AG, Basel
Printed in Switzerland

INHALTSVERZEICHNIS

Die geprägte Einbandvignette gibt in der annähernd zweifach vergrößerten freien Umzeichnung das 1864–1868 von Emil Wick abgezeichnete, nicht mehr erhaltene Pfarrsiegel mit der
Darstellung des hl. Georg wieder. Umschrift:
«SIGILLUM ECCLESIAE ET PAROCHIAE* ARAGNEN-
SIS*». Vgl. Text S. 8.

VORWORT DER GESELLSCHAFT
FÜR SCHWEIZERISCHE KUNSTGESCHICHTE

Die Gesellschaft für Schweizerische Kunstgeschichte freut sich, ihren Mitgliedern als 67. Band der Gesamtreihe und als erste Jahresgabe für 1978 den von Walter Ruppen verfaßten Kunstdenkmälerband Wallis II über das Untergoms vorlegen zu können. Der Dank gebührt dem Verfasser, dem Begutachter und dem Redaktorenteam.

In rascher Folge – nur drei Jahre nach dem gelungenen Erstling – erscheint von Walter Ruppen ein weiterer Band, in dem er die Kunstlandschaft des Untergoms in erprobter und eigenständiger Art behandelt. Die Redaktionskommission hatte sich bereits 1975 angesichts der großen Menge an Information geschichtlicher, künstlerischer, typologischer und kulturhistorischer Natur entschlossen, für den Bezirk Goms zwei Kunstdenkmälerbände vorzusehen, was auch die aufgeschlossene Walliser Kommission nach anfänglichen Bedenken unterstützte.

Nicht nur die Fülle des fast lexikographisch ausgebreiteten Materials rechtfertigt die Behandlung in einem eigenen Band, sondern auch die Einheit des Untergommer Kunstdenkmälerbestandes, der sich trotz verbindenden Zügen vom Obergoms eigenständig absetzt. Während sich im Obergoms die Dörfer wie Schnurperlen an der nordseitigen Talstraße auf lawinensicheren Schuttkegeln reihen, streuen sich die Siedlungen des Untergoms über die hügelige Landschaft rechts und links des Rottens und über die Bergflanken bis tief in die Seitentäler Fieschertal und Binntal. Dominiert im oberen Talabschnitt der heutige Bezirkshauptort Münster, so rivalisiert mit ihm im unteren Ernen, «das schönste Dorf im Wallis», einst Großpfarrei und abwechslungsweise Zendenhauptort. Das Spektrum kunsthistorischer Vergangenheit reicht von der Prähistorie mit bedeutenden Funden im Binntal längs der einst wichtigen Verkehrsader des Albrunpasses bis zur Zerstörung des Dorfbildes von Fiesch durch ungehemmte Tourismuskonjunktur. Höhepunkte bilden Spätgotik und Spätbarock, als Mitglieder der Untergommer Familien Supersaxo und Schiner als Bischöfe und Landeshauptleute politisch, kirchlich und kulturell die führende Rolle spielten. Die Einzigartigkeit der Gommer Kunstlandschaft mit ihren charakteristischen Siedlungsbildern, urtümlichen Holzbauten, dicht ausgestatteten Kirchen und Kapellen wird auch im zweiten Band aus der Feder Walter Ruppens so umfänglich erfaßt, daß zu hoffen ist, es seien damit entscheidende Grundlagen für einen besseren Schutz sowohl der Ensembles wie auch der Einzelobjekte geschaffen.

Die Gesellschaft für Schweizerische Kunstgeschichte spricht Walter Ruppen für den erfolgreichen Abschluß der Inventarisation im Bezirk Goms, für seinen großen Einsatz zugunsten des künstlerischen Erbes in seinem Heimatkanton und ganz besonders für seine stete Bereitschaft zu fruchtbarer Zusammenarbeit ihren aufrichtigen Dank aus. Ohne seine vorbehaltlose Anpassung an die zusätzlichen und ungewohnten Erfordernisse, welche die gängige Drucklegung in besonderem Maße an den Autor bei der Manuskriptabfassung stellt, hätte sein Band nicht so zügig hergestellt werden können. Dank gebührt auch dem Begutachter, Bernhard Anderes, für die Begleitung des Manuskripts in der Entstehungs- und Abschlußphase. Die Gesellschaft dankt ferner dem Redaktorenteam Mathilde Tobler und Peter Christian Bener für die umsichtige und sorgfältige Betreuung von Bildauswahl, Drucklegung und deren Vorbereitung. Schließlich sei dankend erwähnt, daß die Regierung des Kantons Wallis sowie die Gemeinden Ernen und Fiesch durch die Finanzierung von zwei bzw. je einer Farbtafel zu einer wünschenswerten Bereicherung der Ausstattung beigetragen haben.

Lucie Burckhardt
Präsidentin der Gesellschaft

Rainald Fischer
Präsident der Redaktionskommission

VIII

VORWORT DES VERFASSERS

In diesem Kunstdenkmälerband wird dem Leser die Kunst- und Kulturlandschaft des Untergoms, d. h. der alten Großpfarrei Ernen, vorgestellt. Nach der ursprünglichen Konzeption hätte das ganze Goms in einem Band Platz finden sollen. Die Fülle des Kunstdenkmälerbestandes erwies sich jedoch als zu groß. Zudem war eine Unterteilung in Ober- und Untergoms aus zahlreichen Gründen angezeigt. Wir hatten das historische Gliederungsprinzip der Großpfarreien gewählt, die zur Hauptsache mit den späteren Zenden und den heutigen Bezirken zusammenfallen. Nun hat das Goms aber, soweit sichere Nachrichten zurückführen, stets aus zwei Großpfarreien bestanden, nämlich aus Münster und Ernen. Auch fehlt es nicht an Unterschieden. Es sind Siedlungsräume von ganz entgegengesetztem Charakter: im Obergoms verhältnismäßig große Dörfer, zusammengedrängt auf die lawinensicheren «Inseln» des Trogtales, im Untergoms eine aufgefächerte Landschaft, geeignet für Dörfer mit einem Kranz von Weilern. Ober- und Untergoms werden ferner durch die Talstufe von Fiesch deutlich geschieden; die Großpfarrei Ernen hat diese Stufe zwar überstiegen, indem sie sich auch auf die «Mittelgommer» Gemeinden Niederwald und Blitzingen erstreckte, d. h. auf einen Siedlungsraum, in dem sich der Charakter von Ober- und Untergoms in einer eigentümlichen Weise verschränkt. Die beiden «Goms» blicken schließlich auf eine recht verschiedenartige Kulturgeschichte zurück. Im Gegensatz zum «barocken» Obergoms, das erst in der zweiten Hälfte des 17. Jahrhunderts erwachte, zehrte das Untergoms von seiner großen Ära der Schinerzeit an der Wende vom Spätmittelalter zur Neuzeit. Kirchliche Bauten bezeugen diesen kulturellen Sachverhalt. Während Münster 1664 das Schiff seiner mittelalterlichen Kirche ersetzte und Reckingen 1745 mit seiner Pfarrkirche einen «Renommierbau» schuf, genügte Ernen seine spätgotische Kirche von 1518 zur Barockzeit. Im Untergoms ist der Anteil der gotischen Kunst entsprechend größer, und sehr bezeichnend ist das Vorhandensein einheimischer Bildhauerwerkstätten der Spätrenaissance von provinziellem Reiz. In diesem Sinne war das Untergoms rückwärtsgewandt. Wenn sich der Saft der Vitalität aus den Ästen zurückzieht, fällt der Schnee der Vergessenheit: So bleiben die genannten Bildhauerwerkstätten des Untergoms im Gegensatz zu denjenigen des Obergoms anonym, wenn auch manche Hinweise auf Bellwald und Mühlebach deuten; und die Malerwerkstätten des 18. Jahrhunderts in Niederernen und Fiesch sind in Werken kaum mehr faßbar, während von der etwa gleichzeitigen Obergommer Werkstatt der Pfefferle nicht wenige Zeugnisse auf uns gekommen sind.

Die Untergommer Siedlungen haben wir wie diejenigen des Obergoms behandelt. Wo wir ihnen Siedlungsbildwert zuerkannten, wurde der gesamte historische Baubestand erfaßt. In Fiesch wurden konsequenterweise nur mehr die wertvollen Quartiere berücksichtigt. Auch mußte im Untergommer Band das seit dem Zweiten Weltkrieg ungestüm drängende Neue, das sich in zahlreichen Siedlungsexperimenten manifestiert, einen gewissen Niederschlag finden. – Orts- und Flurnamen, deren Schreibweise nicht in den amtlichen postalischen Verzeichnissen vorgegeben ist, werden der «Landeskarte der Schweiz» (1:25 000) entnommen, was im vorliegenden Band in Titeln und Haupttext berücksichtigt wurde.

Nach diesen wenigen Gedanken über den Charakter des vorliegenden Bandes bleibt uns die angenehme Pflicht des Dankes. Danken möchten wir in erster Linie den engsten Mitarbeitern. Herr Norbert Jungsten hat das umfangreiche Planmaterial in sorgfältiger Ausführung rechtzeitig bereitgestellt. Das Büro des Kantonsarchäologen Dr. François-Olivier Dubuis hat ihm die dafür notwendige Zeit eingeräumt und nötigenfalls noch weitere Mitarbeiter wie die Herren Jean-Claude Balet und François Lambiel zugeteilt, wofür wir an dieser Stelle danken möchten. Pfarrer Josef Sarbach hat, soweit ihm dies seine Berufspflichten erlaubten, wiederum ein sehr qualitätvolles Bildmaterial geliefert. Als der Schneefall drohte, hat der Fachphotograph Heinz Preisig, Sitten, in promptem Einsatz die noch ausstehenden Aufnahmen gemacht, Aufnahmen, die durch die technische Präzision bestechen. Gedankt sei ferner Herrn

Oswald Ruppen, Sitten, sowie jenen Fachphotographen, die bereits vorhandene Aufnahmen zur Verfügung gestellt haben.

«Die Hitze des Tages mit uns geteilt» haben aber auch die Mitarbeiter aus dem Büro der herausgebenden Gesellschaft. Der Herstellungsredaktor und wissenschaftliche Assistent Peter Christian Bener übertrug die Drucklegung des Bandes nach einer ersten, aber wichtigen «Flurbereinigung» Fräulein Mathilde Tobler, die ihre Arbeit mit ebensoviel Umsicht wie Akribie geleistet hat; ihr gebührt ein ganz besonderer Dank.

Zuvor hatten aber wiederum die hochwürdigen Herren Domherr Dr. A. Carlen und Dr. H. A. von Roten das Manuskript in verdankenswerter Weise begutachtet und mit einer Reihe von Anregungen bereinigen helfen. An dieser Stelle möchten wir auch unserem administrativen Vorgesetzten, Herrn Kantonsarchivar Dr. G. Ghika, für sein Wohlwollen danken, sowie dem engeren Komitee der Kunstdenkmäler des Kantons Wallis unter dem Vorsitz von Herrn Prof. Dr. André Donnet. In letzter Instanz steht hinter dem aufwendigen kulturellen Unternehmen auf seiten des Kantons das Erziehungsdepartement mit Herrn Staatsrat Antoine Zufferey. Begutachter der Gesellschaft waren die Herren Dr. Bernhard Anderes, der das Manuskript bei allem Wohlwollen einer sehr gründlichen Prüfung unterzog, und in letzter Stunde Dr. Rainald Fischer als Präsident der Redaktionskommission. Schließlich sei noch den Lektoren der Druckfahnen, Herrn Dr. Hans Maurer und Fräulein Mathilde Tobler, für ihre Arbeit gedankt sowie den Angestellten der Firmen Birkhäuser AG und Steiner & Co. AG, beide in Basel.

Da man als Autor der Kunstdenkmälerbände Spezialist aller Sparten sein müßte, haben wir uns erlaubt, Spezialisten um Auskünfte anzugehen. Frau Dr. A. Rapp vom Schweizerischen Landesmuseum hat sich sogar ins Wallis bemüht. Wenn ihre Anregungen in den Kapiteln über die Paramente nur zum Teil verwertet werden konnten, so deswegen, weil die Inventarisation schon zu weit gediehen war. Im Schweizerischen Landesmuseum geht unser Dank ferner an den stets hilfsbereiten und kompetenten Werner K. Jaggi sowie an Frau Dr. Jenny Schneider, Vizedirektorin. Örtlich näher stand uns der in Brig wohnhafte Restaurator Walter Furrer mit seiner Fachkenntnis. An die Prähistorie des Binntals wagten wir uns nur unter Anleitung des Archäologen des Tals, Herrn Gerd Graeser, der an der knappen Zusammenfassung und selbst an der Redaktion der entsprechenden Bildlegenden beteiligt ist. Bei allgemein historischen und spezifisch archivalischen Fragen wandten wir uns an die Herren Dr. G. Ghika und Dr. Bernhard Truffer im Kantonsarchiv. Verdankt seien auch die Auskünfte von Herrn Albert de Wolff und Herrn Maurice Wenger in den Museen von Majoria und Valeria in Sitten sowie die mannigfaltigen Dienste der Kantonsbibliothek.

Wenn der Kunstdenkmälerband Wallis II großzügiger illustriert erscheint als der erste Band, so ist dies einerseits dem Wohlwollen der Gesellschaft für Schweizerische Kunstgeschichte zu verdanken, anderseits der Spendefreudigkeit der Gemeinden Ernen und Fiesch, die für die Kosten je einer Farbtafel aufgekommen sind. Allen sei nochmals unser aufrichtigster Dank ausgesprochen.

Walter Ruppen

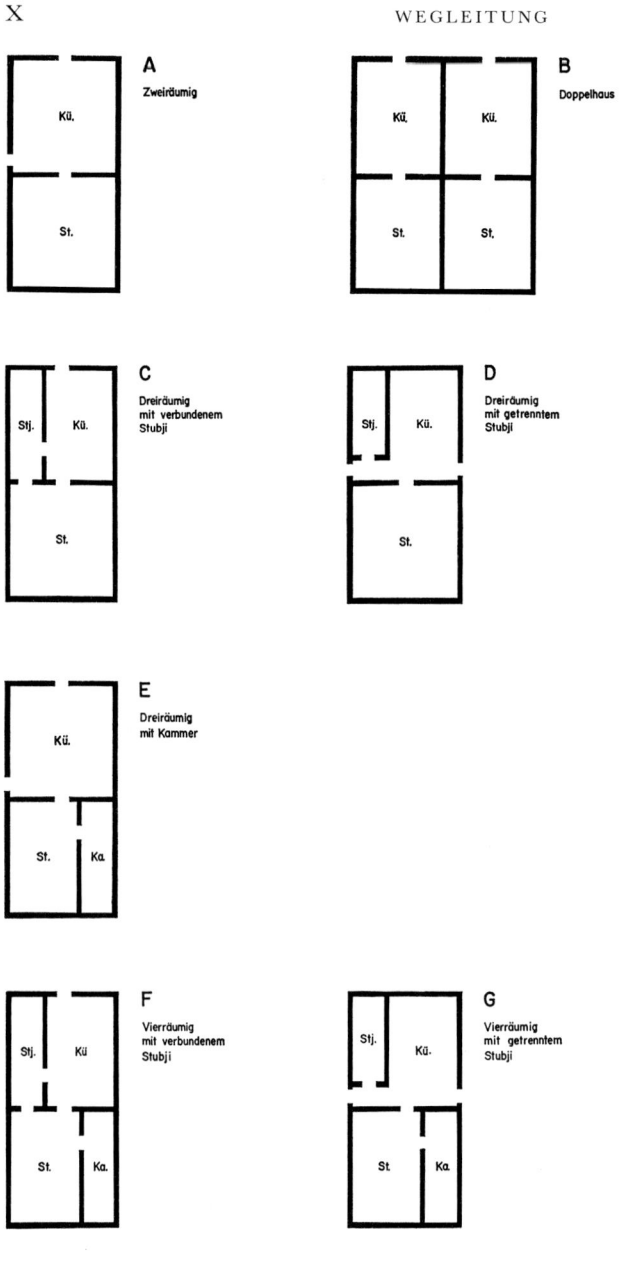

Abb. zu nebenstehender
Wegleitung.

Schematische Grundrisse
der Wohnstockwerke.
Kü. = Küche,
St. = Stube,
Stj. = Stubji,
Ka. = Kammer.
(Vgl. Kdm Wallis I, S. 30–33.)

WEGLEITUNG

ZU DEN SIEDLUNGSPLÄNEN UND ZU DEN INVENTARTEXTEN
DER PROFANBAUTEN

Alle *Siedlungspläne,* bei deren Herstellung man sich auf die Karte der Eidg. Landestopographie von 1924 stützte, sind genordet. In den Legenden sind die Angaben zu jenen Häusern fett gedruckt, deren Texte wegen des historischen oder baulichen Wertes des Objektes nicht in Klein-, sondern in Normaldruck gegeben sind. Das Satzbild der Legenden und der Textseiten «führt» daher nicht nur zu den sehenswerten Wohnhäusern, es gestattet auch Rückschlüsse auf die bauliche Substanz der Dörfer, die dank den einheitlichen Maßstäben auch in ihrer Größe verglichen werden können.

Bei den *Inventartexten der Profanbauten* wurde für die Abfolge der Angaben, Zeichen und Abkürzungen ein gewisser «Kanon» gewählt:

Allgemeines

Koord.   = *Koordinaten,* die auf den Siedlungsplan der Ortschaft Bezug nehmen
Kat.-Nr.   = *Katasternummer*
Derzeitiger Besitzer
Baudaten

Äußeres des Hauses

Wandfriese, vor allem wo diese zur Datierung herangezogen werden (vgl. S. XII und XIII)

Weitere Angaben zur *äußeren Erscheinung*

⌐‾⌐   = *gestufter Mauersockel*
⌐‾‾   = *nichtgestufter Mauersockel*
(Ka) oder (Sa) = *Kammer* («Chammere») oder *«Saal»* im Kellergeschoß
Ka oder Sa   = *eigenes Kammer-* oder *«Saal»-Geschoß*
Ziffer   = *Anzahl der Geschosse* über dem Mauersockel
               Bruchzahl ½ hinter der Ziffer = *«Loibe»-Geschoß,* d.h. ein ursprünglich nicht
               ausgezimmertes Geschoß (Vollstockwerk oder Kniestock)

Inneres des Hauses

Großbuchstabe = *Disposition der Räume* entsprechend den Grundrissen A–H (S. X).
               Stubji und Kammer können an der linken oder rechten Traufwand liegen; die Grundrißtypen sagen darüber nichts aus. Zu bemerken ist ferner, daß spätere Veränderungen an den Grundrissen – wie die bei älteren Bauten nachträglich hinzugefügte Täfelwand zwischen der Küche und dem erst durch diese Wand ausgeschiedenen Hausgang – nicht berücksichtigt wurden. Auch fehlen öfters die Grundrisse der «Loibe»-Geschosse, da diese bei Vollstockwerken meist denjenigen der unteren Geschosse gleichen oder dann sehr willkürlich unterteilt sein können.

Inschriften, auf den Dielbäumen, wenn kein anderer Standort angegeben ist. Im Sinne der Bestandesaufnahme werden sie in ihrer zufälligen oder fehlerhaften Schreibweise festgehalten und auch bei nur geringfügigen Abweichungen wiederholt.

Öfen, ohne Angabe des Materials, weil sie ausnahmslos aus Giltstein, d.h. Lavez- oder Speckstein, bestehen.

Bewegliche Ausstattung. Erfaßt ist der Bestand des alten Mobiliars der Häuser bis 1900. Die in spätere Neubauten übertragenen Möbelstücke wurden nicht systematisch aufgesucht. Die *Privatsammlungen* sind ortsgebunden und nur nach Abmachung mit dem Besitzer zugänglich.

In den *Grundrissen und Schnitten* sind die Blockwände mit ausgezogenen fetten Linien wiedergegeben, die Mauerpartien mit Konturen umrissen.

I
Glatter Kammfries
Wohl im 15. und selten noch
im 16. Jh. (Kammergeschoß).

II
Gekerbter Rinnenfries
1. Drittel 16. Jh.

III
Trichter-Rinnenfries
1510–1540, besonders häufig
um 1530.

IV
Rillenfries
Um 1500 bis gegen 1630.

V
Konsölchenfries
2. Viertel 17. Jh.

VI
Würfelfries
Mitte und 2. Hälfte 17. Jh.

I–VI. Wandfriese. Ansicht und Schnitt, Detailaufnahme. (Vgl. Kdm Wallis I, S. 16/17.)

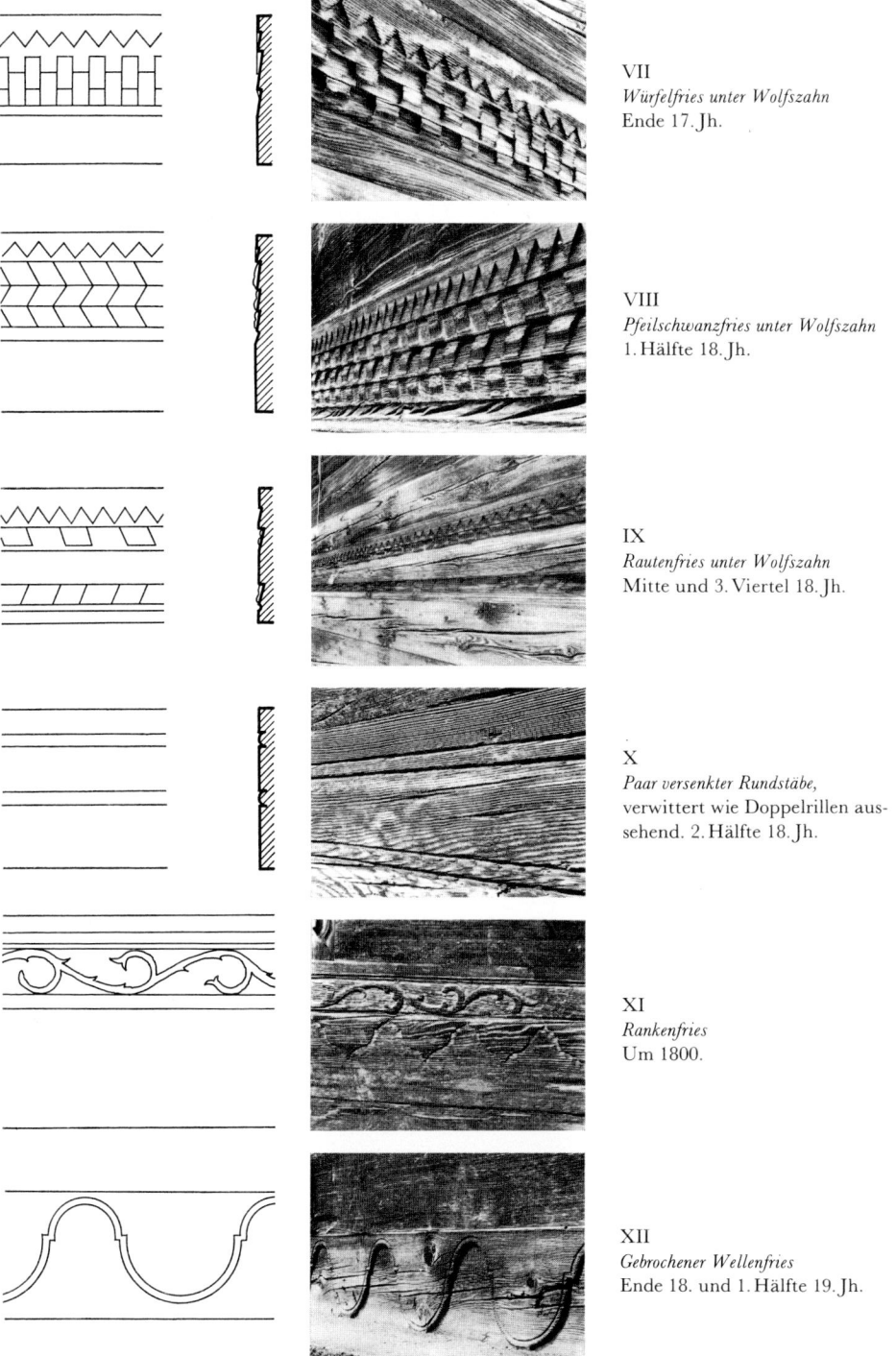

VII
Würfelfries unter Wolfszahn
Ende 17. Jh.

VIII
Pfeilschwanzfries unter Wolfszahn
1. Hälfte 18. Jh.

IX
Rautenfries unter Wolfszahn
Mitte und 3. Viertel 18. Jh.

X
Paar versenkter Rundstäbe,
verwittert wie Doppelrillen aus-
sehend. 2. Hälfte 18. Jh.

XI
Rankenfries
Um 1800.

XII
Gebrochener Wellenfries
Ende 18. und 1. Hälfte 19. Jh.

VII–XII. Wandfriese. Ansicht und Schnitt, Detailaufnahme. (Vgl. Kdm Wallis I, S. 16/17.)

VERZEICHNIS DER ABKÜRZUNGEN

A	Archiv.
AGSO	Arbeitsgemeinschaft für schweizerische Orgeldenkmalpflege.
AGVO	Archiv des Geschichtsforschenden Vereins von Oberwallis, Stockalperpalast Brig.
ANDEREGG	K. ANDEREGG, Votiv-Inventarisation. Goms und Östlich-Raron, Wallis, Ms 1974, Expl. in StAS und Volkskundl. Seminar der Universität Zürich.
ASA	Anzeiger für schweizerische Altertumskunde, Zürich 1855f., 1899–1939 [N.F.]. Darnach unter neuem Titel, s. ZAK.
BA	Burgerarchiv.
BEUQUE	E. BEUQUE, Dictionnaire des poinçons officiels français & étrangers, anciens & modernes de leur création (XIVe siècle) à nos jours, Paris 1924.
BINER	J.-M. BINER, Cadrans solaires du Valais, Siders 1974.
BOSSARD	G. BOSSARD, Die Zinngießer der Schweiz und ihr Werk, I und II, Zug 1920 und 1934.
BRUCKNER	A. und B. BRUCKNER, Schweizer Fahnenbuch, St. Gallen 1942.
BRUHIN	R. BRUHIN, Die Orgeln des Oberwallis, Vallesia XV (1960), S. 179–230.
Bürgerhaus	Das Bürgerhaus in der Schweiz XXVII, Kanton Wallis, Zürich und Leipzig 1935.
BWG	Blätter aus der Walliser Geschichte, hg. vom Geschichtsforschenden Verein von Oberwallis, 1889ff.
CARLEN, Inventar	ANTON CARLEN, Ein Inventar vom Jahre 1662 in Ernen, BWG XIII (1961), S. 37–66.
CARLEN, Zwischen zwei Brücken	ANTON CARLEN, Zwischen zwei Brücken. Die Pfarrgemeinde Ernen, ihre alten Häuser und einstigen Bewohner, BWG XIII (1963).
A. CARLEN, Verzeichnis	ALBERT CARLEN, Verzeichnis der Kunstgegenstände des Bezirks Goms (bis 1850), Ms 1943, im Besitz des Verfassers (Mitarbeit von Dr. HANS ANTON VON ROTEN, Raron).
DONNET	A. DONNET, Walliser Kunstführer, Sitten 1954.
EKD	Eidgenössische Kommission für Denkmalpflege, Archiv (früher Archiv für historische Kunstdenkmäler), Bern.
ETHZ	Eidgenössische Technische Hochschule, Zürich.
GATTLEN	A. GATTLEN, Porträtverzeichnis des Malers Lorenz Justin Ritz, Vallesia XVIII (1963), S. 217–259.
GdeA	Gemeindearchiv.
Graph. Slg.	Graphische Sammlung.
GREMAUD	J. GREMAUD, Documents relatifs à l'histoire du Valais, I–VIII, Lausanne 1875–1898.
IMESCH	D. IMESCH, Die Gründung der Pfarreien, Pfründen und frommen Stiftungen des Oberwallis, BWG III (1904), S. 247–273.
KATHRINER	L. KATHRINER, Alte Orgeln und Orgelbauer im Wallis, Schweizerisches Jahrbuch für Musikwissenschaft 3 (1928), S. 97–121.
Kdm	Die Kunstdenkmäler der Schweiz, hg. von der Gesellschaft für Schweizerische Kunstgeschichte, Basel 1927ff.
Ms	Manuskript.
PfA	Pfarrarchiv.
RITZ	Notizen aus meinem Leben. Aufzeichnungen des Walliser Malers Lorenz Justin Ritz (1796–1870), hg. von A. GATTLEN, Vallesia XVI (1961), S. 1–224.
ROSENBERG	M. ROSENBERG, Der Goldschmiede Merkzeichen, I–IV, Frankfurt a. M. 1922–1928$_3$.
RUPPEN	W. RUPPEN, Raphael Ritz (1829–1894). Das künstlerische Werk (Katalog der Werke; I = Katalog der Ölgemälde, II = Katalog der Zeichnungen), Vallesia XXVII (1972), S. 75–239.
SCHMID/LAUBER,	Verzeichnis von Priestern aus dem deutschen Wallis. Begonnen 1891/92 von F. SCHMID, fortgesetzt 1902–1934 von J. LAUBER, BWG.

SCHNEIDER   H. SCHNEIDER, Zinn. Katalog der Sammlung des Schweizerischen Landesmu-
                     seums, Olten 1970.
SCHROEDER   A. SCHROEDER, Augsburger Goldschmiede, Markendeutungen und Würdigun-
                     gen, erschienen im Archiv für die Geschichte des Hochstiftes Augsburg VI
                     (1926), S. 541–607.
SKL   Schweizerisches Künstlerlexikon, hg. von C. BRUN, I–IV, Frauenfeld 1905–
                     1917.
SLM   Schweizerisches Landesmuseum, Zürich.
StAS   Staatsarchiv Sitten.
STEBLER   F. STEBLER, Das Goms und die Gomser, Beilage zum Jahrbuch des SAC,
                     XXXVIII, Zürich 1903.
STEINMANN, Ritz   O. STEINMANN, Der Bildhauer Johann Ritz von Selkingen und seine Werkstatt
                     1666–1727, Vallesia VII (1952), S. 169–363. Zitiert nach dem Separatum.
STEINMANN, Sigristen O. STEINMANN, Der Bildhauer Anton Sigristen von Brig († 1745), Vallesia IX
                     (1954), S. 195–270.
Vallesia   Vallesia, Jahrbuch der Walliser Kantonsbibliothek, des Staatsarchivs und der
                     Museen von Valeria und Majoria, 1946 ff.
W. Jb.   Walliser Jahrbuch, 1932 ff.
W. Wb.   Walliser Wappenbuch, Zürich o. J.
ZAK   Zeitschrift für Schweizerische Archäologie und Kunstgeschichte, hg. vom SLM
                     (Fortsetzung der ASA), Basel 1939 ff., Zürich 1969 ff.
ZBZ   Zentralbibliothek Zürich.
ZSK   Zeitschrift für Schweizerische Kirchengeschichte, Freiburg i. Ü. 1945 ff.

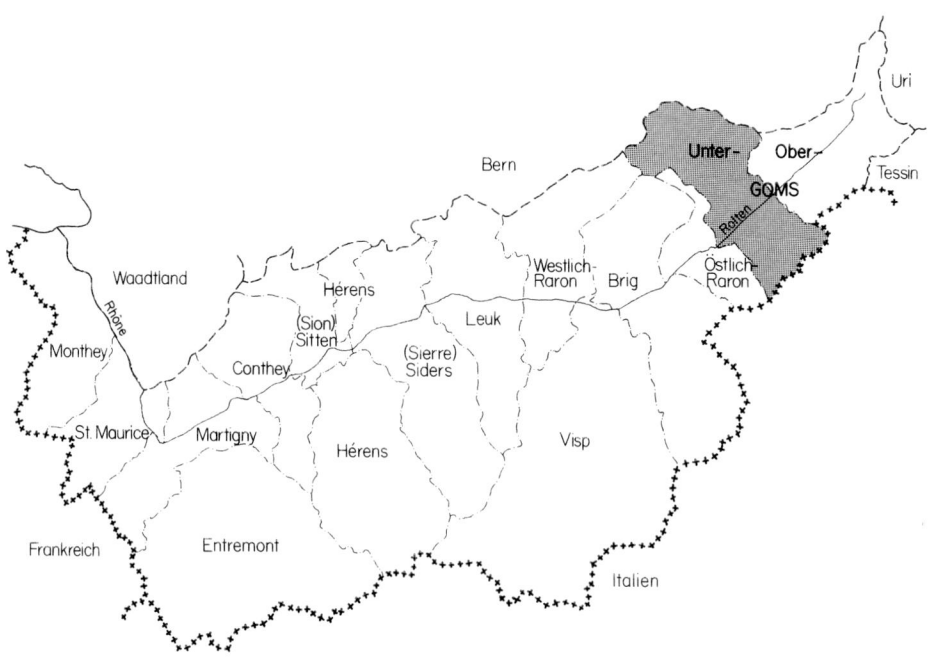

Abb. 1. Übersichtskarte des Kantons Wallis. Maßstab 1:~ 960 000.

DAS UNTERGOMS

DIE EHEMALIGE GROSSPFARREI ERNEN

2

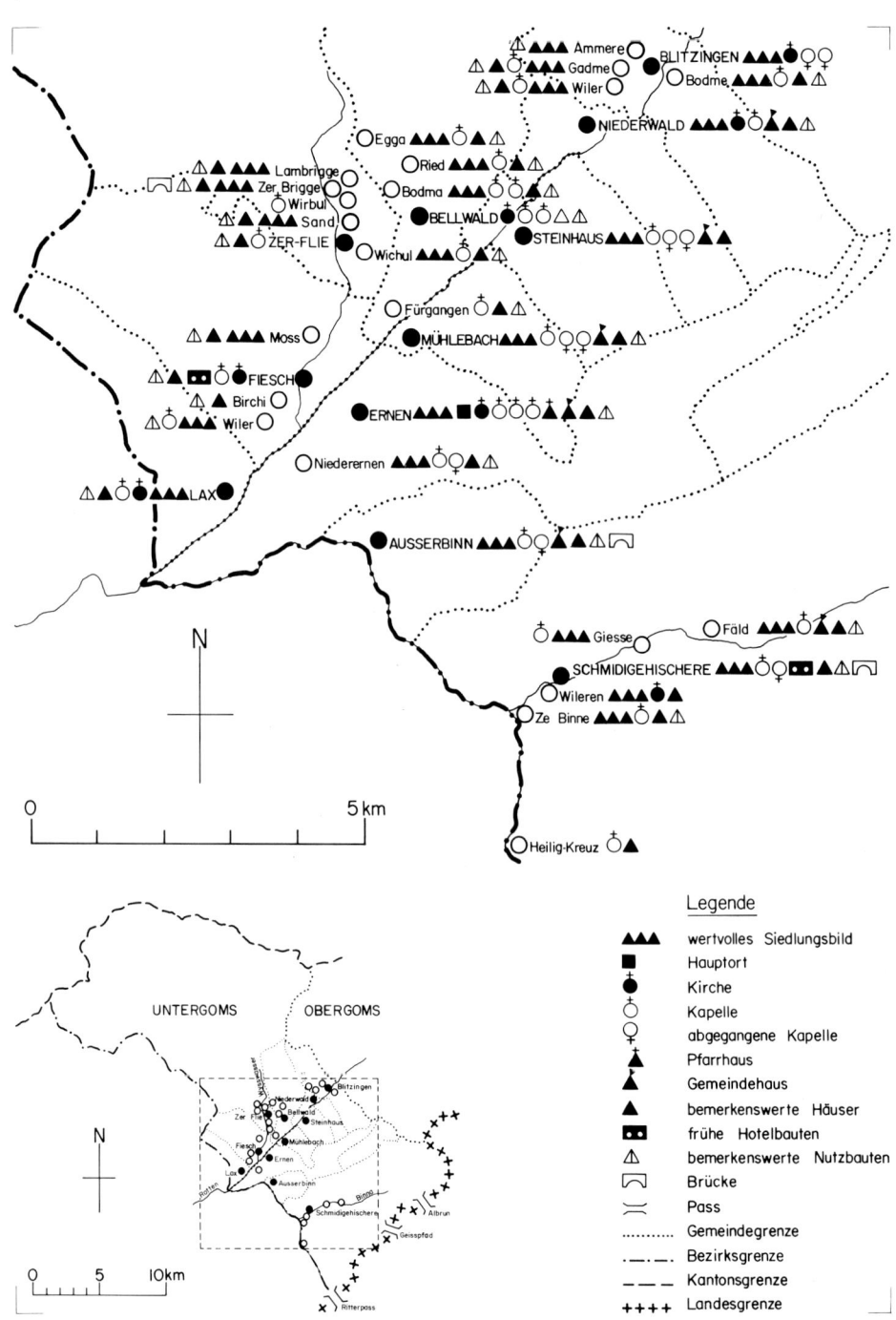

Abb. 2. Übersichtskarte des Untergoms.

GESCHICHTLICHER ÜBERBLICK

Gräberfunde der La-Tène-Zeit und der beginnenden römischen Epoche in Binnachern, an der binntalseitigen Flanke des bewaldeten Sporns zwischen Binna und Rotten, deuten auf die überragende Rolle des Albrunpasses in vormittelalterlicher Zeit hin[1]. Man fand dort nach der Entdeckung des Gräberfeldes 1838 neben Gebrauchsgegenständen auch Fibeln sowie «Walliser Armringe und -reifen»[2]. Im Mittelalter wurde das vom gallischen «agranion» herzuleitende[3] Ernen, dessen Suste nun auch dem Verkehr durch das Haupttal nach den Pässen Furka und Grimsel offenstand[4], Zentrum der Besiedelung im Untergoms[5].

Im Gegensatz zum Obergoms faßte im Untergommer Haupttal der hochmittelalterliche Ministerialadel als Lehensträger des Bischofs festen Fuß[6]. Im 13. Jahrhundert waren es Angehörige der italienischen Adelsfamilie Manegoldi von Naters, die sich nach ihrem Wohnsitz «von Ernen»[7], «von Mühlebach» und «von Fiesch» nannten. Um die Jahrhundertwende und im 14. Jahrhundert verfügten andere Rittergeschlechter über Besitz in Ernen, so die de Vineis (Weingarten)[8], die Blandrate[9], de Platea[10] und von Silenen[11]. Von bischöflichem Besitz und bäuerlichem Eigen ist nur selten die Rede[12]. 1546/47 kauften die Pfarreileute die bischöfliche Telle los[13].

Bedeutendstes bischöfliches Erblehen war das um 1135 erstmals erwähnte Meiertum von Ernen[14], das 1215 durch Kauf von den Herren von Venthen (Venthône) an Rudolf von Ernen und seine Verwandten «von Brig» und «von Mühlebach»

---

1 J. HEIERLI, Urgeschichtliche Gräberfunde bei Ärnen, BWG II (1897), S. 179–184. – Ders. und W. OECHSLI, Urgeschichte des Wallis, Mitteilungen der Antiquarischen Gesellschaft in Zürich 24 (1896), Heft 3, S. 174.

2 Ebd. S. 128–130, Tf. VI, Abb. 19–21. – Zufallsfunde und unsorgfältige Grabungen bis 1923, vor allem 1841 und in den 1850er Jahren. Fundstücke im Historischen Museum Bern, irrtümlicherweise unter Brig und Naters aufgeführt.

3 H. U. RÜBEL, Viehzucht im Oberwallis, Frauenfeld 1950, S. 131, Anm. 5.

4 Die Bedeutung der Erner Suste geht aus einem Vertrag von 1328 hervor, in dem der Bischof gegenüber dem Meier von Ernen auf die Suste Anspruch erhebt (GREMAUD III, Nr. 1554).

5 Darauf weist noch eine schiedsrichterliche Teilung der Stafel und Friede (Alpen) des gemeinen Bergs unter die Gemeinden Ernen, Niederernen und Mühlebach 1469 (GdeA Ernen, C 2).

6 S. NOTI, Die Adeligen und Ritter des Untergoms im 13. Jahrhundert, Walliser Bote 128 (1968), Nr. 245, 246, 248–250.

7 Erster bekannter Vertreter Cono von Ernen 1217, Kreuzritter (GREMAUD I, Nr. 255). Ihr Schloß soll an der Stelle des Glockenturms der Pfarrkirche gestanden haben, von wo aus bis in die neuere Zeit unterirdische Gänge hinunter zum Rotten geführt hätten (Gemeindemonographie von Pfr. A. BIDERBOST, 1906. Ms GdeA Ernen, o. Nr.).

8 GREMAUD III, Nr. 1160 (1301).

9 Ebd., Nr. 1494 (1323).

10 L. CARLEN, Gericht und Gemeinde im Goms vom Mittelalter bis zur französischen Revolution, Freiburg 1967, S. 43.

11 R. HOPPELER, Zur Geschichte der Familie Silenen, Anzeiger für Schweizer Geschichte [N.F.] 24 (1893), Nr. 1 und 2, S. 442/43.

12 1221 (L. CARLEN, Die Gerichtsbarkeit des Bischofs von Sitten im Goms, ZSK 51 [1957], S. 138); 1374 (GREMAUD V, Nr. 2159); 1265 CARLEN [wie Anm. 10], S. 47).

13 PfA Ernen, A 44.

14 Historisch-Biographisches Lexikon der Schweiz VII, Neuenburg 1934, S. 219.

überging[15]. Nachdem es infolge des Überfalls von Meier Richard von Mühlebach auf den Bischof Rudolf von Valpelline in Ernen 1271 der Familie entzogen wurde, kam das Amt an die Herren de Rodis[16]. Im zweiten Viertel des 14. Jahrhunderts erwarb es der Landesbischof wiederholt käuflich, um es verschiedenen Adeligen zu übertragen[17]. Als das Meiertum dem Adel in der zweiten Hälfte des Jahrhunderts entglitt, zerfiel der Zenden «von Deisberg vff» (Goms) in die Majorate Ernen und Münster, was nach langen Streitigkeiten 1447 zum Kompromiß eines jährlich alternierenden Meiers aus der oberen und der unteren Pfarrei für den ganzen Zenden führte. Ernen blieb indessen Hochgerichtsstätte[18]. Auch war der Weibel von Ernen zugleich Zendenweibel, was noch 1756 Anlaß zu Auseinandersetzungen mit Münster bot[19]. Für die Zendenverwaltung entfielen auf das Untergoms fünf der neun Viertel, nämlich Ernen, Fiesch und Lax, Niederwald, Fieschertal und Bellwald, Binn und Außerbinn[20].

Die Seitentäler nahmen hingegen eine rechtliche Sonderstellung ein. Die Bewohner des Fieschertals hatten wohl Ende des 14. Jahrhunderts von den Erben der Blandrate die Jurisdiktion erworben, um bis zur Französischen Revolution ein Freigericht mit eigenem Ammann unmittelbar unter dem Bischof zu bilden. Binn wurde zu einem eigenen Meiertum.

Im Spätmittelalter stiegen politisch hochbegabte Untergommer auf den Bischofsthron, die die Geschicke des Wallis und ein Stück weit diejenigen Europas bestimmten. Bischof Walther Supersaxo (1457–1482) von Z'Brigg bei Ernen leitete mit der Eroberung des Unterwallis die bis zur Französischen Revolution anhaltende Expansion der deutschen Kultur im Wallis ein. Bischof Matthäus Schiner (1499–1522) von Mühlebach mußte infolge des Zwistes mit Jörg Supersaxo, dem Sohn des eben genannten Bischofs, zwar seine Diözese 1517 für immer verlassen, war aber als Kardinal mit seinem Einfluß auf die Eidgenossen einer der Exponenten der kaiserlichen Politik im Ringen mit Frankreich um die Lombardei. Sieht man von der unbedeutenden Regierungszeit Bischof Bartholomäus Supersaxos (1638–1640) ab, so kam eine Erner Familie erst mit Bischof Franz Joseph Supersaxo (1701–1734), d.h. nach der langen Reihe der Riedmatten-Bischöfe aus dem Obergoms, wieder zum Zug.

Den Landeshauptmann stellte das Untergoms – und hier namentlich Mühlebach – besonders häufig im 16. Jahrhundert[21]. Nach der politischen Entmachtung des Bischofs in der ersten Hälfte des 17. Jahrhunderts erschienen Gommer Landeshauptmänner aus beiden Großpfarreien etwa in gleicher Zahl. Ernens Schwergewicht lag indessen im 18. Jahrhundert, d.h. nach der Ära der Riedmatten, die in den achtziger Jahren des 17. Jahrhunderts Bischofsthron und Amt des Landeshauptmanns zugleich innehatten.

War die katholische Reform des Wallis auch in erster Linie das Werk der Riedmatten-Bischöfe des 17. Jahrhunderts, so hat andererseits Ernen doch einen ganz beson-

15 Gremaud I, Nr. 246.
16 Gremaud III, Nr. 1177, und IV, Nr. 1857.
17 Gremaud IV, Nr. 1874 und 1968.
18 Kdm Wallis I, S. 5/6, wo die Zusammenhänge ausführlicher behandelt sind.
19 T. Seiler, Dr. Johann Georg Garin Ritz, BWG I (1889/90), S. 189/90.
20 GdeA Ernen, B10 (1760).
21 H. A. von Roten, Verzeichnis der Landeshauptmänner von Wallis, BWG X (1946), S. 14–18.

Abb. 3 und 4. Ernen. Hl. Georg mit Drachen. Fahnenapplik, 1. Hälfte 18. Jahrhundert (Pfarrhaus). Text S. 50. – Behang der Fennerschleife von Bannerherr Johann Kreyg, 1683–1701 (Zendenrathaus Ernen). Text S. 9.

deren Beitrag an die Erhaltung des alten Glaubens geleistet. 1562 erhoben die Erner die Matze, um den Landrat zur Durchführung der sogenannten Religionsartikel zu bewegen; Ernen trat bis gegen Jahresende vom Bündnis der sieben Zenden zurück und nahm Verbindung mit der Innerschweiz auf[22]. In den beiden folgenden Jahrhunderten suchte man im zentraler gelegenen Ernen mit kurzfristigem Erfolg Niederlassungen der Reformorden zu errichten: Jesuiten 1608–1615 (nach Venthône verlegt)[23]; Kapuziner 1740–1746 (seit 1744 in Lax)[24]. Die Jesuiten gründeten unverzüglich eine Lateinschule. Noch 1779 war Goethe bei seiner Rast in Ernen von der ländlichen Kultur des Dorfes tief beeindruckt.

Als 1860/61 die neue Furkastraße der nördlichen Talseite entlang geführt wurde, geriet Ernen auch wirtschaftlich auf die Schattenseite. Die 1867 auf eigene Kosten mit einer Beisteuer von Lax, Mühlebach und Außerbinn gebaute Straße von Lax nach Ernen vermochte daran nichts mehr zu ändern[25]. In Fiesch begann der Tourismus dank dem Panorama des nahen Eggishorns (und setzte der alten Siedlung binnen weniger Jahrzehnte arg zu). Ende des 19. Jahrhunderts erlebte Ernen eine von der Gemeinde durch kleine zinsfreie Darlehen geförderte Auswanderungswelle nach Übersee[26].

22 H. A. VON ROTEN, Die Landeshauptmänner von Wallis, BWG XI (1952), S. 104, 146/47.
23 F. JOLLER, Die ersten Jesuiten-Niederlassungen im Wallis 1608–1627, BWG I (1891), S. 208.
24 Vgl. Lax, Anm. 8.
25 Chronik von JOSEF SCHMID (1844–1923), Ernen. Original im Besitz von Adolf Schmid, Ernen.
26 GdeA Ernen, G 3.

Abb. 5. Das Untergoms. Luftaufnahme 1955. – Text unten.

DIE SIEDLUNGSLANDSCHAFT DES UNTERGOMS

Das Untergoms umfaßt den Abschnitt des Rottentals zwischen den Talstufen von Deisch und Fiesch (Abb. 5) sowie das rechts einmündende Fieschertal und das linksufrige Binntal. Oberhalb der Fiescher Talstufe folgt das sogenannte Mittelgoms als Übergang zum eigentlichen Obergommer Trogtal. Mit ihrer topographischen Vielfalt stellt diese Landschaft den stärksten Kontrast zur großartigen Einförmigkeit des Obergoms dar. Statt des Trogtals nun eine tiefe Rottenschlucht. Im Zwickel der Seitenflußmündungen steile bewaldete Rücken, «Egge» genannt. Das Fieschertal (Abb. 425) trogförmig unterhalb der «Gibelegge» ins Haupttal mündend, das ausgeprägte Flußtal der Binna südlich der «Binnegge» vorbeistreichend. Im Haupttal Terrassen über der Rottenschlucht, diejenigen des linken Ufers durch Querriegel gegliedert (Abb. 108). Entsprechend vielfältig sind die Siedlungsräume: das Haupttal mit seinen Siedlungen zum Teil auf Plateaus, zum Teil an Talstufen und Querriegelhängen; die Hangterrassensiedlungen des Bellwalder Bergs; die je nach V- oder Trogtalcharakter verschiedenartigen Siedlungen der Seitentäler. Während im Obergoms der stete Wechsel von Schuttfächer und Lawinenzug zu geschlossenen Dörfern zwang, lud die vielgestaltige Untergommer Landschaft zur Bildung von Weilern («Wiler») ein. Diesen kleinmaßstäblichen, idyllischeren Siedlungscharakter zeigt schon Blitzingen, die oberste Gemeinde der ehemaligen Großpfarrei Ernen im Mittelgoms, d. h. in jenem Abschnitt des Rottentals, wo sich dieses auf die Talstufe von Fiesch hin verengt und der Rotten langsam in eine zunehmend tiefere Schlucht absinkt.

ERNEN

GESCHICHTE. Die hochmittelalterliche latinisierte Bezeichnung Aragnon (1268) behielt in ihren zahlreichen Varianten meist den Gutturallaut. Der heutige Namen Ernen («Ärne») ist erstmals für 1510 belegt[1]. Die Geschichte des Dorfes ist zur Hauptsache diejenige des Untergoms (S. 3–5).

Das von Ernen seit 1447, abwechselnd mit Münster, in den ungeraden Jahren besetzte Meieramt des Zenden hielten die Erner Familien Zlowinen, Jost, Mattlis, Kreyg und Sigristen zeitweise fast dynastiartig inne[2]. Die Familien Zumbrunnen, Kreyg, Schiner und Sigristen stellten je einen Vertreter für das oberste Amt des Landeshauptmanns[3].

Ehemalige höher gelegene Dauersiedlungen wie «Egg», heute ein Maiensäß unterhalb der Alpe Frid, und «Binnegga» sind ausgestorben[4]. Infolge der wirtschaftlichen Stagnation seit der Mitte des 19. Jahrhunderts blieb Ernen das Dorf, wie es in den lebensvollen Jahrhunderten der Neuzeit gewachsen war. Die Behörde erkannte den schicksalhaften Wert ihrer Siedlung und erließ 1943 ein strenges Baureglement. Bei dem späteren Zonenplan wurde vor allem darauf geachtet, für die charakteristische Südwestansicht der national eingestuften Siedlung den Kirchhügel freizuhalten. 1967–1971 wurden das Strom- und Telephonnetz verkabelt.

Das Kollatur- und Patronatsrecht über die vielleicht schon im 11. Jahrhundert[5] gegründete *Pfarrei des hl. Georg* in Ernen[6] stand dem Domkapitel von Sitten zu, und zwar dem Präbendar von Maregninon (Maragnénaz)[7]. Fürs Spätmittelalter sind in Ernen neben dem «Kilchherrn» acht bis zehn Altaristen als Inhaber der zwölf Seitenaltarpfründen der Mutterkirche belegt[8]. Waren Binn und Fiesch schon im Mittelalter Filialkirchen, wenn auch mit unterschiedlicher Selbständigkeit, so lösten sich Bellwald und Niederwald mit Blitzingen im 17. Jahrhundert, Lax sogar erst im 19. Jahrhundert von der Mutterkirche[9]. 1551 Loskauf der Primizen[10]. Spätestens seit dem frühen 17. Jahrhundert ist das Dekanat des Bezirks Goms nach Ernen benannt[11]. 1920 verzichtete das Domkapitel auf das Patronatsrecht.

In losem Zusammenhang mit der Pfarreigeschichte steht die *Klostergründung* des Pfarrers Peter Murmann in Ernen. 1339 übergab er sechs Nichten, die schon in ihrem Elternhaus klösterlich gelebt und einen Altar besessen hatten, sein beim Friedhof gelegenes Haus als Klause und errichtete daneben eine Kapelle zu Ehren Mariens[12]. Weil das Klösterchen in unmittelbarer Nähe der Kirche das Pfarreileben störte, wurde es 1344 als «Monasterium montis gratiae» nach Fiesch verlegt. In Resten blieb die Erner Klosterkapelle vielleicht bis gegen 1865 in einer als Lagerraum für Kirchenutensilien benutzten steinernen Halle auf dem heutigen Kinderfriedhof erhalten, während die Klause im Rektoratshaus (Nr. 8) fortbestehen dürfte[13]; in der Kirchhofmauer zwischen Rektoratshaus und Kinderfriedhof ist noch ein granitener Torbogen sichtbar, der oben rund, an der Unterseite aber spitzbogig ist und an der Stirn ein plastisches Malteserkreuz zeigt.

Quellen. GdeA und PfA Ernen.

Literatur. Zur Geschichte. CARLEN, Inventar. – A. BIDERBOST, Ernen, Eine Gemeindemonographie, Bern 1907. – J. BIELANDER, Moritz Michel und seine Chronik, W. Jb. 1948, S. 48–54 (mit Stammbaum der

1 W. Wb., S. 88.

2 S. NOTI, Geschlechter, die einst den Meier des Zenden Goms stellten, Walliser Bote 131 (1971).

3 Vgl. S. 4, Anm. 21.

4 Michel-Chronik (PfA Ernen, o. Nr.). – «Binnachren» war noch 1819 bewohnt (PfA Ernen, D 207).

5 Vermutung von Iso MÜLLER (I. MÜLLER, Zur Entstehung der Pfarreien im Wallis, Vallesia XXII [1967], S. 64). Nachweisbar 1214 (CARLEN, Zwischen zwei Brücken, S. 362). Nach Ansicht von KOCHER ist das Gotteshaus als spätere Eigenkirche eines Grundherrn anzusprechen (A. KOCHER, Wallis und Bern im 15. Jahrhundert, BWG XVI [1973], S. 39).

6 Nach einer alten Überlieferung hätte Mörel einst als Drittel zu Ernen gehört. Tatsächlich besaß die Pfarrei Ernen im Gebiet von Mörel bis in die neuere Zeit Zehnten (F. SCHMID, Nachtrag zum Jahrzeitbuch von Ernen, Walliser Monatsschrift für vaterländische Geschichte 3 [1864], S. 9/10).

7 PfA Ernen, D 34.   8 Priesterjahrzeit im Jahrzeitbuch von Ernen. Ebd., D 17.

9 IMESCH, S. 251/52.   10 PfA Ernen, D 64.

11 J.-E. TAMINI und P. DÉLÈZE, Nouvel essai de Vallesia christiana, St-Maurice 1940, S. 107.

12 J. LAUBER, Das Augustinerinnen-Kloster «Gnadenberg» in Ernen und Fiesch von 1339–1489, BWG V (1915), S. 107–110.   13 CARLEN, Zwischen zwei Brücken, S. 347.

Familie Michel). – A. BÜCHI, Zwei bischöfliche Visitationsberichte, ZSK 11 (1917), S. 53/54. – H. HEL-LER, Die Flur von Ernen, Struktur und Entwicklung, Diss., Bern 1965 (darin bes. Plan Nr. II: ungefähre Streuung des freien Eigens und des Kirchengutes im 15.–17. Jh.). – A. IMHOF, Eine Niederlassung der H.H. Kapuziner in Ernen und Lax 1740–1746, BWG III (1903), S. 144–178. – F. JOLLER, Die ersten Jesuiten-Niederlassungen im Wallis 1608–1627, BWG I (1891), S. 208. – F. KREUZER, Land an der jungen Rhone, Visp 1975. – J. LAUBER, Das Augustinerinnen-Kloster «Gnadenberg» in Ernen und Fiesch von 1339–1489, BWG V (1915), S. 105–130. – Ders., Geschichtliche Notizen zur Stammtafel der Familie Schiner, BWG VI (1924), S. 372–410. – S. NOTI, Die Adeligen und Ritter des Untergoms im 13. Jahrhun-dert, Walliser Bote 128 (1968), Nr. 245, 246, 248–250. – Ders., Geschlechter und Familien im Untergoms vor 450 Jahren, Walliser Bote 130 (1970), 7. und 10. Juli. – H.A. VON ROTEN, Die Landeshauptmänner von Wallis, BWG X (1946), S. 5–72; (1948), S. 99–269; (1950), S. 438–452; XI (1952), S. 93–149; XII (1956), S. 167–225; XV (1969/70), S. 7–111; XVI (1971), S. 7–42 (darin die Monographien der aus dem Untergoms stammenden Landeshauptmänner). – Ders., Landvogt Johann Jost, W. Jb. 1949, S. 15–26. – Ders., Josef Ignaz Sigristen, 1732–1767, Ein Lebensbild nach Briefen, BWG XII (1959), S. 373–399. – F. SCHMID, Das Jahrzeitbuch von Ernen, Walliser Monatsschrift für vaterländische Geschichte 1863, Nr. 17, S. 129–134, und Nr. 18, S. 137–144, sowie Nachtrag 1864, Nr. 2, S. 9–15. – Vgl. ferner die allgemeine Literatur zur Geschichte des Goms in Kdm Wallis I, S. 58.

Zur Bau- und Kunstgeschichte. Allgemeines. (Die Literatur zu den einzelnen Objekten ist bei diesen aufgeführt.) A. CARLEN, Ernen – Verpflichtendes Erbe, Ernen 1949. – CARLEN, Zwischen zwei Brücken. – DONNET, S. 107–111. – J. HEIERLI, Urgeschichtliche Gräberfunde bei Ärnen (im Oberwallis), BWG II (1897), S. 179–184. – Ders. und W. OECHSLI, Urgeschichte des Wallis, Mitteilungen der Antiquarischen Gesellschaft in Zürich 24 (1896), Heft 3. – Kunstführer durch die Schweiz, begründet von HANS JENNY, hg. von der Gesellschaft für Schweizerische Kunstgeschichte, Zürich-Wabern 1976₅, S. 353–356 (B. ANDE-RES).

Bilddokumente. 1. Ansicht von W, gezeichnet von LORENZ JUSTIN RITZ, lith. von KELLNER, Genf, 1838 (Abb. 6). – 2. Ansicht von S. Stahlstich. Stich und Druck von J.L. RÜDISÜHLI, Basel. Verlag von Chr. Krüsi, Basel.

Siegel und Wappen. Ernen verwendete *Zenden- und Meiersiegel* in der gleichen Weise wie die Großpfarrei Münster[14]. Das 1864–1867 von EMIL WICK abgezeichnete runde Pfarrsiegel mit der Darstellung des hl. Georg und der Umschrift «SIGILLUM ECCLESIAE ET PAROCHIAE∗ARAGNENSIS∗» ist nicht mehr erhalten[15].

Während die Obergommer Pfarrei das Wappen des alten Zendensiegels mit den zwei gleicharmigen Kreuzen in geteiltem Wappen benutzte[16], führte Ernen das gespaltene Wappen mit diesen Kreuzen (S. 22), die bisweilen durch Tatzenkreuze ersetzt wurden[17]. Wie das Untergommer Wappen[18] als Variante des Zendensiegels auf einen Sieg des Obergoms im Ringen der rivalisierenden Großpfarreien um das Wappen hinweist, läßt andererseits das wohl Ernen zuzuschreibende Wappen mit dem hl. Georg auf den Talern von 1498, 1501 und 1528 die Bedeutung der Untergommer Großpfarrei an der Schwelle zur Neuzeit erkennen[19].

Fahnen (im Zendenrathaus). *Zendenfahne des Goms.* (BRUCKNER, S. 62, Nr. 355 mit Abb. S. 63). 1. Hälfte 19. Jh.?[20]. H. 183 cm, B. 133 cm (beschnitten). Restauriert 1970 in der Abegg-Stiftung, Riggisberg. Ehemals in Münster[21]. Damast, im roten Feld Nelken in Vasen und Phantasieblüten, im weißen Feld Granatmuster. Blütenornamente in den Zwickeln des roten Feldes und Kettenborten in Goldstickerei. Gedrehte Fransen mit Goldfäden. Farbenvertauschte gleicharmige Kreuze im geteilten Banner. – *Gemeindefahne.* (BRUCKNER, S. 47, Nr. 251 mit Abb.). H. 196 cm, B. 262 cm. Restauriert 1970 in der Abegg-

---

14 Kdm Wallis I, S. 58.

15 S. FURRER, Statistik von Wallis, Sitten 1852, mit später eingefügten Zeichnungen von EMIL WICK (Universitätsbibliothek Basel), S. 56 D.

16 Kdm Wallis I, S. 58 und Abb. 2.

17 W. Wb., S. 88.

18 Vgl. das ehemals in Niederwald aufbewahrte Banner (s. Niederwald, Fahne).

19 W. Wb., S. 88.

20 BRUCKNER datiert die Fahne in das Ende des 18. Jh. und nimmt an, daß der weiße Damast ersetzt worden sei. Bei der Reparatur von 1922 (GdeA Ernen, G 5)?

21 Nach der Aufführung des Schauspiels «Thomas Riedi in der Bünden» von Clemens Bortis in Mörel (1853), zu welchem Anlaß Münster die Fahne geliehen hatte, von Ernern entwendet (P. AMHERD, Denkwürdigkeiten von Ulrichen, Bern 1879, S. 60, Anm. 1).

Tafel I. Ernen. Dorfplatz «Ober Hengert» von Norden. – Text S. 12–14.

Abb. 6. Ernen.
Ansicht von Westen.
Lithographie nach
einer Zeichnung von
Lorenz Justin Ritz,
1838
(Bilddokument Nr. 1).
Text S. 8.

Stiftung, Riggisberg. Taft, teilweise brokatene Applikationsstickerei. Mit rotem Kreuz geviertetes Banner. In zentraler Kartusche Erner Wappen, auf dem Querbalken des Kreuzes: «17. V[exillum].AE[rag-ni(= Ärnen)].9[7]». Weiß-rot-gelbe Flammenbündel in den Quartieren. – *Schützenfahne*. Applikationsstik-kerei auf feinem Rips. Zendenwappen, gerahmt von Blumenranken, von der Inschrift «Schützenverein Ernen» und der Jahreszahl 1890. – *Fennerschleife* (Abb. 4). (BRUCKNER, S. 62, Nr. 355). L. 240 cm, B. 50 cm. 1683–1701 von Johann Kreyg als Bannerherrn des Zenden gestiftet[22]. Feiner Rips, bestickt. Längs rot-weiß gespalten. An beiden Enden 33 cm langer, in Silber und Gold gespaltener Besatz aus Blüten und Blattmotiven in Reliefstickerei, darüber kleine applizierte Wappen des Zenden und der Familie Kreyg. – Zur *Fahne des hl. Georg* im Pfarrhaus vgl. S. 50.

SIEDLUNG. *Anlage und Geschichte* (Abb. 7 und 8). «Ärnen ein gar herrlich dorff»[23] füllt als dichte Haufensiedlung die Mulde zwischen einem «Biel» (Hügel) und dem Talhang und steigt die Flanke des genannten Hügels bis auf dessen Kuppe empor. Eindrücklich ist die Schauseite im Südwesten, wo die weiße Kirche an der Vorder-flanke des Biels das dunkle Dorf in die Senke zu pressen scheint. Stattliche Bäume, ein Ahorn und eine Linde, prägen die Nordost- und die Südansicht der Siedlung.

«Heidehischer» blieben ausschließlich in der südwestlichen Dorfhälfte erhalten; sie häufen sich in der Dorfpartie nahe der Kirche. Im Zeitraum von 1500 bis 1630 entstanden zahlreiche Häuser in der heutigen Dorfmitte, d.h. rund um den «Ober» und den «Unner Hengert» (S. 12) sowie am Nordrand des «Biel»-Platzes. Die zwischen 1630 und 1750 erbauten Häuser stehen dagegen vornehmlich im westlichen und vereinzelt im östlichen Zwickel der Siedlung. Die Häuser der zweiten Hälfte des 18. Jahrhunderts trifft man am westlichen Dorfrand und beidseits des «Ober Hen-gert», die wenigen Wohnhäuser des 19. Jahrhunderts fast ausschließlich in der stark von Nutzbauten durchsetzten nördlichen Dorfpartie. Seit 1955 gliedert sich im Südwesten im Chaletstil ein neues Dorfquartier an, das durch einen größeren

22 Zum Anlaß seiner Ernennung zum Landeshauptmann 1699? (W. Wb., S. 142.)
23 JOHANNES STUMPF, Gemeiner löblicher Eydgnoschaft Steten Landen und Völckern chronicwürdi-ger thaaten beschreibung ..., Zürich 1586, S. 343.

Abb. 7. Ernen. Luftaufnahme 1973. – Text S. 9.

Hotelbau eine gewisse Belebung erfährt und dank der Giebelrichtung nach Norden kaum ins Siedlungsbild des alten Dorfes tritt.

Die sieben «Heidehischer» und die sieben Wohnhäuser mit wohl spätmittelalterlichem erstem Stockwerk oder Mauersockel, die insgesamt einen Viertel des erhaltenen Bestandes bis 1900 ausmachen, weisen auf die Bedeutung des Fleckens im ausgehenden Mittelalter hin. Von dieser historischen Größe zehrte Ernen noch das ganze 16. Jahrhundert hindurch; in gleichmäßiger Folge entstanden nicht weniger als zwanzig Häuser, d.h. mehr als ein Drittel der alten Wohnbauten. Gleich nach der Jahrhundertwende stockte die Bautätigkeit, um nur vor der Mitte und im letzten Viertel des 17. Jahrhunderts zum Teil, allerdings mit markanten Bauten, etwas anzuschwellen. Bezeichnenderweise häuften sich nun im 17. Jahrhundert die An und Aufbauten, worauf man sich in der ersten Hälfte des 18. Jahrhunderts dann ausschließlich beschränkte. In der zweiten Hälfte des 18. Jahrhunderts setzte eine neue Welle der Bautätigkeit ein, die mit dem Einfall der Franzosen verebbte. Wie ein Nachklang nimmt sich das baufreudigere dritte Viertel im stillen 19. Jahrhundert aus. 1787 wütete im Dorf eine heftige Feuersbrunst[24], deren Folgen man jedoch nicht kennt. Die Tatsache, daß Ernen zehn alte Häuser weniger als Münster zählt und nicht einmal den alten Häuserbestand von Reckingen erreicht, wird man als Hinweis auf die sinkende Bedeutung des Untergoms nach dem Mittelalter werten dürfen.

24 Feuerverordnung vom 25. Nov. 1789 (CARLEN, Zwischen zwei Brücken, S. 376). – 1568 war das Haus des Martin Michel abgebrannt (PfA Ernen, D 17). Vgl. ferner Anm. 36.

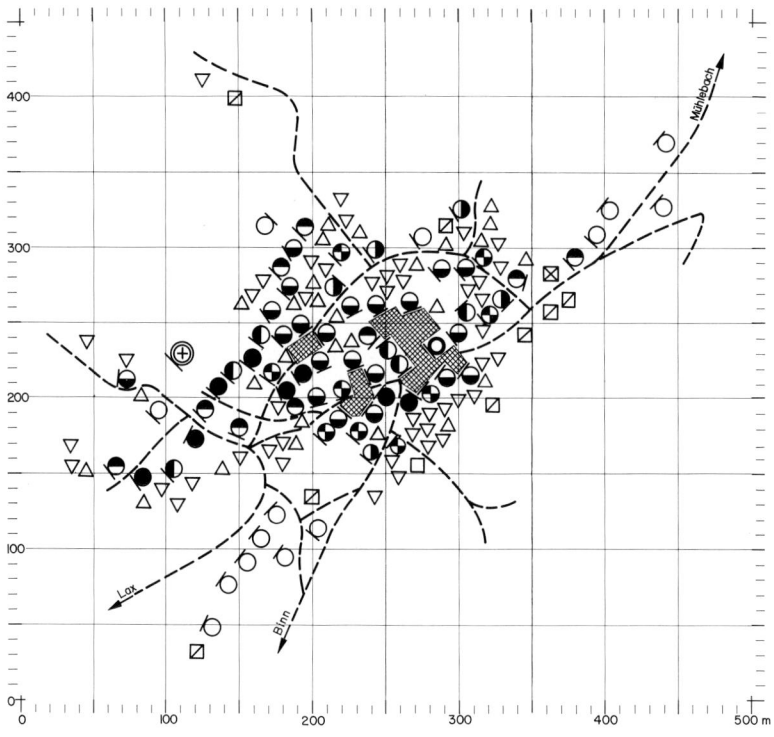

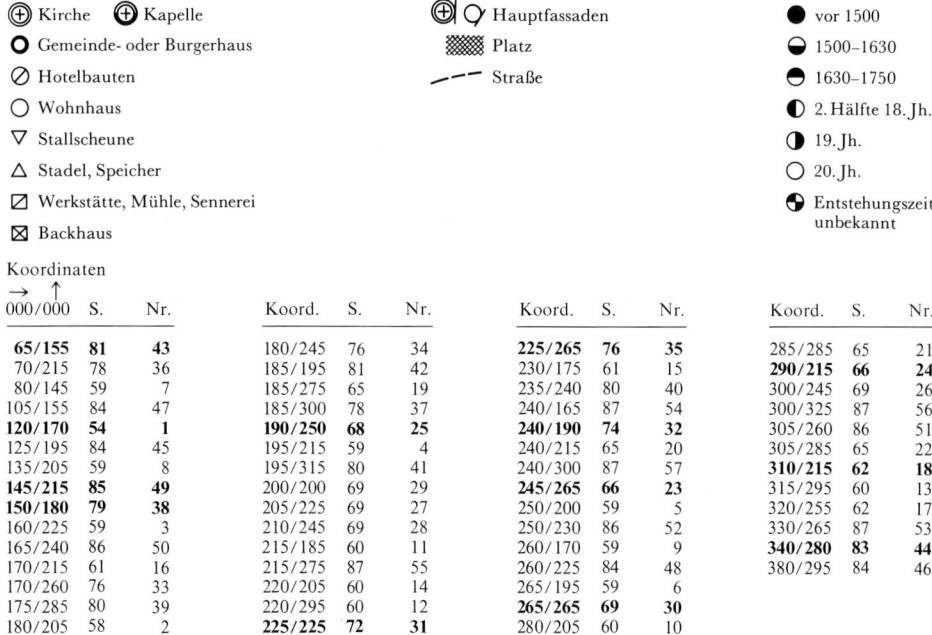

	Kirche		Kapelle			Hauptfassaden		●	vor 1500
	Gemeinde- oder Burgerhaus					Platz		◒	1500–1630
	Hotelbauten					Straße		◓	1630–1750
	Wohnhaus							◐	2. Hälfte 18. Jh.
	Stallscheune							◑	19. Jh.
	Stadel, Speicher							○	20. Jh.
	Werkstätte, Mühle, Sennerei								Entstehungszeit
	Backhaus								unbekannt

Koordinaten
→ ↑
000/000

Koord.	S.	Nr.	Koord.	S.	Nr.	Koord.	S.	Nr.	Koord.	S.	Nr.
65/155	**81**	**43**	180/245	76	34	**225/265**	**76**	**35**	285/285	65	21
70/215	78	36	185/195	81	42	230/175	61	15	**290/215**	**66**	**24**
80/145	59	7	185/275	65	19	235/240	80	40	300/245	69	26
105/155	84	47	185/300	78	37	240/165	87	54	300/325	87	56
120/170	**54**	**1**	**190/250**	**68**	**25**	**240/190**	**74**	**32**	305/260	86	51
125/195	84	45	195/215	59	4	240/215	65	20	305/285	65	22
135/205	59	8	195/315	80	41	240/300	87	57	**310/215**	**62**	**18**
145/215	**85**	**49**	200/200	69	29	**245/265**	**66**	**23**	315/295	60	13
150/180	**79**	**38**	205/225	69	27	250/200	59	5	320/255	62	17
160/225	59	3	210/245	69	28	250/230	86	52	330/265	87	53
165/240	86	50	215/185	60	11	260/170	59	9	**340/280**	**83**	**44**
170/215	61	16	215/275	87	55	260/225	84	48	380/295	84	46
170/260	76	33	220/205	60	14	265/195	59	6			
175/285	80	39	220/295	60	12	**265/265**	**69**	**30**			
180/205	58	2	**225/225**	**72**	**31**	280/205	60	10			

Abb. 8. Ernen. Siedlungsplan (vgl. «Wegleitung»). – Text S. 9.

Abb. 9. Ernen. Dorfplatz «Ober Hengert» von Süden. – Text unten und S. 13/14.

Bezeichnungen von Dorfpartien. «Ober Hengert»: Platz bei Koord. 255/230; «Unner Hengert»: Platz bei Koord. 235/200; «Biel»: mit Platz auf der Kuppe bei Koord. 190/235; «Strahle»: Quartier um Koord. 215/310; «Ägerte»: zwischen «Strahle» und Pfarrkirche um Koord. 170/270; «uff dr Flüe»: ursprünglich bei Koord. 100/160, heute auch beim Pfarrhaus (Koord. 120/175); «z'Hoffgade»: bei Koord. 170/165[25]; «Lerchgassa»: zwischen der Straße nach Lax und der Binntalstraße um Koord. 230/185; «Michligschrota»[26]: im östlichen Zwickel um Koord. 325/275; «i dr Heuw» (Hölle): nordöstlich vom «Michelhüs» (Koord. 345/290); vergessen ist die Lokalbezeichnung «Zmittblatten» bzw. «Z'nitblatten»[27] an der Stelle des ehemaligen Kaplaneigartens (Koord. 55/150).

Dorfplätze und -brunnen. Während die Gommer Dörfer in der Mehrzahl keine eigentlichen Platze ausscheiden, besitzt Ernen sogar deren drei; der *«Ober Hengert»*[28] zählt zu den schönsten Dorfplätzen unseres Landes (Abb. 9 und Tf. I). Der weite, bis

25 Die Bezeichnung «Hoff» galt früher für das Quartier beim Pfarrhaus. «Zuo hoff in der kilchenn stuben» (PfA Ernen, A 59 [1579]).   26 Walliser Mundart: «Schrota» = Ecke.

27 Minutenband des THOMAS SCHINER († 1531) (PfA Ernen, B 1). – «Item der Caplaney garten zmittblatten.» (StAS, A Clausen-Perrig, D 104).

28 Etymologisch zusammenhängend mit «Anger»? (Vgl. Der Große Herder I, Freiburg i. Br. 1952, Sp. 374.) Walliser Mundart: «hengerte» = plaudern; wird sich vom Platz als Stätte der Begegnung herleiten. Vgl. Haus Nr. 14.

29 Vor der Bekiesung des Platzes befand sich am östlichen Rand zwischen Zendenrathaus und «Tellehüs» ein ländlicher Kegelspielplatz.

30 GdeA Ernen, D 14. – StAS, A Clausen-Perrig, C 10 und 45.

1936 noch mit Rasen bedeckte, heute bekieste Platz zieht sich von der Rinne den sanften Hang des «Biels» hinan. Daher blicken die stattlichen Häuser (Nr. 23 und 35) am oberen Rand ebenso über den «Hengert» hinweg zur Sonne wie auf das Geschehen auf dem Platz. Die Bauherren der Häuser (Nr. 10, 18 und 24) am gegenüber liegenden unteren Rand zogen es vor, die Stirnfassaden nach Norden auf den Platz zu richten statt gegen den abweisenden steilen Talhang. Die Wohnhäuser (Nr. 40, 48 und 52) am westlichen Rand kehren dem «Hengert» bloß ihre Wangen zu. Dagegen wird die Flanke im Osten durch die Trauf- und Stirnseite des «Tellehüs», durch ein frontal gestelltes Speicherchen im Mittelgrund und durch das trutzig vortretende Zendenrathaus aus Stein locker geschlossen[29]. Die wahrscheinlich 1750–1762 erfolgte Standortverlegung des neuen Zendenrathauses gegen den Rand des Dorfplatzes hin (S. 51) und der Kauf eines «Mettelty» (Wiese) nördlich vom Zendenrathaus durch die Burgerschaft 1762[30] zeugen vom Interesse der Erner an ihrem «Hengert». 1968 Aufrichtung des Standbildes von Kardinal Matthäus Schiner zu seinem 500. Geburtsjahr, einer monumentalen Bronzefigur von Bildhauer HANS LORETAN, Brig, auf

Abb. 10. Ernen.
Dorfplatz «Unner
Hengert» von Süden.
Text S. 14.

steifem Sockel. Neben der als Durchfahrt benutzten Rinne steht ein zweiteiliger Brunnen mit zwei verschieden großen, gestuften Becken[31]. Die toskanische Brunnensäule aus Serpentin trägt eine bemalte metallene Fahne mit Gommer Wappen.

Der *«Unner Hengert»* (Abb. 10) erscheint infolge ähnlicher topographischer Gegebenheiten als kleinmaßstäbliche Wiederholung des «Ober Hengert», wirkt aber, umstellt von hohen Häusern, wie ein beklemmender Dorfinnenraum. Beherrscht wird er vom malerischen «Jost-Sigriste-Hüs» (Nr. 31) oben am Hang. Vor dem behäbigen «Am Hengarthüs» (Nr. 32) am unteren Platzrand[32] steht ein einfacher Brunnen; der Zementtrog ist datiert 1928, der Säulensockel 1764, die Brunnensäule aus Gneis mit Maskarons als Rohrschildern 1708. Auf dem vasenförmigen Akroter sitzt eine eiserne bemalte Fahne, auf der einen Seite geschmückt mit dem Gommer Wappen, auf der anderen mit dem Phantasiewappen des vielleicht legendären ältesten Erner Feudalgeschlechts der «de Arna»: Burg in hochgeteiltem und dreifach gespaltenem Feld.

Auf der Kuppe des «Biels» träumt ein stiller Platz[33] mit bescheidenem gedecktem Brunnen, der 1796 etwas nördlich, «uff dr Ägerte», errichtet worden war, später aber an den heutigen Standort versetzt wurde[34].

Der Brunnen beim «Matlis-Schiner-Hüs» (Nr. 38) ist erst 1934 geschaffen worden.

PFARRKIRCHE HL. GEORG

BAUGESCHICHTE. Die auf Grund archäologischer Grabungen (S. 19) dem 11. Jahrhundert zuzuweisende Kirche ist für 1214 mittelbar bezeugt[35], 1311 mit Patrozinium des hl. Georg[36].

Spätgotische Kirche (Abb. 6 und 12). Obwohl man noch 1503 die Glockenstube neu gezimmert hatte[37], ersetzte man 1510/11 den Turm von Grund auf, wozu nach der Überlieferung die Steine eines mittelalterlichen Wohnturms verwendet wurden[38]. Jahreszahl 1510 eingehauen im Sturz des untersten Lichtschlitzes der Nordwand, 1511 links vom Zifferblatt der Südfront. Bald darnach schritt man zum Neubau der

---

31 Erneuert 1954/55 nach dem Vorbild des Brunnens am «Unner Hengert» (PfA Ernen, Jahrbuch der Pfarrei Ernen 1933ff., o. Nr.).

32 Weitere Häuser am Platz: Nr. 11, 14 und 19.

33 Hauser am Platz: Nr. 24, 26, 27 und 33.

34 Dokumente im Besitz von Adolf Schmid, Ernen. 1894 noch am ursprünglichen Standort.

35 GREMAUD I, Nr. 242 (durch das Vorhandensein eines Priesters).

36 E. GRUBER, Die Stiftungsheiligen der Diözese Sitten im Mittelalter, Freiburg 1932, S. 31 und 87. – In zum Teil als irrig nachweisbaren Notizen berichtet die Michel-Chronik (PfA Ernen, o. Nr.; 1. Viertel 19. Jh.) von zwei Vorgängerbauten: 1100 Brand zusammen mit sechs Häusern; Einsturz der zweiten, dem hl. Severinus(!) geweihten Kirche im frühen 15. Jh.; 1410–1412 Neubau der bestehenden Kirche; letzterer nach F. JOLLER 1432 (AGVO, J 2). Vgl. Anm. 80. – Wie im Mittelalter der Friedhof neben der Pfarrkirche Versammlungsort der Pfarrgenossen der Großpfarrei war (GREMAUD V, S. 409), so wählte man später den Meier am 1. Mai nach dem Hochamt in der Pfarrkirche (PfA Ernen, P 60 und A 53).

37 GdeA Niederwald, C 7.

38 Das fürs frühe 16. Jh. außerordentliche Quaderwerk ließe sich auf diese Weise erklären. Nach den einen vom Turm der Herren von Ernen nahe oder am Standort der heutigen Kirche (H. SCHINER, Description du Département du Simplon, Sion 1812, S. 242, FURRER [wie S. 8, Anm. 15], S. 57–59, und

Abb. 11. Ernen. Pfarrkirche, 1510–1518. Ansicht von Süden. – Text S. 20.

Kirche, sie nach Osten hin um das heutige Chor erweiternd. Baumeister war der Prismeller ULRICH RUFFENER aus Raron. Sein Meisterzeichen erscheint eingehauen mit der Jahreszahl 1518 an einer Rippenkonsole der linken Chorwange, ohne Jahreszahl an derjenigen links im Chorhaupt und zweimal gemalt im Schriftband von 1518 an der Chorstirn. 1518 malte der MONOGRAMMIST HR (HANS RINISCHER aus Sitten?) die Kirche aus. Sein Monogramm zweimal auf dem Rahmen des Okulus und einmal im linken Zwickel der Chorgewölbe-Stirnkappe, wo unter der Jahreszahl 1518 der Name des Stifters (der Gewölbemalereien?) «Thomann Nessier» mit Wappen steht. RINISCHER(?) dürfte neben dem Chorgewölbe auch die Umrahmung des Sakramentshäuschens, den Chorbogen und die Fenstergewände sowie den Hinter-

---

F. JOLLER, AGVO, J 2), nach anderen, überzeugender, von demjenigen in Mühlebach (Michel-Chronik, PfA Ernen, o. Nr.). Nach der Michel-Chronik errichtete man mit diesen Steinen «auch die stege in undt ausert der Kirchen».

grund zur Georgsgruppe gemalt haben[39]. Am 25. Januar 1525 konsekrierte der Weihbischof Petrus Farfeni, Titularbischof von Beyruth (Berytensis), die Kirche[40].

Spätere Veränderungen. Mit der flüchtigen Rötel-Inschrift an der Schiffsrückwand «et in pictura ren[?]to/15 … 94»[41] sind vielleicht die 1964/65 wiederentdeckten Renaissancemalereien, mit Kalkmilch al secco, auf dem Bewurf von 1518 in Verbindung zu bringen[42]: über dem Chorbogen der Weltenrichter zwischen den Aposteln beim Jüngsten Gericht, an der Südwand rund zwanzig Szenen neutestamentlichen Inhalts in Laubwerk- und Groteskenrahmung, an der Nordseite die zwölf Apostel und drei wie diejenigen der Südwand gerahmte Szenen, der Auferstandene[43] mit Maria und Johannes, darunter die hl. Magdalena, in der Wüste betend, und ein hl. Bischof mit einem Turm als Attribut. Wegen des fragmentarischen Erhaltungszustands übertünchte man diese Malereien wieder, mit Ausnahme der Apostelfragmente an der Nordwand. 1611 wurde das «portall vor der Kirchen» errichtet[44]. Im Visitationsakt von 1687 wurde ein Chorgitter verlangt[45]. 1709 entstand die gemalte Umrahmung des Zifferblatts, versehen mit den Stifterwappen der Familien Schiner und Jost. 1748 ließ man einen fast acht Meter hohen Christophorus an das westliche Ende der Südwand malen[46], von dem bei der Restaurierung 1968 nur mehr das Jesuskind

39 Nach Th.-A. Hermanès handelt es sich nicht um Fresken, sondern um Malereien einer Mischtechnik, bei der die in Kalkmilch gelösten Pigmente erst nach Auftrag auf den trockenen Bewurf befeuchtet wurden.

40 Jahrzeitbuch, PfA Ernen, D 17, S. 54. – Matthäus Schiner kann nur auf den Kirchturmneubau Einfluß genommen haben; nach dem 30. Aug. 1517 lebte der Kardinal außer Landes, während Ernen dem Interdikt verfiel (BA Sitten, Tir. 101, Nr. 79). Der von ihm am 9. Jan. 1515 ausgestellte Ablaßbrief läßt eher auf eine geplante Kirchenrenovation schließen («...ac in suis Structuris edificijs debite reparetur» [PfA Ernen, D 58]).

41 Signatur. Deutlich lesbar A als Initiale des Vornamens in Ligatur mit R als erstem Buchstaben des Namens (A. Roco? Roto?).

Abb. 12 und 13. Ernen. Pfarrkirche, 1510–1518, und abgetragenes Beinhaus. Ausschnitt aus einem Gemälde in der Ernerwaldkapelle. Text S. 14 und 95. – Fassadenplan für die Neogotisierung, um 1862, von Antonio Croci, Mendrisio. Text S. 18.

Abb. 14. Ernen.
Pfarrkirche. Inneres
nach der Neogotisierung
von 1862–1865.
Zeichnung
von Emil Wick (Furrer
[wie S. 8, Anm. 15],
S. 56F). – Text S. 18.

abgelöst werden konnte[47]. Wie 1752 in der Pfarrkirche von Münster[48] malte 1760
JOH. GEORG PFEFFERLE von Geschinen, hier jedoch zusammen mit dem ebenfalls aus
Imst stammenden JOSEPH KAMMERLANDER, die hölzerne Kassettendecke aus[49]. 1781
installierte JOSEPH HYAZINTH WALPEN, Reckingen, eine neue Turmuhr und zugleich –
nach dem Vorbild der Reckinger Kirche – ein «Zeitgreiß im korbogen»[50]. 1788

42 Von TH.-A. HERMANÈS in die erste Hälfte des 17. Jh. datiert (Bericht vom 30. Mai 1968, PfA
Ernen). – Trotz der reichen malerischen Ausstattung weckte die Kirche 1675 bei Nuntius Edoardo Cibo
nur Mißfallen (H. A. VON ROTEN, Der Nuntius Cibò im Wallis [1675], BWG VIII [1935], S. 78).
43 Photographie vom Kopf des Auferstandenen im Besitz von A. Cachin, Brig.
44 Michel-Chronik (PfA Ernen, o. Nr.). Es wird sich um das 1862–1865 entfernte große Portal an der
Südseite handeln, das nach der Chronik des JOSEF SCHMID (vgl. S. 5, Anm. 25) etwa zwei Meter weiter
westlich stand und mit einem Gipsgewölbe und dem Haupt Gottvaters als Schlußstein versehen war. Das
bis 1862 unbedeutendere Westportal ist für 1701 bezeugt (CARLEN, Inventar, S. 58); man erreichte es über
eine dreiseitige Freitreppe (vgl. Gemälde in der Ernerwaldkapelle, S. 95 und Abb. 12). Am rechten Weihwasserstein des heutigen Hauptportals 18[?]64, am linken: «IG./1712». 45 PfA Ernen, D 173.
46 Ebd., R. 137. Nach Ansicht von LORENZ JUSTIN RITZ in der Art der Tiroler Kirchen und daher von
einem Tiroler Maler (RITZ, S. 62); andererseits wurde der Heilige im Ossolatal seit dem 16. Jh. sehr
verehrt (G. F. BIANCHETTI, San Cristoforo nell'Ossola, Illustrazione Ossolana, Anno IX, Nr. 2, 1967,
S. 7–10); Christophorusdarstellungen außen an den Heiligtümern waren vor allem in der Südostschweiz
beliebt (B. HAHN-WOERNLE, Christophorus in der Schweiz, Basel 1972, S. 70). Auf der Lithographie von
L. J. RITZ von 1838 weist das Schiff hier einen Vorsprung auf (Abb. 6).
47 Aufbewahrt im Atelier des Museums von Valeria, Sitten. 48 Kdm Wallis I, S. 65.
49 PfA Niederwald, A 1 (als Zeugen aufgeführt). – Die Michel-Chronik (PfA Ernen, o. Nr.), die von
den Malereien des Gewölbes spricht, nennt als Mitarbeiter PFEFFERLES IGNAZ ANDERLEDI, Fiesch. Nach
der Schmid-Chronik (vgl. S. 5, Anm. 25) stand auf jeder Tafel der Decke ein Heiligenbild. Vier Bretter mit
Malereifragmenten werden im Pfarrhaus aufbewahrt, darunter eines von einer Apostelfigur(?) mit
offenem Buch, die übrigen mit Rocaille-Rahmenwerk.
50 StAS, A Clausen-Perrig, D 33. – In der Michel-Chronik (PfA Ernen, o. Nr.) irrtümlicherweise auf
1787 datiert. Eine Figur des Todes, die, den Kopf auf die Linke gestützt, auf dem Gesims lag, wies mit
dem Schwert in der Rechten die Zeit auf dem Zifferblatt (Schmid-Chronik [vgl. S. 5, Anm. 25]). 1862–
1865 infolge Erweiterung der Chorbogenöffnung entfernt. WALPEN verwendete offenbar Teile des
Uhrwerks der alten Uhr von 1532, die als Marke das Zürcher Wappen und einen aufwärts gerichteten
Pfeil trug (Notizbüchlein von ANTON CARLEN, PfA Ernen, o. Nr.). – 1931 neue Turmuhr von J. G. BAER,
Sumiswald. Vgl. Anm. 62.

Neubedachung des «ober portalls» mit Schindeln, die man aus dem Missionskreuz von 1745 gespalten hatte[51]. 1824/25 Erneuerung des Glockenstuhls durch ANTON BLATTER, Reckingen (Jahreszahl am Glockenstuhl)[52].

Neugotisierung (Abb. 13 und 14). Unter Pfr. Ignaz Mengis wurde 1862–1865 das Kirchenschiff nach Plänen von ANTONIO CROCI, Mendrisio, durch Baumeister SILVESTRE RAMONI, Brig, neugotisch umgestaltet[53]. Mit dem Ausbruch von Seitenkapellen griff man eine alte Tradition des Oberwallis wieder auf. An der rechten Chorwange baute man eine große neue Sakristei[54], weshalb die Fenster hier in Okuli verwandelt wurden. Die Fenster waren mit Rücksicht auf die rhythmische Gliederung des Innenraums in Joche teilweise zu versetzen[55]. Der Chorbogen wurde erhöht und gotisiert[56], der Chorboden gesenkt. Das vierjochige Spitzbogengewölbe aus Gips zog man tief auf Wanddienste herab, da man der Kosten wegen Säulen vermeiden wollte; das sich auf die Seitenkapellen öffnende innerste Joch überspannte man mit Kreuzrippen, die übrigen Joche mit Netzgewölben ähnlich demjenigen im Chorarm. Kleinere Renovationsarbeiten 1874 durch den Maler und Gipser JACQUES GIANOTTI[57], 1885 am Äußern durch Maurermeister CASPAR JENNER, Bosco-Gurin[58], 1882 und 1894 durch Maurermeister JOHANN BAPTIST BOTTINI, Brig, und die Gipser GIOVANNI NOVARINO und ISANI[59]. Wie andernorts setzte man um die Jahrhundertwende figürliche Glasmalereien[60] ein: 1898 von H. HUBER-STUTZ, Zürich, zwei Chorfenster mit Darstellungen der Heiligen Josef und Aloysius in Rahmen von LUKAS WALPEN, Reckingen; 1911 sechs Schiffsfenster der KÖNIGLICHEN BAYERISCHEN HOF-GLASMALEREI FRANZ XAVER ZETTLER[61]: ganzfigurig Herz Jesu und Herz Mariä, Brustbildnisse in Medaillons von Thomas von Aquin, Alphons von Liguori, Agnes und Juliana von Cornillon; 1927 ornamentales Rundfenster von HEINRICH RÖTTINGER, Zürich.

Restaurierung (Abb. 11). Nach unbedeutenderen Arbeiten in der ersten Hälfte des 20. Jahrhunderts[62] wurde die Kirche 1964–1968 von Architekt AMÉDÉE CACHIN, Brig, unter Leitung der Eidgenössischen Denkmalpflege (Prof. Dr. ALFRED A. SCHMID)

---

51 Das Kreuz war vom Sturm umgeworfen worden (Michel-Chronik, PfA Ernen, o. Nr.).

52 Ebd.

53 PfA Ernen, D181. – Weihe 1865 (ebd., D182).

54 Es mußte ein kleiner gemauerter Archivraum weichen, der durch einen verborgenen Eingang hinter einer Tafel von den Chorstühlen her betreten wurde (Schmid-Chronik [vgl. S. 5, Anm. 25]).

55 Das Maßwerk der alten Fenster bestand aus Giltstein; ein kleiner Überrest blieb im Beinhaus erhalten. Die neuen Maßwerke formte man nach dem Vorbild derjenigen in der Kirche von Leukerbad (ebd.).

56 Man stieß unmittelbar unter dem Chorbogen auf eine dicke Mauer mit zwei Pforten, woraus man auf Kryptenkapellen, Begräbnisstätten oder Überreste von der legendären Burg schloß (ebd.).

57 PfA Ernen, o. Nr. (Quittung).

58 Attest im Heimatmuseum Bosco-Gurin.

59 PfA Ernen. Briefumschlag, Nr. 2, und Kirchenrechnungen 1855ff.

60 Ebd., o. Nr. Die größtenteils noch erhaltenen, teilweise beschädigten Fenster werden im Pfarrhaus aufbewahrt. Bei der Chor- wie bei den Schiffsfenstern wurde P. ALBERT KUHN zu Rate gezogen.

61 1914 Kostenvoranschlag der Firma für zwei Chorfenster: Heilige Drei Könige und wunderbare Brotvermehrung (PfA Ernen, o. Nr.).

62 1906 Schindeldach des Schiffs durch Blech ersetzt und Malerarbeiten von PIETRO ROSINO, Quarona im Val Sesia. 1909 Innenrestaurierung der Kirche durch SARTORETTI, Sitten, wofür ein altes Reliquiar (S. 51) dem Museum von Valeria veräußert wurde. 1931 Renovation der gemalten Zifferblattumrahmung durch HERMANN LIEBICH, Einsiedeln. 1917 hatte man noch die alte Uhr von 1526 – nach

innen und außen restauriert[63]; man suchte den Zustand vor der Renovation von 1865 bzw. des frühen 16. Jahrhunderts wiederherzustellen, wobei man sich auf die Ergebnisse der zugleich durchgeführten Grabungen, auf Beobachtungen am Bauwerk und vor allem auch auf die Chronik von JOSEF SCHMID († 1923) stützte. Man entfernte die Seitenkapellen und die neugotische Sakristei, ersetzte das Rippengewölbe im Schiff durch eine gewalmte Holzdecke[64], rekonstruierte die niedrigere Chorbogenöffnung, hob das Chorniveau, stellte die alten Schiffsfenster wieder her, ohne indessen die drei barocken Hochfenster der Westfront wieder zu öffnen, ersetzte Portal und Treppe und deckte die Kirche mit Schindeln. Restaurierung der Malereien durch THÉO-ANTOINE HERMANÈS, Vevey, der Altäre und Skulpturen durch die Firma EDMUND IMBODEN, Raron, unter Leitung von WALTER FURRER, der Altargemälde durch URIEL-HULDRICH FASSBENDER, Luzern, der Orgel durch HANS-JOSEF FÜGLISTER, Grimisuat.

Beinhäuser. Südlich des Kirchenschiffs stand bis zur Kirchenrenovation 1862–1865 ein Beinhaus, dessen Ostwand von der Mauer des Kaplaneigartens gebildet wurde[65]. Es war zweigeschossig wie dasjenige in Naters. Nach der Darstellung auf einem barocken Gemälde in der Ernerwaldkapelle (Abb. 12) öffnete sich die Stirnfassade unter einem Kruzifix zwischen Rechteckfenstern im Giebel in zwei eingezogenen Arkaden; der Chronist JOSEF SCHMID spricht von drei «Vouten», hinter denen der große Raum mit Totenschädeln angefüllt sei. Das Obergeschoß diente nach der Überlieferung als Kapelle.

Der 1974 zu einem Pfarreimuseum eingerichtete Raum im Erdgeschoß der Südwestecke des Kirchenschiffs war ursprünglich wohl nicht Beinhaus, sondern Kapelle[66]. Nach Entfernen des erstgenannten Beinhauses vergrößerte man den Raum zur Totenkapelle mit dem alten gotischen Retabel als Altar; später kam eine Lourdes-Grotte(?) hinzu[67].

Die Ergebnisse der archäologischen Grabungen 1964–1968 (Abb. 15 und 16). Die Grabungen standen unter Leitung von Prof. Dr. HANS RUDOLF SENNHAUSER, Zurzach[68]. Im Chor waren keine Reste älterer Bauten oder gar einer Krypta zu erwarten, da diese 1862–1865 infolge der Senkung des Chorbodens im rasch ansteigenden Hang hätten beseitigt werden müssen. Hingegen stieß man im Schiff auf zwar spärliche, aber wichtige Fragmente einer dreischiffigen Basilika des frühromanischen lombardischen Typs aus dem 11. Jahrhundert wie in Ardon: vortretende Apsis zwischen eingezogenen Nebenapsiden; zwei von Arkaden überspannte, weite Joche; dreiachsiger innerer Narthex (Empore?). Jüngere Fundbestände ließen auf die Umwandlung der Basilika in einen Saal ohne Pfeiler und Narthex sowie auf den Bau eines in die Kirche

---

ANTON CARLEN von 1532 (vgl. Anm. 50) – repariert, die ursprünglich Sonnen- und Mondwende gezeigt und auch die Uhr am Chorbogen betrieben haben soll (Schmid-Chronik [vgl. S. 5, Anm. 25] und PfA Ernen, o. Nr.).

63 Gedenktaler von Argor SA, Chiasso, zugunsten der Kirchenrestaurierung.

64 An der Schulter- wie an der Rückwand des Schiffs fand man Fragmente der gemalten Deckenrandlinien.

65 Akkordentwurf vom Sept. 1862 mit SYLVESTER ROMONI, Brig (PfA Ernen, o. Nr.).

66 «Sacellum Siue Altare Subtus Ecclesiam» (Ebd., D 173 [1687]).

67 Schmid-Chronik (vgl. S. 5, Anm. 25) und FURRER (wie S. 8, Anm. 15), S. 56 F.

68 Provisorisches Gutachten von Prof. Dr. H. R. SENNHAUSER (PfA Ernen).

vorspringenden Turms bei der rechten Apsis schließen. Das Podium vor der rechten Apsis mag als Stufe zum Turm gedient haben; mindestens zwei später eingebaute Stufen führten zur Hauptapsis. Drei Münzfunde zwischen den Steinen einer im 15. Jahrhundert errichteten Stufe zum Podium des linken Nebenaltars deuten darauf hin, daß die Umfassungsmauern der ersten Kirche bis zum Ruffener-Bau nicht gesprengt wurden, wenn auch ein unförmiger Mauerblock (Fundamentstütze?) hinter der Nordapsis von einer Chorveränderung herrühren könnte.

Baugeschichtliches Problem. In der Nordwestecke stößt an die Stützmauer des Kirchenvorplatzes ein Mauergeviert von etwa 3,30 m Breite und 2,25–2,35 m Tiefe. Nach oben hin leicht verjüngt, endet es in etwa 2,85 m Höhe pultdachförmig, bewachsen und ohne Bedachung. Im Südwesten gewähren ein rundbogiges gefastes Portal aus Tuff und dahinter eine Rechtecköffnung unter breitem steinernem Türsturz Einlaß in den sorgfältig mit halber Tonne überwölbten Raum. Das rätselhafte Gemäuer (Einsiedelei?) des 16. oder frühen 17. Jahrhunderts hatte wie die nach Süden hin folgenden Mauerkeile die hohe Kirchhofmauer zu stützen.

Literatur. Chronik von JOSEF SCHMID (1844–1923), Ernen; die Texte über die Kirche gedruckt im Pfarrblatt von Ernen 11 (1965), Nr. 4, S. 3/4, Nr. 6, S. 3/4. – W. RUPPEN, Antonio Crocis Pläne zur Neogotisierung der Pfarrkirche von Ernen, Unsere Kunstdenkmäler 27/2 (1976), S. 216–222. – Ders., Pfarrkirche St. Georg Ernen, Basel 1976 (Schweizerische Kunstführer, hg. von der Gesellschaft für Schweizerische Kunstgeschichte).

Bilddokumente. Vgl. Bilddokumente, S. 8, ferner Gemälde in der Ernerwaldkapelle, S. 95, sowie Abb. 12 und 82.

BESCHREIBUNG. *Äußeres* (Abb. 11). Die geostete Kirche steigt am talseitigen Rand des Dorfes gegen den Hügel an, weshalb die kahle Westfront mit dem konkav angeschweiften Giebel dominiert. Das allseitig eingezogene Polygonalchor wirkt daher viel niedriger als das blockhafte Rechteckschiff. An der linken Chorwange stehen der Turm und die mit Schleppdach angefügte Sakristei. Das Chor wird durch getreppte Strebepfeiler mit Kaffplatten aus Tuff gegliedert, das Schiff dagegen nur durch die Spitzbogenfenster der Seitenwände und eine Sockelzone, die sich hangwärts in einigen unregelmäßigen Mauerstollen verliert. Der Sockelrand wird am Chor durch ein Kaffgesims aus Granit oder Gneis betont, das auf die Stirnwand des Schiffs übergreift. An der nördlichen Schiffswand sind die Fenster etwas nach Osten gerückt; auch ist hier das mittlere Hochfenster in Rücksicht auf ein heute verschlossenes Portal (zur Kanzel?) durch ein kleineres Fenster ersetzt. Die Gewände aller Fensteröffnungen außer dem giltsteinernen Okulus im Frontgiebel bestehen aus Tuff. In der dorfseitigen Schiffswand Spitzbogenportal mit reichem Gewände aus Giltstein: auf gerauteten Stabfüßen Rundstab zwischen tiefen Kehlen, unten von einem Stab durchschossen[69]. Das heutige *Hauptportal* unter einem Pultdach an der Westfront ist dagegen nicht gerahmt; die *Außentreppe* geht nun beidseits hinter einer Mauerbrüstung mit breitem Handlauf aus Tuff hoch.

Der in großem Sichtquaderwerk gemauerte, nicht sehr hohe *Turm* wird von einem eleganten Helm bekrönt, dessen oktogonale Spitze aus einem konkaven Zeltdach herauswächst. Im Glockengeschoß rundbogige Zwillingsfenster mit doppelt gekehlten Archivolten aus Tuff über einer Kämpferplatte, darunter ein einfaches Rundbogen-

---

[69] Ähnlicherweise hat RUFFENER wohl auch in Raron die Tür an der seitlichen Schiffswand zum eigentlichen Portal ausgestaltet.

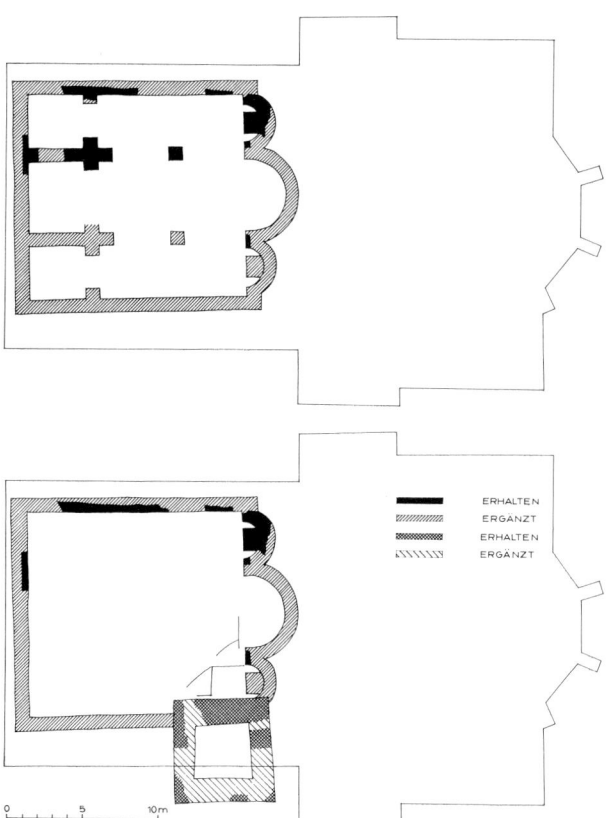

Abb. 15 und 16. Ernen.
Pfarrkirche. Archäologisch
nachgewiesener Vorgängerbau.
Dreischiffige Basilika,
11. Jahrhundert,
und Umbau zu einer
Saalkirche mit Turm, wohl im
späteren Mittelalter. – Text S. 19.

ERHALTEN
ERGÄNZT
ERHALTEN
ERGÄNZT

fenster und unregelmäßig verteilte Lichtschlitze. Auf der Dorfseite Zifferblatt in reicher gemalter Rahmung: Unten halten zwei sitzende Männer das von der Jahreszahl 1709 umrahmte Zendenwappen. Der linke Schildhalter stößt einem Drachen den Pfeil in den Rachen – eine Variation der Georgs-Darstellungen? –, der rechte hält ein Schwert. Oben am Scheitel Jesusmonogramm, im linken Zwickel Schiner-Wappen, im rechten Jost-Wappen.

Inneres (Abb. 17–20 und 23). Im Gegensatz zur Raumvorstellung angesichts der hochgiebeligen Westfront wirkt das mit einer neuen hölzernen Walmdecke abgeschlossene Schiff innen gedrückt. Sechs Stufen in Schiffsbreite führen zum Podest der Seitenaltäre, sieben weitere steigen zum Chor empor. Hinter dem runden Chorbogen öffnet sich das kuppelige Rippengewölbe des Chors, dessen Scheitel höher liegt als die Schiffsdecke. So übt das Chor einen eigentümlichen Sog auf den Besucher im Schiff aus. Die Schiffsfenster sind schwarz gerahmt, der Chorbogen schwarz und grau quadriert. Die Rippen der zwei Sternfigurationen im Chor sind auf farbig und golden gefaßte skulptierte Konsolen mit folgenden Motiven abgestützt: eine kauernde Katze, eine Eule mit Knochen, ein Narr (Till Eulenspiegel?), ein Löwe als Schildhalter eines Wappens mit dem Meisterzeichen ULRICH RUFFENERS und ein Drachen über einem Inschriftband mit der Jahreszahl 1518, ferner vegetabile

Ornamente und Profile. Vier skulptierte Schlußsteine: In der Mitte der Sterne sind es
Sechspässe, vorn mit dem Erner Wappen, in der Chorstirn mit dem Kirchenpatron,
an den zwei Nebenkreuzungen Vierpässe mit Stifterwappen, links vom Meier und
späteren Landeshauptmann Peter Zlauwinen(?)[70], rechts wohl von alt Meier und
Landeshauptmann Martin Holzer oder seinem Sohne Nikolaus[71].

Orgelempore (Abb. 19). Am Fußsims der Mittelbrüstung eingehauen die Jahreszahl
1677 und gleiches Meisterzeichen (RAGOZI[?]) (Tab. II, Nr. 10) wie am Taufstein.
Wohl von einem Prismeller Baumeister nach dem Vorbild der Gliser Empore
geschaffen. Fünfteilige Arkadenfolge ionischen Stils auf Giltsteinsäulen, mit reich
stuckierter Brüstung, die in der Mitte auf Akanthusvoluten vorkragt. An der Kirchenrückwand und -seitenwand unter plastischen Kapitellen gemalte Pilaster. Über
den Scheitelkonsolen der Arkaden Muschelnischen mit Statuetten italienischer
Herkunft von 1927, von links nach rechts die Heiligen Cäcilia, Johannes Maria
Vianney, der selige Bruder Klaus, Canisius und Theresia vom Kinde Jesu[72]. Die
Empore zählt zu den reinsten Zeugnissen italienischer Renaissance im Wallis.

Die zugleich mit der Kirche erbaute *obere Sakristei*, ein beinahe quadratischer
Raum, ist von gekehlten Kreuzrippen aus Tuff überspannt; im Scheitel ein giltsteinernes Medaillon mit Hl.-Geist-Taube. Bei der jüngsten Restaurierung wurde unter
dem Chor zusätzlich eine größere Sakristei geschaffen.

Wandmalereien. In den spätgotischen vegetabilen Malereien des *Chorgewölbes* erzielte
der Maler HANS RINISCHER(?) nach oben hin eine feine Steigerung durch Bereicherung der Farbklänge und Blumenmotive: bei den Konsolen und Fußzwickeln
maureskenartiger Dekor, bei den seitlichen Rippenkreuzungen dünne, von einer
einzigen Blumenart gebildete Kränze, bei den inneren Nebenkreuzungen lichte
Kränze aus bunten Blumen, die beiden Zentren der Sterne endlich in üppigen
Blütenmedaillons. Die neu vergitterte *Sakramentsnische* (Abb. 26)[73] in der linken
Chorwange wird seit 1968 wieder plastisch von der Solbank und einem Abschlußsims
eingefaßt; alt ist die *gemalte Rahmung:* seitlich ein umrankter Stab und als Bekrönung
eine Turmmonstranzarchitektur mit einem Ostensorium zwischen knienden Engeln
in der unteren, dem Schmerzensmann in der oberen Zone. An der linken Schiffswand
Hintergrundmalerei zur Skulptur des hl. Georg (Abb. 21), Mitte 16. Jahrhundert, mit
stilistischen Anklängen an die Donauschule. Die Jungfrau war vielleicht an der nun
fehlenden Stelle am rechten Bildrand dargestellt. Links im Schiff *Bekrönung des ersten*

---

70 Die Rose an Stelle des bei den Zlauwinen üblichen Sterns erinnert zwar an das Wappenzeichen der
Tschampen (W. Wb., Tf. 3 und 5); Meier Thomas Tschampen verwendete 1527 in seinem Siegel jedoch
den Kapitalbuchstaben M als Wappenzeichen (freundl. Auskunft von Hans Anton von Roten, Raron).
Vgl. ferner CARLEN, Zwischen zwei Brücken, S. 350.

71 Nikolaus Holtzer, Meier vor 1522 (J. LAUBER, Verzeichnis der Zehnden-Beamten von Goms,
Walliser Landeschronik 4 [1962], Nr. 2, S. 12). Die drei Kugeln in gleicher Anordnung schreibt das
W. Wb., ohne Nachweis, der Familie Troller zu, die um 1500 aber nicht mehr nachzuweisen ist (W. Wb.,
S. 265 und Tf. 5). Das Wappenzeichen findet sich auf dem Dielbaum und an den «Vorschutz»-Konsolen
des Hauses Nr. 3 in Niederernen aus dem Jahre 1533 (S. 105). Später führte es die unbedeutende Familie
Gumpisch, Gumpitsch oder Gumpist (CARLEN, Zwischen zwei Brücken, S. 389/90 und 425). Vgl. ferner
Haus Nr. 3 und 11 in Steinhaus.

72 PfA Ernen, o. Nr.

73 Das originale Gitter fand man erst nachträglich im Pfarrhaus.

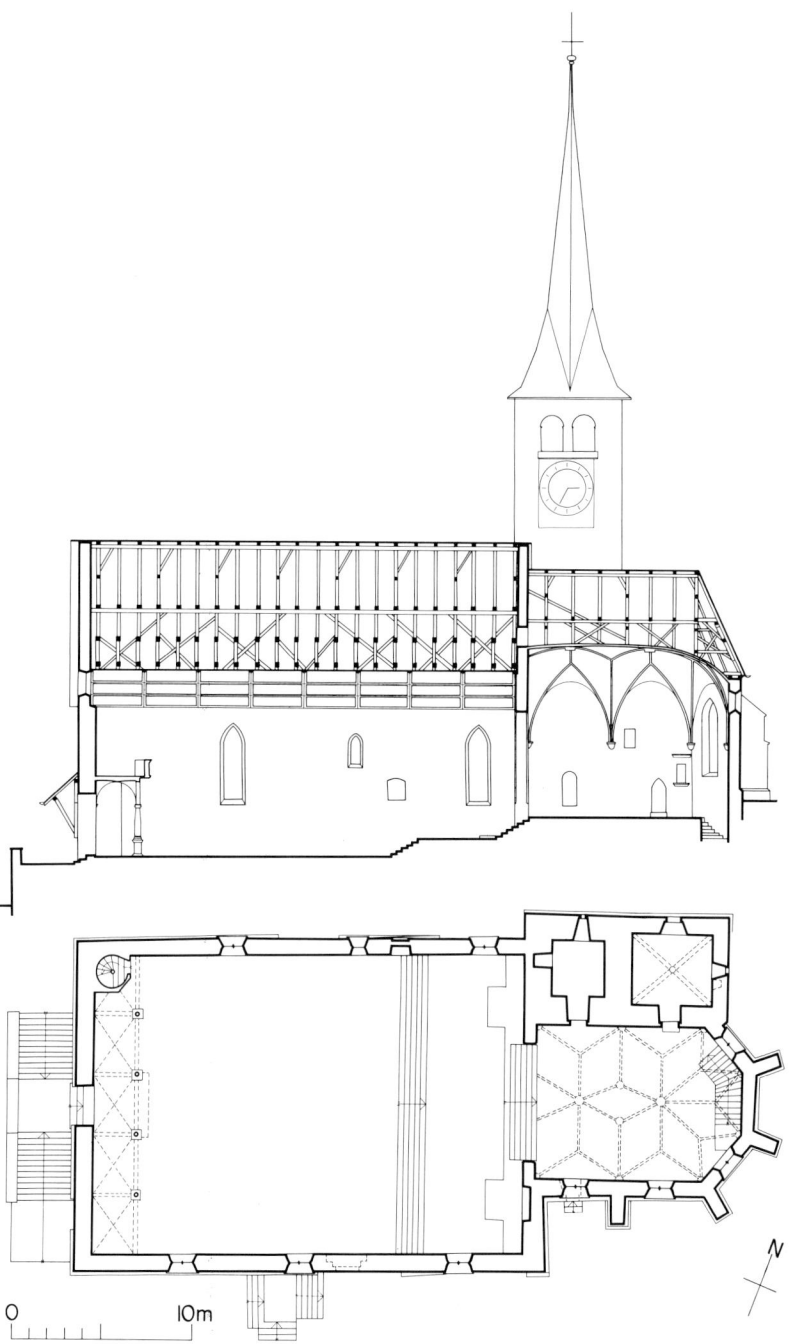

Abb. 17 und 18. Ernen. Pfarrkirche, 1510–1518. Grundriß und Längsschnitt. – Text S. 21.

Hochfensters, 1594 oder erste Hälfte 17. Jahrhundert. Bunte symmetrische Vasen- und Rankenornamente. An der linken Schiffswand *Fragmente eines Apostelzyklus* (Abb. 22). Unmittelbar unter der Decke sind überlebensgroß die Apostel mit ihren Attributen aufgereiht, über dem Nimbus ihr Titulus, zu Füßen das Wappen des Stifters mit Namen. Links, neben einem Beschlagwerkfragment, Reste der Häupter von Mathias und Simon, dann größtenteils erhalten Thomas, gestiftet von Thomas(?) «Folken»[74], Philippus, gestiftet von «Moritz Nigeli und F[P?] ... sin son», Jakobus und Petrus; nach unbedeutenden Fragmenten von Andreas der hl. Johannes, gestiftet von einem Vertreter der Familie Nigeli[75], sowie Bartholomäus mit nichtidentifiziertem Stifterwappen[76]. In den mächtigen Volumina, den betonten Standmotiven und üppigen Draperien der qualitätvollen Apostelfolge äußert sich das Selbstgefühl der Renaissance.

Altäre. Hochaltar (Abb. 24). Als Hochaltar des hl. Georg um 1400 erstmals erwähnt[77]. Der um 1525 geschaffene[78] große Flügelaltar, «der alte st. jerig», sollte auf bischöfliche Verfügung bei der Visitation 1754 binnen dreier Jahre ersetzt werden[79]. Vertrag

74 Wenn es sich um den 1625 als Meier amtierenden Thomas Folken († 1642), den Sohn des Erbauers des «Tellehüs», handelt, der das gleiche Wappenzeichen auf seinem Siegel führte, so deutet das Fehlen der Amtsangabe auf eine Entstehung vor 1625; die übrigen Stifternamen lassen sich in den ältesten vorhandenen Pfarrbüchern aus der ersten Hälfte des 17. Jh. nicht oder nicht überzeugend nachweisen.

75 Mit unbekanntem Niggeli-Wappen: H. Verbindungsbalken mit fallendem Böglein. Vgl. Wappen von Domherr Georg Niggeli (1625), Mühlebach (W. Wb., S. 184).

76 Ähnlich demjenigen der Familie Huber, die ein Antoniuskreuz im Wappen führte (W. Wb., S. 127).

77 PfA Ernen, D 17. – Die Kirche soll wegen der Reliquien des hl. Georg seit den Kreuzzügen St.-Georgs-Kirche genannt worden sein, obwohl der Hochaltar bis zu einer Verfügung von Bischof Andreas Gualdo (1437) dem hl. Abt von St-Maurice und Bekenner Severinus geweiht gewesen sei (P. AMHERD, Denkwürdigkeiten von Ulrichen, Bern 1879, S. 38, Anm. 3). Vgl. Anm. 36. Dieser Überlieferung ist aber mit Vorsicht zu begegnen.

78 Vgl. Kirch- und Altarweihe, S. 16. Die Michel-Chronik (PfA Ernen, o. Nr.) nennt als Erbauungsjahr des Altars 1527.   79 PfA Ernen, D 176.

Abb. 19. Ernen. Pfarrkirche, 1510–1518. Inneres. Sicht gegen die Orgelempore. – Text S. 22.

Abb. 20. Ernen. Pfarrkirche, 1510–1518. Inneres. Sicht gegen das Chor. – Text S. 21.

vom 24. August 1758 mit dem Schüler(?) und Mitarbeiter ANTON SIGRISTENS, PLACY SCHMIDT von Disentis, und dem aus St. Gallen gebürtigen, aber in Sitten wohnhaften JOHANN CASPAR LESER[80]; «Peter Augustin Schmidt biltschnitzler uon Graus Pündten» wird mitgearbeitet haben[81]. P. SCHMIDT hatte den Riß «auff zweyerley Manier» vorgelegt. Der für Tafelbilder wohl weniger ausgewiesene Maler LESER sollte «in seinen kösten ein gnadenstuk[82], oder Flachbildt lassen mahlen». Geschnitzte Inschrift an der Rückseite des Altargewändes: «PLACY.SCHMIDT./FECIT.ANNO.1761.» Altarblatt von JOSEPH-DOMENICO(?) RABIATO 1764 mit Darstellung des hl. Georg[83]. Weihe am 10. August 1765[84]. Neueres Altarblatt Mitte 19. Jahrhundert (S. 41). Renovation 1914 durch HERMANN LIEBICH, Einsiedeln[85]. Restaurierung 1967/68.

80 StAS, A Clausen-Perrig, B 4.

81 Trat 1760 in Ernen als Zeuge auf (GdeA Ernen, B 10).

82 An anderer Stelle des Vertrags steht «gnadenbildt».

83 Die Signatur «Rabiato pinxit» mit Datum(?) ist seit der Dublierung des Gemäldes nicht mehr sichtbar (Notizbüchlein von ANTON CARLEN, PfA Ernen, o. Nr.).

84 PfA Ernen, D 177 und 203.

85 Größtenteils Neuvergoldung von Tabernakel und Altarunterbau. Neufassung der Statuen außer Marienstatue und Engel. Neue Leuchterbank. Mensa-Ornamentik von einem älteren Altar, geliefert von HERMANN LIEBICH, Einsiedeln (Vertrag, PfA Ernen, o. Nr.). Renovation aus den Mitteln des Legats von Domherr Matthäus Schiner († 1912) (H. A. VON ROTEN, Zur Geschichte der Familie Schiner, BWG XIV [1967/68], S. 194). – Sonderbarerweise zeichnete EMIL WICK 1864–1867 als Hochaltar der Kirche ein aus zwei Säulengeschossen aufgebautes klassizistisches(?) Retabel (FURRER [wie S. 8, Anm. 15], S. 56F).

Unterbau und Bekrönung des Régenceretabels wirken felsenhaft amorph, von
goldenen Appliken wie mit Flechten übersponnen. Dazwischen schiebt sich in
zeittypischem Kontrast die «künstliche» Zone des Altarblatts mit gebündelten
Säulen. Die Bekrönung mit Hl.-Geist-Taube in durchbrochenem Medaillon ist
mittels gebälktragender Voluten ambivalent auch als Geschoß ausgebildet. In der
Nische hinter dem Altarblatt Immakulatastatue. Flankenfiguren von unten nach
oben, links die Heiligen Theodul und Petrus, rechts Nikolaus von Myra und Paulus.
Bekrönender Gottvater zwischen Putten[86]. Bandornamentik. Feine, auf die Fassung
der älteren Seitenaltäre des Meisters SIGRISTEN (S.30) abgestimmte Marmorierung in
Grau, Blau, Grün und Rostrot. Die einheimische Altarbaukunst hat nie in diesem
Maß den Altarkörper organisch durchgestaltet und ein Gesamtkunstwerk aus Stipes,
Tabernakel und Retabel geschaffen[87].

Seitenaltäre[88]. *Geschichtliches.* Die Bedeutung Ernens als Zentrum der alten Großpfarrei wird in der
langen Reihe seiner zwölf Seitenaltarpatrozinien offenbar. Immer schon bestand in Ernen jedoch der
Hang zu Doppelpatrozinien und -pfründen, weshalb die spätere außerordentliche Verschmelzung
verschiedener Altäre zu imposanten Triptychen weniger überrascht.

86 Von den im Vertrag aufgeführten Statuen fehlen zwei Engel, wohl Putten, «am gnadenbildt» und
zwei weitere «ob dem Flachbildt».   87 Vgl. die Seitenaltäre von Reckingen (Kdm Wallis I, S.284).

88 Der im PfA Glis aufbewahrte Visitationsakt des frühen 16.Jh. mit Hinweis auf Altäre der Heiligen
Crispin und Crispinian, Bartholomäus und Anna wird von BÜCHI gewiß irrtümlich Ernen zugewiesen
(A. BÜCHI, Zwei bischöfliche Visitationsberichte aus dem Anfang des XVI.Jahrhunderts, ZSK 11 [1917],
S.54).

89 Abt in St-Maurice, gest. 507 oder 508 in Château-Landon (L. BURGENER, Die Heiligen des
Walliser-Landes, Einsiedeln 1857, S.59–64). Sein Fest wurde erst 1914 durch das Sittener Domkapitel
abgeschafft (StAS, Kal.36; freundl. Hinweis von Dr. Margrit Werder, Chur).

Abb.21 und 22. Ernen. Pfarrkirche. Skulptur des hl.Georg mit dem Drachen, H. etwa 120 cm, 1.Viertel
16.Jahrhundert, vor Wandmalerei, Mitte 16.Jahrhundert. Text S.22 und 38. – Hl.Johannes von einem
Apostelzyklus an der linken Schiffswand, 1594 oder 1.Hälfte 17.Jahrhundert. Text S.24.

Abb. 23. Ernen. Pfarrkirche, 1510–1518. Linke Schiffswand. – Text S. 16, 22, 24 und 33.

Der Altar des *hl. Severin*[89] wird 1323 erstmals erwähnt[90], derjenige des hl. Leibes Christi 1325[91]. Beide Stiftungen des eifrigen Pfarrers Peter Murmann erscheinen 1338 als ein und derselbe Altar[92]. 1519 testamentarische Schenkung für ein neues Retabel dieses Patroziniums[93]. – 1333 stiftete Jacob de lowinen (Zlauwinen) einen der *Muttergottes* und der *hl. Katharina* geweihten Altar[94]; das Patronatsrecht übertrug er dem Pfarrer von Ernen. Schiner-Wappen am heutigen Katharinenaltar[95]. – Der Altar des *hl. Nikolaus von Myra* bestand 1361[96]. 1729–1731 kaufte Ulrichen das Retabel, um es in seiner Nikolauskirche als Choraltar zu verwenden[97]. 1863 war der Nikolausaltar mit dem Liebfrauenaltar verschmolzen[98]. – 1414 errichtete der stiftungsfreudige Pfarrer Clemens Sutor mit Unterstützung von Georg Schmid aus Richolsmatt den *Liebfrauen- und Dreikönigsaltar*[99]. – Zwei Patrozinien, nämlich diejenigen der *Heiligen Dreifaltigkeit und Karls*

90 PfA Ernen, D1. – 1319 ist Peter Murmann noch Kaplan in Visp (SCHMID/LAUBER, BWG IV [1909], S. 81).   91 PfA Ernen, D3.

92 Ebd., D8. – H. A. VON ROTEN vermutet Fragmente des Altars in den Tafeln des SLM (Inv.-Nr. LM 7193) aus Ritzinger Feld mit Darstellung des Abendmahls(!) auf der Rückseite. Eine Petrusszene könnte auf den Stifter hindeuten, doch fehlt jeglicher Hinweis auf den Mitpatron Severin. Es ist kaum anzunehmen, daß der nach 1519 nicht mehr benützte Altar wegen der Herkunft der Murmann aus Geschinen(?) ins Obergoms gelangt ist (SCHMID/LAUBER [wie Anm. 90], S. 82, und Kdm Wallis I, S. 378/79, Anm. 88).

93 StAS, I 13, gedruckt in BWG X (1948), S. 275/76.

94 PfA Ernen, D6 und 17. Vgl. GREMAUD IV, S. 526.

95 Nach LAUBER ist der Altar von Landvogt Johann Schiner (†1701) beschenkt worden (J. LAUBER, Geschichtliche Notizen zur Stammtafel der Familie Schiner, BWG VI [1924], S. 398). Da aber das barocke Valentinsretabel offenbar als erstes neu errichtet worden ist (S. 28), wird es ein späterer Vertreter der Familie Schiner (Joh. Fabian?) der Familie Jost gleichgetan haben.   96 PfA Ernen, D11.

97 PfA Ulrichen, Nr. 11. Es muß sich um den Nikolausaltar gehandelt haben, da Ulrichen nur Nebenfiguren hinzuzufügen brauchte (Kdm Wallis I, S. 222/23).   98 PfA Ernen, D181.

99 Ebd., D21. – Zu Patrozinien desselben Altars ebd., D37 und 57.

des Großen, trug auch der Altar, den 1415 am Feste Karls des Großen die Brüder Philipp, Bartholomäus und Thomas aus der hiezu bestimmten Gabe ihrer Eltern, des Ritters Johannes Thomas de Platea von Niederernen und seiner Gattin Antonia von Mühlebach, unter Vorbehalt des Patronatsrechts errichteten[100]. Ein im frühen 16. Jahrhundert geschaffenes Retabel mit diesem Patrozinium gelangte möglicherweise in die Kapelle von Fürgangen. – Nachdem Pfarrer Johannes Nicodi aus Binn 1483 in einem ersten Testament das Patronatsrecht für seinen in Aussicht gestellten Altar des *Evangelisten Johannes und der Fünfzehn Nothelfer* dem Pfarrer von Ernen zugedacht hatte[101], sprach er dies Recht im zweiten Testament 1470 seinen Verwandten zu, weil er den inzwischen(?) gestifteten Altar zum alleinigen Erben seiner aus geistlichen Benefizien erworbenen Güter erklärte[102]. 1468(?) rügten die Gläubigen in einer Beschwerdeschrift[103], daß der neue Altar die Feier am Nikolausaltar behindere. – Die Kirche scheint mit Retabeln überfüllt gewesen zu sein, weshalb wohl die Steger ihren *Nothelferaltar* bald darnach als Klappaltar bauen ließen. Zum Nothelferaltar siehe S. 31. – Der Altar des *hl. Kreuzes* wird in der zweiten Hälfte des 15. Jahrhunderts erwähnt[104], 1821 als identisch mit demjenigen des hl. Valentin bezeichnet[105]. – Eng mit der barocken Reliquienverehrung hängt die Entstehung des *Valentinsaltars* zusammen. 1664 hatte Bannerherr Moritz Jost[106] die Gebeine des heiligen Märtyrers aus Rom gebracht; 1675 folgte die Erlaubnis des Nuntius E. Cibo, diese zur öffentlichen Verehrung auszusetzen[107]. 1704 stand das neugeschaffene Altarwerk, vielleicht eine Stiftung des Zendenhauptmanns Valentin(?) Jost († 1718)[108], an der Stelle des Hl.-Kreuz-Altars[109], links in der Kirche, im Gegensatz zu seinem heutigen Standort auf der rechten Seite. Vgl. auch S. 30. – In eines der Seitenaltartriptychen wurde ein Rosenkranzgemälde wohl aus der zweiten Hälfte des 17. Jahrhunderts eingefügt; das Stiftungsjahr des *Rosenkranzaltars* ist nicht bekannt[110].

Seitenaltartriptychen. Das Valentinsretabel von 1704 stach durch seine Schönheit so sehr von den übrigen Altären ab, daß der Bischof bei der Visitation 1704 wünschte, man möchte die andern Altäre der linken Kirchenseite zu zwei ähnlichen Retabeln umbauen[111]. Links hatten 1687 die Altäre folgender vier Patrozinien gestanden: Johannes Ev., Katharina, Dreifaltigkeit und hl. Kreuz[112]. So könnte 1704 erstmals

100 Ebd., D 23. – Zum historischen Hintergrund der Stiftung vgl. M. WERDER, Das Nachleben Karls des Großen im Wallis, BWG XVI (1976/77), S. 410–413.

101 PfA Ernen, D 34 («quindecim preuilegiatorum»).

102 Ebd., D 38. – In den Visitationsakten des 18. Jh. ist sicher irrtümlicherweise von Johannes Baptista die Rede (ebd., D 175–177). Pfr. Nicodi hatte der Pfründe auch ein Haus bauen lassen.

103 Ebd., A 31. Sie forderten die Entfernung des Altars, sofern der Pfarrer nicht unverzüglich die für den Altar versprochene Frühmesse stiftete. Pfarrer Nicodi hatte über seinem Altar auch «quoddam umbrachum[?] wulgo griggabel» errichtet, worunter vielleicht eine Art Baldachin gemeint ist.

104 SCHMID/LAUBER, BWG I (1891), S. 295, und VI (1924), S. 353. Im Frühjahr 1489 erhielt der spätere Kardinal Matthäus Schiner die Pfründe.

105 PfA Ernen, D 179.

106 CARLEN, Inventar, S. 49. Bannerherr Moritz Jost muß eine Gabe dazu bestimmt haben, den Leib des Heiligen zu fassen; 1716 war dies noch nicht geschehen (PfA Ernen, D 164a). Vgl. StAS, A Clausen-Perrig, J 24.

107 PfA Ernen, D 184.

108 Ebd., D 206. Möglicherweise aber auch aus der testamentarischen Gabe des Zehndenhauptmanns Joseph Jost 1699 (StAS, A Clausen-Perrig, D 50).

109 PfA Ernen, D 174.

110 1716 bestand er wohl noch nicht (ebd., D 194a und 195b). (Pfr. J. Stäli [1630–1636] hatte die Erzbruderschaft des hl. Rosenkranzes aufgerichtet [ebd., D 203].) In einem päpstlichen Ablaßbrief von 1789 wird er als Rosenkranzaltar bezeichnet (ebd., D 168). Die Visitationsakte führen ihn erst in der 2. Hälfte des 19. Jh. auf (ebd., D 182).

111 Ebd., D 174.

112 Ebd., D 173. Die sonderbare Verteilung der Altäre, wonach 1687 rechts nur zwei Retabel standen, nämlich dasjenige des hl. Nikolaus und der Heiligen Drei Könige, dürfte noch auf das Mittelalter zurückreichen, als in der rechten Kirchenecke ein Turm ins Schiff trat (S. 20).

Abb. 24. Ernen. Pfarrkirche. Hochaltar, 1758–1761, von Placy Schmidt, Disentis. – Text S. 24.

der Gedanke aufgetaucht sein, die vielen Einzelaltäre zu vereinigen; dies geschah dann um 1720 beim Bau der heutigen Triptychen wohl durch ANTON SIGRISTEN, Glis, jedoch ohne das genannte Valentinsretabel wiederzuverwenden[113]. CASPAR LESER[114] und JOHANN HOLTZER(?) von Niederernen[115] dürften sie gefaßt und zahlreiche Altargemälde dazu geschaffen haben. Damals wird das Triptychon mit dem hl. Valentin auf die rechte Kirchenseite versetzt worden sein. Nach der Michel-Chronik stand 1773 rechts außen im rechten Triptychon das Gemälde der Heiligen Drei Könige. Bei der Neugotisierung der Kirche 1865 wurden die Triptychen in vier Einzelaltäre zerlegt, wobei Drei-Königs- und Valentins-Altar sowie Katharinen- und Liebfrauenaltar vereinigt blieben[116]. 1922/23 Neufassung durch ADRIEN und JULES SARTORETTI, Sitten. 1967/68 stellte man die Triptychen wieder her, doch mußten die fehlenden Altarblätter der Heiligen Dreifaltigkeit und der Heiligen Drei Könige durch neue von URIEL-HULDRICH FASSBENDER, Luzern, ersetzt werden[117].

Beschreibung (Abb. 25). Die breit ausladenden Seitenaltartriptychen, getreue Pendants, bedrängen die Chorbogenöffnung. Das Triumphbogen-Leitmotiv der rundbogigen Altarblätter klingt in der Oberzone wieder an, wo die zentrale Ädikula von großen ovalen Akanthusmedaillons mit Gemälden gerahmt und von einem kleineren durchbrochenen Medaillon mit Statue bekrönt wird. Die Konsolenstatuen unter Hängekapitellen im Hauptgeschoß bilden zusammen mit den Akroterstatuen schmale Rand- und Scheideachsen. Das linke Triptychon ist vornehmlich weiblichen, das rechte fast ausschließlich männlichen Heiligen vorbehalten. *Rechter Seitenaltar. Gemälde,* von links nach rechts: unten die Heiligen Drei Könige, Valentin und Rosenkranz, oben Kreuzigung zwischen den Halbfigurenbildnissen von Karl dem Großen und dem hl. Josef. *Statuen:* unten die abendländischen Kirchenlehrer Gregor, Ambrosius, Augustinus und Hieronymus, oben die Heiligen Ignatius, Antonius von Padua, Franz Xaver und Johannes von Nepomuk. Im Medaillon der Bekrönung Maria vom Siege. Stifterwappen der Familie Jost. – *Linker Seitenaltar* (Abb. 25). *Gemälde:* unten Johannes auf Patmos, Katharina und die Heilige Dreifaltigkeit, oben Erzengel Raphael mit dem jungen Tobias oder Schutzengelszene zwischen Mauritius und Nikolaus von Myra. *Statuen:* unten Maria Magdalena, Agatha, Barbara und Apollonia, oben Johannes Baptista, Paulus, Anna Selbdritt und eine weibliche Heilige. Im Medaillon der Bekrönung Muttergottes. Stifterwappen der Familie Schiner. Qualitätvolle Fassung mit viel Gold auf farbig gegliedertem Gewände. Im Ambivalenzcharakter der großen Medaillons, die zugleich Oberzone und Bekrönung sind, kündet sich im Goms dieses Motiv der einheimischen Régence erstmals an. Auf

---

113 Nach einer Notiz von 1718 oder der unmittelbar darauffolgenden Jahre schuldeten «die Erben H. Zehnden hauptman Valentin Jost für die neüwen althär sch:120/an die Versprochen 24 Dublonen, so sie in auffrichtung der neüwen althären ein gewilliget» (ebd., D194a).

114 Ebd. Der Maler J. C. LESER leistete zu dieser Zeit Arbeit für eine Schuld des Bildhauers JOHANN RITZ von 54 Pfund.

115 GdeA Ernen, Gemeindemonographie von Pfr. A. BIDERBOST 1906, o. Nr. – 1695 ist in Ernen ferner von einem «experto mgro pictore Georgio» (FÜRDERER?) die Rede (PfA Ernen, D205) (s. Fiesch, Anm. 13).

116 PfA Ernen, D181.

117 1789 stand der Dreifaltigkeitsaltar im rechten Triptychon an Stelle des heutigen Dreikönigsaltars (ebd., D168). Sonderbarerweise gibt die Zeichnung von Prof. ALOIS CLAUSEN (1881–1956) die chorbogenseitige Altarachse des Triptychons schmäler wieder (ebd., o. Nr.); um etwa 30 cm schmäleres Altarblattrahmenfragment im Pfarrhaus.

Abb. 25 und 26. Ernen. Pfarrkirche. Linkes Seitenaltar-Triptychon, um 1720, wohl von Anton Sigristen,
Glis. Text S. 28. – Sakramentshäuschen in gemalter Rahmung, um 1518. Text S. 22.

die Werkstatt des ANTON SIGRISTEN weisen Motive der Architektur, der Ornamentik
sowie des Figuren- und Faltenstils.

Spätgotischer *Nothelferaltar* an der linken Schiffswand (Tf. II und Abb. 27–31).
Maße des geschlossenen Schreins 171 × 72 × 32 cm. Linde. Originalfassung. Schrein-
innenseite Preßbrokat, Deckelrückseite Temperamalerei, die Statuetten Polimentgold
und wenig Polychromie. Stifterwappen des Altaristen Georg Steger d. Ä. geschnitzt in
den beiden äußeren Zwickeln der Archivolte und zweimal gemalt über der oberen
Kielbogennische der Deckelrückseite[118]. Wahrscheinlich gefaßt von einem BERNER
NELKENMEISTER[119] und daher wohl auch in der Aarestadt geschnitzt in den letzten

118 Gleiches Wappen auf dem Dielbaum des 1511 von Georg Steger erbauten Hauses (Nr. 18) in
Ernen.

119 Der Preßbrokat gleicht bis auf geringfügigste Abweichungen demjenigen auf einem 1481 datierten
Altarflügel des Zürcher Kunsthauses (Inv.-Nr. 1829), den MOULLET als erstes Werk des BERNER NELKEN-
MEISTERS aufführt (M. MOULLET, Les maîtres à l'œillet, Basel 1943, S. 65 und Abb. 66). Der Kopf des
hl. Erasmus erinnert dagegen an denjenigen des hl. Theodul auf der Rückseite der «Gregorsmesse» am sog.
Briger Altar des SLM (Inv.-Nr. IN 4a und b), der dem zweiten BERNER bzw. dem OBERLÄNDER
NELKENMEISTER zugeschrieben wird (ebd., S. 57/58 und Abb. 48).

Jahrzehnten des 15. Jahrhunderts (1480–1490), wenn auch eine Entstehung im Wallis nicht völlig auszuschließen ist. Restauriert 1967/68 durch WALTER FURRER, Visp, die Malereien der Deckelrückseite durch URIEL-HULDRICH FASSBENDER, Luzern. Nach der Überlieferung hat das Retabel als Feldaltar gedient. Da aber jegliche Spuren einer ehemaligen Tragvorrichtung fehlen, erklärt sich die Anschaffung des Klappaltars eher aus dem Platzmangel in der Kirche (S. 28).

Geschlossen gleicht der Altar einer in halbem Stichbogen endenden Truhe mit bemaltem Deckel und Beschläg. Geöffnet ist er ein flacher zweigeschossiger Schrein, dicht besetzt mit Skulpturen. In Kielbogen-Baldachinen mit Herzmotiv im Maßwerk stehen zwölf heilige Nothelfer, fast ausnahmslos mit charakteristischen Attributen versehen; von links nach rechts: oben Antonius Eremita, Katharina, Barbara, Dorothea, Margareta[120], Eustachius[121], unten der Kirchenpatron Georg, auf dem Drachen stehend, Nikolaus von Myra, Leonhard[122], Sebastian, bekleidet, mit zwei Pfeilen in den Händen, Theodul und Christophorus. In der Archivolte eine Verkündigung voll intimer, häuslicher Stimmung. Während im Schrein offenbar die vom Volk verehrten Nothelfer zur Darstellung gelangten, ergänzt durch Lieblingsheilige des Wallis[123], erscheinen in den illusionistisch zentrierten Nischen der Deckelaußenseite klassische Nothelfer der Frankenthaler Reihe[124]; von links nach rechts: oben die Heiligen Blasius, Dionysius und Cyriakus, unten Pantaleon, Erasmus und Vitus. Die rot ausgemalten Reliquiennischen in Brust oder Schulter der Statuetten stehen heute leer. Typischer Figuren- und Faltenstil des letzten Viertels des 15. Jahrhunderts mit Reminiszenzen an den «Weichen Stil» des Jahrhundertanfangs. Auffallende Vorliebe für übereinandergereihte Schüsselfalten. Die qualitätvolle Malerei auf dem Deckel überrascht durch die milde Farbigkeit der «schwäbisch» verträumten Gestalten. Der Erner Nothelferaltar zählt zu den anmutigsten und wertvollsten Kunstwerken des ausgehenden Mittelalters in unserem Lande.

Zu Fragmenten von früheren Altären siehe S. 38 und 41.

Literatur. W. RUPPEN, Der spätgotische Nothelferaltar in Ernen, Visp 1979.

---

120 Die vier weiblichen Heiligen bilden die spätmittelalterliche Gruppe der Virgines capitales (G. SCHREIBER, Die Vierzehn Nothelfer in Volksfrömmigkeit und Sakralkultur, Schlern-Schriften Nr. 168 [1959], S. 40).

121 Es wird sich um den hl. Eustachius und nicht um Hubertus handeln, weil der römische Heilige auch in der Nothelferreihe des Johannesaltars aufgeführt ist (S. 28).

122 Der «spezifisch altbayerische Patron» Leonhard, der auch im Tirol häufig den hl. Cyriacus ersetzt, dürfte auf die Herkunft des Kultes aus dem östlichen Süddeutschland hinweisen (SCHREIBER [wie Anm. 120], S. 27, und P. B. GRITSCH OFM, Vierzehnheiligen in Tirol, Schlern-Schriften Nr. 168 [1959], S. 93).

123 Die Heiligen Antonius Eremita, Sebastian, Theodul, Nikolaus von Myra und Dorothea.

124 Jene Nothelfer, die 1445/46 dem Schäfer der oberfränkischen Zisterzienserabtei Langheim bei Lichtenfels auf dem Klostergutshof Frankenthal zu wiederholten Malen erschienen sind, worauf 1448 eine Kapelle Vierzehnheiligen erbaut wurde: Georg, Blasius, Erasmus, Pantaleon, Vitus, Christophorus, Dionysius, Cyriacus, Achatius, Eustachius, Ägidius, Margareta, Barbara, Katharina (SCHREIBER [wie Anm. 120], S. 23 und 78/79).

125 PfA Ernen, D 174.

126 Ebd., D 192. Nach der Michel-Chronik 1788 (ebd., o. Nr.). IMHOF war möglicherweise nur der die Farben liefernde Händler.

127 1786/87 «An Lagger, Reckingen f. Arbeit an der Kanzelen bz. 178» (Notizen von ANTON CARLEN, großes Heft, ebd., o. Nr.).

Tafel II. Ernen. Pfarrkirche. Nothelferaltar, 1480–1490,
Stilkreis der Berner Nelkenmeister. – Text S. 31/32.

Abb. 27. Ernen. Pfarrkirche. Nothelferaltar, 1480–1490 aus dem Umkreis der Berner Nelkenmeister. Text S. 32.

Kanzel (Abb. 23). 1704 empfahl der visitierende Bischof, die Kanzel zu ersetzen oder anders zu schmücken[125]. 1786/87 wurde sie von den Malern JOHANN STEFFEN, JOSEF IGNAZ SIGRISTEN und JOSEF IMHOF(?)[126], möglicherweise nach einem Umbau durch JOSEF ANTON LAGGER, Reckingen, gefaßt[127]. Fünfseitig, mit je zwei gewundenen korinthischen Säulen zwischen den Rundbogennischen, entspricht die Kanzel dem hochbarocken Typ vom Anfang des 18. Jahrhunderts, weicht aber im länglichen Grundriß sowie in der nackten Profilierung von Kanzelfuß und Statuenkonsolen von der üblichen Form ab. Auf das Jahrhundertende weist vor allem der Quastenbehang am Schalldeckel. Die qualitätvollen untersetzten Evangelistenfiguren aus dem frühen 18. Jahrhundert stehen mit ihrer Gewandfülle der Sigristenwerkstatt in Glis nahe.

Taufstein (Abb. 32). Am Becken die Jahreszahl 1679, Wappen der Familie Jost mit den Initialen «I[ohann]I[oseph]I[ost]F[amiliaris]B[allivi]/T[utor]E[cclesiae]/P[arochiae]A[ragnensis]»[128] und Wappen der Familie Schiner mit den Initialen «I[ohann]S[chiner]/G[ubernator]A[gauni]»[129]. Gleiches Meisterzeichen (RAGOZI?) wie an der Orgelempore (Tab. II, Nr. 11). 1798/99 waren kleinere Schnitzarbeiten nötig[130]. 1833 faßte JOSEF REGLY von Ursern den Aufsatz innen und außen[131]. Restaurierung 1967/68. Gerippte, am Rand eingeschnürte Giltsteinschale auf rundem profiliertem Fuß. Der marmorierte und ziervergoldete Aufsatz aus Holz türmt unter bekrönender Kuppel drei sich verjüngende achteckige Architekturgeschosse aufeinander. Nischenfiguren: im zweiten Geschoß die vier Evangelisten, Maria und der Gute Hirt, in der obersten Zone die Taufe Jesu, Johannes Ev., Paulus, Andreas, Petrus, Jakobus d. Ä. und Jakobus d. J. (oder Judas Thaddäus). In der Haltung der Figuren Anklänge an Werke des Barockbildhauers HANS FREYTAG von Rheinfelden[132].

Chorgestühl (Abb. 34)[133]. Pfarrer J. Nicodi (1463–1473) hatte Chorstühle herstellen lassen[134]. 1666 wurde das heutige Gestühl angeschafft. Inschrift über dem Durchgang zur Turmtür in einer Rollwerkkartusche: «HVIVS ECCLESIAE PRO TEMPORE TVTORES/IOANNES KREYG ALIAS MAIOR GOMMESIAE ET SEBASTIANVS/IOST SALTHERVS ECCLESIAE EXPENSIS OPERI OPERAM DEDERVNT»[135]. In den Deckenfüllungen über der Tür die Namen der Tischler. Links unter dem Vollwappen der MATTIG mit zwei stehenden Feldblumen als Wappenzeichen die Inschrift: «MEISTER.IERIG.MATIG/FON.MEREL.DES./ZENDEN.RAREN», rechts unter dem Wappen der SIEGEN mit einer Feldblume und den Initialen «MHSD»[136]: «MEISTER.HANS.SIGEN/VS.LETSCHEN.DES./ZENDEN.RAREN». Im Wappen von MATTIG ferner Axt, Hammer und Stemmeisen gekreuzt, in demjenigen von SIEGEN an Stelle der Axt Winkelmaß und drei Nagelköpfe. Über beiden Wappen eingeritzt die Jahreszahl 1666, die ornamental aufgelöst in Relief am Fries beider Gestühlzeilen inmitten der folgenden Stifterwappen wiederkehrt. Reihenfolge von links außen im Sinne des Uhrzeigers: Zumbrunnen[137], Clausen[138], Schiner[139], Matlis[140], Jost (oder Guntern)[141], Bircher[142], Hagen(?)[143],

Abb. 28 und 29. Ernen. Pfarrkirche. Nothelferaltar, 1480–1490. Malerei der Deckelaußenseite, von links nach rechts die Heiligen Blasius und Dionysius; Statuetten unten im rechten Flügel, darstellend die Heiligen Sebastian und Theodul. – Text S. 32.

Abb. 30 und 31. Ernen.
Pfarrkirche. Nothelferaltar,
1480–1490. Hl. Dorothea
(Ausschnitt) und hl. Erasmus
(Ausschnitt). – Text S. 32.

unbekanntes Wappen (Magenschen?)[144] mit den Initialen «I» und «M», Schwendimann mit den Initialen «I[ohannes] S[chwendimann]»[145]; letzterem aus Bremgarten gebürtigen Vikar und Altaristen, der die Orgel schlug, rahmte der Schnitzer das Wappenzeichen mit je zwei Orgelpfeifen. In zwei Akroteren die Wappenzeichen der Kirchenvögte(?), links außen dasjenige der Jost mit den Initialen «B» und «I»[146], rechts in der Mitte dasjenige der Kreyg mit den Initialen «M[eier].I[ohann].K[reyg]» und der Jahreszahl 1666. Das ungefaßte zweiteilige Chorgestühl aus Nußbaumholz bezieht die Zugänge zur Chor-

128 J. J. Jost, Familiaris des Landeshauptmanns, Kirchenvogt der Pfarrei Ernen. Deutung der Initialen von Pfr. ANTON CARLEN, Reckingen.

129 J. Schiner, Landvogt von St-Maurice (J. LAUBER, Geschichtliche Notizen zur Stammtafel der Familie Schiner, BWG VI [1924], S. 398).

130 PfA Ernen, D 192.   131 Michel-Chronik (ebd., o. Nr.).

132 Freundl. Hinweis von lic. phil. Regula Zweifel-Wildberger, Zürich.

133 J. SCHEUBER, Renaissance-Chorgestühle im Kanton Wallis, BWG V (1915), S. 138–140. – P. L. GANZ und T. SEEGER, Das Chorgestühl in der Schweiz, Frauenfeld 1946, S. 52/53, 83 und 98/99, Tf. 88 und 89.

134 «sedilia in choro» (PfA Ernen, D 38).

135 Die derzeitigen Kirchenvögte J. Kreyg, alt Meier von Goms, und Weibel S. Jost haben dies auf Kosten der Kirche machen lassen   136 Delineavit? Von SIGEN entworfen?

137 W. Wb., S. 301 und Tf. 5. 1664 wird Fenner Heinrich Zum Brunnen genannt, der 1643 Kaspar J. Stockalper als Paten rief (PfA Ernen, D 201 und 202).

138 W. Wb., S. 62 und Tf. 2, jedoch nur mit halber Sonne. Weibel Moritz Clausen (PfA Ernen, D 135)?

139 Der spätere Meier und Landvogt Johann oder der spätere Domherr und Pfarrer Johann Damian (W. Wb., S. 234)?

140 Der spätere Meier Matthäus Matlis (W. Wb., S. 165 und Tf. 4)?

141 Zu den Jost vgl. W. Wb., S. 136/37 und Tf. 3. Meier Josef Jost (PfA Ernen, D 138); Weibel Sebastian Jost (PfA Niederwald, D 43); Weibel Martin Jost (PfA Ernen, D 135)? – Zu den Guntern vgl. W. Wb., S. 120/21 und Tf. 2. Kirchenvogt Christian Guntern (1671) (PfA Ernen, D 202)?

142 W. Wb., S. 47. Der Schreiber und spätere Meier Melcher Bircher (PfA Ernen, D 135); alt Meier und Hauptmann Moritz Bircher; alt Meier und Landvogt Christian Bircher (PfA Niederwald, D 43)?

143 W. Wb., S. 121 (Familie des Obergoms!). Möglicherweise Wappen des damaligen Pfarrers Christian Georg Niggeli.   144 Angesehenes Briger Geschlecht (W. Wb., S. 157).

145 PfA Ernen, D 202, 205 und 206. Das Motiv der voneinander abgewendeten Halbmonde, das die in Mellingen nachgewiesenen Schwendimann im Wappen führten, klingt im Wappen am Chorgestühl formal noch an. (Freundl. Auskunft des Staatsarchivs Aargau.)

146 Baschi? Sebastian Jost (vgl. Anm. 141).

und zur Turmture mit ein. Zierkonturierte Wangen trennen die zumeist dreiachsigen Kompartimente. Die Rundbogenfüllungen der Rückwand werden von Kompositsäulen, die geohrten Rechteckfüllungen der Armlehnen von Kompositpilastern gerahmt. Kräftiges Gesims mit Schnitzwerk im Fries. Giebelartige Bekrönungen. Wuchernde Spätrenaissance-Ornamentik. In den Füllungen mehrheitlich streng symmetrische Blumenranken, öfters aus Vasen aufsteigend, in den Feldern der linken Armlehne einige Band- und Beschlägewerkmotive.

Orgel (Abb. 19). 1679/80[147] trat die von CHRISTOPHER AEBI, Metzerlen SO, gebaute Orgel[148] an die Stelle eines älteren Werks[149]. AEBI hatte die zehnregistrige Orgel «sampt dem Corpore [Prospekt] glatt ohne Zieraten gsimpß, caluir von buxbaumener würtzen» zu liefern. Für die noch fehlende künstlerische Ausgestaltung des Prospekts wird ein Vertreter der Familie Schiner[150] aufgekommen sein, weshalb der stilistisch auf das Jahrhundertende weisende Posaunenengel dieses Wappen hält. Die Orgel erlitt dann zahlreiche Veränderungen[151] bis zu ihrer Restaurierung 1964–1968 unter Aufsicht der Arbeitsgemeinschaft für Schweizerische Orgeldenkmalpflege. Prachtvoller, original marmorierter Prospekt. Zwischen dem Rundtürmchen auf trichterförmiger Konsole und den kräftigen Seitentürmen schmale Zwischenachsen. Gerade Gebälkabschlüsse. Vergoldete Schnitzereien mit bunten Blumen oder Trauben im Blattwerk nicht nur in den Pfeifenzwickeln, sondern auch in zwei Fußfriesen des Prospekts. Der von Mantelsäumen umquirlte Posaunenengel mit der Schiner-Vollwappenkartusche in der Rechten zeigt Draperiemotive der Sigristen-Werkstatt in Glis.

Weihwassersteine. 1. (bei der Seitenpforte). H. 16 cm, Dm. 25 cm. Giltstein. Romanisch? Rundes, gradwandiges Becken mit Löwenkopf in Hochrelief an der Stirn. – 2. (auf dem Friedhof). H. 98 cm. Serpentin und Giltstein. Quadersockel. Balusterförmiger Schaft. Flaches Becken mit gerippter Wandung. Am Schaft schön gehauenes Wappen der Familie Matlis (auf Dreiberg Doppelkreuz mit Fünfstrahlensternen zwischen den Querbalken) mit den Initialen «IM»[152] unter der Jahreszahl 1633. – *Sakristeitür.* Nußbaum. Unten rechteckige Spiegelfüllung mit geschnitzter Blüte zwischen den Ziffern 17 und 43 auf

Abb. 32 und 33. Ernen. Pfarrkirche. Taufstein, 1679. Text S. 34. – Hl. Valentin, Reliquienfigur hinter dem mittleren Altarblatt des rechten Seitenaltartriptychons, H. 153 cm, letztes Viertel 17. Jahrhundert. Text S. 42.

Abb. 34. Ernen. Pfarrkirche. Chorgestühl, 1666, von Georg Mattig, Mörel, und Hans Siegen, Lötschen.
Text S. 34.

punziertem Grund. Jesusmonogramm im obern Spiegel, der mit eingezogenem Bogen die spitzbogige Archivolte füllt. Auf der Rückseite des Schlosses zwei Wappenfelder mit Inschriften, links «H[err?]. F[ranz].I[oseph].G[untern]/PFAR[er].», rechts «M.I.N.R./V.SI./1820». Derbes Beschläg mit Vierpaßmotiv.

Skulpturen. Hochgotische *Pietà* von Mühlebach (S. 131). – *Ölberg* (im Pfarreimuseum) (Abb. 35). Christus H. 95 cm, Petrus L. 108 cm, die sitzenden Apostel H. 83 und 86 cm. Linde, gehöhlt. 3. Viertel 15. Jh. 1928 renoviert von HERMANN LIEBICH, Einsiedeln. 1968 Originalfassung freigelegt und ergänzt durch WALTER FURRER, Visp, unter Aufsicht der Eidgenössischen Denkmalpflege. Von dem der Familie Tschampen[153], neuerdings von H. A. von Roten der Familie Zlauwinen zugeschriebenen Wappen, das auf

---

147 1680, 27. Jan. Taufe der Tochter Katharina von «Christophori Ebi et Annae Mariae Buwmenni» (PfA Ernen, D 202). Vgl. R. BRUHIN, Der Orgelbauer Aebi aus Metzerlen, Mariastein 20 (1974), Nr. 1, S. 10/11.

148 Vertrag. StAS, A der Familie Jost-Arnold, K 118. – Zahlung an den Orgelmacher am 22. April 1680 (PfA Ernen, D 197).

149 Genannt 1648 (A der Familie Jost-Arnold [vgl. Anm. 148], JJ 45).

150 Landvogt Johann Schiner? (vgl. Anm. 139).

151 1745 durch GEORG und MATTHÄUS CARLEN, Reckingen (Inschrift auf dem Oberlabium der C-Pfeife des Prinzipals 8′. Diese und weitere Inschriften in «Bestandesaufnahme und Vorschläge für die Restauration von Jakob Kobelt und Hansrudolf Zulauf» [AGSO]. – 1791/92 von FELIX KARLEN, Gluringen, ein «Neiws clavier [mit Ebenholz in der Klaviatur], ein Neiwa Windt-laden» nach Entfernung der Orgelrückwand «undt 4 Neiwe blastbälg undt windt rohr, wie auch 2 Neiw register, daruon ein mit pfeiffen undt eins mit posunna» (Michel-Chronik, PfA Ernen, o. Nr.). – 1863 Reparatur durch GREGOR KARLEN (PfA Ernen, Kirchenrechnungen 1855ff.). – 1871 Neogotisierung des Prospekts durch EDUARD KONOPKA mit gleichzeitiger Erweiterung um niedrigere Seitenfelder. – 1885 Reparatur durch Orgelbauer STADTLER, 1896 durch TH. KUHN, Männedorf, mit Erneuerung gebrochener Pfeifen (ebd., Briefumschlag Nr. 4), 1934 durch HENRI CARLEN, Brig (Vertrag, ebd., o. Nr.).

152 Wohl Jakob Matlis, der spätere Meier von Goms und Großmeier von Nendaz (W. Wb., S. 165).

153 W. Wb., S. 266. Stilistisch würde das Werk in die Amtszeit des Landeshauptmanns Michael Tschampen von Niederernen (1462–1464 und 1470–1472) passen.

dcm Ölbcrg gcstandeɪɪ ɪʜabeɪɪ sɔll, faɪɪd sɪch 1968 keine Spur mehr. Die Figuren sind ɪn verblüffend realistischen Stellungen wiedergegeben. Herber Stil von ergreifender Aussagekraft im Geist des spätgotischen Realismus. Hohe Qualität. – *Fragmente von einem spätgotischen Flügelaltar* an der Südwand des Schiffs (möglicherweise identisch mit dem Liebfrauen- und Dreikönigsaltar, S. 27)[154]. Linde. Originale Polimentvergoldung und Temperapolychromierung. 1. Viertel 16. Jh. (um 1525?)[155]. Vom MEISTER DES GLISER SUPERSAXOALTARS[156]? 1968 restauriert. 1. *Muttergottes.* H. etwa 170 cm. Maria steht ohne sichtbares Standmotiv auf einem Mond mit porträthaften Zügen, das geneigte Haupt von schweren, bis auf die Hüfte reichenden Tressen gerahmt. Das bäuchlings strampelnde Kind[157] hält eine Traube in der Linken, eine Beere in der Rechten. Der eigentümliche Kontrast zwischen dem ländlich-naiven, unbewegten Antlitz der Mutter und dem dynamisch durchgestalteten Kind wiederholt sich in der Fältelung: Faltenstrudel, ja sogar ein naturalistischer Knoten neben straffen Faltenzügen und Schüsselrändern. – 2. *Anbetung der Engel und Hirten.* H. 130 cm, B. 133 cm (seitlich abgeschrägt). Die Heilige Familie im Stall. Hinter der Krippe, klein, Engelchen, Ochs und Esel. Links nahen «breughelsche» Hirten. – 3. *Anbetung der Heiligen Drei Könige.* Maße und Form ähnlich Nr. 2. Die Heilige Familie in einer Rundbogenarchitektur. Der kniende König hat sein Gefäß bereits dem hl. Joseph übergeben. Am rechten Rand ein Wanderer in der Ferne, ein Pferdekopf und ein Hofzwerg oder Page, ein Bündel schleppend. Die beiden erzählfreudigen Reliefs mit den breit entfalteten Figuren entsprechen sich weitgehend im Aufbau. – *Hl. Georg mit dem Drachen* (an der linken Schiffswand) (Abb. 21). H. etwa 120 cm, L. etwa 186 cm. 1. Viertel 16. Jh. Laubbaumholz. Originalfassung, bei der Restaurierung 1968 freigelegt, in großen Fragmenten erhalten an der goldenen Rüstung, am mausgrauen Pferd und am grünen Drachen. Teile des Drachenschwanzes ergänzt. Vielleicht geschaffen für den heutigen Standort. Restaurator THÉO-ANTOINE HERMANÈS war 1968 auf die zugehörige Wandmalerei (S. 22) gestoßen und hatte sogar die Stümpfe der zwei ursprünglichen Stützhaken vorgefunden. Die bei einer Kirchenrenovation[158] entfernte Gruppe war wohl nach 1787[159] an den Giebel des Hauses Nr. 22 am «Ober Hengert» gelangt. Straff komponierte Gruppe mit außerordentlich großem Drachen, durch die großzügige Farbgebung in ihrer Wirkung noch gesteigert. – *Spätgotische Figuren* der Heiligen *Magdalena* und *Katharina* an der rechten Kirchenwand aus der Kapelle von Mühlebach (S. 128), der heiligen Bischöfe *Theodul* und *Martin* aus der Kapelle von Fürgangen, erworben 1942 in Hinblick auf eine geplante Rekonstruktion des gotischen Hochaltars. – *Chorbogenkruzifix* (Abb. 36). H. etwa 220 cm. Linde. Originale Temperafassung und Vergoldung, bei der Restaurierung 1968 freigelegt. 1. Viertel 16. Jh. Symmetrisch gestalteter Korpus mit trichterförmig erweitertem Rumpf. Würdevolles männliches Haupt, von Bart und Haartressen umwallt. Die schwerblütige epische Gebärde, die wie das Pathos der Draperie an die nürnbergische Kunst erinnert, dürfte auf Bern (ALBRECHT VON NÜRNBERG) hinweisen. Am Kruzifix die seit der Spätgotik im Goms üblichen Balkenenden. – *Vortragekreuze.* 1. (im Pfarrhaus) (Abb. 38). H. (Korpus) 48 cm. Holz, häßlich überfaßt. Ende 17. Jh. Mit Sicherheit der Werkstatt von JOHANN SIGRISTEN, Glis, zuzuschreiben. Typische Kopfform. Untersetzter,

Abb. 35.
Ernen. Pfarrkirche.
Ölberg, H. 83–95 cm,
3. Viertel
15. Jahrhundert
(Pfarreimuseum).
Text S. 37.

Abb. 36. Ernen. Pfarrkirche. Chorbogenkruzifix, H. etwa 220 cm, um 1518. – Text S. 38.

breiter Rumpf. Bewegte Fußstellung. Die Schenkel erscheinen einzeln vom Lendentuch umwickelt. –
2. (Abb. 37). H. (Korpus) 84 cm. Holz. Originale Polychromie und Vergoldung. 2. Viertel 18. Jh. Mit
Sicherheit ANTON SIGRISTEN (†1745), Glis, zuzuschreiben. Typischer Körperbau und charakteristischer
Faltenstil. – 3. H. (Korpus) 37 cm. Holz. Ölfassung. 2. Hälfte 18. Jh. Rechte Hüfte anatomisch unrichtig
herabgedrückt. Rocaille-Balkenenden. – *Altarkruzifixe,* zum Teil vielleicht Hauskruzifixe. 1. H. (Korpus)
29,5 cm. Holz. Häßliche Fassung, 20. Jh.? Fein geschnitzter Korpus des frühen 16. Jh. mit zeittypischem
Körperbau und Faltenstil. Vergoldeter Sockel aus der Werkstatt des PETER LAGGER, Reckingen, 3. Viertel
18. Jh. – 2. H. 79,5 cm (Korpus 31 cm). Holz, polychromiert und vergoldet. Kreuz versilbert, die
symmetrischen Spiralen der Balkenenden vergoldet. 1. Viertel 18. Jh. Der lange Korpus mit dem

154 Die Möglichkeit, daß es sich um Fragmente vom «alten st. jerig», d. h. vom Hochaltar, handelt, ist
nicht ganz auszuschließen, da die Muttergottes öfters in der Mitte von Altären mit anderen Patrozinien
stand. Im 19. Jh. wurde der Altar im unteren Beinhaus aufbewahrt. (Nachlaß RAPHAEL RITZ, Agenda
1892. Zurzeit bei Frau E. Darioli-Ritz, Zug.)

155 Vgl. Anm. 78.

156 Ein sehr charakteristisches brillenförmiges Faltenschnittmotiv findet sich sowohl am Supersaxoal-
tar als auch an diesen Reliefs, nicht aber in der Draperie der Muttergottes.

157 Eine prüde Zeit hatte, Künstler und Schöpfer korrigierend, die Genitalien entfernt und später ein
leinenes Lendentuch angebracht.

158 Vermutlich bei der Renovation um 1760 (Neubemalung des Schiffsgewölbes; Entfernung des
gotischen Hochaltars).

159 Baujahr des oberen Stockwerks des Hauses. – Die Gruppe ist dort gewiß zur Erbauung des Volkes
angebracht worden; Wirtshausschild war sie nie.

abgeplatteten Bauch und dem zur Seite verruckten Kinn weist auf die Ritz-Werkstatt in Selkingen.
Neuerer Sockel. – 3.–6. H. (Korpus) 20,5 cm, 21 cm, 21,3 cm, 22,5 cm. Holz, 1882 durch den Gipser
GIOVANNI NOVARINO ölvergoldet und versilbert[160]. 2. Viertel 18. Jh. Dem Bildhauer ANTON SIGRISTEN,
Glis, zuzuweisen. – 7. H. 88 cm, (Korpus 23,5 cm). Holz, polychromiert und vergoldet. Letztes Viertel
18. Jh. II. Reckinger Hauskruzifixtyp (Kdm Wallis I, S. 47/48). Neuerer Sockel, den Reckinger Sockeltyp
variierend. – 8. H. (Korpus) 48,5 cm. Holz. Ölpolychromierung und -vergoldung. 1. Viertel 19. Jh. Edler,
neogotisierender Korpus. Am Kreuzfuß dreipaßförmige Rocaille-Kartusche, an den Balkenenden Kartu-
schen und Palmetten. – Hl. Magdalena (im Pfarrhaus) (Abb. 40). H. 84 cm. Arve, massiv. Originalfassung:
Gold und Lüster. 2. Viertel 18. Jh. ANTON SIGRISTEN (†1745), Glis, zuzuschreiben. Die linke Hand und das
Kruzifix(?) der Rechten fehlen. Feinsträhniges, aufgelöstes Haar fällt über Brust und Schultern.
Muschelig-krauser Faltenstil. Wertvolles Bildwerk. Vom gleichen Altarwerk wie die folgende Figur? –
Hl. Karl d. Gr.? (Abb. 39). H. 92 cm. Arve, massiv. Originalfassung: Gold, Silber und Lüster. 2. Viertel
18. Jh. ANTON SIGRISTEN zuzuschreiben. Durch den langen Bart und das härene Schulterkleid mythisch
gesteigert. Der Reichsapfel fehlt. Wohl vom gleichen Altarwerk wie die hl. Magdalena. – Pietà (im
Pfarreimuseum). H. 65 cm. Arve, gehöhlt. Originale Polimentvergoldung. Silberner Schleier. Inkarnat
überholt. 2. Viertel 18. Jh. 1928 renoviert von HERMANN LIEBICH, Einsiedeln. Maria umarmt den
Leichnam ähnlich wie die ANTON SIGRISTEN zugeschriebene Pietà von Reckingen (Kdm Wallis I,
Abb. 242); sie neigt jedoch die Knie parallel nach rechts. – Auferstehungschristus (im Pfarreimuseum).
H. 77 cm. Arve, massiv. Originalfassung Tempera, Lendentuch vergoldet. 1802/03[161]. Vom MEISTER DER
NIEDERERNER SEITENALTÄRE? Auf kleiner Wolke stehend. Breiter Rumpf mit eher kleinen Gliedmaßen.
Großes, hohlwangiges Haupt. Kapriziös gewundene Lendenschlinge. Ausdruckskräftige Figur. – Jesusknabe
(im Pfarrhaus). Aus einer Gruppe des Heiligen Wandels? H. 58 cm. Arve, gehöhlt. Originalfassung: Gold,
Silber und Lüster. 3. Viertel 17. Jh. Unnatürlich vertauschter Kontrapost mit stark ausschwingender
Hüfte. Knorpelstilelemente im Haarschopf. Stilistisch verwandt mit der Gruppe des Heiligen Wandels im
Altar der Kapelle von Mühlebach (S. 124). – Engelchen (im Pfarreimuseum). Paar. H. 38 cm und 39,5 cm.
Arve. Tempera und Polimentvergoldung. Ende 17. Jh. Bekleidet. Tänzerisch bewegt. Typische Köpfchen
aus der Werkstatt von JOHANN RITZ, Selkingen. – Putten (im Pfarreimuseum). Aus der Kapelle von
Mühlebach (S. 129). – Herz Jesu und Herz Mariä (im Pfarrhaus). Aus altarbekrönenden Medaillons? Dm.
etwa 93 cm. Holz. Lüster, Ölgold und Silber. 1822[162]? Große plastische Herzen auf Strahlenkränzen. –

Abb. 37 und 38. Ernen. Pfarrkirche. Vortragekreuz, 2. Viertel 18. Jahrhundert, von Anton Sigristen, Glis.
Text S. 39. – Vortragekreuz, Ende 17. Jahrhundert, von Johann Sigristen, Glis. Text S. 38.

Abb. 39 und 40.
Ernen. Pfarrkirche.
Karl der Große(?),
H. 92 cm, und
hl. Magdalena,
H. 84 cm,
2. Viertel 18. Jahr-
hundert, wohl von
Anton Sigristen, Glis
(heute im Pfarrhaus).
Text S. 40.

Schnitzrahmen (im Pfarrhaus). Ehemals Altarobergeschoß oder -bekrönung. H. etwa 122 cm, B. etwa
100 cm. Arve. Neuere Fassung: Lüster und Ölvergoldung. Ende 17. Jh. Zwei kniende Engel unter
krautigem Akanthusblattkelch, auf dem Putten eine Krone halten. Cherub mit knopfartigem Flügelge-
lenk als Konsolenträger. – *Antependienrahmen* (im Pfarrhaus). Holz. Neuere Ölvergoldung. 1. Viertel 18. Jh.
Reiches Akanthusschnitzwerk. – *Stab des Priors* der Bruderschaft des Allerheiligsten Altarssakraments,
genannt vom Weißen Kleid. Krümme Dm. 35 cm. Holz, vergoldet. Von Strahlen umgebener Kelch in
Medaillon aus Ähren und Trauben. – Zur Wachsfigur des *hl. Valentin* siehe S. 42.

    Kreuzweg (im Pfarrhaus). Reliefs. Mit Rahmen 190 × 84 cm, Innenmaße 89 × 55 cm. Linde, polychro-
miert auf Goldgrund. 1898 geschnitzt von HERMANN BINDER, Ehingen[163]. Hochreliefs, teilweise vollpla-
stische Figuren in spitzbogigen Ädikulen mit Fialen und Kreuzblumen.

    Gemälde. Hl. Georg im Kampf mit dem Drachen. Entferntes Hochaltarblatt. Öl auf Leinwand. Mitte 19. Jh.
Weiches Inkarnat. Intensive Buntfarben. – *Kreuzweg* (im Schiff der Kirche). 98 × 70 cm. Öl auf Leinwand.
1775[164]? Restauriert 1968. Erzählfreudige, etwas derbe Malereien von intensiver Farbigkeit. Öfters führen
große Randfiguren raumillusionistisch ins Bild. – *Fastenbilder* (im Pfarrhaus). Tempera auf Leinwand.
Anfang 18. Jh. Qualitätvolle Grisaillen. Nr. 5 und 6 auf Stangen aufgerollt, die übrigen in Spannrahmen.
1. *Jesus am Ölberg.* 205 × 129 cm. Der Engel in der rechten unteren Ecke bringt Kelch und Kranz. Oben
Putten mit Leidenswerkzeugen. – 2. *Geißelung.* 211 × 129 cm. Christus halb liegend. – 3. *Dornenkrönung.*
205 × 129 cm. – 4. *Jesu Fall.* 205 × 129 cm. – 5. *Kreuzigung.* 255 × 191 cm. – 6. *Jesus stirbt am Kreuz.*
300 × 290 cm. Für den Hochaltar. – 7. *Kreuzabnahme.* 210 × 128 cm. – 8. *Grablegung.* 200 × 123 cm. –
Antependienfragment, wohl zum Altar der Heiligen Dreifaltigkeit und Karls d. Gr. gehörend (S. 28) (im
Pfarreimuseum). Etwa 38 × 97 cm. Leder, bemalt. Geprägte Musterung. Ende 17. Jh. In rundbogigem,
gerautetem Feld stehender Karl d. Gr. Auf dunkelrotem Grund vegetabile Phantasieornamente, mit Gold
und Silber ausgelegt. An den Rändern zusammengestückt.

    Ablaßbriefe (im Pfarreimuseum). 1. Enzyklischer Kollektiv-Ablaßbrief, ausgestellt in Avignon am
15. April 1340. Pergament. Schrift und Konturen der aquarellierten Zeichnungen braun. Breite, bandartig
steife Initiale U mit dem üblichen Bildnis Christi zwischen Blattrankenstollen. Weitere Zierinitialen
«[U]N[iversis]S[anctae]M[atris]» in der ersten Zeile. Ungewöhnlich derber und unsorgfältig ausgefertigter
Ablaßbrief. – 2. Reich illuminierter Ablaßbrief, ausgestellt in Rom am 9. Juni 1486. Tuschfederzeichnung,

---

160 PfA Ernen, Briefumschlag Nr. 3.
161 Ebd., Notizheft von ANTON CARLEN und Kirchenrechnung, o. Nr.
162 Ebd., Notizheft von ANTON CARLEN, o. Nr.
163 Ebd., o. Nr.
164 Errichtung eines Kreuzwegs (ebd., D 203).

bunte Deckfarbe und Gold auf Pergament. Oben und seitwarts mit breiter Ornamentborte gerahmt. Links oben in großer Initiale, unter quastenbesetztem Kardinalshut, geteiltes Wappen mit den heraldischen Zeichen der Familien Borgia und Doms, anschließend mit großen Zierbuchstaben der Name des Kardinals und späteren Papstes Alexander VI. «[R]ODERJCUS». Zwischen den blütenbesetzten Spiralranken der Borte girlandengerahmte Medaillons; dasjenige am oberen Rand, gehalten von kunstvoll gezeichneten Engelchen, mit Cibo-Wappen Innozenz' VIII. unter den Papstsignien, dasjenige am linken Rand gespalten mit Kelch im linken, mit Krone auf Dreiberg im rechten Feld[165], am rechten Rand zwei Medaillons mit Brustbildnissen von Petrus und Paulus.

Reliquiare. Hl. Valentin (in einer Nische hinter dem Altarblatt des Valentinsaltars, sichtbar am Festtag des Heiligen) (Abb.33). H.153 cm. Eingekleidet 1866 im Kloster St.Ursula, Brig[166]? Stehender Heiliger mit Schwert. Kopf aus Wachs. Skelett in brokatenem Soldatenkleid, Chlamys und Helm. Daneben seidener Pokal, bestickt mit applizierten, goldenen Blütenmotiven und Pailletten. – *Reliquienschreine* (in der Sakristei). 1. Paar. H.89,5 cm. Holz, vergoldet und polychromiert. Um 1700. Werkstatt des JOHANN SIGRISTEN, Glis? Durch zwei geflammte Rechteckrahmen in die Tiefe gestufter Schrein, gerahmt von schwerem Akanthuslaub mit Bänderstielen über Cherub und Rollwerk. – 2. (im Pfarrhaus). Paar. H.66,5 cm. Holz, vergoldet und polychromiert. 1.Hälfte 18.Jh. Von Akanthusschnitzwerk gerahmter quadratischer Schrein auf predellenartigem Sockel. – *Reliquientableau* (im Pfarrhaus). 78,5 × 28 cm, rundbogig. Karton, mit rotem Taft überzogen. Zahlreiche Reliquien, in Medaillons angeordnet, auf dem Taft golden beschriftet. Dekor aus Goldfäden, Blüten aus Bergkristall.

KIRCHENSCHATZ. *Monstranzen.* 1. Silber, gegossen und getrieben, größtenteils vergoldet. H.87 cm. An der Bekrönung Beschau Augsburg und Meisterzeichen von FRANZ ANTON BETTEL (†1728) (Tab.I, Nr.1). Am Standring und am Strahlenkranz der Muttergottes französische Qualitätsmarke (BEUQUE, Nr.187 oder 188) und Marke Tab.I, Nr.14. Auf dem Rankenkranz «A. BICK» und «WIL» sowie Qualitätsmarke. Nach einem Tabernakeleinbruch 1858 neu hergestellt nach einer Zeichnung von JOSEF RÄBER, Luzern, in Lyon unter Wiederverwendung von Fragmenten der alten Monstranz[167]: Strahlenkranz, Kristallzylinder und bekrönendes Kreuz. Von der Renovation 1919 durch ADOLF BICK, Wil, bei der die Monstranz verkürzt wurde[168], silbernes getriebenes Rankenwerk, Deckel und Strahlenkranz am neu montierten Kristallzylinder, echte Steine (Granate, Chrysoprase, Calcedone und Rubine), Silberrosette am bekrönenden Kreuz. Am ovalen gewölbten Fuß Rollwerk- und Akanthuskartuschen mit Diamantbuckeln sowie zwei Reliefs musizierender Engel. Breiter trichterförmiger Knauf. Auf der mandelförmigen Gloriole silberner Akanthuskranz mit vergoldeten Appliken: Cherubim, Muttergottes, Heilige Dreifaltigkeit unter Krone. – 2. Messing, vergoldet, Dekor teilweise vergoldet. H.74 cm. 1930. Deutsche KIRCHENMETALL-KUNSTWERKSTÄTTE, Regensburg. Mandelförmig. Derber Weinlaubkranz vor Strahlengloriole. Geschuppte Girlande um Lunula. – *Ziborien.* 1. (Abb.46). Silber und Kupfer, vergoldet. H.40 cm. 1858. Lyon[169]. Marken wie am Fuß der Monstranz Nr.1 (siehe oben). Rosettenförmiger Standring. Am karniesförmig gewölbten Fuß Rollwerkfries und, in C-Bogen-Kartuschen, biblische Reliefs. Weitere biblische Reliefs am durchbrochenen Korb. Am Deckel Büsten in Rollwerkkartuschen. – 2. Kupa Silber, vergoldet, übrige Teile Kupfer, versilbert. H.35,5 cm. 1894. Französischer Ausfuhrstempel (ROSENBERG IV, Nr.5920) und Marke Tab.I, Nr.15. Durchbrochener Korb. Stilisierter vegetabiler Dekor eingraviert. – 3. Silber, gegossen, vergoldet. H.36 cm. 1918. Französischer Ausfuhrstempel wie bei Nr.2 und Marke Tab.I, Nr.16. Am Sechspaßfuß, an Kupa und Deckel, in ellipsenförmigen Medaillons silberne Brustbildnisse der Apostel, von Jesus, Maria und Joseph sowie die Tugenden Spes, Fides und Caritas.

Kelche 1 *«Schinerkelch»* (Abb.41 und 42). Silber, vergoldet. Email. H.21,2 cm. 1.Viertel 15.Jh. Aus einer römischen Goldschmiedewerkstätte[170]? Nach der Überlieferung ein Geschenk des Kardinals Matthäus Schiner[171]. Kupa neu[172]. In den sechs abgesetzten kielbogenförmigen Pässen des Fußes, unter Doppelarkaden, je zwei Apostel, in Silber graviert; Fond aus blauem, grünem oder braunem transluzidem Email auf gerautetem Grund. Die Apostel versehen mit Attributen und farbigen Tituli in Schriftbändern.

---

165 Vielleicht Wappen von Nikolaus Supersaxo (†1499), Großkantor des Domkapitels, Neffe des Bischofs Walther Supersaxo. (Freundl. Auskunft von Chorherr L. Dupont Lachenal, St-Maurice, der auch das Wappen Doms identifizierte.) Als Bittsteller genannt wird zwar nur Pfarrer Nikolaus Schiner.

166 «Den Klosterfrauen in Brig für St.Valentin Fr.60.–» (PfA Ernen, Kirchenrechnungen 1855ff.).

167 PfA Ernen, Briefumschlag Nr.4.

168 Ebd., Rechnung, o.Nr., und Briefumschlag Nr.32.

169 Ebd., Briefumschlag Nr.4.

170 Vgl. C.G. BULGARI, Argentieri Gemmari e orafi d'Italia, Rom 1966, Tf.I.

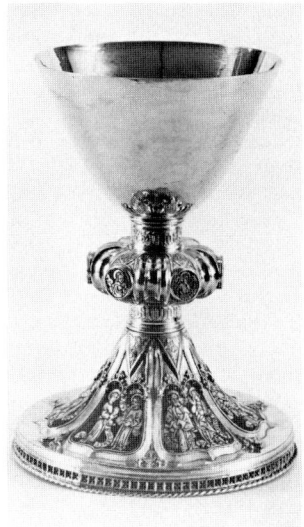

Abb. 41 und 42. Ernen. Pfarrkirche. «Schinerkelch», 1. Viertel 15. Jahrhundert (heute im Pfarreimuseum),
und Ausschnitt mit den Heiligen Simon und Bartholomäus (Kelch Nr. 1). – Text S. 42 und unten.

Geriefelter Nodus. An den sechs Rotuli graviertes gotisches Maßwerk, an ihrer Stirn, in gleicher Technik
wie auf den Fußpässen, Medaillons: halbfiguriger Tetramorph mit Tituli, Johannes Baptista und
Kniebildnis des hl. Mauritius. Am runden Schaft Inschrift oberhalb des Nodus: «+ Sangwis[Blattorna-
ment]unda.nos», unterhalb des Nodus: «+ areatis[Blattornament]mvnda[Blattornament]»[173]. In den
fließend bewegten Draperien und Schriftbändern der kunstvollen Apostelfiguren entfaltet sich der
«Weiche Stil» des frühen 15. Jahrhunderts. Im Aufbau ähnlich dem Meßkelch von 1364 aus der
ehemaligen Benediktinerabtei Pfäfers SG (SLM, Inv.-Nr. IN 7011). – 2. Silber, vergoldet. H. 24 cm.
1. Hälfte 17. Jh.? Keine Marken. Sechspaßfuß. Ösenartige Öffnungen zwischen den Standringlappen.
Über einem gewölbten Fries flache Sechspässe, auf dem vordersten eingraviert Kreuz auf Erdhügel.
Herzblattkranz am polygonalen Schaftfuß. Sechskantiger profilierter Nodus. Schmucklose Kupa. –
3. Silber, vergoldet. H. 22 cm. Beschau Brig, Meistermarke von MARKUS JAKOB BICKEL (Tab. I, Nr. 10).
1. Viertel 18. Jh. Glatter runder Standring. Am Fuß sechs Buckel mit großen Blüten und Akanthuswedeln.
Mit Palmetten behangener scharfer Schaftring als Abschluß des zylindrischen Schaftfußes. Birnförmiger
Nodus, geschmückt mit Spiegeln in Akanthus. Am durchbrochenen Korb abwechselnd Kompositionen
aus Leidenswerkzeugen und Früchten. – 4. Silber, vergoldet. H. 23,5 cm. Rokoko. Beschau Augsburg (mit
Buchstabe I). 1749–1751. Meistermarke verschlagen. Rosettenförmiger Standring. Gewölbter Fuß, von
drei zwickelförmigen, geschweiften Stegen gegliedert. Ähnlicher Dekor am festen Korb. Dreikantnodus.
Reicher Rocailleschmuck. – 5. (Abb. 45). Silber, vergoldet. H. 27 cm. Beschau Zug, Meistermarke von
FRANZ ANTON SPILLMANN (1705–1783) (Tab. I, Nr. 26). Mitte 18. Jh. Zierkontur des Standrings über
einem Zierfries wiederholt. An den flauen Sechspaßbuckeln des kuppelig geblähten Fußes Reliefs in

171 Nuntius Edoardo Cibo nahm 1675 den Kelch als historisches Andenken von seiner Anweisung aus,
die Kelche zu modernisieren (H. A. VON ROTEN, Der Nuntius Cibo im Wallis [1675], BWG VIII [1935],
S. 78/79). – «... ein Kelch vom Kardinal» (PfA Ernen, Kirchenrechnung vom 9. Febr. 1801 und Notizbüchlein von ANTON CARLEN, o. Nr.). EMIL WICK bezeichnete ihn 1864–1867 als Geschenk des Kardinals
(FURRER [wie S. 8, Anm. 15], S. 56 E).

172 Der mit Camera lucida zeichnende EMIL WICK gab 1864–1867 die Kupa weniger konisch und
kräftiger gebaucht wieder (ebd.).

173 Blut, Woge, reinige uns von Schuld! Sangui[ni]s unda = Woge des Blutes = strömendes Blut?

ovalen Medaillons: Jesus am Ölberg, Jesus am Kreuz, Grablegung, dazwischen Putten mit Leidenswerkzeugen. Am Schaftfuß Symbole der Passion: Schweißtuch der Veronika; Herz mit Flamme, gerahmt von den durchbohrten Händen und Füßen; Kanne auf Schüssel. Birnförmiger Knauf mit Cherubim. Der durchbrochene silberne Korb ähnlich dekoriert wie der Fuß. In den Medaillons: Backenstreichszene; Geißelung; Pietà. Zierlicher, fein gearbeiteter Kelch. – 6. Vergoldet. H. 24,2 cm. Mitte 19. Jh. Keine Marken. Runder gewölbter Fuß, mit Pflanzenfriesen geschmückt. Urnenknauf. Imitierter Korb mit Trauben- und Rankenfries. – 7. Silber und Kupfer, vergoldet. H. 23,5 cm. Ende 19. Jh. Gleiche Marken und Ornamentik wie Ziborium Nr. 2 (siehe oben). – Kelch der Ernerwaldkapelle (S. 96) (Abb. 44).

Meßkännchen und Platte aus Silber. 1. Paar. Silber, vergoldet, Weinkännchen auch innen vergoldet. H. 12,3 cm. Beschau Sitten. Meistermarke von JOACHIM WICKART? (Tab. I, Nr. 22). Ende 17. Jh. Glatter Standring. Profilierter runder Fuß. Silberner Akanthusrankenkorb. Profilierter Deckel mit wellig gehämmertem Saum und mit Knopf. Henkel in Form einer C-Bogen-Ranke. V und A als Krücken. – 2. (Abb. 43). Silber, vergoldet. H. 14,5 cm. Beschau Brig. Meistermarke von MARKUS JAKOB BICKEL (Tab. I, Nr. 9). 1. Viertel 18. Jh. Kegelförmiger Fuß mit zwei Reihen von Akanthusblättern. Akanthuskorb. Maskaron unter dem Ausguß. A und V statt eines Knopfes auf dem mit Blattrosette geschmückten Deckel. Perlstab am Henkel. – *Platte.* L. 30 cm, B. 23,5 cm. Keine Marken. 2. Hälfte 19. Jh.? Ovaler Vierpaß, von Quadrat durchschossen. Am Rand in Relief Trauben- und Ährendekor mit zentraler Rollwerkkartusche. – *Meßkännchen und Platte aus Zinn.* 1. H. 9 cm. Vom Walliser Kannentyp (BOSSARD, Tf. XVII, Typ III, Nr. 8). Feinzinnmarke. – 2. H. 11 cm. Vom westschweizerischen Kannentyp (BOSSARD, Tf. XVII, Typ I, Nr. 5). Auf dem Deckel eingraviert: «V[inum]». – 3. Paar. Aus der Kapelle von Fürgangen. – 4. Paar. Aus der Kapelle von Niederernen (S. 105). – 5. Wasserkännchen aus der Kapelle von Außerbinn (S. 143). – *Platte.* Dm. 22,7 cm. Gießermarke von JEAN ANTOINE CHARTON (1658–1739), Genf (BOSSARD, Nr. 732). Feinzinnmarke. Eingraviert an der Randunterseite: «IBDRM». – *Pyxis* (Ölgefäß?). Silber, an den Profilen ziervergoldet. Dm. 5,8 cm, H. 3 cm. Am Fuß eingraviertes Wappen (unter drei Punkten Kleeblatt mit blattkelchartigen Ranken auf geblähtem Stiel) und die Umschrift: «D . D . MELCHIOR.GRATI.ĀI.ERGO.ECCLĪAE.ARAGN./SVTERVS.PAR.ET.DECS.LVCERN̄.VICARIVS/.ARAGNI.AoM.DC.Vii. 1607»[174], über dem Wappen: «M[elchior]S[uter]». Büchsenförmig. Runder Deckelspiegel. Fuß und Deckelrand mit vergoldeten Profilen gesäumt.

Vortragekreuze. 1. Holzkern, mit Silberblech verkleidet. H. 76,5 cm. 2. Viertel 15. Jh. Zwei Medaillonreliefs, Stier und Löwe, 1960, von EMIL ELTSCHINGER, Kriens. Kleeblattenden. Silberblech, graviert vorn mit Ranken, seitlich mit Rauten. Vergoldete Appliken: Rahmenstäbchen, an den Balkenenden Vierpässe mit Glasflüssen in doppelten Rosetten, an der Rückseite Astkreuzbalken. In den rückseitigen Vierpässen Medaillons mit silbernen Evangelistenreliefs. Qualitätvoller silberner Korpus. – 2. Bergkristall. Kupfer, vergoldet. Korpus Messing. H. 70,5 cm. 1. Hälfte 16. Jh. Fassung der Kristalle wohl in Freiburg i. Br.[175] Renovationen um 1614 (Korpus ersetzt?)[176], 1784/85[177], 1891[178] und 1959[179]. Dreipaßenden und Kreuzbalken konisch nach außen verjüngt. Ziergesäumte Manschetten. Knaufboden mit gebogenen Keulenblättern beschlagen. Korpus wie am Münstiger Kristallkreuz (Kdm Wallis I, S. 94). – 3. Silber, ziervergoldet. H. 79 cm (inkl. Knauf und Tülle). Beschau Sitten. Meistermarke von WILHELM DEER (Tab. I, Nr. 24). 1826/27[180]. Einfaches Kreuz, in den Dreipaßenden Blüte mit großem grünem Glasfluß. – 4. Bronze. H. (Kreuz) 25,5 cm. 2. Hälfte 19. Jh. – *Altarkruzifix.* Messing. H. 74 cm. 1878[181]. Im Stil Louis-Philippe.

Abb. 43. Ernen. Pfarrkirche. Meßkännchen, 1. Viertel 18. Jahrhundert, von Markus Jakob Bickel, Brig (Meßkännchen Nr. 2). Text oben.

Abb. 44–46. Ernen. Kapelle im Erner Wald. Kelch, 1697, von Markus Jakob Bickel, Brig (heute im Pfarreimuseum) (Kelch Nr. 1). Text S. 96. – Pfarrkirche. Kelch, Mitte 18. Jahrhundert, von Franz Anton Spillmann, Zug (Kelch Nr. 5). Text S. 43. – Ziborium, 1858, Lyon (Ziborium Nr. 1). Text S. 42.

Heiltumshand. Silber, gegossen, ziervergoldet. H. 48 cm. Nichtidentifizierte Marke mit den Initialen «MN» (Tab. I, Nr. 37)[182]. Ende 18. Jh. Runder Standring. Am Sockel, zwischen Lorbeer- und Perlstab, appliziertes Dreiviertelbildnis des hl. Georg. Symmetrische Blumen- und Bandmotive am wenig gefältelten Ärmel. An der Stirn umflammte Ovalnische mit Jesusmedaille. – *Reliquiar.* Vergoldetes Blech. H. 29,5 cm. 19. Jh.? Monstranzförmig, mit versilberter durchbrochener Rankenfassade. – *Rauchfaß.* Silber, gegossen. H. 28,5 cm. Beschau Zug. Meistermarke von FRANZ ANTON SPILLMANN (†1783) (Tab. I, Nr. 27)? Mitte 18. Jh. Deckel, 1959, in den zwei Hauptzonen erneuert. Alter Deckelfries noch erhalten. Runder, mit Blumen- und Muschelfries geschmückter Fuß. Am geschweiften Becken Palmettenkranz. Kehle und breiter Fries mit Blumen und Bandwerk. Durchbrochene, in der Gestalt dem Becken ähnelnde Haube. – Dazugehörendes *Schiffchen.* Marken wie am Rauchfaß. Knauf mit großen Perlknöpfen. An den Wangen und auf dem Deckel des langovalen Beckens, durch Bänder in vier Kappen gegliedert, Blumenkompositionen, an den Schmalseiten bandwerkgerahmte Akanthusfächer.

Hängeleuchter. 1. Silber. H. etwa 46 cm. Beschau Augsburg (mit Buchstabe I). Meistermarke verschlagen. 1749–1751. Breiter, gedrückter Ampelkörper, tief eingeschnürt vor dem Fußknauf und am Hals. Durchbrochene Rocaille-Kartuschen. Als Henkel mit Rocaille verzierte Blechbügel. – 2. Silber. H. etwa 41 cm. Beschau Augsburg (mit Buchstabe L). Meisterzeichen von FRANZ CHRISTOFF MÄDERL (Tab. I, Nr. 5). 1754 erworben über «frantz Michel brandenberg silber Krämer von Zug»[183]. Becken und Aufsatz

174 Herr Melchior Suter, Pfarrer und Dekan von Luzern, Vikar zu Ernen, im Jahre 1607 dankbaren Sinnes der Kirche von Ernen.

175 Vermutung von Prof. Dr. H.-R. Hahnloser †, Bern.

176 Bischöfliche Weisung bei Visitation von 1614 (PfA Ernen, D 172).

177 PfA Ernen, D 192.

178 Reparatur durch GUISSANI, (GIUSSIANI?), Mailand (ebd., Kirchenrechnungen 1855ff.).

179 Durch A. STOCKMANN, Luzern.

180 PfA Ernen, D 192. – Am 2. April 1856 heiratete Antonius Clausen Antonia Deer, Tochter des Goldschmieds WILHELM DEER von Sitten und der Josepha Theiler von Luzern (ebd., D 208).

181 Ebd., Kirchenrechnungen 1855ff.

182 Es wird sich daher kaum um die 1759 erworbene Heiltumshand von Meister «Johan Görig Elbner» handeln (StAS, A Clausen-Perrig, D 23).   183 PfA Ernen, D 165.

kräftig eingeschnürt. Zierkartuschen und durchbrochene Rocaille. Als Henkel bekleidete weibliche Figuren auf Doppelvoluten. – 3. Kupfer, versilbert. H. etwa 42 cm. 2. Hälfte 18. Jh.[184]. Oberitalien? Fußknauf und durchbrochener Hals, verbunden durch Henkelvoluten. Der Zwischenraum verkleidet mit Zierkartuschen. Bandwerk, flammende Blüten, Lambrequins. – 4. Bronze. H. etwa 60 cm. 2. Hälfte 19. Jh. Form der spätbarocken Leuchter. Puttenhermen als Henkel. Applizierte Cherubimgruppen. – 5. und 6. H. etwa 45 cm. Gleiche Werkstatt wie Nr. 4. Zentralsymmetrische vegetabile Appliken. – 7. Kronleuchter. Bronze. Dm. 140 cm. 1913. BRONZEWARENFABRIK TURGI. Mit C-Bögen gesäumter Reifen. – *Kerzenleuchter*. *Gotische Schaftringleuchter*. Gelbguß. Vier Paare. H. 19 cm, 25,5 cm, 30 cm, 36,5 cm. – *Renaissance- und Barockleuchter*[185]. Gelbguß. 1.–12. Einzelstücke. H. 79 cm (ohne Dorn) 2. Hälfte 17. Jh. Auf Klauen Dreikantfuß mit vorspringender Platte. Am Schaft Ringe, Urnen- und Vasenmotiv sowie ein Zylinder. Unter der Lichtschale mit Zwinge befestigtes Wappen der Stiftergemeinde. Vorhanden sind noch die Leuchter von «MÜH/LE/BACH», «ST/EIN/HAVS», «BELL/WAL/T», «AVS/SER/BINN», «BOD/MEN/oder bruederschaft», «LAX», «WA/LT» (Niederwald) und «ER/NEN»; ein Leuchter ohne Wappen. – 13. Paar. H. 20 cm. Runder konischer Fuß, gekehlt. Am Schaft Balustermotive und Schaftringe. – 14. Einzelstück. H. 22 cm. Flacher konischer Fuß mit Profilen. Am Schaft Vasen- und Balustermotiv. – 15. Paar. H. 26 cm. Runder geblähter Fuß. Am Schaft Ringe, Vasen- und Balustermotiv. – 16. Paar. H. 33 cm. Dreikantfuß. Am Schaft Vasenmotiv und Schaftringe. – 17. Paar. H. 36,5 cm. Hoher konischer, mit Wülsten und Kehlen gegliederter Fuß. Schaft ähnlich Nr. 13. – 18. Paar. H. 36–39 cm. Platter runder Fuß mit Profilen. Am Schaft, symmetrisch angeordnet, Ringe zwischen Balustern. – 19.–21. Paare. H. 41 cm. Dreikantfuß auf naturalistischen Klauen. Am Schaft, zwischen Ringen, vierkantige gekappte Knäufe und Baluster. – 22. Paar. H. 98 cm. Dreikantfuß auf Kugeln. Pilastermotiv, Ringe und Urnenmotiv am Schaft. – *Neuere Kerzenleuchter*. Drei Paare. Kupfer, versilbert. H. 80,5 cm. Um 1800. Stil Louis XVI. Dreikantfuß auf Klauen. Zwischen eckigen Voluten Ähren, Lamm oder Auge Gottes. Blattkelche und Kymen. – Im *Stil Louis-Philippe*. Sieben Paare.

Ölgefäße. 1. Silber, ziervergoldet. H. 10 cm. Meistermarke «I/P.R» (Tab. I, Nr. 33) (PIERRE-JACQUES RYS, Sitten?). 2. Hälfte 17. Jh. Pokalartiges Gefäß auf zylindrischem Behälter. Deckel, mit Kruzifix bekrönt, durch Kettchen verbunden. – 2. Silber. H. 11,4 cm. 1788/89[186]. Das pokalförmige Obergefäß mit dem zylindrischen Behälter durch Bajonettverschluß verbunden. Flacher, mit Kreuz bekrönter Deckel an Scharniergelenk. – 3. Silber. H. 17,5 cm. Zweiteilig. Unten am Standring eingraviert: «D:A:Stedelin von Schwiz.F[ecit]», auf dem Standring: «D.St... [?]». 1802/03[187]. Stil Louis XVI. Ein runder profilierter Fuß und ein Schaft mit Knauf tragen die beiden zylindrischen Gefäße. Eingraviert: «C[hrisma]» und «O[leum]». – *Medaille*. Silber. Dm. 4,3 cm. Vorderseite: Papstbildnis mit der Umschrift «VRBANVS VIII.PON.MAX.A.XX. [klein: GM] 1643». Rückseite: Immaculata mit der Umschrift «[kleines geteiltes Wappen, oben mit Mondsichel, unten mit nichtidentifiziertem Wappenzeichen] SVB TVVM PAESIDIVM CON.». – *Ziervasen*. Zehn Stück. Kupfer(?), vergoldet. Ende 19. Jh. Am spiraligen Henkel Rokokomotive. – *Meßglocken*. 1. Dm. 8,3 cm. 1819 gegossen von BAPTIST ZEITER?[188]. Am Mantel Rosette über Schnurstäben. Holzgriff. – 2. Dm. 13,3 cm. Am Mantel, unter einer Perlstabgirlande, Glocke, Kruzifix, Sonne und die Jahreszahl 1838. – *Prozessionslaternen*. 1. Zwei Stück. Blech, bemalt mit Silber und Buntfarben. H. 57 cm. 1824/25, von BAPTIST ZEITER[188]. Blumen und Herzen. – 2. Vier Stück. Blech, bronzevergoldet. H. 64 cm. 1892[189]. – *Chormantelschließe* (an Pluviale Nr. 3). Silber, vergoldet. Beschau Zug. Meistermarke von FRANZ MICHAEL SPILLMANN (1734–1805) (Tab. I, Nr. 28). In Gestalt zweier leerer Rocaille-Kartuschen. – *Hostieneisen*. 1. Barock. 17. Jh. Model für zwei große und zwei kleine Hostien. Motive der großen Hostien ein Kruzifixus, das eine Mal mit Engeln, die das Blut der Armwunden auffangen; bei den kleinen Hostien Haupt des Gekreuzigten vor einem Kreuz über offenem Buch(?). – 2. 1880, aus Lyon[190]. Je zwei Model für große und kleine Hostien. In denjenigen der großen Hostien ein Kruzifixus, in denjenigen der kleinen Jesusmonogramm, umkränztes Flammenherz und Korpus. – *Hostienstanzeisen*. 1. Barock. Schmiedeisen. Hölzerner Griff. Zum Ausschneiden kleiner Hostien. – 2. 1880, aus Lyon[190]. Messing und Holz. Mit beweglichem Schneidestift. Für große Hostien.

184 «die Neüwe ampel bey Sant Valentini althar» von 1799? (StAS, A Clausen-Perrig, D 38).

185 1760 «6 kertzenstall» von Meister «Johan Görig Elbner» (StAS, A Clausen-Perrig, D 23).

186 PfA Ernen, D 192.

187 Ebd., Notizheft von Pfr. ANTON CARLEN, o. Nr..

188 Ebd., D 192.

189 Ebd., Kirchenrechnungen 1855ff.

190 Ebd.

Abb. 47 und 48. Ernen. Pfarrkirche. «Schinerkasel», 15. Jahrhundert (heute im Pfarreimuseum) (Kasel Nr. 1). Text unten. – Kasel mit Schiner-Wappen, Mitte 18. Jahrhundert (heute im Pfarreimuseum) (Kasel Nr. 19). Text S. 48.

Paramente (größtenteils im Pfarreimuseum). Außerordentlich reicher barocker Paramentenschatz, zahlreiche Stiftungen von geistlichen und weltlichen Würdenträgern des Dorfes umfassend. *Pluviale.* 1. Rot. 1. Viertel 18. Jh. Lyon[191]. Halsborte 19. Jh. Roter Satin, im broschierten Silbergrund nur an den Konturen der Motive ausgespart. Große stilisierte Blatt- und Blütenmotive in Gold und Silber. – 2. Rot. 1837[192]? Samt. In goldener Reliefstickerei Blütenmotive und Ornamentgitter. – 3. Schwarz. 1853[193]. Samt. Am Schild Jesusmonogramm in umranktem Kreuz, mit Silber und Seide gestickt. – 4. Violett. 1874/75[194]. Lyon. Geschenk von Anton Schiner († 1878). Restauriert 1974. Gemusterter Samt. In Reliefstickerei Jesusmonogramm in Dornenkrone. – 5. Weiß. 1881, von GIUSSIANI & PEZZOLI, Mailand. Geschenk von Anton Schiner († 1878)[195]. 1960 renoviert. In der Art der Mailänder Paramente des 18. Jh. Auf Satin feine symmetrische Ranken in goldener Reliefstickerei und bunte Blütenmotive in Seidenstickerei. – *Dalmatiken.* 1. Rot. 1837? Zu Pluviale Nr. 2 gehörend. – 2. Weiß. Mitte 19. Jh. Grund ausgeringelt. Große rote und violette Rosen als Streumuster. Zu einem Pluviale in Münster (Goms) gehörend. – *Kaseln.* 1. «*Schinerkasel*» (Abb. 47). Blau. 15. Jh. Im 18. Jh. neu aufgezogen und Stab ersetzt. Nach der Überlieferung ein Geschenk des Kardinals Matthäus Schiner († 1522). Zweigestufter Seidensamt mit broschiertem Goldgrund, Goldösen im Samtflor. Vermutlich Genueser Samt. Großes einseitiges Granatapfelmotiv. Vorderteil und unterer Rand des Rückenteils aus kleineren Stoffstücken zusammengenäht. Am Stab bunte Seidenstickerei mit abgehefteten Goldfäden für Konturen und Grund. Appliziertes Schiner-

191 Gleicher Stoff wie an einem Antependium von 1709 in Beromünster (R. L. SUTER, Ein Goldbrokatstoff aus dem frühen 18. Jahrhundert, Unsere Kunstdenkmäler 25/4 [1974], S. 256–261 und rückseitiges Umschlagbild). Zugehörige Dalmatiken in Münster (Kdm Wallis I, S. 95).

192 PfA Ernen, D 216. Erworben über Gally, Hasle LU.

193 Ebd., Notizheft von Pfr. A. CARLEN, o. Nr.

194 Ebd., Kirchenrechnungen 1855ff.   195 Ebd.

Wappen mit bischöflicher Wappenzier und mit der Schiner-Devise «SOLI DEO GLORIA» in bekrönendem Schriftband. Stola und Manipel. – 2. Rot. Damast mit großen stilisierten Motiven, Blumenvasen und Blattkompositionen, in Ripsbindung. Unten am Stab appliziertes Wappen der Familie Folken (W.Wb., Tf.5, Nr.1) und die Inschrift: «16.A + R[everendo] + D[omino] + J[oanne] + F[olken] + C[anonico] + S[edunensi] + C[urato] + V[espiensi] 96»[196]. – 3. Rot. Ende 17.Jh. Wie Pluviale Nr.1. 1960 Wappen der Familie Schiner mit den Initialen «B[arbara?]S[chiner]» und der Jahreszahl 1732 appliziert. Vollständiger Satz. – 4. Grün. Ende 17.Jh. Damast mit stilisierten Blumenvasenmotiven. Breite Silberborten. – 5. Rot. Ende 17.Jh. Um 1787 geschenkt von Landeshauptmann Jakob Valentin Sigristen und seiner zweiten Gattin Josephine Gallay von St-Maurice. Satin. Dichter spiraliger Blumenrankenschmuck in goldener und silberner Reliefstickerei. Am Stab später appliziertes, gesticktes Allianzwappen: geviertes Wappen Sigristen–Matter (ähnlich W.Wb., S.242, Fig.1)[197] und Gallay (W.Wb., S.103, linke Spalte). – 6. (Abb.49 und 50). Weiß. 1701. 1954 auf neuen Stoff übertragen. «Mailänder» hochbarocken Stils. Auf Rips reiche goldene Reliefstickerei und bunte Seiden-Nadelmalerei. Großes Blattwerk und Rosen. Original gesticktes Wappen der Familie Schiner mit der Inschrift: «17 N[ikolaus?]S[chiner]01»[198]. – 7. Rot. Ende 17.Jh. Satin. Diskret buntfarbene Blüten auf silbernem Blattwerk in Seide lanziert. Weite Blattwerk-Ellipsen umschließen eine große Phantasieblüte. Am Stab gemalte Leinwandapplik mit Schiner-Wappen. – 8. Rot und weiß. Um 1700. Rostroter Satin. Brokat mit silbernen Blattwerkmotiven, goldenen Girlanden und seidenen Blümchen. – 9. Rot. Um 1700. Damast. Große, üppige Phantasieblumen- und Fruchtmotive in dünnem silbernem Weiß. Am hinteren Stab silberfarbener Satin mit lanzierten kleinen rostroten Phantasieblumen- und Blattmotiven, am vorderen Stab grüner Taft mit Streublumen. – 10. Weiß. Geschenk des Bischofs Franz Joseph Supersaxo (1645–1734)[199]. Silberbrokatgrund mit lanzierten seidenen Blütenranken in Rosa und Grün, zum Teil mit Goldstickerei gehöht. Stab in der Art der «bizarren Stoffe», Silberbrokat, teilweise mit Frisé-Fäden. Bunte Blüten und Rollwerkmotive. Reiche Klöppelborten. Appliziertes Wappen der Familie Supersaxo (W.Wb., Tf.5) und in bekrönendem Schriftband die Devise der Supersaxo «W[ie].G[ott].W[ill]» zwischen den Ziffern der Jahreszahl 1708. Vorderblatt beschädigt. – 11. Grün. 1721. Auf rostrotem Grund granatartiges Blumen- oder Flammenmotiv aus grünem ziseliertem Samt wabenartig aufgereiht. Unten am Stab, in Medaillon, auf Leinwand gemalt es Vollwappen der Familie Jost (W.Wb., Tf.3, Fig.1) mit der Jahreszahl 1721[200] und der Umschrift: «Haeredes Jophi Jost G[ubernator]:AG[auni]:M[aior]:». – 12. Rot. Damast, broschiert mit silberfarbener Seide. Granatartige Phantasieblüten, gerahmt von Blattgirlanden. – 13. Blau. Lyon? Damast mit großen geschweiften Blattmotiven und kleineren Blüten. Broschiert weiße Konturen und bunte Blumen in Seide, Fruchtkapseln in Silber. Stilistische Anklänge an die «bizarren Stoffe». Vorderer Stab später ausgeringelt. Appliziertes Wappen der Familie Schiner und die Inschrift: «I.A.R[everendo].D[omino].I[oanne].H[enrico]S[chiner]C[anonico]S[edunensi]V[icario]F[oraneo]P[arocho]A[ragni] 1731»[201]. Vollständiger Satz. – 14. Rot. 1.Drittel 18.Jh. Damast mit «bizarr» anmutender Komposition aus großen Bändern und Phantasieblüten. – 15. Weiß. 1.Hälfte 18.Jh. Satin, lanziert mit bunter Seide. Dicht gefüllt mit großen Rosen und Astern als Streumuster. – 16. Violett. 2. Drittel 18.Jh. Damast mit Rosenmotiven, lanziert und broschiert. Dicht gefüllt mit kleineren bunten Blumen und mit Blattwerk in Seide. Appliziertes Schiner-Wappen. – 17. Weiß. Mitte 18.Jh. Auf neuen Stoff übertragen und renoviert. «Mailänder». Rips. Ornamentgitter und dünne Ranken in goldener Reliefstickerei sowie Nelken und Rosen in Seiden-Nadelmalerei gestalten das ganze Blatt symmetrisch. Bandwerkgirlanden statt der üblichen Borten am Stab. – 18. (Tf.III). Grün. Mitte 18.Jh. Grober Taft. Goldene Reliefstickerei und bunte Seiden-Nadelmalerei. Neben Blüten und Ranken trompetenförmige Ornamentgitter und groteskenhafter Lambrequin. – 19. (Abb.48). Grün. Mitte 18.Jh. Frankreich? Quergerippter Seidengrund. Als Streumuster, broschiert mit Gold und mit Seide gestickt, bunte Blumenbüschel auf rocailleartigen Schollen. In den breiten Stabborten silberne Girlanden mit bunten Blümchen. Appliziert gesticktes Wappen der Familie Schiner. – 20. Rot. 1837? Zu Pluviale Nr.2 gehörend. Im Stabkreuz Apokalyptisches

---

196 Pfarrer in Ernen 1682–1684, in Visp 1684–1709 (SCHMID/LAUBER, BWG VII [1934], S.391).
197 Erste Gattin Barbara Matter von Leuk.
198 Deutung als Jahreszahl 1701 von Anton Carlen.
199 In seinem Testament beschrieben (Pfarreimuseum Ernen).
200 Todesdatum wegen Unvollständigkeit des Sterbebuches unbekannt.
201 †1729.

Tafel III. Ernen. Pfarreimuseum. Kasel, Mitte 18. Jahrhundert (Kasel Nr. 18). – Text S. 48.

Abb. 49 und 50. Ernen. Pfarrkirche. Kasel mit Schiner-Wappen, 1701, auf neuen Stoff übertragen (heute im Pfarreimuseum), und Ausschnitt (Kasel Nr. 6). – Text S. 48.

Lamm. – 21. Schwarz. 1. Hälfte 19. Jh.[202]? Damast mit großen Blütenstengeln. Mit breiten, gewellten Silberborten eingefaßtes Stabkreuz. Darin, in Silber lanziert, Kreuz und trophäenartig gruppierte Symbole von Tod und Grab in Astwerkrahmen. – 22. Schwarz. 1. Hälfte 19. Jh. Satin. Streumuster in goldener und mehrheitlich silberner Reliefstickerei. Blütengrüppchen, Ähren und Trauben. – 23. Weiß. Mitte 19. Jh. Ausgeringelter Grund, broschiert und in Ringelstrukturen mit Seide bestickt. Bunte Rosen und Reben an geschwungenen Ranken. Am Stab Blumenvasenmotive. – 24. Weiß. «Mailänder». Wie Pluviale Nr. 5[203]. – 25. Grün. Mitte 19. Jh.? Türkisfarbener gepreßter Samt mit großen gefiederten Blattmotiven. Gelber Stab, gehöht mit Goldlahn. – Je eine Kasel aus der Kapelle von Mühlebach (S. 129) und Außerbinn (S. 143) und zwei Kaseln aus der Kapelle von Niederernen (S. 105). – *Kelchvelen.* 1. Grün. 2. Hälfte 17. Jh. Taft. Seidenstickerei. In der Mitte blütenumkränztes Medaillon mit Jesusmonogramm. Rahmende Blütenrankenborte, durch Stab abgetrennt. Vom Stab zur Mitte strebende Tulpen und Nelken. – 2. Weiß. Anfang 18. Jh. Großblütiger Damast mit granatähnlichem Muster. In der Mitte Hl.-Geist-Taube in Strahlenkranz aus Goldplättchen und -fäden. Bunte seidengestickte Girlandenborte von groteskenhaftem Charakter. Außerordentliches Stück. – 3. Blau. 17. Jh.? Trapezförmig. Damast mit stilisierten Blütenmotiven, bestickt mit bunter Seide. Jesusmonogramm in Blütenrankenkranz. In der breiten Rahmenborte und in den Zwickeln Nelken und Tulpen. – 4. Weiß. Um 1700. Brokat. Ausgesparte weiße Muster von kleinen Phantasieblüten. – 5. Weiß. Anfang 18. Jh. Satin, bestickt mit Silber und Seide. Große stilisierte Phantasieblüten und Blattwerk in zurückhaltenden Buntfarben. – 6. Rot. 1. Hälfte 18. Jh. Auf silberdurchwirktem Grund in gemustertem Samt große Blütengruppe, von Blattwedeln gerahmt. – 7. Blau. Mitte 18. Jh. Fein gerauteter Damast, bestickt mit braun schattierten weißen Phantasieblüten. – 8. Rot. Mitte 18. Jh. Großblumiger Damast, mit Gold und Seide bestickt. In der Mitte Pelikan in

---

202 Eine schwarze Kasel wurde vom Geistlichen Franz Joseph Clausen (†1841) geschenkt (CARLEN, Zwischen zwei Brücken, S. 339). Die Bursa mit Clausen-Wappen und den Initialen «DR/FC» zeigt zwar andere Motive.

203 1890 von GIUSSIANI & PEZZOLI, Mailand (PfA Ernen, o. Nr.).

goldenem Strahlenkranz. Am Rand Ranke mit Röschen und Ornamentgitter in den Ecken. – 9. Grün. Mitte 18. Jh. Satin, bestickt mit gruppierten Blüten in Seide. – 10. Rot. 18. Jh. Damast, gehöht mit Gold und bunter Seide. Dicht angefüllt mit Blüten, Früchten und Blattwerk. – 11. Rot. 18. Jh. Blasser Damast voll Blatt- und Blütenmotiven. In Gold gestickte Streumusterblüten. – 12. Grün. 18. Jh. Taft. Appliziert vogelähnliche Motive in Goldstickerei. – *Bursen.* 1. 14,5 × 14,5 cm. 1774/75[204]? Golddurchwirkter Grund. In goldener Applikenstickerei, inmitten von Lilienmotiven, Medaillon mit temperagemaltem Brustbildnis des kreuztragenden Jesus in Rosettenblüte. Pailletten und Glasflüsse. – 2. 15,5 × 13,5 cm. 1. Hälfte(?) 18. Jh. Satin, mit bunter Seide bestickt. Mit Ranken und Nelken gerahmtes Herz Jesu. Aufgenähte Klöppelspitzen als Bordüre. – *Traghimmel.* 1781[205]. Decke neu montiert. Weißer Satingrund, lanziert mit zickzackgemusterten Bändern, broschiert mit goldenen Rankengirlanden und bunten Phantasieblüten.

Fahnen. Hl. Georg mit Drachen (im Pfarrhaus) (Abb. 3). Zwei Fahnenappliken. Auf Papierunterlage gefärbter Satin, strukturiert mit Gold-, Silber- und Seidenfäden. 1. Hälfte 18. Jh. Aufgezogen auf einer Fahne 2. Hälfte 19. Jh. (vgl. BRUCKNER, Nr. 252), wohl bei Reparatur 1855 in Mailand[206]. – *Prozessionsfähnchen.* 15 Stück. 1892. Von H. GUISSANI, Mailand[206]. Leinwandbilder der Rosenkranzgeheimnisse auf Satin. Auf der Rückseite derjenigen des Freudenreichen Rosenkranzes ein rosenumkränztes Herz mit Schwert, des Schmerzreichen ein dornenumkränztes Herz mit Kreuz, des Glorreichen das Lamm Gottes.

Grabsteinfragmente[207]. 1. Von Moritz Jost (†4. Februar 1665)[208]. Kapitalinschrift: «...LSD̄S MAVRI/[TI]VS IOST AL̄S CAPN̄EUS[209] ET/BANDARET...SEXIES MAIOR/ET SEPTIES LOCV̄TENEN[S]/GOMMESIAE GVBERNATOR/ MONTHEOLI ET AGAVNI/CASTELLANVS*VALLIS IL/[LI]ACAE ET INFERIORIS CASTEL/LIONIS VIXIT ANNIS QV̄/ QUAGINTA 1615.../[1]1665 PRAECLARĀ.../...LARA MORTE...»[210]. – 2. Von Maria Zumbrunnen, Gattin des Meiers Matthäus Matlis. Mit Karnies gerahmter Stein. Kapitalinschrift: «...NEN/RELICTA/QVONDAMST/ RENVI DNI MATHAEIM[T]LIS AĪS/MAIORISLD/GQVAE OBYTI/NDNOA 1685/DIE 9 IVLY»[211]. – *Grabkreuze* (im Pfarrhaus)[212]. Schmiedeeisen. 18. Jh. Zum Teil reichgeschmückt. H. 126,5 cm, 146 cm, 184 cm, 137 cm. Auf dem Schild des letzteren die Inschrift: «1730/VALENTH/INVS.IOST/MELCHIOR/GVNTE[R]N./VND ANNA/ MARIA IOST/EIN EHGEMAHL». – H. etwa 190 cm (auf dem Friedhof). – *Priestergrabanlage* mit Missionskreuz (auf dem Friedhof). Stiftung von Pfr. Adolf Biderbost[213]. Entworfen 1943 von ADOLF GAUDY, Rorschach, gehauen von ALPHONS WIRTHNER (†1945), Blitzingen, aus Selkinger Granit. Korpus: FRANSCINI & LORENZETTI, Locarno.

Glocken. Geschichtliches. Guß einer Glocke 1503[214]. 1714 erließ man eine «Regel ... zu verschonung der grosen Glogen», nachdem man schon 1693 durch LUDWIG KEISER, Zug, hauptsächlich zu deren Entlastung eine neue Glocke hatte gießen lassen. KEISER selbst hatte die alte, wohl aus dem frühen 17. Jahrhundert stammende Glocke als «ein so Kostbares undt Vortreffliches stuck» bezeichnet, daß «weit undt breit ... nit leicht zu finden»[215]. Bei der Kirchweihe um 1730 war beim Läuten das Joch auf einer Seite herausgeglitten, worauf die Glocke zersprang. Zwei neue Güsse von drei Lothringern und ein dritter von KEISER mißlangen oder waren nicht von Dauer. Erst der Guß des Lothringers CHRETIENOT[216]

---

204 StAS, A Clausen-Perrig, D 104.

205 Ebd., D 33.

206 PfA Ernen, Kirchenrechnungen 1855 ff.

207 Bei der Kirchenrestaurierung 1968 entdeckt, aber offenbar nicht aufbewahrt. Photos im KunstdenkmälerA, zurzeit in Brig.

208 PfA Ernen, D 206.   209 Als kursive Suffix.

210 Herr Moritz Jost, einst Hauptmann und Bannerherr, sechsmal Meier und siebenmal ortsansässiger Landvogt des Goms in Monthey und St. Moritz, Kastlan von Lötschen und Niedergesteln, lebte fünfzig Jahre von 1615 bis 1665 ...

211 [Zumbrunn]en, Hinterlassene eines wackern Herrn Mathäus Matlis, einst Meier des löblichen Zenden Goms, die starb im Herrn im Jahre 1685, am 9. Tag Juli. – Vgl. PfA Ernen, D 202 (11. Okt. 1662).

212 Zwei weitere Grabkreuze auf dem Friedhof von Raron.

213 PfA Ernen, Jahrbuch der Pfarrei Ernen 1930 ff.

214 GdeA Niederwald, C 7.

215 PfA Ernen, D 156, 157 und 188, sowie Michel-Chronik (ebd., o. Nr.). Entgegen der Abmachung wurde die Glocke von 1567 damals nicht eingetauscht.

216 Wohl der später berühmt gewordene Glockengießer JEAN-BAPTISTE CHRESTIENNOT aus Chaumont-la-Ville, der 1776 vier Glocken für das Palais de Justice in Paris goß (Allgemeines Lexikon der bildenden Künstler von der Antike bis zur Gegenwart, begründet von U. THIEME und F. BECKER, VI, Leipzig 1912, S. 531).

befriedigte. Beim Ankauf von Glocken wurden 1868/69 Teile einer zersprungenen Glocke und eine alte Glocke eingetauscht, wobei es sich wohl um die viertgrößte sog. «betten glogga» von 1567 mit der Schiner-Devise «SOLI DEO GLORIA» als Inschrift[217] und um das «rossen krantz glogelte» von 1599 handelte[218]. 1924 wurde die zersprungene zweitgrößte Glocke von 1693 als Zahlung abgetreten[219].

Bestehendes Geläute. 1. «Completi». Dm.51 cm. Ton a'. Datiert 1414. Zwei Bügel, geschmückt mit gebändertem Rundstab und zwei Sternenpaaren. Umschrift in gotischen Majuskeln: «ANO*DNI*-MILLESIMO*CCCC*XIIII*+». Eckstab unten an der Flanke, zwei Schnurstäbe am Saum. – 2. Mittagsglocke. Dm.100 cm. Ton gis'. Datiert 1522. Sechs knieförmig gebogene Kronenbügel mit Perlstab am Rücken. Schnurstäbe an der Schulter. Zwischen Schnurstäben die Umschrift in gotischen Minuskeln: «in honore sancte indiuidue trinitatis patris et fili et spiritus sancti amen atque/sanctor̄ patronor̄ dei genitricis uirginis marie sancte anne et beati georgii mccccxxii». Zwischen der Umschrift und einem Schnurstab vier kleine Reliefs: unter Spitzbogenfriesen Jesus und die Apostel Bartholomäus (Judas Taddäus?), Jakobus d.Ä., Philippus. Schnurstäbe unten an der Flanke und am Saum. Am Joch die Inschrift: «DIE KIRCHEN/FOEGT IF/IL/1783». – 3. Dm. 148 cm. Ton cis'. Sechs Vierkantbügel. Stehender Palmetten-fries. Zwischen Schnurstäben die Umschrift: «DOMINUM IN CYMBALIS BENE SONANTIBUS LAUDATE EUM JN CYMBALIS JUBILATIONIS OMNIS SPIRITUS LAUDATE DOMINUM.PSL. 150.+1736: LAUDATE»[220]. Am untersten Schnurstab hängend Cherubim. An der Flanke über Schnurstäben Reliefs: die Heiligen Georg, Theodul, Valentin und Katharina, ferner, gerahmt von Cherubim und Salbeiblättchen, Marienkönigin und Kruzifixus. Inschrift: «CHRETIENOT FONDEUR[Doppelkreuz]». Am Saum Schnurstäbe und Salamander. Das die Glocke am Joch festklammernde Eisenbeschläg datiert 1732[221]. – 4. Dm. 80 cm. Ton b'. Sechs Bügel mit Maskaron. Zwischen Schnurstäben die Umschrift: «HAEG ECCLESIAE ARAGNENSIS CAMPANA IMMACULATAE B.V. MARIAE CONCEPTIONI DEDICATA EST.». Festons-Girlande am untersten Schnurstab. Flankenreliefs: Immakulata; zwei Posaunenengel mit Glocke über der Inschrift «TREBOUX FONDEUR/ A VEVEY/1868» und Eichenblättern. Eichenblattfries zwischen Schnurstäben. – 5. Dm. 73 cm. Ton c''. Sechs geschweifte Bügel. Zwischen Palmettenfriesen die Umschrift: «DEDICATA EST CAMPANA HAEC IN HONOREM SANCTI JOSEPHI.SPONSI.B.V.MARIAE». An der Flanke Reliefs von Maria(?) und Josef. Am Glockensaum: «TREBOUX FONDEUR A VEVEY 1869». – Ferner zwei Glocken der Firma RÜETSCHI AG, Aarau, von 1924.

Abgewandertes Armreliquiar (Museum Valeria Sitten, Inv.-Nr. MV1439)[222]. Silber. H.46 cm. Im Sockel Holzkern. Sockel 15.Jh.? Arm Mitte 17.Jh. 1908 vom Museum erworben[223]. Achtseitiger Sockel. Eingezogener gerauteter Kern zwischen Profilen. Auf Schuppengirlande üppig gefälteter Ärmel mit schmalem hochrechteckigem Nischenfenster und Tragring. Am vergoldeten Ärmelreifen gravierte Granat-muster mit zentraler Lilie.

ZENDENGERICHTSGEBÄUDE («ZENDENRATHAUS»)

GESCHICHTE. Nach heftiger Auseinandersetzung mit der Pfarrei Münster wurden 1447 Gefängnis, Gericht und Galgen des Zendens Ernen zugesprochen. 1560 erwarb der Zenden ein Haus in Ernen[224], um es zu einem Gerichtshaus umzubauen, 1738 ein im Westen beinahe an das Zendenhaus (von 1560?) stoßendes Wohnhaus[225], offenbar in Hinblick auf einen Neubau etwas weiter östlich vom Standort des damaligen

217 E. WICK las die Jahreszahl 1561 (FURRER [wie S.8, Anm.15], S.58A).

218 Michel-Chronik (PfA Ernen, o.Nr.).

219 PfA Ernen, Protokollbuch des Kirchenrates 1918ff. – Inschrift: «Us dem für ich floß ludwig Keiser von zug mich goß» (FURRER [wie S.8, Anm.15], S.58A). Den Spruch übertrug RÜETSCHI auf die Marienglocke.

220 Eingesegnet am 30.Juli 1736 (PfA Ernen, D175).

221 Wohl von der bald darauf wieder gesprungenen Glocke des LUDWIG KEISER, Zug (PfA Ernen, D188).

222 Zeichnung in FURRER (wie S.8, Anm.15), S.58A.   223 PfA Ernen, Briefumschlag Nr.43.

224 Bei dem 1635 erwähnten Rathaus kann es sich um ein anderes, der Gemeinde Ernen gehörendes Gebäude handeln (SCHINERA [zurzeit bei alt Pfarrer Peter Arnold, Mörel], Nr.133).

225 PfA Münster, A473.

Gerichtshauses. Maurermeister Ragozi beschaffte um 1741 bereits die Tuffsteine[226]. Energisch in Angriff genommen wurde der Bau jedoch erst 1750 nach Übergabe der Arbeit an Statthalter und Landvogt Johannes Franz Taffiner, Reckingen. Die Zahlung der Pfarrei Münster von 1751 an die «Gätter und Schlösser» deutet auf einen anfänglich raschen Fortgang der Arbeiten, die erst 1762 abgelegte Rechnung mit erheblicher Kostenüberschreitung auf eine nachträgliche Verzögerung[226]. Nach dem Untergang der Zendenherrlichkeit ging das Haus an die Gemeinde Ernen über. Zu wiederholten Malen drohte dem Bauwerk ein Umbau: 1879/80[227] mit Erweiterung zu einem Schulhaus, 1921–1923 mit Anbau eines Treppenhauses[228]. 1953 Restaurierung durch den Schweizer Heimatschutz. Fresko des Zendenfenners von Heinrich Boissonnas, Zürich, an der nördlichen Traufseite. Der ehemalige Gerichtssaal mit der Kapellentür (1684) von Niederernen (S. 104) wird als Gemeinderats-Sitzungszimmer verwendet, der Raum des dritten Stockwerks als öffentliches Archiv. 1975 Restaurierung durch Paul Sprung, Naters, unter Aufsicht der Kantonalen Denkmalpflege.

Literatur. Carlen, Zwischen zwei Brücken, S. 366–370. – Ders., Zendenrathaus und Galgen in Ernen, W. Jb. 1963, S. 27–33. – G. Ghika, L'Hôtel de ville du dizain, les archives et les potences d'Ernen, Bulletin de la Murithienne 81 (1964), S. 90–96.

Beschreibung. Das Zendenrathaus (Abb. 51, 52 und Tf. I) tritt an der Ostflanke des «Ober Hengert» (S. 12) als schmaler dreigeschossiger Quader mit krüppelgewalmtem Schindeldach auf den Platz vor. Die Rückwand ist blind, die Nordfront nur mit einer Fensterachse für das Treppenhaus belichtet, die übrigen Fronten sind in strenger Regelmäßigkeit befenstert. Nur der Tuff des Portals und der Fensterrahmungen belebt die abweisenden Fassaden. Die Proportionen der Fenster und die Gestalt des Portals, vorab die geohrten Ecken unter den steilen Sprenggiebeln, wirken so stilverspätet, daß man im Tuffwerk zum Teil Spolien des Vorgängerbaus vermutet. Über dem Portalgiebel eingelassene Giltsteinplatte mit verwittertem Zendenwappen in akanthusgerahmtem Medaillon. Wandgemalte Sonnenuhren an beiden Fronten der Südwestecke[229]. Durchsteckte Gitter; schmiedeeiserne Blume im Okulus. Die eingemauerten Zugbalken enden in Rollwerk. Innen steht die Wechseltreppe in der Nordwestecke offen zu einem Quergang unmittelbar hinter der Stirnfassade. Von hier aus betritt man im versenkten Kellergeschoß die zwei *Verliese*, im ersten Stockwerk die zweigeschossige *Folterkammer* und den auch zum Gang hin befensterten *Untersuchungshaftkerker*(?), im zweiten Stockwerk den *Gerichtssaal*. Im einräumigen dritten Stockwerk fehlt der Quergang. Bis zum Fußboden reichende, flach stichbogige Fensterkammern.

Baluster-Ausziehtisch (in dem heute als Gemeinderatszimmer benutzten Gerichtssaal). Nußbaum. In der Mitte der mit Blattschuppen und Nelken beschnitzten Zarge herzförmiges Wappen, gefüllt mit drei Fünfstrahlensternen und bekrönt von einem Stab. – *Truhen.* 1. Nußbaum. Zweiachsig. Frühes 18. Jh.

---

226 StAS, A Clausen-Perrig, C 10.
227 GdeA Ernen, D 17.
228 Die Pläne, zum Teil Aquarelle, von Firma Zeiter & Knecht, Brig, zu den zwei Varianten dieses Umbaus sind erhalten (ebd., o. Nr.). Vgl. Ruppen, Das Zendenrathaus von Ernen soll umgebaut werden, Walliser Volksfreund 51 (1970), Nr. 59.
229 Biner, S. 79.

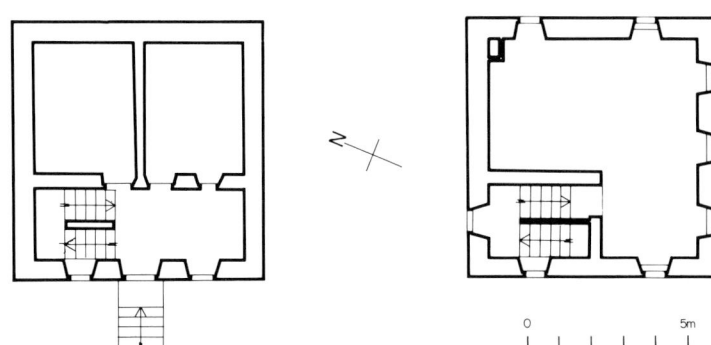

Abb. 51 und 52.
Ernen.
«Zendenrathaus»,
1750–1762.
Grundrisse Erd-
geschoß und zweites
Stockwerk.
Text S. 52.

Glatte Pilaster. In Rechteckfüllungen geschnitzte Monogramme von Jesus und Maria in Akanthuskranz. – 2. Nußbaum. In den drei Oktogonfüllungen eingelegt: «17 IHS 71». – *Dielbaumfragment.* Aus dem
abgerissenen Supersaxo-Haus «uff der Flüe» (Koord. 95/155). Eingeritzt Rosette und Inschrift in
gotischen Minuskeln: «anno.dñi.m.cccc.Lxxviii». – *Bügelkanne.* Zinn. H. 39,5 cm. 1. Hälfte 17. Jh. Gießermarke: übereinander aufgereiht liegender Mond, die Jahreszahl 1601 (einer Gießerordnung?) und
Fünfstrahlenstern, oval umschriftet: «HANS I.HEMI+». Feinzinnmarke. Schiner-Wappen als Besitzermarke
(von Landeshauptmann Matthäus Schiner [† 1623]?). 1881 soll die Kanne aus bischöflichem Besitz in eine
Zuger Sammlung gelangt sein; 1976 durch private Initiative zurückerworben. Platt gedrückter Leib über
kräftig eingeschnürtem Fuß. Am rillengesäumten Rundstabprofil des hohen Halses appliziertes Schiner-
Wappen. Rosettenscheiben an den Bügelachsenenden. Eichelartige Krücken. Kein Ausguß. Bekrönende
Meerjungfrau auf dem Deckel. Maßwerkförmiger Bügel.

   Das *Archiv* birgt zahlreiche bedeutsame historische Dokumente, zum Teil versehen mit Siegeln.

WOHNHÄUSER

ALLGEMEINES. Schon den Chronisten JOHANNES STUMPF und JOSIAS SIMLER fielen in
dem schmucken Dorf, im Gegensatz zum oberen Goms, einige gemauerte und mit
Stein (Schiefer?) gedeckte Häuser auf[230]. Das wohl von fremdem Meister unter
Mithilfe eines einheimischen Zimmermanns erbaute «Tellehüs» (1576) fand in Ernen
selbst vermutlich wegen seines ausgeprägten Blockbaucharakters keine Nachfolge.
Abgesehen vom Haus des Melchior Michel am Hengart, Nr. 31 (1584), das den Typ
des späten 17. Jahrhunderts vorwegnahm, erhielt am «besseren» Erner Haus der
Stein zunehmende Bedeutung. Der Hang zum Stein manifestierte sich in den
Jahrzehnten um 1600 im Bau von zwei Häusern mit steinernem «Saal»-Stockwerk –
das älteste Haus dieses Typs steht in Moss (1557) (Fiesch). Dann trat der Stein
allmählich auch an der Stirnfassade in Erscheinung, wobei es sich freilich fast
ausschließlich um spätere Anbauten handelt, so am Haus Nr. 22 in unbekannter Zeit,
am Jost-Sigristen-Haus, Nr. 30, im Jahr 1598 und am Schulhaus, Nr. 23, 1668. Der
Anstoß dazu, daß der Bannerherr Martin Matlis sein Haus, Nr. 37, 1631 als einziges

---

   230 «... ist auch zimlich erbuwen mit gemeur vnd steinwerch, welches oberthalb nit im brauch»
(STUMPF [wie Anm. 23]). – «... aedificia habet non inelegantia, & quasdam domus muratas & lapide fissili
tectas, superior enim regio non nisi è ligno aedificia habet, tecta è larignis scandulis» (JOSIAE SIMLERI
Vallesiae et Alpium descriptio, Liber I, Lugduni Batavorum [Leiden] 1633, S. 45). So war u. a. das Matlis-
Schiner-Haus Nr. 37 mit Schiefer gedeckt. Heute ist keines der Schieferdächer mehr erhalten.

Erner Haus gleich von Anbeginn mit steinerner Seitenachse baute, wird von der Wirkung der prächtigen Stirnfassade des Jost-Sigristen-Hauses ausgegangen sein. Infolge der politisch-kulturellen Initiative des Obergoms in der zweiten Hälfte des 17. Jahrhunderts ließ sich aber schon 1677 der von Fiesch hergezogene Johann Kreyg vom mächtigen Imsand-Haus (1669/70) in Münster[231] inspirieren, worauf der Typ dieses Münstiger Hauses namhafte Erner Bauten bis zum Jahrhundertende bestimmte. Die Vorliebe für den Stein bei der Fassadengestaltung beschränkt sich im Untergoms jedoch beinahe auf Ernen. Drei Häuser in Lax, Nr. 10, 13 und 20, sowie eines in Fiesch, Nr. 1, weisen noch gemauerte Seitenachsen auf. Das mit Mauer ummantelte Haus des Pfarrers Peter Karlen in Wileren (Binn) nimmt sich fremd in der Hausarchitektur des Goms aus.

In den namhaften Häusern aus den Jahrzehnten um 1600 hat Ernen den Grundriß mit Quergang im steinernen «Saal»-Geschoß als Vestibül zur Treppe am andern Ende des Gangs ausgebildet. Diese Anlage des Eingangs gleicht derjenigen im älteren Haus Nr. 19 (1. Drittel 16. Jh.), wo der Gang jedoch axial mitten durch das Kellerge-schoß zur Binnentreppe an der Hausrückwand führte. Beide Typen wurden später sporadisch vom Obergoms wieder aufgegriffen: der ältere Typ im Haus Nr. 8 (1627) in Geschinen[232], der Quergang im Haus des Peter Imsand (1669/70) in Münster.

Ernens Vorliebe für den Stein äußerte sich ferner in den steinernen Binnentreppen-anlagen der Häuser jener Zeit. Verfügte das «Tellehüs» (1576) erst über eine Wendel-treppe zu den Kellern[233], so brauchte das Am-Hengart-Haus, Nr. 31 (1584), eine solche im Erdgeschoß als Aufgang zu den Wohnstockwerken. Im Schiner-Haus, Nr. 34 (1603), steigt die steinerne Wendeltreppe durch alle Geschosse empor – die einzige Wendeltreppe des Obergoms im Haus des Adrian Jergen (1665) in Münster besteht aus Holz[234]. In den kreuzgratgewölbten Treppengängen des Matlis-Hauses, Nr. 37 (1631), lebt die Erinnerung an die besten Häuser der unteren Zenden fort.

1. *Pfarrhaus.* Koord. 120/170. Kat.-Nr. Fol. 29. 1438 ließ Pfarrer Georg Holzer von Niederernen das Pfarrhaus erbauen[235]. Renovationen 1567 (Jahreszahl am Tuffrah-men des vorderen Fensters an der westlichen Traufseite des Mauersockels), 1593–1599 unter Pfarrer und Domherr Jakob Schmideiden[236], 1652(?)[237]. 1733 Holzwerk erneuert durch Pfarrer Melchior Walpen. Bei der Renovation 1816–1821 Haustür von 1816 mit Schmiedearbeiten ähnlich denjenigen an der Sakristeitür[238]. 1886/87 Tapezierung des Pfarrsaals durch GRÜEBLER, Zürich, und Gipser GIO-NOTTI[239]. Weitere Renovationen 1939, 1953–1960 und 1978.

Das zweistöckige Haus steht oben «uff dr Flüe», ehemals «im Hof» (S. 12), nach Norden zur Kirche hingewendet. Kräftige Pfeilschwanz- und Würfelfriese unter Wolfszahn zieren die Wände; an der östlichen Traufseite und in den seitlichen

231 Kdm Wallis I, S. 132.
232 Ebd., S. 252/53.
233 Ehemals wohl später eingebaute Wendeltreppe auch in Haus Nr. 14.
234 Kdm Wallis I, S. 129–131.
235 «... fundata est domus ecce» (PfA Ernen, D 17).
236 Ebd. und PfA Binn, D 1.
237 StAS, A der Familie Jost, JJ 54.
238 PfA Ernen, Notizheft von ANTON CARLEN, o. Nr.
239 Ebd., Kirchenrechnungen 1855 ff.

Giebelzwickeln rahmen sie noch originale Fensteröffnungen, deren außerordentliche Größe auf die Bedeutung des Hauses hinweist. Ursprünglich war die Front des Pfarrsaals im oberen Stockwerk ununterbrochen wie Burgerstuben befenstert. Über der Fenstergruppe der Giebel-«Loiba» blumenbekrönte Kielbögen und die Inschrift: «GE LOBT SEI IESVS CHRISTVS». Rundbogiges Eingangsportal mit Tuffgewände an der östlichen Traufseite. ⌐⌐. 2 und Giebel-«Loiba». F, jedoch mit Küche hinter dem «Stubji» bzw. dem großen Vestibül mit Treppenaufgang. Im zweiten Stockwerk sogenanntes Bischofszimmer an Stelle der Küche und durchgehender Saal (Abb. 55) im Vorderhaus. Die Saaldecke ruht mit neun profilierten, darunter vier beschrifteten Längsbalken auf hölzernem Sims mit Konsolen. Tapeten 1937.

Inschriften. 1. Stockwerk. Stube: «[Monogramme von Jesus und Maria] ATTENDITE . VOBIS . ET PRETIOSO . DEPOSITO.VESTRO.QVOD.VOBIS.CREDITVM.EST:CIVITAS.EST.VIGILATE.AD/CVSTODIAM.SPONSA.EST.ORNATVI. STVDETE . OVESSVNT ATTENDITE . PASCVIS . S . BERN . ANNO DNI M . D . C . C . X . X . X . III»[240] – «SIT . SACERDOS . IN . COGITATIONE . MVNDVS . ACTIONE . PRAECIPVVS VTILIS IN . VERBIS . BENIGNVVS . IN . OMNES . / HVMILITATE . BONORVM . SOCIVS . IVSTITIAE ZELO[sus?]ERGA . IMPROBOS . SEVERVS . S . GREG .»[241]. – «Stubji»: «AGNOVSCE . VVLTVM.PECORIS TVI.TVOSQVE.GREGES.CONSIDERA.PROV.27/VAE.MIHI.SI.NON.EVANGELIZAVERO:PMA COR 16 1733»[242]. – 2. Stockwerk. Vestibül: «DOMVS.EXSTRVCTA.ADM.RDO.D.IOAN.MELCHIORE.WALPEN.PAR.VIC.FOR. NOB.ET.STREN.D.IO.FABIANO.SCHINER.BAND.CANCEL.COLONELLO.M.CASTELANN.AEDILI/IOANNE.ANDRES. MAGISTRO : IOSEPHO . BRIW . ET . CHRISTIANO . BITTEL . PROCVRATORIBVS . ECCLESIAE . ANNO . DNI . 1733»[243]. – Pfarrsaal: «ILLVM . NVLLVS . AMAT . QVI . SEMPER . DA . MIHI . CLAMAT . ANNO . DNI MDCCXXXIII» – «NESCIT . IVSTITIAM . NEC . HONOREM . CVRAT . AVARVS» – «IVDICIS . EST . RECTI . NEC . MVNERE . NEC . PRECE . FLECTI» – «SI . CONCORDEMVS . SATIS . OMNIBVS . EST . QVOD . HABEMVS»[244]. – *Öfen.* 1. Rund. Zweigeschossig. Am Sims breiter Reifen auf Karnies. An der Stirn in quadratischem Feld die Jahreszahl 1593, die Inschrift «I[aco-bus].S[chmideiden].C[uratus].A[ragni].ET[in Ligatur].C[anonicus].S[edunensis]» und plastisches Wappenschild der Familie Schmideiden: auf Dreiberg durch Stab gespaltenes S, gerahmt von pyramidenförmig angeordneten Fünfstrahlensternen. – 2. (Abb. 55). Rund. Dreigeschossig. In der oberen Zone, zwischen Tulpen in hochrechteckigen Feldern, quadratisches Feld mit Relief des hl. Georg über der Jahreszahl 1735. Profilierte Füße. – 3. Dreigeschossig, mit schmaler Zwischenzone. Reichprofiliertes Abschlußsims. Abgerundete Kanten. An der Stirn Kelch in Blüten und Monogramme der Heiligen Familie sowie leeres Zierfeld mit Blüten in den Zwickeln, an der Wange Jesusmonogramm zwischen Blütenzweigen, die Jahreszahl 1883, Blütenrankenfries und Zierfeld. – *Türen.* Vier Stück. Nußbaum. Oben oktogonale, unten doppelt geohrte Füllung. Darin geflammt gerahmte Spiegel gleicher Form. Reiche geschmiedete Angelbeschläge, Griffe und Schlösser. – Tür zum «Bischofszimmer» aus dem Haus Nr. 38, S. 80.

Gemälde religiösen Inhalts. Öl auf Leinwand. *Hl. Franz von Sales.* 96 × 70,5 cm. Mitte 17. Jh. Halbbildnis mit über der Brust gekreuzten Armen. Erhelltes Wolkenmedaillon und Draperie. Steife Malerei. Reichprofilierter Originalrahmen. – *Geißelung Christi.* 54 × 45 cm. 3. Viertel(?) 17. Jh. 1964 dubliert und

---

240 Gebt acht auf euch und auf das kostbare Gut, das euch anvertraut ist; es ist eine Stadt, haltet Wache; es ist eine Braut, sorget für ihren Schmuck; es sind Schafe, gebt acht auf ihre Weiden (Hl. Bernhard). Im Jahre des Herrn 1733. (Übersetzungen der Sprüche bei CARLEN, Zwischen zwei Brücken, S. 356/57).

241 Der Priester sei rein in Gedanken, eifrig im Tun, nützlich im Reden, gütig gegen alle, in Demut der Guten Freund, Verfechter der Gerechtigkeit, streng gegen die Bösen (Hl. Gregor).

242 Erkenne das Antlitz deiner Schafe und blicke auf deine Herde (Sprüche 27). – Weh mir, wenn ich das Evangelium nicht verkündete (1. Cor. 16).

243 Dieses Haus wurde erbaut von den Herren Johann Melchior Walpen, Dekan, dem noblen und tapferen Johann Fabian Schiner, Bannerherr, Landesschreiber, Hauptmann, Großkastlan, dem Meister Johannes Andres, und den Kirchenvögten Joseph Briw und Christian Bittel im Jahre des Herrn 1733.

244 Jenen liebt keiner, der immer ruft: Gib mir! – Der Geizige kennt keine Gerechtigkeit und kümmert sich nicht um Ehre. – Es steht dem gerechten Richter an, sich weder durch Geschenk noch Bitte beeinflussen zu lassen. – Wenn wir einträchtig sind, genügt, was wir haben, für alle.

restauriert von WALTER WILLISCH, Ried-Brig. Dunkle Tonigkeit. Derbe Malerei. – *Hl. Marcellus.* 107,5 × 69 cm. 2. Hälfte 17. Jh. Links unten in Schriftband: «S.MARCELLVS». Der Heilige in Papstornat auf einer Wolke sitzend. In den Zwickeln Putten, Cherubim und Engel. Unten Landschaftsstrich mit Kapelle, Bäumen, Schaf(?) und Kühen. Originalrahmen. – *Hl. Bartholomäus.* Martyrium. 85 × 63 cm. 2. Hälfte 17. Jh. 1964 restauriert. Der Heilige kniend, an einen Baumstrunk gebunden. Ein heidnischer Priester bringt den Henkern und Soldaten das Messer. Aus den Wolken tretende Hände mit Krone und Palme. – *Mariä Tempelgang.* 83 × 57 cm. Ende 17. Jh.? Beschädigt. Fixiert 1966. Figurenreiche, erzählfreudige Darstellung. In der Komposition Anklänge an Vorbilder des frühen 16. Jh. – *Maria vom Guten Rat.* 52 × 38 cm. 18. Jh. Restauriert 1964. Oben Darstellung des Gnadenbildes von Genazzano, unten ein vom Höllendrachen ausgespiener Teufel in kerkerartigem Verlies. Derbe Malerei. Barockrahmen. – *Hl. Sebastian.* 77 × 47 cm. 1. Hälfte 18. Jh.? 1966 dubliert und restauriert von WALTER WILLISCH, Ried-Brig. Der Heilige gekrümmt am Baum. Links Cherubimgruppe. – *Hl. Antonius von Padua.* 89 × 66,5 cm. 1860/61[245]. Dreiviertelbildnis des Heiligen mit dem Jesuskind. – *Hl. Franz Xaver.* 91,5 × 67 cm. 1860/61[245]. Restauriert. Halbfigurenbildnis mit schwungvoll bewegter Albe. Die Linke lehrend erhoben. – *Heilige Familie.* 106 × 67 cm. 2. Hälfte 19. Jh. Über der Heiligen Familie zwei Engelchen mit Kranz aus Rosen. Nazarenisch in der Art von MELCHIOR PAUL VON DESCHWANDEN. Originaler vergoldeter Gipsrahmen.

Bildnisgalerie der Kilchherren von Ernen. Sie beginnt – nach einer Kopie von einem Porträt des Kardinals Matthäus Schiner, der 1496–1499 in Ernen ebenfalls Pfarrer war – mit dem Jahr 1662 und setzt sich bis 1952 fort. Es fehlen die Porträte zu den Jahren 1684–1699 und 1804–1808. Ölmalereien auf Leinwand. 1. *Kardinal Matthäus Schiner.* 65,5 × 50,5 cm. Kopie 19. Jh.? Brustbildnis in Rechtsprofil. Links oben Wappen unter dem Kardinalshut. Rechts oben: «Matthaeus Schinner/Ex Müllibach oriundus/Canon. Sedun. anno 1490/Decan. Valer. —1497/Eps:Sed: 12 Octb: 1499/Cardinal.—1511/Romae obiit 31 Septem/1522/Tumulatus 3 Octob/in Aede Maria del Anima.». – 2. *Caspar Imboden*[246] (1640) von Ritzingen. 60,5 × 49 cm. Brustbildnis in halbem Rechtsprofil. Links oben «AETATISSVAE 56/1669» über dem Wappen (W. Wb., Tf. 11, jedoch ohne die vier Punkte und den Dreiberg). Qualitätvoll. – 3. *Damian Schiner* (1676–1682) von Fiesch. 63 × 48,5 cm. Kopie. Brustbildnis in halbem Linksprofil. Rechts oben, unter dem Wappen: «Praefuit ab anno 1676/Defuit anno 1682». – 4. *Johann Josef Folken* (1682–1684) von Fiesch. 64 × 49 cm. In gemaltem Medaillon Halbfigurenbildnis in Viertel-Rechtsprofil. Rechts oben: «A.R[eve-

Abb. 53 und 54. Ernen. Pfarrhaus. Sekretärschrank, 17. Jahrhundert. Text S. 58. – Sockeltruhe, 15. Jahrhundert (Truhe Nr. 1). Text S. 58.

Abb. 55. Ernen. Pfarrhaus. Pfarrsaal, 1733. – Text S. 55.

rendo].D[omino].I[oanne].F[olken].C[urato].V[espiensi].V[icario].F[oraneo]./AETATIS SVAE 37/1685». Qualität-voll. – 5. *Johann Heinrich Schiner* (1699–1729) von Ernen. 71,5 × 55 cm. Halbfigurenbildnis in halbem Rechtsprofil. Links oben, unter dem Vollwappen: «AETATIS SVAE 63/1724» (vgl. S. 62) – 6. *Johann Melchior Walpen* (1729–1742) von Reckingen. 99 × 52,5 cm. Brustbildnis in Viertel-Rechtsprofil. Links oben, unter kelchbekrönter Akanthuskartusche mit Wappenzeichen (W.Wb., Tf. 5, Nr. 1): «AEtatis suae 36/Anno 1710». – 7. *Franz Matthäus Marzel Schiner* (1742–1748) von Ernen. 71 × 54,3 cm. Brustbildnis in halbem Rechtsprofil. Links oben, unter kelchbekröntem Wappen zwischen den Initialen «FM.M.S.»: «AETATIS SVAE 30./1748». Beschädigt. – 8. *Johann Christian Schiner* (1748–1755) von Fieschertal. 70 × 56 cm. Brustbildnis in halbem Rechtsprofil. Links oben, unter kelchbekröntem Wappen: «AEtatis Suae.36.Anno/1748». Unter dieser Inschrift noch sichtbar: «AETATIS/Suae 28/Anno 1741». – 9. *Franz-Xaver Hagen* (1755–1777) von Gluringen. 81 × 63 cm. Halbfigurenbildnis in halbem Linksprofil mit nach vorn gewendetem Antlitz. Rechts oben, unter kelchbekröntem Vollwappen (W.Wb., Tf. 2, jedoch nicht geteilt): «AETATIS SVAE 35/Año 1750». – 10. *Adrian Joseph Moritz de Curten* (1777–1780) von Siders. 96 × 69 cm. Kniestück in halbem Rechtsprofil. Im Hintergrund Draperie und Quaste. Auf der Rückseite: «Rm̄us Perillustris Adrianus/Josephus Moritius De Curten Can: Sed:ss Theol. Do[verklebt]jus et J.11/Professor publi[ver-klebt]arius vicar:/gener:et Officialis[verklebt]usis.AETATIS[verklebt]37.». Nachtrag: «Parochus et super-vig:/Aragni[verklebt]78 et 79.». Rechts unten auf der Rückseite: «Bucher pinxit/von Unterwalden/Ao 1787»[247]. – 11. *Johann Georg Carlen* (1780–1804) von Reckingen. 75,5 × 57 cm. Halbfigurenbildnis in halbem Rechtsprofil. Rechts oben, unter dem Wappen (W.Wb., Tf. 2): «AETATIS SUAE 60/1795». – 12. *Franz Joseph Guntern* (1808–1820) von Ernen. 64 × 48,5 cm. Halbfigurenbildnis in halbem Rechtsprofil.

245 PfA Ernen, Notizheft von ANTON CARLEN, o.Nr. – Wohl Geschenk von einer Prinzessin Corsini (ebd., Kirchenrechnungen 1855ff.).

246 Identifiziert durch Dr. H.A. von Roten, Raron. Nach bisheriger Meinung Christian Georg Niggeli (1662–1676) von Mühlebach (W.Wb., S. 184, und SCHMID/LAUBER, BWG IV [1911], S. 220).

247 JOHANN JOSEPH BUCHER (1739–1798) von Kerns? Eher JOSEPH IGNAZ BUCHER (1763–1808) (SKL I, S. 218/19).

Rechts oben: «AETATIS/SUAE 40/1816». – 13 *Valentin Mutter* (1820–1848) von Niederwald. 64,5 × 49 cm. Halbfigurenbildnis in Viertel-Linksprofil. Auf der Rückseite: «P.R.D.Val.Mutter/Paroch.Aragni et Vic.For./aetatis 56.» sowie «Laur.Ritz pinx./1828»[248]. – 14. *Ignaz Mengis* (1848–1879) von Leuk. 78,5 × 60 cm. Halbfigurenbildnis. Frontalansicht. In der Rechten die Blechdose mit den Plänen zur Kirchenrenovation (Fernrohr?). Auf der Rückseite: «L.J.Ritz pinx./1858». – 15. *Hildebrand Schiner* (1879–1896) von Mühlebach. 57 × 46,5 cm. Brustbildnis. Frontalansicht. Links unten, unter kleinem Wappen: «AET.50», rechts unten: «J.Stocker-Zug./1882». Auf der Rückseite: «Hildebrandus Schiner/von Mühlibach/Pfarrer in Ernen». – 16. *Adolf Biderbost* (1896–1952) von Betten. 80 × 59 cm. Halbfigurenbildnis. Rechts von der Schulter signiert: «L.Werlen». Links oben: «AETATIS SUAE 45.1910». Ausdrucksstarkes, dem Stil von FERDINAND HODLER verpflichtetes Porträt.

Weitere Porträte. Öl auf Leinwand. *Valentin Jost* (†1718) von Ernen, Landvogt von St-Maurice. 61,5 × 49 cm. Halbfigurenbildnis. Frontalansicht. Links oben, unter Vollwappen (W.Wb., Tf.3, jedoch mit paßblättrigem Dreiberg): «AETATIS SVAE 33/1702». – *Domherr Matthäus Schiner* (†1912) von Mühlebach. 57 × 46 cm. Brustbildnis in Viertel-Rechtsprofil. Rechts oben, unter kleinem Wappen: «AET.40», rechts unten: «J.Stocker Zug./1882». Auf der Rückseite: «Matthäus Schiñer/von Mühlibach/Professor in Brig». – *Domherr Augustin Julier* (†1917) von Ernen. 55 × 45,5 cm. Brustbildnis mit nach links gewendetem Kopf. Auf der Rückseite: «Pinxit Bernardine Hubner v. Schlesien».

Zinn. Schmalrandteller. Dm.22,8 cm. Gießermarker von JEAN ANTOINE CHARTON (†1739), Genf (BOSSARD, Nr.732). Qualitätszeichen. Eingraviert: «IBDRM» und «MIDR». – *Becken.* Dm.8,5 cm, H.15 cm. Gießermarke von PAULO G. MACIAGO, Brig. 1844–1850. Eingezogener, profilierter Fuß. Konischer, profilierter Deckel, bekrönt mit einer Ente, die den Kopf ins Gefieder steckt. – *Kerzenhalter.* Schmiedeeisen. 1. H.21 cm. Rosettenschale auf drei Füßen. Röhrenförmige Tülle mit Henkel. – 2. H.35,2 cm. Für zwei Kerzen. Dreiarmiger Fuß. Mittelstab und Sprungfedern mit Spiralen besetzt. – *Kupfermünzen* aus der Zeit des Bischofs Hildebrand Jost (1613–1638) und des Bischofs Franz Josef Supersaxo aus den Jahren 1710 und 1721.

Möbel. Tische. 1. (Abb.55). Ausziehtisch. Nußbaum. An der Frontzarge vier geohrte Füllungen in geflammten Profilrahmen. Eingelegt die Jahreszahl 1736. In der Mitte appliziertes Wappenschild mit eingelegtem Erner Wappen. In den Eckstollen Tulpe. Massige Balusterbeine. Altes Beschläg. – 2. Pendant zu Nr.1, jedoch nur mit den eingelegten Ecktulpen. – 3. Baluster-Ausziehtisch. Nußbaum. An der Frontzarge drei profilgerahmte Rechteckfelder. Im mittleren Feld geschnitzte Jahreszahl 1743. Altes Beschläg. – 4. Balustertischchen. Nußbaum. An der Frontzarge in drei profilgerahmten Rechteckfeldern eingelegt «MG 17+52 AMG», in den Trennleisten Tulpen. – *Truhen.* 1. (Abb.54). Sockeltruhe. Lärche. 15.Jh.? Mit Dreipässen konturierter Sockel. An Kasten und Sockel ein gemalter schwarzer Fries, dessen Ranke wappenschildartige Felder ausspart. Am Kasten Eckbeschläg, Gurt um die Schmalseiten und drei Bügelschlösser. Seltenes Stück. – 2. Wangentruhe. Lärche. Front mit Profilleisten gegliedert: zwei Rechteckfelder zwischen schmalen Feldern. Eingelegt links Jost-Wappen mit den Initialen «II», rechts «1647». – 3. Sockeltruhe. Tanne und Lärche. In den drei Rechteckfeldern und den Rahmenleisten eingelegt mit Nußbaum: «1 R[everendus] D[ominus]6 I 9 D[e]l[ovina]6»[249]. – 4. Tanne. 2.Hälfte 18.Jh. Eckgekehlte Füllungen zwischen oktogonalen. Eingelegt: «JA[Sechsstrahlenstern]MI/M». – 5. Arve. Quadratische Füllungen zwischen oktogonalen. Glatte Pilaster. – *Sekretärkasten* (Abb.53). Lärche. 17.Jh. Spuren einer Bemalung. An der Stirn, symmetrisch angeordnet, Doppelspiralen und Rosettenappliken aus Eisen. Am Deckel Angelbeschläg sowie rosetten- und arabeskenförmige Eisenappliken. Auf den Profilleisten Nagelkopfreihen. Eigenartiges Möbelstück.

Kunstgegenstände aus Kapellen. Altäre. 1. Aus der abgebrochenen Kapelle von Mühlebach (S.130). – 2. Aus der Binnegge (S.109). – *Skulpturen. Muttergottes im Strahlenkranz.* Aus Außerbinn (S.143). – *Gemälde. Maria vom Guten Rat.* Aus Steinhaus (S.114). – *Maria Hilf.* Zwei Stück. Aus dem Erner Wald (S.95). – *Exvotos.* Sechs Stück. Aus dem Erner Wald (S.95).

2. Koord.180/205. Kat.-Nr.29/155. Eduard Jentsch. Spätmittelalterlich. Renovationen 1789 und 1958 mit weitgehenden Veränderungen. «Heidechriz» an beiden Giebeln, vorn teilweise entfernt. Hinten alte Scheune angebaut. Ehemals ⌐—⌐. 1½. A. Zur *Inschrift* und zum entfernten *Ofen* vgl. CARLEN, Zwischen zwei Brücken, S.381/82.

248 GATTLEN, S.230, Nr.212.
249 Vgl. CARLEN, Zwischen zwei Brücken, S.395.

3. Koord. 160/225. Kat.-Nr. 29/149. Anton und Josef Jenelten. Spätmittelalterlich. «Heidechriz» an beiden Giebeln. Erneuert 1623, 1. Hälfte 20. Jh. und 1967/68. ⌐⌐ (ehemals mit Holzschopf und Stall). 1½. F. *Inschrift.* «PETER.FOLCHEN.BASTIAN.FOLCHEN.IM IAR 1623».

4. Koord. 195/215. Kat.-Nr. 29/58. Otto Jentsch. Spätmittelalterlich. «Heidechriz» an beiden Giebeln. Renoviert 1643. Typ des jüngeren «Heidehüs». Fragmente zierkonturierter Rahmen an der Stubenfensterreihe. ⌐⌐ (im Hinterhaus fast bis zur Trauflinie reichend). 2. G («Stubji» nur mit «Stutzwänden» ausgeschieden; Quergang aus «Stutzwand»). Niveau des Vorderhauses um zwei Stufen höher. *Täfer* und Fragmente der Stubentürrahmung Mitte 17. Jh. Auf dem Dielbaum Jesusmonogramm und die Jahreszahl 1643. – *Öfen.* 1. Eingeschossig, mit Kehle an der Deckplatte. Eingekerbt leeres Wappen zwischen den Ziffern der Jahreszahl 1565. – 2. Zweigeschossig, mit Karnies an der schweren Deckplatte. Leeres Wappenfeld. – *Jesuskind* (im Besitz von Dr. Hermann Wirthner, Münster). H. 32 cm (inkl. Nimbus). Holz. Originale Polychromie. Ärmchen aus Wachs. 2. Hälfte 17. Jh. In Rundbogenschrein mit blattgesäumter Stirn.

5. Koord. 250/200. Kat.-Nr. 29/114. Viktor Steffen. Spätmittelalterlich. «Heidechriz» an beiden Giebeln. An der Rückseite 1941 erweitert. Öfters renoviert, u.a. 1788 und um 1960. ⌐⌐ (mit Sa). 1½. E (mit mittlerer «Stutzwand» im Hinterhaus). *Inschrift* vgl. CARLEN, Zwischen zwei Brücken, S. 381.

6. Koord. 265/195. Kat. Nr. 29/116. Emma Carlen; Frieda Studer. Spätmittelalterlich. Westgiebel 19. Jh. Renovation 1973. Das «Heidechriz» der Ostwand war bis zur jüngsten Renovation hinter einem Anbau verborgen. ⌐⌐. 1½. C. Dielbaum sowie Ofen von 1575 entfernt.

7. Koord. 80/145. Kat.-Nr. 16/6. Jules Carlen. Spätmittelalterlich. «Heidechriz» an der Rückwand, dasjenige des vorderen Giebels entfernt. Ehemals ⌐⌐ (mit Sa). 1½. G und F. Kaminbalken noch erhalten. Dielbaum verkleidet[250]. – *«Stubji»-Ofen,* jetzt in der Stube. Eingeschossig, mit gekehlter Deckplatte. An der Stirn: «1576 H A[?]M[Zeichen in Gestalt einer liegenden Drei mit angefügtem steigendem Bogen]»[251]. – *Maria vom Guten Rat* (im Besitz von Domherr Dr. A. Carlen, Sitten). 45 × 37,5 cm. Öl auf Pappe. 18. Jh. Kopie nach dem Gnadenbild von Genazzano. – *Zinnplatte* (im Besitz von Domherr Dr. A. Carlen, Sitten). Dm. 35 cm. Gießermarke von JEAN ANTOINE CHARTON (1658–1739), Genf (BOSSARD, Nr. 732). Qualitätszeichen. – *Wandbüfett.* Lärche. Dreiachsig. Gerader Kommodenteil. Zierspiegel in rechteckigen Füllungen. Eingelegt auf den Schranktüren: «18 22», auf den Mitteltürchen: «I[g]N[az].C[lausen] M[aria]I[osepha].S[teffen].». – *Truhe.* Nußbaum. In den drei profilierten Oktogonfüllungen eingelegt: «17 IMS/[Clausen-Wappen]69».

8. Koord. 135/205. Kat.-Nr. 29/229. Helene Michel. Ehemaliges Rektorats- oder Frühmesserhaus. «Heidechriz» an der Rückseite; für das vordere «Heidechriz» bestimmtes Loch im Firstbaum noch sichtbar. Spätmittelalterlich. Renovationen 1690, 1713 (um ein Stockwerk erhöht), 1822/23, 1830/31[252]. Bis 1880 im Besitz der Gemeinde. Unscheinbares Häuschen – am Standort des Augustinerinnenklösterchens von 1339 bzw. des Hauses von dessen Gründer Pfarrer Peter Murmann? Im ersten Stockwerk älteste Schulräumlichkeiten des Dorfes, im hinzugefügten zweiten Stockwerk Wohnung des Schulmeisters, in der Regel des Rektors oder Frühmessers. An der Rückseite ehemals Heustall angebaut, aber mit niedrigerem First. ⌐⌐. 2. G (im ersten Stock an Stelle des «Stubji» gemauerter Keller; «Spänz» [Vorratsraum] und Küche durch Längsmauer abgetrennt). Qualitätvolles *Régence-* und Rokokotäfer von 1790/91. *Inschriften* vgl. CARLEN, Zwischen zwei Brücken, S. 347. – *Öfen.* 1. Eingeschossig, mit gekehlter Deckplatte. 17. Jh.? – 2. Zweigeschossig, mit Karniessims. An der Stirn, in Wappenschild, Jesusmonogramm über der Jahreszahl 1713.

9. Koord. 260/170. Kat.-Nr. 8/86. Otto Heinen; Karl Michel. Entstehungszeit unbekannt (spätmittelalterlich?). Bei der Renovation 1555 wohl ganzes Holzwerk erneuert (Rillenfriese), 1711 drittes Stockwerk (Pfeilschwanzfries unter Wolfszahn). «Vorschutz» auf einem kräftigen Mittelbalken. ⌐⌐. 3. G (mit Schopf an Stelle des «Stubji»), E und F. *Inschriften* vgl. CARLEN, Zwischen zwei Brücken, S. 297/98. – *Ofen.* Dreigeschossig. Breite, reichprofilierte Deckplatte. Kante, oben abgerundet und gebändert, unten gefast. An der Stirn in Medaillon neu: «O[tto]H[einen]/S[alome]A[ndenmatten]/1956».

---

250 Am Dielbaum des danebenstehenden Speichers die Jahreszahl 1594.
251 Zum entfernten Stubenofen vgl. CARLEN, Zwischen zwei Brücken, S. 387.
252 PfA Ernen, D 192.

10. Koord. 280/205. Kat.-Nr. 29/55. Josef Briw; Josef Carlen. Breites, in mehreren Bauetappen entstandenes Doppelhaus am südlichen Rand des «Ober Hengert». Entstehungszeit unbekannt, wohl spätmittelalterlich; umgebaut 1636 und 1683–1686. Würfelfriese und Kielbögen über den Giebelfenstern. ⌐¬ (im Hinterhaus der östlichen Haushälfte bis zur Trauflinie reichend). 2 und Giebel-«Loiba». F und G. Das Erdgeschoß der westlichen Haushälfte soll einst als Pferdestall gedient haben. In einer Kammer *Täfer* von 1683. *Inschriften.* 2. Stockwerk. Östliche Stube: «DISE SIVBEN[Stuben] HAT LASEN MACHEN IOANNES GLAVSEN.VND BARBA IM HOF SEIN HAVSFRAW.IM IAR 1683 AM 19 VINTERMON[verdeckt]...». – Zu den weiteren Inschriften vgl. CARLEN, Zwischen zwei Brücken, S. 336/37 und 344. – *Öfen.* 1. Zweigeschossig, mit Kehle am schweren Abschlußsims. 18. Jh.? – 2. (heute in Haus Nr. 33). Zweigeschossig, mit Karnies unter der Deckplatte. An der Stirn: «L[ina]K[uchen]O[swald]B[ruttin]/1940», an der Wange, über der Jahreszahl 1654 Allianzwappen, links Fünfstrahlenstern über Dreiberg, rechts, auf Dreiberg, Lilie unter zwei Fünfstrahlensternen (Zum Brunnen; vgl. «Kreyghüs», S. 81).

11. Koord. 215/185. Kat.-Nr. 29/162. Alfred Briw; Ludwig Wenger. Mit den Giebelfronten aneinandergefügtes ehemaliges Doppelhaus. Westliches Haus spätmittelalterlich? (Loch des «Heidechriz» im Firstbaum.) Östliches Haus 1. Drittel 16. Jh. (breiter Rillenfries und reich mit Kerbschnittrosetten verzierter Firstbug, Abb. 57). An der östlichen Giebelfront Fenstereinsatz, 1. Hälfte 17. Jh. Renovation des obern Stockwerks 1704[253]. Anbau an der nördlichen Traufseite 19. Jh. ⌐¬. Nordöstliches Haus 1 und Giebel-«Loiba», südwestliches 1½. Unregelmäßige Grundrisse der Stockwerke infolge Verquickung der Wohnungen. *Inschrift* vgl. CARLEN, Zwischen zwei Brücken, S. 353. – *Ofen.* Zweigeschossig, mit Kehle an der Deckplatte. An der Stirn zwei Medaillons, links mit Jesusmonogramm, rechts mit den Initialen «J[ohann]B[riw]/ C[atharina]I[entsch]» über der Jahreszahl 1867. – *Hausorgel.* Mitte 19. Jh.[254]. Zwei Register[255]. Rechteckiger Prospekt, bräunlich lackiert. Flachschnitt-Zwergbogenfries am vorkragenden Sims. Zwei, in je vier Rechteckfelder gegliederte Zonen, verschlossen durch ein geschnitztes geflechtähnliches Gitter. Gekröpfte hölzerne Baßpfeife. – *Muttergottes,* aus einer Beweinung Christi(?) (SLM, Inv.-Nr. LM 19779). Flaches Relief. 60 × 30,5 cm. Linde. Kreidegrund mit Spuren einer alten Fassung: Weiß, Blau und Gold. Anfang 16. Jh. Breit angelegte Figur. Rechts ist noch eine Hand sichtbar, die sich auf die Schulter Mariens legt.

12. Koord. 220/295. Kat.-Nr. 29/82. Othmar Clausen; Dr. Hugo Remund. Entstehungszeit unbekannt (erstes Stockwerk keine Friese)[256]. Zweites Stockwerk 1688 (Würfelfries unter Wolfszahn). Hohes, schmales Haus. ⌐¬ (mit «Sälti» und zusätzlichem versenktem Keller). 2½. G und F. An der Tür des zweiten Stockwerks Türklopfer vom Eingangsportal des Jost-Sigristen-Hauses (S. 72). Am Dielbaum des «Stubji» im zweiten Stockwerk die Jahreszahl 1688. Dielbaum des ersten Stockwerks verkleidet. Inschrift vom Dielbaum des zweiten Stockwerks entfernt. – *Ofen* aus dem Haus Nr. 55 (S. 87).

13. Koord. 315/295. Kat.-Nr. 29/13. Leonie Clausen-Andenmatten; Adalbert Clausen. Entstehungszeit unbekannt (spätmittelalterlich?). Erstes Wohnstockwerk sehr altes Holz und keine Friese. Zweites Stockwerk 1704 von Christian Michlig (Michel), dem Erbauer des danebenstehenden großen Michel-Hauses, Nr. 43. Anbau erneuert. ⌐¬. 2½. G («Stubji» und Kammer nur mit «Stutzwand» abgetrennt) und F. *Inschrift* vgl. CARLEN, Zwischen zwei Brücken, S. 353. Konsölchenfries an den Wangen des Dielbaums. – *Öfen.* 1. Zweigeschossig, mit gekehlter Deckplatte. An der Stirn, zwischen Sternen, Wappenschild mit dem Michlig-Wappenzeichen, ohne Dreiberg, aber mit Querstab, an der Wange Clausen-Wappen mit den Initialen «A[dalbert]C[lausen]» und der Jahreszahl 1956. In der unteren Zone Jesusmonogramm und Sterne in Medaillons. – 2. Zweigeschossig, mit Kehle unter der Deckplatte. 1959 von ADALBERT CLAUSEN aus alten Ofensteinen geschaffen.

14. Koord. 220/205. Kat.-Nr. 29/126. Adolf und Arthur Clausen. Ältestes Haus der Familie Schiner in Ernen. Die «Spezibank» als Plauderplatz davor schon 1534 erwähnt. Rechte Haushälfte spätmittelalterlich oder Anfang 16. Jh. Haus des Meiers Johann Vintschen[257]? An der Zwischenpfette, dem ehemaligen First, Löcher für «Heidechriz» und Firstbug; unter derjenigen der Rückwand original versetztes «Heidechriz». Linke Haushälfte 1552[258]. Rillenfriese. Das behäbige Doppelhaus mit dem weit ausladen-

---

253 Inschrift und Ofen 1968 entfernt.
254 Schon 1872/73 während der Reparatur der Kirchenorgel benützt (PfA Ernen, Kirchenrechnungen 1855ff.).
255 Die Orgel ist bei BRUHIN nicht aufgeführt.
256 Nicht original im Firstbaum verzapftes «Heidechriz» an der Front.

Abb. 56 und 57. Ernen.
Am-Hengart-Haus.
Geschnitzter Hirschkopf
mit echtem Geweih,
17. Jahrhundert.
Text S. 75. – Haus Nr. 11,
1. Drittel 16. Jahrhundert.
Firstbug mit geschnitztem
Rosettendekor. Text S. 60.

den «Vorschutz» auf Randbalken, ehemals auch auf Zwischenbalken, schließt im Nordwesten den «Unner Hengert» ab. Mittelgwätt, bis auf Deckenhöhe des zweiten Stockwerks in etwa 60 cm Abstand von weiterem Gwätt begleitet. ⌐⌐. 2. In der linken Haushälfte D und G, in der rechten G mit «Sälti». *Inschriften.* Nach ANTON CARLEN stehen am nun verkleideten Dielbaum der linken Stube ein unbekanntes Hauszeichen, eine Hand, die Initialen des Neffen von Kardinal Matthäus Schiner «J[oseph]S[chiner]»[259] und die Jahreszahl 1552 in kleinen gotischen Ziffern sowie das älteste Schiner-Wappen an einem Dielbaum, hier mit Bischofsinsignien als Wappenzier[260]. – 1. Stockwerk. Linkes «Stubji»: «[Hauszeichen?]1552[Stabkreuz mit gespreizten Fußstützen und Spiralranken am Schaft]im iAr m v xxxxx ii[Tartsche: V mit nach rechts steigendem schwebendem Sparren über dem rechten Schenkel; Erner Wappen]»; darüber in Schriftband, klein, nichtidentifizierbare Buchstaben und Ziffern (1862?).

15. Koord. 230/175. Kat.-Nr. 29/163. Adolf und Erwin Briw. Entstehungszeit unbekannt. Erstes Stockwerk ohne Friese, mit Fenstereinsätzen 2. Hälfte 18. Jh. In großen Partien erneuert, u. a. 1. Hälfte 18. Jh. (Pfeilschwanzfries unter Wolfszahn über dem ersten Stockwerk). 1954/55 um vier Ringe aufgestockt. Die vorderen Räume des Erdgeschosses sollen einst als Roßstall und Suste gedient haben. ⌐⌐. 2½. G und ehemalige Doppelwohnung C mit gemeinsamer Küche zwischen Längskorridoren. *Inschriften* vgl. CARLEN, Zwischen zwei Brücken, S. 364. – *Ofen.* Zweigeschossig, mit Kehle an der Deckplatte. In den Medaillons zweier Zierfelder links Jesusmonogramm, rechts «C.IS[chmid]/L[uzia]S[chmid]/1867». – *Wandbüfett.* Lärche. Dreiachsig, mit geschweiftem Kommodenteil. In den zwei Füllungen der seitlichen Schränke die Jahreszahl 1820 und die Initialen «I[oseph].A[nton].S[chmid]».

16. Koord. 170/215. Kat.-Nr. 29/153. Erwin Clausen; Alfons Julier. Entstehungszeit unbekannt. Um ein Stockwerk erhöht und um die Kammerachse erweitert 1873. Am Giebel: «Im Jahr 1873 V[alentin]I[u-lier][zweimal ein nichtidentifiziertes Zeichen, vielleicht bestehend aus den Ziffern 0 und 3]». Das Holz soll von Richelsmatt hergeschafft worden sein. An der Rückwand ein als Verbindungsstud benütztes «Heidechriz» ohne Pfette. Renovation 1956/57. Hölzerner Anbau an der linken Traufseite. Rundbogiges Kellerportal. ⌐⌐. 2½. D und F. Kammer im Anbau. – *Ofenstein* mit der Inschrift: «VALENTIN/ DAFORNA/1862».

257 CARLEN, Zwischen zwei Brücken, S. 291.

258 Nach Angabe von Domherr Dr. A. Carlen, Sitten, stand an der linken Haushälfte über der «Spezibank», an der Mauer, eine Inschrift mit der Jahreszahl 1552.

259 Wohl der 1583 verstorbene spätere Gewalthaber von Ernen (H. A. VON ROTEN, Stammtafeln der Familie Schiner, BWG XIV [1967/68], Tf. VI). Nach Ansicht von Dr. H. A. von Roten, Raron, eher Johann Schiner. 260 CARLEN, Zwischen zwei Brücken, S. 296/97.

17. *«Z'Merjisch Hüs».* Koord. 320/255. Kat.-Nr. 29/20. Therese Künzi-Schmid, Erben Magdalena Schmid. Entstehungszeit unbekannt. Renovationen 1720, 1791 und 1972/73 (innen und außen weitgehend verändert). Vielleicht benannt nach dem fürs 17. Jh. in Ernen nachgewiesenen Geschlecht «merisch» bzw. «möres». ⌐⌐. Ehemals 1½, mit ungewohnter Einteilung: Küche, genannt «Z'Merjisch Saal», im Erdgeschoß unter der Stube. *Inschriften.* Von einem Deckenbrett, heute an der Eingangstür, in Medaillon: «17[Jesusmonogramm unter drei im Dreieck angeordneten Sechsstrahlensternen]20/I[ohann?]ZM[ilachren?]». – Dielbauminschrift entfernt, aber erhalten: «[Monogramme der Heiligen Namen]JOHANJOSEPH.ZMILACHREN.VND.SEIN.HAVS.FRAVW.JOHANA.SCHMIDT.ANNO 1791». – *Ofenstein* von 1644.

18. *«Kapuzinerhüs».* Koord. 310/215. Kat.-Nr. 29/53. Dr. Lux Andrea Kaufmann; Louis Imhof. Erbaut 1511, um ein Stockwerk und das «Loibe»-Geschoß erhöht 1714. Von Johann Fabian Schiner, dem späteren Landeshauptmann, den Kapuzinern überlassen 1740–1744. Das bemalte Täfer im «Stubji» des zweiten Stockwerks (siehe unten) wurde 1977 von Josef Imhof samt dem Ofen veräußert, daraufhin entfernt, von der Gemeinde jedoch zwecks Wiederverwendung in einem öffentlichen Gebäude zurückgekauft. Das außerordentlich schmale, hohe Haus nimmt noch am «Ober Hengert» teil, obschon es hinter dem Schulhaus zurücktritt. Kleiner «Vorschutz» auf Balken. Am ersten Stockwerk keine Friese, in den oberen Geschossen schöner Pfeilschwanzfries unter Wolfszahn. An der Front des Mauersockels Drillingsfensterrahmen mit gotisch gekehlter Solbank aus Tuff; an der Traufseite des Erdgeschosses rundbogiges Tuffportal. ⌐⌐. 2½. G. In Gang und Küche beider Stockwerke Plattenfliese.

Außerordentlich reicher Bestand an *Inschriften.* 1. Stockwerk. Stube: «[Schiner-Wappen, wohl absichtlich beschädigt[261]]hoc.opus.fij. honorandus.dominus.georgius.steger.fecit(Steger-Wappen: Kreuz mit V zwischen konisch gespreizten Fußstäben]sub.anno.d[beschädigt].m°.cccc°.xI.maij.x°.[Erner Wappen; geritzte Ranke; weitere Wappen der Familie Steger oder politischer Freunde: hängende Lilie, Krone auf Dreiberg (Supersaxo?), Säge oder Stiege (Steger!) in nach rechts steigendem Diagonalbalken; alle Wappen doppelt gerahmt]». – Hausgang. Über dem Türsturz zur Küche gemalt unter Ranke: Schiner-Wappen; geviertes Wappen Schiner–Huber; stark beschädigtes Wappenzeichen: Kreuz auf drei Fußstäben zwischen Sechsstrahlensternen. – Über dem Türsturz zum «Stubji»: «[Q]VID MORS SIT QVAERIS? MOMENTV VNDE OMIA PENDĒT/PERPETVVM[que]BONVM PERPETVVM[que]MALVM/[D]VM VITAM QVAERIS MORTEM MOX INVENIS IPSAM/MONSTRANTEM[übriges infolge Vergrößerung der Türöffnung bis zur Unleserlichkeit beschädigt]»[262]. – 2. Stockwerk. Stube: «HOC OPVS FIERI FECIT R.D.IOANES HENRICVS SCHINER CAN.SEDVN. CVRATVS ARAG.ET.VIC.FORAN.NAM OMNIS/DOMVS FABRICATVR AB ALIQVO QVI AVTEM OMNIA CREAVIT.DEVS EST.HEBD.3tio ANNO DOMINI MDCCXIV»[263]. – Im Hausgang, gemalt auf vergipsten Holzwänden mit Rankenfries entlang der Decke. Südliche Wand: «...FVGIT IVS CVM REQVIE...CVM LABORE ET AFFLICTI[O]NE CORDIS ECCLES.CAP.4.[264] – QVID ITAQVE PRODEST ARCA PLENA NVMMIS SI INANIS EST IPSA CON[S]CIENT[I]A DOMVS PLENA BONIS TE AVTEM MALVM HABET DOMINVM.QVID QVAESO/PRODEST DIVITI SED EVM/QVI DEDIT OMNIA/NON HABET.S.AVG:PRVDENTIS ERGO EST MEDIOCRIA VELLE/QVAM NIMIA ISTA ENIM VTILIA SVNT/ILLA

---

261 Georg Steger d. Ä.(?), 1511 offenbar noch Schinerfreund, wurde 1519 als Schinergegner exkommuniziert (SCHMID/LAUBER, BWG VII [1932], S. 311). Das Wappen mit der Krone über dem Dreiberg auf dem Dielbaum, nach W. Wb., S. 89, eine Wappenvariante der Familie Steger, könnte daher dasjenige des Jörg Supersaxo sein.

262 Was der Tod sei, fragst du. Der Augenblick, von dem alles abhängt, ewig Glück und ewig Unglück. Während du das Leben suchst, findest du bald den Tod selbst, der zeigt ...

263 Dies Werk ließ machen der hochwürdige Herr Johann Schiner, Domherr von Sitten, Pfarrer von Ernen und Dekan. Denn jedes Haus wird von irgendjemandem gebaut, wer aber alles geschaffen hat, ist Gott. Hebräer 3. Im Jahr des Herrn 1714.

264 Es fliehen Recht und Friede ... unter Qual und Betrübnis meines Herzens. Eccles. Kap. 4. – Die Übersetzungen bis Anm. 279 und stellenweise auch Ergänzungen zu den fragmentarisch erhaltenen und öfters falsch zitierten Stellen verdanke ich H. H. Franz Halter, Brig.

Abb. 58. Ernen.
«Kapuzinerhüs». Blick in
die Ecke des ausgemalten
«Stubjis», 1714 (entfernt).
Text unten.

QVANDO SVPERFLVVNT/SAEPIVS NOCENT SERIE a...[265] – ANTE SENECTVTEM CVRANT BENE VIVA[NT?]/ET IN SENECTVTE ut, BENE MORIARIS:SVMMVM/ENIM BONVM HOMINIS EST/BONVS EX HAC VITA EXITVS Sene-ca»[266]. – Über der Tür zum «Stubji» in gemalter Kartusche: «...ITAQVE...HOMVNCIO PER MVLTA/QVAERE...BONA CORPORIS et ANIMAE/QVARE VNVM BONVM.EST[?]QVO EST OMNE BONVM, et SVFFI-CIT...ANSEI FELIX, DIVINVS/QVEM...NIT AMOR»[267]. – Nördliche Wand: «DVO SVNT...MEDIVM,DVO SVNT,AVT IN COELVM ASCENDITVR/AVT AD INFERVM DESCENDITVR, VOLVPTAS BREVIS.POAENA AETERNA/MOMENTA-NEVM[?] QVODDELECTAT,AETERNVM,QVOD CRVCIAT,ELIGE/SEMEL MALE ELEGIS,SEMEL PER[?]ISSE,AETERNVM EST RELATVM[?]/QVA PROPTER RESPICE INMEDEVS I ET MISERERE MEI.PSAL.:85[268]. – Das «*Stubji*» (Abb. 58) war mit Inschriften sozusagen tapeziert. Die Täferachsen durch einen Streifen in zwei Zonen unterteilt. In

---

265 Was nützt daher eine Geldtruhe voll Münzen, wenn das Herz selber leer ist, was nützt ein Haus voller Güter, das in dir aber einen schlechten Herrn hat? Was – so frage ich euch – nützt das alles einem, der zwar reich ist, aber den, der alles gegeben, nicht besitzt? Der Kluge strebt daher nach mäßigem Besitz eher als nach übergroßem Reichtum. Denn jener ist nützlich, dieser aber unnütz und oft recht schädlich.

266 Vor dem Alter sorgt man sich um ein gutes Leben und im Alter um einen guten Tod. Das größte Gut des Menschen nämlich ist ein guter Tod (Seneca).

267 Übersetzung des Sinnzusammenhangs: Was strebst du denn, armes schwaches Erdenkind, nach so viel Gütern für Leib und Seele, da es ja das eine Gut gibt, durch das alles gut ist, und das genügt! (Glücklich, wen göttliche Liebe beseelt?).

268 Zweierlei ist möglich: Entweder steigen wir zum Himmel hinauf oder zur Hölle hinunter. Die Lust ist kurz, die Strafe ewig. Das Freudvolle gehört dem Augenblick, das Qualvolle der Ewigkeit. Wähle, und hast du einmal schlecht gewählt, so ist – o weh! – ewiges Verlorensein die Vergeltung. Deshalb blick auf mich, o Gott, komm und erbarme dich meiner!

der oberen Zone Feld mit eingezogenem Bogen; darin an Schlaufe aufgehängte Rollwerkkartusche mit querovalem Schriftfeld. An der Decke, in großer quadratischer Kassette, profilierte Oktogonfüllung mit stark beschädigtem rundem Gemälde der Aussendung der Jünger und der Umschrift: «MAT:28 CAP:anno./... +ITE IN ORBEM VNIVERSVM ET PREDICATE EWANGEIVM OMNI CREATVRAE QVI CREDIT[?] ERIT[?]...ET BAPTISMATVS FVERIT SALVVS ERIT». Darüber Schiner-Wappen, umgeben von den Initialen «I.H.S.C.A.C.S.V.F.». – Bei der Tür: «Sicut Nullum Momentum/Est, Quo Homo non fruatur Dei/bonitate et Misericordiâ, ita Nul/lum debet esse Momentum, Quo/eum Praestantem non teneat in Memoria. S:Aug.»[269]. – Ostwand: «...dive[?] Quidem est/Coniniot[?], Quam gignit in/iuria, sed...enire debet dolorem/Medicina Patientiae. Symachus[270]. – Dci[?] Domine Jesu vt Amore/Amoris Tui Moriar[?], Qui Amoris/Mei Mori Dignatus Es/S:Franc. Seraph.[271] – Constanter Crede[übriges abgelaugt]»[272]. – Südwand: «Din[?]./Jesu v...vaterimus[?] nostrum/dej[ic?]ere Peccatum et Lauare/Deli[c]tum S.Aug.»[273]. – Südostecke: «Siue Manducatis, Sive Bibi/tis, Sive Aliud Quidquam faci/tis, omnia in gloriam dei facite. i Cor.10[274]/Nach dem drincken, vor dem esen./schau das niehmals diest Vergesen./Gott zuo loben, vnd zuo ehren,/so wird dein thisch niehmahl erlehren.» – Westwand: «Quotidie, Pridie/Caveat Quisque, ne facit/Quid pigiat postridie. S:Aug:/ita[?] nolite attendere, Quid Quis/faciat, sed quid te iubeat deus facere S:Aug:[275] – Vilipende Te metipsum/in Te ipso, et Videbis glori=/am dei, Vbicumque enim/humilitas nascitur, ibi/gloria oritur dei/isaccus Prespiter»[276]. – Nordwand: «Vis obtinere regnum/Coelorum, paupertatis Vi/litatem Amplectere, et Tu/um erit. S. Bern: itaque/Viue Cum Paucis, Vt inter/Paucos Inueniri Salua=/riQue Merearis.2.Petri 3»[277]. – Als Soporte: «QuocumQue Vadis, Deum Semper Habe Prae/Oculis Tuis, Vbi Enim Dominus Est, ibi Securitas,/Qui Enim Dei Gratiam Habet, Non Habet,Quod/Timeat. S.Ant:De Padua»[278]. – Am Profilsims über der Tür: «Vade, et Dominus sit tecvm imo reg:C:17»[279]. – Oben an der Tür in gemaltem Schriftfeld: «Soli Deo Honor et gloria I Timoth I/Omnia enim oPera nostra oPeratus es/Tu Domine, Isa:C:26 Gaudeamus itaq/et Demus gloriam Deo nostro. Apoc:C.19»[280]. – «Loibe»-Geschoß. Dielbaum: «LABORE IVVENTVTIS PARANDA SVNT ALIMENTA SENECTVTIS AC SVDORE TEMPORIS PRAEMIA/AETERNIT[AT]IS.ANNO DOMINI M.D.C.C.X.I.V. 30 APRILIS SOLI DEO GLORIA»[281]. – Am Türsturz: «PAX INTRANTIBVS ET SALVS EXEVNTIBVS»[282].

Öfen. 1. Zweigeschossig, mit Kehle an der Deckplatte. An der Stirn, unter der Inschrift «MATHE.SCHINER», plastisch gehauenes Allianzwappen Schiner–Huber und die Jahreszahl 1650; im Huber-Wappen

---

269 Geht in alle Welt und predigt das Evangelium aller Welt. Wer glaubt und sich taufen läßt, wird gerettet sein. Wie es keinen Zeitpunkt gibt, in dem der Mensch sich nicht der Güte und des Erbarmens Gottes erfreut, so darf es anderseits auch keinen Augenblick geben, in dem er Gott nicht als erhabenen Herrn vor Augen hat.

270 Möglicher Sinnzusammenhang: Unrecht erzeugt sicher viel Leid, aber das Heilmittel der Geduld muß den Schmerz überwinden.

271 Möglicher Sinnzusammenhang: Laß mich, Herr Jesus, aus Liebe zu deiner Liebe sterben, der du dich gewürdigt hast, aus Liebe zu mir zu sterben.   272 Glaube standhaft.

273 Möglicher Sinnzusammenhang: Hilf uns Sündern, Jesus, unsere Sünde abzulegen und unsere Vergehen abzuwaschen.

274 Ob ihr esset oder trinket oder etwas anderes macht, tut alles zur Ehre Gottes (1. Cor. 10, 31).

275 Stets soll jeder am Vortag achtgeben, daß er nicht etwas tut, das ihn tags darauf gereuen könnte. So achtet nicht darauf, was einer macht, sondern was dir Gott zu tun befiehlt.

276 Auf dich selbst gestellt, schätz dich gering, und du wirst die Größe Gottes sehen. Wo nämlich Demut vorhanden ist, erhebt sich immer auch das Gotteslob. Isaac Presbyter.

277 Willst du das Himmelreich erlangen, so umarme die Einfachheit der Armut, und das Himmelreich wird dir gehören. Deshalb lebe mit wenigem, damit du es verdienst, unter den Wenigen vorgefunden und gerettet zu werden.

278 Wohin immer du gehst, habe stets Gott vor Augen. Denn wo Gott, da Sicherheit, und wer in der Gnade Gottes steht, hat keinen Grund zur Furcht.

279 Gehe hin, und der Herr sei mit dir! (1. Buch der Könige, Kap. 17, V. 37.)

280 Gott allein Ehre und Ruhm I Timoth. I/Alle unsere Werke hast Du, Herr, gewirkt Isa:C:26. Freuen wir uns daher und geben wir unserem Gott die Ehre. Apoc:C.19.

281 Mit der Arbeit der Jugend ist die Nahrung für das Alter zu bereiten und mit dem Schweiß der Zeit der Lohn der Ewigkeit. Im Jahr des Herrn 1714, 30. April. Gott allein die Ehre [Schiner-Devise].

282 Friede den Eintretenden und Heil jenen, die hinausgehen.

die Initialen «C[atharina]H[uber]»[283]. – 2. Rund. Zweigeschossig. Geviertes Wappen Schiner-Huber; im ersten Quartier die Initialen «M S». – *Truhe.* Tanne, eingelegt Nußbaum. Drei gedrückte Oktogonfüllungen, mit Nußbaum gerahmt. In Einlegearbeit: «17 I/CH 67». – *Bettstelle* (Museum Valeria, Sitten, Inv.-Nr. MV-800), 1893 aus Mühlebach erworben. Nußbaum. Tannene Füllungen zwischen skulptierten Pilastern, an der Fußlade mit eingezogenen Bögen, an der Kopflade und am Wangenbrett rechteckig. Mit Nußbaum eingelegt stilisierte vegetabile Motive, teilweise in Vasen; in den Füllungen der Wangenlade die Jahreszahl 1650, Schiner-Wappen mit den Initialen «MS», Huber-Wappen mit den Initialen «CH» sowie Doppeladler im Mittelfeld.

19. Koord. 185/275. Kat.-Nr. 29/98. Rudolf Clausen. Erbaut 1528 (Rillenfriese). Innenrenovation und Anbau an der rechten Traufseite um 1960. Möglicherweise in der Barockzeit erneuerter Giebel mit «Chrizgwätt» und eher steiler Roßkopfkonsole. ⌐⌐. 1½. A. *Inschrift* in gotischer Fraktur in versenktem Schriftfeld mit Schlaufen an beiden Enden: «mv[mit hochgestelltem kleinem c]xxviii hoc.opus.fiei.fet: Hans.vinchen.ma[i]or sub[284] anno m cccccxxviii» (1528). – *Ofen.* 1931, von Ofenmacher JOSEF BITTEL, Birchi (Fiesch), aus Gerener Giltstein. Zweigeschossig.

20. Koord. 240/215. Kat.-Nr. 29/109. Heinrich Briw; Gebr. Schiner. Erbaut 1. Drittel 16. Jh. Renovationen 1604 und 1729. Neuerer Anbau an der linken Traufseite des Hinterhauses. Firstbug, verziert mit Z-förmigem Motiv, mit Andreaskreuz und illusionistisch an Nagel und Schnur hängendem, geteiltem Wappen(?). «Vorschutz» auf Balken. Beidseits des Bugs in der Giebelwand T-förmige Öffnungen mit Malteserkreuzarmen. Rundbogiges Portal im Erdgeschoß der Stirnfassade. Wandartige Seitenpfettenkonsolen. ⌐⌐. 2. F. Von Riegelwand begrenzter Hausgang, längs mitten durch das Erdgeschoß führend, ehemals zur Innentreppe in der linken hinteren Hausecke. Im Vorderhaus des Estrichs gestrickter Mittelraum (vgl. Kdm Wallis I, S. 14, Abb. 6). In den Stuben je zwei Dielbäume. *Inschriften.* 1. Stockwerk: «DISES.WERCK HAT LAESEN ERNEVEREN/IOSEPH GVNTERN VND ANNA SCHINER VND IHREN SIN IOANE 1604». Zu den übrigen Inschriften vgl. CARLEN, Zwischen zwei Brücken, S. 355/56. – *Ofen.* Zweigeschossig, mit schwerer gekehlter Deckplatte. An der Stirn in lorbeerumkränztem Medaillon: «TI[?]/1800». An einem Eckstein der Wange die Jahreszahl [1]730.

21. Koord. 285/285. Kat.-Nr. 29/38. Konrad Clausen. Erbaut 1532? 1947 verbreitert und um ein Stockwerk erhöht. Rillenfriese. «Vorschutz» auf Balken. ⌐⌐ (niedrig). Ehemals 2. D. *Inschriften* vgl. CARLEN, Zwischen zwei Brücken, S. 291. – *Öfen.* 1. Zweigeschossig, mit plastischem Karnies an der schweren Deckplatte. Zwischen schmalen Polsterfeldern oben die Schiner-Devise «SOLI/DEO GLO/RIA» und Steinmetzzeichen (Tab. II, Nr. 4) in Rautenfeld, unten Wappenschild mit den Initialen «H[ans] K[ing]/B[arbara]G[lausen]» im Emblem der King (W. Wb., S. 141), mit den späteren(?) Initialen «VS/EF» und der Jahreszahl 1596. Monumentaler Ofen (1971 leider entfernt; skulptierte Steine bei Bruno Volken-Clausen, Naters). – 2. Eingeschossig, mit Kehle an der Deckplatte. An der Stirn, über der Jahreszahl 1647, Wappenschild der Familie Jost mit den Initialen des späteren Meiers «I[ohann]I[ost]» und seiner Gattin «A[pollonia]A[m]H[engart]»[285]. – 3. Von 1884. Zweigeschossig, mit schnabelförmigem Profil an der Deckplatte. Medaillons und Ranken.

22. Koord. 305/285. Kat.-Nr. 29/15. Margrit Jost. Erbaut 1533. Kleiner «Vorschutz» auf Balken. Schmale Rillenfriese. Wohl Ende 19. Jh. aufgestockt mit neuem Giebel. Späterer Anbau an der Rückseite. ⌐⌐. 2 (ehemals 1½). G und C. *Inschrift* vgl. CARLEN, Zwischen zwei Brücken, S. 292. – *Ofen.* Zweigeschossig, mit Kehle an der Deckplatte. Zahnschnittborte. An der Stirn Jesusmonogramm in nelkengerahmtem Medaillon. An der Wange, in Blattwerkrahmen: «F[ranz][286]I[oseph]C[lausen]C[atharina]S[iber]/1867/HC AC». – *Sekretäre.* 1. Tanne. Drei Schubladen mit rechteckigen Füllungen. Auf dem Pultdeckel in Einlegearbeit Zierfeld mit der Jahreszahl 1808. – 2. Tanne. Anfang 19. Jh. Schubladenteil ähnlich wie Nr. 1. Am Pultdeckel gekerbtes Zierfeld. Aufsatz mit geschweiftem Giebelsims.

---

283 In W. Wb., S. 127, offenbar irrtümlicherweise mit dem Wappen der Familie Hutter identifiziert, um so mehr als auch die Angaben von Standort und Zeit nicht stimmen (Oberwald statt Ernen). Vgl. H. A. VON ROTEN, Stammtafeln der Familie Schiner, BWG XIV (1967/68), Tf. VI, und die Pfarrbücher von Ernen.

284 Deutung von H. A. von Roten, Raron.

285 PfA Ernen, D 201 (zum Jahr 1650).

286 Erster Buchstabe versehentlich als P gehauen. Vgl. ebd., D 208 (zum 2. Juli 1829).

23. *Haus «Zum hl. Georg».* Koord. 245/265. Kat.-Nr. 29/63. Erben Briw; Konrad
Mutter. Erbaut 1535. Renovationen 1766 («Stubji»), 1787 (zweites Stockwerk) und
1976 (Erdgeschoß). Das malerische Haus beherrscht den «Ober Hengert» (Dorfplatz). Rötlich marmorierte, von Reblaub umspielte Quaderrahmung der Fenster
von Maler HEINRICH BOISSONNAS, Zürich, 1943. Am Giebel Kopie von OTTO MUTTER,
Mörel, nach dem hl. Georg, der bei der Kirchenrenovation 1968 an seinen ursprünglichen Standort in der Pfarrkirche zurückgekehrt ist (S. 38). An der Rückseite mit
Heustall verbunden. Im Erdgeschoß zwei gekuppelte Rechteckfenster. ⌐⌐. 2 und
Giebel-«Loiba». G. Unter dem Erdgeschoß zwei Rundbogentüren zu tonnengewölbten Kellern. Die Fußböden der Räume in der rechten Achse mit der höher gezogenen
Mauer liegen etwa 30 cm tiefer, was auf An- und Umbauten schließen läßt[287].
Innentreppen in den Kammern. Ehemaliger Eingang zum zweiten Stockwerk an der
westlichen Traufseite. *Täfer* 18. und 19. Jh.

Inschriften. 1. Stockwerk. Stube: «MV[mit hochgestelltem kleinem c]XXXV». – «Stubji»: «HOC . OPVS .
FIERI . FECIT . NOB[ilis] . D[ominus] . JO[sephus] . JG[natius] . SCHINER CAP[itaneus] . L[audabilis] . D[eseni] .
G[omesiae] . NEC . NON . CIVIS . SEDVN[ensis]ET . VXOR . EIVS . ANNA . MARIA . DE . KALBERMATTEN . ANNO 1766».
2. Stockwerk: «[Wappen: stehender Bär mit Kreuz auf dem Rücken unter Sechsstrahlenstern]DISES.HAVS.HAT.
LASEN . BAVWEN . IOSEPH . IM . HOF . VND . SEIN . HAVS . FRAV . ANNA . MARIA . CLAVSEN . VND . SEINE . SEHN . JOSEPH .
FRANTZ.VND.IOSEPH.ANTONI.IMHOF.DEN 6. BRACHMONAT.ANNO 1787» – Monogramme der Heiligen Familie. –
Im Hausgang oberhalb der Küchentür *gemalte Wappen;* von links nach rechts: 1. Mit vier Spielwürfeln,
drei über einem, auf blauem Grund[288] über den Initialen «A[nton].I[ohann].S[chiner]» (†1658)[289];
2. Schiner-Wappen über der Jahreszahl 1629; 3. Allianzwappen Schiner–de Courten über den Initialen
«N.S.C.C»[290]; 4. Allianzwappen Schiner–de Kalbermatten über den Initialen «I.S.M.K»[291]. – *Öfen.*
1. Auf Sockelzone mit lünettenförmigen Durchbrüchen zwei Geschosse. In der unteren Zone geschweiftbogige Zierspiegel und Blütenornamente in den Zwickeln. In den eckgekehlten Relieffeldern der
Rechteckspiegel der Oberzone Wappen, von bekrönten Löwen gehalten, inmitten von Rankenwerk: an
der Wange Imhof-Wappen über den Initialen «F[ranz]I[m]H[of]» in kleinem Wappenschild, an der Stirn
geviertes Wappen Sigristen–Matter des Landeshauptmanns Jakob Valentin (†1808) über den Initialen
«C[atharina]S[igristen]», hier verwendet von der Nichte des Landeshauptmanns. «Kacheltürchen» mit
Schloß und Beschläg. Außerordentlich reich dekorierter Ofen. – 2. Eingeschossig, mit gekehlter Deckplatte. An der Stirn in eckgekehltem Spiegel: «1L[eo].G[untern].8 9M[aria].L[oretan].6». – *Tür.* Nußbaum.
1766. Mit eingezogenem Bogen, ziergeschweiften Füllungen und Einlegearbeit, oben Jesusmonogramm,
unten Rosette. In Architekturrahmen des 17. Jh.

24. *Schulhaus.* Koord. 290/215. Kat. Fol. 29[292]. Ehemals Burgerhaus. Erbaut 1538.
Linke, etwas vorspringende Mauerachse und Giebel 1668 (Jahreszahl am Bogenscheitel des Tuffportals)[293]. Renovationen 1739 (Jahreszahl am Bogenscheitel des rundbogigen Tuffportals) und 1943 (Jahreszahl am vorgeblendeten Korbbogen der tuffge-

---

287 Auffallenderweise gehört auch der obere Raum der Mauerachse als «Loiba» zum ersten Wohnstockwerk.

288 Wappen der Familie Siber in Erinnerung an die erste Frau des Landeshauptmanns Matthäus
Schiner (freundl. Hinweis von Dr. H. A. von Roten, Raron) oder der Familie Zumstadel (W. Wb., Tf. 5
und S. 302).

289 CARLEN, Zwischen zwei Brücken, S. 327.

290 Nikolaus Schiner (1605–1629), Landvogt von St-Maurice, und Julia Courten? (VON ROTEN [wie
Anm. 259], Tf. VII).

291 Joseph-Ignaz Schiner (1726–1781), Zendenhauptmann und später Landvogt von Monthey, sowie
Anna Maria de Kalbermatten (†1782)? (ebd., Tf. VIII; vgl. «Stubji»-Inschrift).

292 Pläne zu Bürgerhaus, Tf. 100, Nr. 5, im A der ETHZ.

293 Der 1943 entfernte Giltsteinofen der unteren Stube zeigte diese Jahreszahl, das Michel-Wappen
und die Initialen «J[erig].M[ichel]» (vgl. Abtretungsurkunde von 1680. A Stockalper, Brig, Nr. 7702).

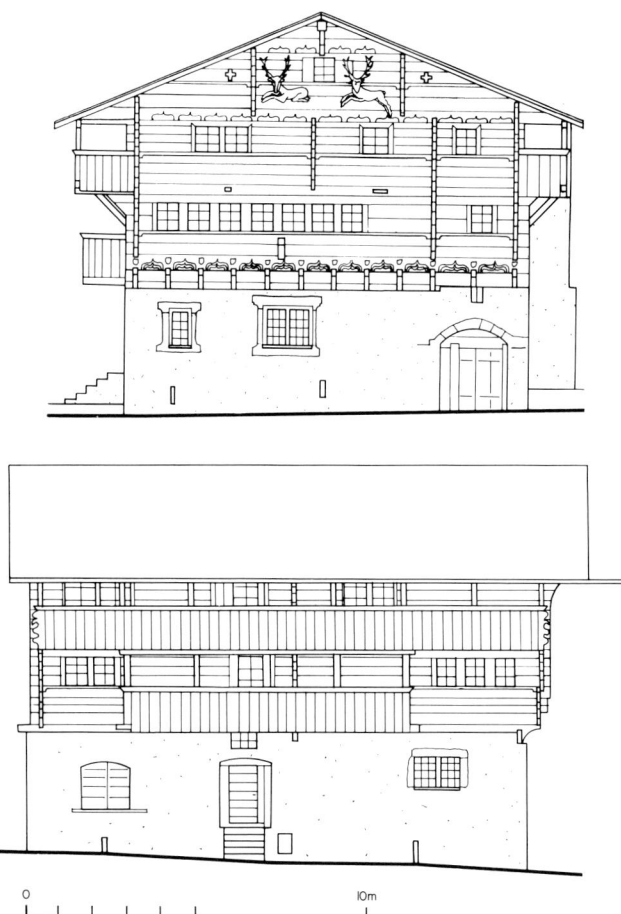

Abb. 59 und 60. Ernen.
«Tellehüs», 1576.
Hauptfassade
und linke Seitenfassade.
Text S. 69.

0   10m

rahmten Rechtecktür). Innenrenovation 1954. In der zweiten Hälfte des 17. Jahrhunderts infolge Verschuldung des Besitzers Georg Michlig an Kaspar Jodok von Stockalper gelangt, 1680 als Zahlung für ihre Ansprüche an Stockalper der Burgerschaft abgetreten (vgl. Anm. 293). Das behäbige, lebhaft mit Stein und Blockwand gegliederte Haus bildet am südlichen Rand des «Ober Hengert» das Pendant zum Haus Nr. 23. Die beiden Portale eingefaßt von eng anschließenden, tuffgerahmten Fensterchen mit durchstoßenen Gittern. Klebemauer an der rechten Traufwand. Linke hintere Ecke gekappt. An der Rückwand gestufter Mauersockel und neuer erkerförmiger Vorbau beim Treppenhaus (1943). Malereien 1943 von HEINRICH BOISSONNAS, Zürich, unter dem «Vorschutz» des frontseitigen Mauerwerks; von links nach rechts: Heuer, Mähder, Säumer-Soldat, Ziegenmelker, Frau mit Hutte, Mann mit Schlitten; dazwischen Blumenvasenmotive. Am Mauerrisalit gemalte Eckquadrierung, Fensterrahmen und Medaillon mit dem Erner Wappen. ⌐⌐. 2. Grundrisse der Wohngeschosse verändert, ehemals wohl F. Im Erdgeschoß drei tonnengewölbte Räume, schon 1789 als Feuerwehrlokale verwendet.

Inschrift. 1. Stockwerk: «[Wappen mit sechsstrahligem Stern, Hammer, Zange] JNRJ HOC OPVS FIERI FECIT FRANCISCVS FABRI ET TRINA JTEN VXOR ANNO DM MVCXXXVIII DIE XIII MAY 1538». Prachtvoller Dielbaum, beschriftet mit gotischer Majuskel in Flachschnitt.

25. Koord. 190/250. Kat.-Nr. 29/104. Josef-Marie Imhof; Adolf Schmid. Erbaut 1545 (Rillen- oder Kammfries). 1787 rechts um einen breiten Anbau erweitert, neuer Giebel aufgesetzt (am Giebel: «V[alentin]G[eorg]C[lausen]Im IAr 1787»). Fensterzone des oberen Stockwerks erneuert (Pfeilschwanzfries über gebrochener Wellenlinie). Unter dem Firstbaum Konsole 19. Jh. Das stattliche, großräumige Haus beherrscht den kleinen Platz «uff em Biel». «Vorschutz» an der Fassade des alten Hausteils. ⌐⌐. 2. G (im zweiten Stockwerk zusätzliche Räume an der östlichen Traufseite als «Loibe» des ersten Stockwerks). Eingang zu beiden Stockwerken ehemals an der linken Traufseite. Tür zum Estrich mit geschweiften Zierfüllungen.

Inschriften. 1. Stockwerk. Stube: (in gotischer Majuskel)«[Jesusmonogramm]MV[mit hochgestelltem kleinem c]XXXXV . HOC OPVS FIERI FECIT DISCRETVS . IOANES SCHERTIG». – Anbau: «DISES HAVS . HAT . LASEN . UERBESREN. DIE. 2. BRIEDER. UALENTIN. UND. GIORGIUS. GLAUSEN. UND/IRO. HAUS. FRAUEN. MARIA. BARBARA. IM. HOF. UND. ANNA. MARIA. SEILER. IM IAHR. 1787. DEN. 14. MEIEN». – 2. Stockwerk: «DIESE HAUS. HABEN. DIE. ERSAME. BRIEDER . LASEN . BAUWEN . VALENTINVS VND . GIORGVS . CLAVSEN . VON . DER . BVRGSCHAFT ERNEN/UND . DEREN. UATER IST. DER. EHRSAME. MAN. IOSEPH. FRIDRICK. CLAUSEN. W: UND. SEIN. HOUSFROU. MARIA. CATRINA. GASNER. ALS . MAN . ZED . 1.7.8.7.» – An der Außenwand der Fassade im Erdgeschoß gemalte Wappen Schmid und Volken mit den Jahreszahlen 1545 und 1965. – *Öfen.* 1. Zweigeschossig, mit Kehle an der Deckplatte. An der Stirn blumenbekränztes Medaillon mit den Initialen «J[oseph]S[chmid]/T[heresia]H[olzer]/1866», gerahmt von den zierlichen Initialen «A[dolf]S[chmid]/M[arta]V[olken]1961», an der Wange Jesusmonogramm zwischen Rosen. – 2. Zweigeschossig, mit Kehle und Karnies an der Deckplatte. An der Stirn Clausen-Wappen (aufgehende Sonne mit dem Steinbock der Helmzier zwischen fünfstrahligen Sternen) mit den Initialen «V[alentin]C[lausen]1788». Links unter dem Wappen die Initialen «B[arbara]IH[in Ligatur. Imhof]». – 3. «Stubji»-Ofen, 19. Jh. – *Hauskruzifix.* H. 99,5 cm (Korpus 23 cm). Holz. Originalfassung entfernt. 2. Hälfte 18. Jh. II. Reckinger Hauskruzifixtyp. Vor dem Fuß Medaillon mit Jesusmonogramm, gerahmt von Blumen und leerem Schriftband. – *Wandbüfett.* Lärche. Zweiachsig. Links Schrankachse mit geschweiften Füllungen. An der Nischenrückwand die Initialen «U[alentin]C[lausen]/M[aria]B[arbara]IH[in Ligatur. Imhof]». – *Schmalbüfett.* Lärche. 1816. Mit Kredenznische.

26. Koord. 300/245. Kat.-Nr. 29/51. Alois Stucky-Clausen. Erbaut 1556. In großen Partien erneuert 1748. 1949/50 links erweitert und um einen Stock erhöht. Haus des Meiers Hans Folken, des Erbauers des «Tellehüs». ⌐⌐. Ehemals 2. G. Dielbaum verkleidet. *Inschrift* vgl. CARLEN, Zwischen zwei Brücken, S. 298. – *Ofen.* Zweigeschossig, mit Karnies und Kehle an der Deckplatte. An der Stirn Jesusmonogramm in blattgerahmtem Wappen zwischen Rollwerkmedaillons mit Initialen: links verdeckt, rechts «AM/G» und die Jahreszahl 1748. – *Sockeltruhe.* Nußbaum. Nur von Leisten gerahmt. Eingelegt: «C.M S». Zierkontur des Sockels gleicht dem gebrochenen Wellenfries der Häuser um 1800. – *Aufsatz eines Wandschranks.* Aus dem Haus Nr. 16, Mühlebach.

27. Koord. 205/225. Kat.-Nr. 29/132. Cäsar Mutter. Erbaut 1562 (Rillenfriese). Rückseitiger Anbau 1642 (würfelförmiger Konsolfries unter glattem Stab). Wandartige Pfettenkonsolen. ⌐⌐ (im Anbau). 2. Ursprünglich A, durch Kammer im Zwischenraum zur Scheune und durch eine zweite Stube im rückseitigen Anbau erweitert. *Inschriften* vgl. CARLEN, Zwischen zwei Brücken, S. 298/99[294]. – *Ofen.* Eingeschossig, mit Kehle an der Deckplatte. Abgerundete, gebänderte Kante. An der Stirn zwei Wappenschilder; links: «F[Sechsstrahlenstern des Wappens Clausen?]C/TK/1863» über Sechsstrahlenstern, rechts: «D[gevierteter Kreis]K/FC/CC». – Ofen von 1569 mit Wappen des Dielbaums des zweiten Stockwerks entfernt.

28. Koord. 210/245. Kat.-Nr. 29/105. Emil Seiler. Erbaut 1563. 1673 rechts Kammerachse angebaut. «Vorschutz» auf Balken. Im Mauersockel des Anbaus eingelassene Zwillingsfenstergruppe. ⌐⌐. Ehemals 1½. E und F. *Inschriften* vgl. CARLEN, Zwischen zwei Brücken, S. 299. – Beide Öfen entfernt.

---

294 Zur Geschichte des Hauses vgl. auch CARLEN, Inventar, S. 47.

29. Koord. 200/200. Kat.-Nr. 29/159. Konsumverein. Erbaut 3. Viertel(?) 16. Jh. (An der Fassade des ersten Stockwerks Fragment von einem seitlich mit halbem Bogen endenden Rillenfries.) Renovationen 1736, 1764 (zweites Stockwerk) und 1936 (Mauersockel). An der Rückseite alter Heustall angebaut. ⌐⌐ (ehemals mit Sa). 2. Ursprünglich E und G. *Inschriften* vgl. CARLEN, Zwischen zwei Brücken, S. 364/65. – *Ofenfragment* (im Besitz von Richard Zufferey, Ernen). Mit Clausen-Wappen (linke Sonnenhälfte über V neben Ziegenbock, der üblichen Wappenzier), gerahmt von den Initialen «M[auritius]C[lausen]M[aria]C[atharina]H[uober]» und der Jahreszahl 1767 auf Dreiberg.

30. *«Tellehüs»* (Abb. 59–62). Koord. 265/265. Kat.-Nr. 29/44. Gemeinde Ernen. Erbaut von Meier Hans Folcken 1576 als Wohn- und Gasthaus sowie als Suste, wohl am Standort seines älteren Wohnhauses. Jahreszahl und Wappenschild zwischen schrägen Stabbündeln am Firstbug. Im Dorf nach den jahrhundertelangen Bewohnern früher «Guntrehüs» genannt[295]. Wohl in der Gaststube dieses Hauses hat Johann Wolfgang Goethe am 11. November 1779 bei Weibel Joh. Jos. Guntern Mittagrast gehalten, während welcher ihm die Wirtin (Maria Katharina Guntern, geb. Zmilacher?) so ergreifend die Alexiuslegende erzählte, daß er zu Tränen gerührt war. 1940 infolge Kauf durch die Gemeinde Ernen vor dem drohenden Abbruch bewahrt. 1943 Restaurierung der Tellfresken durch HEINRICH BOISSONNAS, Zürich, sowie Einrichtung der Burgerstube im Erdgeschoß mit gemalten Burgerwappen von HANS MINNIG, Lax, 1945. Innenrenovation 1961.

Bilddokumente. Ansicht von SW, Tellfresken und Wandausschnitt mit Hirschen. Zeichnungen von RAPHAEL RITZ. 7. Okt. 1889 (ETHZ, Graph. Slg. 3686 II, S. 8–11).

Das «Tellehüs» schließt als imposantester Bau am Dorfplatz dessen nordöstliche Flanke, wobei es mit Traufseite und Stirnfassade den Platz bestimmt. ⌐——⌐. 1½ und Giebel-«Loiba». G (mit durchgehendem Quergang). Vom breiten Kellergang entlang der rechten Traufseite führte einst eine Stiege in den Wohnstock. Grundmaße L. 11,8 m, Br. 12 m. Die Stirnfassade am Mauersockel gegliedert von einem stichbogigen Portal mit gedrückten Bogenflanken rechts außen, von einem rechteckigen Zwillingsfenster und einem Einzelfenster in ungleicher Höhe, die platzseitige Traufwand vom rechteckigen Eingangsportal zwischen einem Stichbogenfenster im Hinterhaus und einem rechteckigen Zwillingsfenster im Vorderhaus. Fenster und Hauptportal mit Tuff und Malerei gerahmt. An der Front stehen die ältesten datierten *Tellfresken* (Abb. 61 und 62), derbe, naiv ausdruckskräftige Darstellungen, die Meier Folcken 1578 für den Empfang der Innerschweizer Gesandten malen ließ[296], die auf der Heimreise von der Bundeserneuerung in Glis in seinem neuen Hause Nachtquartier bezogen[297]. Die in der oberen Zone der Wand aufgereihten Szenen sind von

---

295 CARLEN, Zwischen zwei Brücken, S. 300–307.

296 A. CARLEN, Der Maler der Fresken in der Pfarrkirche von Reckingen. Entdeckung einer Signatur, Walliser Bote 134, Nr. 194, 23. Aug. 1974. Die in der Literatur öfter wiederkehrende Zuweisung an einen Meister HUSMANN erklärt sich aus einer irrtümlichen Lesung des Inschriftfragments über dem Zwillingsfenster (W., Façadengemälde an einem Hause in Ernen [Wallis], ASA [N.F.] III [1878], S. 862/63, und Zeichnung [1889] von RAPHAEL RITZ, ETHZ, Graph. Slg., Inv.-Nr. 3686 II, S. 9). – Vgl. A. CARLEN, Barocke Theater und Feste anläßlich der Bundeserneuerungen des Wallis mit den sieben katholischen Kantonen, 1578–1780, Schriften des Stockalperarchivs in Brig, Heft 27, Brig 1974, S. 12. – Die ebenfalls monumentalen Tell-Darstellungen von MAXIMILIAN WYSCHAK im Haus «Zum hohen Dolder» in der St.-Alban-Vorstadt, Basel, sind schon um 1547 entstanden. (Freundl. Hinweis von Dr. Ursula Reinhardt, Basel.)

297 CARLEN, Zwischen zwei Brücken, S. 305.

Legenden in bekrönenden Schriftbändern erläutert; von links nach rechts: der Knabe Walter mit dem Apfel auf dem Haupt auf dem Ast eines Baumes stehend und an den Stamm gebunden/«KINT»; die Stange mit dem Geßlerhut/«HVOT»; daneben ein Krieger mit Hellebarde/«HEFE»[298]; der schießende Tell neben dem Vogt und einer warnenden Hofdame/«DELSCHEST AVFW[alter?]»; der Rütlischwur/«DELSCHDVoFACHER-VoLNGRVoPEN»; Tell, den berittenen Vogt erschießend/«DER DEL SCH[est] DEN FOGT». Die Szenen bauen die Wandöffnungen zum Teil recht geschickt in die Komposition ein. Das Einzelfenster wird von einem Cherub bekrönt. Über dem Zwillingsfenster Bauinschrift: «DIZ HVS HAT LASEN MACEN HANZ.F[olken][299] 1578». «Vorschutz» auf Konsolen, geschmückt mit gebündelten Stäben, mit Stäben in Wappenschildern und mit zur Hälfte farbig gebänderten echten Wappen; von links nach rechts: Volken; Ernen; nichtidentifizierbar (Wappen der Frau Sälen?). Am Fußbalken dreifacher Kielbogenfries, unterteilt von eingetieften gemalten Wappen der sieben oberen Zenden. Im Gegensatz zum dürftig befensterten «Loibe»-Geschoß weist die Stube in der Front eine siebenteilige Fensterreihe auf. Die Anzahl Sieben wurde in Hinblick auf die sieben Zenden gewählt, weshalb der Bauherr die Fenster auch mit den Wappenscheiben der Zenden versah[300]. Der seitlich in einem halben Bogen endende breite Fries unter der Fensterzone des Wohngeschosses fügt zum üblichen Rillenfries noch Konsölchen und Zahnschnitt-Friesmotive, die sich, gleich dem bekrönenden Kielbogenfries der oberen Zonen, erst im 17. Jahrhundert durchsetzten. Die ehemals gleicherweise bunt bemalten Friese der beiden oberen Fensterzonen sind etwas bescheidener gehalten. Der Friesbalken des Wohnstocks kragt um halbe Breite vor, gestützt in der Mitte der Stubenwand von einem senkrecht versetzten Brett mit dem Wappen des Bischofs Hildebrand I. von Riedmatten unter einem verwitterten Schriftband, das früher das Baujahr trug[301]. Den Giebel zieren zwei reliefhaft flache hölzerne Hirsche mit echten Geweihen, beide nach Westen blickend, der eine liegend, der andere springend. Das Vorhandensein des im Goms sonst nur bis gegen 1530

Abb. 61. Ernen. «Tellehüs», 1576. Ausschnitt aus der Hauptfassade mit Tellfresko, 1578.
Text S. 69 und oben.

Abb. 62. Ernen.
«Tellehüs».
Tellfresko
(Ausschnitt), 1578.
Schießender Tell
und Vogt. – Text S. 70.

nachweisbaren Firstbugs überrascht. Einmalig ist das Motiv der über die Balkone vorgezogenen Fassadenwand. Dem «Loibe»-Geschoß sind in der ganzen Länge der Traufseiten beidseits Lauben zugeordnet, die von teilweise mit Stäben beschnitzten Streben gestützt werden. Die platzseitige Traufwand wird durch diese «Loibe»-Laube und durch einen durch Pfosten verbundenen kürzeren Balkon des Wohnstockwerks entscheidend geprägt.

Inschrift. (In Spiegelschrift.) «[Wappen mit Doppeladler und Wappen mit den sieben Sternen der Zenden]WALLIS[Allianzwappen Folcken (Kreuz auf horizontalem Stab, gestützt von zwei V) und Sälen (von einer Hand gehaltener Zickzack mit einem Punkt im oberen Winkel)]DISTZ.HVS.STAT.IN.GOTES. HANT.MEIER.HANS.FOLCKEN IST SIN HER.GE.NAMT VND ANNI SÄLEN SIN FROVW DOMLI F̂/SIN SYN 1576 IESVS/MARIA MEIOSTWMER KASPAR STIN». – In einem neuen Eckkamin eingebaut: 1. *Ofenstein.* «15 [Wappen Volken und Sälen] 77». Auf dem Sälen-Wappenschild Steinmetzzeichen (Tab. II, Nr. 1). – 2. *Wappenschild* mit Steinmetzzeichen (Tab. II, Nr. 2).

Das «Tellehüs» hebt sich in seiner denkmalhaften Einzigartigkeit erst vor dem Hintergrund der Geschichte des Gommer Hauses deutlich ab. Weil das Untergoms nach der Ära der Schiner zu Beginn der Neuzeit die kulturelle Initiative an das Obergoms abgetreten hatte, blieb das Haus beinahe ohne Nachfolge im Untergoms, während es, zukunftsträchtig wie kein zweites Gommer Haus, eine ganze Reihe von Motiven einführte, die vom Obergoms seit dem beginnenden 17. Jahrhundert aufgegriffen und fortentwickelt wurden. Bedeutsam für die spätere Entwicklung des Gommer, d.h. vorab des Obergommer Hauses sollten folgende Motive werden: die Proportionen im Obergommer Renaissancehaus des frühen 17. Jahrhunderts (Kdm Wallis I, S. 24–26); neue Friese wie der Konsölchenfries, der Zahnschnitt als Grund-

298 Von ANTON CARLEN als «HEFT» = Haft gedeutet.
299 Deutung von Paul Heldner, Glis. Vgl. Anm. 296.
300 Daran steuerte der Landrat am 4. Sept. 1582 vierzehn Kronen (StAS, A.B.S. 204/7, S. 763. Landratsabschied vom 4. bis 7. Sept. 1582).
301 Festgehalten 1898 auf der Planzeichnung von GEORG LASIUS für das Bürgerhaus im A der ETHZ.

motiv des Würfelfrieses und der Kielbogenfries am Fußbalken über dem «Vorschutz»
wie als Bekrönung über den Fensterzonen; der nur halbbalkenbreite «Vorschutz» in
der Blockwand; die vielteilige Fensterreihe in den späteren Burgerhäusern; der
flurartige Kellergang entlang einer Traufwand (Kdm Wallis I, S. 29). Die Einmalig-
keit des Bauwerks läßt den Beizug fremder Meister vermuten. In den beiden(?) auf
dem Dielbaum zusammenhanglos aufgeführten Namen dürften sich die Bau- bzw.
Zimmermeister verewigt haben. Der erste Name (wohl des leitenden Zimmermanns!)
ist nicht entzifferbar («ME[ister?]IOST[= Jodocus]WMER»), das Geschlecht des zweiten
Namens, STIN, war in Niederernen seßhaft[302].

31. *Jost-Sigristen-Haus* (Abb. 63)[303]. Koord. 225/225. Kat.-Nr. 29/108. Theophil Briw;
Gemeinde Ernen; Leo Tenisch. Von Meier und Bannerherr Martin Jost 1581 erbaut,
1598 erweitert. Im Geist des Rokokos renoviert 1772 von dem Meier und späteren
Landeshauptmann Jakob Valentin Sigristen († 1808). 1796 wohl Renovation der
Stube im steinernen Anbau des ersten Stockwerks. Wandmalereien der Stirnfassade
1953 von HEINRICH BOISSONAS, Zürich, restauriert. 1964 Ausbau des «Saal»-Stock-
werks zu einer Wohnung und Umgestaltung des rundbogigen Hauptportals an der
linken Traufseite. Das ebenso imposante wie schmucke Haus blickt vom südlichen
Abhang des «Biels» hinunter auf den «Unner Hengert». Zuerst ein schmales, hohes
Haus in der Art des Wohnhauses von Melcher Schiner (1563) in Mühlebach (S. 136,
Nr. 16) und wie dieses die Proportionen des typischen Barockhauses vorwegnehmend,
wurde es durch den Anbau von 1598 zu einem behäbigen Haus, jedoch mit so
spannungsvoller Schaufront, daß es den üblichen Rahmen der Gommer Hausarchitektur sprengt: Zum hohen Mauersockel mit Keller- und «Saal»-Geschoß tritt der bis
zur Gwättstirn vorgeschobene Maueranbau. Da dieser unter Schleppdach angefügt
ist, ergibt sich ein ungewöhnliches Verhältnis der Dachflanken. Die an das Engadin
erinnernde reiche Bemalung des Mauerrisalits vollendet die malerische Wirkung der
Fassade. Die «Saal»-Fenster sind im Gegensatz zu späteren Bauten von Mauer
umschlossen. ⌐—⌐. Sa. 2½. Ursprünglich G und F, durch den Anbau zu H mit
abgetrennter Küche erweitert. Ehemals Haupteingang an der linken Traufseite des
«Saal»-Stockwerks, zur Treppe am gegenüber liegenden Ende des Quergangs
führend. Der nördliche Hauseingang zum ersten Wohngeschoß stimmungsvoll
abgeschirmt durch einen nahen Speicher. Neuere Treppenanlage zum zweiten
Wohngeschoß zwischen Haus und Speicher, die alte Treppe im großen Vestibül
zwischen Küche und «Stubji». «Vorschutz» auf Balken mit Roßköpfen, ohne
Konsolen. Rillenfriese. Fenster ehemals mit zierkonturierten Fensterladen-Gleitrahmen versehen, wovon noch Fragmente erhalten sind. Rundbogige Kellerportale. Am
Mauerrisalit sind die Kanten mit illusionistisch-perspektivischen Quadern bemalt,
die Fenster mit Rahmen und teilweise mit Giebeln nach sinnvollem Konzept: Das
rechteckige Zwillingsfenster des «Saal»-Geschosses weist nur ein waagrechtes Gebälk
auf unter der Schiner-Devise «Soli Deo Gloria», dasjenige des ersten Stockwerks
gekuppelte Sprenggiebel und dazwischen als Bekrönung das Jost-Wappen, bezeichnet: «M IOST». Im zweiten Wohnstockwerk folgen dagegen zwei Einzelfenster, bekrönt

---

302 GdeA Ernen, B4 (1577).
303 CARLEN, Zwischen zwei Brücken, S. 307–314, und Inventar, S. 47/48. – Pläne (Bürgerhaus) im A
der ETHZ.

Abb. 63. Ernen.
Jost-Sigristen-Haus, 1581
und 1598. Hauptfassade.
Text S. 72 und 54.

0   10m

mit Giebeln aus Schlangen und dem Steinmetzzeichen[304] wie über der Kellertür des
Anbaus und am Ofen Nr. 3 (Tab. II, Nr. 6). Auf Höhe der «Loibe» im Mauerzwickel
Einzelfenster neben der Jahreszahl der Bemalung 1601. Sonnenuhr[305]. Am Gwätt
zwischen Mauer- und Holzwerk hölzerner Hirschkopf mit echtem Geweih.

Inschriften. 1. Stockwerk. Stube (an der Dielbaumwange): «MARTINVS.IOST.MAIOR.ET.BANDARETVS.FIERI.
FECIT.ANNO 1581» – (an der gegenüber liegenden Dielbaumwange): «IACOBVS VALENTINVS SIGRISTEN
MAIOR ET BANDARETVS CVM SVO FRATRE IOANNE GEORGIO SIGRISTEN CAPITANEO.RISTAVRAVIT ANNO 1772 15
OCTOBRIS». – Anbau: «SOLI DEO GLORIA[Jost-Wappen mit den Initialen ‹M I›]MARTINVS IOST NOTA PVB
MAIOR ET BANDARETVS DESENI GOMESIE HAS AEDES PRIORIBVS AEDIFITYS SVIS ANNEXIT 1598[Neßler-Wappen
mit den Initialen ‹CN›]». – An der Binnenwand der Stube des ersten Stockwerks *Täfer* Ende 16. Jh., übrige
Wände Täfer von 1772. – Die *Stubendecke* (Abb. 66) ist 1772 mit zwanzig flachen Kassetten verkleidet
worden, deren Tafeln mit zum Teil *allegorischen oder religiösen Malereien* in vier, von Westen nach Osten
streichenden fünfteiligen Reihen angeordnet sind: 1. Reihe (zunächst dem Hinterhaus): Abwehr gegen
einen Naturdämon; Traubenernte; Fischen; Jagd; Landschaft mit Burg. – 2. Reihe: Kampfszene; vier
weibliche Dreiviertelbildnisse, beschriftet «Die Kleinmüthigkeit», «Die Traurigkeit» (Abb. 65), «Das
Lachen», «Das Weinen» (Abb. 64). – 3. Reihe: Erzengel Michael(?) in Landschaft; Jesus, dem hl. Petrus
auf dem Meere erscheinend; Szene mit Booten; Szene mit Boot und Häusern; Landschaft mit Architektur. – 4. Reihe: Vier weibliche und männliche Dreiviertelbildnisse, beschriftet «Die Eyfer Sucht», «DAS
SCHLOS VON KARTEN», «MUSICA DELECTAT/AMOREM EX SPECTAT», «VBI WIRTUTIS DONA/IBI OMNIA BONA»;
Frau mit Kind in der Wiege vor Sockel mit gebrochener Säule. Die Gemälde sind von mittelmäßiger
Qualität, heute zudem noch stark beeinträchtigt durch den vergilbten Firnis. Größenteils zerstört sind die
wohl 1796 von JOSEPH IGNAZ SIGRISTEN, Lax, geschaffenen[306] Malereien der Stube im steinernen Anbau:
am Wandtäfer leere Ornamentfelder, an der von drei Balken gegliederten Decke eine zentrale Querachse
von großen Medaillons mit den Wappen der Familien Sigristen und Gallay sowie Blumenbukette, in den
Seitenachsen leere Zierfelder mit Blumen in den Außenzwickeln.

Öfen. 1. (Abb. 66). Eingeschossig, mit Karnies unter der Deckplatte. An der Stirn in tiefen Feldern
plastische Wappenschilder, links Jost unter den Initialen «M[artin]I[ost]», rechts Neßler (gleicharmiges
Kreuz mit lilienartigen Enden und Punkten in den Zwickeln) unter den Initialen «C[äcilia]G[lau-

304 Ähnlich einem der Meisterzeichen am Hausschild von Haus Nr. 33 in Münster (Kdm Wallis I,
Tab. II, Nr. 3).

305 Abb. bei BINER, S. 79.

306 StAS, A der Familie Jost, JJ 635.

sen]»[307]. Jahreszahl 1581. An der Wange, zwischen schmalen rechteckigen Rahmenpolstern, quadratisches Feld mit Jesusmonogramm in Strahlenkranz. In den Zwickeln oben «S M», unten Stern, Kreis mit Punkt. Wuchtiger Ofen. – 2. Eingeschossig, mit Karnies unter schwerer Deckplatte. An der Stirn zwei tiefe profilierte Felder mit Wappen, Initialen und Jahreszahl wie Ofen Nr. 1, ferner mit Rosette und Hand in Clipeus, an der Wange drei schmale vertikale Rechteckfelder, die seitlichen unterbrochen von einem Kreis. Qualitätvoll. – 3. (Abb. Kdm Wallis I, S.39). Eingeschossig, mit Kehle an der Deckplatte. Auf zierkonturiertem Holzsockel. An der Stirn, im großen rechteckigen Mittelpolster ausgespart, plastische Wappenschilder wie auf Ofen Nr. 1, mit Klammer zur Allianz gefügt und mit den Initialen im Schildhaupt, hier mit der Initiale «N[eßler]» und einfacherem Kreuz im Wappen der Frau. Über dem Wappen die Jahreszahl 1599. Meisterzeichen (Tab. II, Nr. 5). Prachtvoller, formstrenger Ofen. – 4. Zweigeschossig, mit Karnies und Kehle an der Deckplatte. An der Stirn, zwischen den Ziffern der Jahreszahl 1770, Sigristen-Wappen: gespalten, links gleicharmiges Kreuz über Sechsstrahlenstern, rechts Sechsstrahlenstern. An der Wange Zierfelder mit Jesusmonogramm und Blumen. – 5. Eigentümlicher gemauerter *Kochherd* mit fünf in Steinplatten ausgesparten Pfannenlöchern, angeordnet wie auf dem Spielwürfel. – *Türen.* 1. (Abb. 66). Nußbaum. In den Oktogonspiegeln geschnitzt, oben: «V[alentin].I[akob].S[igristen]. M[aior].EA/B[anderetus].L[audabilis].D[eseni].G[omesiae]/M[aria].B[arbara].M[atter]/1771», unten Jesusmonogramm. Reiche Messingbeschläge. – 2. Kammertür mit geschweifter Füllung. – *Aufsatzschrank* (Abb.66). Nußbaum. Régence. Konkav geschweifte Kommode mit eingelegtem Bandwerk an den Schubladenstirnen, beschnitzten Eckrundungen und Rauten in Rocaille-Schnitzwerk an den Wangen. Am Aufsatz rautenbesetzte Zierfelder in reicher Einlegearbeit. Außerordentliches Möbelstück. – *Wandschrank.* Lärche. Mitte 17. Jh. Zweiachsig. Zwischen kannelierten Pilastern oben je eine geohrte Füllung mit Ädikula, unten eine rechteckige Füllung mit Raute. Profiliertes Abschlußsims mit Pilasterstümpfen am Fries. – *Truhe.* Tanne. Dreiachsig. In den seitlichen Oktogonfüllungen eingelegt: «HIR MII». In der Mitte eckgekehlte Füllung mit geschnitzter Rocaille in den Zwickeln. Eingelegt: «18[Blüte]16». – *Truhe* (im Besitz von Arnold Perren, Brig). Nußbaum. 1. Hälfte 19. Jh. In den zwei Rechteckfüllungen durch eingeschnitzten Rundstab ausgeschiedene Zierfelder; darin eingelegt: «C[Stern]ZK» und «M[Stern]ZK».

32. *Am-Hengart-Haus* (Abb. 67). Koord. 240/190. Kat.-Nr. 29/125. Josef und Kamil Briw. Erbaut 1584 als Wohn- und Gasthaus sowie als Suste, möglicherweise in Konkurrenz zum «Tellehüs». Der Erbauer, Melchior Michel, nannte sich wegen des Standorts des Hauses nach dem spätmittelalterlichen Feudalgeschlecht der de Platea «am Hengart»; seine Nachkommen übernahmen deren Wappenzeichen[308]. Am

Abb. 64 und 65. Ernen. Jost-Sigristen-Haus. Deckenmalereien in der Stube, 1772 oder 1796. «Das Weinen» und «Die Traurigkeit». – Text S. 73.

Abb. 66. Ernen. Jost-Sigristen-Haus. Stube mit bemalter Felderdecke, 1772 oder 1796. – Text S. 73/74.

Südrand des «Unner Hengert» nach Norden blickend, beherrscht das behäbige «Vorschutz»-Haus den kleinen Dorfplatz. Es ist das einzige Erner Haus, das in den Proportionen des Holzwerks mit dem «Tellehüs» wetteifert. Grundmaße L. 12,15 m, Br. 12 m. ⌐⌐ (doppelt gestuft und sehr hoch steigend). 2½ und Giebel-«Loiba». H, mit großem Raum zwischen «Stubji» und abgetrennter Küche, der Raum zwischen «Stubji» und Vorderhaus als Treppenhaus benützt. Der Raum im Hinterhaus des ersten Wohnstockwerks über dem Pferdestall diente als Scheune. Die Front des Mauergeschosses ist rechts, beim ehemaligen Lagerraum, malerisch gegliedert durch ein Rundbogenportal zwischen weiten, ebenfalls rundbogigen Öffnungen, die dank den nur teilweise eingezogenen Mauerbrüstungen gleichzeitig als Fenster und als Durchgang dienten. An Stelle des Portals zur ehemaligen Pferdestallung in der linken Hausachse gähnt eine neuere, überdimensionierte Rechtecköffnung. Früherer Haupteingang an der westlichen Traufseite des Vorderhauses. Lichtschlitze an der belichteten Ostseite des Pferdestalls. An den «Vorschutz»-Konsolen, je unter halber gemalter Am-Hengart-Wappenlilie, geschnitzt zwischen Stäben, Herzen oder V, bemalte plastische Wappenschilder, von links nach rechts: über Dreiberg links Tanne, rechts Lilie auf Fünfstrahlenstern (Briw?); Am-Hengart-Lilie; Achtstrahlenstern; gespalten, mit Sechsstrahlenstern in der rechten Hälfte; Clausen (mit hangender Sonnenhälfte). Neufassung der Wappenzeichen 1950–1960. Originale Fensteröffnungen im «Loibe»-Geschoß und im Giebel. Breite Rillenfriese. An der Stirnfassade hölzerner Hirschkopf (Abb. 56), 17. Jh., mit echtem Geweih. Den Lagerraum, dessen

307 Cäcilia Neßler nannte sich öfters nach dem Namen ihrer Mutter, der Tochter des Landeshauptmanns Martin Clausen (CARLEN, Zwischen zwei Brücken, S. 308).

308 CARLEN, Zwischen zwei Brücken, S. 316. Pläne (Bürgerhaus) im A der ETHZ.

Decke auf profilierten Balken ruht, konnte man von Norden wie von Westen her betreten. Durch eine stichbogige, tonnenartig überwölbte Türöffnung gelangte man in einen schmalen Raum dahinter, der bei der Außenwand die steinerne Wendeltreppe barg. Im Korridor zwischen Stube und «getrenntem Stubji» führten einst Holztreppen durch die Wohngeschosse empor.

Inschriften. 1. Stockwerk. Stube: «[Wappen Michel Am Hengart, bekrönt mit zwei Kreuzen auf gespreizten Stäben: auf Dreiberg kriechende, bekrönte(?) Schlange unter den Initialen‹MAH›]DISREN BVW HAT LASSEN MACHEN MELCKER MICHEL AM HENGART:VND ELSE ZVM STADEL SIN HVSFROVW:WELCHER VF GOTT VERTRVWT:DER HAT WOLL GEBVWT:IM IAR:1584 VF DEM ERSTE TAG HORN ...[verdeckt]». – «Stubji»:«[Zum-Stadel-Wappen unter Kreuz: Doppelkreuz unter den Initialen ‹EZS›]GOTT ALLEIN IST DER EGGSTEIN:IM IAR:1584» (in Schriftband). – *Öfen.* 1. (Abb. Kdm Wallis I, S. 39). Oktogonal. Zweigeschossig, mit Karnies unter der Deckplatte. Zum Teil mit Spiegeln versehene Felder. In der oberen Zone, unter der Jahreszahl 1624, ovale Rollwerkkartusche mit dem Michel-Am-Hengart-Wappen (auf Dreiberg stehende Schlange zwischen Lilien) unter den Initialen des Meiers «M[atthäus]A[m]H[engart]»; in Rollwerkkartusche Wappen von dessen Gattin Barbara Im Hoff[309]: gleicharmiges Kreuz mit gespaltenen Enden, in den Quartieren I und IV Fünfstrahlenstern, in den anderen Quartieren gleicharmiges Kreuz, darüber die neuen Initialen «I.M.C.»[310], die Initialen «H[ans] Josef].C[lausen]/[Jesusmonogramm]/M[aria].J[osepha].K[reyg]» über der Jahreszahl 1784, ferner die Initialen «B[riw][Stab auf gespreizten Stäben]R[aphael]/A[ntonia][Blatt]B[riw]»[311]. – 2. «Stubji»-Ofen. Eingeschossig, mit Karnies unter der Deckplatte. An der Stirn: «1609 P[eter]A[m]H[engart]/Z.V.H.»[312]. – *Hauskruzifixe.* 1. H. 68,5 cm (Korpus 25 cm). Holz, polychromiert. Restauriert von EDMUND IMBODEN, Raron. 3. Viertel 18. Jh. Schlanker Korpus. Von Akanthus umrankter flacher, geschweifter Sockel mit Totenkopf vor einer Muschel. Wedelförmige Balkenenden. – 2. H. 89 cm (Korpus 19,5 cm). Holz. Übermalte polychrome Originalfassung. 2. Hälfte 18. Jh. Gut geschnitzter untersetzter Korpus. Reich mit Rollwerk und Ranken geschmückter konischer Sockel. – *Hl. Anna Selbdritt* (aus einer Voralpe). H. 59 cm. Arve, massiv, aber sehr flach. Verwitterte Temperafassung, häßlich ergänzt. 1. Hälfte 17. Jh. Aus einer Untergommer Werkstatt (Bellwald?). Ehemals in der St.-Anna-Kapelle von Richelsmatt? Überlängte, kleinhäuptige Figur. Jesuskind fehlt. – *Hinterglasgemälde.* «S.MARDINUS». 32,5 × 25 cm. – *Wandbüfett.* Dreiteilig. Gestrichen. Um 1800. Schubladen- und Türfüllungen geschnitzt.

33. Koord. 170/260. Kat.-Nr. 29/138. Raphael Clausen; Leo Kummer. Erbaut 1588, renoviert 1774; 1947/48 um vier Ringe aufgestockt. Sehr breiter Kammfries. ⌐¬. 2. G («Stubji» nur mit «Stutzwand» abgetrennt) und F. «Withüs» zum ersten Stockwerk. *Inschriften* vgl. CARLEN, Zwischen zwei Brücken, S. 319. – *Öfen.* 1. Aus dem Haus Nr. 10 (S. 60). – 2. Zweigeschossig, mit breit gefaster Deckplatte. An der Wange: «R[aphael].C[lausen]/M[aria].H[ug]/1948». – *Wandbüfett.* Lärche. Anfang 19. Jh. Füllungen mit eingezogenen Bögen. Schubladenblock neu.

34. Koord. 180/245. Kat.-Nr. 29/136. Anna Biner; Arthur Truffer. Erbaut 1595 (Jahreszahl auf erhaltenem Dielbaumfragment), Giebel 1960 erneuert und aufgestockt um 1,20 m. Rillen- und Kammfriese. ⌐¬. Ehemals 1½. G. An der Traufseite vorstehende Küche. – *Kästchen.* Lärche und Tanne. Zweiachsig. Eingelegt die Jahreszahl 1793 und die Initialen «IIG[untern?]». Herkunft Biel VS. Verändert. – *Kerzenhalter.* H. 29 cm. Schmiedeeisen. Standplatte auf gebogenen Füßchen, darauf Gestänge mit Tülle. Spiralendeckor.

35. *Haus des Landeshauptmanns Matthäus Schiner.* Koord. 225/265. Kat.-Nr. 29/62. Hermann und Siegfried Briw. Erbaut 1603. Das Haus des mehrmaligen Meiers und Landeshauptmanns Matthäus Schiner, des Neffen des gleichnamigen Kardinals, und

---

309　Vgl. W. Wb., S. 129, V. 3.
310　Josef Clausen († 1967); Maria Clausen-Briw († 1972).
311　Raphael Briw († 1920); Antonia Briw-Clausen († 1912).
312　Cäcilia Uffeneggen? (PfA Ernen, D 201 [3. Aug. 1609], und CARLEN, Zwischen zwei Brücken, S. 318).

Abb. 67. Ernen.
Am-Hengart-Haus, 1584.
Ausschnitt aus der Hauptfassade.
Text S. 74/75.

damit Stammhaus der vornehmsten Linie der Familie Schiner in Ernen steht an bevorzugter Stelle, wo sich der «Ober Hengert» gegen den «Biel» hin öffnet. «Vorschutz» auf Konsolen. Die Konsolen mit Wappen unter Doppelstäben oder Herzen beschnitzt, wegen der Siebenzahl vielleicht mit den Wappen der Zenden. Die Wappen sind zum größten Teil zugemauert, drei Konsolen infolge Veränderung der «Saal»-Fenster entfernt. In der Front des Mauersockels tuffgerahmte Schlüssellochscharte (Spolie?). Die Fenster[313] des steinernen «Saal»-Stockwerks von Mauer umschlossen (vgl. Haus Nr. 31). ⌐—⌐. 2½. G (Kammer und «Stubji» des zweiten Wohnstockwerks mit «Stutzwand» unterteilt). Alter Hauseingang in der linken Traufwand, durch den Quergang im «Saal»-Stockwerk zur steinernen Wendeltreppe am gegenüber liegenden Ende des Gangs führend (vgl. Haus Nr. 31 und Kdm Wallis I, Abb. 27 b). Steinernes Treppenhaus und Küche an der östlichen Traufseite vorgezogen. Im Quergang des «Saal»-Stockwerks rechts gemaltes Distichon: «NON EST CREDE MIHI MVLTOS QVI POSSIDET AGROS/DIVES,SED DIVES CVI SATIS VNVS AGER»[314]. Links fünf *gemalte Wappen* von vier Generationen der in diesem Hause einst wohnenden Schiner. Alle Wappen geviertet, von Westen nach Osten: 1. Mit Wappenzeichen der Familie Nefen (W.Wb., Tf. 4, irrtümlicherweise als Wappen der Familie Nellen aufgeführt, jedoch mit Sechsstrahlenstern im Sockel des Kreuzes) unter den Initialen «M[atthäus]S[chiner][315] E[lsa]N[efen]». – 2. Mit Wappenzeichen der Familie Matlis (zwischen Sechsstrahlensternen senkrechter Stab, oben und unten gekreuzt von kleinen Balken) unter den Initialen «A[nton].S[chiner].[316] M[aria].M[atlis]». – 3. Mit

313 Wohl für dieses Haus bestimmte Schenkungen: 1604, 23. Juni: «Dem langen haubman schüner zu ärny im Wallis gänd mine g.H. ein schüldt ein ganzen bogen groß»; 1608, 29. Nov.: «Dem herren schiner im wallis ist fenster und Eren wabppen in sin huß für Erett». (A. TRUTTMANN, Die Schild- und Fensterschenkungen des Landes Unterwalden ob dem Kernwald, ASA [N.F.] 31 [1929], S. 60 und 241; freundl. Hinweis von Dr. Remigius Küchler, St. Gallen.)
314 Nicht sei reich, glaube mir, wer sein nennt zahlreiche Äcker, reich ist vielmehr der, dem genügt der eine Acker.
315 Landeshauptmann Matthäus Schiner (†1620) (VON ROTEN [wie Anm. 259], Tf. VII und VIII).
316 Notar Landvogt Schiner (†1658) (ebd.).

Wappenzeichen der Familie Imoberdorf (Lilie unter drei Punkten) unter den Initialen «I[ohannes].S[chiner].[317] M[argareta].I[m].O[berdorf]». – 4. Mit Wappenzeichen der zweiten Gattin unter deren Initialen «M[aria].I[ost]». – 5. Mit Wappenzeichen der Familie Burgener (W. Wb., Tf. 11) unter den Initialen «I[ohann].F[abian].S[chiner]»[318]; diejenigen der Gattin Anna Maria Burgener sind verschwunden.

Inschriften der Dielbäume. 1. Stockwerk: «[Schiner-Wappen und unvollständiges Nefen-Wappen]IHS H.MATHE.SCHINER.VND.ELSBET.NEFEN.SIN.HVSFROW.ALLEIN.GOT.DIE.EHR.IM 1603 IAR». – 2. Stockwerk. «Stubji»: «MATHEVS SCHINER OLIM BALIVVS TERRAE PÂTAE VALESIAE MODERNVS MAIOR SVB ANNO 1603». – *Öfen.* Zweigeschossig, mit prallem Karnies an der schweren Deckplatte. An der Stirn sehr plastisches Wappenschild der Familie Schiner mit der Jahreszahl 1610, an der Wange Kreyg-Wappen mit den Initialen «A[lois].S[chmid].K[reyg]» und der Jahreszahl 1893. – Vom Stubenofen des zweiten Stockwerks ist nur mehr der Stein des großen Wappenschildes der Familie Nefen mit den Initialen «EN» und den Ziffern «[16]09» erhalten. – «Stubji»-Ofen entfernt[319]. – *Stubentür.* Nußbaum. Anfang 19. Jh. Mit vier Rechteckfüllungen. – *Kommode* (im Besitz von Yvan Michelitsch, Brig). Nußbaum und Tanne. Régence-Stil (1. Hälfte 19. Jh.?). Einlegearbeit Kirschbaum und Wurzelholz. Drei Schubladen, durch gebrochen ellipsenförmiges Bandwerk in drei Achsen gegliedert.

36. Koord. 70/215. Kat.-Nr. 17/3. Elsa und Rudolf Imhof. Erbaut 1605. Haus des angesehenen und frommen Moritz Zum Brunnen († 1633), Geburtshaus der Magdalena Zum Brunnen (1619–1638), der ersten Gattin des Großen Stockalpers, und wohl Wohnstätte der Jesuiten 1608 bis 1615[320]. Rückseitiger Anbau um 1924, Renovation mit Einbezug eines linken traufseitigen Anbaus 1967/70. Keine Friese. Firstkonsole auf dem Dielbaumvorstoß ruhend. An der Stirnfassade bis zur Decke des Wohnstockwerks reichende Klebemauer. ⌐⌐. 1½. Ehemals wohl A, mit einer an das Hinterhaus stoßenden Eckkammer aus «Stutzwand», und C. Innentreppe in der genannten Kammer entlang der Außenwand. *Inschriften.* 1. Stockwerk (heute verkleidet): «DIS HVS STAT IN GOTES HAND MORIZ ZUM BRUNNEN IST DER BESITZER GENANNT Im Iar 1605». – «Loibe»-Geschoß (als Spolie wiederverwendeter Dielbaum[321]): «[gespaltenes Wappen mit kleinem griechischem Kreuz in der Kopfstelle des linken Feldes]hoc opus fecit fy dnius georgius steger anno m v[hochgestelltes kleines c]xxxi[Tartsche mit Steger-Wappenzeichen wie am Nothelferaltar, S. 31]notus adrianus[Tartsche mit Riedmatten-Wappenzeichen] epus»(gotische Minuskel und Majuskel). – *Ofen.* Eingeschossig, mit gekehlter Deckplatte. 16. Jh.? – *Truhe.* Tanne und Nußbaum. Dreiachsig. Einlegearbeit. In der Mitte zierkonturierte Füllung mit der Jahreszahl 1822 und Rosetten in den Zwickeln, in den Seitenachsen Oktogonfüllungen mit Initialen, links: «F[ranz].I[oseph].D[a].F[orna]», rechts: «M[aria Josepha].I[m].H[off]»[322]. – Zu wohl aus diesem Haus stammenden *Truhenfronten* vgl. S. 89.

37. Koord. 185/300. Kat.-Nr. 29/93. Markus Carlen. Entstehungszeit unbekannt. Wohl 16. Jh., jedenfalls vor 1630. Glatter Kamm- oder Rillenfries. Renoviert 1758 und 1972. In diesem Haus ist bei der jüngsten Renovation die letzte völlig intakte hölzerne Kaminanlage des Goms zerstört worden (vgl. Kdm Wallis I, S. 34 und Abb. 32). ⌐⌐ (mit unterirdischem Keller und Sa). Ehemals 1½. E (Gang, ausgeschieden mit

---

317 Landvogt Johannes Schiner († 1701) (ebd.).

318 Landeshauptmann Johann Fabian Schiner († 1742) (ebd.).

319 CARLEN, Zwischen zwei Brücken, S. 321.

320 F. JOLLER, Die erste Jesuiten-Niederlassung in Wallis, 1608–1627, BWG I (1891), S. 208. Nach Ansicht von ANTON CARLEN im ehemaligen Pfrundhaus des Nothelferaltars am Standort des Kreyg-Hauses (CARLEN, Zwischen zwei Brücken, S. 341). Dem Dielbaum von 1531 nach zu schließen, müßte das Pfrundhaus aber um 1605 abgerissen worden sein.

321 Moritz Zerzuben alias Zum Brunnen hatte von der Pfarrei Ernen 1602 Haus, Speicher und Baumgarten in «Zmitblatton» (vgl. Anm. 328) gekauft (StAS, A Clausen-Perrig, Nr. 449). Da der auf dem Dielbaum des oberen Stockwerks genannte Georgius Steger im Namen des Altaristen des Nothelferaltars Rechte wahrnahm, die das Haus dieses Altars in «zmitblatton» betrafen (AGVO, O 26), dürfte Moritz Zum Brunnen das Haus des Nothelferaltars erworben, abgerissen und wie den beschrifteten Dielbaum 1605 beim Bau seines Häuschens wiederverwendet haben.

«Stutzwand» und mit der Mauer der Herdecke). *Inschrift* vgl. CARLEN, Zwischen zwei Brücken, S. 365. – *Ofen.* Zweigeschossig, mit zwei Karniesen am schweren Abschlußsims. An der Stirn Wappenschild mit dem heraldischen Zeichen der Nessier, jedoch mit Sechsstrahlensternen statt der Punkte (W. Wb., S. 182) und mit den Initialen «I[oseph]G[untern]/C[atharina]N[essier]». Daneben die Jahreszahl 1784 in Zierfeld. – *Wandbüfett.* Tanne. Dreiteilig. 2. Hälfte 19. Jh. – *Truhe* (im Besitz von Josef Marie Imhof, Ernen). Tanne. Dreiachsig. Oktogonfüllungen. Eingelegt: «17 NC 94».

38. *Haus des Bannerherrn Martin Matlis* (vgl. Kdm Wallis I, Abb. 24). Koord. 150/180. Kat.-Nr. 29/233. Maria Clausen; Maria Julier. Erbaut 1631 (Jahreszahl am Türsturz des Portals). Jüngste Renovation 1959. Das mächtige Haus des Bannerherrn und alt Meiers Martin Matlis (†1642)[323] an der Straßenkehre des westlichen Dorfeingangs folgt in seiner äußern Erscheinung dem Jost-Sigristen-Haus von 1581/1598 (S. 72): über den Kellern steinernes «Saal»-Stockwerk, hier nun mit Fensternischen, die an der Front zum Holzwerk hin offenstehen; kräftiger «Vorschutz» auf einfachen Roßkopfkonsolen; vorspringender Maueranbau unter Schleppdach, hier an der linken Traufseite. Bannerherr Matlis strebte diese im Jost-Sigristen-Haus erst nach zwei Bauanläufen erreichte Erscheinung gleich von Anbeginn an, wählte für sein Haus den größten Grundriß in Ernen (L. 11,90, Br. 16,30 m) und steigerte die Wirkung durch weitere, zum Teil neue Details: wandartige Dachpfettenkonsolen, ein Motiv des frühen 16. Jh. (Kdm Wallis I, S. 13 und Abb. 6), und eine über dem Portal eingelassene Giltstein-Wappentafel des Bauherrn (heute verschollen). Eine ähnliche Tafel brachte Johann Fabian Schiner bald nach dem Erwerb des Hauses 1730 über dem rückseitigen Portal zum Atrium an: Schiner-Wappen mit den Initialen «IFS MA[in Ligatur: Anna Maria]B[urgener]» mit der Jahreszahl 1731. Stufung des Mauersockels auch an der Rückwand. Das rechteckige, tuffgerahmte Portal ist mit einem Karnies profiliert. ⌐⎯⌐ Sa. 2½. H und F. Das Eingangsportal an der rechten Traufseite führt durch einen zweijochigen, kreuzgewölbten Korridor zu einer nun zerstörten steinernen Kehrtreppe, die, an ähnlicher Stelle wie im Am-Hengart-Haus Nr. 32, hinter dem Korridor nur noch für ein schachtartiges «Stubji» entlang der Hausrückwand Raum übrigließ. Im großen «Saal» des «Saal»-Stocks Decke mit acht dünnen profilierten Balken. Im ersten Wohnstockwerk Quergang vom dreijochigen, kreuzgratgewölbten Korridor des Treppenhauses zu einem steinernen zweiten Treppenhaus an der linken Traufseite, ferner tonnengewölbte Aufgänge und zweijochige, kreuzgewölbte Podienräume. Der Saal im gemauerten Anbau des ersten Wohnstockwerks war einst mit Rixheimer Tapeten der Biedermeierzeit ausgekleidet[324]. Im «Stubji» des zweiten Wohnstockwerks ehemals bemalte Kassettendecke, Anfang 18. Jh. Die rückseitige Hausmauer ist nach Nordwesten hin als Wange für einen mit Satteldach gedeckten offenen Laufgang vorgezogen, der zu den Toiletten in gewalmtem Turm führt. *Täfer* und *Kassettendecke* 1. Viertel 18. Jh.

---

322 Heirat 1818 (PfA Ernen, D 208).

323 Das Haus gelangte infolge Verschuldung der Familie Matlis an Kaspar Jodok von Stockalper, hernach an Johann Kreyg und 1730 – durch Kauf von der abgewanderten Frau Christina Preux-Matlis – an den Bannerherrn und späteren Landeshauptmann Johann Fabian Schiner, der aus dem Schiner-Haus Nr. 35 hierher zog. Die bedeutendste Familie Schiner bewohnte das Haus bis zu deren Aussterben mit Anton Schiner-de Sepibus (†1878). (CARLEN, Zwischen zwei Brücken, S. 331–336, und CARLEN, Inventar, S. 41/42. – Pläne zu Bürgerhaus, Tf. 100, Nr. 6 und 7, im A der ETHZ.)

324 H. A. VON ROTEN, Die Landeshauptmänner von Wallis, BWG XIV (1967/68), S. 188.

Öfen. 1. Zweigeschossig, mit Karnies und Kehle unter der Deckplatte. An der Stirn: «I[ohann]F[a-bian].S[chiner]F», Schiner-Wappen und die Jahreszahl 1744. Wertvoller Ofen. – 2. (Abb.68). Zweige-schossig, mit plastischem Karnies unter der Deckplatte. An der Stirn: «M[artin]M[atlis]:A[nna] V[ffen]E[ggen]», kunstvoll gehauenes Allianzwappen Matlis (auf Dreiberg Doppelkreuz zwischen Fünf-strahlensternen) und Uffeneggen (nach rechts gewendeter Halbmond, Rautenpunkt, fallender Blüten-kelch und Rautenpunkt übereinander angeordnet) sowie die Jahreszahl 1636. Am Sims gemalt Schiner-Wappen zwischen den Ziffern der Jahreszahl 1812. – *Türen.* Drei Stück, die Saaltür des ersten Wohn-stockwerks heute im «Bischofszimmer» des Pfarrhauses. Nußbaum. 2.Viertel 18.Jh. Unten rechteckige, oben geschweifte oder oktogonale Füllung. Geflammt gerahmte Spiegel, der untere geohrt. Reiche originale Schlösser und Beschläge.

39. Koord.175/285. Kat.-Nr.29/96. Richard Bumbacher; Hilda und Ida Kiechler. Erbaut 1639, zweites Wohngeschoß, «Loibe» und Giebel 1834 (am Giebel: «ANNO 1834»). Gebrochener Wellenfries. ⌐⎯⌐. 2½. F (quer zum First nach Süden orientiert). *Inschriften* vgl. CARLEN, Zwischen zwei Brücken, S.337/38. – *Ofen.* Eingeschossig, mit Kehle an der Deckplatte. 1.Hälfte 17.Jh.? An der Wange: «AUGUSTIN/UND ALOIS/SCHMID.MA/RIA VENETZ/1861».

40. Koord.235/240. Kat.-Nr.29/60. Cäsar Guntern; Otto Jenelten. Erbaut 1639 (Jahreszahl am Giebel). Innenrenovation 1797. 1925/26 über den Fenstern des «Loibe»-Geschosses drei Ringe eingefügt. Das behäbige Doppelhaus schließt, etwas nach Westen ausweichend, mit seiner rechten Traufwand lose den nördlichen Abschnitt der Westflanke des «Ober Hengert». Konsolenartig vorstehender Würfelfries unter glattem Stab, Frühform des Würfelfrieses. «Vorschutz» auf Konsolen mit Roßköpfen. Doppelt geführte Kielbögen am Fußbalken. ⌐⎯⌐. 2 (ehemals 1½). Bis 1928 B. In der linken Stube reiches *Täfer* und *Tür* von 1797. *Inschriften.* 1.Stockwerk, in beiden Stuben: «IM.IAR. 1639». – 2.Stockwerk: «DIESE WOHNUNG HABEN AUSGEBAUT.IM.IAHRE 1925/GUNTERN.CAESAR.UND.SEINE.GATIN.AGNES.GEB.IENTSCH [Jesusmonogramm]». – *Ofen.* Zweigeschossig. Kehle am Sims. 17.Jh. 1926 verkleinert. An der Stirn «CG*AJ» in Feld mit Zwickelranken, an der Wange die Jahreszahl 1926, gerahmt von Sternen.

41. Koord.195/315. Kat.-Nr.29/80. Servatz Imhof. Erbaut 1642 mit Holz aus der «Hockmatte» (Gren-giols). Als Fries Pfeilschwanz(!)-Konsölchen unter Rillenstab. Anbau einer Kammerachse links Ende 17.Jh. (Würfelfries unter Wolfszahn). 1757 von der Mitte des Wohnstocks aufwärts erneuert und bedeutend erhöht (Pfeilschwanzfries unter Wolfszahn). Im ersten Stockwerk zum Teil noch originale Fensteröffnungen. ⌐⎯⌐. 2½. Ehemals A, seit Ende 17.Jh. F. Zierliches *Rokokotäfer. Inschriften* vgl. CARLEN, Zwischen zwei Brücken, S.339[325]. – *Ofen.* Eingeschossig, mit gekehlter Deckplatte. An der Stirn die Jahreszahl 1657.

Abb.68 und 69. Ernen. Haus Nr.38. Ofen, 1636. Text oben. – Kaplaneihaus. Ofen, um 1776, wohl von Christian Ragotzi (Raguz). Text S.86.

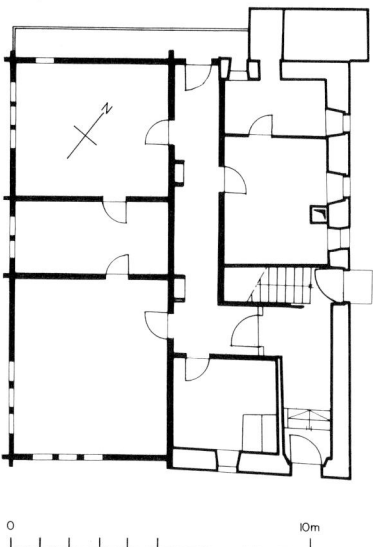

Abb. 70 und 71. Ernen. Kreyg-Haus, 1677. Grundriß des ersten Wohnstockwerks und Äußeres von Süden. – Text unten.

42. Koord. 185/195. Kat.-Nr. 29/156. Ida Clausen; Matthäus Schiner. Erbaut Mitte 17. Jh.? Um ein Stockwerk erhöht 1696. Einreihiger konsölchenartiger Würfelfries. Hohes, stattliches Haus am Kirchweg. An der rechten östlichen Traufseite des Vorderhauses später angefügte Achse mit Blockbau über der Mauerachse. Stichbogiges Kellerportal, das rundbogige Kellertor im Anbau um 1950 verändert. ⌐¬. 2½. E (mit «Stutzwand» ausgeschiedener Hausgang) und F, mit zusätzlichen Kammern im Anbau. Im «Loibe»-Geschoß Quergang und Balkon. *Inschrift.* 2. Stockwerk: «IHS IM IAR 1696». Dielbaum des 1. Stockwerks verkleidet. – *Öfen.* 1. Eingeschossig, mit gekehlter Deckplatte. 17. Jh.? – 2. Eingeschossig, mit Kehle unter der Deckplatte. An der Stirn die Jahreszahl 1698. – *Hauskruzifix* (im Besitz von Robert Briw). H. 66 cm (Korpus 20,5 cm). Holz. Korpus wohl überfaßt. Ende 18. Jh. II. Reckinger Hauskruzifixtyp. Auf eckgekehlter Standplatte, von belaubten C-Bögen bekränzt. Medaillon mit der Inschrift: «ES IST VOL/BRACHT».

43. *Kreyg-Haus* (Abb. 70 und 71)[326]. Koord. 65/155. Kat.-Nr. 17/9. Viktor Zufferey und Verwandte. Erbaut 1677 vom Meier und späteren Landeshauptmann Johannes Kreyg (um 1628–1701) aus Fiesch[327] (Jahreszahl am Giebel). Große Würfelfriese. Das mächtige Haus steht, nach Südwesten gerichtet, «zer Blatte», am westlichen Dorfrand, beinahe schon außerhalb der Siedlung, dort, wo die alte «via regia» ins Dorf trat. Für die Wahl des Standorts – nach ANTON CARLEN an der Stelle des 1602 von Moritz Zum Brunnen erworbenen Pfrundhauses des Nothelferaltars[328] – mag neben

325 Die Jahreszahl 1642 irrtümlicherweise als 1647 gelesen.
326 CARLEN, Zwischen zwei Brücken, S. 339–344, und CARLEN, Inventar, S. 61/62.
327 In diesem Haus bewirtete Kreyg am 2. Nov. 1696 die nach Altdorf zur Bundeserneuerung mit den katholischen Orten ziehenden Walliser Gesandten.
328 CARLEN identifiziert «Zer Blatte» mit der 1526 für das Pfrundhaus belegten Ortsbezeichnung «Zmitblatton» (vgl. Anm. 320/21). Das «vnder hauß zu mitblatten» war als väterliches Erbteil von Moritz Zum Brunnen an dessen Tochter Magdalena, erste Gattin von Kaspar Jodok Stockalper, gefallen (A Stockalper, Brig, L 1, S. 356).

der fremden Herkunft die zweite Gattin, Katharina Zum Brunnen, bzw. deren großväterliches Haus in der Nähe bestimmend gewesen sein. Ohne seitliche Mauerachse, mit mächtigem, an der Front und an der eingangsseitigen Traufwand vorkragendem Holzwerk auf Roßkopfkonsolen über niedrigem Mauersockel bei fehlendem «Saal»-Stockwerk, folgt das Haus dem Vorbild des 1669/70 in Münster erbauten Imsand-Hauses[329]. Im Gegensatz zu den Obergommer Bauten des 17. Jahrhunderts ist beim «Kreyghüs» der Mauersockel im Hinterhaus jedoch bis auf Deckenhöhe des zweiten Wohnstockwerks gestuft; das 1754 erweiterte Taffiner-Haus in Reckingen konnte dieses Motiv wiederum vom Kreyg-Haus übernehmen. Grundmaße: L. 11,60 m, Br. 13,20 m. An der Kellerfront, nahe zusammengerückt, drei schmale, hochrechteckige Zwillingsfenster. Ähnliche Fenstergruppen in der südlichen Mauerwange. Rundbogige tuffgerahmte Portale zum Quergang des Kellergeschosses und beim Haupteingang in der östlichen Mauerwange. An der rückseitigen Blockwand unveränderte Fensterpartie. ⌐ (Quergang, an die «Saal»-Stockwerke erinnernd). 2½ und Giebel-«Loiba». H mit «verbundenem Stubji» und einem nach Norden hin durchgehenden Quergang. Der südöstliche Raum des Kellergeschosses soll als Suste gedient haben. Große Stube im zweiten Wohnstockwerk, vermutlich als Versammlungs- und Festsaal gedacht. Der ungewöhnliche Haupteingang führt der rückseitigen Mauer entlang, hinter dem «Stubji» vorbei, um dann die Treppe zwischen Küche und «Stubji» hochzugehen. Treppe zum «Loibe»-Geschoß in der Nordostecke der Küche des zweiten Wohnstockwerks. Stichbogige Fensterkammern im «Stubji» des zweiten Wohngeschosses.

Inschriften. 1. Stockwerk. Südliche Stube. Auf Dielbaum von 45,5 cm Breite, an der Wange mit Konsolfries geschmückt: «[in Allianzwappen Kreyg mit den Initialen ‹IK› und Zum Brunnen (Lilie zwischen Sechsstrahlensternen) mit den Initialen ‹C(atharina)Z(um)B(runnen)›] DIR GOT.VND HER ZVO MEHRER EHR.DIS HAVS ICH BAVW.DIR ICHS VERTRAVW.DEIN GNAD THEIL MIT.DAS DER VNFRID.NIE HIE EINKEHR.SONDER VIL MEHR DER LIEBE FRID.VND DVRCH FIRBIT.DEK MVoTER DEIN.VND S:AGATHAE REIN DAS SELB BEWAHR.VOR FEIRS GEFAHR.DOMIT DEIN NAM.DVRCH MEINEN SAAM.MIT HERZ.VND MVND.ZVo ALLER STVND. HIERIN GEEHRT.VND PRISEN WERDT» – Jahreszahl 1677 und Monogramme von Jesus und Maria. – Nördliche Stube: «ALSO DEIN THVoN RICHTEN AVF DER ERDEN/WIE D WILT IM TODT ERFVNDEN WERDEN». – 2. Stockwerk: «NISI D̅N̅S AEDIFICAVERIT DOMVM INVANVM LABORAVERVNT QVI AEDIFICANTANT EAM PSAL. 126. IOAÑES KREYG MAIOR.ET.CATARINA ZVM BRVÑEN EIVS CONIVNX/DER BAVWHER DIS IST GANZ GEWIS.DAS ER ZVR ZEIT.VOM LEBEN SCHEID.SO BIT ER DAN DAS IEDERM̅A.DER DIS WIRD LES̅E.DO ER VERWES̅E.SICH D̅A BEQVEM.EIN REQVIEM.FIR IHN ZVo BETEN IHN ZVo ERRETTEN». – «Stubji»: «SO DICH WAS WICHTIGS SEHR GELIST.SEY AVCH ZVM KOSTEN VOR GERIST». – *Ofen.* Zweigeschossig, mit gekehlter Deckplatte. Rund. An der Oberzone plastisches Wappenschild mit den heraldischen Zeichen und Initialen wie auf dem Dielbaum, beim Zum-Brunnen-Wappen Lilie, jedoch unter den Sternen. – *Ofenfragmente.* 1. Mit Kreyg-Wappen, Blumenvase und Rosette. – 2. Links vertikales Rahmenpolster. Allianzwappen Kreyg und Zum Brunnen mit den Initialen wie auf dem Dielbaum. Darunter die Jahreszahl 1678 in Zierfeld. – *Ofenplatte* (an der Außenwand beim Hauseingang befestigt). 107,5 × 105,5 cm. Gußeisen, vielleicht aus Stockalpers Eisenwerk im Ganter. Unter der Jahreszahl 1674 links Wappen des Kaspar Jodok von Stockalper (W. Wb., Tf. 9, Nr. 2) und seiner zweiten Gattin Cäcilia von Riedmatten (W. Wb., Tf. 4). Unten Balustermotive. Vor 1914 als Herdbodenplatte verwendet. – *Hauskruzifixe.* 1. H. (Korpus) 26 cm. Arve. Fassung entfernt. Arme in falscher Stellung ergänzt. Mitte 17. Jh. Qualitätvoller Korpus vom Typ des Selkinger Altarkruzifixes (1648) (Kdm Wallis I, Abb. 349). – 2. H. 70 cm (Korpus 35,5 cm). Arve. Fassung entfernt. Arme ersetzt. 2. Viertel 18. Jh. Ausdrucksvoller Korpus mit reichdrapiertem Lendentuch. Anklänge an die Selkinger Werkstatt des JODOK RITZ. Gommer Balkenenden (Kdm Wallis I, S. 47). Profilierter Sockel mit Totenkopf. – *Porträt* des Erbauers Johannes Kreyg (im Besitz von R. Giacometti-

---

329 Ähnlich auch das Jergen-Haus in Münster (Kdm Wallis I, S. 129–132).

Haslinger, Zürich). 71 × 60 cm. Öl auf Leinwand. Links oben, über verblichenem Vollwappen: «AETATIS
SVAE 52», darunter: «1680/postquam annis 19/Banderetus Fuir obit aõ/1701». – *Zinn. Schüssel* mit
Ringhenkel. Dm. 25,2 cm. Gießermarke: Rosette mit vier kielbogenförmigen Blättern. Umschrift: «ANTO-
NIN STORNO 1712». Qualitätsmarke. – *Platten.* 1. Dm. 31,8 cm. Gießermarke und Qualitätszeichen von JEAN
ANTOINE CHARTON († 1793), Genf (BOSSARD, Nr. 732). Kartusche mit gespaltenem Allianzwappen Jost–de
Lovina, um 1700. Initialen: «M[oritz]W[eingärtner]C[hristina]K[reyg]»[330]. – 2. Dm. 34,3 cm. Gießermarke
von ANDRÉ UTIN, Vevey, Mitte 18. Jh. (BOSSARD, Nr. 701), und Qualitätszeichen (BOSSARD, Nr. 700).
Schützengabenstempel von Vevey (BOSSARD, Nr. 866). Eingraviert: «IG». – 3. Dm. 38,3 cm. Marken wie
Nr. 2. Initialen: «MWCK/VK». – *Wandbüfett.* Aus dem Haus Nr. 47 (S. 84). – *Truhen.* Drei Stück aus dem
Haus Nr. 47. – *Kästchen.* Nußbaum. An der Front eingelegte Raute mit den Initialen «AMK[reyg]».

44. *Michel-Haus*[331]. Koord. 340/280. Kat.-Nr. 29/11. Alphonse Roussy-Schwab.
Erbaut 1686 vom reichen Wirt Christian Michel für sich und seine sechs Kinder
durch die Zimmerleute JOHANNES WENGER, Bellwald, und JOHANN ANDERLEDI. 1966
rücksichtsvoll renoviert. Das mächtige, nach Süden blickende Doppelhaus beherrscht
die Häusergruppe der «Michligschrote»[332]. Mit dem an der Front wie an der
westlichen Traufseite mit Roßkopfkonsolen ausladenden mächtigen Holzwerk auf
niedrigem, nichtgestuftem Mauersockel schließt das Haus bei ausgeprägterem Hang
zu Balkonen eng an die namhaften Münstiger Häuser jener Zeit an. An den «Vorschutz»-Konsolen eingeritzt die Ziffern des Baujahrs, die Monogramme der Heiligen
Namen, das Michel-Wappen (W. Wb., S. 169, Fig. 1, jedoch mit Querbalken und zwei
Sechsstrahlensternen) mit den Initialen «C[hristian]M[ichel]/V[erena]F[eliser]»
sowie ein Trinkkelch und Blütenornamente. Am Fußbalken Michel-Wappen mit
Initialen, ferner Kielbögen, bekrönt mit Kreuzen und Blütenmotiven. ⌐‾‾⌐. 2½. C.
Täfer 19. Jh.?

Inschriften. 1. Stockwerk. Östliche Stube: «MIT GOTES HILF HAB ICH GMACHT DIS HAVS WEIS DOCH WOL DAS
ICH ERST. MVOS. DRAVS./IHS.MRA.IOSEPH 1686 DIE 24 OCTOBRIS». – Westliche Stube: «[Michel-Wappen mit
vier Sternen]NISO.DOMINVS.AEDIFICAVERIT.DOMVM IN VANVM.LABORAVERVNT QVI AEDIFICANT EAM.PSALMO
126 ANNO 1686/CHRISTEN.MICHEL.VND.FRENA.FELISER.DIE.HAVS.FROW.SEIN.SIND.DIS.HAVS.BAW HER GSEIN». –
2. Stockwerk. Östliche Stube: «ALLER . WELT . SIN .VND . MVOT . STAT . AVF . RICTVM . EHR .VND . GVOT . ANNO
1686/VND .VAN . SIE . DAS . ERBEN . SO . LEGEN . SIE . SICH . NIDER .VND . STERBEN». Zierliches Medaillon mit
Jesusmonogramm und den Heiligen Namen in der Umschrift. – Westliche Stube: «[Michel-Wappen mit
den Initialen des Bauherrn und seiner Gattin]CHRISTEN . MICHEL .VND . FRENI . FOELISER . HANT . DIS . HAVS .
BAWEN.VND.GMACHT.WISENT.DOCH.NIT.OB.SIE.DRIN.WERDENT.SIN.IBER.NACHT.ANNO 1686/MARTI.CASPER.
HANS . CHRISTEN . IOSEPH . MAGTALENA . DIE . KINDER . SOL . KEINS . BLIBEN .VOR . DER . THIR . MEISTER . IOANES .
WENGER . M . IOANES . AN . DER . LEDI.» – *Öfen.* 1. Eingeschossig, mit gekehlter Deckplatte. An der Stirn zwei
versenkte Rechteckfelder, außen von Polstern gesäumt; im linken Michel-Wappen mit den Initialen
«C M», im rechten Wappenschild mit den Initialen «V F» über der Jahreszahl 1685. Im großen Feld der
Wange Jesusmonogramm in Strahlenrosette. – 2. Zweigeschossig, mit gekehlter Deckplatte. Gleiche
Wappen und Initialen wie Nr. 1, jedoch mit der Jahreszahl 1687. Ähnlicher Dekor. Untere Zone mit
Polsterfeldern gegliedert. Zahnschnitt am oberen Rand beider Zonen. Qualitätvoll. – 3. Zweigeschossig,
mit gekehlter Deckplatte. An der Stirn hoch- und querrechteckige Felder mit gekreuzten Balken sowie mit
der Jahreszahl 1692 in Wappenschild, an der Wange Jesusmonogramm in Wappenschild und Michel-
Wappen, ohne Sterne und Querbalken, mit den Initialen «CMCF» zwischen pilasterartigen Motiven in
Feldern. Stattlicher Ofen. – *Schmalschrank* (Privatbesitz Lausanne). Lärche. Mit Kredenznische, ähnlich

330 Moritz Weingärtner († 1849); Christina Kreyg († 1848) (Notizen von Pfr. ANTON CARLEN im Besitz
der Familie Zufferey).

331 CARLEN, Zwischen zwei Brücken, S. 344–346. – M. JÉQUIER, W. RUPPEN, Documents aux armes de
la famille Michel (Ernen, Valais), Archives Héraldiques Suisses, Annuaire 1978 (im Druck).

332 Vgl. Anm. 26. – Die Quartierbezeichnung wird auf den Bauherrn und dessen Nachkommen in
diesem Haus zurückgehen, um so mehr als Christian Michel 1704 in der Nähe das Haus Nr. 13 aufstockte.

Kdm Wallis I, Abb. 290. Auf dem Türchen des Aufsatzes geschnitztes Wappen mit heraldischen Zeichen und Initialen wie auf dem Dielbaum sowie mit der Jahreszahl 1688.

45. Koord. 125/195. Kat.-Nr. 29/231. Cäsar und Elisabeth Briw. Erbaut 2. Hälfte 17. Jh.[333]. Zweites Stockwerk und wohl auch Kammeranbau im Zwischenraum zum Friedhof 1782. Renoviert 1970/71 (Mauersockel; unter der linken Kammerachse ehemals Holzwerk) und 1974. ⌐⌐ (in Kammerachse bis zur Trauflinie reichend; mit Quergang und ehemaligem Stall). 2½. E (halber Quergang, nur mit «Stutzwand» ausgeschieden) und Doppelwohnung mit A und D bei abgetrennten Küchen. Ehemals Rundbogenportal an der Rückwand im Mauersockel. *Inschriften* vgl. CARLEN, Zwischen zwei Brücken, S. 380.

46. *«Schießhüs».* Koord. 380/295. Kat.-Nr. 5/33. Robert Briw. Erbaut 1700. Hohes «Vorschutz»-Haus, bis um 1900 erstes Wohnhaus am östlichen Dorfeingang. Nach einer vagen Überlieferung einstiger Schützenstand in der «Loiba» des Hauses. Stammhaus der heutigen Familien Briw, deren Ahnherr sich 1579 als Schmied in Ernen niederließ und 1681 das Burgrecht erhielt. An den «Vorschutz»-Konsolen Stäbe und die Jahreszahl 1700. Zwischen den Konsolen Inschrift. Kräftige Würfelfriese unter Wolfszahn. Guterhaltene originale Fenstergruppe an der rechten Traufseite des zweiten Wohnstockwerks. ⌐⌐ (ehemals mit Ziegenstall). 2½. F. Zierliches *Rokokotäfer* mit Rautenfeldern wie in Haus Nr. 38. *Inschriften* vgl. CARLEN, Zwischen zwei Brücken, S. 350–352. – *Öfen.* 1. Eingeschossig, mit gekehlter Deckplatte. An der Stirn Wappenschild mit der Jahreszahl 1734 und den Initialen «M[eister]I[oseph]B[riw]M[aria]S[chertig]». – 2. Form wie Nr. 1. 18. Jh.? Im Wappenschild der Stirn: «1 F[ranz]B[riw] 8/o M[agda]L[ena]K[reyg]5». – *Hauskruzifix* aus dem Haus Nr. 42 (S. 81).

47. Koord. 105/155. Kat.-Nr. 16/5. Cäsar Julier; Josef Zmilacher. Erbaut 1759 (Pfeilschwanzfries unter Wolfszahn). «Loibe»-Geschoß und Giebel um 1962. An den «Vorschutz»-Konsolen Wappenschilder mit den eingeschnitzten Initialen des Bauherrn und seiner Gattin sowie den Monogrammen der Heiligen Familie. Zahlreiche originale Fensteröffnungen. ⌐⌐. 2½. F. *Inschriften* vgl. CARLEN, Zwischen zwei Brücken, S. 366. – *Öfen.* 1. Zweigeschossig, mit Kehle unter profilierter Deckplatte. An der Stirn Wappen wie auf dem Dielbaum mit den Initialen «M[auritius]S[igristen]/M[agdalena Z]M[ilachren]». Jahreszahl 1767 an der Wange. – 2. Form ähnlich wie Nr. 1. Abgerundete Kante. Eckrücksprung 19. Jh. Gleiches Wappen mit den Initialen «MS/MZ». Jahreszahl 1767. – *Tür.* Nußbaum. Rechteckfüllungen mit gekappten Ecken. In der oberen Füllung eingelegt Sigristen-Wappen und die Initialen «M.S/MA[gdalena]Z[milachren].», in der unteren Stern. – *Mobiliar* (heute im Kreyg-Haus Nr. 43). *Wandbüfett.* Lärche. 2. Hälfte 18. Jh. Schubladenblock und Türfüllungen geschweift. – *Truhen.* 1. Nußbaum. Zwei Füllungen, seitlich von Flechtbändern gerahmt. Auf dem punzierten Grund, zwischen Blattstollen, links symmetrisches Blumenmotiv, rechts Wappenschild mit der Inschrift «V.D.I.P.D.P.» unter kleinem Kelch. Unten die Jahreszahl 1673. – 2. Nußbaum. Dreiachsig. In den seitlichen Oktogonfüllungen flächige Blattkompositionen, in der zentralen geohrten Oktogonfüllung unter Ornamentfeld die Initialen «PDVMCK». Auf den Rahmenstegen die Jahreszahl 1761. – 3. Nußbaum. Drei Füllungen, die mittlere geschweift, die seitlichen eckgekehlt. Eingelegt im Mittelfeld Wappen wie auf dem Dielbaum, aber ohne Dreiberg, in der linken Füllung «A.M.S», in der rechten «M.M./M.C.S». Auf den Stegen Rocaillemedaillons mit der Jahreszahl 1804.

48. Koord. 260/225. Kat.-Nr. 29/57. Emil Clausen; Julius Wyden. Erbaut 1770 (Jahreszahl am Scheitel des tuffgerahmten Rundbogenportals zum Keller, dem ehemaligen Haupteingang). Friese: Paar versenkter Rundstäbe. An der Rückwand zusammengebaut mit einem weiteren Haus des Bauherrn Jos. Imhof, bildet dieses Gebäude die straffe Westflanke des «Ober Hengert». An der linken westlichen Traufseite Anbau, ehemals nur in Höhe des ersten Stockwerks, gedeckt mit Pultdach unter dem Balkon des zweiten Stockwerks. ⌐⌐. 2 und Giebel-«Loiba». F. Der Haupteingang führte einst durch das Kellergeschoß entlang der rechten Traufwand zur Treppe innen an der rückseitigen Hauswand. *Inschrift* vgl. CARLEN, Zwischen zwei Brücken, S. 376. – *Ofen.* Zweigeschossig, mit Karnies unter gekehlter Deckplatte. An der Stirn, zwischen den Ziffern 17 und 70 in Ziermedaillons, Imhof-Wappen (auf Dreiberg nach links steigender Bär [Lamm?], ein Kreuz im Rücken, ein Schwert[?] in der Vorderpranke), an der Wange Feld mit Tulpe und Monogramme der Heiligen Familie. – *Tür.* Nußbaum. 19. Jh. Initialen: «I.H/AM.G». Teilweise originales Beschläg.

---

333 Nach Auskunft von Cäsar Briw steht auf dem verkleideten Dielbaum eine Jahreszahl des 17. Jh.

Abb. 72 und 73. Ernen. Kaplaneihaus, 1776, von Christian Ragotzi (Raguz). Text unten. – Speicher ohne Stützel, um 1600, an der Rückseite des Jost-Sigristen-Hauses und am Platz auf dem «Biel». Text S. 88.

49. *Kaplaneihaus* (Abb. 72). Koord. 145/215. Kat.-Nr. Fol. 29. Erbaut 1776, wohl an der Stelle des älteren Kaplaneihauses[334] von Baumeister CHRISTIAN RAGOTZ († 1781/82)[335]. 1824/25 Stube und Kammer bemalt (gestrichen?) von Maler ANTON RITZ, Niederwald[336]. Renovation 1938. Als Kaplanei benutzt bis 1952. Das wohlproportionierte «Vorschutz»-Haus hoch an der südwestlichen Flanke des «Biels» wirkt durch den malerischen Wechsel von Holz und Stein an seinen Traufseiten und durch die reizvollen tuffgerahmten Tür- und Fensteröffnungen im hochgestuften Mauersockel. Gemalte tulpenförmige Passiflorien an den «Vorschutz»-Konsolen. An der östlichen Wange rundbogige Portale zum Keller, beim Haupteingang und bei der Tür zum Balkon im zweiten Stockwerk. Zahlreiche Zwillingsfenstergruppen. 2 und Giebel-«Loiba». E (mit abgetrennter Küche und winkelförmigem Vestibül neben dem Treppenhaus) und F. Steinernes Treppenhaus in der rechten hinteren Ecke wie im Münstiger Kaplaneihaus. Mittlere Trennmauer im Hinterhaus. Geschweiftes *Täfer.* Über der Küche *ehemalige Hauskapelle(?).* Kreuzgrätiges Gipsgewölbe. Im kielbogigen Vielpaßmedaillon des Scheitels allegorische Malerei des neuen Testaments: Frau mit Buch und Kreuz; stürzender brennender Altar, Opfertiere, Krüge, Statuenkopf und Apokalyptisches Lamm. Die stichbogige Fensterkammer bis zum Fußboden herabgezogen.

Inschriften. 1. Stockwerk: «[Gommer Wappen]TANTO ESSE HVMILIOR.ATQVE AD SERVIENDVM DEO PROMPTIOR QVISQVE DEBET EX MVNERE QVANTO SE OBLIGATIOREM/ESSE CONSPIC[?]IT IN REDDENDA RATIONE

---

334 StAS, A Clausen-Perrig, D 104.

335 1776/77 Maurerlohn an CRISTIAN RATZ (wohl RAGOTZ); 1778 Abrechnung mit Meister RAGOTZ. Zimmerleute JOSEPH BINER und JOSEPH WENGER von Bellwald. Genannt wird auch ein Meister JOHANN JOST und ein fremder Meister namens CASPAR TALLEN (ebd., D 30 und 104).

336 PfA Ernen, D 192.

S.GREGORIVS HOMI.9.IN EVANG.MATH.DIE.21.MAII.ANNO 1776»[337]. – 2. Stockwerk: «SANCTI ESTOTE QUIA EGO SANCTUS SUM UT NON VITUPERETUR MINISTERIUM/SED IN OMNIBVS EXHIBENTES SEIPSOS SICVT DEI MINI-STROS.LEVIT:JJ.ANNO M DCC LXXVI»[338]. – Im Keller Inschriftfragment vom Haus eines Georgi Schmid in Außerbinn (1662). – *Öfen*, gehauen um 1776 von CHRISTIAN RAGOTZI bei der Niederwaldner Brücke(?)[339]. 1. (Abb. 69). Plastische Reliefs in profilierten Feldern, an der Stirn die hl. Katharina, die Patronin des der Kaplanei zugehörigen Altarbenefiziums, an der Wange der Kirchenpatron Georg. – 2. Zweigeschossig, mit Kehle unter der Deckplatte. An der Stirn Jesusmonogramm in Akanthusrahmen. – *Türen*. Vier Stück, darunter drei von Meister ADELREICH[340]. Nußbaum. Zum Teil geschweifte Füllungen und Zierspiegel, zum Teil Zierspiegel in Rechteckfüllungen. Türgriffe, Angeln, Schloßschilder und Rosetten teilweise aus Messing.

50. Koord. 165/240. Kat.-Nr. 29/145. Dr. Paul Bigardi. Erbaut 1778, vom späteren ersten «Maire» in Ernen. Friese: Paar versenkter Rundstäbe. Dem Kaplaneihaus recht ähnlich, steht es schräg hinter diesem am nordwestlichen Dorfrand. An das Hinterhaus der rechten Traufseite angefügtes steinernes Treppen-haus, zum Treppenschacht hinter der Küche des Wohnstocks führend. An der Rückseite weiteres Portal mit Scherenpfosten und zickzackgesäumtem Stichbogen unter der Inschrift: «BRAVCHE DIE PORT ZVM LEBEN DEINER SEEL». ⌐⌐. 2 und Giebel-«Loiba». F, im ersten Stockwerk mit gemauerter, den Treppen-hausanbau miteinbeziehender Küche und mit kleinem Raum hinter dem «Stubji», im zweiten Stockwerk mit eigenem Raum im Anbau. *Inschriften* vgl. CARLEN, Zwischen zwei Brücken, S. 379. – *Öfen*. 1. Von CHRISTIAN RAGOTZI? (vgl. Haus Nr. 49). Zweigeschossig, mit ähnlicher Profilierung unter der Deckplatte wie Ofen Nr. 1 des Kaplaneihauses, hier jedoch Karnies an der Deckplatte. An der Stirn umranktes, aus vegetabilen Motiven gebildetes Wappen Briw wie W. Wb., Tf. 2, aber mit nach links steigendem Balken zwischen den Sternen, an der Wange in Zierspiegel: «I[ohann].F[ranciscus].B[riw]./1781». – 2. Einge-schossig. Deckplatte, mit Kehle und Rundstab profiliert. 19. Jh.? An der Stirn in Wappenschild: «I F/1675[Dreiberg]», an der Wange plastische Rosette. – Abgewandert 1960 ein nußbaumenes *Wandbüfett* von 1781[341].

51. «*Zum Kreuz*». Koord. 305/260. Kat.-Nr. 29/33. Franz Schmid; Therese Künzi-Schmid; Magdalena Schmid. Erbaut 1787 (Jahreszahl am Giebel). Friese: Paar versenkter Rundstäbe. Späterer Anbau an der linken Traufseite. Renoviert 1954 und 1965/66. ⌐⌐. 2½. Vor dem Anbau der Kammerachse C und F. Dielbäume verkleidet. Fassadeninschrift: «MEIN GOTT DIES HAVS BEFIEL ICH DIER VOR UNGLICK BEWAHR ES MIR». – *Ofen*. Eingeschossig, mit gekehlter Deckplatte. 17. Jh.? An der Wange: «F[erdinand]S[chmid]K[a-tharina]S[chmidt]/1874» und Jesusmonogramm.

52. Koord. 250/230. Kat.-Nr. 29/58. Erben Josef Clausen-Bortis. Erbaut 1796 (Jahreszahl am Giebel zwischen Blütenranken). Gebrochener Wellenfries und Paar versenkter Rundstäbe. 1916 zweites Stock-werk eingeschoben. Vom gleichen Bauherrn mit Giebelfront nach Norden an die Rückwand von Haus Nr. 48 angebaut, schließt das Haus die Westflanke des «Ober Hengert». An der westlichen Traufseite

Abb. 74. Ernen.
Stadel am westlichen
Ende des «Biel»-Platzes.
Text S. 88.

ehemals Anbau unter Pultdach wie bei Haus Nr. 48. ⌐⌐⌐. 2½. F (Treppenaufgang hinter dem «Stubji»). *Täfer* 1796, mit rundbogigen Feldern. Giebelinschrift: «Joseph Jm Hoff Anna Maria Clausen». *Inschrift* vgl. CARLEN, Zwischen zwei Brücken, S. 382. – *Ofen* (Kdm Wallis I, Abb. 39). Zweigeschossig, mit prallem Karnies an der Deckplatte. Kunstvoll behauene balusterähnliche Beine. In der oberen Zone Blumen-, Blatt- und Rankenornamente in Feldern, an der Wange zwischen Rocaillekämmen. In der unteren Zone geschweifter Spiegel mit Herz und Blume und in eckgekehltem Feld: «1811/A[nton]I[m]H[of]/[Maria-]C[atharina]B[ortis]». Wertvoll. – *Eckschrank.* Lärche. 1796. Mit Mittelnische.

53. Koord. 330/265. Kat.-Nr. 29/21. Rudolf Seiler. Erbaut 1821 (Rankenfries und Paar versenkter Rundstäbe). Aufgestockt um sieben Ringe mit neuem Giebel 1955. ⌐⌐. Ehemals 1. E. *Inschrift* vgl. CARLEN, Zwischen zwei Brücken, S. 383/84. – *Ofen.* Zweigeschossig, mit Kehle unter der Deckplatte. Blümchen an der gerundeten Kante. 1927 von Ofenmacher JOS. BITTEL, Fiesch.

54. Koord. 240/165. Kat.-Nr. 29/166. Margrit Albrecht. Erbaut 1854. Später angebautes «Withüs». ⌐⌐. 2 und Giebel-«Loiba». E und F. Originales *Lärchentäfer. Inschrift* vgl. CARLEN, Zwischen zwei Brücken, S. 384[342]. – *Öfen.* 1. Eingeschossig, aber durch Rillen in zwei Geschosse gegliedert, mit Kehle unter der Deckplatte. – 2. Dreigeschossig, mit Abschlußsims wie Nr. 1. An der Stirn Marienmonogramm in Blattmedaillon; in eckgekehltem Feld: «V[alentin]I[ulier]C[atharina]C[lausen]/1858» rund um ein Jesusmonogramm. – *Truhe* (im Besitz von Urban Eyer, Sous-Géronde). Nußbaum. Drei oben und unten von Drillingsbögen begrenzte Füllungen zwischen gewundenen Säulchen. In den Seitenfüllungen die Ziffern 18 und 10 in den eingelegten Vierpässen der von Schnitzranken, Rocaille und Muscheln gerahmten Medaillons. Im eingelegten Bukranienfeld der Mittelfüllung: «IAG/MS/G». – *Sekretär* (im Besitz von Urban Eyer, Sous-Géronde). Nußbaum. Um 1800. Rustikales Rokoko. Leicht geschwungene Wangen und Füße. Am Deckel drei geschnitzte Ornamentfelder. Ähnlicher Dekor an der zweiachsig gegliederten Kommodenfront.

55. Koord. 215/275. Kat.-Nr. 29/85. Aurelia Schiner. Erbaut 1862[343]? ⌐⌐. 2. D (mit Quergang). Treppe zum ersten Stockwerk im Quergang, zum zweiten auf dem Balkon. Dielbaum verkleidet. – *Ofen* (heute im Haus Nr. 12). Zweigeschossig, mit Karnies unter der Deckplatte. An der Stirn Clausen-Wappen in Lorbeerkranz über der Jahreszahl 1865, an der Wange in Rankenrahmen die Inschrift «CARL/CLAUSEN/CATHARINA/NIGGELI» und Jesusmonogramm. – *Kruzifix* aus der Kapelle von Binneggen (S. 109).

56. Koord. 300/325. Kat.-Nr. 7/1. Maria Imwinkelried. An der Stirnfassade gemalte Inschrift: «ANNO 1863». Keine Friese. ⌐⌐. 1½ (Giebel-«Loiba»). *Inschrift.* «IHS[Marienmonogramm]IOP . DIESES . HAUS . HAT . LAESEN . BAUEN . DER . HHRSAME . MAN . JOSEPH . JULIER . UND . SEIN . HAUS . FRAU/MARIA . IOSEPHA IMSANT . IM . IAHR . 1863 . GOTT UND . DIE HEILIGE . AGATA . WOLLE . ES . BEWAHRE . VON . DEM . FEUR . UND . U [verdeckt]». – *Ofen.* Eingeschossig. Abgerundete Kanten, schräg gebändert. An der Stirn in kelchförmigem Gebilde aus Lorbeerzweigen: «M[aria Josepha][Blüte]I[m]S[and]/1863».

57. Koord. 240/300. Kat.-Nr. 29/71. Irene Clausen; Paula und Rosmarie Schmid. Erbaut 1872. Späterer Anbau an der Rückseite. ⌐⌐. 2 und Giebel-«Loiba». Ähnlich H, mit verbundenem «Stubji». Originales *Täfer. Inschrift* vgl. CARLEN, Zwischen zwei Brücken, S. 386. – *Ofen.* Zweigeschossig, mit Kehle an der Deckplatte. An der Stirn in Ornament umgewandeltes Jesusmonogramm, die Initialen «C[äsar]C[lausen]C[atharina]M[ichel]» und die Jahreszahl 1874.

Verschwundene Häuser[344]. 1. *Supersaxo-Haus* (Koord. 95/155) «uff dr Flüe», von dem als einziger Überrest ein Fragment vom Dielbaum mit der Jahreszahl 1478 im Zendenrathaus aufbewahrt wird (S. 53)[345]. Es

---

337 Um so demütiger und um so bereitwilliger, Gott zu dienen, muß jeder infolge seines Amtes sein, je mehr er sich verpflichtet sieht, Rechenschaft abzulegen (Übersetzung von Anton Carlen).

338 Seid heilig, weil ich heilig bin, damit der Dienst nicht getadelt werde. Vielmehr erweist euch in allem als Diener Gottes (Übersetzung von Anton Carlen).

339 StAS, A Clausen-Perrig, D 29 und 104.

340 Ebd., D 30.   341 PfA Ernen, Notizheft von ANTON CARLEN, o. Nr.

342 Jahreszahl 1854 auf dem Dielbaum von A. CARLEN nicht beachtet.

343 Das Holz soll von einem Haus in Außerbinn, beim Bildstock, stammen.

344 Haus (Koord. 95/190) von 1577(?), abgerissen 1956 (CARLEN, Zwischen zwei Brücken, S. 300).

345 Ebd., S. 285/86.

galt irrtümlicherweise als Stammhaus der edlen Familie Supersaxo und als Geburtshaus von Bischof Walter Supersaxo († 1482)[346], ist jedoch von dessen Neffen bewohnt worden[347]. – 2. *Zlauwiner-Haus* (Koord. 150/200). Das 1698 erbaute mächtige Haus, nach H. A. VON ROTEN «eines der Wahrzeichen der Burgschaft Ernen» – ALBERT CARLEN nannte es «den bekrönenden Giebel des Dorfes» –, wurde 1956 wegen Baufälligkeit abgerissen[348]. Der dem Michel-Haus Nr. 44 gleichende Bau, jedoch auf höherem Mauersockel mit «Saal»-Stockwerk, hinterließ beim Abbruch eine platzähnliche Lichtung.

GEWERBE- UND NUTZBAUTEN

Bäckerei (Koord. 365/280), «ERBAUT DURCH DIE GEMEINDE ERNEN IM IAHRE DES HEILES 1956» (Dielbauminschrift) an der Stelle des ehemaligen Backhauses. *Ofen* von 1956. – *Alte Mühle* (Koord. 150/400); *jüngere Mühle* (Koord. 325/195), erbaut um 1950. – Ehemaliges *Waschhaus* (Koord. 365/260), jüngeres *Schlachthaus* (Koord. 375/265). – *Säge* (Koord. 345/245).

Im Gegensatz zum Obergoms treten die Nutzbauten wegen ihrer geringeren Ausmaße in den Hintergrund, wie sie sich auch sichtlich aus dem Dorfkern mit seinen Plätzen heraushalten und am Dorfrand zusammendrängen.

Nennenswerte Nutzbauten. Speicher. 1. Koord. 285/260. Allseitiger «Vorschutz» über den Türen des Oberbaus. Auf das 16. Jahrhundert weisende Fußbalkenzier: Tropfenmotiv in Kehle. Das schmucke Gebäude schließt lose die Ostflanke des «Ober Hengert». – 2. (Abb. 73). Koord. 215/235. Ohne «Plane» (Stützel), das Jost-Sigristen-Haus überragend. Um 1600. Kräftige Rillenfriese. Im untersten Geschoß originale Fensterpartie. – 3. Koord. 200/275. Schmuck und weitgehend noch intakt. – 4. (Abb. 72). Koord. 160/210. 2. Viertel 17. Jh. Konsölchenartiger Würfelfries. Doppelter Kielbogen über der Tür. Zierbleche in den originalen Fensteröffnungen. Der Speicher bildet zusammen mit dem Kaplaneihaus eine malerische Baugruppe am oberen Rand jener Lichtung, die das abgebrochene Zlauwiner-Haus gerissen hat. – *Stadel.* 1. (Abb. 74). Koord. 180/230. Der stattliche, guterhaltene Stadel schließt den «Biel»-Platz gegen Westen hin ab. – 2. und 3. Die zwei behäbigen Stadel, die bei Koord. 320/315 und 330 die östliche Schauseite des Dorfes prägen, sind arg baufällig. – Der mit traufseitigen Lauben versehene Stadel und Speicher (Koord. 150/265) an gut sichtbarer Stelle oberhalb der Kirche ist an der Front teilweise häßlich verkleidet. – Wie der stattliche Stadel auf dem sogenannten «Kirchbiel»[349] dicht an der Autostraße unterhalb des Dorfes ruhen auch die verstreuten *Heuställe* als dunkle Akzente im Grün des mit Obstbäumen licht bestandenen Erner Feldes, das wie ein schmucker, mit den Jahreszeiten wechselnder Teppich zur Siedlung ansteigt.

ABGEWANDERTE UND VERSCHOLLENE KUNSTGEGENSTÄNDE DES DORFES

Altarbild der ehemaligen Kapelle auf dem Galen (im Besitz von Dr. Bernhard Volken, Fiesch). 64 × 48 cm. Öl auf Leinwand. 3. Viertel 18. Jh. Restauriert 1969 von WALTER MUTTER, Naters. Dreiviertelbild des hl. Antonius von Padua mit dem Jesuskind. Marmorierter Rahmen. – *Wappenscheibe* (im Besitz von Domherr Dr. Albert Carlen, Sitten). Dm. 9,5 cm. Medaillon. Schiner-Vollwappen. Als Oberwappen

---

346 FURRER (wie S. 8, Anm. 15), S. 56G (mit Zeichnung); Walliser Monatsschrift für vaterländische Geschichte 3 (1864), S. 12.

347 H. A. VON ROTEN, Zur Geschichte der Familie Supersaxo, Vallesia XXIX (1974), S. 12.

348 A. CARLEN, Ernen – Verpflichtendes Erbe, Ernen 1949, S. 8. – CARLEN, Zwischen zwei Brücken, S. 349/50. – Von ANTON CARLEN nicht erwähnte Wappenvariante auf einem Ofen: (unter einem Jesusmonogramm) Blüte zwischen V-förmig geneigten Balken; an beiden Rändern zwei übereinander

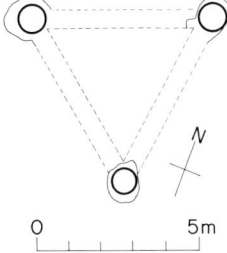

Abb. 75 und 76. Ernen.
Galgen, 1703.
Grundriß; Ansicht
von Westen.
Text unten.

wachsender Löwe mit Fahne in den Pranken auf bekröntem Visier. Umschrift: «Johannes Henricus Schiner Canonicus Sedunensis, nec non et parochus Aragni An° 1702» (vgl. S. 57). – *Mörser* (im Besitz von Gerd Graeser, Ebnet bei Gießen, Binn). H. 18–19 cm, Dm. 24 cm. Giltstein. Mit kantigen Henkelstollen. Am Bauch eingehauen: «1634/H[Jost-Wappen]I». – *Zinn* (Privatbesitz Lausanne). *Teller.* 1. Dm. 19,7 cm. Um 1900. Gießermarke von LORENZO MACIAGO, Brig (SCHNEIDER, Nr. 359). Feinzinnmarke. – 2. Dm. 23,8 cm. Gießermarke von PIERRE JOS. MAGNIN, ähnlich BOSSARD, Nr. 825, jedoch in der Umschrift «IOS.» an Stelle der Jahreszahl 1665. Feinzinnmarke. Auf der Rückseite eingraviert: «R.D.V.K C.K H/IC». – 3. Dm. 24 cm. Mit kleinem Schiner-Wappen als Besitzermarke. – *Kanne.* H. 18,2 cm. Um 1800. Gießermarke von J. ALVAZZI, Sitten (SCHNEIDER, Nr. 639). Eingraviert: «INC». – *Tisch* (im Besitz von Walter Imhof-Werlen, Brig). Nußbaum. An der Zargenfront geschnitzt: «16 CB[althassar?]K[ämpfen][Allianzwappen Kämpfen (W. Wb., Tf. 7) und Summermatter? (Kleeblatt über Dreiberg)] MPS 98». – *Truhenfronten* (im Besitz der Geschwister Feuillet, Brig). Zwei Stück. Die eine Lärche, die andere Tanne. Eingelegt zwei große Lilien als Wappenzeichen der Familie Zum Brunnen, in der einen ferner «M[oritz]Z[um]-B[runnen]1617», in der anderen die Jahreszahl 1622. Beide Truhenfronten zu Kasten gearbeitet. Möglicherweise aus dem Haus Nr. 36. – Der mit Schiner-Wappen versehene *Kelch* des 16. Jahrhunderts im Bernischen Historischen Museum, Inv.-Nr. 338, ist nur mit Vorbehalt Ernen zuzuweisen. – Die 1864–1867 von EMIL WICK zusammen mit einer *Medaille* der Bündniserneuerung von 1715 gezeichnete[350] massivgoldene *Kette,* angeblich von Kardinal Matthäus Schiner, ist ebenso wie dessen *Siegelring* verschollen.

GALGEN

Die Überreste des Galgens (Abb. 75 und 76) stehen auf einem weithin sichtbaren Hügelkamm eine Viertelstunde nordöstlich vom Dorf. Erhalten sind noch die im Dreieck angeordneten gemauerten Säulen von 4,20 m Höhe und die Fundamente der drei Verbindungsmauern. Die südliche erste Säule ist auf einer Tuffsteintafel beschriftet: «JOSEPHUS SCHVICK PRO TEMPORE JUDEX 1703». Nach dem Vertrag mit Meister FRANZ WISSEN[351] wurden bei der Wiederaufrichtung des Hochgerichts die

aufgereihte Fünfstrahlensterne (Zeichnung in einem Brief von H. A. VON ROTEN vom 7. Okt. 1961, PfA Ernen).

349 Nach einer legendären Überlieferung habe man einst wegen der damaligen Bedeutung Niederernens hier die Pfarrkirche bauen wollen.   350 FURRER (wie S. 8, Anm. 15), S. 58/59.

351 Walliser Monatsschrift für vaterländische Geschichte 3 (1864), S. 60.

Säulen nicht nur etwas höher und kräftiger gemauert, sondern auch mit Kapitellen aus Tuff versehen. Die «Dreyangelmauern» wurden mit behauenen Platten abgedeckt.

Literatur. CARLEN, Zwischen zwei Brücken, S. 370–375. – F.G. STEBLER, Der Galgen zu Ernen, Die Schweiz 1 (1897), S. 79/80, mit Abb.

KAPELLE MARIA HILF IM ERNER WALD

GESCHICHTE. Nach der Sage soll im Erner Wald zuerst ein kleines Bildhäuschen gestanden haben[352]. 1690 erteilte Bischof Adrian V. von Riedmatten der Burgerschaft von Ernen die Erlaubnis[353], an der wunderreichen Stelle ein neues Heiligtum zu Ehren der Muttergottes zu errichten; zugleich übertrug er ihr das gewünschte Patronatsrecht. Der Bau [354] zog sich, nach den Daten an der Kapelle zu schließen, über einige Jahre hin[355]: auf dem Brett, das an der Kapellenrückwand die Öffnung zum Dachstuhl der Vorhalle verschließt, gemalte Jahreszahl 1693, am Chorgitter 1694, an der Sakristei 1709. Besonderer Förderer des Heiligtums war alt Meier Johann Kreyg[356]. Im 18. Jahrhundert wurden die Gewölbe wohl in zwei Anläufen bemalt (S. 92). 1833 Einbau eines Schrankaltars (S. 94) an der Stelle des Fensters und eines Pilasters rechts vom Portal. Innenrenovation durch ROMONI[357] 1863/64, Reparaturen vor allem an der Sakristei 1876 durch B. BOTTINI[358]. Weitere Renovationen 1886/87, 1897/98, 1921–1924[359] und 1961[360].

Die Kapelle ist zu Ehren von Maria Hilf errichtet worden[361]. Bis um 1733 kehrt diese Bezeichnung am häufigsten wieder[362]; seit dem Anfang des 19. Jahrhunderts wird jedoch der Name des Titularfestes der Kapelle, Mariä Heimsuchung, üblich[363]. Vgl. Altarbild, S. 93.

BESCHREIBUNG. *Äußeres* (Abb. 78). Die Kapelle steht, nach Westen gerichtet, auf kleiner, nur eben für sie ausreichender Terrasse mitten im abschüssigen Waldhang. Verborgen im finsteren, feuchten Tannenwald, stellt der Untergommer Marienwallfahrtsort das eigentliche Gegenstück zur weithin sichtbaren Ritzingerfeldkapelle des Obergoms dar. An die Stirn des dreiseitigen Chorschlusses stößt eine rechteckige Sakristei. Der Fassade ist eine Vorhalle in der Breite des Schiffs vorgestellt. Das mit Krüppelwalm versehene Satteldach und die Walme von Chor, Sakristei und Vorhalle ergeben einen vielgestaltigen Schindeldachkomplex. Auf dem etwas abgesetzten Chorfirst offener Dachreiter mit blechgeschupptem achtseitigem Helm. Schmale hochrechteckige Fenster in breiten Tuffrahmen. Am Chor größere Wangenfenster und rundbogige Oberlichter. Rundbogiges Tuffportal mit profiliertem Kämpfer und

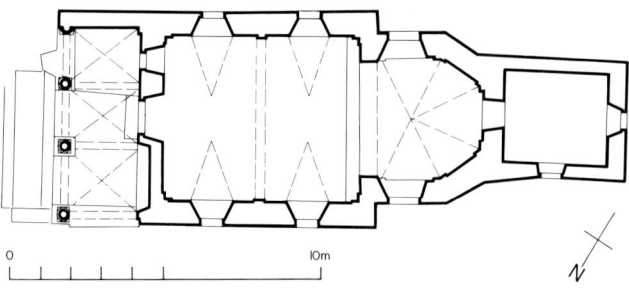

O   IOm

Abb. 77. Ernen.
Kapelle im Erner Wald,
1690–1709. Grundriß.
Text S. 92.

Abb. 78 und 79. Ernen. Kapelle im Erner Wald, 1690–1694. Außenansicht von Osten. Text S. 90. – Inneres gegen das Chor. Text S. 92.

giltsteinerner Scheitelkonsole, darüber von Eier- und Perlstab gerahmte Muschelnische, ehemals mit Muttergottesstatue (S. 94). Die drei Arkaden der hangwärts geschlossenen Vorhalle ruhen auf toskanischen Tuffsäulen; Gipsrosette am mittleren Kreuzgratgewölbe. Die Sockelbrüstung tritt trapezförmig vor, um am Kapellenfest eine hölzerne Kanzel (S. 94) aufzunehmen.

352 L. BURGENER, Die Wallfahrtsorte der kath. Schweiz I, Ingenbohl 1864, S. 195. Nach der Ursprungslegende schaute ein Arbeiter im Traum eine Kristallhöhle mit einem Marienbild. Er gelobte den Kapellenbau, wenn er die Kristallhöhle entdeckte, was in der Folge geschehen sei. RAPHAEL RITZ gestaltete 1887 das Thema in einem Ölgemälde (RUPPEN, I 451). In den Erner Wald pilgerte alljährlich das Obergoms, um Hilfe gegen die Trockenheit zu erflehen (PfA Münster, G 34).

353 GdeA Ernen, D 11.

354 Baumeister war vielleicht der 1704 in Ernen verstorbene Prismeller «magister Bartolomaeus Ragozi murarius» (PfA Ernen, D 206).

355 Catharina Zumbrunnen, die Gattin von Johann Kreyg, fügte ihrer testamentarischen Schenkung 1692 «Sacello Diuae Virginis Mariae in Silua Aragnensi exstructo» bereits eine Gabe für dort zu lesende hl. Messen bei (AGVO, O 217). Vgl. Anm. 356. – Sonderbarerweise führt der Visitationsakt 1704 die Kapelle nicht auf (PfA Ernen, D 174).

356 Vgl. Glocke, S. 96, und Gemälde, S. 95, ferner Anm. 355. Schon 1695 schloß Kreyg in der Kapelle seine dritte Ehe (PfA Ernen, D 205).

357 GdeA Ernen, G 3. Wohl Maurermeister ANTON RAMONI, Brig (Burgerarchiv Visp, G 3). Vgl. BURGENER (wie Anm. 352), S. 196.

358 GdeA Ernen, G 8 (loses Blatt) und G 5.

359 Ebd., G 5.

360 Durch EMIL GUNTERN, Reckingen, und EDMUND IMBODEN, Raron. Fenster von THEODOR IMBODEN, Täsch. Vor der Eingangstür zwei große, von einem Stalltrog stammende Steinplatten versetzt, die eine mit der Jahreszahl 1893 (PfA Ernen, Jahrbuch der Pfarrei 1930ff.).

361 «Sacelli sub titulo Bmae Virginis Mariae Auxiliatricis erecti» (1699) (GdeA Ernen, G 5).

362 Ebd.   363 PfA Ernen, D 178.

Inneres (Abb. 77 und 79). Das hohe tonnengewölbte Schiff öffnet sich durch einen nur wenig eingezogenen Chorbogen in das kurze Chor, das wegen des mächtig ausladenden Altars hinter dem Chorgitter noch näher rückt. Das mit Eierstab und Zahnschnitt überaus reich gestaltete Gesims ruht auf ionischen Pilastern, die in den Ecken von Schiff und Chor geknickt sind. Die innen leicht stichbogigen Fenster schneiden ins leere Fries. Am Gewölbe der beiden Schiffsjoche schmale Stichkappen über Schildbögen, im Chor fünfkappiges Gratgewölbe ebenfalls über Schildbögen. Verschiedene Stellen sind durch *Stukkaturen* ausgezeichnet: von Cherubim gestützte Medaillons in Girlandenrahmen an den Scheiteln der Schiffsjoche; ein großer Cherub über der Scheitelkonsole des Chorbogens und dicht unter dem Gewölbe an der Kirchenrückwand; große Rosetten an der Innenseite der Chorbogenflanken sowie im Chorscheitel, drei kleinere an den Gurtbögen des Schiffs. Die Gewölbe beider Räume sind ferner mit *Malereien* geschmückt; Szenen sind nur im Schiff dargestellt: im äußeren Scheitelmedaillon die Himmelfahrt Mariens, im inneren Gottvater und die Hl.-Geist-Taube, durch das Chorbogenkruzifix zur Dreifaltigkeit ergänzt; in den Stichkappen ovale Medaillons in gemalten Rocaille-Rahmen, unten jeweils mit Legende in eigenem Rähmchen versehen, im ersten Joch rechts die Verkündigung, links Mariä Tempelgang (Abb. 80), im innern Joch links Verlobung, rechts Heimsuchung. In den übrigen Feldern der Tonne und im Chor bunte Ornamentgitter in Rocaille-Rahmen. Da die zwar überarbeiteten Szenen im Gegensatz zur Rahmen- und Dekorationsmalerei, wohl aus der Mitte des 19. Jahrhunderts, weder in den Kostümen noch in der Malweise Rokokoeinflüsse aufweisen und daher hochbarock wirken, könnte die Ausmalung der Ernerwaldkapelle den Anstoß für die Gommer Antoniuszyklen der zweiten Hälfte des 18. Jahrhunderts in Münster, Reckingen und Niederernen gegeben haben. Das schmiedeeiserne spindelmaschige *Chorgitter*[364] von 1694 wird auf Türsturz- und Gebälkhöhe sowie in der Mittelachse durch rosettenbesetzte Streifen gegliedert; Rollwerkmaschen an den Kreuzungsstellen, Lilienmotive in den Zwickeln.

Altar. JOHANN SIGRISTEN, Glis, und MORITZ BODMER, Mühlebach, werden das Retabel um 1693 geschnitzt haben[365]. 1875 wurde das ursprüngliche Altarbild entfernt[366] und durch ein neues von VINZENZ BLATTER(?)[367] ersetzt, das 1906 wiederhergestellt werden mußte. Links unten im Gemälde die Initialen «V B», auf der Rückseite: «ROSINO ptor[?] Vastato et Riparo questa tela/l'anno 1906»[368]. 1962 Restaurierung durch EDMUND IMBODEN, Raron (Inschrift an der Altarrückseite); Stipes erneuert ähnlich demjenigen in der Antoniuskapelle von Reckingen, Voluten geschnitzt von EMMANUEL CARLEN, Reckingen. Der prachtvolle, für das späte 17. Jahrhundert charakteristische Altar ist einachsig mit breitem Haupt- und kleinem, eingezogenem Obergeschoß. Der chorbreite Unterbau tritt seitlich vor, zwei

---

364 Schmied des Gitters vielleicht der 1702 in Ernen verstorbene «artifitiosus magister faber ferrarius Joannes Briw» (ebd., D 206).

365 Am 19. Mai 1693 treten sie in Ernen als Ehezeugen auf (ebd., D 205).

366 Das Gemälde wurde versandt (veräußert?) (GdeA Ernen, G 5). Vor 1875 war auf dem Gemälde das gleiche Motiv dargestellt (BURGENER [wie Anm. 352]).

367 VINZENZ BLATTER (1843–1911), Sitten.

368 PIETRO ROSINO, pittore, Quarona (Valle Sesia), überarbeitete das Gemälde und zog es wohl neu auf (PfA Ernen, Briefumschlag Nr. 79).

Abb. 80 und 81. Ernen. Kapelle im Erner Wald. Gewölbemedaillon mit Mariä Tempelgang, 1. Hälfte 18. Jahrhundert und Mitte 19. Jahrhundert. Text S. 92. – Altar der Vorhalle, 1833, von Joseph Regli und Lorenz Justin Ritz. Text S. 94.

Rundbogentüren umfassend. Im Hauptgeschoß weicht die Mittelachse zwischen dreifach vorgetrepptem Gewände mit drei Paaren rebenumrankter korinthischer Säulen schachtartig zurück. In der Säulenstellung der Oberzone Assunta in durchbrochenem Akanthusmedaillon. Lebensvolle Putten auf den leicht gebogenen Sprenggiebelenden des Hauptgeschosses, zwischen den geraden Sprenggiebeln der Oberzone Herz Mariens in bekrönender Akanthuskartusche. Flankenstatuen vor dem innersten Säulenpaar des Hauptgeschosses, links der hl. Mauritius, rechts Georg. Akroterstatuen, links Antonius von Padua, rechts Josef. Üppige Akanthuswedel als Rahmenwerk und in der Girlande rund um das Altarblatt (siehe unten); Fruchtappliken sind das bevorzugte Ornamentmotiv. Auf JOHANN SIGRISTEN weisen ebenso Motive des Altaraufbaus wie des Figurenstils. Auf den Sakristeitüren gemalte Brustbilder von Jesus und Maria, Ende 17. Jahrhundert, auf gekreuzten Palmen über den Monogrammen.

Das ursprüngliche Altarblatt und die Muttergottesdarstellungen der erhaltenen Exvotos. Das derzeitige Altargemälde stellt das Dorf Ernen unter der sitzenden Muttergottes dar. Auf dem ältesten Exvoto (1691) zeigt Maria das auf dem Schoß sitzende Kind dem Votanten. Dieser bis 1746 vereinzelt wiederkehrenden Darstellung gleichen Varianten mit dem auf dem Schoß sitzenden oder stehenden Jesuskind. Vgl. das Gemälde Abb. 82, dessen Muttergottesfigur auf einem Exvoto von 1780 recht getreu kopiert wurde. Das am Ende des 17. Jahrhunderts beherrschende Motiv der Maria Hilf wurde im 18. Jahrhundert nur bis 1727 einige Male wiederverwendet; ein Exvoto von

1699 (Abb. 83) gibt eine Version des von Engeln getragenen Gnadenbildes[369]. Die Darstellung des heutigen Hochaltarblatts mit stehendem Kind neben der sitzenden Muttergottes erscheint dagegen einmal 1694 und hernach erst wiederum 1729, um nach der Mitte des 18. Jahrhunderts bis ins 19. Jahrhundert fast ausschließlich Verwendung zu finden. So liefern die Exvotos keinen sicheren Hinweis auf die Mariendarstellung des ursprünglichen Altarblatts[370].

Altar der Vorhalle (Abb. 81). Um bei starkem Volksandrang auch einen Altar für Gottesdienst im Freien zu besitzen, errichtete man 1833 in der Vorhalle, rechts von der Eingangstür, einen Schrankaltar. JOSEPH REGLI schnitzte und faßte ihn, LORENZ JUSTIN RITZ aus Niederwald malte das Altarblatt[371]. – Die stichbogige, seitlich stark verkröpfte Portalarchitektur läßt die Mittelachse mit dem Altarblatt der Heimsuchung und dem Auge Gottes in der Archivolte zwischen geraden Säulenstellungen schachtartig zurücktreten. Zoomorph anmutende Fruchthörner und Palmetten bilden die Bekrönung. Zwei Putten in Röcken halten die Inschrift: «ET.VNDE.HOC.MIHI VT VENIAT MATER.DOMINI.MEI.AD.ME/LVCAE 1.43». Inschrift der Predellenkartusche: «B[urgesia].A[ragnensis].A[ltare].H[oc].V[ovit].B[eatae].V[irgini].M[ariae].1833».Ölfassung: helle, bunte Marmorierung und Gold. Das mit Öl auf Leinwand gemalte Altarblatt variiert im Stil der Zeit den Ausschnitt mit der Hauptfigurengruppe aus dem barocken Gemälde der Heimsuchung (S. 95)[372]. Links unten Monogramm von LORENZ JUSTIN RITZ und die Jahreszahl 1833.

Tragbarer *Kanzelkorb* für die Vorhalle. 1904 von JOSEF MARIE IMHOF und OSKAR JENTSCH im Stil des 17. Jh. geschaffen[373]. Lärche, zierversilbert. Schuppenpilaster zwischen den mit Rautenfüllungen besetzten Feldern.

Skulpturen. Kruzifixe. 1. (in der Archivolte des Chorgitters). H. (Korpus) 64 cm. Holz, polychromiert und vergoldet. Ende 17. Jh. Das Haupt sinkt tief nach rechts auf den gedrungenen Körper. Antlitz, Körperbau und Faltenstil weisen auf JOHANN SIGRISTEN, Glis. – 2. H. (Korpus) 23 cm. Holz, braun lackiert, Lendentuch vergoldet. 2. Viertel 17. Jh. Italienischer Herkunft? Langer, etwas geschraubter Körper mit fein geschnitztem Haupt. Gotisierende Faltenmotive am Lendentuch. Neueres Kreuz auf umgestülptem Kapitell als Sockel. – 3. Altarkreuz. H. 57 cm. Holz, wohl 1773/74 polychrom gefaßt[374]. 3. Viertel 18. Jh. Ziervergoldetes tannenes Kreuz. Sockel vom I. Reckinger Hauskruzifixtyp. Rankenkelche als Balkenenden. – *Muttergottes* aus der Portalnische (im Pfarreimuseum Ernen). H. 62 cm (inkl. Krone). Arve, massiv.

---

369 Diese Variante war u.a. in Kapuzinerklöstern beliebt. Vgl. Marienaltar im Kapuzinerkloster Dornach, 17. Jh. (Kdm Solothurn III, S. 278/79), und Gemälde von C. WOLFF MUOS, um 1717, im Kapuzinerkloster Zug (Kdm Zug II, S. 330). (Freundl. Hinweis von St. Noti, Fr. O.M.Cap.) – Vgl. ferner R. FISCHER, Erbauungsliteratur als Quelle für die Ikonographie des 17. Jahrhunderts, Unsere Kunstdenkmäler 24 (1973), S. 174–201.

370 Unmittelbare Einflüsse der Kapuziner sind indessen nicht nachweisbar, es sei denn über die Beziehungen Johannes Kreygs zu seinem Onkel Kaspar Jodok von Stockalper, der 1659 savoyische Kapuziner in Brig für ein Jahr anzusiedeln vermochte (J.-P. HAYOZ und F. TISSERAND, Documents relatifs aux capucins de la province de Savoie en Valais 1603–1766, Martigny 1967, S. 15/16). 1740–1746 wurde der Unterhalt der Kapuziner zum Teil aus den Einkünften der Kapelle im Erner Wald bestritten (A. IMHOF, Eine Niederlassung der V.V. Kapuziner in Ernen und Lax, 1740–1746, BWG III [1903], S. 158).

371 Michel-Chronik (PfA Ernen, o. Nr.) und GdeA Ernen, G 5. ALEXANDER CLAUSEN zimmerte den Schrank, FRANZ BRIW schmiedete Schloß und Angeln. Das entfernte Tuffkapitell des Pilasters liegt neben der rechten Schiffswand der Kapelle.

372 Abb. beider Gemälde in RITZ, Tf. X und XI.

373 GdeA Ernen, G 5 und 7.

374 StAS, A Clausen-Perrig, D 107.

Abb. 82 und 83. Ernen. Kapelle im Erner Wald. Muttergottesgemälde, 1693–1709, mit Darstellung der Pfarrkirche, der Wallfahrtskapelle und des Kapellenwegs. Text unten. – Exvoto von 1699 mit Gnadenbild Maria Hilf. Text unten.

Tempera- und Ölfassung, 1906 von PIETRO ROSINO übermalt (vgl. Hochaltar). Um 1700 wohl von MORITZ BODMER, Mühlebach, geschnitzt. Stehend auf einer Wolke, das Kind auf der Linken. Das Zepter der Rechten fehlt. Plastische Fülle. Motive der üppigen Draperie weisen auf BODMER.

Reliquiare. 1. H. 60 cm. Arve(?), polychromiert. Ende 17. Jh. Auf stipesartigem marmoriertem Sockel mit ovaler, heute leerer Öffnung ovales Akanthusmedaillon in Gestalt eines Ostensoriums. – 2. H. 46 cm. Arve, polychromiert. Ende 17. Jh. Ähnlich Nr. 1. Vergoldeter, mit Voluten geschmückter Sockel. Im Akanthusmedaillon ovales Wachsrelief der hl. Magdalena (Brustbildnis). – 3. Wie Nr. 2, jedoch Wachsrelief des hl. Martin mit dem Bettler.

Gemälde. Muttergottes (Abb. 82). 97 × 76 cm. Öl auf Leinwand. 1693–1709[375]. Sitzende Muttergottes mit stehendem Jesuskind auf dem linken Knie. In der untern linken Ecke das Dorf Ernen mit Kirche und Beinhaus (Abb. 12) sowie Pilger auf dem von Bildstöcklein (S. 97) flankierten Weg zur Ernerwaldkapelle. – *Maria Hilf.* Kopien nach dem Gemälde von Lukas Cranach in Innsbruck. Schleierform der Passauer Kopie. 1. (Pfarreimuseum Ernen). 50 × 42 cm. Leder, gepreßt und bemalt, heute auf Holz aufgezogen. Das Gnadenbild gerahmt von üppigen Akanthusranken, Blumen und Früchten. Am Fuß die Inschrift «S MARIA AUXILIATRIX ARAGNENSIS MIRACULIS CLARA» über der Jahreszahl 1697 und dem fragmentarisch erhaltenen Wappen Kreyg zwischen den Initialen «I[ohann]. K[reyg]». – 2. (Pfarrhaus Ernen). 55,5 × 42,5 cm. Mischtechnik auf Holz. 1. Hälfte 18. Jh. In den Zwickeln der gelben Mandorla links: «MARIAE[?]», rechts: «HILF IM E[rner]W[ald]». Qualitätvolle Kopie. – *Heimsuchung.* 97 × 75 cm. Öl auf Leinwand. Ende 18. Jh. Genrehaft erweiterte Szene, auch mit Begrüßung von Josef und Zacharias. Das Gemälde verwendet Motive von PETER PAUL RUBENS, aus dessen «Heimsuchung» (um 1606–1608) in der Galleria Borghese, Rom, und vom linken Flügel der Kreuzabnahme (1611–1614) in der Kathedrale von Antwerpen[376]. Die zentrale Figurengruppe diente LORENZ JUSTIN RITZ als Vorlage für das Altarbild in der Vorhalle (S. 94). – *Exvotos* (Abb. 83). 42 Stück, Anderegg, Inv.-Nr. 122-9.1 bis 163-9.42, davon im Pfarreimuseum und im Pfarrhaus Ernen Inv.-Nr. 132-9.11 (1697), 137-9.16 (1701), 143-9.22 (1717), 153-

375 Die 1709 angefügte Sakristei fehlt auf dem Gemälde.

376 Rubens P. P., Des Meisters Gemälde in 551 Abb., mit einer biogr. Einlage von AD. ROSENBERG (Klassiker der Kunst in Gesamtausgaben V), Stuttgart und Leipzig 1905, S. 39 und 60.

Abb. 84 und 84a. Ernen. Kapelle im Erner Wald. Ursprüngliches Bildstöcklein vom Kapellenweg, um 1700, und Ausschnitt. – Text S. 97.

9.31 (1745), 159-9.38 (1783) und 163-9.42 (1835), ferner in der Slg. Walter Tobler, Stäfa ZH, Inv.-Nr. 142-9.21 (1713). Größtenteils von überdurchschnittlicher Qualität. Nicht beeinflußt von der Obergommer Exvotomalerei, um so mehr als ihr Höhepunkt früh, d. h. vor und um 1700, liegt und der Marienkult im Gegensatz zu demjenigen des hl. Antonius von Padua während des 18. Jahrhunderts nicht neue Impulse erhielt.

Kelche. 1. (im Pfarreimuseum Ernen) (Abb. 44). Silber, gegossen, ziervergoldet. H. 30 cm. Beschau Brig. Meistermarke von MARX (MARKUS) JAKOB BICHEL (BICKEL, BIGGEL?) (Tab. I, Nr. 8). An der Unterseite des Standrings etwas unsorgfältig eingraviert: «ex liberalitate diuersorum 1697. July 20». Gerippter Standring. An den Buckeln des gewölbten Sechspaßfußes Reliefs: Halbfigur Mariens, Dreiviertelfigur des hl. Valentin(?), der hl. Georg mit dem Drachen, dazwischen Cherubimpaare. Am Schaftfuß zwei hängende Palmettenkränze. Zwischen plastischen Perlstabschaftringen urnenförmiger Knauf, geschmückt mit Cherubim und Fruchtbündeln. Durchbrochener Korb mit Cherubimpaaren in Akanthus. Glasflüsse. – 2. Bronze, gegossen, vergoldet. H. 19 cm. 1888[377]. Runder, profilierter Fuß. Am Schaft Vasenknauf zwischen Schaftringen. Rillensaum am Rand des versilberten Korbs. Geschweifter Lippenrand. – *Meßkännchen.* Zinn. H. 11 cm. Form der Walliser Zinnkannen. In der Deckelnut des Weinkännchens «IIW»(?) auf der einen, ein Zweiglein auf der andern Seite. Herzförmige Deckel mit gabelförmiger Krücke. Auf dem Deckel die Buchstaben «A[qua]» und «V[inum]». – *Kerzenleuchter.* 1. Paar. Arve(?), vergoldet. H. 16,5 cm. Um 1700. Dreikantfuß mit Akanthusrollwerk-Voluten. Massiger, tütenförmiger, von Früchten umkränzter Knauf zwischen zwei Schaftringen und Balustermotiv. – 2. Paar. Bronze, gegossen. H. 33,5 cm. 1833 von H. SCHLUNTZ?[378]. Runder, kegelförmiger Fuß mit Kehlen und Wülsten. Am Schaft urnenförmiger Knauf, Balustermotiv und Schaftringe.

Kasel. Rot. 1871/72[379]. Rips mit eingewobenen Blumen- und Bandmotiven. Im Kreuzstab Vierpaß mit Jesusmonogramm in goldgestickter Rosenranke auf Damast. Silberne Tressen.

Glocke. Dm. 44 cm. Ton g'. Sechs mit Maskaron besetzte Kronenbügel, wovon einer abgebrochen. An der Schulter glatter Fries und Spiralrankenfries. An den begleitenden Schnurstäben hängen zwei Palmetten und zwei ovale Medaillons: Kreuzigung und Muttergottes als Dreiviertelfigur. Gebündelte

377 «Renaissance, Bronze argenté avec patène» (GdeA Ernen, G 7, lose Rechnung).
378 «Schluntz H. für Kertz stella ludor 1» (Michel-Chronik, PfA Ernen, o. Nr.).
379 Ankauf eines Meßgewandes ohne nähere Beschreibung (GdeA Ernen, G 5).

Schnurstäbe unten an der Flanke. Am Mantelsaum, zwischen Schnurstäben, die Umschrift: «[Hand]DEI-
PARAE ET MIRACVLOSAE AVXILIATRICI MARIAE IN SILVA ARAGNENSI BANDARETVS IOES KREIG OBTVLIT ANNO
1693»[380].

Bildstöcklein (in der Kapelle aufbewahrt) (Abb.84). Mit dem Rosenkranzgeheimnis Mariä Krönung.
Einziges erhaltenes Stück von den auf dem alten Gemälde (S.95) dargestellten Bildstöcklein, die ehemals
am Weg zur Wallfahrtskapelle standen[381]. Lärche. H. etwa 125 cm. Um 1700. Typ der schon im
16.Jahrhundert üblichen Bildstöcke[382]. Gemälde, Tempera auf Holz.

NIEDERERNEN

GESCHICHTE. Der Name der Siedlung erscheint erstmals 1292 in Zusammenhang mit dem Adeligen
«Chuonradus domicellus de Aregno inferiori»[383], vielleicht einem Vertreter der adeligen Familie von
Heimgarten (de Platea), die um 1300 dort ansässig war[384]. In der ersten Hälfte des 14.Jahrhunderts
gewannen die Herren von Attinghausen Einfluß. Ihre mit Abgaben an den bischöflichen Landesherren
belasteten Güter und Nutzungsrechte waren 1374 im Besitz des Rudolf von Raron[385], der sie 1404
zugleich mit der hohen und niederen Gerichtsbarkeit an Johann Thomas von Platea veräußerte[386]. Im
ausgehenden Mittelalter, da Niederernen als eigenes Gemeinwesen verbürgt ist (1469)[387], spielte nur noch
der niedere Dorfadel der Grassen und Troller eine gewisse Rolle[388]. Dann gelangten nach Meier Jodocus
de Casalibus (Hofstetter) Vertreter bürgerlicher Familien aus Niederernen zu Ansehen[389]: Landeshauptmann Michael Tschampen im dritten Viertel des 15.Jahrhunderts, Landeshauptmann Martin Holzer
und sein Sohn Nikolaus, Landvogt von St-Maurice, in der ersten Hälfte des 16.Jahrhunderts – Niederernens glanzvollste Periode war das ausgehende Mittelalter bzw. die Wende zur Neuzeit –, in der ersten
Hälfte des 17.Jahrhunderts Johann Matlis als Landvogt von Monthey, der Meier Jakob und der
Bannerherr Martin Matlis, der 1631 in Ernen(!) ein für die Geschichte des Erner Hauses bedeutsames
Wohnhaus aufschlug. 1872 schloß sich Niederernen der Burgschaft Ernen an[390]. Zur Barockzeit waren in
Niederernen die Maler JOHANN HOLZER (†1724)[391] und sein Sohn VALENTIN (1706–1747?)[392] tätig, von
denen allerdings kein gesichertes Werk auf uns gekommen ist (vgl. S.160). Im Hochmittelalter war wohl
auch das heute im Wald gelegene Gütchen «Stockene» bewohnt[393].

Quellen. PfA und GdeA Ernen.
Literatur. CARLEN, Zwischen zwei Brücken, S.387–392.

---

380 Der Gottesgebärerin und wunderbaren (wunderreichen?) Maria Hilf im Erner Wald hat der
Bannerherr Johannes Kreyg im Jahre 1693 [die Glocke] gestiftet.
381 Am Weg stehen noch einzelne ganz verwitterte Bildstöcklein.
382 Auf dem bekannten «Fahnenträger» des URS GRAF (1516). – In der Luzerner Schilling-Chronik
(vgl. J. ZEMP, Die schweizerischen Bilderchroniken und ihre Architekturdarstellungen, Zürich 1897,
S.289, Abb.84). – Ähnlicher Bildstock, «Cappelletta della Pietà», auf Alpe Gerbi di Sopra (Illustrazione
Ossolana 6 [1964], Nr.4, S.11).
383 StA Freiburg i.Ü., Collection Gremaud, Valais, Schachtel 2.
384 R. HOPPELER, Zur Geschichte der Familie Silenen, ASA [N.F.] 26 (1895), S.158.
385 GREMAUD V, S.406. – Der Besitz kam durch die Familie von Urnavas an die Freiherren von Raron
(E. HAUSER, Geschichte der Freiherren von Raron, Schweizer Studien zur Geschichtswissenschaft VIII
[1916], Heft 2, S.177).
386 GREMAUD VII, S.8/9.
387 GdeA Ernen, C2.
388 CARLEN nennt auch die Bogner (L. CARLEN [wie S.3, Anm.10], S.181). – Die Ritter Grassen
hatten ein Jahrzeit in der Kirche von Ernen (PfA Ernen, D17). Zu den Grassen vgl. GREMAUD VI, S.270.
389 H.A. VON ROTEN, Zur Geschichte der Familie Supersaxo, Vallesia XXIX (1974), S.3, Anm.8.
390 GdeA Ernen, Rechnungsbuch der Kapelle von Niederernen 1850ff., o.Nr.
391 H.A. VON ROTEN, Chronik des Joh. Jakob von Riedmatten, W.Jb. 1962, S.46.
392 PfA Ernen, D202. – PfA Niederwald, D12, S.117/18. – Im Juli 1746 malte er noch die Gewölbe
der Kirche von Biel aus (PfA Biel, D42).
393 Haus der Begine Margareta Walin «in dien Schoken subtus silva illorum de inferiori Aragnum»
(PfA Ernen, D17).

Abb. 85. Niederernen. Luftaufnahme 1973. – Text unten.

SIEDLUNG. *Anlage und Geschichte* (Abb. 85 und 86). Vom ehemals bedeutenden Niederernen ist nur eine lose, von Heuställen durchsetzte Häuserzeile am talseitigen Rand der nach Ernen aufsteigenden Straße übriggeblieben. Die Kapelle steht auf mittlerer Höhe der Gebäudezeile auf der gegenüber liegenden Straßenseite. Das oberste Haus blickt zur Straße hin, das unterste quer ins Tal, die Häuser dazwischen schauen talauswärts in Richtung der Straße. Die Gebäude verlieren sich in den Obstbäumen, die am Standort verschwundener Wohnhäuser wachsen[394]. Mehr als die Hälfte der erhaltenen Häuser stammt aus der Wende zur Neuzeit; keines reicht über das 17. Jahrhundert herauf.

Nachdem es schon im 18. Jahrhundert um Niederernen stiller geworden war, baute man die neun Firste, die 1788 in Flammen aufgegangen waren[395], wohl nicht wieder auf. Um 1880 brannten bei Koord. 120/100 drei Wohnhäuser ab[396]. Seit 1890 sind fünf Häuser abgetragen worden[397]. Das teilweise abgebrannte Gemeindehaus bei Koord. 165/180 wurde um 1900 zu einem Stadel umgebaut[398]. Erst im letzten Jahrzehnt ist dank der lieblichen Lage das Interesse an Niederernen wiederum erwacht.

394 Als Hofstatt des Landeshauptmanns Michael Tschampen († 1488/89) bezeichnete man vor drei Jahrzehnten noch einen ummauerten Hof nördlich der Straße (H. A. VON ROTEN, Die Landeshauptmänner von Wallis, BWG X [1948], S. 110). 1656 Bau eines Hauses durch den Steinmetzen SIMON ZER MYLY (H. A. VON ROTEN, Zeittafel, BWG XVI [1971], S. 59).

395 S. NOTI, Vom «roten Hahn» in alter Zeit im oberen Goms, W. Jb. 1969, S. 49.

396 Freundl. Auskunft von Viktor Steffen (*1909).

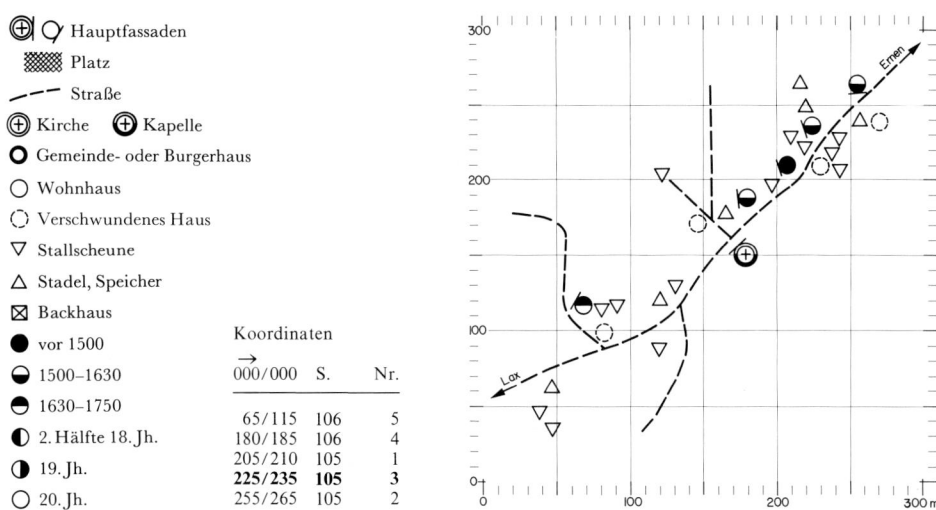

Legend:
- ⊕ ◯ Hauptfassaden
- ▨ Platz
- ⌐ ⌐ Straße
- ⊕ Kirche ⊕ Kapelle
- ◯ Gemeinde- oder Burgerhaus
- ◯ Wohnhaus
- ◌ Verschwundenes Haus
- ▽ Stallscheune
- △ Stadel, Speicher
- ⊠ Backhaus
- ● vor 1500
- ◐ 1500–1630
- ◒ 1630–1750
- ◑ 2. Hälfte 18. Jh.
- ◑ 19. Jh.
- ◯ 20. Jh.

Koordinaten

→000/000	S.	Nr.
65/115	106	5
180/185	106	4
205/210	105	1
225/235	**105**	**3**
255/265	105	2

Abb. 86. Niederernen. Siedlungsplan (vgl. «Wegleitung»). – Text S. 98.

KAPELLE HL. ANTONIUS VON PADUA

GESCHICHTE. An der Portalstirn steht die Jahreszahl 1684. Größere Renovationen[399]: 1780[400], 1830, 1877–1880[401], 1931 Totalrenovation einschließlich die Gewölbemalereien[402] durch HERMANN LIEBICH, Einsiedeln, 1959 Innenrenovation durch EDMUND IMBODEN, Raron.

Obwohl das Heiligtum der Immakulata geweiht war[403], wurde im Visitationsakt 1704 verfügt, die Meßfeier des Patroziniums auf das Fest der Sieben Freuden Mariens zu verlegen[404]. Als Nebenpatrone erscheinen die Heiligen Antonius von Padua und Stephanus (1687), an Stelle des letzteren in den Visitationsakten nach 1704 der hl. Sebastian[405]. Seit 1809 heißt das Heiligtum in den Visitationsakten Kapelle des hl. Antonius von Padua.

397 CARLEN, Zwischen zwei Brücken, S. 388. – Standorte von ehemaligen Häusern, deren man sich noch erinnert: 1. Koord. 270/235. – 2. Koord. 230/210, dreistöckiges Gumpisch-Haus. Dielbaum (im Besitz von Guido Volken-Speckly, Fiesch). Inschrift: «DISES . HAVS . HAT . LASEN . BAVWEN . DER . ERSAME . MAN . VALENDIN GVMPSHET. VND SEIN. HAVSFRAVW. MARIA. IOSEPHA. BEITEL. IM. IAR. 1782». – 3. Koord. 145/170 (vor etwa 60 Jahren abgerissen). – 4. Koord. 80/100, großes Haus. – Der Heustall bei Koord. 120/90 steht auf dem Mauersockel eines Hauses. (Freundl. Auskunft von Viktor [*1909] und Matthäus Steffen [*1904], Ernen.)   398 Vgl. Anm. 396.

399 Zu den kleineren Reparaturen siehe GdeA Ernen, G 8, und PfA Ernen, G 5. – 1930 Schindeldach durch Blech ersetzt (GdeA Ernen, Kapellenrechnungsbuch 1913 ff., o. Nr.). – 1940 Fenster von ANTON KÜBELE, St. Gallen.

400 ADOLPH GAUDY sah 1916 innen über der Tür noch die Jahreszahl 1780 (Skizzenbuch im A der EKD, Bern).   401 PfA Ernen, G 8.

402 Er ergänzte zwei Gemälde sowie zehn Kartuschen mit Inschriften und die Malerei der Stirnwand (ebd., Rechnung o. Nr.).

403 Ebd., D 173.   404 Ebd., D 174.

405 Ebd., D 173 und 175–179. – Der Visitationsakt von 1879 erwähnt eine Stiftmesse zu Ehren des hl. Antonius Eremita (ebd., D 182).

BESCHREIBUNG. *Äußeres.* Die nach Süden gerichtete Kapelle steht dicht an der Straße. An das Rechteckschiff stößt, allseitig eingezogen, ein kurzes, dreiseitig schließendes Chor. Den geknickten Krüppelwalm der Stirnfassade bekrönt auf kegelförmigem Rohr ein in Blech geschnittenes Marienmonogramm im Strahlenkranz. Auf dem chorseitigen Firstende offener Dachreiter mit achtseitigem Spitzhelm. Hohe Rundbogenfenster auch in den Chorwangen, eine Lünette in der Chorstirn, ein Okulus an der Stirnfassade. Rundbogiges Giltsteinportal mit karniesförmigem Profil, bekrönt von einer auf Blech gemalten Darstellung des hl. Antonius von Padua, 1931, von HERMANN LIEBICH unter einem Plattensims.

Inneres (Abb. 87 und 88). Das um vier Stufen erhöhte Chor öffnet sich weit zum breiten Schiff. Ein friesloses Profilsims mit Zahnschnitt umzieht beide Räume; dasjenige im Chor setzt höher an; an der Rückwand an seiner Stelle ein etwas höher eingezogener, getünchter Balken. Die gipserne Stichbogentonne des Schiffs wird durch fünf Paar tiefer Stichkappen über Schildbögen gegliedert; drei Rosetten und ein plastischer Cherub aus Stuck halten die Scheitelmedaillons. Das Chorgewölbe endet nach kurzer Tonne in fünfteiligem Kappengewölbe mit zentralem Medaillon.

Gewölbemalereien. Die auf das Schiff beschränkten Szenen stehen in vier rundlichen Medaillons am Scheitel und in ovalen an den fünf Stichkappenpaaren. Über dem Chorbogen halten zwei Putti eine Kartusche mit dem Responsorium des hl. Antonius – Programm und Legende der Deckenfresken. Meist in der vom Responsorium vorgeschriebenen Reihenfolge sind die Szenen, rechts vorn in den Stichkappen beginnend, rund um das Schiff und dann im Scheitel von vorn nach hinten aufgereiht: Erweckung eines bereits begrabenen Ermordeten («Tod»); Rettung des eigenen Vaters vor der Hinrichtung durch Befragen eines Ermordeten («Irrthum») (Abb. 90); Heilung einer von ihrem argwöhnischen Gatten verletzten schwangeren Frau («Elend»); Exorzismus («Teiffel»); Heilung eines Aussätzigen («Aussatz»); Heilung einer kranken Frau («Die Krancke»); Rettung von Kaufleuten aus Seenot («Das Merr»); Befreiung eines Unschuldigen aus dem Kerker («Eisen band»); Heilung eines abgehauenen Fußes («Glieder»); Auffinden von verlorenem Gut («verlorenes gut»); Errettung bei Einnahme eines giftigen Trankes («Große gefahr») und eines Jünglings vor dem Galgen («Die Not vergeht»). Vom Text des Responsoriums nicht mehr angekündigt: Antoniuspredigt («Wunder») und Verwandlung einer auf die Fürbitte des Heiligen empfangenen Mißgeburt in ein «schönes Kindlein» («belohnet

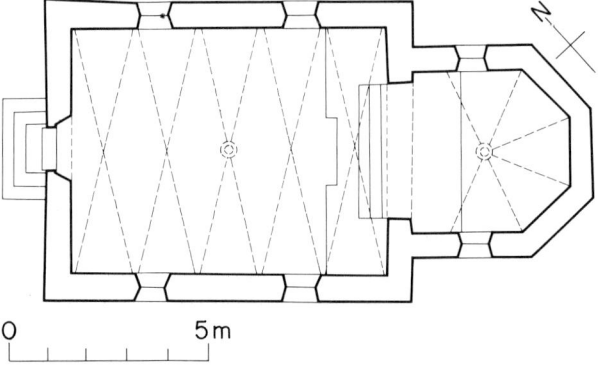

0   5m

Abb. 87. Niederernen.
Kapelle, 1684. Grundriß.
Text oben.

Abb. 88. Niederernen. Kapelle, 1684. Inneres gegen das Chor. – Text S. 100.

Vertrauen»), eine mit «Ex voto» beschriftete Mirakelszene aus dem Jahr 1619. Der Heilige ist stets im Ordenskleid der Konventualen dargestellt. Rocaille- und Bandwerkkartuschen mit Ornamentgittern füllen die Zwickel. Ähnliche Ornamente größeren Ausmaßes zieren das Chorgewölbe, in dessen Scheitelmedaillon die Taube des Heiligen Geistes gemalt ist.

Verhältnis zum Münstiger Antoniuszyklus (vgl. Kdm Wallis I, S. 144). Im Antoniuszyklus der Niedererner Kapelle stehen nicht nur zwei zusätzliche Szenen[406], die Szenen sind teilweise auch in anderer Reihenfolge als in Münster oder seitenverkehrt gegeben[407]. Einzelne Medaillons lehnen sich eng an das Münstiger Vorbild, so z. B. dasjenige des Meeres, wo die Signatur oder Stifterangabe ebenfalls auf dem Faßboden erscheint: «P[in kreuzbekröntem Wappenschild X-förmige Blüte auf Dreiberg]T»; auf dem halb sichtbaren Faß daneben als Monogramm «H[ermann]L[iebich]»; es wurden gleiche Tituli und Legenden verwendet. Andere Szenen hingegen überraschen durch eine ganz neue Erzählweise, z. B. die Erweckung des Ermordeten, und durch perspektivische Verzerrungen der Räume. An die Stelle der herben Farbigkeit der Münstiger Malereien ist pastellhafte Weichheit getreten, die auch die Figuren mild umreißt. Die Maler beider Zyklen sind unbekannt[408]. In Niederernen

406 Die vom Text des Responsoriums nicht angekündigten Szenen (S. 100); die Szene mit dem Neugeborenen in Münster jedoch groß dargestellt an der Orgelemporenbrüstung (Kdm Wallis I, S. 144/45).
407 Möglicherweise ein Hinweis auf die Verwendung von Stichvorlagen.
408 Untergoms besaß damals eigene Maler in Niederernen (S. 104) und Fiesch.

weisen die Medaillonrahmen im Stil Louis XVI und die rokokohafte Weichheit der
Malereien auf das letzte Viertel des 18. Jahrhunderts (1780); eine stilverspätete
Entstehung um 1830 ist indessen nicht ganz auszuschließen[409].

Altäre. Hochaltar (Abb. 92). An der Rückseite des bekrönenden Gottvaters steht die
Jahreszahl 1684[410]. Der Altar wird den Meistern JOHANN SIGRISTEN, Glis, und
MORITZ BODMER, Mühlebach, zugeschrieben[411]. Die zwei kleineren Putten auf dem
Gebälk, von denen der eine 1974 gestohlen worden ist, sind wohl von ANTON SIGRI-
STEN († 1745) hinzugefügt worden. 1931 gereinigt und repariert von HERMANN
LIEBICH, Einsiedeln.

Die Säulenädikula der Oberzone auf dem breiten dreiachsigen Hauptgeschoß
ergibt die fürs Jahrhundertende typische Silhouette. Beherrschende Motive sind die
klar in Achsen gegliederte Predella, die mit gedrehten Kompositsäulen gebildete
Serliana und die aufwendigen Bekrönungen, an den Flanken mit üppigen Putten auf
vegetabilen Sprenggiebeln. Neben klassischen Ornamenten wie Palmettenfries und
Herzblattkyma ausgeprägtes Knorpelwerk, verquickt mit pflanzlichen Motiven.
Blumen- und Fruchtgirlanden sowie Reben voll Trauben umranken, von einem
Perlstab gehalten, die Säulen. Eigentümliche Perücken der Cherubim. In der
Hauptnische Maria vom Sieg, links hl. Antonius von Padua, rechts Sebastian, in der
durchbrochenen Oberzone Gruppe des Heiligen Wandels. Am Antependium, in
schwerem Akanthusschnitzrahmen, holzgemalte Füllung mit Monogrammen der
Heiligen Familie in blumengerahmtem Medaillon. Vor allem die Gruppe des

Abb. 89 und 90. Niederernen. Kapelle. XIV. Kreuzwegstation, letztes Viertel 18. Jahrhundert, wohl von
Ignaz Anderledi, Fiesch. Text S. 104. – Gewölbemedaillon mit Szene zum Responsorium des hl. Antonius
von Padua, wohl 1780. Text S. 100.

Abb. 91 und 92. Niederernen. Kapelle. Weibliche Heilige (Maria?), Flankenstatue am linken Seitenaltar, 1824(?) (entwendet). Text unten und S. 104. – Hochaltar, 1684, wohl von Johann Sigristen, Glis, und Moritz Bodmer, Mühlebach. Text S. 102.

Heiligen Wandels und die Putten weisen stilistisch auf SIGRISTEN, die Draperie der Hauptfigur dagegen eher auf BODMER (S. 129).

Seitenaltäre (Abb. 88). Auf dem Buch der Maria(?) am linken Seitenaltar steht: «X[Zeichen ähnlich dem griechischen Buchstaben Rho]ne/ 1824»[412]. Der außerordentliche Stil der Altäre, der mit demjenigen der Gommer Altarwerke aus dem letzten Viertel des 18. Jahrhunderts wenig gemein hat, fände in dieser späten Entstehung eine Erklärung, um so mehr als 1830 «für antipendien und Portlein zu schnetzen» einige Taglöhne ausgerichtet wurden. 1931 gereinigt und repariert von HERMANN LIEBICH, Einsiedeln. 1974 sind die für den Stil des unbekannten Meisters charakteristischsten Flankenstatuen des linken Altars entwendet worden.

409 Kapellenrechnung zur Restaurierung 1830: «für den Mahler für arbeit und farben bz. 750» (bei einem Taglohn des Maurers von 12,5 Batzen) (GdeA Ernen, G 8). Bei einer Untersuchung am 29. Juni 1970 fand Restaurator WALTER FURRER, Visp, drei Übermalungen. Da die Renovationsarbeiten 1877–1880 laut Eintragung in GdeA Ernen, G 8, nicht die Malereien betrafen, käme man bei Gemälderenovationen 1959, 1931 und 1830 auf das letzte Viertel des 18. Jh. als Entstehungszeit zurück; vielleicht stammen von 1830 die in Kalkmilch gemalten Ziermedaillons, bei denen sich bloß zwei Malschichten nachweisen ließen.

410 PfA Ernen, Notizbüchlein von Pfr. ANTON CARLEN, o. Nr.　　411 STEINMANN, Ritz, S. 76.

412 Nach der Untersuchung von Restaurator WALTER FURRER, Visp, 1970, eine originale Beschriftung.

Die eingeschossigen Altäre auf Sarkophagstipes – Pendants – bergen das zierkonturierte Altarblatt in tiefer Ädikula, die durch Lambrequin und Bekrönung nur optisch geschlossen wird. Unter doppelarkadigem Gebälk tritt eine Säule schräg wie ein Schüsselrand vor. Die giebelförmige Bekrönung verjüngt sich über einer Sockelbank in zwei Schwüngen. Eigentümliche Ornamentik: strähnige Altarbärte, durchbrochene steife Kämme, bunte Röschen. Originale farbfreudige Marmorierung, Statuen neugefaßt. Am *rechten Seitenaltar* Gemälde des hl. Michael; Flankenstatuen: links Johannes der Täufer, rechts der hl. Franziskus. In der Bekrönung, kunstvoll übereinander angeordnet, die Figuren der Heiligen Dreifaltigkeit. Am *linken Seitenaltar* Gemälde des hl. Ignatius, dem Putten ein Medaillon mit Jesusmonogramm, sein Attribut, überbringen. Flankenstatuen: links Maria(?) (Abb. 91), rechts Josef oder Jesus. In der Bekrönung eine Pietà unter dem Kreuz. Eigenwillig wie der Altaraufbau ist auch der Faltenstil. Die Falten blättern zu gehäuften scharfrandigen Schüsseln aus, die Kleidersäume sind bizarr geschwenkt. Charakteristisch die hohlwangigen Gesichter mit dem zur Nase hin zugespitzten Profil.

Portaltür. 1937 ersetzt durch eine Kopie von EMMANUEL und LUDWIG CARLEN, Reckingen. Original seit 1953 im Erner Zendenrathaus als Tür zum Sitzungszimmer benutzt (S. 52). Nußbaum. Zweiflügelige Rundbogentür, geschmückt mit blumenbeschnitzten Spiegelfüllungen und Schuppenfriesen an den Rahmenleisten. Am Gebälkfries geschnitzte Inschrift: «IESVS MARIAIO[seph] 1684»[413], im linken oberen Zierspiegel Wappen der Familie Bürcher (W. Wb., S. 47, Fig. 1).

Skulpturen. Ehemaliges *Chorbogenkruzifix.* H. 90 cm. Polimentgold und Polychromierung, wohl überholt. Ende 17. Jh. Pestkreuztypus. Breite, gedrungene Gestalt. Das kleingefältelte Lendentuch mit einem Seil geknüpft. – *Altarkreuz des Hochaltars.* H. 64 cm. Arve, polychromiert und vergoldet. Letztes Viertel 18. Jh. Im Kopf wie im Lendentuch Anklänge an den II. Reckinger Hauskruzifixtyp (vgl. Kdm Wallis I, Tf. Ia). Vor dem Kreuzfuß von Ranken und Rocaille gerahmtes leeres Medaillon. – *Altarkreuze der Seitenaltäre* (im Pfarrhaus Ernen). H. 61 cm. Holz. Marmorierung, Lüster und Ziervergoldung. Geschnitzt vom Bildhauer der Seitenaltäre. Länglicher Korpus mit schmalem Haupt. Geschweifter dreikappiger Fuß, beschlagen mit zentralem lanzettförmigem Blatt und vergoldeten C-Bögen auf den Gräten. Stilistisch eigenwillige Bildwerke.

Gemälde. Pendants, ehemalige Seitenaltarbilder (vgl. die Seitenaltäre von Mühlebach, S. 125). *Kreuzigung.* 168 × 110 cm. Mischtechnik auf Leinwand (unten ersetzt). 1931 restauriert von HERMANN LIEBICH, Einsiedeln. Rechts unten, über der Jahreszahl 1687, Wappen (Antoniuskreuz und kleines Dreieck unter dem rechten Balkenarm)[414] mit den Initialen «H.H./M.I.H»[415]. Ikonographische und stilistische Ähnlichkeit mit dem Hochaltarblatt in der Hl.-Kreuz-Kapelle (S. 214). Vor dem Kreuzfuß sitzende Magdalena zwischen Maria und Johannes. – *Rosenkranzgemälde.* 168 × 109 cm. Öl auf Leinwand. Unten, in der Mitte, kleines geteiltes Wappen mit vier Kugeln im oberen Feld, mit den Initialen «P.G.M.K.»[416] und der Jahreszahl 1689 im unteren Feld. Übliche Darstellung (vgl. rechter Seitenaltar in Ernen, S. 30). – *Kreuzwegstationen* (Abb. 89). 37,5 × 27,5 cm. Öl auf Holz. Letztes Viertel 18. Jh. IGNAZ ANDERLEDI (1732– 1814), Fiesch, zuzuschreiben. Auf der ersten Station rechts unten möglicherweise Fragmente einer Signatur. Kreuzabnahme bis auf kleine Abweichungen identisch mit einem Fastenbild in Willern (S. 163). 1931 restauriert von HERMANN LIEBICH, Einsiedeln. Ikonographisch eigenwillige, bewegte Darstellungen in diffuser, milder Farbigkeit. Marmorierte Profilrähmchen mit Rocaille-Medaillon und Kreuz als Bekrönung.

---

413 In W. Wb., S. 47, irrtümlicherweise 1624.

414 Heraldische Zeichen der Familie Triebmann (W. Wb., S. 263), mit den Initialen aber nicht in Verbindung zu bringen.

415 1669 Heirat von Johannes (Hans) Holzer und Magdalena Im Hoff (PfA Ernen, D 205). Die Gattin des Malers JOHANN HOLZER († 1724), Niederernen, hieß Anne Maria Im Hoff (ebd., D 202).

416 Nach W. Wb., S. 112., Wappen der Familie Gon.

Kelch. Kupfer, gegossen, graviert, vergoldet. H. 19,8 cm. 1. Hälfte 17. Jh. Keine Marken. Runder, profilierter Fuß. Auf dem Fußrücken drei schmucklose Medaillons mit Leidenswerkzeugen. Bandwerk und vegetabile Motive am beckenförmigen Knauf. Am kompakten Korb ovale Medaillons mit Leidenswerkzeugen zwischen Fruchtgehängen an Rollwerk. – *Meßkännchen* (im Pfarreimuseum Ernen). Zinn. H. 10,7 cm. Schnabelstizenförmig. Auf dem Deckel Qualitätsmarke und die Buchstaben «A[qua]» und «V[inum]». – *Kerzenleuchter.* Paar. Holz, versilbert. H. 53 cm. Ende 17. Jh. Dreiarmiger Fuß mit Akanthusvoluten auf Klauen. Am Schaft großer, von vergoldeten Fruchtgehängen umkränzter Knauf in Akanthuskelch, Akanthusbaluster und Schaftringe.

Kaseln. 1. Rot. Anfang 18. Jh.[417]? Damast mit stilisierten Blütenvasenmotiven. – 2. (Pfarreimuseum Ernen). Weiß. 2. Drittel 18. Jh. Seidenrips, broschiert mit Seide, Silber und Gold. Wellenförmig angeordnete, durch dünne Rankenstiele verbundene bunte Blütengruppen auf weißen Ornamentgittern. Am Stab blaßblauer Damast mit stilistischen Anklängen an die «bizarren Stoffe». – 3. (Pfarreimuseum Ernen). Weiß. 2. Hälfte 18. Jh. Auf der Innenseite die Initialen «EGAA». Taft, broschiert mit bunter Seide. Blättchengirlanden, Ornamentgitterbänder und ein Blütenrankenstiel winden sich um ein vertikales Stäbchen.

Glocke. Dm. 38 cm. Ton b′. Zwei Kronenbügel. An der Schulter, zwischen Schnurstäben, die Umschrift: «+ SANCTA MARIA ORA PRO NOBIS MDCLXXXV» (1685). Auf einem Schnurstabpaar Flankenreliefs: hl. Jakobus d. Ä., Kruzifixus (schräg gestellt), Muttergottes, hl. Antonius Eremita.

VERSCHWUNDENE KAPELLE

1733 wird eine Kapelle des Joseph Jost von Ernen erwähnt, die, obwohl auf Erner Gebiet, als Niedererner Kapelle galt[418].

WOHNHÄUSER

1. Koord. 205/210. Kat.-Nr. 14/6. Anna Bortis. Spätmittelalterlich. An beiden Giebeln, zwischen Kreuzöffnungen, «Heidechriz», vernutet mit dem friesartigen Kamm eines Kantholzes; dasjenige des Vordergiebels mit Rosetten geschmückt. In jüngster Zeit stark verändert. Ehemals zierkonturierte Fensterladen-Gleitrahmen[419]. Kaminbalkenkopf (Kdm Wallis I, S. 36). ⌐—⌐. 1½. G (Kammer durch «Stutzwand» abgetrennt). – *Ofen.* 19. Jh. Zweigeschossig. Eckrücklage.

2. Koord. 255/265. Kat.-Nr. 14/1. Jakob Graß. Anfang 16. Jh. Entfernter, aber noch erhaltener Giebelbug mit eingeritztem Dekor: Schiner-Wappen mit den Bischofsinsignien; blütenartige Rosettenzier, auch an der rechten, ehemals straßenseitigen Wange. Schmaler Rillenfries. 1962 um vier Ringe aufgestockt, Giebel aus altem Holz mit «Chrizgwätt» erneuert. «Vorschutz» auf den frühesten annähernd datierbaren Konsolen des Goms mit mehrmals gekehlter Stirn (Abb. 93 und 94). Balkenkopfkaminschlot. Als Rarität sind die noch größtenteils erhaltenen Fensteröffnungen zu betrachten. ⌐—⌐. 1½. Ehemals G und F. Originale Holztreppe zum «Loibe»-Geschoß. (Schiner-?)Wappen vor Jahren aus dem Dielbaum gesägt und nach Basel verkauft.

3. Koord. 225/235. Kat.-Nr. 14/2. Valentin Steffen. Erbaut 1533. Trichter-Rinnenfries. Das wohlproportionierte Haus ist das älteste datierte im Goms, dessen «Vorschutz»-Konsolen mit Wappen und Stäben geschmückt sind. In den Tartschen von links nach rechts eingeritzt Andreaskreuz, Kreuz mit gegenständigen Haken an den Enden, Kreuz im linken Feld einer gestürzten, gespaltenen Tartsche, ferner in versenktem Relief drei im gestürzten Dreieck angeordnete Punkte und hängende dreibeerige Traube mit Rautung im linken Schildhaupt. Giebel mit «Chrizgwätt» vielleicht im 17. Jahrhundert erneuert (Giebelfenster eher größer als originale Fensterpfosten im Wohnstockwerk). ⌐—⌐. 1½. G. Im Wohnstockwerk Binnenmauer zwischen

---

417 Stiftung 1828/29 von einem gewissen Julier? (GdeA Ernen, G 8).

418 PfA Münster, G 16. Östlich vom Ort «beym newen gaden», wie man heute noch den alten Heustall bei Koord. 120/205 nennt.

419 C. BIERMANN, La Vallée de Conches en Valais, Lausanne 1907, Tf. VIII.

Abb. 93 und 94. Niederernen. Haus Nr. 2, Anfang 16. Jahrhundert. «Vorschutz»-Konsolen; Planzeichnung
zu einer Konsole in Profil- und Frontalansicht. – Text S. 105.

Küche und «Stubji». Geschoßhöhe 2,25 m. Ein in die Blockwand geschnittenes
Fensterchen – eine Art Durchreiche – verbindet Stube und Flur. Zeittypischer
Estricheinbau (vgl. Kdm Wallis I, Abb. 6).

Inschrift. In einem Schriftband Wappen Holzer oder Gumpisch[420] (unter abgetrenntem Kreuz[421] im
Schildhaupt drei im gestürzten Dreieck angeordnete Punkte), prachtvolle Kerbschnittrosette, Jesusmono-
gramm, Jahreszahl 1533 in gotischen Majuskeln und Erner Wappen. – Wertvolle *Kassettendecke* mit
geohrten Füllungen in Tanne, Lärche und Nußbaum. – *Ofen.* Zweigeschossig. An der Deckplatte Karnies
über zwei Rücksprüngen. Im Rankenwerk der Stirn zwei Wappen, im einen Herz auf Dreiberg unter zwei
Sternen[422], das andere geviertet mit dem heraldischen Zeichen der Familie Imhof (mit Bär!) und einem
Rankenblatt. An der Wange, auf Spiegeln, die Initialen «F[ranz Im]H[of]/M[aria]D[e]R[iedmatten]/
F[ranz]I[m]H[of]»[423] über der Jahreszahl 1781 sowie Jesusmonogramm in umranktem Wappen. – 1961
wurde aus diesem Haus ein wertvolles, mit Intarsien geschmücktes Wandbüfett von 1790 mit den
Allianzwappen Imhof–Albrecht und Imhof–von Riedmatten verkauft[423].

4. Koord. 180/185. Kat.-Nr. 14/11. Julia Imhasly-Steffen. Erbaut 1611. Rillenfriese. ⌐━┐ (in Küchenecke
bis Trauflinie steigend). 1½. F. Seitlich vorgezogene Mauerküche mit anschließendem Balkon am
Vorderhaus, von dem die Treppe zum «Loibe»-Geschoß hochführt. Versenkter Keller unter dem
Vorderhaus, durch rund geführte Treppe vom Hinterhaus her erreichbar. Im Erdgeschoß «saal»ähnlicher
Raum (Werkstatt), vom Süden her ehemals durch eine tuffgerahmte Rundbogentür zugänglich. *Inschrift:*
«[Wappen: gestürzter Buchstabe A mit Spitzenbalken und nach rechts verschobenem geschweiftem
Mittelstrich]DISEN BVW HAT LASSEN MACHEN IACOBVS STEFFAN NACH DER HEILSAMEN GEBVRT IESV CHRISTI
16ii SOLI DEO GLORIA.WER.GYTIG VND/EIN NYDIG VND VERGINSTIG HERZ.BRINGT IM SELBS DEN GROSTEN
SCHMERZ + ». – Ofen entfernt[424].

5. Koord. 65/115. Kat.-Nr. 14/14. Albin Zmilacher. Erbaut 2. Hälfte 17. Jh. Eher kleine Würfelfriese.
Über der Fensterzone des «Loibe»-Geschosses Kielbogenfries. ⌐━┐. 1½. A und F. – *Ofen.* Zweigeschossig,
mit Karnies unter der Deckplatte. An der Stirn, in Wappenschild, vier rhombenförmig angeordnete
Kugeln (Familie Gumpisch?) unter zwei Sechsstrahlensternen, darüber die Initialen «HMG». An der
Wange Wappenschild mit den Initialen «M.IG/M.G/C.C». Beidseits ovale Medaillons in hochrechteckigen
Akanthuskartuschen; darin links: «H IS/IVC/17», rechts: «IMC/24».

NUTZBAUTEN

Die 1918 von einer Lawine niedergerissenen Nutzbauten um Koord. 250/225 sind
wiederaufgebaut worden[425]. – Qualitätvoller *Stadel* (Koord. 220/250), durch Laufsteg
mit Haus Nr. 3 verbunden.

420 CARLEN, Zwischen zwei Brücken, S. 389/90. Vgl. Haus Nr. 3 in Steinhaus (S. 115). Für die erste
Hälfte des 17. Jh. sind Gumpisch in Niederernen nachgewiesen (PfA Fiesch, G 2).
421 Wie beim Wappen der Familie Schiner.
422 Wappenvariante der Familie Albrecht? Vgl. Wandbüfett. CARLEN, Zwischen zwei Brücken, S. 390.
423 Ebd.

Z'BRIGG

Z'Brigg – der Name leitet sich von der nahen Brücke über den Rotten her – bildete bis 1872 zusammen mit Niederernen eine eigene Gemeinde. Von einem nun abgetragenen Felsbuckel in der Siedlung, auf dem das Vaterhaus von Bischof Walther Supersaxo gestanden haben soll[426], erhielt die berühmte Erner Familie der Supersaxo ihren Namen. Wie weit der 1730 erwähnte «lapis vulgo Gerichtshaus oder Steinkasten» auf der Rottenbrücke bei «Z'Brigg» zurückreichte, ist nicht bekannt[427]. Über diese Brücke wickelte sich bis zum Bau der Furkastraße am rechten Rottenufer 1860–1863 der ganze Verkehr des Goms mit dem übrigen Wallis ab. Ein Bildstöcklein bei der Brücke am linken Ufer, wo heute ein Holzkreuz von 1834 steht, mußte um 1867 der neuen Straße nach Ernen weichen[428]. Das mehrheitlich aus Stein erbaute «Seppehüs»[429] südwestlich vom Haus Wyden (siehe unten) wurde 1920–1930 (Holzwerk) und 1950–1960 abgerissen.

In der verlassenen Siedlung unten im linken Talgrund blieb ein einziges, allerdings stattliches und wenig verändertes altes *Haus* stehen. Kat.-Nr. 13/102. Erben Anton Wyden. Erbaut im Zeitraum 1550–1630 (1593?, vgl. Ofen). Rillenfriese. Hoher, fein gefügter Mauersockel. «Vorschutz» auf ziergekehlten Balken. Vorgezogene Mauerküche mit anschließendem Balkon am Vorderhaus. Im Hinterhaus originale Fensteröffnungen. Kaminbalkenkopf (Kdm Wallis I, S. 34). Ursprüngliche steinerne Freitreppe an der rechten Traufseite. ⌐⎯⏋. 1½. G (Vestibül von der Küche durch Wand abgetrennt[430]) und F. Im Mauersockel «saal»artiger Raum, ehemalige Schmiede, mit Tür zu unterirdischem Keller im Hinterhaus. Später eingebauter Binnenkamin, eine alte Tür im «Loibe»-Geschoß verrammend.

Zwei *Öfen.* Eingeschossig, mit gekehlter Deckplatte, der eine datiert 1594. – *Richtbeil* des Zenden Goms?[431] (im Besitz von Paul Heldner, Glis). Schmiedeeisen. Kupferner Haltering. Zweischneidig. Auf dem Beil Hauszeichen: auf Balken Stab mit abschließendem schrägem Haken nach links und zwei links entlang dem Stab aufgereihte Punkte.

BRUDERKLAUSENKAPELLE IM «REIF» (RANFT)

Roh eingekerbte Jahreszahl 1812 auf der Eingangstür. Die Privatkapelle soll damals von einem Vertreter der Familien Imhof oder Lagger erbaut worden sein[432]. 1971 ging sie mit dem Grundstück an die Unter- und Mittelgoms AG über. 1974 Hauptstatue des Altars, Bruder Klaus, und Gottvater entwendet[433].

424 Ofensteine verwendete Matthäus Steffen für den Ofen seiner Hütte in der Weide «Reif» (Ranft). Inschriften: «MAI.I/1586» und «1648». 425 Freundl. Hinweis von Julia Imhasly-Steffen (*1915).

426 VON ROTEN (wie Anm. 389), S. 3.

427 StAS, JostA, K 152. – Vgl. L. CARLEN, Stein und Recht, W. Jb. 1961, S. 40. – Nach der Michel-Chronik (PfA Ernen, o. Nr.) ist «der grose schwibogen zuo brig herr wegs lagx» bei der Überschwemmung 1640 weggerissen worden, nach JOLLER samt «Richthaus» 1740 (AGVO, J 2).

428 CARLEN, Zwischen zwei Brücken, S. 387. Freundl. Auskünfte von Viktor Steffen (*1909), Ernen.

429 Nach der Überlieferung ein Supersaxo-Haus. 430 Vgl. Haus Nr. 16 in Mühlebach.

431 Das Beil galt bei den letzten Bewohnern des Hauses als Richtbeil. Vgl. L. CARLEN, Rechtsaltertümer aus dem Wallis, Schriften des Stockalperarchivs in Brig, Heft 9, Brig 1967, S. 14 und Abb. 15.

432 Schon 1448 «Ranffteggun» (StAS, A Clausen-Perrig, G 24). 1453 kauften die Nonnen von Fiesch im «Ranfft» ein ewiges Gilt von Johannes Supersaxo, Bruder von Bischof Walther (PfA Ernen, Db 26).

433 Gottvater, H. 55 cm, Föhre(?), mit Ölfarbe übermalt, Mitte 18. Jh. Auf Wolken sitzend, die Knie nach links, das Haupt nach rechts gewendet. Die Linke hält die Weltkugel zwischen den Knien. Fotos beider Skulpturen im A der Kdm Wallis, zurzeit in Brig. Dias, auch von einer schon um 1960 entwendeten spätgotischen Pietà, H. 50 cm, 3. Viertel 15. Jh., im Besitz von Domherr Dr. Albert Carlen, Sitten.

Das unscheinbare Kapellchen steht abgeschieden am steilen südlichen Talhang dicht am Waldrand, Lax gegenüber. Rechteckschiff von 2,64 m Länge und 2,54 m Breite mit eingezogenem Rundchor unter chorseits gewalmtem Satteldach. Vorne schmucklose Stichbogen-Türöffnung. Innen ist die Konche des Chors vom tonnengewölbten Schiffsraum etwas abgesetzt. Ein einfaches Profilsims mit Faszien säumt die Seitenwände und umklammert den Chorrand.

Altar. Wohl eine Stiftung von Johann Fabian Schiner (†1778), Sohn des gleichnamigen Landeshauptmanns[434]. Das Retabel – ein Stipes fehlt – zeigt einen wirren, teilweise sinnwidrigen Architekturaufbau aus Altarspolien des 17. und 18. Jahrhunderts. In der trapezförmig endenden Nische ehemals Statue des seligen Bruder Klaus. H. 92 cm. Arve, mit Öl bemalt, teilweise vergoldet. Auf der Rückseite in weißer Farbe: «I.F.S./Anno 1763»[435]. Flankenstatuetten, H. 31 cm, Arve, häßlich überstrichen. Links über dem Schiner-Wappen der hl. Franz Xaver, rechts über dem Wappen der Familie Hagen[436] Antonius von Padua.

BINNEGGA

Die längst verlassene Siedlung[437] – heute noch ein Maiensäßhäuschen und ein Stall – liegt mitten in einer sanft fallenden Lichtung auf dem Rücken des bewaldeten Sporns, der den Eingang des Binntales vom Haupttal trennt. Etwas oberhalb der Siedlung führt der alte Binntalweg vorüber, an dem talwärts die in der zweiten Hälfte des 19. Jahrhunderts errichtete, seit dem Bau der Autostrasse 1935 aber wiederum verödete Gaststätte «Zur frohen Aussicht» und bergseits die Kapelle stehen.

KAPELLE DER SCHMERZENSMUTTER

Die Privatkapelle[438] ist möglicherweise unmittelbar vor der Stiftung des Altars 1746 errichtet worden. Das reiche Chorgesims weist zwar eher auf das frühe 18. Jahrhundert. Renovation 1928. Am Weihwasserstein sind zwei wie Allianzwappen angeordnete Herzen gehauen, von denen das linke ein Kreuz, das rechte einen Blütenstrauch trägt. Im Zwickel zwischen den Herzen M, von einem Kreuz überhöht; links die Ziffern der Jahreszahl 19, diejenigen rechts (28?) nicht mehr erkennbar.

Das geostete Kapellchen besteht aus einem Rechteckschiff und einem kurzen, nur seitlich eingezogenen Chor, das dreiseitig schließt. An der Stirnfassade profilierte, ziergekehlte Pfettenvorstöße. Schmuckloses Rechteckportal unter einem Giebelokulus. Einzige Gliederung des tonnengewölbten Schiffs ist ein Stichkappenpaar auf Schildbögen. Das durch ein quadratmaschiges Holzgitter abgeschrankte Chörlein ist innen allseitig eingezogen; sein Gewölbe schließt mit drei Kappen über Schildbögen.

434 CARLEN, Zwischen zwei Brücken, S. 336.
435 Die Statue ist älter als die Kapelle, was mit der Entstehungslegende des Gebetshauses übereinstimmen würde, wonach ein Erner drüben am Ranft zu wiederholten Malen bei Nacht ein Licht habe leuchten sehen als Zeichen dafür, daß er seiner Bruderklausenstatue dort eine Kapelle bauen solle.
436 Gleiches Wappen wie auf dem Chorgestühl von Ernen 1666. W. Wb., S. 121.
437 1407 «Nicolaus an der Bunegken presbyter» (GdeA Ernen, o. Nr., Rolle).
438 Zurzeit kommt Frau Marie Schiner-Julier, Ernen, für den Unterhalt der Kapelle auf.

Abb. 95. Binnegga. Kapelle. Altar, 1746. – Text unten.

Hohes Sims mit Fries, Zahnschnitt und Konsolblättern. Eine Akanthusvolutenkonsole zwischen Cherubim aus Stuck an der Chorbogenstirn, eine Rosette im Scheitel des Schiffs.

Altar (heute im Pfarrhaus Ernen) (Abb. 95). Inschrift an der Predella: «Petrus Vnd Moritzius/Milacher Anno 1746». Das Altarwerk ist eng verwandt mit dem Retabel aus einem der abgebrochenen Kapellchen von Mühlebach (S. 130) und schließt daher als letztes bekanntes Werk an die Tradition der unbekannten Untergommer Bildhauerwerkstatt (Bellwald?) des 17. Jahrhunderts an.

Massige gebündelte Stützenachsen, bestehend aus einer vorgestellten Statue unter Hängekapitell zwischen gewundenen korinthischen Säulen, rahmen die Rundbogennische. Die im Sprenggiebel eingezwängte umrankte Rundbogennische der Bekrönung steht heute leer. In der Hauptnische eigenwillig komponierte, ausdrucksvolle Pietà. Seitenstatuen, links hl. Petrus, rechts hl. Mauritius, theatralisch bewegte Bildwerke der Namenspatrone der Stifter. Teilweise erneuerte und ergänzte Originalfassung. – Das auf Holz gemalte *Antependium* ist in drei Achsen eingeteilt. Umranktes Medaillon mit Brustbildnis der hl. Magdalena zwischen Ranken, Phantasieblüten und Ornamentgittern.

Kruzifix (heute in Ernen, Haus Nr. 55). H. 87 cm (Korpus 31 cm). Originalfassung, Polimentgold und Polychromie, teilweise erneuert. 1. Viertel 18. Jh. Renoviert von W. MUTTER, Naters, um 1970. Der Kapelle gestiftet von Creszentia Hug-Tenisch († 1899), Außerbinn. Große Palmetten als Balkenenden. Vor dem Kreuzfuß große gegenständige Ranke. Auf dem geschweiften Sockel ein Paar gedrehter Kerzenleuchter.

Abb. 96. Steinhaus. Luftaufnahme 1973. – Text S. 112.

STEINHAUS

GESCHICHTE. In dem 1245 erstmals erwähnten «Domus lapidea»[1] soll nach einer noch lebendigen Überlieferung «uff em Turre», am östlichen Dorfrand bei Koord. 200/130, eine Burg gestanden haben[2], worauf auch die in den Visitationsakten[3] des 18. Jahrhunderts noch übliche Bezeichnung «Zum Steinhuß» hindeuten dürfte. Indessen sprechen die frühen Statuten 1417 von der «Gemeinde zwischen Rufi- und Lauwibach»[4], und 1530 schloß diese als «Gemeinde zwischen den Bächen»[5] mit dem nahen Richulschmatt eine Bauernzunft. Die Überlieferung will wissen, daß die Bewohner des linken Talhangs – samt ihren Hausern[6] – erst später «zum Steinhuß» gezogen wären. Tatsächlich liegen nirgendwo anders so zahlreiche, meist ganz verlassene Siedlungen beieinander: die ehemalige Hochwacht Hofstette[7], Rufine[8], das später zu Richulschmatt gehörende Rufibort[9], das um 1827 verödete Richulschmatt[10] sowie die nahe, 1614 noch bewohnte Lööwine[11] auf dem Gebiet von Mühlebach. Bis gegen Ende des 16. Jahr-

---

1 GREMAUD I, S. 381/82. (Sofern unter «Domo lapidea» wirklich die Ortschaft «Steinhaus» gemeint ist, worauf die Großschreibung hinzuweisen scheint.)

2 JOHANNES STUMPF schreibt: «Zlowinen, ein alter thurn, genant Zum Steinhuß» (G. MEYER VON KNONAU, Eine Schweizerreise eines Gelehrten im XVI. Jahrhundert, Jahrbuch des Schweizer Alpenclubs 19 [1883/84], S. 440). Die Örtlichkeit Zlowinen liegt indessen etwa 600 m westlich von Steinhaus.

3 PfA Ernen, D 172–177.   4 GdeA Steinhaus, B 1.

5 Ebd., B 2.   6 Vgl. Haus Nr. 5.

7 Vgl. Anm. 6. – Als weithin sichtbare Terrasse über Rufibort eignete sich Hofstetten für Lauffeuer (CARLEN, Zwischen zwei Brücken, S. 428).

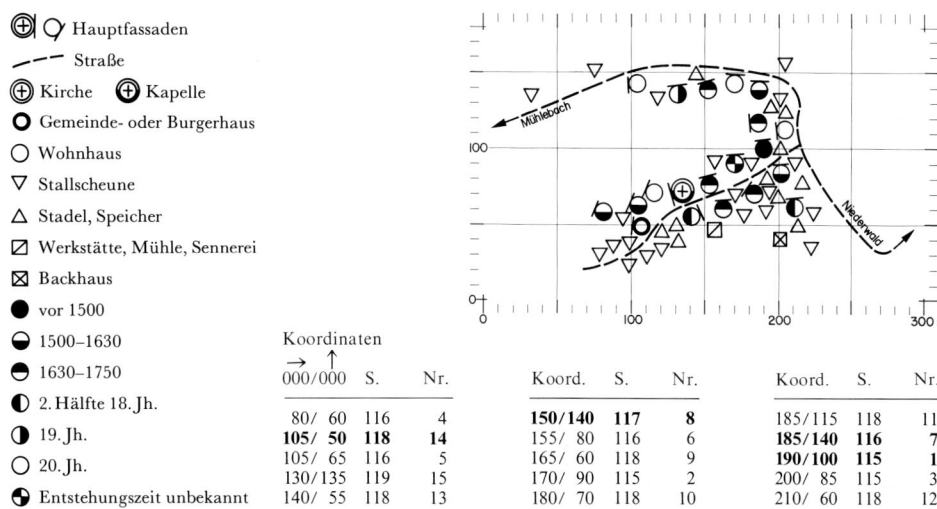

Hauptfassaden

Straße

Kirche ⊕ Kapelle

Gemeinde- oder Burgerhaus

Wohnhaus

Stallscheune

Stadel, Speicher

Werkstätte, Mühle, Sennerei

Backhaus

vor 1500

1500–1630

1630–1750

2. Hälfte 18. Jh.

19. Jh.

20. Jh.

Entstehungszeit unbekannt

Koordinaten
→   ↑
000/000

Koord.	S.	Nr.		Koord.	S.	Nr.		Koord.	S.	Nr.
80/ 60	116	4		150/140	117	8		185/115	118	11
105/ 50	118	14		155/ 80	116	6		185/140	116	7
105/ 65	116	5		165/ 60	118	9		190/100	115	1
130/135	119	15		170/ 90	115	2		200/ 85	115	3
140/ 55	118	13		180/ 70	118	10		210/ 60	118	12

Abb. 97. Steinhaus. Siedlungsplan (vgl. «Wegleitung»). – Text S. 112.

hunderts scheinen sich Steinhaus und Rufine (Rufibort?) als Schwerpunkte herausgebildet zu haben[12]. Das verkümmernde Richulschmatt schloß sich Steinhaus an[13].

Im Verzeichnis der bischöflichen Einkünfte 1374 ist Steinhaus aufgeführt[14]. Bis 1579, da der Kilchherr von Ernen Werner Halabarter das Blut- und Malefizgericht im Einverständnis mit den Kilchgenossen dem Meier des Zenden Goms übertrug[15], weil er es für unstatthaft fand, in seinem Jurisdiktionsgebiet nach Hexen zu fahnden, unterstanden die Leute «zwischennd den Bechenn Stein huß vnnd Ruffinen» dem Kilchherrn und dem Weibel von Ernen als dessen Statthalter. Der Ursprung dieser eigentümlichen pfarrherrlichen Gerichtsbarkeit bleibt im dunkeln. Steinhaus gehörte zum Viertel Ernen der Großpfarrei[16] und untersteht bis heute der Mutterkirche Ernen. Ein Rektorat in der zweiten Hälfte des 18. Jahrhunderts war nichtkanonisch und daher von kurzer Dauer[17].

Quellen. GdeA Steinhaus. GdeA und PfA Ernen.
Literatur. CARLEN, Zwischen zwei Brücken, S. 421–432.

8 An der Stelle der verschwundenen Siedlung östlich vom Lauwigraben stehen noch zwei Heuställe. Vgl. GREMAUD II, S. 164, und VIII, S. 45.

9 Heute noch Nutzbauten und ein um 1600 erbautes «Vorschutz»-Haus, das 1956 aufgestockt und innen vollständig umgebaut wurde.

10 CARLEN, Zwischen zwei Brücken, S. 428. Vgl. Dielbauminschrift des Gemeindehauses, S. 118. 1413 heißt es «Rikoltzmatten» (PfA Ulrichen, Nr. 4), in den Visitationsakten des 17. und 18. Jh. immer «Richelmatt» (PfA Ernen, D 172–177). 1674 wagte ein Pfarrer die etymologisch kühne Deutung «de prato divitum» (PfA Ernen, D 202). Nach STEBLER, S. 42, soll es früher eine eigene Gerichtsbarkeit besessen haben. Die große Pest 1629 habe den Niedergang eingeleitet (R. RITZ, Notizen über einige verlassene Ortschaften des Bezirkes Goms, ASA II [1875], S. 586). Ein Hinweis von 1830, «Richelsmatt» sei der Pfarrei Niederwald zugehörig, deutet noch auf Besiedlung des Weilers hin (Hauskalender fürs Stadt- und Landvolk 1830, Der wandernde Bote durchs Wallis, gedruckt in Zug bei Johann Michael Aloys Blunschi, S. 46). Um 1830 sollen die letzten Bewohner ausgewandert sein (A. BIDERBOST, Ernen. Eine Gemeindemonographie, Bern 1907, S. 12). Photographische Aufnahme der Siedlung um 1903 bei STEBLER, S. 39, Fig. 27.

11 Von JOHANNES STUMPF mit Steinhaus identifiziert (vgl. Anm. 2). CARLEN, Zwischen zwei Brücken, S. 421. Nach der Michel-Chronik (um 1830) (PfA Ernen, o. Nr.) durch die Pest von 1629 verödet.

12 Im Taufbuch 1613/14 zwar nur eine Person als «Rufanensis»(?) bezeichnet (PfA Ernen, D 201).

13 Vgl. Dielbauminschrift des Gemeindehauses S. 118.

14 GREMAUD V, S. 408.   15 PfA Ernen, A 59.

16 L. CARLEN (wie S. 3, Anm. 10), S. 17.   17 SCHMID/LAUBER, BWG III (1903), S. 126, Anm. 7.

SIEDLUNG. *Anlage und Geschichte* (Abb. 96 und 97). Das Dörfchen Steinhaus ist auf einem kleinen, geneigten Plateau am Rand des wilden Rufibach-Tobels in Form eines ungleichschenkligen Bogens angelegt. Die Hälfte der Bauten, *«Z'unner Dorf»*, folgt der Straße, die von Mühlebach herkommt und am Rand des Tobels empor-steigt. Die ersten, sehr stattlichen Häuser blicken quer zum Tal gegen Norden, diejenigen am Tobelrand talauswärts. Wo sich die Straße dem Tobel zuwendet, löst sich das Dorf, um in lockerer Zeile mit meist wieder nach Norden gerichteten Fassaden westwärts abzubiegen. Am südwestlichen Rand des *«Ober Dorf»*, wo Kapelle und Gemeindehaus stehen, sind einzelne Häuser erneut talauswärts gekehrt. Die Unregelmäßigkeit der Giebelrichtungen erklärt sich teils aus der eigentümlichen Anlage der Siedlung, teils aus dem geringen siedlungsbestimmenden Einfluß der Sonne hier am Schattenhang des Rottentals. Wohnhäuser und Nutzbauten mischen sich, wenn sich auch dem Tobel entlang und am oberen Dorfende Heuställe und Stadel etwas zusammendrängen.

Nahe dem historischen Kern «uff em Turre» blieb ein «Heidehüs» erhalten. Im Gegensatz zu den Häusern aus dem Zeitraum 1500–1630 an beiden Enden des Dorfes stehen die größtenteils um 1700 erbauten Häuser der Barockzeit mehrheitlich im Kern. Nach den drei Häusern aus der zweiten Hälfte des 18. Jahrhunderts «im obere Dorf» entstand um die Mitte des 19. Jahrhunderts noch ein letztes, unscheinbares Häuschen «im unnere Dorf», d. h. am unteren Dorfeingang. 1768 vernichtete eine Feuersbrunst etwa zwölf Gebäude[18].

KAPELLE HEILIGE FAMILIE

GESCHICHTE, auch der verschwundenen Kapellen der Umgebung. Das Schicksal der Siedlungen in diesem Abschnitt der linken Talseite spiegelt sich auch in der Geschichte der Kapellen wider. Der Visitationsakt von 1687 nennt nur die Anna-kapelle «zuo Richellmatt» (vgl. S. 110) und die Marienkapelle «auff der Ruffenen Bort» (vgl. S. 110)[19]. Die der Heiligen Familie geweihte Kapelle in Steinhaus wurde offenbar erst kurz vor der Visitation 1736, um 1728/29, errichtet[20]. 1809 werden die

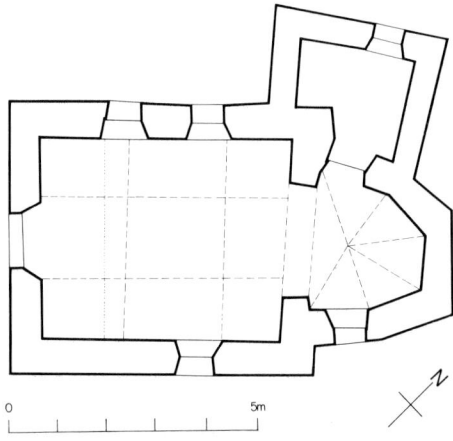

0   5m

Abb. 98. Steinhaus. Kapelle, um 1728/29.
Grundriß. – Text S. 113.

Kultbauten von Richulschmatt und Rufibort nur mehr als Oratorien bezeichnet[21]. Fundus, Messen und Kirchengerät kamen an die Kapelle von Steinhaus. Als Gebetshäuschen werden sie noch bis 1834 erwähnt[22]. Die Kapelle von Steinhaus wurde nach einer Interdiktion wegen Baufälligkeit kurz vor 1898 renoviert. 1955 lärchene Tür von Schreiner JOHANN JENTSCH und Schnitzler WILLI SCHMIDT, Steinhaus[23].

BESCHREIBUNG. *Äußeres.* Die nach Nordosten gerichtete Kapelle besteht aus einem Rechteckschiff, einem wenig eingezogenen fünfseitigen Chor mit breiter Stirnwand und einer an der Nordseite mit Schleppdach angefügten Sakristei. Das nicht abgesetzte Satteldach des unregelmäßigen, samt der Schulterwand abgedrehten Chors fällt mit einer Walmkappe zur Chorstirn. Vor dem Chorbogen offener Dachreiter mit profilierten Holzstützen und achtseitigem Spitzhelm. Verzinnte Blechfalze decken die Gräte und Nähte der Schindeldächer. An der Front rahmenloses Stichbogenportal unter Giebelokulus, in der Chorstirn, auf mittlerer Höhe, vermauerte Lünette; Rechteckfenster größtenteils mit gerader Laibung.

Inneres (Abb. 98). Ein kräftig eingezogener Chorbogen schnürt das eher weite Schiff vom Chor ab, dessen Dreierschluß sich im Gegensatz zur äußeren Gestalt zu einer schmalen Stirnwand verengt. Im Schiff gewalmte Holzdecke mit je drei länglichen Feldern, im Chor fünfkappiges, kuppelartiges Gratgewölbe auf Schildbögen. Friesloses Profilsims mit Zahnschnitt. Am Chorbogen sieben Cherubim aus Stuck. Fensterkammern mit schrägen Laibungen, zum Teil stichbogig endend. Hinten im Schiff später eingezogene rohe Empore aus Holz.

Altar (Abb. 99). Auf der Kartusche im Bogenfeld gemaltes Schiner-Wappen zwischen den Initialen «R[everendus].D[ominus].H[enricus?]. S[chiner].P.H.I.E.»[24] und den Ziffern der Jahreszahl 1729. Von Bildhauer JOHANN JOSEPH BODMER, Mühlebach[25]? 1931 Neufassung durch HERMANN LIEBICH, Einsiedeln. – Die Seitenachsen des eingeschossigen bekrönten Altars schmiegen sich den Chorschrägen an. Vorgestellte gewundene Säulen rahmen die drei Bogennischen. Das große umrankte Medaillon mit Gottvater auf dem Rundgiebel bildet zusammen mit den puttenbesetzten Sprenggiebelansätzen der Seitenachsen eine giebelartige Bekrönung. An der Predella, in Akanthuskartuschen, gemalte Tituli der Statuen. In der Hauptnische Gruppe des Heiligen Wandels (Heilige Familie unter der Hl.-Geist-Taube), mit dem Gottvater der Bekrönung die Heilige Dreifaltigkeit bildend. In den Seitenachsen links hl. Antonius von Padua, rechts mädchenhafte Mutter Anna. Bunte Fassung.

---

18 PfA Niederwald, D56.

19 PfA Ernen, D173. – Für letztere sollten eine Glocke und ein Antependium angeschafft werden.

20 Visitationsakt: «Sacellum noviter erectum» (ebd., D175). – Vgl. Datum des Altars.

21 Ebd., D178. – Diejenige von Richulschmatt hatte zwar noch im 3. Viertel des 18. Jh. eine bedeutende Meßstiftung erhalten (ebd., D177).

22 Ebd., D179; im Visitationsakt von 1867 nicht mehr erwähnt (ebd., D180). – Vgl. das Schicksal des Altärchens der Rufibort-Kapelle (S.119). Die alte Marienstatue der Altarnische(?) soll man in die Kapelle von Steinhaus übertragen haben (S.114). Nach einer anderen Überlieferung hätte man nach einem Ausbruch des Rufibachs nicht nur die Marienstatue, sondern die ganze Kapelle vom Rufibort nach Steinhaus versetzt. 1907 stand sie noch (CARLEN, Zwischen zwei Brücken, S.428, Anm.4).

23 PfA Ernen, Jahrbuch der Pfarrei Ernen 1930ff., o.Nr.

24 Pfarrherr in Ernen? Johann Heinrich Schiner (*1660) starb am 19. Sept. 1729 als Pfarrer von Ernen. Doch fehlen auf der Inschrift die Titel «Domherr» und «Dekan von Goms».

25 1738: «Joannes Josephus Botmer sculptor in Millibach» (PfA Münster, D133).

Altertümliche Motive wie der breite Altaraufbau[26], die geraden Sprenggiebelansätze und die Fruchtornamente lassen den Meister, dessen anmutige Figuren (Abb. 100) an den großen, schrägen Mandelaugen leicht kenntlich sind, als einen Schnitzler im Schatten der Bodmer-Sigristen-Werkstatt (um 1700) erscheinen, worauf folgende Motive hinweisen: bandartige Stechakanthusranken, im Bogen geschwungene Figuren, Typus der Cherubim, Eigenheiten der Drapierung und der Haartracht.

Skulpturen. Chorbogenkruzifix. H. 49,5 cm. Holz. Neue Polychromierung und Ölvergoldung. 2. Hälfte 17. Jh. Dünne, geknickte Arme, expressiv hervortretende Rippenenden. – *Altarkreuz.* H. 62,5 cm. Holz, polychromiert und vergoldet. S-förmig geschwungener Korpus mit stilistischen Anklängen an die Kruzifixe des ANTON SIGRISTEN. Die drei Voluten des Sockels von Akanthus gesäumt wie die dreilappigen Balkenenden. – Stehende *Marienkönigin* in Strahlenkranz. Aus der Rufibort-Kapelle? H. 111 cm. Arve, massiv. Neuere Polychromie und Vergoldung. 1. Hälfte 17. Jh. Wohl von unbekanntem Untergommer Bildhauer[27]. Sehr flache und steife Figur mit verkümmerten Ärmchen und vergröberten, zum Teil noch gotisierenden Faltenmotiven.

Gemälde. Heilige Dreifaltigkeit in Wolkenmandorla. 69,5 × 54,5 cm. Mischtechnik auf Leinwand. Mitte 18. Jh. Mit kreuztragendem Christus. – *Hl. Johannes Ev.* 64 × 52,5 cm. Mischtechnik auf Leinwand. Um 1700. Brustbildnis des Evangelisten mit Buch und Feder, über der linken Schulter der Adler. – *Hl. Antonius von Padua.* 63 × 50 cm (Innenmaße). Öl auf Leinwand. Mitte 18. Jh. Derbes Gemälde mit stilistischen Anklängen an die Malerei des 17. Jh. – Abgewandertes Gemälde, beschriftet: «*Heilige Maria Vom gutten Rath*» (im Pfarrhaus Ernen). 41,5 × 33 cm. Öl auf Leinwand. 1. Hälfte 19. Jh. Qualitätvolle Kopie nach dem Gnadenbild von Genazzano.

Kelche. 1. Silber, gegossen, Kupa vergoldet. H. 19 cm. Letztes Viertel 19. Jh. Deutsche Herkunft? Am Lippenrand als Marke der Buchstabe E zwischen den Ziffern 800 (Tab. I, Nr. 40). Runder, profilierter Fuß. Vasenförmiger Knauf zwischen Schaftringen. Schmuckloser geschlossener Korb. – 2. Silber, gegossen, vergoldet. H. 17,5 cm. 1. Viertel 20. Jh. Neuromanisch. Französischer Ausfuhr-Qualitätsstempel nach 1879, wohl BEUQUE I, Nr. 91, und Marke (wie Tab. I, Nr. 16). Runder Fuß. Rankenfries am runden Knauf. Inschriften in Silber auf schwarzem Grund. Am Fuß: «QUI BIBIT MEUM SANGUINEM IN ME MANET ET EGO IN ILLO», an der Kupa: «HIC EST SANGUIS MEUS QUI PRO MULTIS EFFUNDETUR». – *Meßkännchen.* Zinn. H. 10,4 cm. 18. Jh.? Auf beiden Deckeln Gießermarke: bekrönter Hammer zwischen Fünfstrahlensternen und den Initialen P und S. Typ der gebauchten Walliser Kannen. – *Kerzenleuchter.* Paar. Gelbguß. H. 26 cm. Barock. Runder, kegelförmiger Fuß. Am Schaft Baluster- und Urnenmotive zwischen Schaftringen. – *Kaseln.* 1. Grün. 1. Hälfte 18. Jh. Leinendamast mit farnförmigen Blättchen und Blütchen. Schmuckloser roter Stab. – 2. Schwarz. 18. Jh. Damast mit Phantasieblütchen. Am Stab Granatmotive voll Blüten. Am Stab unten applizierter Totenkopf. – 3. Weiß. Stil des frühen 18. Jh. (19. Jh.?). Damast mit großen Phantasieblüten und Bandwerk.

Glocke. Dm. 33 cm. Ton h′. Maskarons an den Kronenbügeln. An der Flanke zwischen Schnurstäben die Umschrift: «ET VERBVM CARO FACTVM EST». Blütenfries, behangen mit großen Akanthuspalmetten. Reliefs: Muttergottes im Strahlenkranz, Kruzifixus, Kreuz mit Marterwerkzeugen, mit «SANCT PETRVS APOSTOLVS» und «S PAVLVS APOSTOLVS» umschriftete Porträtmedaillen der Apostelfürsten. Zwischen Schnurstäben die Umschrift: «PETTER LVDWIG KEISER IN ZVG GOS MICH 1756[1726?]»[28].

WOHNHÄUSER

ALLGEMEINES. Bei den im 16. Jahrhundert[29] und im ersten Viertel des 17. Jahrhunderts entstandenen Häusern springt das gemauerte Hinterhaus an der linken Traufseite ausnahmslos vor (Nr. 4–8). Um 1700 wurden Zahnschnittzeilen als lokale

---

26 Vgl. Hochaltar der Ringackerkapelle in Leuk, 1705 von JOHANN SIGRISTEN vollendet.

27 Faltenmotive wie am Mantel der Maria im Hochaltar von Mühlebach (S. 125), bei einer Muttergottes im Pfarrhaus von Niederwald (S. 281) und bei der gemalten Figur des hl. Thomas an der linken Schiffswand von Ernen (Abb. 23). In der Region verbreitet auch die zu kurzen Vorderarme.

28 PETER LUDWIG KEISER (1692–1769) (SKL II, S. 142/43).

29 Zweite Jahrhunderthälfte. Vgl. Kdm Wallis I, S. 24.

Abb. 99 und 100. Steinhaus. Kapelle. Altar, 1729, wohl von Johann Joseph Bodmer, Mühlebach; Maria von der Gruppe des Heiligen Wandels in der Altarnische. – Text S. 113/14.

Friesvariante verwendet (Nr. 9 und 10). Steinhaus besitzt an Häusern des dritten Viertels des 18. Jahrhunderts die reichsten Fassadeninschriften des Goms (Nr. 11 und 12).

1. Koord. 190/100. Kat.-Nr. 49. Leo Schmidt-Jentsch. Spätmittelalterlich, renoviert 1717. Wohlproportioniertes «Heidehüs» mit dem für diese Region des Untergoms charakteristischen «Heidechriz»: Der Fuß des Giebelständers ist mit dem dekorierten Kamm eines Wandbalkens vernutet (Kdm Wallis I, Abb. 4) (Abb. 105). Kreuzöffnungen in beiden Giebelhälften. ⌐——⌐. 1½. G (mit «Sälti»; ehemals A? Separationen aus «Stutzwänden»). Im «Loibe»-Geschoß fehlt die Scheidewand zwischen Vorder- und Hinterhaus. *Inschriften* vgl. CARLEN, Zwischen zwei Brücken, S. 425. – *Ofen* von 1862 mit den Initialen «F.S./S.S.».

2. Koord. 170/90. Kat.-Nr. 51. Leopold und Robert Schmidt. Entstehungszeit unbekannt (spätmittelalterlich?). Renovation 1746. Wegen des steilen Geländes äußerer Zugang zum «Loibe»-Geschoß an der Rückseite. ⌐——⌐. 1½. B. Gemeinsamer Kaminschlot in der Mitte des Hauses. *Inschrift.* Auf einem Deckenbrett der westlichen Stube: Jesusmonogramm in umranktem Wappen und die Jahreszahl 1746. – Der Ofen mit der Jahreszahl 1592 entfernt.

3. Koord. 200/85. Kat.-Nr. 53. Erwin Schmidt. Erbaut 1. Hälfte 16. Jh. Da die Versatzstelle einer früheren Strebe in der Giebelwand sichtbar ist, möglicherweise nicht original eingezimmerter, reichdekorierter Giebelbug: von unten nach oben Kerbraster, Schweifrosette, Kerbschnitt-Stern in runder Platte,

Andreaskreuz, drei in gestürztem Dreieck angeordnete versenkte Punkte in Wappenschild (Holzer- oder Gumpisch-Wappen?, vgl. S. 22), leeres Wappenschild (Tartsche?). Rillenfriese. Kreuzöffnungen in beiden Giebelhälften. Fassadenwand im ersten Stockwerk größtenteils erneuert. ⌐⌐. 1½. D (mit «Sälti», ausnahmsweise gegenüber dem seitlichen Eingang). Flurähnlicher Raum zwischen «Sälti» und Stube, als Treppenhaus zum «Loibe»-Geschoß benutzt[30]. Im «Firhüs» ehemals zwei Herde. Die Dielbäume sind verkleidet. – *Ofen* von 1879 mit den Initialen «A[lbinus]S[chmidt]K[reszentia]T[roger]». In einer Ranken-kartusche Schmidt-Wappen: auf einen Amboß hämmernder Löwe unter drei Sternen. – *Porträt* des kunstfertigen Pfarrers GUSTAV SCHMIDT (1870–1927) von Steinhaus (vgl. S. 119)[31]. 100 × 61,5 cm. Öl auf Leinwand. Von Maler LUDWIG WERLEN (1884–1928), Geschinen. Dreiviertelbildnis, stehend. Qualität-voll. – *Zinnkännchen* von Pfr. Gustav Schmidt (im Besitz von Armin Gertschen, Zollikon). 1. Paar. H. 10,5 cm. Feinzinnmarke. Auf dem Deckel die Initialen «A[qua]» und «V[inum]». – 2. Paar. H. 11,5 cm. Datiert 1916. Gießermarke von LORENZO DELLA BIANCA, Visp. Walliser Wappen. Feinzinnmarke und die Initialen «RD.GS».

4. Koord. 80/60. Kat.-Nr. 64. Viktor Schmidt. Erbaut 1572. Renovation bzw. Umbau 1589? Das stattliche «Vorschutz»-Haus am südwestlichen Ende vom «Ober Dorf» blickt dem Talaufwärtskommenden entgegen. Nach oben rückgetreppter Rillenfries. Vorspringendes Hinterhaus. ⌐⌐. 1½. G (jedoch mit nicht stubentiefer Kammer). Hausgang zur Küche hin abgeschlossen. Trennwand zwischen Stube und Küche gemauert. *Täfer* Mitte 19. Jh. *Inschrift:* «[Zierlich geschnitztes Zlauwinen-Wappen[32]: auf halber Höhe gestützter schräger Stab; ferner Hand und Kerbschnittrosette] IM IAR 1572 1589[?] MARTI ZVO LOWWEN IHS MARIA» (in Spiegelschrift). – *Ofen,* 1840 wohl aus älteren Teilen neu aufgebaut und an den Kanten gefast. An der Stirn, in einem Lorbeerkranz, die Jahreszahl 1840 und die Initialen «C[le-mens]S.CH[mid]/A[nna].M[aria].M[an]G[old].»[33]

5. Koord. 105/65. Kat.-Nr. 63. Irmin Grazzolavo-Jentsch; Josef Jentschs Erben. Erbaut 2. Hälfte 16. Jh.[34]. Von den «Hofstetten», einer früher bewohnten Terrasse über Rufibort, hergebracht[35]. «Vorschutz» auf Balken. Vorspringendes Hinterhaus. ⌐⌐. 1½. C.

6. Koord. 155/80. Kat.-Nr. 60. Emil Jentsch. Erbaut 2. Hälfte 16. Jh./1. Viertel 17. Jh. Renoviert 1940–1950. Rillenfriese. Vorspringendes Hinterhaus. ⌐⌐. 2 (ehemals 1½). F. – *Ofen.* Zweigeschossig, wohl mit älterer Deckplatte. An der Wange die Jahreszahl 1697 und die Initialen «FH/MS» in Wappenfeld.

7. (Abb. 104). Koord. 185/140. Kat.-Nr. 61. Klara Dirren-Carlen. Erbaut 1621. An der Rückseite späterer gestrickter Anbau. 1935 links anstoßender Heustall durch neuen Anbau ersetzt. Innenrenovation seit 1960. Charaktervolles «Vorschutz»-Haus mit hölzernem «Saal»-Stockwerk. Vorgeblendete wappengeschmückte «Vorschutz»-Konsolen (Zlauwinen-Wappen). Rillenfriese. Vorspringendes Hinterhaus. ⌐⌐. Sa. 1½. D (mit nach hinten offenem Kammerraum).

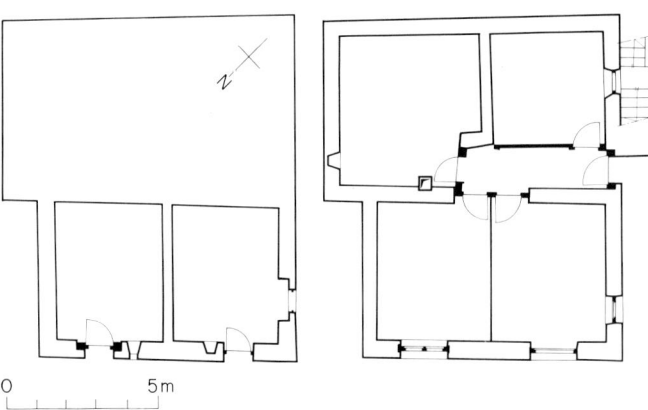

0   5m

Abb. 101 und 102. Steinhaus. Haus Nr. 8, Mitte 17. Jahrhundert (1635?). Keller- und «Saal»-Stockwerk. Text S. 117.

Abb.103 und 104. Steinhaus. Haus Nr.8 mit steinernem «Saal»-Geschoß, Mitte 17.Jahrhundert (1635?)
(vgl. Abb.101 und 102). Text unten. – Haus Nr.7 mit hölzernem «Saal»- bzw. «Kammer»-Geschoß, 1621.
Text S.116.

Inschrift: «[Hand; Zlauwinen-Wappen wie in Haus Nr.4, aber unter Sechsstrahlenstern; Hand] IM DEM
DES HERRN.HAISIMMEN ZLOVEN DRINE SCHMID SIN HVS FROW IN DEM IAR. 1621». – Ofen mit den Initialen
«S.H.» und der Jahreszahl 1635 entfernt.

8. (Abb.101–103). Koord.150/140. Kat.-Nr.45. Cäsar Jentsch; Gottfried Hagen.
Erbaut Mitte 17.Jh. (1635?) (große, konsolenartig getreppte Würfelfriese). Renoviert
1955/56. Eines der qualitätvollsten Untergommer «Vorschutz»-Häuser mit steinernem «Saal»-Stock, zusammen mit einem kleinen Speicher davor eine malerische
Baugruppe am Dorfeingang bildend. (Am Türsturz des an der linken Traufseite mit
Pultdach angebauten Heustalls die Inschrift: «18 VZ[oder umgekehrtes S]II 31».)
Seitlich vorgezogene Küche. «Vorschutz»-Konsolen mit Roßköpfen. Bekränzte Kiel-
bögen am Fußbalken. Stichbogiges gemauertes Portal als Zugang zum östlichen der
beiden Ställe unter dem «Saal»-Stock. Mit dem Blockbau des Wohnstockwerks
verbundene gekuppelte «Saal»-Fenster in nach oben offenem Mauereinschnitt.
Vorspringendes Hinterhaus. ⌐⌐. Sa. 2 (ehemals 1½). G und F (mit Eingang an der
Rückseite). Die Dielbäume sind verkleidet.

Öfen. 1. Eingeschossig, mit Kehle an der Deckplatte und am Fuß; die Kanten von je einem Polster
gesäumt. An der Stirn: «1636/M[ungleichschenkliger Buchstabe V mit einem schrägen Balken am Ende

30 Vgl. Gemeindehaus in Mühlebach (S.132).   31 SCHMID/LAUBER (1925), S.464.
32 Wie auf dem Dielbaum des Hauses Nr.6 (1687/88) in Außerbinn (S.145).   33 PfA Ernen, D 203.
34 Ähnlicher Aufbau wie Haus Nr.4.
35 Notiz auf einem nun verschollenen Zettel, den Otto Jentsch in einem mit Pflock verrammten Loch
des Stubentürpfostens fand.

des längern Schenkels]31». – 2. Zweigeschossig, mit doppeltem Karniessims. An der Stirn, in Wappenschild, oben Lilie zwischen je zwei schräg angeordneten Sechsstrahlensternen, in der Mitte Kreuz mit abschließendem Haken links am breiteren Vertikalbalken[36] zwischen den Initialen «I[ohann]I[oseph]I[entsch]» und «C[atharina]Z[lauwinen]»[37], unten die Jahreszahl 1742.

9. Koord. 165/60. Kat.-Nr. 59. Kamil Jentsch; Josef Schmidt. Erbaut 1692. An der Rückseite späterer gestrickter Anbau. Um 1960 renoviert. An der Fassade, im «Loibe»-Geschoß, zum Teil noch ursprüngliche Fensteröffnungen. ⌐⌐. 2½. F. Treppen in der linken hinteren Küchenecke, ehemals mit Falltüren («Fellbalgge»). *Inschrift* vgl. CARLEN, Zwischen zwei Brücken, S. 423. – *Öfen.* 1. Eingeschossig, mit gekehlter Deckplatte. An der Stirn, zwischen derben ionischen Pilastern, die Jahreszahl 1696 und das Jesusmonogramm in lünettenförmigem Feld. An der Wange Wappen wie auf dem Dielbaum (drei in gestürztem Dreieck angeordnete Kugeln, bekrönt mit zirkelartigem Zeichen) mit den Initialen «P S» und «M N». – 2. Zweigeschossig, mit schwerem Karniessims. Ende 17. Jh.

10. Koord. 180/70. Kat.-Nr. 57. Oskar Jentsch; Karl Schmidt. Erbaut 1701. Einreihiger Zahnschnittfries. ⌐⌐. 2½. F. *Inschriften* vgl. CARLEN, Zwischen zwei Brücken, S. 424. – *Ofen.* Zweigeschossig, mit schwerem, profiliertem Sims. An der Stirn, in zierlichem Wappenschild, Heidelbeerstrauch(?) als sprechendes heraldisches Zeichen der Familie Perren (Beeren?) auf Dreiberg, gerahmt von den Initialen der Kinder des Bauherrn «I[oseph]P[eter]P[erren]A[nna]M[aria]P[erren]» und der Jahreszahl 1737.

11. Koord. 185/115. Kat.-Nr. 42. Adolf von Niederhäusern. Erbaut 1702. Hinten späterer gestrickter Anbau. 1973/74 renoviert. Friese: teils Zahnschnittzeile unter einer von Wolfszahn begleiteten Rinne, teils Zahnschnittkonsölchen. Schmales Haus. ⌐⌐. 1½. A. *Inschriften* vgl. CARLEN, Zwischen zwei Brücken, S. 424/25. Am Dielbaum des zweiten Stockwerks Wappen der Familie Gumpist (Gumpisch): drei in Form eines gestürzten Dreiecks angeordnete Kugeln. – *Ofen* mit der Jahreszahl 1704 und den Initialen «P[eter].G[umpist].M[agdalena].B[ircher].».

12. Koord. 210/60. Kat.-Nr. 56. Anton Jentsch. Erbaut 1776. Fassadeninschriften. Am Giebel: «1776/Johanneß Schmidt und Regina Clausen», am 1. Stockwerk: «Wer Gott Nicht ehrth Ihn Meinem hauß Gehe Widerum Zur Portt Hin Auß/... Meinem brodt Begehr ich...» Schmucke Fassade, in jüngster Zeit teilweise mit Brettern verkleidet. Fries: Paar versenkter Rundstäbe. In der Giebel-«Loibe» noch ursprüngliche Fensteröffnungen. ⌐⌐. 2½. F. *Inschriften.* 1. Stockwerk. Auf einem Deckenbrett Jesusmonogramm in Vierpaß mit der Umschrift: «WIER SAGEN DIER HERR LOB VND DANCK EIR ALE WOLTAT:SPEIS VND TRANCK»[38]. – 2. Stockwerk: «IHS MARIA IOSEPH [Wappen: im Schildhaupt drei waagrecht aufgereihte Punkte, mit Ranken bekrönter Dreiberg]». – Auf einem Deckenbrett Jesusmonogramm in blumengerahmtem Vierpaß mit der Umschrift: «IN IESV NAM GEHE ICH ZVM TISCH WEIL IESV NAM MEIN LEBEN IST». Zu den übrigen Inschriften vgl. CARLEN, Zwischen zwei Brücken, S. 425.

13. Koord. 140/55. Kat.-Nr. 61. Hilda Schmidt. Erbaut 1787 (am Giebel: «ANNO 1787»). Renovation 1976. Unter der Firstkonsole Inschrift, teilweise durch die vergrößerten Fenster zerstört: «IOsePH Jenatz Jensch Regina Volchen». Fries: Paar versenkter Rundstäbe. Zierlich profilierte Dielbaumköpfe. ⌐⌐. 1½. C. Im Erdgeschoß Stall, dahinter Keller. *Inschriften.* 1. Stockwerk: «[Wappen: griechisches Kreuz über Mühlrad]DIS.HAVS HAT LASEN BAVWEN JOSEPH IGNATZIVS JENSCH SAMT SEINE HAVS FRAV ANNO 1787/REGINA FOLCKEN SAMBT SEINEN KINDER JOSEPH FRANCISGVS MARIA JOSEFA VND MARIA CATRINA». – 2. Stockwerk: «DAS CREITZ SO MAN JM SCILT[Wappenschild] TVHT FIEREN.SOL VNS ZV DER GEDVLT AN FIEREN».

14. *Gemeindehaus.* Koord. 105/50. Kat.-Nr. 70. Erbaut 1794 (Jahreszahl an beiden Giebeln). Fries: Paar versenkter Rundstäbe. Außen noch intaktes Haus mit der für Burgerhäuser charakteristischen langen Fensterzeile (Kdm Wallis I, Abb. 9). Sennerei im Erdgeschoß. ⌐⌐. 1. Im Hinterhaus Küche zwischen seitlichen Räumen.

Inschriften. «[Monogramme der Heiligen Namen]DIE LOBLICHE GEMEIND STEINHAUS UND RICHELSMAT» – «IM.JAR 1794/DEN 12. ABRILIS».

---

36 Nach links gewendete Eins, von dünnerem Querbalken durchschossen?

37 PfA Ernen, D 202.

38 Angesichts der tischgebetähnlichen Sprüche denkt man an den Über- oder Beinamen «Koch» des Bauherrn (CARLEN, Zwischen zwei Brücken, S. 425).

15. Koord. 130/135. Kat.-Nr. 73. Edmund und Kurt Lüthi. Erbaut 1847. Linksseitiger Anbau, 1900 im Auftrag von «Anton Schmit» errichtet von JOSEPH GENELTEN und dessen Arbeitern JULIUS MUTTER, JOHANNES DIEZIG und JOSEPH MARIE GENELTEN. Innenrenovation 1974/75. Unscheinbares Häuschen. ⌐⌐. Ehemals 1½. A mit Kammer im Anbau. An der Front des Anbaus Bauinschrift und weitere, nur mehr teilweise leserliche Sprüche.

GEWERBE- UND NUTZBAUTEN

Backhaus (Koord. 200/90). Dielbauminschrift: «GEMEINDE 1889 STEINHAVS». Backofen 1945. Wenn Steinhaus auch nicht über Nutzbauten von bemerkenswertem Eigenwert verfügt, so bilden diese am östlichen wie am westlichen Eingang zum «Ober Dorf» doch recht bedeutsame Baugruppen.

ABGEWANDERTE KUNSTGEGENSTÄNDE

Altar der Rufibort-Kapelle (heute in der Kapelle der Nesselschlucht) (Abb. 332). Das in den vierziger Jahren des 18. Jahrhunderts wohl von ANTON SIGRISTEN, Glis, geschaffene Altärchen, nach dem Vollwappen in der Bekrönung eine Stiftung der Familie Schiner, ist wahrscheinlich in der ersten Hälfte des 19. Jahrhunderts aus der Rufibort-Kapelle (S. 113) in die Nesselschlucht übertragen worden. Auf der Kartusche der Predella möglicherweise Spuren einer Inschrift. Altarblatt der hl. Apollonia, Öl auf Leinwand, 1891 (vgl. Anm. 22). Originalfassung entfernt; Fassung mit ungeschickter Marmorierung, wohl 1891. Auf den seitlichen Konsolen der Predella standen Statuetten (S. 313). – Von schrägen Antenwänden mit eingezogener Säule gehalten, trägt die elegante Rundbogennische auf Voluten den rudimentären Giebel der Bekrönung, den Putten auf Akanthusspiralen flankieren. Kontrast zwischen dem wandartigen Geschoß und der ornamental aufgelösten kunstvollen Bekrönung. Altaraufbau, Figurenstil und Ornamentik weisen auf ANTON SIGRISTEN.

Möbelstücke, angefertigt von Pfr. GUSTAV SCHMIDT, Steinhaus (vgl. S. 116), meist mit barockem Dekor, aber auch neugotisch und in Jugendstil, kunstvoll in Nußbaum geschnitzt oder mit reicher Einlegearbeit ausgestattet, größtenteils signiert und datiert. Einzelne Laubsägearbeiten. Im Besitz von Erwin Schmidt-Werlen, Bern: ein Aufsatzschrank; zwei Tische, der eine mit Sekretäraufsatz; zwei Lehnstühle; zwei Stühle; zwei Taburette; eine Waschkommode; zwei Blumentischchen; ein Nähtischchen; eine Ädikula für eine Herz-Jesu-Statue; zwei Rahmen für Heiligenbilder; eine Vase. – Im Besitz von Emil Jentsch, Naters: ein rundes Tischchen; zwei Lehnstühle; ein Statuenständer. – Im Besitz von Adalbert Jentsch-Niederer, Naters: ein Nachttischchen. – Im Besitz von Armin Gertschen-Eyer, Zollikon: ein Lehnstuhl. – Im Besitz von Alois Stuber-Gertschen, Brig: ein Lehnstuhl. – Im Besitz von Theodul Walpen-Volken, Visp: ein Lehnstuhl; eine Garderobe; ein Blumenständer.

Abb. 105. Steinhaus. «Heidehüs» Nr. 1, spätmittelalterlich. Giebelpartie mit lokaltypischem «Heide-chriz». – Text S. 115.

Abb. 106. Mühlebach. Luftaufnahme 1973. – Text S. 121.

MÜHLEBACH

GESCHICHTE. Das nach seinen «müllinen»[1] benannte Dorf wird erstmals 1215[2] erwähnt, und zwar im Zusammenhang mit jenem Adelsgeschlecht, das nach dem Standort des Wohnturms «von Mühlebach» hieß. Die mit dem Rittergeschlecht der Manegoldi in Naters versippten[3] Herren von Mühlebach waren Ministerialen des Bischofs[4], werden an ihrem Stammsitz aber auch über ansehnlichen Grundbesitz verfügt haben. Für das Jahr 1221 ist bischöflicher Besitz in Mühlebach verbürgt[5]. An der Wende zur Neuzeit ging Kardinal Matthäus Schiner (um 1465–1522) aus dem Dorf hervor. Ferner stellte Mühlebach im 16. Jahrhundert zu wiederholten Malen den Landeshauptmann: zu Beginn Peter Zlauwinen, um die Mitte Martin Clausen, am Jahrhundertende und zu Beginn des 17. Jahrhunderts den politisch einflußreichen Matthäus Schiner[6], Neffen des Kardinals. Frühest bekannte Gemeindestatuten 1530[7]. Eine Verordnung[8] der drei Gemeinden Ernen, Niederernen und Mühlebach 1469 und vor allem die Verteilung[9] des Gemeinen Bergs unter die drei Gemeinden und Steinhaus 1718 dürften auf die ehemalige Zusammengehörigkeit dieser linksufrigen Gemeinden des Untergoms hinweisen.

Mühlebach ist die Heimat von Bildhauer MORITZ BODMER (wohl 1618–1711)[10] und dessen Sohn(?) JOHANN JOSEPH (1670–1743)[11]. Kirchlich gehörte das Dorf seit je zu Ernen.

1 JOHANNES STUMPF (wie S. 9, Anm. 23), S. 342, verso.

2 GREMAUD I, S. 181/82. – Zum Standort der Burg vgl. S. 130.

3 S. NOTI, Die Adeligen und Ritter des Untergoms im 13. Jahrhundert, Walliser Bote 128 (1968), Nr. 245.

4 Vgl. Anm. 2 und S. 149.

5 L. CARLEN, Die Gerichtsbarkeit des Bischofs von Sitten in Goms, ZSK 51 (1957), S. 138.

6 H. A. VON ROTEN, Die Landeshauptmänner von Wallis, BWG X (1946), S. 14–18.

7 GdeA Mühlebach, B 1. – Gemeindewappen von 1703 (W. Wb., S. 177 und Tf. 1).

8 GdeA Mühlebach, C 3 und 4.

9 Ebd., C 18.

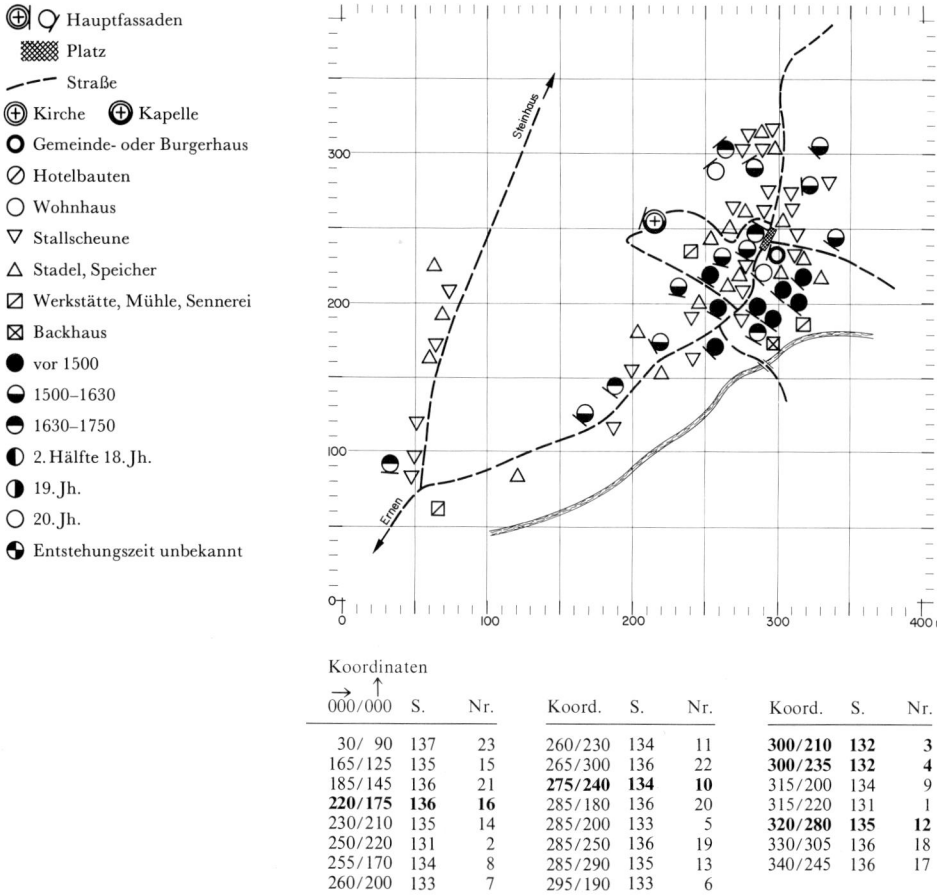

Hauptfassaden

Platz

Straße

Kirche   Kapelle

Gemeinde- oder Burgerhaus

Hotelbauten

Wohnhaus

Stallscheune

Stadel, Speicher

Werkstätte, Mühle, Sennerei

Backhaus

vor 1500

1500–1630

1630–1750

2. Hälfte 18. Jh.

19. Jh.

20. Jh.

Entstehungszeit unbekannt

Koordinaten

000/000	S.	Nr.	Koord.	S.	Nr.	Koord.	S.	Nr.
30/ 90	137	23	260/230	134	11	300/210	132	3
165/125	135	15	265/300	136	22	300/235	132	4
185/145	136	21	275/240	134	10	315/200	134	9
220/175	136	16	285/180	136	20	315/220	131	1
230/210	135	14	285/200	133	5	320/280	135	12
250/220	131	2	285/250	136	19	330/305	136	18
255/170	134	8	285/290	135	13	340/245	136	17
260/200	133	7	295/190	133	6			

Abb. 107. Mühlebach. Siedlungsplan (vgl. «Wegleitung»). – Text unten.

Quellen. GdeA Mühlebach. GdeA und PfA Ernen.
Literatur. CARLEN, Zwischen zwei Brücken, S. 399–419.

SIEDLUNG. *Anlage und Geschichte* (Abb. 106–108). Das Siedlungsbild von Mühlebach wird von der Kapelle vorn auf dem quer ins Tal vortretenden Sporn beherrscht. Mehr noch als das topographisch ähnlich gelegene Ernen hängt das Haufendorf mit Blick der Fassaden talauswärts über die südwestliche Flanke des Querriegels herab. Einzelne, darunter recht stattliche alte Häuser lösten sich aus dem Haufen, um der Straße hinunter zur Brücke zu folgen; heute füllt sich dieses liebliche Vorgelände

10 Taufbuch PfA Ernen, D 201. Seine Eltern Alexander Bodmer und Maria Imhoff würden in diesem Falle aus Niederwald stammen. Im Sterbebuch allerdings nur «magister» genannt (ebd., D 206). Ein MORITZ BODMER anderer Eltern 1699 ebenfalls erwähnt (PfA Bellwald, G 6).

11 1738: «sculptor in Millibach» (PfA Münster, D 133, S. 35). – Im Taufbuch nur JOHANNES geheißen (PfA Ernen, D 202), im Sterbebuch nur JOSEPHUS und ohne Berufsangabe (ebd., D 206).

Abb. 108. Mühlebach. Ansicht von Westen. – Text S. 121.

zusehends mit Neubauten. Der schmale Rücken ließ wohl eine platzartige Lichtung vor dem Gemeindehaus (Abb. 121), aber nicht einen belebten «Hengert» entstehen. Im Nordosten, d. h. hinter dem Sporn, holt das Dorf auf dem sanften Hang noch etwas aus; hier rahmen unten einige quer zum Tal gewendete Wohnbauten, am Ostrand vereinzelte lose an den vorbiegenden Talhang geschmiegte Häuser eine Gruppe von Nutzbauten. Letztere mischen sich aber auch, zu Gruppen vereint oder einzeln, unter die Häuser der Westflanke.

Bezeichnungen von Dorfpartien: «ds unner Derfji», südwestliches bzw. unterstes Dorfareal bis Haus Nr. 16 (Koord. 220/175); «ds mittel Dorf», anschließende Dorfpartie bis zum neueren Haus bei Koord. 290/220; «bim Brunne» oder «uff dr Blatte», um Koord. 270/205; «ds ober Derfji», nordöstlich auf das «mittel Dorf» folgender Teil des Dorfes.

Der Standort der «Heidehischer» weist darauf hin, daß der *einstige Kern* der Siedlung im Gegensatz zu Ernen an der südwestlichen Flanke des Querrückens gelegen hat. Die später erbauten Häuser verteilen sich gleichmäßig auf das ganze Dorfareal. Kein anderes Gommer Dorf verfügt über einen so alten Baubestand wie Mühlebach. Daß der Schwerpunkt seiner Geschichte an der Wende vom Mittelalter zur Neuzeit liegt, geht auch aus der Baugeschichte seiner Häuser hervor: neun

12 GdeA Mühlebach, D 16.
13 Ebd., D 17.
14 Ebd., G 2.
15 Betonboden und -stufen; Dachgesimse (ebd., o. Nr.). – Das Kupferdach soll aus dem Anfang unseres Jahrhunderts stammen.
16 Ebd., D 17.
17 1827: «sacellum Sti Josephi» (ebd., o. Nr.). Vgl. Exvoto, S. 127.

spätmittelalterlich; acht 16. Jahrhundert, davon fünf in der ersten Jahrhunderthälfte; vier 17. Jahrhundert; zwei erste Hälfte 18. Jahrhundert. Dann setzte die Bautätigkeit bis in unser Jahrhundert vollständig aus. Mühlebach besitzt in Haus Nr. 10 des Bannerherrn Hans Clausen (1501) denn auch das älteste datierte Gommer Haus.

KAPELLE HEILIGE FAMILIE

GESCHICHTE. Die größtenteils abgewanderten spätgotischen Skulpturen (S. 128) aus der Kapelle lassen auf einen Vorgängerbau schließen. 1673 erteilte Bischof Adrian V. von Riedmatten die Erlaubnis zum Bau der heutigen Kapelle[12]; am 3. Februar 1676 segnete sie Beat Schmid, der Frühmesser von Ernen, im Auftrag des Nuntius Edoardo Cibo ein[13]. 1792 Bau oder Renovation des Dachreiters (Jahreszahl am Holzbügel der Glocke). Renovationen 1832/33 und 1852/53 (Dach)[14] sowie 1939[15].

Ungeachtet des Patroziniums der Heiligen Familie[16] wurde im 19. Jahrhundert vornehmlich der hl. Joseph verehrt[17].

BESCHREIBUNG. *Äußeres.* Weithin sichtbar thront die quer zum Tal nach Südosten gerichtete Kapelle auf der Hügelkuppe. Das vom rechteckigen Schiff abgesetzte große Chor schließt dreiseitig. Der Steilgiebel übertrifft die Schiffswand an Höhe. Über dem chorseitigen Giebel des Schiffs offener Pfahldachreiter mit Spitzhelm. Weite rundbogige Hochfenster. Der Chorschluß und die Front sind blind. Portal mit gefastem Tuffgewände und Kämpfern aus Giltstein unter niederer geschweifter Haube.

Inneres (Abb. 109). Die weiten Räume werden durch den eingezogenen Chorbogen mit dem spindelmaschigen Eisengitter nur wenig getrennt. Auf reichem, aber frieslosem Profilsims setzt die Decke an, im Schiff eine Tonne, gegliedert durch zwei kurze Stichkappenpaare, im Chor ein kuppelartiges fünfteiliges Kappengewölbe über flauen Schildbögen.

Hochaltar (Abb. 110). Das von unbekannten Meistern geschnitzte Retabel ist trotz dem altertümlichen Aufbau stilistisch in die Bauzeit der Kapelle (drittes Viertel 17. Jahrhundert) zu weisen. Die derber geschnitzten Flügel sind vielleicht später hinzugefügt worden, die Statuen stammen aus verschiedenen Epochen. – Eine große Rundbogennische in hohem bekröntem Architekturgeschoß wird von verkümmerten

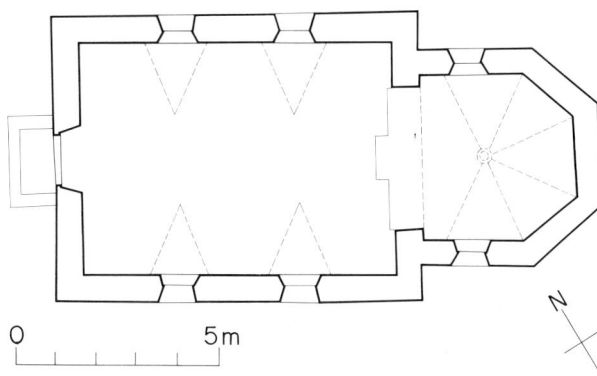

Abb. 109. Mühlebach.
Kapelle, 1673–1676. Grundriß.
Text oben.

0   5m

Abb. 110. Mühlebach. Kapelle. Hochaltar, 3. Viertel 17. Jahrhundert. – Text S. 123 und unten.

Flügeln mit Muschelnischen zum ausgeprägten Triumphbogenmotiv ergänzt. Akanthusvoluten auf den Flügeln und gebrochen geschweifte Sprenggiebel schließen die
Silhouette. Neben neueren Ornamentmotiven wie Spiralrankenfriesen, Fruchtbün-
deln und Reblaub an den gewundenen Säulen herrscht der Renaissancedekor vor:
Perlstab, Kymen, gedrückte Voluten, Knorpelstilbuckel. In der Hauptnische Gruppe
des Heiligen Wandels (Heilige Familie unter der Hl.-Geist-Taube), in den Flügeln
links Johannes Ev., rechts Katharina, bekrönender Gottvater zwischen Sonne und
Mond auf schrägen Stäben am Giebelrand, auf den Flügeln die spätgotischen
Statuetten der Heiligen Margareta und Johannes Ev. (S. 126). Spätere(?) Fassung:
Polimentgold und Lüster.
    Stil der Statuen (Abb. 111–114). Zum Altarwerk paßt vor allem der Figurenstil des
bekrönenden Gottvaters. Die Statuen der Hauptnische, schlanke Serpentinata-
Figuren mit ausfallender Hüfte, sind seltene Vertreter eines im Goms sonst nicht

18 Schüsselfalten Mariens ähnlich denjenigen des hl. Thomas an der linken Schiffswand der Kirche
von Ernen. Vgl. auch das Spielbein des hl. Josef mit demjenigen des hl. Philippus am gleichen Wandge-
mälde (Abb. 23).

Abb.111 und 112. Mühlebach. Kapelle. Hochaltar, 3.Viertel 17.Jahrhundert. Maria und Josef (Aus-
schnitte). – Text S.124.

nachweisbaren Stils; sie atmen noch den Geist der manieristischen Spätrenaissance
der ersten Jahrhunderthälfte[18]. Die körperhaften, untersetzten Statuen der Flügel
könnten dagegen am Ende des Jahrhunderts in der Werkstatt von MORITZ BODMER
(†1711) in Mühlebach geschnitzt worden sein.

Antependium. Ende 17.Jahrhundert. Mit Öl auf Leinwand gemalte Monogramme
der Heiligen Familie in drei blumenbesetzten grünen Medaillons. Schwerer Schnitz-
akanthusrahmen mit Trauben- und Blumenmotiven.

Josefsaltar (rechter Seitenaltar). Auf dem Altargemälde steht die Jahreszahl 1688.
Im zweiten Jahrzehnt unseres Jahrhunderts ersetzten LEO und LUDWIG SEILER im
Auftrag von Kapellenvogt Josef Clausen den alten schwarzen Bildrahmen durch eine

Abb.113 und 114. Mühlebach. Kapelle. Hochaltar, 3.Viertel 17.Jahrhundert. Maria und Josef von der
Gruppe des Heiligen Wandels. – Text S.124.

neuromanische Ädikula[19]. Altarblatt: Tod des hl. Josef. 166 × 106 cm. Mischtechnik auf Leinwand. Jesus weist auf die Taube des Heiligen Geistes. Im Vordergrund genrehafte Gruppe zweier Putten mit offenem Buch und Lilie. Derbes Gemälde.

Rosenkranzaltar (linker Seitenaltar). Auf dem Altargemälde, über der Jahreszahl 1685 und zwischen den Initialen «H. H.», Stifterwappen der Familie Huber (W. Wb., Tf. 3, jedoch mit dem Buchstaben I im Schildhaupt). Inschrift an der Leuchterbank: «GOTT DEM ALMAECHTIGEN, ZV EHREN, MARIA DER IVGFRVWEN, / VND DEM S. ANTONI VON PADVA, IST DES AVF GRICHTET, M.DC.LXXXV» (Buchstabe T stets in Minuskeln). Nach einem durch Kerzen ausgelösten Brand mußte im zweiten Jahrzehnt unseres Jahrhunderts das Altarbild stark ergänzt werden; zugleich wurde die alte Spitzgiebel-Ädikula in Anpassung an den bereits umgestalteten rechten Seitenaltar durch LEO und LUDWIG SEILER ersetzt. Zum alten Bestand gehören die Leuchterbank, die bekrönende Muttergottes, eine altertümliche Statuette, ein Cherub am Fries und das Altarblatt, 134 × 120 cm, Öl auf Leinwand, mit Darstellung der sitzenden Muttergottes in Wolkenmandorla und im Kranz der Medaillons der Rosenkranzgeheimnisse[20].

Skulpturen. Chorbogenkruzifix. H. (Korpus) 65 cm. Holz, polychromiert und vergoldet. Mitte 17. Jh. Typische Drapierung der Obergommer Kruzifixe jener Zeit[21]. Derbes Schnitzwerk. – *Altarkreuz.* H. (Korpus) 29,5 cm. Arve, polychromiert, vergoldet und versilbert. Stellenweise übermalte Originalfassung. 3. Viertel 18. Jh. Schlanker, spätgotisierender Korpus mit edlem Antlitz und ungewohnt drapiertem Lendentuch: An der linken entblößten Hüfte hält ein Strick das schlaff über den Oberschenkel herabfallende Tuchende und den bewegten Zipfel. – *Hl. Margareta und hl. Johannes Ev.* (auf den Flügeln des Hochaltars, ehemals an einem der Seitenaltäre). H. 38 cm. Arve. Häßliche Polychromie und Bronzevergoldung. 1. Viertel 16. Jh. Die Arme der Margareta fehlen. Johannes weist mit der Rechten auf das offene Buch. Derbe, aber stiltypische Figuren. – *Jesuskind* aus einer Gruppe des Heiligen Wandels. H. 64 cm. Arve, gehöhlt, polychromiert. 3. Viertel 17. Jh. Kindertümlicher und lebensfroher als dasjenige der Hochaltargruppe. – *Pietà.* H. 60 cm. Föhre(?), massiv, polychromiert und vergoldet. 2. Viertel 18. Jh. Der die Arme und Beine kreuzende Leichnam schmiegt sich um die Hüfte Mariens. Derbes, aber ausdrucksstarkes Bildwerk mit Anklängen an den Faltenstil von ANTON SIGRISTEN († 1745). – *Hl. Johannes von Nepomuk.* H. 65 cm. Arve. Silber- und Goldfassung. 2. Viertel 18. Jh. Schreitend, das Kruzifix in der Rechten. Physiognomie ähnlich derjenigen der Pietà (siehe oben). – *Hl. Bischof.* H. 70 cm. Holz. Originalfassung, Polimentgold, Silber und Polychromie, teilweise übermalt. 2. Viertel 18. Jh. Wohl von Meister der Pietà (siehe oben). Stark ausbiegende Figur. Großes Pedum in der Rechten. – *Hl. Antonius von Padua.* H. 84 cm (mit Aureole). Arve, gehöhlt, häßlich übermalt. Letztes Viertel 17. Jh. (spätere Kopie?).

Abb. 115. Mühlebach. Kapelle. Büsten der Heiligen Anna Selbdritt, H. 32 cm, Barbara und Katharina(?), H. 29 cm, Anfang 16. Jahrhundert (heute in Privatbesitz). – Text S. 128.

Abb. 116 und 117. Mühlebach.
Kapelle. Hl. Katharina
und hl. Magdalena,
H. 88,5 cm, Anfang 16. Jahr-
hundert (heute in der
Pfarrkirche Ernen).
Text S. 128.

Stehend, das liegende Jesuskind mit beiden Händen wiegend. Ikonographie der Obergommer Darstellun-
gen jener Zeit. – *Reliquiare.* 1. H. 63,5 cm. Arve, polychromiert und vergoldet. Ende 17. Jh. Profilierter
Sockel. Von einem Engelsköpfchen ausstrebende schwungvolle Akanthusranken umschließen das von
Wolken und Palmen gerahmte Medaillon mit den Reliquien dreier Märtyrer[22]. Röschen als Bekrönung. –
2. und 3. Reliquiare in Gestalt von Ostensorien. H. 43 und 45 cm. Arve, polychromiert und vergoldet.
Entstehungszeit unbekannt. Radartige Medaillons mit abwechselnd geraden und gewellten Strahlen. Am
Fuß Trauben und Blätter.

Gemälde. Kreuzigung. Fastenbild. 262 × 202 cm. Grisaille in Gouache auf Leinwand. Mitte 18. Jh. Im
Mittelgrund der figurenreichen, drastischen Kreuzigung Putten, eine kleine Gruppe höhnender
Zuschauer und die verfinsterte Sonne. – *Exvotos.* 1. 74 × 33 cm. Tempera auf Holz, datiert 1800. Mit
Darstellung der Heiligen Familie. Beschädigt. Anderegg, Inv.-Nr. 120-8.1. – 2. 28 × 19 cm. Öl auf Holz,
um 1800 (1810?). Mit Darstellung des hl. Josef. Anderegg, Inv.-Nr. 121-8.2.

Kelch. Gegossen, versilbert und vergoldet. H. 24,5 cm. Keine Marken. 1. Viertel 19. Jh.[23]. Runder Fuß
mit geschlossenem, von einem Herzblattfries geschmücktem Standring. Am Fuß, zwischen Rippen, die
unten in aufgestülptem Akanthus enden, drei Rocaille-Kartuschen. Ähnlicher Dekor am pokalförmigen
Knauf und am massiven Korb. – *Kerzenleuchter.* Paar. Gelbguß. H. 27,5 cm. 1. Hälfte 17. Jh.? Profilierter
Dreikantfuß mit vorkragender Abschlußplatte. Am Schaft Knäufe und Vasenmotiv zwischen scharfen
Schaftringen. – *Kaseln.* 1. Weiß. 1. Hälfte 19. Jh. Bunter Seidendamast mit gewellt angeordneten Blumen
und Blättern. – 2. Weiß. Mitte 19. Jh. Lyon? Baumwolldamast mit großen Blüten- und Blattmotiven. Am
Stabkreuz Apokalyptisches Lamm in goldgestickten Ranken mit bunten Blüten.

19 Freundl. Auskunft von Maria Seiler-Schiner (*1888), Mühlebach.
20 Es fehlen noch die später vorgeschriebenen Heiligen Dominikus und Katharina von Siena (S. 158).
21 Vgl. Kdm Wallis I, Abb. 349.
22 Die Heiligen Candidus, Verianus und Emeritia.
23 1820/21: «für den neuen Kelch übergolden zu lassen gegeben bz. 15» (GdeA Mühlebach, G 2).

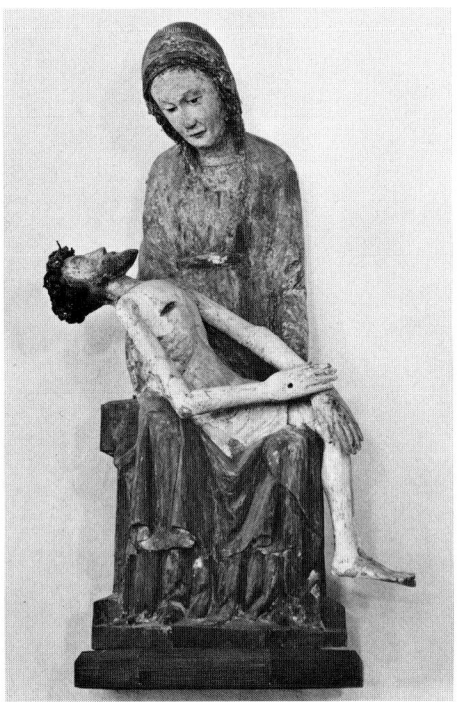

Abb.118. Mühlebach. Pietà, H.105 cm, frühes 14.Jahrhundert. Aus abgetragener Kapelle (heute in der Pfarrkirche Ernen). – Text S.131.

Glocke[24]. Dm. 34 cm. Ton d″. An der Schulter ein Rankenfries und die Umschrift: «SANCTA[25] MARIA ORA PRO NOBIS 1853». Flankenreliefs: Kruzifix, Marienkönigin, zwei Cherubim über Rankenwerk und Meisterzeichen der WALPEN mit den Initialen «B[onifaz]W[alpen]».

Abgewanderte Kunstgegenstände. Skulpturen. Muttergottes (im seitlichen Altar der Kapelle im Bischofspalast Sitten). H.95,5 cm. Linde, gehöhlt. Von EDMUND IMBODEN, Raron, ergänzte und übermalte Originalfassung: Polychromie und Vergoldung. Anfang 16.Jh. 1942 vom Bischof erworben. Anmutiges Bildwerk von hoher Qualität, stilistisch den nachstehenden Büsten und weiblichen Heiligenfiguren verwandt. – *Hl. Katharina* und *hl. Magdalena* (in der Pfarrkirche von Ernen) (Abb.116 und 117). H.88,5 cm. Holz. Polimentgold und mit Blüten gemusterter Lüster. Anfang 16.Jh. Restauriert 1964–1968. Auch formal als Pendants aufeinander bezogene elegante Figuren von hoher Qualität, in denen sich Spätgotik und Renaissance vereinigen. Katharina setzt den Fuß auf den Kaiser Maxentius. – *Büsten der Heiligen Anna Selbdritt, Barbara und Katharina(?)* (im Besitz von Frau Edouard Sierro, Genf) (Abb.115). H.32 und 29 cm. Holz. Guterhaltene originale Polimentvergoldung und Polychromierung. Anfang 16.Jh. Barbara mit

24 Nach einer Sage läutete man die Glocke bei Hinrichtungen auf dem Erner Galgenhügel (J. SIEGEN, Walliser Glockensagen, W.Jb. 1959, S.41).

25 Buchstabe A als große Minuskel.

26 FURRER (wie S.8, Anm.15), S.56B (1864–1867). WICK spricht ferner von folgenden Wappen auf Bildern und Altären: Wappen der Familie Clausen und unbekanntes Wappen (Malteserkreuz unter schräg gegeneinander gerichteten Stäben) mit den Initialen «H C» und der Jahreszahl 1670.

27 W.Wb., S.292, und SCHMID/LAUBER, BWG VII (1934), S.415.

28 E.A. STÜCKELBERG, Reliquien und Reliquiare, Mitteilungen der Antiquarischen Gesellschaft in Zürich 24 (1896), Heft 2, S.94.

29 PfA Niederwald, D55.

fragmentarisch erhaltenem Kelch, Katharina(?) mit geschlossenem Buch. Der Stil vor allem von Barbara und Katharina erinnert an denjenigen der obengenannten Pendants. – *Putten* (im Pfarreimuseum Ernen). Paar. H. 29 und 30 cm. Arve. Olivgraue Grundierung, wohl aus Steinkreide, gefirnißt (Übermalung?). Mitte 17. Jh. Leicht gebeugt. Breite Köpfchen mit fließendem Haarschopf. – *Kasel* (im Pfarreimuseum Ernen). Violett. 1. Hälfte 18. Jh. Taft, mit Seide wohl lanziert. Weiße Blütenstengelchen als Streumuster. Stab aus rotem Damast.

Verschollene Kunstgegenstände. Zwei *Flügel* «eines altdeutschen Altares, Relieffiguren v. Holz. 15. Jh.»[26], möglicherweise identisch mit den Altarfragmenten S. 38. – *Porträt* des Johann Josef Werlen (1644–1712) mit Wappen (W. Wb., Tf. 5) und den Initialen «R.D.J.J.W.»[27]. – STÜCKELBERG erwähnt einen *Reliquienarm* «zu Müllibach»[28].

VERSCHWUNDENE KAPELLEN

BILDSTOCK DES HL. JAKOBUS D. Ä.

Das «Capilty» bei «der tueffen gassen» wird schon 1664 erwähnt[29]. Am Schloß des Gitters standen die Jahreszahl 1710 und die Initialen «C.M». Nachdem 1973 der Diebstahl des Altärchens hatte verhindert werden können, ist der Bildstock, eine Privatkapelle der Familie Huber, 1974 leider entfernt worden.

Der niedrige, mit Steinplatten gedeckte Bildstock stand östlich des Dorfes am Scheideweg von Mühlebach und Ernen. Hinter rundbogiger Laibung und leicht eingezogenem rohem Tuffbogen saß die tiefe, tonnengewölbte Nische, als Konche schließend. – *Altar* (zurzeit aufbewahrt in der Kapelle von Mühlebach) (Abb. 119). H. 93 cm, B. 106 cm. Holz, polychromiert und vergoldet. Werk des Bodmer-Sigristen-Kreises, wohl MORITZ BODMER (†1711), Mühlebach, zuzuschreiben. – Das bescheidene, heute seines originalen Schmuckes wohl größtenteils beraubte Altärchen umfaßt drei triumphbogenförmig gestufte Nischen in einem Gewände mit Umriß der Serliana. Rundgiebel, aus zwei spätgotischen Fragmenten mit Maßwerk bestehend. Einzelne vegetabile Schnitzwerkappliken. In der Mittelnische die Muttergottes, links der hl. Johannes Ev., rechts der hl. Jakobus d. Ä. Schadhafte Originalfassungen, teilweise überstrichen. Auf den Bodmer-Sigristen-Kreis weisen der Altaraufbau und der Figurenstil: kurze Köpfe mit symmetrisch gewundenen Locken (und vorstehendem Bart); störend verkürzte Arme; Draperie.

Abb. 119. Mühlebach. Ehemaliger Bildstock des hl. Jakobus d. Ä. Altar, um 1700, wohl von Moritz Bodmer, Mühlebach. – Text oben.

Abb. 120. Mühlebach. Ehemalige Kapelle des hl. Nikolaus. Altar, 1. Viertel 18. Jahrhundert (heute im Pfarrhaus Ernen). – Text unten.

KAPELLE HL. NIKOLAUS

Unter der Wüstung der mittelalterlichen Burg «uff em Schloß» (Koord. 110/120)[30] stand bis 1956 eine dem hl. Nikolaus geweihte Privatkapelle der Familien Niggeli und Huber[31]. Rechts vor dem hölzernen Chorgitter war die «Pietà von Mühlebach» (siehe unten) aufgestellt. Der 1956 am Standort der Kapelle aufgerichtete Bildstock[32] in Gestalt eines kreisringförmigen offenen Pavillons von Architekt AMADÉE CACHIN, Brig, mit einer Antoniusstatue von HANS LORETAN, Brig, ist 1968 wieder entfernt worden.

Altar (im Pfarrhaus Ernen) (Abb. 120). 1. Viertel 18. Jh. Wohl aus der gleichen Untergommer Werkstatt (Bellwald?) wie das Altärchen der Binnegge (S. 109), dem das Retabel im Aufbau gleicht. Eine heute fehlende Statue zwischen hohen, am Ende jäh gebogenen Sprenggiebeln bildete die Bekrönung. In der Altarnische Statue Mariens(?); Seitenstatuen: links der hl. Petrus, rechts der hl. Johannes Ev.(?). Dünn-

---

30 Noch heute übliche Bezeichnung für jenen Ort am Fuß des südwestlichen Hangs etwa bei Koord. 120/130, wo sich der von einem Acker eingenommene Bezirk der ehemaligen Burg wohl der Ritter von Mühlebach als niedriger Hügel abhebt.

31 Entfernt bei einer Straßenverbreiterung durch Rhonewerke AG (PfA Ernen, Jahrbuch der Pfarrei Ernen 1930ff., o. Nr.).

32 Einsegnung am 21. Okt. 1956 (ebd.).

33 P. GANZ, Die Pietà von Ernen, ZAK 10 (1948/49), S. 153/54, mit Abb. vor und nach der Restaurierung von 1943 bis 1945.

34 Freundl. Auskunft von Restaurator WALTER FURRER, Visp. – GANZ (wie Anm. 33): ursprünglich auf blankpoliertem Gips mit feinkörnigen Farben bemalt, u. a. Blutstropfen am Leichnam sowie Rankenmuster auf Blattgold als Bordüren des Schleiers und des Kleides.

35 Brief von PAUL GANZ (PfA Ernen, o. Nr.).

36 Kdm Wallis I, S. 265/66, vor allem Anm. 33, und Abb. 209. Weitere Entsprechungen: rechtes Wangenbrett des Sessels höher als das linke; unter eng anliegendem Schleier vortretende gewellte Haare. – Zu verwandten Pietà-Figuren vgl. ebd., Anm. 34.

37 GANZ (wie Anm. 33) erwägt eine Entstehung im Wallis unter Verwendung eines französischen Vorbildes und zieht zum Vergleich neben dem um 1330 datierten Vesperbild aus Graubünden (SLM Zürich) noch die Pietà aus Radolfzell (Museum Freiburg i. Br.) heran.

strähniger Akanthus. Teilweise übermalte Originalfassung: Marmorierung, Ziervergoldung und Lüster; die Figuren Gold und Silber. Der engfurchige, spröde Faltenstil wirkt in seiner Stilverspätung fremd.

Pietà (in der Pfarrkirche Ernen) (Abb.118)[33]. Frühes 14.Jh. (um 1300?). 1943–1945 auf Antrag der Gesellschaft für Schweizerische Kunstgeschichte mit den Mitteln des Bundes restauriert von HEINRICH BOISSONNAS, Zürich, der die hochgotische Figur in der barocken Aufmachung erkannt hatte. H.105 cm. Linde, bis auf dünne Wandungen ausgehöhlt und mit Brett verschlossen. Angesetzt Knie und Unterschenkel sowie die vorderen zwei Drittel des Kopfes. Teilweise kaschiert. Der rechte Arm Mariens fehlt, der bei der barocken Umgestaltung abgetrennte rechte Arm Christi wurde 1943 in der Haltung der barockisierten Figur belassen. Schleier und Haarsträhnen fielen ehemals über die Schultern. Ältere Kerbe am rechten Ellbogen der Muttergottes, jüngere an der rechten Schläfe. Quer angebrachtes vernutetes Brett an der Sesselrückseite. Spuren der Originalfassung[34]: Tempera auf einem aus Kreide und Gips gemischten Grund; Zinnober am Kleid; Azurit am Mantel; Fragmente eines mit roten Tupfen eingefaßten Rankenfrieses am Saum des Schleiers; Reste einer gotischen Kohlblattmalerei an der Sessellehne.

Die vielleicht älteste Pietà-Darstellung der Schweiz[35] ist ein ergreifendes Bildwerk mystischer Marienklage von hoher künstlerischer Qualität. Das monumentale Haupt Mariens gehört noch der Stilhaltung vor Einsetzen des formelhaften Manierismus im frühen 14.Jahrhundert an. Für die südliche Schweiz charakteristisch dürfte der schmale, hohe Rumpf Mariens mit den abgerundeten Schultern sein. Die zahlreichen technischen und formalen Gemeinsamkeiten mit der Pietà von Wiler bei Geschinen[36] weisen wohl eher nach Italien[37].

WOHNHÄUSER

Eigenart der Hausarchitektur. Das vor etwa zwanzig Jahren abgerissene «Turbelenhaus» nahe dem Mühlebach bei Koord. 320/195, ein einstöckiges, zweiraumtiefes Holzhaus mit einfachem Mauersockel, vertrat noch den primitiven Typ der Maiensäß- und Alphütten. Bloß zwei Häuser, Nr.14 (1543) und Nr.16 (1563), besitzen ein «Saal»-Stockwerk. In Mühlebach finden sich neben einem Beispiel in Außerbinn (S.143) die einzigen Firstständer («Heidechriz») des Goms mit eingekerbten Zimmermannswerkzeugen statt der üblichen Kreuze und Rosetten sowie das einzige «Heidehüs» mit Friesen (vgl. Kdm Wallis I, S.16).

1. Koord.315/220. Kat. Art.1191, Fol.11, Nr.9. Erben Alfred Seiler. Spätmittelalterlich. An der Rückwand Firstständer («Heidechriz») mit eingekerbter Axt, Rosette und Winkeleisen (Abb.123), am vorderen Giebel «Heidechriz»-Fragment. An der linken hinteren Ecke Überreste von einem angebauten Mauerkamin. ⌐⌐ (hoch, auf großen Steinblöcken). 1½. E und C. Kellerraum unter dem Hinterhaus durch Fachwerkmauern unterteilt[38]. In der Küche Stichmauer für den Herd. Auf dem Dielbaum drei große, urtümliche Kerbschnittrosetten. – *Ofen.* Zweigeschossig, mit Rundstab am gekehlten Sims. An der Stirn, in einem Zierfeld, Medaillon mit der Jahreszahl 1868 sowie den Initialen «J[g]N[az].S[eiler]./W[al]-B[urga].S[eiler].»; dazwischen kleines Wappen mit den Initialen «F[ranziska]H[erold]» über zwei Sternen[39]. – *Wandbüfett* (Kdm Wallis I, Abb.40). Lärche. Datiert 1798. Initialen: «J[gnaz]/S[eiler]» und «J[ohann]I[oseph]/S[eiler]».

2. Koord.250/220. Kat. Art.655, Fol.11, Nr.73. Adolf Guntern. Spätmittelalterlich. Linksseitiger Anbau wohl 1.Hälfte 16.Jh. Renovation 1654. «Heidechriz», an der Rückwand mit eingekerbtem Kreuz, Axt und Winkeleisen. Tatzenkreuz-Öffnungen in der Giebelwand. Getreppte Pfettenkonsolen. Einziges Fries an einem Gommer «Heidehüs», bestehend aus kräftig abgetreppten Faszien. Balkenkopfkamin-Fragmente (Kdm Wallis I, Abb.31). Ursprünglicher «Loibe»-Balkon. ⌐––⌐. 1½. E und A (Anbau). Hinterhäuser noch bis zum Dach offen, im «Loibe»-Geschoß jedoch Querlaufgang hinter der Binnenwand. Reste alten kannelierten Täfers. *Inschrift* vgl. CARLEN, Zwischen zwei Brücken, S.412. – *Öfen.* 1. Eingeschossig. 1.Hälfte 16.Jh. Am karniesartigen Profil des Simses plastisches Flechtband, an der Wange Zlauwinen-

---

38 Der vordere Keller dieses Hauses gehört dem Besitzer des «Schinerhüs», wo sich früher nur Ställe befanden.

39 Freundl. Auskunft von Maria Seiler-Schiner (*1888), Mühlebach.

und Erner Wappen (wie am Schlußstein im Chor der Erner Pfarrkirche, jedoch mit Stab in der Pfahlstelle). Tartschen. – 2. Eingeschossig. An der Deckplatte Kehle unter Rundstab. An der Stirn umranktes
wappenähnliches Medaillon mit den Initialen «I[oseph].S[eiler]. A[nna]M[aria]G[untern]» über der
Jahreszahl 1826.

3. *«Schinerhüs»* (Abb. 122). Koord. 300/210. Kat. Art. 1110, Fol. 11, Nr. 15. Seit 1958
Eigentum des Staates Wallis. Nach der Überlieferung ist in diesem Haus um 1465 der
spätere Bischof und Kardinal Matthäus Schiner geboren. Spätmittelalterlich. Innenrenovation 1851[40]. 1952 Kellergeschoß zu Mühlenlokal mit zwei großen Fenstern
umgebaut. Gesamtrenovation 1967[41].

> *Literatur.* H. A. VON ROTEN, Das Vaterhaus des Kardinals Schiner, Walliser Bote 112 (1952), Nr. 12.
> *Bilddokumente.* 1. Ansicht von SW. «Kardinal Schinner's Geburtshaus zu Mühlibach/(Geboren 1450)
> 1450». Zeichnung von LORENZ JUSTIN RITZ, 1845 (Museum Majoria Sitten, Inv.-Nr. 305). – 2. Gleiche
> Ansicht. «Kardinal Math. Schiner's Geburtshaus/zu Mühlibach.» Zeichnung von RAPHAEL RITZ(?),
> 1845–1860 (SLM, Inv. M II 126, Nr. 2651; vgl. RUPPEN II, 588) (Abb. 124). – 3. Ansicht von NW.
> Zeichnung von EMIL WICK, 1864–1867 (FURRER [wie S. 8, Anm. 15], S. 56D). – 4. Photographie nach einer
> Tuschfederzeichnung von RAPHAEL RITZ (B. RAMEAU, Le Vallais historique, Châteaux et Seigneuries,
> Sion 1885, Tf. 47).

Teilweise erneuerte «Heidechriz» an beiden Giebeln. «Vorschutz» des «Loibe»-
Geschosses an der linken Traufseite. ⌐—⌐ (hoch an steilem Hang). 1½. F (quer zum
Giebel nach Süden orientiert). Im querunterteilten Mauersockel ehemals zwei Ställe;
Keller fehlten (vgl. Anm. 38).

> *Ofen* (Museum Valeria, Sitten). Eingeschossig, mit gekehlter Deckplatte. An der Stirn die Jahreszahl
> 1546[42] und kleines Schiner-Wappen.

4. *Gemeindehaus* (Abb. 121). Koord. 300/235. Kat. Art. 628, Fol. 11, Nr. 18. Spätmittelalterlich. «Heidechriz» zwischen kreuzförmigen Öffnungen an beiden Giebeln.
1706/07 erwarb die Gemeinde das einst Thomas Clausen gehörende Haus von mehr

Abb. 121. Mühlebach.
Gemeindehaus («Heidehüs»),
spätmittelalterlich. – Text oben.

Abb. 122. Mühlebach.
«Schinerhüs»,
spätmittelalterlich.
Zeichnung,
1845–1860,
von Raphael Ritz(?).
Text S. 132.

als zwanzig Eigentümern[43]. Bei der Renovation 1968 um drei Ringe aufgestockt. Das wohlproportionierte Haus beherrscht eine stille, platzähnliche Dorflichtung mitten auf dem Sattel des Rückens. Kräftiger «Vorschutz». ⌐—┐. 1½. G. Kammer durch originale «Stutzwand» abgetrennt. Treppe zum «Loibe»-Geschoß im Gang zwischen «Stubji» und Vorderhaus.

Ofen. Zweigeschossig, mit schwerem Kehlsims. An der Stirn Wappen von Mühlebach und die Jahreszahl 1706 in einer Raute, an der Wange Wappenschild mit Marienmonogramm und, in einem Zierfeld, die Initialen «D[ie]B[urgerschaft]V[on]M[ühle]B[ach]»[44]. In der unteren Zone rautenförmige Zierfüllungen.

5. Koord. 285/200. Kat. Art. 490, Fol. 11, Nr. 78. Oswald Clausen und Geschwister. Spätmittelalterlich. «Heidechriz»-Fragment. ⌐—┐, ehemals ⌐—┐. 1½. D.

6. Koord. 295/190. Kat. Art. 669, Fol. 11, Nr. 12. Viktor Grichting; Lina Inwinkelried. Spätmittelalterlich. «Heidechriz» an beiden Giebeln. Rechte Haushälfte wohl 2. Hälfte 18. Jh.[45], 1961 renoviert. Späterer Anbau einer Kammer an das rechtsseitige Vorderhaus. Balkenkopfkamin-Fragmente. In der hinteren linken Ecke verbindet eine Ständerstud die Mauerrückwand mit der gestrickten Traufwand. ⌐—┐. 1½. B (im Hinterhaus durch eine Mauer getrennt). *Inschriften* vgl. CARLEN, Zwischen zwei Brücken, S. 416. – *Ofen.* Eingeschossig, mit gekehlter Deckplatte. Wohl 16. Jh.

7. Koord. 260/200. Kat. Art. 1332, Fol. 11, Nr. 85. Kasimir Kummer. Spätmittelalterlich. Innenrenovation(?) 1648[46]. «Heidechriz» an beiden Giebeln, dasjenige am hinteren Giebel am Fuß mit der friesartigen Vorlage eines Balkens vernutet. «Vorschutz». Balkenkopfkamin-Fragment. ⌐—┐ (ehemals ⌐—┐). 1½. F (originale Kammer-«Stutzwand»). *Inschrift:* «[Jesusmonogramm]MARIA MATTHAE SCHINER.NICLAVS. CASPAR.HANS.SINE.SOHN.IM.IAR. 1648. AM.16.MAY.SOLI.DEO.GLORIA/I.S.BE[Schiner-Wappen]». – *Hauskruzifix.* H. 63,5 cm. Holz, polychromiert und vergoldet. Mitte 18. Jh. Aus C-Bögen, einer Blüte und einer Kartusche aufgebauter pyramidenförmiger Sockel. Balkenenden in Form halber Blüten.

40 FURRER (wie S. 8, Anm. 15), S. 54/55 und 58/59. – Umbauten um 1530? (J. LAUBER, Geschichtliche Notizen zur Stammtafel der Familie Schiner, BWG VI [1924], S. 382).

41 Untermauerung des seitlichen «Vorschutzes» im Hinterhaus.

42 Öfters als 1346 gelesen. – Gestalt und Form des Simses 16. Jh.

43 GdeA Mühlebach, D 15, und CARLEN, Zwischen zwei Brücken, S. 416.

44 Deutung von ANTON CARLEN.

45 CARLEN, Zwischen zwei Brücken, S. 416.

46 Von CARLEN als Baujahr betrachtet (ebd., S. 411).

8. Koord. 255/170. Kat. Art. 103, Fol. 11, Nr. 88. Emil Jenelten. Spätmittelalterlich. Ehemals «Heide-chriz» an beiden Giebeln. Innenrenovationen 1778 und 1880. 1950/51 um fünf Ringe aufgestockt und im Hinterhaus größtenteils ersetzt. ⌐⌐. 1½. Ehemals B. *Inschriften.* Linke Stube vgl. CARLEN, Zwischen zwei Brücken, S. 415. – Rechte Stube: «1880 IOSEPH.BLATTER.KATHARINA.NIGELI[Jesusmonogramm]».

9. Koord. 315/200. Kat. Art. 287, Fol. 11, Nr. 10. Albert Simonin. Spätmittelalterlich. Am hinteren Giebel «Heidechriz» zwischen Kreuzöffnungen, vorn nur mehr Ständer erhalten. Getreppte Pfettenkonsolen. Am Kaminmantel die Jahreszahl 1769. Renovationen 1564[47], 1751, 1769–1775 und 1958. ⌐⌐. 1½. Ursprüng-lich A. Später angebaute Kammer an der rechten Traufseite. *Inschriften.* Kammer: «INA ZINIGLI.VND.SEIN H.FRAVW.BARRA BLATER/1751». Übrige Inschriften vgl. CARLEN, Zwischen zwei Brücken, S. 405/06. – *Ofen.* Zweigeschossig, mit Karniessims. An der Stirn, zwischen den Ziffern der Jahreszahl 1779, Wappenfeld mit den Initialen «P[eter]G[lausen]/M[aria]G[umpitsch]I[oseph]I[gnaz]C[lausen][?]/PAG».

10. Koord. 275/240. Kat. Art. 863, Fol. 11, Nr. 68. Prof. Dr. Karl Straumann. Erbaut 1501. Kamineinbau und Veränderung(?) der Küche 1761[48]. Das stattliche, talaus-wärts blickende Haus begrenzt zusammen mit dem rückseitig angebauten Haus Nr. 19 die Dorflichtung vor dem Gemeindehaus (Nr. 4) gegen Norden. Ältestes datiertes Haus des Goms. Aus schweren, teilweise behauenen Steinen gefügter Mauersockel, Überrest eines mittelalterlichen Herrenhauses[49] oder mit Steinen von der alten Burg in Mühlebach errichtet, mit welchen einige Jahre später ULRICH RUFFENER auch den Kirchturm von Ernen erbaut haben soll. An der südlichen Traufseite bis auf eine Nische vermauerte Türöffnung mit Kragsturz oder Schulter-bogen und Geläufe aus großen, vertikal gestellten Steinen. Kräftiger «Vorschutz». Die Giebelpfettenenden sind von hohen, wandartigen Balkenvorstößen gestützt, die Firstpfette von einer Strebe mit geschnitztem Andreaskreuz. Früheste nachweisbare Rillenfriese. ⌐⌐. 1½. Ehemals G, statt «Stubji» oder «Sälti» jedoch nur Holzschopf, zum Gang durch Blockwand, zur Küche hin durch «Stutzwand» abgeschlossen. Treppe zum «Loibe»-Geschoß in diesem Holzschopf. Giebelraum des Vorderhauses durch Blockwände unter den Zwischenpfetten ausgeschieden; Stützfunktion bei Giebelkonstruktion mit Bug statt mit «Heidechriz» (vgl. Kdm Wallis I, S. 13 und Abb. 6).

Inschrift (Abb. 124). «[Clausen-Wappen: Rosette über V mit gebogenen Schenkeln] anno domini millesimo quincentesimo primo mensis martii die x. hans clusen temporis banderetus» (mit gotischen Minuskeln)[50].

11. Koord. 260/230. Kat. Art. 469, Fol. 11, Nr. 70. Erben Eduard Clausen. Erbaut 1509? Zweites, an beiden Traufseiten leicht vorkragendes Wohnstockwerk 1738 (Pfeilschwanzfries unter Wolfszahn). ⌐⌐. 2. B. Die Decke des Hinterhauses im ersten Wohnstockwerk bestand aus dicken, miteinander verdübelten Bohlen. *Inschriften.* 1. Stockwerk: «M v 1[oder kleiner Buchstabe L] x/P M». Übrige Inschriften vgl. CARLEN, Zwischen zwei Brücken, S. 414. – *Rokokotäfer.* – *Ofen.* Zweigeschossig. Am Sims Kehle und Profile. Eckrücklage. An der Stirn Wappenmedaillon mit Löwen und Hahn, ferner Jesusmonogramm und, in umrankter Kartusche, die Initialen «M[artin].C[lausen]/I[ohanna]H[utter]»[51] über der Jahreszahl 1813.

---

47 1514? Lateinische Ziffer L(?) von A. CARLEN als c gelesen (ebd., S. 405).

48 Jahreszahl am Kaminmantel.

49 H. A. VON ROTEN, Die Landeshauptmänner von Wallis, BWG XI (1952), S. 108. – Auffallender-weise zeigt die Binnenmauer im Keller, die einen «Glotz» (kleines Fenster) aufweist, das regelmäßigste Mauerwerk.

50 Im Jahr des Herrn tausend fünfhundert und eins am 10. Tag des Monats März Cl[a]usen derzeitiger Bannerherr.

51 PfA Ernen, D 205.

12. Koord. 320/280. Kat. Art. 30, Fol. 11, Nr. 23. Leo Jentsch. Wohlproportioniertes Haus am südöstlichen Dorfrand. Erbaut 1538. Glatter Kamm- und Rillenfries. ⌐⌐ (hoch, bei der Küche seitlich vortretend). 1½. D. Im Kellergeschoß des Vorderhauses ehemals hölzerne Schaf- und Schweineställe, erreichbar durch eine rundbogige Tür in der Traufwand. Unter dem Treppenpodium zum Hinterhaus tritt man durch einen schmalen Gang in den Vorkeller, von dem eine gut ausgebaute Türöffnung in den eigentlichen Keller führt.

Inschrift. «[Bergmann-Wappen: umgekehrtes Z, unten von waagrechtem Balkenabschnitt überdeckt]HOC OPVS FIERI FECIT PETRVS BERGMAN ANNO DOMINI MVCXXXVIII DIE II MARCI M V[überhöht von kleinem c] xxxviii» (Kapitale, gotisierende Minuskeln und Majuskeln). – *Pietà* mit Kreuz. H. (inkl. Aureole) 31,5 cm (samt Kreuz 36 cm). Arve, häßlich übermalt, zum Teil bronzevergoldet. 3. Viertel 18. Jh. Eigentümliche Kopfwendung Christi. Zwei breite Akanthusvoluten stützen die Sockelplatte. Ehemals in einem Gehäuse.

13. Koord. 285/290. Kat. Art. 882, Fol. 11, Nr. 41. Flury Balz. Erbaut 1543. Glatte Kamm- und Rillenfriese. ⌐⌐. 1½. G (ehemals wohl D). Treppe zum «Loibe»-Geschoß entlang der «Stutzwand» zwischen «Stubji» und Küche. *Rokokotäfer.* – *Inschrift* vgl. CARLEN, Zwischen zwei Brücken, S. 406.

14. Koord. 230/210. Kat. Art. 765, Fol. 11, Nr. 33. Erben Kamil Huber. Erbaut 1543. Anbau an der rechten Traufseite des Vorderhauses 1. Hälfte 19. Jh. (gebrochener Wellenfries). 1910 um ein Stockwerk mit neuem Giebel erhöht. ⌐⌐. Sa. 1½. Ehemals A. Im Anbau zwei hintereinander liegende Kammern. *Inschrift* vgl. CARLEN, Zwischen zwei Brücken, S. 407.

15. Koord. 165/125. Kat. Art. 951, Fol. 9, Nr. 90. Augustin Niggeli. Erbaut 1558. Wohlproportioniertes Haus. Kräftige Rillenfriese. «Vorschutz». Balkenkopfkaminschlot. ⌐⌐ (im Küchenteil bis zu den Konsolen der Traufpfetten steigend). 1½. G (Flur zur Küche hin abgetrennt). Unter dem Vorderhaus eingezimmerter Schweinestall und Holzschopf. *Inschrift* vgl. CARLEN, Zwischen zwei Brücken, S. 408. – *Ofen.* Eingeschossig, mit Kehle an der schweren Deckplatte. An der Stirn, unter der Jahreszahl 1568, Wappen mit den Minuskeln «r» und «h» über gleichem heraldischem Zeichen wie im unteren Feld des Wappens am Dielbaum.

0 0,5 1m

Abb. 123–125. Mühlebach. Haus Nr. 1. «Heidechriz» mit gekerbtem Dekor. Text S. 131. – Haus Nr. 10, erbaut 1501. Dielbauminschrift mit Clausen-Wappen. Text S. 134. – Haus Nr. 16. Dielbauminschrift. Text S. 136.

16. Koord. 220/175 (Kdm Wallis I, Abb. 20 und 21). Kat. Art. 211, Fol. 9, Nr. 84. Hans Eduard Riggenbach. Erbaut 1563. Umbau, vielleicht mit Aufstockung, 1584. Das prachtvolle Untergommer Haus stand bis vor wenigen Jahren zusammen mit Haus Nr. 15 allein am Weg, der den sanften Hang zum Dorf hinansteigt. Über hohem Mauersockel mit «Saal»-Geschoß kragt das Holzwerk auf Balken vor. An die etwas vorgezogene Küche schließt ein traufseitiger Balkon. ⌐⌐. Sa (mit Quergang). 2. G (Hausflur zur Küche hin abgetrennt) und C.

Inschriften. 1. Stockwerk (Abb. 125): «[Schiner-Wappen]IHS MARIA DISERS HVS HAT GMACHT MELCKER SCHINER IM ERSTETEN HERBST MANNOT.AM.xxvii/TAG.IM.1.5.6.3.IAR» (Majuskel und Minuskel unregelmäßig gemischt). – «H[Schiner-Wappen]S IHS MARIA*IOHANES*SCHINER*VND.MARIA HAGEN SIN HVS FROW IM 1584 IAR» (Spiegelschrift). – 2. Stockwerk: «[Klammerartiges Zeichen, gesäumt von Punkten; Hand mit den Initialen ‹ZO›(?) auf dem Rücken und Andreaskreuz am Ärmel; Schiner-Wappen]IHS MARIA IOHANES SCHINER[Hand mit den Buchstaben ‹An› über der Ziffer Vier(?), durch waagrechten Strich getrennt]IM NAMEN DES HERRN». – *Ofen* von 1909. – *Wandbüfett-Aufsatz* (im Besitz von Alois Stucky-Clausen, Ernen). Tanne. Vierachsig, mit Türchen. Eingelegt: «17/71/JS».

17. Koord. 340/245. Kat. Art. 438, Fol. 7, Nr. 179. Ida Clausen. Erbaut 1592. Renoviert 1919. Das ursprünglich schmale Häuschen «Zur Schmitte» erhielt rechts am Vorderhaus einen gestrickten Kammeranbau. Ständerstud an der rechten hinteren Ecke. ⌐⌐. 1½. Ohne angebaute Kammer Grundriß A. *Inschrift.* Am original versetzten «Loibe»-Dielbaum die Jahreszahl 1592 zwischen steinmetzmarkenähnlichen Zeichen: links Kreuz auf Dreieck, rechts Kreuz auf gespreizten Stäben, die wiederum gekreuzt sind.

18. Koord. 330/305. Kat. Art. 505, Fol. 7, Nr. 165. Gabriel Clausen. Erbaut 1624. Rillenfriese. Späterer gestrickter Anbau an der linken Traufseite. «Vorschutz». Die Firstkonsole ruht dem Dielbaumkopf auf. ⌐⌐ (ganzes Hinterhaus). 1½. Ohne Anbau Grundriß A. *Inschrift* vgl. CARLEN, Zwischen zwei Brücken, S. 410. – *Ofen.* Eingeschossig, mit Kehle an der schweren Deckplatte. An der Stirn die Jahreszahl 1626 zwischen den Initialen «M B».

19. Koord. 285/250. Kat. Art. 244, Fol. 11, Nr. 67. Erben Josef Clausen. Erbaut 1644 (Konsölchenfries). Über meterbreitem Durchgang im Erdgeschoß stößt das Haus mit seiner Rückwand gegen diejenige von Haus Nr. 10. ⌐⌐. 1½. G (quer zum First nach Süden orientiert). Estricheinbau wie im anstoßenden Haus. *Inschrift:* «[Wappen mit Buchstabe B]IHS MARIA IODER.BIRCHER.VND.BARBARA.GLAVSEN.SIN.HAVS. FROVW/IM.IAR.1644.DEN.14.TAG MERTZEN». – *Wandbüfett.* Lärche. Anfang 19. Jh. Dreiachsig, mit geschweiftem Schubladenblock.

20. Koord. 285/180. Kat. Art. 565, Fol. 11, Nr. 80. Josef Clausen und Geschwister. Erbaut 1651–1671. Veränderungen im «Stubji» kurz nach dem Bau. Großer Würfelfries. 1919 aufgestockt mit neuem Giebel. ⌐⌐. 2 und Giebel-«Loiba» (ehemals 1½). F, im heutigen zweiten Stockwerk mit «verbundenem Stubji» beidseits der Küche. Alte, früher in die Kammer führende Steintreppe im Keller. *Inschriften.* 1. Stockwerk vgl. CARLEN, Zwischen zwei Brücken, S. 413. – 2. Stockwerk. Stube: «DIESEN.AUFBAU.ERSTELLEN LASSEN. IM.IAHRE.1919/WITFRAU.CLAUSEN.CLEMENTINA.UND.KINDER.EMIL.CAMIL.OLGA.UND.ALIS.» – Kammer: «[Jesusmonogramm]IN GOTES NAMEN HANT WIER GEBVWEN.DEN ANDREN AP.../DAS WIER IM ALES SAMT TER TRVWEN.DES 1671 IARS». – «Stubji»: [Hand]HANS HUOBER VND[Wappen mit griechischem Kreuz über Dreiberg] CASPER.HVOBER.CATRINA.LEMAN 1651». – *Öfen.* 1. Zweigeschossig, mit Karnies und Kehle an der Deckplatte. Neuere Kantenfase. An der Stirn nunmehr leeres Wappenschild zwischen den Ziffern der Jahreszahl 1766. – 2. Von 1923.

21. Koord. 185/145. Kat. Art. 1356, Fol. 9, Nr. 86. Erben Robert Huber. Erbaut 1668. Großer Würfelfries. Mauerkamin an der Hausrückwand. Im hinteren Giebel zwei Malteserkreuz-Öffnungen. ⌐⌐. 1½. F. *Inschrift* vgl. CARLEN, Zwischen zwei Brücken, S. 412. Auf vielen Deckbrettern je eine große, aufgeworfene Blume. – *Ofen.* Zweigeschossig, mit Kehlsims. An der Wange Schiner-Wappen mit den Initialen «S[chiner] H[ans]» und der Jahreszahl 1671. – *Wandbüfett.* Tanne. 2. Hälfte 18. Jh. Dreiachsig. Schubladenblock und Füllungen geschweift.

22. Koord. 265/300. Kat. Art. 1119, Fol. 9, Nr. 18. Theodor Birkhäuser. Erbaut 1. Hälfte 18. Jh. Pfeilschwanzfries unter Wolfszahn. «Vorschutz». ⌐⌐. 2. D und C. Ständerstud an der linken hinteren Ecke des zweiten Stockwerks, wo Kantholz von einem älteren Haus verwendet wurde.

Abb. 126. Mühlebach.
Speicher, spätmittelalterlich.
Text S. 138.

23. *«Pfisterhüs»*[52]. Koord. 30/90. Kat. Art. 2, Fol. 1, Nr. 52. Klara Hürlimann-Clausen. Erbaut 1709. Anbau an der linken Traufseite 1849. ⌐—⌐ (im Hinterhaus bis zum Dach reichend). 1½. Vor Anbau der Kammer A. In der rechten hinteren Ecke des Hinterhauses, unter weiter, gemauerter Kaminhaube, Öffnung zum rückseitig angebauten Backofen mit gemauertem Gewölbe. *Inschriften.* Stube vgl. CARLEN, Zwischen zwei Brücken, S. 413. – Im baufälligen Anbau: «IHS MARIA UND IOSEPH.1849.IOHANNES.ANMATEN/UND.MA-RIA.IOSEFA.WENGER». – *Ofen.* Zweigeschossig, mit schwerem, reichprofiliertem Sims und mit Pilastern an den Ecken. An der Stirn die Initialen «S I».

GEWERBE- UND NUTZBAUTEN

Back-, Wasch- und Schlachthaus (Koord. 290/165). Größtenteils ursprünglich nur mehr die Backstube in der Nordwestecke mit kräftigem Konsölchenfries an der Blockwand, 2. Viertel 17. Jh. Renovation in den dreißiger Jahren unseres Jahrhunderts, nachdem der Giebel schon vorher erhöht worden war. *Ofen.* 1944 kunstvoll erneuert durch ANTON GRICHTING, Agarn. Vgl. auch den Backofen im «Pfisterhüs» (Nr. 23). – Die 1952 im Kellergeschoß des «Schinerhüs» eingerichtete *Mühle* wurde mit Energie aus dem dorfeigenen Elektrizitätswerk (1910) am Mühlebach gespiesen. Bis 1936/37 stand eine *Mühle* etwa bei Koord. 355/180; ihr Mühlstein heute bei Robert Seiler, Mühlebach. Die Hofstatt der *unteren Mühle* ist bei Koord. 30/70 noch sichtbar; der Mühlstein dient seit 1957 im Pfarrgarten von Ernen als Tisch. – Zur Blütezeit des Dorfes drängten sich neben den «müllinen» noch andere Gewerbebauten zum Mühlebach. Schon 1772/73 wurde eine verlassene *«Gärbi»* (Gerberei) als Steinbruch für das Kaplaneihaus in Ernen erworben[53]. Eine *Schmiede*[54] stand etwa bei Koord. 90/75, anschließend bachaufwärts die *«Salzribi»*.

---

52 Am 22. Feb. 1788 brannte das Haus des Bäckers, konnte aber zur Hälfte gerettet werden (H. A. VON ROTEN, Landvogt Johann Jost, W. Jb. 1949, S. 21). Am «Pfisterhüs» finden sich keine Brandspuren.

53 CARLEN, Zwischen zwei Brücken, S. 377.

54 Ebd., S. 352.

Abb. 127. Außerbinn. Aufnahme 1978. – Text S. 139.

Die geschlossensten Gruppen von recht bedeutenden Nutzbauten finden sich nördlich des Hügelrückens und am Aufgang zum Kapellenhügel. Unter die Häuser der südlichen Flanke mischen sich mehrere bemerkenswerte Ökonomiegebäude. An die linke Traufseite des «Schinerhüs» stößt ein imposanter, für die Bauzeile bedeutsamer *Speicher* auf Mauersockel und hölzernem Unterbau (Koord. 300/220). Eine ähnliche Bedeutung für den Platz beim Gemeindehaus besitzt der *Stadel* mit westlich vorgezogenem hölzernem Unterbau bei Koord. 300/255. «Bim Brunne» bzw. «uff dr Platte» bilden ein Stadel und ein Speicher eine malerische Gruppe. Der qualitätvolle Stadel (Koord. 265/210) weist an beiden Fronten einen «Vorschutz» von nur halber Balkenbreite auf; die vordere Tenntüre ist zugewandet. Das dahinter am Hang stehende zierliche *Speicherchen* (Koord. 275/220) (Abb. 126) auf Mauersockel und hölzernem Unterbau zeigt an den beiden vorgezogenen Giebeln ein «Heidechriz»; das vordere geschmückt mit einem versenkten Tatzenkreuz, am Kamm des rückseitigen «Heidechriz» plastische Kreismotive.

ABGEWANDERTER KUNSTGEGENSTAND

Muttergottesstatue (im Besitz von Walter Mutter, Naters). H. 55 cm (ohne Krone). Arve, gehöhlt. Reste einer älteren Fassung. 15./16. Jh.? Krone und Zepter neu. Die sitzende Muttergottes trägt das nackte Kind quer auf dem linken Arm nach dem Typus der Hodegetria. Zum kleinen Haupt hin verjüngte Figur. Eigentümliche Mischung von Stilelementen mehrerer Jahrhunderte.

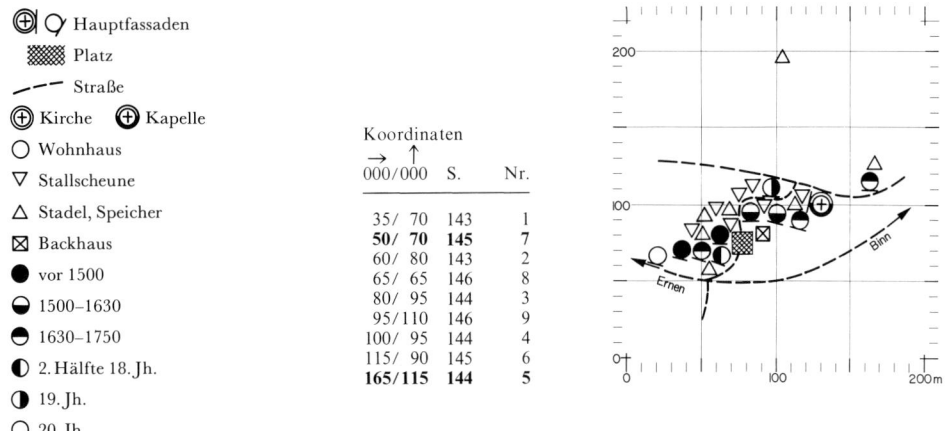

Hauptfassaden

▧ Platz

⌇ Straße

⊕ Kirche   ⊕ Kapelle

○ Wohnhaus

▽ Stallscheune

△ Stadel, Speicher

⊠ Backhaus

● vor 1500

◖ 1500–1630

◗ 1630–1750

◐ 2. Hälfte 18. Jh.

◑ 19. Jh.

○ 20. Jh.

Koordinaten		
→ ↑		
000/000	S.	Nr.
35/ 70	143	1
50/ 70	**145**	**7**
60/ 80	143	2
65/ 65	146	8
80/ 95	144	3
95/110	146	9
100/ 95	144	4
115/ 90	145	6
165/115	**144**	**5**

Abb. 128. Außerbinn. Siedlungsplan (vgl. «Wegleitung»). – Text unten.

AUSSERBINN

GESCHICHTE. In neuester Zeit wurde man durch prähistorische Gräberfunde auf die Bedeutung des Dorfes in der La-Tène-Zeit und in den ersten Jahrhunderten nach Christi Geburt aufmerksam. 1959 stieß man unter dem Haus Nr. 1 auf drei keltische Gräber, darunter ein Kriegergrab mit einem Schwert in der Scheide[1]. Als man 1970 den uralten Fußweg Binn–Ernen unmittelbar oberhalb der Kapelle verbreiterte, riß der Bagger ein weiteres Keltengrab wohl des ersten nachchristlichen Jahrhunderts auf[2].

1374 leistete Nikolaus «de Buyn exteriori» seine jährliche Abgabe an den Bischof[3], 1378 Theodulus «im vsserbun» eine Abgabe auf ewige Zeiten für die Ritter «in platea» sowie für Ritter Konrad von Niederernen an die Kirche von Ernen[4]. 1502 wurde die Grenze zu Binn festgelegt, 1568 eine Bauernzunft geschaffen[5]. Außerbinn gehörte zwar zum gleichen Zendenviertel wie das innere Binntal[6]; das durch die Twingischlucht abgetrennte Dorf teilte im übrigen aber nur wenig die Geschicke mit der Talschaft Binn, weshalb es auch kirchlich bei der Mutterkirche Ernen blieb.

Quellen. GdeA Außerbinn, größtenteils verschollen.
Literatur. CARLEN, Zwischen zwei Brücken, S. 393–398.

SIEDLUNG. *Anlage und Geschichte* (Abb. 127 und 128). Außerbinn schmiegt sich als geschlossene Haufendorfsiedlung an die nach Süden gerichtete, fast «mediterrane» Flanke des äußeren Binntals, ehe diese in das Tobel des Schletterbachs einbiegt. Das in sanftem Bogen angelegte Dorf umfängt bei Koord. 80/80 eine platzähnliche Lichtung. Die Kapelle steht am Nordostende, wo der uralte Weg zum Albrunpaß

1 G. GRAESER, Alte und neue Gräberfunde aus dem Binntal, Walliser Nachrichten 61 (1959), Nr. 104, und Jahrbuch der Schweizerischen Gesellschaft für Urgeschichte 1960/61, S. 134.

2 G. GRAESER, Ein gallorömisches Grab in Außerbinn und andere Neufunde aus dem Binntal, Walliser Volksfreund 51 (1970), Nr. 162, mit Aufzählung früherer verschollener Funde. 1966 hatte man auch jenseits des Riedbachs, «bim Hüs», ein Grab entdeckt.

3 GREMAUD V, S. 410.

4 Auf einer Stiftung lastende Abgabe (PfA Ernen, Jahrzeitbuch D 17, S. 37).

5 W. Wb., S. 16. GdeA Außerbinn, B 1 (verschollen). GdeA Ernen, B 3 (Kopie).

6 PfA Biel, B 12 (1774).

Abb. 129. Außerbinn. Kapelle, Mitte oder 3. Viertel 18. Jahrhundert. Außenansicht von Norden. – Text unten.

vorbeiführte. Die südliche Dorfansicht[7] wird zwar durch die 1966/67 errichtete Stallung, der ein Stadel und drei Heuställe haben weichen müssen, sehr beeinträchtigt, besitzt aber immer noch bemerkenswerte Akzente wie z.B. die beinahe intakte Schaufront des Gemeindehauses.

Die beiden «Heidehischer» befinden sich in der unteren Dorfhälfte. Je zwei Wohnhäuser entstanden im Zeitraum des 16. und frühen 17. Jahrhunderts in der Dorfmitte, im zweiten Viertel des 17. Jahrhunderts am nordöstlichen Dorfende, das eine sogar außerhalb des Dorfareals, und im 18. Jahrhundert am unteren Dorfrand. Das letzte Haus wurde 1832 erbaut.

KAPELLE HL. THEODUL

GESCHICHTE. Bau einer Kapelle 1678[8] (eingehauene Jahreszahl am Scheitel des wohl wiederverwendeten Portals). Zahlreiche auf das Vorbild der Reckinger Pfarrkirche (1745) weisende Merkmale lassen auf einen Neubau um die Mitte oder im dritten Viertel des 18. Jahrhunderts schließen. Renovationen 1874, 1892, 1898, 1901 und 1954 (Fenster)[9].

BESCHREIBUNG. *Äußeres* (Abb. 129). Die geostete Kapelle folgt dem Talhang. Das Steinplattendach des eingezogenen Polygonalchors ist von demjenigen des Rechteckschiffs deutlich abgesetzt. An der Stirnfassade Rundbogenportal aus Tuff mit reichprofilierten Giltsteinkämpfern, Okulus und statuenbesetzte (S. 142) Giebelnische. Auf das Vorbild der Pfarrkirche von Reckingen weisen der oktogonale Fassadenokulus, der Krüppelwalmgiebel mit den stark eingebuchteten Flanken, das profilierte Traufsims, die Fenstergliederung der Talseite und die flachen Stichbögen der Fenster.

7 STEBLER, S. 43, Fig. 29 (1903).

8 Im Visitationsakt 1687 erwähnt (PfA Ernen, D173). Wohl 1954 wurde ein als Treppenschwelle zum Portal benutzter «Schalenstein» durch Beton ersetzt (G. GRAESER [wie Anm. 2]).

9 GdeA Außerbinn, G2.

10 Vgl. Kdm Wallis I: Antoniuskapelle, Reckingen (letztes Viertel 18. Jh.?), S. 328; Kreuzkapelle, Reckingen (1769), S. 322; Margaretenkapelle, Münster (1769), S. 111.

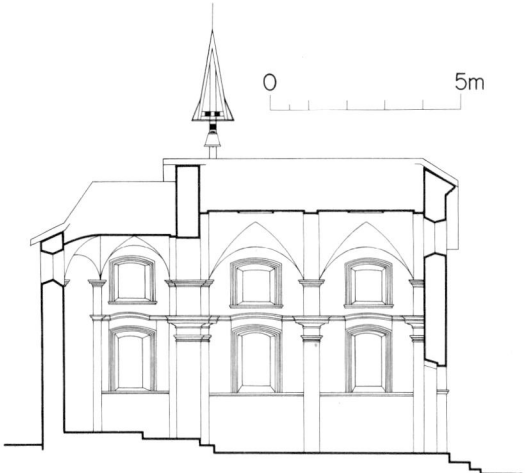

Abb. 130. Außerbinn. Kapelle,
Mitte oder 3. Viertel 18. Jahrhundert.
Längsschnitt. – Text unten.

Inneres (Abb. 130, 131 und 132). Das zweijochige Schiff und das Chor, deren hohe
Proportionen noch an das 17. Jahrhundert erinnern, werden von Gipstonnen mit
Stichkappen überwölbt. Der Kapelleninnenraum zählt zu den zierlichsten des Goms,
da er in der architektonischen Gliederung besonders eng an die Reckinger Pfarrkirche
anschließt: zweizonige Pilastergliederung im Schiff; stichbogig über die Fenster
geführte Profile des Pilastergesimses; bildartige Faszienrahmung der Fensternischen,
abgestützt auf ein Brüstungssims; an der Hangseite gleich gerahmte blinde Fenster;
ungegliederte Rückwand; Umrisse der profilgerahmten Scheitelmedaillons an den
Gewölben, zwei im Schiff und eines im Chor.

Chorgitter. Schmiedeeisen. Wohl späterer Anstrich, hellgrau und gelb. Niedrig in der
Art der Chorgitter aus dem dritten Viertel des 18. Jahrhunderts[10]. Giebelartige
Bekrönungen gliedern das Gitter in drei Achsen. Gittermotiv ist ein gestieltes Blatt
zwischen gegenständigen Doppelspiralen.

Altar des hl. Rosenkranzes (Abb. 133). 2. Hälfte 17. Jh. (um 1678). Aus unbekannter
Werkstatt wohl des Untergoms. – Einfache, aber reichverzierte Spätrenaissance-
Ädikula. Zwischen dem Kompositsäulenpaar holzgemaltes Altarblatt mit der frühe-
sten erhaltenen Gommer Rosenkranzdarstellung des üblichen Typs. Zwischen steilem

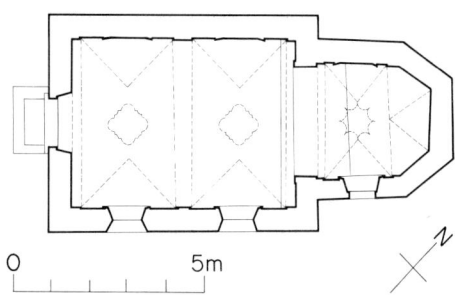

Abb. 131. Außerbinn. Kapelle,
Mitte oder 3. Viertel 18. Jahrhundert.
Grundriß. – Text oben.

Abb. 132 und 133. Außerbinn. Kapelle, Mitte oder 3. Viertel 18. Jahrhundert. Inneres gegen das Chor.
Text S. 141. – Altar, 2. Hälfte 17. Jahrhundert (um 1678?). Text S. 141.

Sprenggiebel, auf runder Konsole, bekrönende Theodulsstatue im Stil einer unbekannten Untergommer Werkstatt (Bellwald?). Kranzgesimsverkröpfung auch in der
Mittelachse. Fruchtmotive an den Säulen und an den Cherubim der Sockelstirnen
(Abb. 139 a). Perlstäbe, Herzblattkymen und geschuppte Gurten. Wohl zum Altar
gehörendes Leuchterengelpaar und später hinzugefügte Flankenfiguren (siehe unten).

Skulpturen. Leuchterengelpaar. H. (bis zum Haupt) 46 cm und 46,5 cm. Teilweise übermalte damaszierte
Originalfassung, Gold und Polychromie. 3. Viertel 17. Jh. Verträumte, mädchenhafte Engel, mit Dalmatik
bekleidet, zaghaft schreitend, in einer Hand Leuchterschaft aus wucherndem Blattrollwerk. – *Hl. Franz
Xaver*(?), H. 69 cm, und *hl. Antonius von Padua,* H. 67 cm. Arve. Teilweise übermalte polychrome Originalfassung mit Lüster, Silber und Gold. 3. Viertel 18. Jh. Aus der Werkstatt der Lagger, Reckingen?
Symmetrisch gestaltete Antlitze. Der hl. Antonius, eine etwas ungelenke, aber ausdrucksvolle Figur, trägt
das Jesuskind mit beiden Händen. – *Chorbogenkruzifix.* H. etwa 100 cm. Holz. Polimentgold. Inkarnat wohl
erneuert. Letztes Viertel 18. Jh. II. Reckinger Hauskruzifixtyp (vgl. Kdm Wallis I, Tf. Ia). – *Hl. Josef* mit
bekleidetem Kind (in der Fassadennische). H. 31,5 cm. Holz. Zerstörte Fassung. 2. Hälfte 18. Jh.

Fastenbild, darstellend Jesus am Kreuz. Etwa 171×121 cm. Deckfarbe auf Leinwand. Blaue Camaïeu-
malerei. Links unten: «j.A.D/L./pinix» (sic!), mit größter Wahrscheinlichkeit Signatur von Ignaz
Anderledi (1732–1814), Fiesch. Ende 18. Jh. Auf der Rückseite Pietà in der Grabhöhle. 156×103 cm.
Deckfarbe. Zurückhaltendes Grün, Beige und Grau. Durch einen Tartschenumriß rechts oben Blick in
eine ferne Landschaft. – *Kelch.* Messing(?), gegossen, vergoldet und graviert. H. 21 cm. 2. Hälfte 17. Jh.
Italienische Herkunft? Runder, über einem Girlandenstab abgeplatteter Fuß, geschmückt mit Cherubim
und Fruchtbündeln in Bandwerkrahmen. Ähnlich geschmückter pokalförmiger Knauf zwischen Schaft-
ringen. Am kompakten palmettengesäumten Korb Leidenswerkzeuge in verschlungenen Medaillons. –
Sakristeischrank, 1902, im Stil der 2. Hälfte des 17. Jh.

---

11 Vgl. Glocke der Ritzingerfeldkapelle (Kdm Wallis I, S. 377) und O. Curiger, L'Hôtel de Ville de
Sion (1657–1665), Vallesia XV (1960), S. 126.

Glocke. Dm. 34,5 cm. Ton c″. Sechs, mit Maskarons geschmückte Kronenbügel. An der Schulter Rankenfries mit Rosetten und die Umschrift: «SANCTA MARIA ORA PRO NOBIS 1664». Am Schnurstab große, mit Fruchtbündeln behangene Draperie. Darunter Reliefs: Himmelskönigin, Brustbildnis Johannes des Täufers in ovalem Medaillon, umranktes Kreuz und mit einem Cherub bekröntes Wappen des Sittner Glockengießers HILDEBRAND PROVENSE (geviertet, mit bekröntem Herzen und gekreuzten Zweigen als heraldischen Zeichen) über der Inschrift «HIL, PROVENSE»[11] in Schriftband.

Entfernte Kunstgegenstände. Im Pfarrhaus Ernen: Skulpturen. Hl. Petrus(?) (Abb. 135). H. 50 cm. Arve(?), massiv. Alte Fassung. Ölvergoldung und Lüster mit großen Blumenmotiven. 1. Hälfte 17. Jh. Stilistische Anklänge an die Muttergottes in der Fassadennische der Kapelle von Bodmen (Blitzingen) (S. 242) und an die Statuen des «BINNER MEISTERS» im Pfarrhaus von Willern (S. 168). Fehlendes Attribut der Rechten (Schlüssel?). Enge Fältelung neben teigigen Faltenpartien. Gotisierender Mantelüberschlag. – *Muttergottes.* H. 72 cm. Arve, massiv. Teilweise übermalte polychrome Originalfassung: Gold und silberne Damaszierung, ehemals wohl gelüstert. 3. Viertel 17. Jh. Stil einer unbekannten Untergommer Werkstatt (Bellwald?). Als Königin auf der Mondsichel stehend, mit aufgerichtetem Oberkörper und kleinem pausbackigem Haupt. Das großhäuptige Kind auf dem Mantelbausch umfaßt mit der Rechten die Haartresse der Mutter. Gezackte Mantelränder. – Im *Pfarreimuseum Ernen:* Stehende *Muttergottes* im Strahlenkranz (Abb. 134). H. 62 cm. Linde, massiv. Originalfassung: Polychromie, Gold und Silber mit buntem Blumendekor. 1. Hälfte 17. Jh. Wohl vom gleichen Meister wie der hl. Petrus (siehe oben). Krone und Strahlenkranz beschädigt. Die Linke hält das rundliche Kind samt der Mantelschlaufe hoch. Gefurchtes Kleid. Pendelfaltenmotive. Volkskunsthaft derbe Figur. – *Kasel.* Rot. 1. Hälfte 18. Jh. Rostroter Satin, lanziert mit Seide. Bunte Blütengrüppchen. Stab in Komposition miteinbezogen. – *Meßkännchen.* Zinn. H. 9,5 cm. Walliser Kannentyp (BOSSARD, Tf. XVII, Typ III, Nr. 8). Auf dem Deckel: «A[qua]».

WOHNHÄUSER

1. Koord. 35/70. Kat.-Nr. 10/48. Egon und Willi Jullier. Spätmittelalterlich. Schmales «Heidehüs». Am vorderen Giebel schmuckvolles «Heidechriz», am rückseitigen einfache Stud mit eingeritztem Zimmermannsbeil. ⌐——⌐. 1½. A. 1959 keltischer Gräberfund (S. 139).

2. Koord. 60/80. Kat.-Nr. 10/33. Hansruedi Liechti. Spätmittelalterlich. «Heidehüs». «Heidechriz» der Front verzahnt mit kräftiger Balkenvorlage (vgl. S. 115); als Dekor plastisches Andreaskreuz in versenkter Zone. Nur mit Randkerben geschmückter «Heide»-Balken am rückseitigen Giebel. Balkenkopfkamin

Abb. 134 und 135. Außerbinn.
Kapelle. Muttergottes,
H. 72 cm, und hl. Petrus(?),
H. 50 cm, 3. Viertel
17. Jahrhundert, wohl von
einem Binner Meister (heute im
Pfarrhaus Ernen). – Text oben.

Abb. 136 und 137. Außerbinn.
Haus Nr. 3, 1528. Dielbauminschrift.
Planzeichnung und Aufnahme.
Text unten.

entfernt. ⌐⌐. 1½. D («Sälti» mit «Stutzwänden» abgetrennt). *Ofen.* Eingeschossig, mit flau gekehlter Deckplatte. An der Stirn, in Rechteckfeld, Wappenschild mit drei pyramidenförmig angeordneten Quadrätchen zwischen den Initialen M und H unter der Jahreszahl 1596. – Hölzernes *Räderwerk einer Uhr* (im Besitz von Gerd Graeser, Ebmet, Gießen, Binn).

3. Koord. 80/95. Kat.-Nr. 10/22. Yvan Michelitsch, Brig. Erbaut 1528. Renovation 1790 (Jahreszahl am Türsturz der Eingangstür). Rillenfries, stellenweise nur mit zwei Rillen. Balkenkopfkaminschlot noch erhalten. Ehemals Balkon an der linken Traufseite des «Loibe»-Geschosses. ⌐⌐. 1½. A und C. «Trächa» und ursprüngliche Treppe zum «Loibe»-Geschoß in der Küche. *Inschrift* (Abb. 136 und 137). Großzügig gekerbte Jahreszahl 1528 in großen römischen Ziffern; abschließender Stab, aus dem eine Ranke sprießt. – *Ofen.* Eingeschossig. Fase an der schweren Deckplatte. Holzsockel. An der Stirn die Jahreszahl 1581 und Wappen mit griechischem Kreuz. – *Truhe.* Tanne und Nußbaum. Zwei Rechteckfelder zwischen schmalen Achsen, ausgeschieden durch vorgeblendete Profilleisten. Blendbrett des Sockels von Rechteck durchbrochen. Eingelegt am Fries: «IESVS MARIA[Blütenornament]IOSEPH», im linken Feld: «P.S.L.M.G», im rechten Feld die Jahreszahl 1719. Tulpen in den Zwischenfeldern.

4. Koord. 100/95. Kat.-Nr. 10/18. Ida und Otto Jentsch. Erbaut 16./frühes 17. Jh. (Rillenfriese). 1936 aufgestockt mit neuem Giebel. Ersetzte Wandpartien. ⌐⌐. 2½ (ehemals 1½). G (Kammer mit «Stutzwand» abgetrennt). *Ofen.* Zweigeschossig. An der Stirn Rankenmedaillon mit Jesusmonogramm im Stil der 2. Hälfte des 19. Jh., an der Wange Jentsch-Wappen (unter drei pyramidenförmig angeordneten Fünfstrahlensternen Kleeblatt auf Dreiberg), gerahmt von den Initialen «O[thmar].J[entsch].M[argareta].J[mhof].» und den Ziffern der Jahreszahl 1948. – *Gemälde,* Kirche und Friedhof von Blatten (Lötschen) darstellend. Etwa 43,5 × 54 cm. Öl auf Faserspanplatte. Von ANDREAS IMHOF (1901–1938).

5. Koord. 165/115 (Abb. 138). Kat.-Nr. 9/77. Emil Jullier. Erbaut 2. Viertel 17. Jh. Das mit Konsölchenfriesen und einem Zier-«Vorschutz» reichgeschmückte Haus bildet mit einem dazugehörenden Stadel eine malerische gestufte Baugruppe am steilen Hangrücken östlich des Dorfes. Ursprünglicher «Loibe»-Balkon an der linken Traufseite. ⌐⌐ (hoch). 2. E. An einer Stubenwand schwungvolles *Rokokotäfer.* Dielbaum verkleidet.

12 CARLEN, Zwischen zwei Brücken, S. 396, zum Teil mit anderen Angaben.
13 Als Gemeindehaus diente vorerst das jeweilige Haus des amtierenden Präsidenten, 1954–1963 das Schulhaus (Nr. 9).

Ofen. Zweigeschossig. Getrepptes und gekehltes Sims an schwerer Deckplatte. An der Stirn, über der Jahreszahl 1766, Wappenschild mit den Initialen «I[ohann].I[osef].Z[um]B[ach]/I[ohann].M[artin].ZB/AMG»[12]. Kleeblatt an Stelle des Dreibergs.

6. Koord.115/90. Kat.-Nr.10/15. Burgergemeinde; Kunigunde Wenger. Erbaut 1687/88 (Jahreszahl 1688 am hinteren Giebel). Kleiner Würfelfries unter Wolfszahn. ⌐¬. Ehemals 2½. F. *Inschriften.* 1.Stockwerk vgl. CARLEN, Zwischen zwei Brücken, S.394. – 2.Stockwerk: «[mit Farbe zugefülltes Wappen]IM.ANFANG.SOLT.DV.GOTES.FORCHTHAN.SO.WIRT.AVS.DEIR.EIN.WISER.MAN/PETERZVLAVWNEN.VND. HANS.MARTEI.SEIN.SUHN.HAT.DISES.GEBEIW.AN.GENVN.» – *Ofen.* Eingeschossig, mit schwerer, gekehlter Deckplatte. An der Stirn Wappenschild mit dem heraldischen Zeichen der Familie Zlauwinen (über Dreiberg ein Blütchen zwischen zwei vertikal aufgereihten V) zwischen den Initialen «PZ» und den Ziffern der Jahreszahl 1687. – *Wandbüfett.* Lärche. Datiert 1808. Initialen: «V[alentin]ZL[auwinen]».

7. (Abb.139). Koord.50/70. Kat.-Nr.10/45. Burgergemeinde; Franz Jentsch. Erbaut 1739. Erstes Stockwerk 1963 von der Gemeinde erworben[13]. Das imposante, an seiner Schaufront noch nicht durch Fensterausbrüche verdorbene Haus verleiht dem südlichen Dorfrand «Gesicht». Kräftiger «Vorschutz» auf gewandeten abgetreppten Balken an der linken Traufseite über dem ersten Stockwerk, hinten durch kleinen gemauerten Raum gestützt. An der Rückseite Rundbogenportal aus Tuff zum ersten Wohnstockwerk. ⌐⌐. 2½. A und F. «Trächa» noch erhalten.

Inschriften. 1.Stockwerk: «[reichkonturiertes Wappen: über zackigem Dreiberg zwei Fünfstrahlensterne; darüber Zlauwinen-Wappen, die Blüte mit den beiden V rautenförmig umschließend, zwischen Balkenfragmenten unter einem Punkt]IM.NAMEN.IESVS.FANG.ICH.AN.ZV.BAVWEN.ZV.GOT.HAB.ICH.MEIN. HOFNVNG/VND.VOR.TRAVWEN.BVWMAN.CHRISTEN.ZLAVWNEN VND.SEIN.HAVS.FRAVW.MARIA/VRSELA ZMILACHEREN.VND.SEIN.MAVOTER.MARIA.CATRINA.SCHMITH.IM.IAHR1739/O.IVNGES.BLVT.SPAHR.DV.DEIN. GVOT.DAN.ARBEITEN.IM.ALTER.WE.THVT.» – 2.Stockwerk: «[Zlauwinen-Wappen wie auf dem Ofen von Haus Nr.6]DISES.HVS.IST.GEBAVWEN.ZVO.LOB.VND.EHR.DEM.HECHSTENGOT.DEM.ALS.GEHERT.WIE.AVCH/ZVO.

Abb.138 und 139. Außerbinn. Haus Nr.5, 2.Viertel 17.Jahrhundert, mit Stadel. Text S.144. – Haus Nr.7, 1739. Text oben.

EHREN.IOSEPH.VND.MARIA.REIN.DIE.SOLEÑT.HIER.HVS.HALTER.SEI.NICHT.IEDEM.TRAW/SELBS.AVF.DICH. SHAVW.WEIL.AVCH.DIE.FRINDT.VNTREIW.OFT.SIND/IM IAHR 1739.»–Im «Stubji»: «CHRISTEN ZLAVWEN IST BAVWHER/VND SEIN SHWER.[14] IOHANES . ZMILACREN 1739.» – *Ofen.* Eingeschossig, mit gekehlter Deckplatte. 17.Jh.? An der Stirn die Jahreszahl 1740.

8. Koord. 65/65. Kat.-Nr. 10/42. Franz, Heinrich und Othmar Jentsch; Theodul Tenisch. Erbaut 1797, aufgestockt mit neuem Giebel 1950. Das schmale, hohe Haus beherrscht die südliche Dorfansicht, um so mehr als es, neben dem Gemeindehaus vortretend, die vorderste Häuserzeile gegen Osten hin abschließt. Die Wirkung dieses Hauses wird wie diejenige des Gemeindehauses durch davorstehende kleine Nutzbauten noch gesteigert. Stammhaus der Familie Jentsch in Außerbinn[15]. ⌐—⌐. 3 und Giebel-«Loiba». F. Zwei Türen mit geschweiften oberen Füllungen und mit Beschläg von 1797 in Türrahmen. *Inschrift* vgl. CARLEN, Zwischen zwei Brücken, S. 396. – *Ofen.* Zweigeschossig, mit doppelt gekehlter schwerer Deckplatte. An der Stirn, in Wappenfeld, die Jahreszahl 1799. – *Hauskruzifix.* H. (Korpus) 16,5 cm. Holz, häßlich übermalt. 2.Hälfte 18.Jh. II.Reckinger Hauskruzifixtyp (vgl. Kdm Wallis I, Tf.Ia). Vor dem Kreuzfuß Clipeus in Rocaillepalmette.

9. Koord. 95/110. Kat.-Nr. 10/5. Burgergemeinde (Schulhaus); Emil Jullier. Erbaut 1832. Inschrift vom ehemaligen rückseitigen Giebel: «ANNO 1832», angebracht an derselben Stelle. 1974, nach einem Brand im Dachstuhl, neuer Giebel über eingeschobenen Ringen. Fries: Paar versenkter Rundstäbe. Zweites Stockwerk ehemals Gaststube[16]. 1954 von der Gemeinde erworben. Sehr stattliches Haus am oberen Dorfrand. Stichbogiges Kellerportal, ziergekerbtes Rundbogenportal aus Holz zum ersten Wohngeschoß. ⌐—⌐. 2½. H mit «Stubji» aus «Stutzwänden» und Doppelwohnung C mit gemeinsamer Küche. *Inschriften* vgl. CARLEN, Zwischen zwei Brücken, S. 397/98. – *Öfen.* 1. Zweigeschossig, mit Wulst und Kehle an der schweren Deckplatte. An der Stirn, in Wappenschild: «I[oseph]A[nton]J[entsch]/C[atharina]J[m]H[of]», an der Wange Jesusmonogramm in Blattkranz. – 2. Gleich wie Nr. 1. – 3. Zweigeschossig. Kehle unter Rundstab am Sims. An der Stirn Wappenschild in Lorbeerkelch: «III/1841».

NUTZ- UND GEWERBEBAUTEN

Wie ein Eckpfeiler der Siedlung steht bei Koord. 50/95 ein stattlicher *Stadel* auf Mäuerchen und Baumstammtrommeln.

Backhaus. Koord. 90/80. Am Dielbaum: «1880 FRANZ.SCHALBETTER.M.G.D.A.B.». – Ofen von 1766 entfernt.

BILDSTOCK DER HL. ANNA
«ENNET DEM BACH» ODER «UFF DR HALTA»

Nachdem die 1773 als reparaturbedürftig bezeichnete[17] Annakapelle unterhalb des Fußweges 1934/35 beim Bau der Autostraße hatte weichen müssen, ließ man 1951/52 durch ROBERT BRIW diesen Bildstock errichten. Gitter von WALTER RUSSI, Fiesch. Auf Sichtmauersockel mit Besenwurf versehener Quader. Schweres Steinplattendach. Stichbogige Nische.

Skulpturen. Hl.Anna Selbdritt. H. 67 cm. Giltstein. Ölfassung, blau und gelb. Ende 17.Jh. Ausgeprägter Stil des JOHANN RITZ, Selkingen. – Im Pfarrhaus Ernen: *Hl.Stanislaus Kostka* (hl.Aloysius von Gonzaga?). H. (bis zum Haupt) 68 cm. Arve, massiv. Dick übermalte Originalfassung: Gold und Polychromie. Mitte 18.Jh. Jugendlicher Jesuit. Ehemals wohl Kruzifix in der hochgereckten Rechten, in der Linken Lilie. Übergeworfener Mantel. Großes Strahlenmedaillon auf der Brust. – *Hl.Josef* mit dem Jesuskind. H. 68,5 cm. Arve, massiv. Polychrome Originalfassung(?), übermalt. Gold. Mitte 18.Jh. Kopf und Schulter des Kindes fehlen. Längliches Haupt mit symmetrisch anliegendem Haar. Ausschwingende Kleidersäume.

---

14 Mundartausdruck für Schwiegervater.   15 CARLEN, Zwischen zwei Brücken, S. 397.
16 Ebd.
17 GdeA Außerbinn, H 20.

SCHÄRTMOOSBRÜCKE

Vor der eigentlichen «Twingi»-Schlucht führt der Weg von Grengiols nach Binn
über die malerische Schärtmoosbrücke, wohl aus dem 16. Jahrhundert, im Volks-
mund Brücke Karls des Großen oder häufiger Römerbrücke genannt. 1976 Restaurierung durch RUSSI BAU AG, Fiesch, unter Aufsicht der Kantonalen Denkmalpflege;
an der Krone sogar mit Tännchen bestanden, hatte die überwucherte Brücke arge
Schäden aufgewiesen. Die Schönheit des Bauwerks und der Stimmungsreichtum der
abgeschiedenen Waldlandschaft werden dem Wanderer gleicherweise zum Erlebnis.

Am steilen westlichen Waldhang setzt der Bogen auf einem Pfeiler trapezförmigen
Grundrisses auf, an der gegenüber liegenden felsigen Talflanke unmittelbar auf dem
Fels. Der aus wuchtigen Tuffblöcken gefügte runde Brückenbogen trägt am dünnen
Scheitel unmittelbar den Weg, dessen originaler Belag, bestehend aus zwei längsgerichteten Steinzeilen zwischen quergestellten Bachsteinen, bei der Restaurierung an
den Flanken unter einem Meter Aufschüttung zum Vorschein kam. Mit Tuff
durchsetzt sind auch die Schultermauern der Brücke.

Abb. 139a. Außerbinn. Altar, 2. Hälfte 17. Jahrhundert (um 1678?). Säulensockelstirn mit appliziertem
Cherub in Fruchtgehänge. – Text S. 142.

Abb. 140. Binntal. Luftaufnahme 1949.

DAS INNERE BINNTAL – DIE TALSCHAFT BINN

VORGESCHICHTE. Schon Binnachern nahe der Mündung der Binna hatte mit seinen Gräbern der La-Tène-Zeit die vorgeschichtliche Straße in das Tal des Albrunpasses gewiesen (S. 3). Seither haben rund vierzig Gräberfunde an acht verschiedenen Stellen sowie weitere Streu- und Siedlungsfunde die hervorragende Bedeutung des Paßtals in der jüngeren Eisenzeit und in den ersten nachchristlichen Jahrhunderten bestätigt[1]. Während die zahlreichen geosteten Körpergräber auf eine keltische[2] Bevölkerung im Tale seit

---

1 Die Steinbeilklinge von Gießen (S. 188) und das am Weg zum Albrunpaß gefundene Serpentinbeil sind ebensowenig als Siedlungsspuren zu werten wie die auf der italienischen Flanke des Ofenhorns in einem Quarzband steckengebliebene mittelbronzezeitliche Dolchklinge. ([G. GRAESER], Ein urgeschichtlicher Strahler am Ofenhorn, Walliser Volksfreund vom 12. Aug. 1967. – Ders., Das Binntal, Treize Etoiles 1968, Nr. 8 und 9, S. 17 und 25. – M.-R. SAUTER, Préhistoire du Valais des origines aux temps mérovingiens, BWG V [1950], S. 69/70; X [1955], S. 6; XV [1960], S. 247/48.)

dem 5. Jahrhundert v. Chr. schließen lassen, deuten weniger die römischen Importgegenstände als die öfters mit Münzen ausgestatteten Brandurnengräber auf eine zeitweilige Besiedlung durch Römer. Die zum Teil bemerkenswerten Grabbeigaben belegen darüber hinaus die kulturelle Verkettung mit der wohl stammesverwandten lepontischen[3] Bevölkerung in Oberitalien und im Tessin sowie mit den Galloömern des übrigen Wallis und Helvetiens. Prähistorische Gräber kamen besonders häufig auf Fluren mit der Bezeichnung «Acher» zutage, die seit Menschengedenken nicht mehr als Äcker bewirtschaftet worden sind. Die archäologischen Funde der letzten Jahrzehnte sind, wo möglich, von GERD GRAESER, Ebmet bei Gießen, überwacht und, zum Teil in Publikationen, wissenschaftlich ausgewertet worden[4].

Römische Paß- und Saumstraße über den Albrun. Landeskarte Nr. 265 (Nufenenpaß) zwischen den Koord. 663950/136850 und 664250/136950, ferner 665450/136450 bis zur Paßhöhe. Steilpflaster, Trockenstützmauern und gemauerte Spitzkehren; bis 1 m tief in den Fels eingeschnitten[5].

GESCHICHTE. Zur Zeit der Völkerwanderung muß der Handel über den Albrunpaß ins Stocken geraten sein, und bevor die frühesten schriftlichen Aufzeichnungen des Mittelalters von neuem Leben im Goms berichten, waren die Gemeinden des obersten Haupttals wohl infolge eines wirtschaftlichen Strukturwandels oder einer vielleicht politisch motivierten Verkehrsverlagerung[6] aufgeblüht. Für das ehemals so bedeutende Tal des Albrunpasses ist das Interesse sicher im Hochmittelalter wieder erwacht. Binn soll als Herrengut Savoyens an die Edlen von Turn und Falcon gelangt sein[7]. Der Sittener Bischof Boso II. von Gradetsch (1237–1243) erneuerte das Lehen eines gewissen Meiers P[eter von Mühlebach?] im Binntal[8]. Der Bischof, der die hohe und niedere Gerichtsbarkeit im Tal ausübte[9], erweiterte den seit dem frühen 14. Jahrhundert durch einen Mistral verwalteten Besitz[10]. Das Domkapitel von Sitten beanspruchte schon im 13. Jahrhundert Einkünfte, die im Laufe der Jahrhunderte anwuchsen[11]. Im Spätmittelalter übte ein vom Volk gewählter, aber durch den Bischof zu bestätigender Meier eine beschränkte Gerichtsbarkeit aus; Blutgerichtsentscheide bedurften einer Bestätigung durch den Meier von Goms bzw. durch den Bischof und die Bürger von Sitten[12]. Schon 1297 als «communitas» bezeichnet[13], schufen die Talbewohner 1429 auf dem Friedhof der Pfarrkirche in Willern eine Verordnung[14], die nicht nur den Verkauf liegender Güter an Auswärtige untersagte, sondern auch den talfremden Besitzern ihren Anteil an den Gemeingütern streitig machte; der Meier von Ernen und der Landeshauptmann entschieden jedoch gegen die Talleute[15]. 1548 Verkauf der bischöflichen Einkünfte, der Telle, an die Talschaft[16]. 1565 wütete in Binn die Pest. Beim Zusammenbruch der alten Ordnung zur Zeit der Französischen Revolution ging auch das Meiertum unter. Bis in die erste Hälfte unseres Jahrhunderts waren die Beziehungen zum benachbarten Oberitalien, vor allem zum Markt und zur Wallfahrtskirche von Baceno («Bätsch»), sehr

2 Unter den wenigen Waffen als Grabbeigaben fanden sich mehr Speere als Schwerter, was bei den «Gäsaten», wie der Römer die Kelten auch nannte, nicht überrascht.

3 Ansicht von G. GRAESER, Ebmet, Gießen.

4 Nach dem Plan von Graeser sollten die Fundgegenstände in einem Museum des Binntals zur Ausstellung gelangen.

5 Führer durch die römische Schweiz, hg. von A. LAMBERT und E. MEYER, Zürich 1972, S. 31.

6 Vgl. die Vereinigung der Vallis Poenina mit der Rätischen Provinz zur Zeit des Augustus.

7 W. Wb., S. 32. Von Dr. H. A. von Roten, Raron, entschieden abgelehnte Hypothese.

8 GREMAUD II, S. 564.

9 GREMAUD V, S. 405. – Nach CARLEN ist die Gerichtsgewalt des Bischofs über das Binntal aus der Grundherrschaft hervorgewachsen (CARLEN [wie S. 3, Anm. 10], S. 75 und 123). – Eine im 18. Jh. dem Pfarrer von Binn gehörende Liegenschaft hieß «zu den Ringmauren» (PfA Binn, D 2 und 3), eine vor dem südlichen Ausgang des Twingitunnels ansteigende Halde heißt heute «Schatzturm».

10 GREMAUD III, S. 442, 495, 601.

11 GREMAUD II, S. 64, und VII, S. 435.

12 L. CARLEN, Die Gerichtsbarkeit des Bischofs von Sitten im Goms, ZSK 51 (1957), S. 142/43.

13 StAS, AV 1/213. «communitas seu universitas» bedeutet zwar nicht notwendig eine rechtliche Gemeinschaft im Sinn eines Gemeinwesens.

14 GREMAUD VII, S. 559/60. – Erneuerung der Bauernzunft 1447. 1600 neues Burg- und Talrecht (F. SCHMID, Wandlungen einer Gemeinde-Bauernzunft, BWG I [1889/90], S. 179 und 182).

15 Die Auseinandersetzung währte bis 1464 (ebd., S. 179).

16 H. A. VON ROTEN, Adrian I, ZSK 42 (1948), S. 98.

Abb. 141 und 142. Binntal. Massive keltische Armreifen mit Augenringmustern, genannt «Walliser Reifen», Bronze, gegossen, Dm. 7,1 cm, Gräberfeld «Uffem Acher», Schmidigehischere (Hotel «Ofenhorn», Schmidigehischere); römisches Terra-nigra-Schälchen, Dm. 10 cm, H. 5,5 cm, dünnwandig, frühe Kaiserzeit, Gräberfeld «Hofacher», Schmidigehischere (Gerd Graeser, Ebmet, Binn). – Text S. 170 und 171.

eng[17]. Die infolge der Weltkriege abgebrochenen Kontakte wurden 1965 zwischen Baceno und der Gemeinde Binn wiederum aufgenommen[18].

In der Neuzeit verdankte das Tal seine Bedeutung weniger dem Handel als den Bodenschätzen. Neben den Bergkristallen, deren Suche sich bis in die vorgeschichtliche Zeit zurückverfolgen läßt[19], waren es zuerst die Eisenvorkommen in den Gneisen des Helsenhorns sowie in den Dolomitgesteinen des Feldbachtals und ·am Hölzerspitz, die nach einer planmäßigen Ausbeutung riefen. Zahlreiche gescheiterte Versuche des 18. Jahrhunderts bewiesen aber die Unrentabilität der Eisenbergwerke[20]. Der sogenannte Engländerstollen im «Lengebach» und eine unscheinbare Ruine[21] beim «Kohlplatz» am alten Weg von Zenbinnen zur Hl.-Kreuz-Kapelle wohl als Überrest eines kleinen Hochofens mit zugehöriger Schmiede sind noch vorhanden.

Als ergiebiger sollten sich in neuester Zeit die Mineralvorkommen[22] erweisen, die das Binntal seinem außerordentlichen geologischen Standort auf einer zur Hälfte abgetragenen überworfenen Deckfalte aus Gneisen, Dolomiten, Bündnerschiefer und Serpentin verdankt[23]. Mit der geologischen Vielschichtigkeit hängt auch der außerordentliche Reichtum der Binner Flora zusammen[24]. Diese Schätze und eine großartige Gebirgslandschaft mit einer klaren Binna in fast unberührtem Lauf locken immer mehr Touristen ins Tal. Nach dem Ausbau der Straße 1864 war schon 1883 das Hotel «Ofenhorn» in Schmidigenhäusern (S. 185 und Abb. 184) eröffnet worden. Den Naturschönheiten ihres Tals trugen die Bürger in der Urabstimmung vom 27. September 1964 Rechnung, als sie den größten Teil des inneren

17 Bezeichnenderweise schenkte Baceno der Gemeinde Binn 1976 ein Ölgemälde von MAURIZIO ROMANI, Milano, mit Darstellung der Kirche von Baceno.

18 Die Gemeinden übergeben sich alljährlich gegenseitig ein Present.

19 Vgl. Anm. 1. – G. GRAESER, Ein hochalpiner gallorömischer Siedlungsfund im Binntal (Wallis), Provincialia, Festschrift für R. Laur-Belart, Basel 1968, S. 335–353.

20 H. ROSSI, Zur Geschichte der Walliser Bergwerke, BWG X (1949), S. 338–345.

21 Freundl. Auskunft von G. Graeser, Ebmet, Gießen. In der Nähe fand Graeser einen Renaissance-Prunkdegen («Katzbalger»).

22 [S. GRAESER], Zur Naturgeschichte des Binntales, Treize Etoiles 18 (1968), Nr. 9, S. 26–31.

23 Im Dolomit des «Lengebachs», wo die Fundstelle vor dem Ersten Weltkrieg hauptsächlich von englischen Wissenschaftlern ausgebeutet und nach ihrem Verfall erst 1958 von der «Bernischen Arbeitsgemeinschaft Lengenbach» wieder in Betrieb genommen wurde, fanden sich nicht weniger als 50 verschiedene Mineralien, darunter rund 15 einzigartige, d. h. nur im Binntal vorkommende Sulfosalzmineralien. Die Gneise der sogenannten Lercheltini-Zone an den Nordhängen von Schien- und Kollerhorn bergen vor allem Anastase, der Serpentin Granate, der Bündnerschiefer Bergkristalle. Nach dem bekannten Strahler Josef Imhof ist ein neuentdecktes Mineral im Lengenbach Imhofit benannt; sein Sohn Anton begann mit dem Schleifen einheimischer Steine und Mineralien.

24 Die kalkigen Gesteine des Bündnerschiefers und Dolomits bringen eine andere Pflanzenwelt hervor als die Silikate, Gneis und Serpentin.

Binntals auf Wunsch des Walliser Bundes für Naturschutz und der Sektion Monte Rosa des SAC zum Natur- und Heimatschutzgebiet erklären ließen. Die Autostraße von 1936 bis 1938 wurde in der lawinengefährdeten Twingischlucht zwischen dem äußeren und dem inneren Binntal jeden Winter unterbrochen. Erst seit dem Durchstich des allerdings noch unzulänglich ausgebauten Tunnels von 1,9 km Länge durch den Felskopf der «Äbne Matte» 1963/64 ist die Verbindung mit dem Haupttal gesichert.

Pfarreigeschichte. Die einst zu Ernen gehörende Kirche in Binn wurde 1296–1298[25] durch Bischof Bonifaz von Challant in den Rang einer Pfarrkirche mit eigenem Seelsorger erhoben[26], wie immer mit Vorbehalt einer gewissen Abhängigkeit, die in Abgaben an die Mutterkirche bis ins 19. Jahrhundert ihren Ausdruck fand[27]. Das Patronatsrecht lag beim Bischof[28].

Quellen. GdeA und PfA Binn. PfA Ernen.

Literatur. D. BERNOULLI, Vorhistorische Gräberfunde aus dem Binnenthal, ASA 2 (1899), S. 57–65. – L. CARLEN, Das Meiertum von Binn, W. Jb. 1956, S. 33–35. – G. GRAESER, Alte und neue Gräberfunde aus dem Binntal, Walliser Nachrichten 61 (1959), Nr. 99, 101, 102 und 104. – Ders., Ein reiches gallo-römisches Grab aus dem Binntal, Ur-Schweiz 28 (1964), S. 29–39. – Ders., Ein neuer Grabfund aus dem Binntal, Ur-Schweiz 33 (1969), S. 2–8. – A. IMHOF, Im Tal der Edelsteine, W. Jb. 1935, S. 67–71. – K. JOST, 650 Jahre Binntal, Ms 1946, PfA Binn, o. Nr. – B. REBER, Vorhistorisches aus dem Binnenthal, ASA 26 (1893), S. 179–181.

Wappen. Bei dem heutigen Wappen der Gemeinde Binn soll es sich um das alte der Talschaft handeln: auf Dreiberg Kreuz mit drei pyramidenförmig gestuften Querbalken unter zwei griechischen Kreuzen[29].

EIGENTÜMLICHKEITEN DER BINNER HAUS- UND NUTZBAUTENARCHITEKTUR

Das Binner Haus gleicht demjenigen des übrigen Goms. Die Abgeschiedenheit des nach Süden orientierten Tals ließ aber einige Eigentümlichkeiten entstehen. So konnten im Tal keine Balkenkopfkaminanlagen (Kdm Wallis I, Abb. 31 und 32) nachgewiesen werden, vor allem auch nicht bei den unmittelbar nach dem Dorfbrand von 1598 in Fäld wiederaufgebauten Häusern, die zu einer Zeit errichtet wurden, als z. B. im Obergoms die hölzerne Kaminanlage noch allgemein verbreitet war. Da auch Überreste von angebauten Mauerkaminen fehlen, darf man vielleicht auf eine sehr frühe Verwendung der gemauerten Binnenkamine dank dem Einfluß der oberitalienischen Täler schließen. Das im übrigen Goms um 1600 freudig aufgegriffene postgotische Motiv des Kielbogens fand im Binntal kaum Eingang. Stellenweise ist eine provinzielle Verspätung der Zierfriese festzustellen. Ein auffallendes Merkmal ist die Freude an Inschriften, weshalb neben dem Dielbaum öfters auch noch Deckenbretter reich beschriftet wurden; die Sprüche religiösen Inhalts herrschen vor. Die Wiederkehr gleicher oder nur wenig veränderter Sprüche erklärt

25 Pfr. JOST spricht von einer Notarsminute im Archiv von Valeria und von einem losen Blatt eines Kalendars, die beide das Datum 25. Feb. 1296 nennen (vgl. Literatur). In PfA Binn, D 1 (1437), wird 1298 als Jahr der Trennung bezeichnet. Ebenso im Jahrzeitbuch von Ernen in einer Notiz von 1593, der eine gründliche Nachforschung der das Verhältnis von Mutter- und Tochterpfarrei betreffenden Akten vorausgegangen war (PfA Ernen, D 17, S. 65). 1297 äufneten Edle und die Gemeinde Binn die Pfründe; ein Pfarrer war offenbar noch nicht gewählt (StAS, A VI/213). Bei Prozessionen des Untergoms hatte Binn den Vortritt vor Fiesch (PfA Binn, D 2 und G 8), das im 14. Jh. Filialpfründe war (IMESCH, S. 251).

26 PfA Binn, D 1.

27 Ebd. – Den Jungzehnten kaufte Binn 1485 los (GdeA Binn, D 6), weitere Zehntpflichten 1551 (PfA Ernen, D 69), die Abgabe von Öl 1836 (PfA Binn, D 25).

28 StAS, A V I/213 (1297).   29 W. Wb., S. 32 und Tf. 1.

Abb. 143. Wileren. Aufnahme 1977. – Text S. 153.

sich mit den engen Kontakten in der Dorfgemeinschaft des abgesonderten Tals und mit der Beteiligung gleicher Zimmerleute. In der Stube wich der würfelförmige Giltsteinofen mit der spätgotischen Kehle am Abschlußsims bis gegen Ende des 17. Jahrhunderts nicht dem zweigeschossigen Ofen.

Wie in der Hausarchitektur lassen sich auch bei den Nutzbauten gewisse Eigentümlichkeiten beobachten. Der Oberbau selbst stattlicher Stadel ruht bisweilen statt auf «Plane» auf drei mächtigen Hälblingen, die von brettartigen Beinen (Abb. 186) oder von Wandholzabschnitten gestützt werden. Speicher können in dieser Zwischenzone auch nur an den Ecken gewandet oder vorn und hinten mit einem eingeschobenen Balken versehen sein. Statische Beweggründe mögen im schneereichen Tal zu diesen Konstruktionen bewogen haben. Unregelmäßige und bisweilen wandförmig vortretende «Gwätt» sowie die Verwendung hälblingartiger Balken lassen die Stadel mitunter urtümlicher erscheinen als im übrigen Goms.

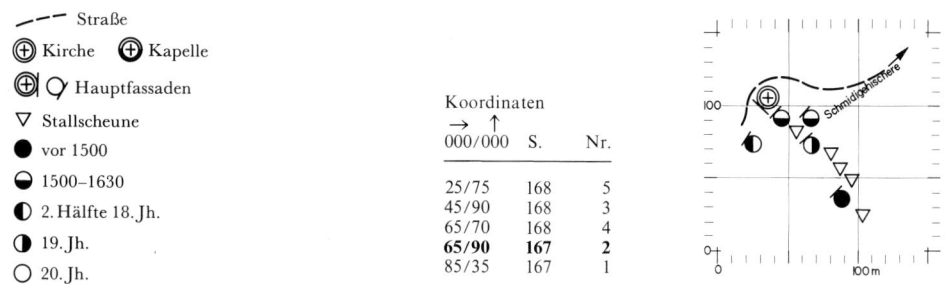

Koordinaten		
→ ↑		
000/000	S.	Nr.
25/75	168	5
45/90	168	3
65/70	168	4
65/90	**167**	**2**
85/35	167	1

Straße
⊕ Kirche ⊕ Kapelle
⊕ ◗ Hauptfassaden
▽ Stallscheune
● vor 1500
◓ 1500–1630
◐ 2. Hälfte 18. Jh.
◑ 19. Jh.
○ 20. Jh.

Abb. 144. Wileren. Siedlungsplan (vgl. «Wegleitung»). – Text unten.

WILEREN

SIEDLUNG. *Anlage* (Abb. 143 und 144). Wileren (Willern) steigt als unregelmäßige Gebäudezeile dicht am jäh abfallenden Nordostrand jenes rechteckig ins Tal vortretenden, steilen Plateaus empor, vor dem sich das Lengtal und das eigentliche Binntal gabeln. Die quer über dem Abfall stehende Pfarrkirche staut und hält die treppenartig niedersteigende Siedlung. Das steinerne Haus in der nordöstlichen Flanke setzt einen ungewöhnlichen, südlichen Akzent. Leider hat der in jüngerer Zeit erfolgte Abbruch zweier Nutzbauten, eines Heustalls bei Koord. 55/105 und eines Speicherchens bei Koord. 75/85, empfindliche Lücken in die ehemals geschlossene kontrastreiche Front der Siedlung gerissen.

PFARRKIRCHE HL. ERZENGEL MICHAEL

GESCHICHTE. Am Ende des 13. Jahrhunderts, als Binn «Taufstein, Friedhof und Glocken» erhielt[30], muß auf der Anhöhe von Wileren[31] schon ein ansehnliches Gotteshaus gestanden haben oder erbaut worden sein; Teile dieser ältesten Pfarrkirche sind im heutigen Bau noch erhalten, worauf ein Fresko mit Darstellung der Nikopoia aus der Zeit um 1300 hinweist (S. 156). Die Jahreszahl 1561 über den Schallöffnungen des Turms und 1565 am Hauptportal lassen auf bedeutende Umbauten schließen[32]. Der Kirch- und Altarweihe[33] durch Bischof Adrian V. von Riedmatten am 28. Juli 1678 muß eine durchgreifende Barockisierung mit Einwölbung vorausgegangen sein. Gewölbemalereien im Schiff und vielleicht auch im Chor wohl 19. Jahrhundert. Nach einer größeren Renovation um 1880[34] wurde 1918–1920 der Charakter des Innenraums durch historistische Malereien von JULIUS SALZGEBER,

30 PfA Binn, D1 (1298).
31 Auf lawinensicherem Rücken zwischen dem damals besiedelten Lengtal und dem eigentlichen Binntal war Willern für die Talkirche vorzüglich gelegen.
32 Eigenartigerweise sprechen Notizen aus der Barockzeit von einer Umgestaltung der Kapelle in eine Kirche bzw. von einer Wiederherstellung des Daches von Kirche und Turm 1579 (PfA Ernen, D17, S. 15 und loses Blatt).
33 PfA Binn, D11.
34 Ebd., D8. – 1882 neue Kirchenbänke von ALOIS ARNOLD (ebd., G10).

Raron, verändert[35]. Die alten Fenster wurden durch Figurenscheiben der Firma FR.
X. ZETTLER, München, ersetzt[36], die Orgelempore vergrößert[37]. 1927 Brusttäfer[38].
1935/36 vollständige Innenrenovation der Sakristei[39]. Bei der Gesamtrestaurierung
1958–1963 durch Architekt AMÉDÉÉ CACHIN, Brig, unter Aufsicht von Prof. Dr.
ALFRED A. SCHMID, Präsident der Eidgenössischen Denkmalpflege, behob man auch
die durch das Erdbeben vom 24. März 1960 verursachten Schäden. Man legte die
äußern Fensterumrahmungen frei, mauerte zwei Hochfenster bei der Empore zu, um
den alten Okulus zu öffnen, machte das Türgewände des Seitenportals an der
nördlichen Kirchenwand sichtbar, entfernte die Figurenfenster und ersetzte die
morsche Portaltür des Jahres 1765 durch eine getreue Kopie.

Bilddokument. Landschaft mit Kirche von NW; «1850 Binn 23. Juli». Bleistiftzeichnung mit Sepia von
RAPHAEL RITZ. Museum Majoria, Sitten (RUPPEN II, 193).

BESCHREIBUNG. *Äußeres* (Abb. 143). Die nach Nordosten gerichtete Kirche steht
burgartig auf dem Rand des Querrückens von Wileren, vor der großartigen Kulisse
des Breithorns. Den Übergang vom Schiff zum eingezogenen Rechteckchor verbirgt
links die Sakristei, die an Schiff und Chorwange zugleich stößt, rechts der bis zur
Flucht des Schiffs eingezogene Turm. Das stumpfere Chordach, die Dachbrücke zum
Turm und das Schleppdach der Sakristei verschmelzen zu einer unregelmäßigen
Dachflanke. Unter tiefliegendem großem Fassadenokulus deckt eine stützenlose
geschwungene Walmhaube ein giltsteinernes Rundbogenportal von 1565. Von
Flechtstab gesäumte Pilaster mit Polsterfüllungen im Schaft und mit deformiertem
Eierstab im Kämpfer tragen eine gleich dem Schaft gestaltete Archivolte. In den
Zwickeln links das Wappen der Pfarrei Ernen[40] bzw. von Untergoms, rechts eine
Rosette. Mitten in der nördlichen Schiffswand giltsteinernes Gewände einer ehemaligen Seitentür mit gleichem Dekor wie das Hauptportal, jedoch ohne Kämpfer,
umgestaltet zu einer Nische mit den Gedenktafeln für Staatsrat Oskar Walpen
(1883–1931) und die verstorbenen Soldaten der Grenzbesetzung 1939–1945. Stäbe
von zwei alten Sonnenuhren in der Südwestecke an Süd- und Westwand.

Der mit der Kirche nicht in Mauerverband stehende, mit Eckquadern bemalte
Turm überragt den Schiffssattel nur mit dem achtseitigen Spitzhelm. Die etwa 50 cm
breiten rundbogigen Fenster der vier Fronten unter dem Glockengeschoß sind
vermauert, da in der Höhe ihrer Archivolten eine Betondecke eingezogen worden ist.
Vermauert ist auch eine etwa 1,65 m über dem heutigen Turmbogen gelegene
rechteckige Türöffnung in der Westwand des Turms, wohl der spätmittelalterliche
Eingang zur Kanzel[41].

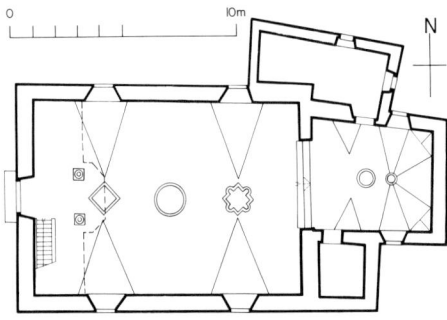

Abb. 145. Wileren.
Pfarrkirche. Grundriß. – Text S. 155.

Abb. 146 und 147. Wileren. Pfarrkirche. Nikopoia-Fresko, um 1300, an der Schulterwand des Schiffs hinter dem linken Seitenaltar. Text S. 156. – Hl. Philippus. Abgelöstes Freskofragment von einem Apostelzyklus im Chor, Mitte 15. Jahrhundert, wohl von einem Tessiner Meister. Text S. 156.

Inneres (Abb. 145). Der weite Saal des Schiffs öffnet sich durch einen stark eingezogenen, des Turms wegen nach links verschobenen Chorbogen in das um drei Stufen erhöhte Chor, das hinter dem Chorbogen ein weiteres Mal nach links verschoben ist. Ein reichprofiliertes Gesims mit Zahnschnitt und Fries, in das die Stichbogen der Fensterkammern einschneiden, nimmt nur die Rückwand aus. Pilaster fehlen, selbst am Chorbogen. An der durch zwei isolierte Stichkappenpaare gegliederten gemauerten Schiffstonne in historistischer Zeit gemalte riesige Kartuschen und barocke Gemälde in profilierten Scheitelmedaillons: innen Mariä Himmelfahrt(?) in variiertem Vierpaß, in der Mitte der Kirchenpatron Michael in Rundell, vorn die hl. Ursula

35 SALZGEBER bemalte «alle Flächen der Wände und des Gewölbes mit Dekoration, Bildern und Symbolen». Rippen und Medaillons der Gewölbe wurden mit Gold hervorgehoben. Am Chorgewölbe drei Cherubim, ein Pelikan und der Name Jesu, am Schiffsgewölbe die Symbole der Heiligen Dreifaltigkeit: Auge Gottes, Lamm und Taube. Heiligendarstellungen, wohl am Schiffsgewölbe: Theodul und Martinus, Mauritius und Valentin. Am Chorbogen figurenreiche Kreuzigung (ebd., o. Nr.).

36 Im Chor zwei mit Medaillons (je zwei Engel, Hostie und Patene bzw. Kelch haltend). Im Schiff vier mit Emblemen: Reinheit (Kranz und Lilie), Leiden (Stern, zwei Palmen und Krone, Namen Jesu und Nägel), drei göttliche Tugenden (Kreuz, Anker und Herz), Schlüsselgewalt (zwei Schlüssel). Bei der Empore je ein Baum des Himmels mit Vögeln. (ebd.).

37 PfA Binn, «Zeremonielles in Binn», o. Nr.

38 Ebd., «Gotteshäuser von Binn», o. Nr.

39 Ebd., Inventarbuch, o. Nr.

40 Daß dieses Wappen wie dasjenige der Altarkartusche von Imfeld (S. 199) im Gegensatz zum Wappen in der Pfarrkirche von Ernen links das weiße Feld und rechts das rote zeigt, wird kaum von Belang sein.

41 Vgl. Burgkirche von Raron (1512–1527).

in einem Rhombus. Das Chorgewölbe setzt nach einem Stichkappenpaar mittels geteilter Eckkappen fünfteilig auf den geraden Chorschluß auf. Im Medaillon des Chorschlusses gemaltes Christusmonogramm, in demjenigen des Chorarms Hl.-Geist-Taube. Das ganze Chorgewölbe ist mit schwerer, historistischer Bandwerkornamentik bemalt.

Die von tuskischen Holzsäulen getragene *Orgelempore* schiebt ein an den Ecken breit gekapptes Mittelstück vor. An der hölzernen Brüstung, zwischen Pilastern, Rundbogenfüllungen mit ölgemalten Halbfigurenbildnissen der Apostel im Stil des 17. Jahrhunderts, von links nach rechts: Andreas, Apostel mit Winkelmaß(?) (Thomas oder Matthäus?), Petrus, Simon, Apostel mit Balken (Jakobus d. J. oder Judas Thaddäus), Jakobus d. Ä., Philippus, Matthias, Apostel mit Speer (Thomas?), Paulus, Johannes, Bartholomäus. Alle Architekturelemente sowie die profilierten Bildrahmen heben sich grau marmoriert vom roten Grund ab. In der rechten Chorwange alte *Sakrariumnische*(?), verschlossen mit schmiedeeisernem rautenmaschigem Bandgitter, 15./16. Jahrhundert.

Mittelalterliche Wandmalereien, entdeckt bei der Restaurierung 1958–1960. *Nikopoia* (Abb. 146). Fragmentarisch erhaltenes Fresko hinter dem linken Seitenaltar. Die noch stark romanisierende Muttergottes schmückte wohl die erste, unmittelbar vor der Wende zum 14. Jahrhundert entstandene Pfarrkirche. Qualitätvolles Werk, ungeachtet der altertümlichen Züge. In der Linken Mariens ein Granatapfel, in der Rechten des Kindes ein geöffnetes Buch mit Schriftzeichen. – *Hl. Philippus* (Abb. 147). Fragment eines Apostelzyklus aus der Mitte des 15. Jahrhunderts wohl von einem Tessiner Meister, gefunden über dem Sturz der Turmtür an der rechten Chorwange, 1960 von Hans A. Fischer, Bern, abgelöst und restauriert. Etwa 100×100 cm. Monumentale Figur, vor einer Brüstung stehend. Am linken Rand Reste einer mit Streumustern versehenen Draperie, Fragment vom Kleid eines weiteren Apostels.

Hochaltar (Abb. 148). 1508 weihte Bischof Matthäus Schiner den zu Ehren der Heiligen Michael und Christophorus errichteten Hochaltar[42]; von diesem spätgotischen Retabel wird eine heute im Bischofspalast aufbewahrte Christophorusstatue stammen (S. 166 und Abb. 163). Bei der 1678 zusammen mit der Kirchweihe vorgenommenen Konsekration der Altäre werden als Patrone des Hochaltars die Heiligen Michael, Johannes Ev., Christophorus und Barbara genannt[43]. Heutiger Altar von 1767; «... der meister petter lager uon Reckingen hat ihn geschnetzet und man hat ihm dar uir gegeben 14 dubel und ein dubel trinckgeld»; 1769 «hat ihn gemallet der gelerte meister maller Johannes trubman uon kisnacht und man hat ihm dar uir gegeben 26 dubel und 4 dubel trinckgelt»[44]. Einziges für Peter Lagger (1714–1788) archivalisch gesichertes Altarwerk. In der zweiten Hälfte des 19. Jahrhunderts ersetzte man die Hl.-Geist-Taube im durchbrochenen Medaillon der Bekrönung durch ein mächtiges Herz Jesu im Strahlenkranz, vielleicht auch um das Licht des Okulus in der Chorstirn zu dämpfen[45]. Adrien und Jules Sartoretti, Sitten, faßten 1920 den Altar neu und gestalteten 1922–1924 den Tabernakel durch Einsätze von Trauben-

---

42 StAS, A Philippe de Torrenté, Vol. 16, Fol. 303. (Freundl. Auskunft von Dr. H. A. von Roten, Raron.)

43 PfA Binn, D 11.

44 Chronik des Joh. Ignaz Inderschmitten im Besitz von Frau Maria Inderschmitten, Schmidigenhäusern (Binn).   45 PfA Binn, Inventarbuch und Gutachten von L. Birchler 1957, o. Nr.

Abb. 148 und 149. Wileren. Pfarrkirche. Hochaltar, 1767, von Peter Lagger, Reckingen; Ausschnitt mit dem hl. Karl dem Großen(?) als Flankenstatue. – Text S. 156.

und Ährenreliefs in den Türchen um[46]. 1959 Restaurierung durch EDMUND IMBODEN, Raron.

Eingeschossiges bekröntes Altarwerk. Die zwei nach innen gestuften Säulenpaare stehen frei zwischen kompakten Sockeln und Gebälken, so daß der Altar in der Randzone durchbrochen erscheint. Sehr leicht wirkt auch das umrankte Hl.-Geist-Medaillon der Bekrönung mit Gottvater als Abschlußfigur. Charakteristisch für PETER LAGGER sind weniger die steifen Blütenketten zwischen den Säulen – ein Motiv des Stils Louis XVI – als die geblähten Säulenschäfte, deren Windungen von den Traubenranken wie vergittert erscheinen, ferner die C-Bogen-Ornamente, die Fruchtgehänge und der langsträhnige Akanthus von müder Eleganz. In der drehbaren Mittelnische vorn der Seelenwäger Michael, hinten eine Marienstatue[47]. Flankensta-

46 Ebd., o. Nr., und «Gotteshäuser von Binn», o. Nr.

47 1873 schenkte Katharina Ritz testamentarisch «ein neues Kleid der seligsten Mutter Gottes in der Kirche zum St. Michael in Binn» (GdeA Ernen, Testamente des Notars Anton Imhof, o. Nr.).

Abb. 150. Wileren. Pfarrkirche. Obergeschoß des linken Seitenaltars, 2. Viertel 18. Jahrhundert, wohl von
Anton Sigristen, Glis. – Text unten.

tuen auf elegant geschwungenen Konsolen; unten: links Karl d. Gr.(?) (Abb. 149),
rechts der hl. Mauritius, oben: links der hl. Johannes von Nepomuk, rechts der
hl. Franz Xaver. Die originale Kaseintempera-Marmorierung ist zum Teil in ähnlichen Farbtönen übermalt. Vergoldung und Lüster der Figuren teilweise neu[48].

Stil der Statuen. Eine zunehmende Typisierung verrät sich im stereotyp wiederkehrenden Standmotiv mit dem ausfallenden rechten Spielbein und in der auf Symmetrie bedachten Ausformung der Antlitze. Müde fließender Gewandstil; Mäntel als
dekorative Kulisse auf den Boden wallend.

Petrusaltar (linker Seitenaltar) (Abb. 150). 1678 von Bischof Adrian V. von Riedmatten geweiht[49], von angesehenen Binnern mit hl. Messen ausgestattet. Das heutige

48 Freundl. Hinweis von Restaurator Walter Furrer, Visp.

49 PfA Binn, D 11. Zweiter Altarpatron hl. Sebastian.

50 STEINMANN, Sigristen, S. 265, wo von einem heute nicht mehr auffindbaren Weihedatum auf einer
Kartusche am Altar die Rede ist. Der Faltenstil weist eher auf das vorhergehende Jahrzehnt.

51 GdeA Binn, D 2 und 3, und StAS, A Philippe de Torrenté, Vol. 16, Fol. 303. (Freundl. Mitteilung
von Dr. H. A. von Roten, Raron.)

52 PfA Binn, D 11.

53 «Zuo diser bruoderschafft wird erfordert erstlich, Das ein Altar seye mit dem Bild der Muotter
Gottes, ir geheimnussen, und das bild der hl. Dominici, und sant Catharina von Senis» (ebd., Notiz von
1736, Nr. 17).

Retabel wird dem Gliser Bildhauer ANTON SIGRISTEN (†1745) zugeschrieben[50]. Renoviert 1920, restauriert 1959. – Die beiden Architekturgeschosse des einachsigen Altars sind kontrastreich aufeinander bezogen: Die Säulenpaare schieben durch ihre Staffelung die Mittelachse im Hauptgeschoß nach vorn, in der Oberzone nach hinten. In der von einer prachtvollen Marienfigur überhöhten Bekrönung wenden sich die Bogenflanken geschmeidig wie Flügel nach außen – eine der kunstreichsten Partien des einheimischen Altarbaus. Altarblätter: unten der hl. Petrus inmitten von Engeln, oben Maria mit Joachim und Anna. Akroterstatuen auf Voluten: links der hl. Sebastian, rechts Johannes Baptista. Originale rote und blaue Marmorierung mit Ergänzungen. Die kontrastreiche Architektur, der bewegte Figurenstil und der sprühende Akanthus weisen auf die reife Zeit des Bildhauers ANTON SIGRISTEN.

Marienaltar (in der Kapelle von Ze Binne) (Abb. 151). Der Liebfrauenaltar wurde 1442 unter Pfarrer Martin Suter gestiftet, 1461 geweiht[51]. Zur Zeit des barocken Kirchenbaus 1675 kam Pfarrer Peter Karlen für ein neues, dem hl. Rosenkranz geweihtes Retabel auf, das 1678 zusammen mit der Kirche eingeweiht wurde[52]. Dieses Altarwerk hat mehrere tiefgreifende Veränderungen erfahren. Zum eher derben Originalbestand gehören das Gewände mit den Gebälken und vielleicht den Säulen (Ende 18. Jahrhundert?), das Altarblatt, die heute als Bekrönung verwendete Wappenkartusche und vom Figurenschmuck einzig die Putten. Die stilistisch zwar noch ins 17. Jahrhundert weisenden Figuren der Rosenkranzheiligen im Obergeschoß sind möglicherweise erst 1736 bei der Gründung der «bruoderschafft des hl. Rosenkrantz»[53] hinzugekommen. Die Randranken verraten den Stil des PETER LAGGER um 1767, die Flankenstatuen eher denjenigen von dessen Sohn JOSEPH ANTON (1759–1833). 1920 Neufassung durch JULES SARTORETTI, Sitten, über der alten Kaseintempera-Marmorierung. Um in der Pfarrkirche eine geschlossene Wirkung der Altäre zu erzielen, wurde das Retabel samt Antependium bei der Kirchenrestaurie-

 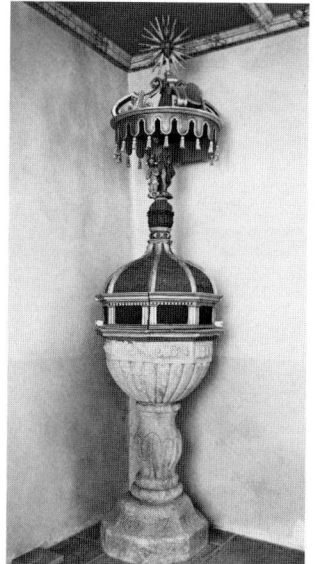

Abb. 151 und 152.
Wileren. Pfarrkirche.
Rosenkranzaltar, 1675
(heute in der Kapelle
Ze Binne). Text oben.
Taufstein, 1676.
Text S. 160.

ring 1959 mit demjenigen in der Kapelle von Ze Binne (S. 208) ausgewechselt, nachdem zum Teil wegen der geringeren Höhe des Kapellenchors schwerwiegende Änderungen vorgenommen wurden[54]: Altarblatt der Oberzone (S. 210) durch die Bekrönungsstatue des hl. Josef, zweite Hälfte 18. Jahrhundert, ersetzt; Wappenkartusche des Stifters vom Hauptgebälk als neue Bekrönung verwendet; gerade Sprenggiebel der Bekrönung entfernt; Standort der oberen Flankenstatuen mit demjenigen der puttenbesetzten Sprenggiebel vertauscht; Entfernung der Fassung von 1920.

Der einachsige Altar baut sich aus zwei sehr ähnlichen Architekturgeschossen auf: vortretender Gewändekern zwischen geraden ionischen Lapislazulisäulen. Steife, heute rot und blau marmorierte Architektur, belebt von spärlichen vergoldeten Appliken. In der Mittelnische tief in die Sockelzone herabreichendes Rosenkranzgemälde mit dem hl. Dominikus vor einer Kirchenfassade (Wileren?) und dem hl. Karl Borromäus unter dem üblichen Kranz kleiner Medaillons rund um die Muttergottes; zwischen den knienden Heiligen, über der Jahreszahl 1675, von Lilien gerahmtes Wappenmedaillon der Familie Karlen (wie W. Wb., Tf. 3, jedoch ohne Sternenpaar beim obersten Kreuzbalken) mit den Initialen «D[ominus]P[etrus]C[arlen]N B[undoli]». Untere Flankenstatuen auf isolierten Konsolen, der hl. Stephanus und ein weiterer heiliger Diakon[55].

Zu dem heute in der Kirche stehenden Hl.-Kreuz-Altar siehe S. 208.

Die *Antependien* der drei Altäre zeigen in der Füllung je ein mit Öl auf Leinwand gemaltes Bild der gleichen Malerwerkstatt aus der ersten Hälfte des 18. Jahrhunderts, möglicherweise der Malerfamilie HOLTZER von Niederernen[56], am Hochaltar der hl. Michael in einer Akanthuskartusche zwischen zwei Blumengehängen, am linken Seitenaltar der hl. Petrus in einem Medaillon zwischen Blumengehängen, am Liebfrauenaltar (heute in Ze Binne) sitzende Rosenkranzmuttergottes in einem Kranz von großen Rosen zwischen hängenden Blumenbuketten (Abb. 153)[57].

Chorgestühl. Einteilig. Tanne, rot, grün und schwarz bemalt. In den Zwickeln der Mittelachse gemalte Jahreszahl 1635, im einfachen Fries: «JESUS MARIA JOSEPH». 1960 Kniebank geändert und Anstrich erneuert. Je drei leere Rundbogenfelder, an der Rückenlehne zwischen geriefelten, sich jäh verjüngenden Pilastern, an der Armlehne zwischen glatten Pilastern. Zierkonturierte Wangenbretter. Schlicht, aber wohlgeformt. – *Taufstein* (Abb. 152). Am giltsteinernen pokalförmigen Becken die Inschrift «ANNO 1676», an der Bekrönung kleine Kartusche mit Karlen-Wappen (dreifaches Kreuz auf Dreiberg)[58]. Balusterschaft auf oktogonalem Fuß. Am Randfries der hohen Kupa Polster, Blütenornamente und ein Cherub. Hölzerner Aufsatz, letztes Viertel 17. Jh., polychromiert und ziervergoldet. Geschweifte Haube mit Schuppendekor und Perlstabgräten. Auf dem bekrönenden Zapfen originale stilkräftige Taufe-Christi-

Abb. 153. Wileren. Pfarrkirche. Antependium des Rosenkranzaltars, 1. Hälfte 18. Jahrhundert, möglicherweise von einem Vertreter der Malerfamilie Holtzer in Niederernen (heute in der Kapelle Ze Binne). Text oben.

Abb. 154 und 155. Wileren. Pfarrkirche. Pietà, H. 89 cm, 1. Viertel 16. Jahrhundert. Text unten. –
Taufe-Christi-Gruppe als Bekrönung des Taufsteins, letztes Viertel 17. Jahrhundert. Text S. 160.

Gruppe (Abb. 155), H. 36 cm. Quastenbesetzter Baldachin aus der Werkstatt des PETER LAGGER(?),
3. Viertel 18. Jh. – *Orgel.* Die ursprüngliche, dem Orgelbauer JOSEF ANTON CARLEN von Gluringen
zugeschriebene Orgel[59] wurde 1810 von JOHANN BAPTIST und WENDELIN WALPEN renoviert[60]. 1918
ersetzte man sie durch ein Werk des Orgelbauers HEINRICH CARLEN mit einfachem dreiteiligem
Neurenaissance-Prospekt[61]. 1958/59 neues Werk von A. FREY, Luzern[62].
    Skulpturen. Pietà (Abb. 154). H. 89 cm. Linde? Mehrere Fassungen, die letzte von 1963 neugotisierend.
1. Viertel 16. Jh. Vom gleichen Bildhauer wie der Korpus eines Vortragekreuzes (S. 162, Nr. 1). Der
Leichnam sinkt auf den ausgebreiteten Mantel Mariens. Wertvolles Bildwerk von verhaltener Ausdruckskraft. Bis 1961 im Bildstock von Schmidigenhäusern (S. 178). – *Engel* (heute beidseits des Chorbogenkruzifixes)[63]. Zwei Stück. H. etwa 65 cm. Holz, polychromiert und vergoldet. Anfang 18. Jh. Ohne Flügel. –
Chorbogenkruzifix. H. etwa 80 cm. Holz, polychromiert und vergoldet. 2. Hälfte 18. Jh. II. Reckinger

---

54 Aufnahme: Sicht aufs Chor vor der Restaurierung 1959 (ebd., o. Nr.).

55 Auf der Rückseite rot beschriftet: «L/S.A.R».

56 Vor 1716 wurde der Maler JOHANN HOLTZER von Niederernen als «Burger vndt thallman» von
Binn aufgenommen (GdeA Binn, G 2). Seine Gattin, Anna Maria Im Hoff, stammte aus dem Binntal (PfA
Ernen, Jahrzeitbüchlein, Nr. 12).

57 Ähnliches Antependium am Altar von Imfeld (S. 200).

58 Von Pfarrer Peter Karlen (SCHMID/LAUBER, BWG I [1895], S. 451)?

59 Nach den unzuverlässigen Aufzeichnungen von CONRAD CARLEN (KATHRINER, S. 100). Vgl.
BRUHIN, S. 190, und Bericht von HERMANN WALPEN über die Orgel 1938 (PfA Binn, o. Nr.).

60 Chronik des J. I. INDERSCHMITTEN (vgl. Anm. 44).

61 Vertrag mit H. CARLEN (PfA Binn, o. Nr.). – Nach Hermann Walpen, Schmidigenhäusern, war es
die erste von H. CARLEN erbaute Orgel. Mitarbeit von CONRAD CARLEN. Nach Entwurf und Disposition
von J. IMAHORN, Obergesteln. Von der alten Orgel wurden nur der Blasebalg und die Register Flöte 4'
und Kornett 8' wiederverwendet. Prospekt sichtbar auf Photo von Kirchenrückwand (PfA Binn).

62 Wiederverwendet nur einige Register. – 1960 Reparatur der vom Erdbeben hervorgerufenen
Schäden.

63 Ehemals in der Kapelle von Gießen?

Abb. 156–158. Wileren. Pfarrkirche. Kelch, um 1800, wohl Augsburg (Kelch Nr. 4). Text S. 164. –
Hölzernes Armreliquiar, 2. Hälfte 17. Jahrhundert (Armreliquiar Nr. 1). Text S. 164. – Kristall-Vortrage-
kreuz, 1821 aus größtenteils älteren Kristallteilen neu zusammengestellt. Text S. 164.

Hauskruzifixtyp (Kdm Wallis I, Tf. Ia). – *Altarkreuze.* 1. H. 86,5 cm. Holz, polychromiert und vergoldet.
2. Viertel 18. Jh. Mit stilistischen Anklängen an die Kruzifixe von ANTON SIGRISTEN. Schlanker, feingliedriger Korpus. Lendentuch an der rechten Hüfte doppelt verknüpft. Als Balkenenden Blume auf einem
Rankenkelch. Ungewöhnlicher späterer(?) Sockel: ein von Blättern gehaltener Kern mit Kartusche an der
Stirn trägt auf fünf Kugeln eine vorn verkröpfte Profilplatte. – 2. H. 72 cm. Tanne, polychromiert und
vergoldet. 3. Viertel 18. Jh. Korpus des II. Reckinger Hauskruzifixtyps (Kdm Wallis I, Tf. Ia) mit steifem
Sockel des I. Typs (ebd., Tf. I). – 3. H. 56 cm. Holz, polychromiert und vergoldet. Korpus mit schräg
geschlungenem Lendentuch, 1. Hälfte 18. Jh., nicht Gommer Herkunft. Sockel der Lagger-Werkstatt,
Reckingen, Mitte 18. Jh. – *Vortragekreuze.* 1. H. (Korpus) 49,5 cm. Holz. Neuere Ölfassung und Polimentvergoldung. Kunstvoller spätgotischer Korpus, Anfang 16. Jh., vom gleichen Meister wie die Pietà (S. 161).
Rocaille-Balkenenden. Vergoldete, profilierte Ränder und Strahlen in den Zwickeln. Vor dem Kreuzfuß
Herz-Mariä-Büste. – 2. H. (Korpus) 39,5 cm. Holz. Neue Polychromierung und Vergoldung. 2. Viertel
18. Jh. Stilistisch mit Sicherheit ANTON SIGRISTEN (†1745) zuzuweisen. Schwarzes, weiß gerahmtes
Kleeblattendenkreuz, auf Kugeln stehend. Anatomisch fein gestalteter Korpus mit bewegtem Lenden-
tuch. – 3. H. (Korpus) 69,5 cm. Holz. Originalfassung dick mit Ölfarbe überstrichen. 1775 von Anna
Bungen, Imfeld, gestiftet[64]? Stattliches Kreuz des II. Reckinger Hauskruzifixtyps (Kdm Wallis I, Tf. Ia).
In einer von Blüten und Rocaille gerahmten Kartusche unter den Füßen: «R[equiescant].I[n].P[ace]».

   Gemälde. Fragmente eines Altarschreins (aus der Alpkapelle in der Freichi, heute in der Sakristei der
Pfarrkirche als Schranktüren verwendet. 81 × 33 cm. Lärche(?). 1. Hälfte 17. Jh. Die 1962 restaurierten
Außenseiten zeigen in qualitätvoller Ölmalerei je eine Heiligenfigur auf kleinem bewachsenem Hügelpo-
dest, im Halbprofil zueinandergewendet, links Maria, rechts Johannes Ev.[65]. Die Gemälde der Innensei-
ten sind unter Ölfarbanstrich noch erhalten, ihre Tituli am unteren Rand noch deutlich lesbar, auf dem
Flügel der Muttergottes «S. MARIA», auf demjenigen des hl. Johannes «S. AGATHA». – *Glorie eines Jesuitenhei-
ligen* (Aloysius von Gonzaga?). 81 × 65,5 cm. Öl, Leinwand auf Holz. 1. Hälfte 18. Jh. Auf Wolken in

---

   64 «... ein großes crutzifügs bild gekaufft» (Chronik des J. I. INDERSCHMITTEN [vgl. Anm. 44]). Wenn es
sich tatsächlich um dieses Kreuz handelt, wäre der II. Reckinger Hauskruzifixtyp schon vor JOSEPH
ANTON LAGGER (*1759), d. h. schon von dessen Vater PETER, geschaffen worden. Vgl. Kdm Wallis I,
S. 47/48.
   65 Figuren einer Kreuzigungsgruppe?

Abb. 159 und 160. Wileren. Pfarrkirche. Gotisches Vortragekreuz, 1. Viertel 14. Jahrhundert, Korpus 1. Viertel 15. Jahrhundert, und Ausschnitt mit dem Medaillon des Evangelisten Markus. – Text S. 164.

Anbetung kniend, eine Lilie in der Rechten. Putten. Ehemals über der Tür von Haus Nr. 2 (S. 167)? Auf der Rückseite eine gotisierende *Renaissancemonstranz* mit den Apostelfürsten als Flankenfiguren und der Silhouette einer Kreuzigungsgruppe in der Hostie. Ovaler Strahlenkranz. Öl auf Leinwand. Gold und Braun auf grauem Grund. 2. Hälfte 17. Jh. – *Kreuzweg.* 42 × 31 cm. Öl auf Tannenholz. Marmorierte Rähmchen. Derbe, aber sehr ausdrucksvolle Malereien von 1771(?)[66], vielleicht aus einer Fiescher Werkstatt. Elfte Station neu. – *Traghimmel.* 171 × 102 cm. Öl auf Leinwand. 2. Hälfte 18. Jh. Werk der Fiescher Malerschule, wohl von IGNAZ ANDERLEDI (1732–1814). Beschädigt. In üppigem Blatt- und Gitterwerk auf Goldgrund oben und unten geschweiftbogiges Bildfeld: Kelch mit Hostie auf dem Altar, angebetet von einem davor knienden Engel und halbfigurigen Putten zu beiden Seiten. Stilistische Ähnlichkeit mit dem Kreuzweg von Niederernen (S. 104). Auf der Rückseite Apokalyptisches Lamm. – *Fastenbilder.* Grisaille. Deckfarbe auf Leinwand. Letztes Viertel 18. Jh. Von IGNAZ ANDERLEDI, Fiesch? 1. *Kreuzigung.* 185 × 111 cm, mit rundbogig geschweiftem Abschluß. Gleicher Korpus wie auf dem Fastenbild von Außerbinn (S. 142). – 2. *Pietà.* 178 × 122 cm. – Zwei *Flügel eines Fahnenschranks.* 254 × 95 bzw. 96 cm. Öl auf Leinwand. 1. Hälfte 19. Jh. Bis 1919 innen an der Rückwand der Kirche, nördlich der Eingangstür. Verkündigung. Oben Gottvater, die Hl.-Geist-Taube sendend. Musizierende Engel. – *Muttergottes mit Heiligen und Armen Seelen.* Aus der Kapelle in Gießen (S. 193).

KIRCHENSCHATZ[67]. *Monstranz.* Silber, vergoldet. H. 61 cm. Um 1700. Beschau Brig. Meistermarke des JOHANN WICKART(?) (Tab. I, Nr. 11). Ovaler Vierpaßfuß, geschmückt mit Blumen und langen silbernen Ranken. Über scharfem Kranz Birnknauf mit drei Cherubim. Vor der Gloriole große silberne Ranken mit ziervergoldeten Appliken: Engel und Putten mit Leidenswerkzeugen sowie Gottvater unter der Hl.-Geist-Taube. Der große, von Albinus Kiechler und Gabriel Tenisch geschenkte Anastas (vgl. Anm. 23) im bekrönenden Blumenkelch des Lunula-Medaillons wurde bei der Restaurierung 1923 eingefügt[68]. – *Ziborium.* Kupfer, vergoldet. H. 25 cm. Um 1900. An Fuß und Deckel Zwickelfelder mit Fruchtarrange-

66 1771 Einführung des Ablasses zum Kreuzweg durch Kapuziner (Chronik des J. I. INDERSCHMITTEN [vgl. Anm. 44]).

67 1819 entwendeten Diebe drei Kelche samt Patene, ein Reliquiar, das Kristallkreuz und das Krankenölgefäß (PfA Binn, F 2), darunter vielleicht jenen Kelch, den Pfarrkaplan Martin Steyner 1467 dem Hl.-Kreuz-Altar bzw. dem Hochaltar vermacht hatte (PfA Ernen, D 37).

68 Renovation von A. BICK, Wil. Neue Custodia, Fassung des Anastas, Lunula verändert (PfA Binn, Inventarbuch, o. Nr.). Der Edelstein war im Kollergraben gefunden worden.

ments. Geriefelter Nodus. – *Kelche*. 1. Silber, ziervergoldet. H. 20,5 cm. Marke (Tab.I, Nr.29). Frankreich[69]? 15.Jh. Fuß und Knauf gotisch, Kupa barock. Renoviert 1924 (Schaft?)[70]. Schmuckloser Sechspaßfuß mit breitem Standringsaum. Gerippter Nodus. Am Schaft gravierte Schachbrettmusterung. Hohe, schmucklose Kupa. – 2. Kupfer, vergoldet. H. 22 cm. Mitte 17.Jh. Sechspaßfuß. Kantiger, birnförmiger Nodus. – 3. Kupa aus Silber. Schaft und Fuß in Zinn gegossen, versilbert. H. 19 cm. Um 1800. Geschweifter konischer Fuß, profiliert. Nodus in der Form einer umgekehrten Urne. – 4. (Abb. 156). Silber, gegossen, vergoldet. H. 29 cm. Um 1800. Beschau Augsburg? Meistermarke «C.SP.» (Tab.I, Nr.6). Runder, profilierter Standring mit Herzblattkyma. Beschuppte Bänder teilen den mit Rankenfries versehenen Fuß in drei rosenbesetzte Felder. Ringförmiger Nodus mit Fries. Korb ähnlich dekoriert wie der Fuß. – *Rauchfaß*. Kupfer, versilbert. H. 30 cm. 1.Hälfte 19.Jh. Von Palmettenkränzen geschmückt. Am Deckel drei Cherubim. – *Schiffchen*. Zum Rauchfaß gehörend. H. 18,8 cm. Der Fuß und der schmale geschweifte Becher sind mit großer Régence-Ornamentik geschmückt. Birnförmiger Knauf. Am Deckel drei Krückenstifte.

Gotisches Vortragekreuz (Abb. 159 und 160). H. 39 cm. Medaillons 1.Viertel 14.Jh. Silberblechverkleidungen 14. und 15.Jh. Korpus 1.Viertel 15.Jh. Renoviert 1960 durch EMIL ELTSCHINGER, Kriens[71]. Korpus: Messing, vergoldet. Vergoldete Appliken. Am Schaft gravierte Kohlblätter und Rauten, in den Kleeblattenden vorne Reliefs der vier Evangelisten, hinten steinbesetzte Rosetten, in der Mitte ein rosettengeschmücktes Medaillon. – *Kristallkreuz* (Abb. 158). Bergkristall und Messing, vergoldet. H. 55,5 cm (inkl. Schafttülle). 1821 in Mailand im Stil Louis XVI neu hergestellt[72] mit den auf dem Weg zum Albrunpaß größtenteils wiedergefundenen Kristallen des 1819 gestohlenen Kristallkreuzes[73]. 1921/22 repariert und vergoldet[74] von B. BICHLER(?), Wil. Korpus 18.Jh.? Kristallpartien: quadratische Mittelplatte, Quader, Knauf und gekehlte Scheiben der Kreuzarme. Balkenendenkugeln aus Messing in Blattkränzen. – *Armreliquiare*[75]. 1. (Abb. 157). Holz, versilbert und vergoldet. Neufassung 1965. H. 36 cm. 2.Hälfte 17.Jh. Die vergitterte Öffnung am Fuß ist als Portal gestaltet. Im Giebelfeld eine Taube, darüber ein großer Puttenkopf. – 2. Silber, getrieben. H. 41 cm. 2.Hälfte 18.Jh.[76]. Krause und Sockel vergoldet. Derbe Hand, flau gefältelter Ärmel. Am profilierten Fuß silberne Rocaille-Applik. – 3. Silber, gegossen. H. 43,5 cm. 1821 hergestellt in Mailand[77]. Am Sockel und am Ärmel je drei nebeneinander aufgereihte Marken (Tab.I, Nr.17). Kräftig gefältelter Ärmel. Lange Krause mit buntem Glas im Reifen. An der Stirn des mit Palmetten- und Pfeifenfriesen geschmückten Sockels lorbeergerahmte Medaillonöffnung.

Kerzenleuchter. 1. Paar. Gelbguß. H. 26,5 cm. Mitte 17.Jh.[78]? Gewölbter runder Kegelfuß, reichprofiliert. Am Schaft kräftige Urnen- und Balustermotive. – 2. Paar. Gelbguß. H. 31,5 cm. Mit angestücktem Dreikantfuß. – 3. Paar. Gelbguß. H. 22 cm. Dreikantfuß auf Kugeln mit vorkragender Platte. Mit Vasen- und Balustermotiven sowie mit Ringen gegliederter schlanker Schaft. – 4.–6. Drei Paare. Gelbguß. H. 23, 27,5 und 31,5 cm. Profilierter Dreikantfuß mit vorkragender Platte, auf Klauen (bei einem Paar fehlend). Schaft ähnlich Nr.3. – 7. Paar. Gelbguß, versilbert. H. 30 cm. 1.Hälfte 19.Jh.[79]. Profilierter, kegelförmiger Fuß mit zylindrischem Aufsatz. Seilartig gewundener Schaft, von Ringen gegliedert. – *Meßglocke*. Bronze. Dm. 10,5 cm. Flankenreliefs: Korpus Christi und Medaillon mit dem Haupt Mariens. Firmeninschrift: «CAVANTOVS A GENEVE». – *Prozessionslaternen*. Vier Stück. Ohne Stäbe. Blech, zierperforiert, mit Öl bunt bemalt. 1.Hälfte 19.Jh. Bekrönendes Türmchen, Rundtürmchen an den Ecken.

Kaseln. 1. Weiß. 2.Hälfte 18.Jh.[80]. «Mailänder». Rips, bestickt mit großen Blumen und Blättern in bunter Seide. Vergoldete Bänder und Ranken appliziert. Derbes Stück. – 2. Rot. 2.Viertel 18.Jh. Rosafarbener Taft, mit Seide und Silber bestickt. Geschwenkte Girlanden aus Bändern und Spitzen.

Abb. 161. Wileren. Pfarrkirche. Gotischer Grabchristus, L. 107,5 cm, 2.Viertel 14.Jahrhundert (heute im Museum Valeria, Sitten). – Text S.166.

Abb. 162. Wileren. Pfarrkirche. Gotischer Kruzifixus, H. 87 cm, 2. Viertel 14. Jahrhundert (heute im Museum Valeria, Sitten). – Text S. 166.

Blumenbukette als Streumuster. Reiche Goldtressen. – 3. Weiß. 1. Hälfte 19. Jh. Lyon? Ausgeringelt. Spiralig angeordnete, große, in Seide gestickte Rosen. Im Kreuzstab schwere Applik des Apokalyptischen Lammes. – 4. Weiß. 1. Hälfte 19. Jh. Damast, mit Gold und Seide bestickt. Zwischen großen bunten Blumen Blattstände in Gold. – 5. Rot. Mitte 19. Jh. Lyon? Großblumiger Damast. Im Kreuzstab rahmen in Seide gestickte Blumen die Applik des Apokalyptischen Lammes. – *Rosenkranzfähnchen.* Drei auf neuen Stoff aufgezogene Gemälde. 38,5 × 31,5 cm. Öl auf Leinwand. 2. Hälfte 18. Jh. Mariä Verkündigung, Jesus am Ölberg, Auferstehung. Originale metallene Bekrönungen und Fahnenstangen.

Glocken. 1958 tauschte man beim Guß zweier auf das Lourdes-Jubiläum bestellter Glocken der Firma H. RÜETSCHI, Aarau, eine 1848 von (BONIFAZ?) WALPEN, Reckingen, gegossene von 60 cm Durchmesser

69 Ähnlicher Typ der Marke. Vgl. Kdm Fribourg III, S. 439, Nr. 16.

70 PfA Binn, «Zeremonielles in Binn», o. Nr.

71 Seitenbänder, Strahlenkränze und vier Steine ersetzt, eine Rosette angefertigt. Neuvergoldung und -versilberung (ebd., o. Nr.).   72 PfA Binn, D 22.

73 Vgl. Anm. 67. – A. IMHOF, Im Tal der Edelsteine, W. Jb. 1935, S. 71. Vgl. auch FURRER (wie S. 8, Anm. 15), S. 58 B.

74 Ebd., «Gotteshäuser von Binn», o. Nr.

75 Vgl. Anm. 67.

76 Im Visitationsakt von 1754 wurde die Entfernung zweier Reliquiare und die Beschaffung eines neuen Heiltumarms gefordert (PfA Binn, D 3).   77 PfA Binn, D 23.

78 1654 wurde Christian Bellwalder von Grengiols als Burger der Talschaft aufgenommen «vndt dis mit erstattung zweyne Meschynen Kerzen stellen vor den altar der himell königin Mariae als auch geschehen» (ebd., B 6).

79 Gabe von Joh. Josef Kiecher (Kiechler) von Blitzingen bei seiner Aufnahme als Burger von Binn 1820 (ebd.)?

80 Bei den Kaseln Nr. 1 oder 2 könnte es sich um die testamentarische Schenkung des Joh. Petrus Ambsler, Naters, 1787 handeln (ebd., D 19).

Abb. 163 und 164. Wileren.
Pfarrkirche. Hl. Christophorus,
H. 110 cm, Anfang 16. Jahr-
hundert (1508?), mit
Anklängen an den Stil
des Jörg Keller, Luzern
(heute im Bischofspalast,
Sitten). Text unten.
Auferstehungschristus,
H. 52 cm, 2. Viertel
17. Jahrhundert,
wohl von Bildhauer
Jörg Mattig, Mörel (heute im
Pfarrhaus). Text S. 168.

ein[81]. – 1. Dm. 82 cm. Ton b′. 1552. Geriefelte Kronenbügel. Unter Schnurstäben und einem Fries mit
Mareskenstollen die Umschrift: «S*MICHAEL*ORA*PRO NOBIS*M*CCCCC*XXXXXII». Flankenreliefs:
hl. Barbara in Gehäuse mit Turm, hl. Paulus, hl. Johannes Baptista und hl. Petrus je unter Kielbogen;
darunter ein von Maresken übersponnenes Kreuz auf dreistufigem Sockel. – 2. Dm. 71 cm. Ton c″. 1618.
Geriefelte Kronenbügel. An der Schulter, zwischen Schnurstäben, die Umschrift: «ANNO*DOMINI*M*
D*C*XVIII[Rosette und Kreuz]SANCTA*MARIA*ORA*PRO*NOBIS*». Die Flanke ist durch ein Grotesken-
Rankenfries in zwei Zonen mit sehr flauen Reliefs gegliedert, oben Maria mit dem Kind, die Heiligen
Petrus, Johannes Baptista, Michael und Franz Xaver sowie ein nichtidentifizierbares Relief, unten ein
von Blumen und Groteskendekor überdecktes Kreuz zwischen Maria mit dem Kind und der Flucht nach
Ägypten. – *Missionskreuz* (auf dem Friedhof). Granit, 1939, von Steinhauer ALPHONS WIRTHNER,
Blitzingen.

Entfernte Kunstgegenstände. Tabernakel (im Gewölbe der Sakristei). H. 64,5 cm. Holz. Neuere Ölvergoldung und -versilberung. 3. Viertel 17. Jh. Zwischen geraden Kompositsäulen drei vortretende Achsen mit
geflammten rundbogigen Muschelnischen, die mittlere in geohrtem Profilrahmen. Vor den Seitennischen
eine Cherub-Konsole. – *Jüngstes Gericht* (in der Kapelle von Schmidigenhäusern). Etwa 130×188 cm. Öl
auf Leinwand. Ende 17. Jh. Geflammter Originalrahmen, mit Palmetten beschnitzt. Unter dem Weltenrichter inmitten der Heiligen scheidet der Seelenwäger Michael die Gerechten von den Verdammten im
Höllenrachen. Derbe Gestalten neben einzelnen eleganten Figuren, geschaffen nach einer Vorlage.

Abgewanderte Kunstwerke. 1936 an das Museum Valeria, Sitten, verkauft: *Grabchristus* (Inv.-Nr. MV 2077)
(Abb. 161). L. 107,5 cm. Arve, Spuren einer Fassung: rote Umschläge, schwarzer Saum. 1. Hälfte 14. Jh.
Gekreuzte Arme. Eingekerbte stilisierte Rippenzeichnung. Qualitätvoll. – *Kruzifixus* (Inv.-Nr. MV 2085)
(Abb. 162). H. 87 cm. Arve. Spuren einer Fassung. 1. Hälfte 14. Jh. «INRI»-Tafel, 17. Jh. Geometrisch
stilisierte Rippen. Ausdrucksstarkes Bildwerk. – *Hl. Christophorus* (im Bischofspalast, Sitten) (Abb. 163). H.
110 cm. Linde, gehöhlt. Guterhaltene Originalfassung: Polimentgold und Polychromie. Die blauen
Mantelumschläge und das Inkarnat des Kindes überholt. Von dem 1508 geweihten Hochaltar (S. 156)?

---

81 Bericht der Firma RÜETSCHI über die vorhandenen Glocken (ebd., o. Nr.). – E. WICK erwähnte
1864–1867 eine Glocke von 1600 (FURRER [wie S. 8, Anm. 15], S. 58B).

Anklänge an den Stil des JÖRG KELLER, Luzern, an den auch das Motiv der preziös vertrackten Fußstellung erinnert[82]. Schlanke Figur mit prachtvoll drapiertem Mantel. Kunstwerk von hoher Qualität. *Verschollene Kunstwerke. Kanzel.* Bei der Kirchenrestaurierung 1958–1963 entfernt. Sie wies Elemente verschiedener Stilepochen auf: gewundene Säulen, Rokoko-Ornamente (an der Stiegenlehne), Festons im Stil Louis XVI an der Rückwand neben Gesetzestafeln[83]. Nach ADOLF GAUDY, Rorschach, soll die ältere giltsteinerne Kanzel für einen Ofen im Pfarrhaus verwendet worden sein[84]. Zu den Statuetten siehe S.169. – *Bruderschaftskreuz des Altarsakraments*[85]. H. 185 cm. 2. Hälfte 18. Jh. Schaft des Kreuzes mit buntem Glas ausgelegt.

ABGEBROCHENES BEINHAUS UND ENTFERNTE BILDSTÖCKE

Das ehemals an die Westwand der Sakristei angebaute *Beinhaus,* ein schmuckloser Bau[86] mit vergitterter Rundbogenöffnung über eingezogenen Brüstungsmauern, ist 1935 abgerissen worden[87]. – Beim Bau der Autostraße 1936–1938 verschwand sowohl die 1781 genannte *«bildttanne»*[88] mit dem Muttergottesgemälde(?) im äußersten Drittel der Twingischlucht wie auch der 1790 erwähnte[89] *Bildstock «Sant niclauß»* im südlichen Eingang der Schlucht, Pendant zum noch bestehenden Bildstock der Mutter Anna (S.146) vor dem nördlichen Eingang. Gemälde wohl noch erhalten (S.169).

WOHNHÄUSER

1. Koord. 85/35. Kat.-Nr.1473. Katharina Gorsatt-Heinzmann. Spätmittelalterlich (14. Jh.?). Sehr altes und baufälliges «Heidehüs». «Heidechriz» durch Brett ersetzt. Originale Fensterpfosten von etwa 40 cm Höhe. ⌐——⌐. Ehemals wohl 1½, heute 2. E und G (alle Separationen aus «Stutzwänden», im Vorderhaus der «Loiba»[?] in sehr alten Nutbalken). – *Öfen.* 1. An der Stirn: «I[oseph]M[aria].M[angold]/A[ntonia]G[or]S[att]/1911». – 2. Zweigeschossig, mit gekehlter Deckplatte.

2. (Abb. 165). Koord. 65/90. Kat.-Nr.1789. Ernst Schrot. Früheres Pfarrhaus? Erbaut 1669. Im Hinterhaus gestufter Mauersockel bis auf Deckenhöhe des Wohnstockwerks. Da die Stirnfassade und die linke Traufwand des Vorderhauses aber mit dicker Mauer ummantelt sind, tritt die Blockwand über dem Mauersockel nur an der rechten Traufseite in Erscheinung. Rückseitiger Anbau aus Mauer und «Stutzwand». Einzelfenster sowie zwei- und dreifach gekuppelte Fensteröffnungen. Schräge Fensterkammern mit schwarz bemalten, außen von zwei Rillen gesäumten Rahmen. In der Kellerfront schießschartenförmiger Lichtschlitz. Tuffgerahmtes Rechteckportal, ehemals mit Gemälde eines hl. Jesuiten vor der Nische über der Sopraporte[90]. Eingang durch das Kellergeschoß entlang der linken Traufwand und steinerne Kehrtreppe in der linken hinteren Ecke des eigentlichen Hauses. 1½. F (im Wohnstock jedoch Treppenhaus und Flur an Stelle des «Stubji»). Der Anbau im Wohnstockwerk einräumig, im «Loibe»-Geschoß unterteilt. Hölzerne Treppe zum «Loibe»-Geschoß im Küchenraum. Im Vorderhaus des Wohngeschosses originale «Stutzwand» aus breiten, von Karniesprofil gesäumten Brettern. *Täfer* 19. Jh. Im Hausgang derbe *Wandmalerei,* wohl von 1669: beidseits ein Baum; am Türsturz des vorderen Kellers vegetabile Motive und Draperie.

Inschrift: «DISES HOVS HAT LASEN MACHEN DER E[hr].V[ürdige].G[eistliche].H[err].PETRVS KARLEN EIN GEBORENER BINER VND ZVO DERZIT KIRCH HER ALHIE [ANNO] 1669». – *Ofen.* Eingeschossig, Kehle an der wuchtigen Deckplatte. An der Stirn großes plastisches Wappen: auf Dreiberg Stab mit sechs wechselstän-

---

82 Vgl. hl. Sebastian am Münstiger Hochaltar.

83 Gutachten von L. BIRCHLER 1967 (PfA Binn, o. Nr.).

84 Nachlaß A. GAUDY, Aufnahmen Walliser Kirchen (EKD).

85 A. CARLEN, Verzeichnis, S. 12, Nr. 15.

86 Photo in StAS, Ph Odier Dia Nr. 227. (Freundl. Hinweis von Frau Dr. R.-C. Schüle, Crans.)

87 PfA Binn, Protokollbuch, o. Nr.   88 Chronik des J. I. INDERSCHMITTEN (vgl. Anm. 44).

89 Ebd.   90 A. CARLEN, Verzeichnis, S. 16, Nr. 57.

dig aufgereihten Balkenabschnitten und je einem Sechsstrahlenstern rechts unten und links oben, zwischen den Initialen «R[everendus]D[ominus]/P[etrus]C[arlen]C[uratus]B[undolensis]», unter der Jahreszahl 1670.

3. Koord. 45/90. Kat.-Nr. 1818. Walter Gorsatt. Erbaut 1717? 1929 um die Kammerachse erweitert, um ein Stockwerk erhöht und mit neuem Giebel versehen. ⌐⎯⌐. Ehemals 1½. E. *Inschrift:* «IESVS . MARIA . VND . IOSEPH.SEI.MIT.VNSMARTINVS.ZVM.TVRREN.VND.MARIA.BVNGEN.SEIN.HAVS.FRAVW/BIT.GOT.VM.GNAT.ZV. IEDER . ZEIT . OHN . SEIN . HILF . VER . MAGST . DV . NEIT . 1717». – *Ofen.* 17. Jh.? Eingeschossig, mit flach gekehlter, schwerer Deckplatte.

4. Koord. 65/70. Kat.-Nr. 1887. Geschwister Clemenz; Rudolf Imhof. Erbaut 1786 (am Giebel Jahreszahl und die Initialen «MZS»). Auffallend große Pfeilschwanzfriese unter Wolfszahn. ⌐⎯⌐. 2½. E und F (Kammer mit «Stutzwand» abgetrennt). *Inschriften.* 1. Stockwerk: «IHM IAR 1786 DEN 7 ABRILL + HAT MEIER IN DER SCHMITEN/ANNA MARIA MANGEL + HABE.DISES.HAVS ERBAVEN». – 2. Stockwerk: «IESVS . MARIA IOSEPH . SEI . MIT . VNS + IOSEPH . IN . DER . SCHMITEN . DERZIT . MEYER . VND . AMBTS . MANN . VND . ANNA . MARIA . MANGEL + /SEIN.HAVS.FRAVW + SAMBT.IHREN.KINDEREN.PETER.IOSEPH HANS.IOSEPH.PETER.ANTHONI.MICHAEL.IN. DER.SCHMITEN + ANNO.1786». – Auf einem Deckenbrett Jesusmonogramm in Medaillon mit der Umschrift: «GELOBT.SEI.DER.HEILIG.NAMEN.IESVS + ». – *Ofen.* Zweigeschossig. Karnies unter Stab am Sims. An der Stirn kleines, aber sehr plastisches unbekanntes Wappen der Familie Inderschmitten(?) (auf einem Herzen an der Stelle des Dreibergs F zwischen Fünfstrahlensternen), umrahmt von den Initialen «M[eier]Z[er]S[chmitten]/A[nna]M[aria]M[angel]» und der Jahreszahl 1790. – *Wandbüfett.* Tanne. Doppelt geschweifter Schubladenblock. Zierliche Vierpaßnische in der konkaven Kredenznischenrückwand. Eingeritzt die Initialen «H[ans]I[n der]S[chmitten]» und die Jahreszahl 1793.

5. *Pfarrhaus.* Koord. 25/75. Am Giebel: «ANNO 1822». Friese: Paar versenkter Rundstäbe. Rückseitiger Anbau 1954. Portal mit Scherenpfosten und ziergekehltem Rundbogen. Um 1926 noch zierkonturierte Fensterverkleidungen (vgl. Bilddokument). ⌐⎯⌐. Ehemals 1½ mit ausgebauter Stube im «Loibe»-Geschoß. G (mit gemauertem «Stubji» und teilweise durch Mauer abgetrennter Küche). *Inschriften.* 1. Stockwerk: «Ecce tuam bonum & tuam Jucundum, habitare fratres inunum PS.132 Jnter vestibulum & altare plora = /bunt sacerdotes ministri Domini & dicent:Parce Domine, parce populo tuo & ne des haereditatem tuam in opprobrium Joel 2» «BVnDILVs.Ista.CauIt:MeLIor.tIbI.ParCa.faVe-bIt./OVes.ZVrbrIggen.protegIt.atqVe.sVas Maii [Jesus- und Marienmonogramm]»[91]. Das Chronostikon des Hexameters der ersten Linie ergibt das Baujahr 1822; in der zweiten Linie irrtümlicherweise oder zur Angabe des Monatsdatums (22.) fortgesetztes Chronostikon.

Bilddokument. Zeichnung von FRITZ BERNER, signiert und datiert «3.9.26» (ZBZ, Graph. Slg. Mappe Kt. Wallis I, 1).

Ofen[92]. Zweigeschossig, mit Kehle unter der Deckplatte. Auf Holzrahmen und -füßen. An der Stirn, in Wappenschild zwischen den Ziffern 17 und 94, Jesusmonogramm, gerahmt von Sternen. – *Wandschrank.* Tanne. Eingelegt: «I.G.S.[Rosette] 1711».

Kunstgegenstände aus Kirche und Kapellen. Skulpturen. Werke von einem Binner[93] Schnitzler, Anfang 17. Jh.(?). Derbe, archaisierende Figuren, reliefhaft breit und flach; teigig zäher Faltenstil. Gräulich-kühle Inkarnate als feiner Temperafilm auf der Grundierung. 1. *Hl. Sebastian.* H. (inkl. Baum) 72,5 cm, Figur 59,5 cm. Originalfassung. Polimentgold. – 2. *Hl. Johannes Baptista.* H. 69 cm. Linde? Polychrome Originalfassung, teilweise wohl überholt. – 3. *Hl. Petrus.* H. 67,5 cm. Linde? Originalfassung: Silber, Polimentgold und Lüster. – *Auferstandener* (Abb. 164). H. 52 cm. Holz, massiv. Wertvolle originale

---

91 Binn hat davor sich gehütet; das bessere auch wird nur kärglich dir dienen/ und Zurbriggen schirmt seine Schafe (im) Mai. – Vorwurfsvolle Anspielung des Pfarrers Alois Moritz Zurbriggen auf den Neubau des Pfarrhauses ohne Hilfe von seiten der Gemeinde?

92 1954 wurde in der oberen Stube ein ungewöhnlich geformter Ofen mit den Initialen «D!F!» entfernt, den A. CARLEN und H.A. VON ROTEN in die Zeit um 1560–1570 datierten (A. CARLEN, Verzeichnis, S. 14, Nr. 34). Möglicherweise der aus der älteren Kanzel zusammengefügte Ofen (S. 167).

93 Auf die einheimische Herkunft weisen vor allem auch die gewiß vom gleichen Meister stammenden Chorbogenkruzifixe in den Kapellen von Imfeld (S. 200) und Zenbinnen (S. 209). Andererseits finden sich Werke des gleichen Stils auch in der Kapelle im «Gorbji», Eggerberg. Nach Ansicht von CARLEN Reste des älteren Petrusaltars (A. CARLEN, Verzeichnis, S. 14, Nr. 36).

Abb. 165. Wileren.
Ummauertes Haus,
erbaut von Pfarrer
Petrus Karlen, 1669.
Text S. 167.

Temperapolychromierung und Vergoldung. Mantelinnenseite musiert. 2. Viertel 17. Jh. Von Bildhauer
JÖRG MATTIG, Mörel[94]. – *Engel.* H. 71 cm. Linde. Originalfassung, häßlich übermalt. Mitte 17. Jh. –
Muttergottesfiguren. 1. Aus der Kapelle von Schmidigenhäusern (S. 177). – 2. Aus der Freichi-Kapelle, nun
Eigentum der Glaisigenalp. H. 31 cm. Arve, polychromiert und vergoldet. 2. Hälfte 17. Jh.? Derbe
Statuette in Strahlenkranz. – 3. Aus der Kapelle von Gießen (S. 192). – *Maria und Johannes* von einer
Kreuzigung. Aus der Kapelle von Schmidigenhäusern (S. 177). – *Posaunenengelchen.* Paar. H. 33 cm. Arve,
polychromiert und vergoldet. 2. Viertel 18. Jh. Ohne Flügel. Ausgebreitete Hände. – *Herz-Jesu-Büste.* H.
85 cm. Holz. Neue Polychromierung und Polimentvergoldung. 3. Viertel 18. Jh. Bogenförmig geschwun-
gene Gestalt. Auf der Brust appliziertes Herz. Ehemals in Strahlenkranz. – *Kanzelstatuetten.* Evangelisten.
H. 52–54 cm. Arve, leicht gehöhlt. Ölpolychromierung auf Kreidegrund. 1. Hälfte 19. Jh.? Realistische
Antlitze. Müder Faltenstil.
   Gemälde. Heiliger Wandel. 69,5 × 48,5 cm. Öl auf Leinwand. 2. Hälfte 17. Jh. Engel über Josef und
Maria. – *Hl. Nikolaus von Myra,* flankiert links vom hl. Petrus unter zwei Cherubim, rechts vom hl. Johannes
Baptista. Wohl aus dem 1936–1938 abgerissenen Bildstock am südlichen Eingang der Twingischlucht.
91,5 × 100 cm. Öl auf dicken Tannenbrettern. Letztes Viertel 18. Jh.? Vom Meister des Niedererner
Kreuzwegs (IGNAZ ANDERLEDI)? Dreiviertelbildnisse. Hahn als Attribut des hl. Petrus. Qualitätvolle, aber
arg beschädigte Malerei.
   Kerzenhalter. Bronze, dünnwandig gegossen. H. 27 cm. 17. Jh.? Am Standring Meistermarke «IPM»
über Serpentinenlinie. Kegelförmiger Fuß mit hohem Wulst und scharf vortretender Abschlußscheibe.
Ein eleganter Balusterschaft hält die Kerzenklemme. – *Kaseln.* 1. Violett. 2. Hälfte 18. Jh. Auf quergeripp-
tem Satin geschwungene Ästchen und Rosenbukette in Seide gestickt. – 2. Rot. Stil Louis XVI. Helle
breite und schmale Vertikalstreifen mit Röschen und Ranken wechselnd. Unten am quergemusterten
Stab mit Goldschnüren aufgeheftet: «M.T.HF[in Ligatur]». Inschrift mit Tinte an der Innenseite:
«Maria Theresia im Hoff/femme de Maurice Lugon Marchand à Sion/Le 12ᵉ 8ᵇʳᵉ 1802». – 3. Rot.
2. Hälfte 19. Jh. Großblütiger Damast. Im Kreuzstab applizierte silberne Hl.-Geist-Taube.
   Abgewanderter Kunstgegenstand. Kruzifix (im Kollegium, Brig). H. (Korpus) 107 cm. Holz. Neuere
Fassung, Lendentuch bronziert. Ende 17. Jh. Werkstatt des JOHANN SIGRISTEN, Glis. Vom Kreuz
abstehender Korpus, breit, untersetzt, mit gekreuzten Füßen. Kurzer, gequirlter Zipfel unter dem
Lendentuchknoten. Vierschrötiges, aber ausdrucksstarkes Bildwerk.
   Verschollene Kunstgegenstände, aufgeführt in A. CARLEN, Verzeichnis. *Wappenengel* mit Karlen-Wappen,
um 1665, defekt (S. 14, Nr. 40). – *Engel* mit Lorbeerkranz. H. 53 cm. Neugefaßt. 18. Jh. (S. 15, Nr. 43). –
Armreliquiar. H. 48 cm. Holz, spätgotisch, defekt (S. 15, Nr. 44).

   94 Ähnlichkeit mit den bekrönenden Statuetten auf Taufstein und Kanzel in der Burgkirche von
Raron (Raron, Burg und Kirche, hg. durch Lonza AG, Basel 1972, S. 73/74 [W. RUPPEN]).

Abb. 166.
Schmidigehischere.
Brücke und Kapelle
von Südwesten.
Zeichnung, 1867,
von Raphael Ritz.
Text S. 174 und 187.

SCHMIDIGEHISCHERE

VORGESCHICHTE. Die große Zahl archäologischer Gräberfunde in und um Schmidigehischere (Schmidigenhäusern) lassen das Dorf als prähistorisches Siedlungszentrum des Tals erscheinen.

« Uf em Acher »[1]. Beim Bau des Hotels «Ofenhorn» «uf em Acher» stieß man 1881 auf neun keltische
und gallorömische Gräber, bei dessen rückseitiger Verlängerung 1897 auf weitere fünfzehn. In den 1897
entdeckten Gräbern fanden sich fünf Bronzefibeln, darunter zwei bemerkenswerte Stücke, die eine mit
Spirale[2], die andere mit Scharnier[3], ferner eine Eisenfibel, zwei Paar Armringe mit dem verbreiteten
«Walliser Ornament» (eingekerbte konzentrische Kreise), eine Perlkette, ein silberner Fingerring, ein
Lavezsteinbecher, eine irdene Schale und ein Spinnwirtel[4]. Nachdem etwa hundert Meter östlich schon
1935 eine Graburne mit drei Münzen, darunter je einem Sesterz des Kaisers Nerva vom Jahre 97 n. Chr.
und des Kaisers Antonius Pius (169–175 n. Chr.), zum Vorschein gekommen war[5], folgten «uf em Acher»
selbst weitere Funde: 1959 Grab mit einer Bronzefibel[6], 1960 latènezeitlicher Gehhorizont hinter dem
Hotel und, auf der Terrasse vor dem Gasthaus, drei Gräber mit einem eisernen Fingerring, mit Fibeln und
einer römischen Silbermünze[7]. Wiederum auf der Hotelterrasse kam 1961 ein besonders reiches Grab zum
Vorschein, das neben einem eisernen Beil, einer römisch-frühkaiserzeitlichen Aucissafibel und einer
Spiralfibel des Ostalpengebiets eine bemerkenswerte, innen versilberte Bronzekasserolle vielleicht aus
capuanischer Werkstatt und einen Siegelring mit Wildeber-Gemme enthielt[8].

«Im Hofacher». Im Winter 1968/69 entdeckte man noch weiter östlich des Dorfes, «im Hofacher»,
vielleicht im Gräberfeld einer keltischen Siedlung am Standort der heute als Wüstung sichtbaren

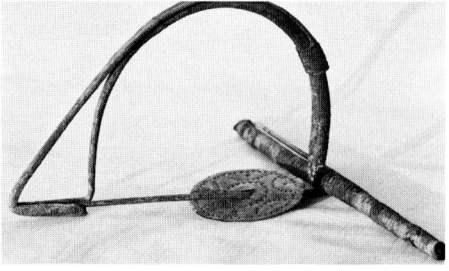

Abb. 167. Schmidigehischere.
Spätkeltische Armbrustfibel vom Typ der
Mittel-La-Tène-Zeit, charakteristisch für das von
den Lepontiern besiedelte zentralalpine Gebiet,
geschmiedet aus einem Werkstück von 285 cm
Länge. L. 18,5 cm, B. 25 cm, H. 11 cm.
Punzendekor. Gräberfeld «im Hofacher»
(Gerd Graeser, Ebmet, Binn). – Text S. 171.

Abb. 168. Schmidigehischere. Ansicht von Südwesten. Aufnahme 1940. – Text S. 172.

Siedlungsstelle «im Hof», ein Keltengrab mit reichen Fundgegenständen: zwei Armbrustfibeln mit manschettenförmig am Bügel verklammerter Nadelhalterschlaufe, die eine, vielleicht die größte bislang gefundene ihrer Art[9], mit punzierter Silberscheibe auf der Nadel (Abb. 167), ferner zwei aus Silberdraht gefertigte Fingerringe, ein feines Terra-nigra-Schälchen mit Rädchenmuster (Abb. 142), ein rohes Giltsteinschälchen und ein Gürtelring[10].

Schließlich erwies sich auch das Areal des heutigen *Dorfes* als durchsetzt mit vorzeitlichen Gräbern. Beim Bau des heutigen Postgebäudes fand man ein Grab und, wohl als Streufund, einen Sesterz des Kaisers Commodus (180–183 n. Chr.). 1959 Giltstein-Graburne aus der Wende vom 1. zum 2. Jahrhundert n. Chr. nahe der Südostecke des Postgebäudes[11]. 1962 Brandgrab des ersten nachchristlichen Jahrhunderts mit einer Tonurne und einer Lanzenspitze, mit zwei Bronzefibeln und einem geschnittenen Stein in eisernem Siegelring unter dem heutigen Anbau des Hauses Nr. 1. 1970 Keltengrab der La-Tène-Zeit bei Koord. 215/190.

---

1 Einige Fundgegenstände werden im Hotel «Ofenhorn» aufbewahrt.

2 D. BERNOULLI, Vorhistorische Gräberfunde aus dem Binnenthal (Oberwallis), ASA [N.F.] 1 (1899), S. 56/57, Tf. V, 4a und b.

3 Ebd., 7a–c.

4 BERNOULLI (wie Anm. 2), S. 57–66.

5 G. GRAESER, Alte und neue Gräberfunde aus dem Binntal, Walliser Nachrichten 61 (1959), Nr. 104.

6 Ebd. und Jahrbuch der Schweizerischen Gesellschaft für Urgeschichte 48 (1960/61), S. 136 (Fundbericht von G. GRAESER).

7 Freundl. Auskunft von G. GRAESER, Ebmet, Binn, und Jahrbuch der Schweizerischen Gesellschaft für Urgeschichte 50 (1963), S. 80.

8 G. GRAESER, Ein reiches gallo-römisches Grab aus dem Binntal, Wallis, Ur-Schweiz 28 (1964), S. 29–39.

9 Aufgerollt 284 cm, H. des Bügels 11 cm, L. 18,5 cm, Gewicht der allerdings stark oxydierten Fibel 285 g.

10 G. GRAESER, Ein neuer Grabfund aus dem Binntal, Ur-Schweiz 33 (1969), S. 2–8.

11 Vgl. Anm. 5.

Abb. 169. Schmidigehischere. Ansicht von Südwesten. Aufnahme 1977. – Text unten.

GESCHICHTE. Der Name Schmidigehischere – 1437 heißt es «Schmidingerro husren»[12] – gleicht den Ortsnamenbildungen auf -ingen im Obergoms und dürfte daher nur mittelbar auf frühe Eisenverarbeitung im Tal hinweisen. Mitten im Tal gelegen und deswegen früherer Sitz der Gerichtsbank[13], ist die Siedlung zum Zentrum der das ganze Tal umfassenden Gemeinde «Binn» geworden.
Quellen und *Literatur* vgl. Das innere Binntal, S. 151.

SIEDLUNG. *Anlage und Geschichte* (Abb. 168–170). Schmidigehischere säumt straßendorfartig die letzte Wegstrecke auf dem schmalen rechtsufrigen Talboden, ehe die Straße über die alte Bogenbrücke der Binna führt. Am östlichen Rand der Siedlung schiebt sich ein dichter Keil von Nutzbauten ein, worauf noch wenige Wohnhäuser und das Hotel «Ofenhorn» dem rechten Binna-Ufer folgen. Am westlichen Dorfende, «ze Stadle», vereinigen sich stattliche Stadel und einige Heuställe zum eindrücklichsten Nutzbautenquartier des Untergoms (Abb. 185). Zu Beginn unseres Jahrhunderts lag das Quartier noch wie ein eigener Weiler abgesondert vor dem Dorfeingang (Abb. 168); erhalten blieb der eigentümliche Binnencharakter der Gruppe, legen sich die Bauten doch wie ein Hufeisen um einen schlanken Speicher in der Mitte. Die Häuserzeilen beidseits der Straße werden streckenweise von Nutzbauten begleitet. Nur die hangseitigen Wohnhäuser blicken zur Straße hin, diejenigen am linken Straßenrand wenden ihre Giebelfronten nach Süden der Binna bzw. der Sonne zu. Die Straße weitet sich an zwei Stellen platzartig. Jenseits der Brücke, «ine lätze Matte» und «i dr Biina», wo nur mehr zwei alte Häuser stehen, baut man heute zahlreiche Chalets – ebenso am Hang östlich vom Hotel «Ofenhorn».

Die Wohnhäuser des Zeitraums 1500–1630 stehen nördlich der Straße, diejenigen der Barockzeit (1630–1750) dagegen mehrheitlich im Süden, näher der Binna. Während man in der zweiten Hälfte des 18. Jahrhunderts den nordöstlichen Rand

12 GdeA Binn, D 1. – Vgl. «supra manso Richingerro» = Reckinger Hub (GREMAUD II, S. 151).
13 JOST (vgl. Literatur, S. 151).

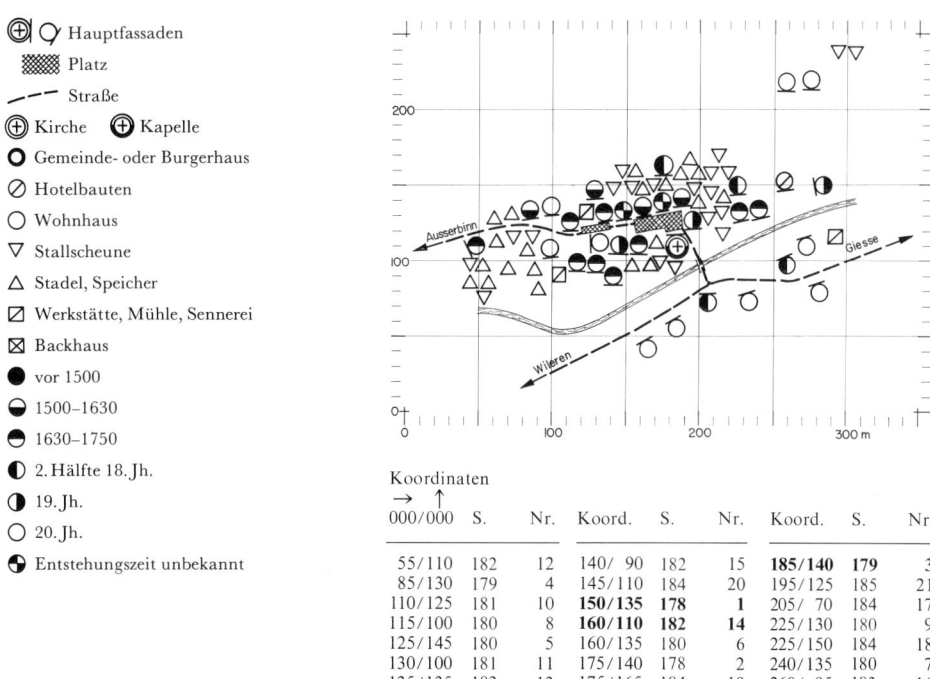

Hauptfassaden
Platz
Straße
Kirche Kapelle
Gemeinde- oder Burgerhaus
Hotelbauten
Wohnhaus
Stallscheune
Stadel, Speicher
Werkstätte, Mühle, Sennerei
Backhaus
vor 1500
1500–1630
1630–1750
2. Hälfte 18. Jh.
19. Jh.
20. Jh.
Entstehungszeit unbekannt

Koordinaten
→ ↑

000/000	S.	Nr.	Koord.	S.	Nr.	Koord.	S.	Nr.
55/110	182	12	140/ 90	182	15	**185/140**	**179**	**3**
85/130	179	4	145/110	184	20	195/125	185	21
110/125	181	10	**150/135**	**178**	**1**	205/ 70	184	17
115/100	180	8	**160/110**	**182**	**14**	225/130	180	9
125/145	180	5	160/135	180	6	225/150	184	18
130/100	181	11	175/140	178	2	240/135	180	7
135/135	182	13	175/165	184	19	260/ 95	183	16

Abb. 170. Schmidigehischere. Siedlungsplan (vgl. «Wegleitung»). – Text S. 172.

der Siedlung und das linke Binna-Ufer bevorzugte, wurden die beiden Häuser des frühen 19. Jahrhunderts wiederum in der Dorfmitte errichtet. Im Gegensatz zu manchen Dörfern des Gommer Haupttals herrschte in Schmidigehischere eine konstante Bautätigkeit von der Mitte des 16. Jahrhunderts bis ins erste Viertel des 19. Jahrhunderts; dann brach sie ab bis in die dreißiger Jahre unseres Jahrhunderts.

Abb. 171.
Schmidigehischere.
Kapelle, 1690, mit
Brücke, 1564.
Text S. 174 und 187.

KAPELLE HL. ANTONIUS VON PADUA

GESCHICHTE. Außen an der Chorstirn steht die Jahreszahl 1690, auf dem Weihwasserstein eingehauen: «18 + 09»[14]. 1922–1925 wurden das alte Steinplattendach durch galvanisiertes Blech ersetzt, im Innern ein niedriges Brusttäfer angebracht und die Kapelle, nach Ausbesserung der Mauern, durch JULES SARTORETTI, Sitten, ausgemalt[15]. Kleinere Renovation 1948/49[16].

Bilddokument. Sicht auf Kapelle und Brücke von SW; «Binn 1867». Zeichnung von RAPHAEL RITZ. Skizzenbuch Nr. 12, S. 19 (ETHZ, Graph. Slg. 3686A) (Abb. 166).

BESCHREIBUNG. *Äußeres* (Abb. 171). Nahe der Bogenbrücke blickt die Kapelle nach Süden zur Binna. An das kurze Schiff stößt ein eingezogenes, dreiseitig schließendes Chor. Symmetrisch angeordnete Rechteckfenster und ein Okulus im Frontgiebel. An der Fassade ferner bemalte Türrahmung aus Tuff mit gefastem Rundbogen auf Kämpfern und darüber eine statuenbesetzte (S. 176) Bogennische unter hölzernem Pultdächlein. Gemalte Sonnenuhr an der Chorstirn[17].

Inneres (Abb. 172). Im Gegensatz zu der vom Steilgiebel beherrschten Wirkung des Äußeren erscheint der Innenraum weit. Die Schiffstonne (wie in der Kapelle von Gieße, S. 191) und das flache sechskappige Chorgewölbe auf hohen Schildbögen verstärken noch diesen Eindruck. Ein schweres Gesims mit Zahnschnitt und Fries umzieht beide Räume. Eine Eigenart der Kapelle sind die Akzente setzenden bemalten Stukkaturen: Rosetten am Scheitel von Chor und Schiff sowie an der Chorbogenstirn; Engelsköpfchen, geflügelt an der Spitze der Schiffsgewölbekappen, flügellos am Chorbogenfries. Fensteröffnungen wie in der Kapelle von Gieße (S. 191). Die kühle, aber qualitätvolle Ornamentmalerei von SARTORETTI ziert vor allem das Chorgewölbe[18].

Altar (Abb. 173). Auf dem Rücken des hl. Antonius steht eingeschnitzt: «IO.H[annes]RIZ.HAT DIS GIMACHT ANO 169II». – Für das Jahrhundertende typische Silhouette mit kräftig eingezogenem Obergeschoß. In der manieristischen Eigenart des Aufbaus, die kräftigen Randsäulen bloß mit Akroteren zu belasten, den schweren Rundbogengiebel, der optisch die Oberzone trägt, dagegen fast nur auf Cherubim abzustützen, gleicht das Retabel dem Hochaltar der Ritzingerfeldkapelle (1690). Heterogene Verbindung von abstrakten Architekturmotiven mit vegetabilen: Schuppensäulen

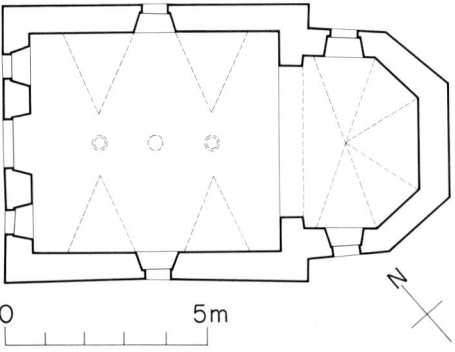

0   5m

Abb. 172. Schmidigehischere. Kapelle, 1690. Grundriß. – Text oben.

Abb. 173. Schmidigehischere. Kapelle. Altar, 1692, von Johann Ritz, Selkingen. – Text S. 174.

14 Für den Unterhalt der Kapelle hatte die Burgerschaft aufzukommen (PfA Binn, D 2).
15 PfA Binn, «Zeremonielles in Binn», «Die Gotteshäuser von Binn» und Protokollbuch, o. Nr.
16 Ebd., Kapellenbuch, Inventarbuch und «Gotteshäuser von Binn», o. Nr.
17 BINER, S. 54.
18 Links vom Altar hingen früher Exvoto-Gliedmaßen.

bzw. Palmstämme, Blattrollwerkgiebel. In der Hauptnische, erhöht auf einer Wolkenkonsole, der hl. Antonius von Padua (Abb. 175). Seitenstatuen vor Stichbogenädikulen: links der hl. Ignatius von Loyola, rechts der hl. Franz Xaver. Flankenstatuen: links die hl. Anna Selbdritt (ähnlich derjenigen im Hochaltar der Ritzingerfeldkapelle), rechts die hl. Barbara. In der durchbrochenen Oberzone die Heilige Familie unter dem Gottvater der Bekrönung. Der träge Faltenfluß, die zerquälten Gesichter mit den seitlich herabgezogenen Augen und die noch vagen Standmotive sind typisch für den Frühstil des Meisters. Guterhaltene Originalfassung von Gewände und Figuren: schwarzgeäderte rote Marmorierung, Polimentgold, Silber und Lüster auf Steinkreidegrund.

Antependium aus sogenanntem Cordobaleder mit zentralem Medaillon wie die späteren Antependien des Tals (S. 160), rundum jedoch dicht gefüllt mit vegetabilen Motiven ähnlich den «bizarren Stoffen» des frühen 18. Jh. Im Medaillon hl. Antonius mit dem Jesuskind. An den Seitenrändern mehrere Borten.

Ädikularetabel ohne Mensa (an der rechten Schiffsstirnwand). H. 143 cm, B. 94 cm. Holz. Originalfassung: Silber, Gold, Lapislazuli und Marmorierung. 2. Hälfte 17. Jh. Ein Paar gewundene ionische Säulen unter verkröpftem Gebälk rahmen ein Gemälde der Pietà, Mischtechnik auf Leinwand. Als Bekrönung (heute leerer) Statuensockel zwischen steilen, geraden Sprenggiebeln.

Skulpturen. Altarkreuz. H. 62,5 cm (Korpus 23 cm). Holz. Neuere Vergoldung und Polychromierung. Korpus spätes Werk vom Binner(?) Meister der Statuen im Pfarrhaus (S. 168), 1. Hälfte 17. Jh. Zierlicher Kreuzfuß mit Blattrollwerk, 2. Viertel 18. Jh. – *Hl. Wendelin.* H. 140 cm. Holz. Verwitterte Fassung. Ende 17. Jh. Sockel von 1962. Erworben 1960 aus dem Kunsthandel. Stehend, eine Tasche am Gürtel. Herbes, aber ausdrucksstarkes Bildwerk. Nach 1961 im nun entfernten Bildstock von Schmidigenhäusern (S. 178). – *Hl. Antonius von Padua* (in der Fassadennische). H. 61,5 cm. Arve. Neuere, teilweise bis auf den Steinkreidegrund verwitterte Fassung. Um 1700. Qualitätvolle Figur, eher dem Sigristen-Bodmer-Kreis als der Ritz-Werkstatt zuzuweisen. – *Gemälde. Jüngstes Gericht.* Aus der Pfarrkirche (S. 166).

Kerzenleuchter. Barock. Gelbguß. Dreikantfuß mit vorstehender Platte. 1. Paar. H. 26 cm. Auf Klauen. Vasen-, Balustermotiv und Schaftringe. – 2. Paar. H. 25,2 cm. Auf Kugeln. Balustermotiv und Schaftringe. – *Kaseln.* 1. Grün. Stil 2. Hälfte 17. Jh. Damast mit stilisierten Blütenvasenmotiven. – 2. Rot. Gleich

Abb. 174 und 175. Schmidigehischere. Kapelle. Muttergottes (Ausschnitt) (vgl. Abb. 176) (heute im Pfarrhaus Wileren). Text S. 177. – Hl. Antonius vom Altar (Ausschnitt) (vgl. Abb. 173). Text oben.

Abb. 176 und 177. Schmidigehischere. Kapelle. Muttergottes, H. 58 cm, wohl 1692, von Johann Ritz, Selkingen; Maria und Johannes, wohl von einer Kreuzigung, H. 27 und 28 cm, um 1700, im Stil des Bodmer-Sigristen-Kreises (alle heute im Pfarrhaus Wileren). – Text unten.

wie Nr. 1. Neu posamentiert. – *Sakristeischrank.* Lärche. Originalfassung auf Steinkreidegrund, bunt übermalt. Ende 17. Jh. Seitlich gestuft. Links ädikulaartiger Aufsatz, bekrönt mit Sprenggiebeln. Profilierte Rechteck- und Rundbogenfelder. Diamantbuckel.

Glocke. Dm. 30,5 cm. Ton d″. Glatte Kronenbügel. An der Schulter Schnurstäbe, Rankenfries und die Umschrift: «SANCTVS ANTONIVS DE PADVA 1691 [Malteserkreuz]». Flankenreliefs: Brustbildnis des hl. Antonius mit dem Jesuskind in kleinem ovalem Medaillon und Kreuzigungsgruppe.

Entfernte Kunstgegenstände. Muttergottes (im Pfarrhaus Wileren) (Abb. 187a). H. 39 cm. Föhre(?). Originalfassung. Blaugraue Tempera und purpurfarbener fleckiger Lüster unmittelbar auf dem Kreidegrund. Das Zepter in der Linken fehlt. Gemütvolles Bildwerk. Die eigenwillige Darstellung des Kindes, die Ärmchen der Mutter und die knitterigen Falten mit den Saumbrüchen des Kleides sind charakteristisch für die unbekannte Untergommer Werkstatt (Bellwald?) der zweiten Hälfte des 17. Jahrhunderts. – *Muttergottes* (im Pfarrhaus Wileren) (Abb. 174 und 176). H. 58 cm. Arve(?), vergoldet und gelüstert. Neue Fassung. Strahlenkranz vielleicht spätere Zutat. Von JOHANN RITZ, Selkingen, wohl gleichzeitig mit dem Altar (1692) der Kapelle geschnitzt. Enge stilistische Verwandtschaft in Haltung, Physiognomie und Faltenstil mit den Figuren des Hl.-Familien-Altars (1691) in der Ritzingerfeldkapelle[19]. Nichtsigniertes, aber sehr typisches und qualitätvolles Frühwerk des Meisters. – *Maria* und *Johannes* (im Pfarrhaus Wileren) (Abb. 177). Wohl von einer Kreuzigungsgruppe. H. 27 und 28 cm. Arve, massiv und leicht gehöhlt. Wohl spätere Polychromierung. Um 1700. Reichdrapierte Statuetten im Stil des Bodmer-Sigristen-Kreises.

Abgewanderte Kunstgegenstände. 1864–1867 berichtete EMIL WICK von vier vergoldeten hölzernen *Reliefs eines Flügelaltars* aus dem Anfang des 16. Jahrhunderts, darstellend die Heiligen Theodul (Abb. 178 und 179)[20], Anna, Jakobus d. Ä. und Antonius Eremita[21]. Der hl. Theodul und vielleicht noch die hl. Anna (Selbdritt) finden sich heute im Choraltar der Kathedrale von Sitten. H. 112 cm. Motive des Faltenstils weisen auf die zweite Hälfte des 15. Jahrhunderts. Die Fassung ist größtenteils übermalt oder erneuert. Inschrift am Mantelsaum des hl. Theodul: «O HEILIGER + SANT + TEODRVS + BIS + VNS + GNADIG + VND[?] ...»

---

19 Kdm Wallis I, S. 374 und Tf. III.

20 Identifiziert dank einer Zeichnung von RAPHAEL RITZ († 1894), Museum Majoria, Sitten (RUPPEN II, 763).

21 FURRER (wie S. 8, Anm. 15), S. 58B.

 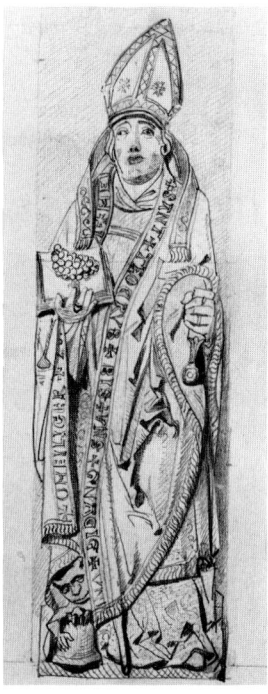

Abb. 178 und 179.
Schmidigehischere. Hl. Theodul.
Relief von einem Flügelaltar,
H. 112 cm, Ende 15. Jahrhundert
(jetzt am Hochaltar
der Kathedrale Sitten);
Zeichnung von Raphael Ritz
(1829–1894).
Text S. 177 und Anm. 20.

Verschollene Kunstgegenstände. Maria mit Kind. Wachsbossierung. 32 × 30 cm. Die Figuren in Seide gekleidet. Schwarzes Barockrähmchen (A. CARLEN, Verzeichnis, S. 17, Nr. 64). – *Exvoto*(?). 120 × 80 cm. Öl. Bildnis eines Knaben in steifem Rock, darunter der hl. Antonius von Padua(?), ein Bischof und das Fegfeuer. Wappen (A. CARLEN, Verzeichnis, S. 17, Nr. 66). – *«Tovaglia Perugina».* Turm- und Vogelmotive. Signiert: «BMV» (A. CARLEN, Verzeichnis, S. 17, Nr. 74) (vgl. S. 192).

ABGEBROCHENE BILDSTÖCKE

Nach Entfernung eines *Bildstocks «ine lätze Matte»* wurde in den Mauersockel der Front von Haus Nr. 17 (Koord. 205/70) eine Nische eingebaut. Stehende *Muttergottes.* H. 55 cm (ohne Sockel). Holz. Neuere, polychrome Fassung. 1. Viertel 18. Jh. Angeblich 1834 aus der Leischenkapelle hergeschwemmt (S. 205)[22].

Ein einfacher, mit Satteldach versehener *Bildstock* bei Koord. 185/130, gegenüber der Kapellenfront, ist 1969/70 abgerissen worden. In der rundbogigen Nische stand bis 1961 eine spätgotische Pietà (S. 161), hernach eine barocke Wendelinsstatue (S. 176). Eine mit Öl auf Holz gemalte Darstellung des Martyriums der hl. Katharina[23] an der Rückseite des Bildstocks ist um 1950 entwendet worden.

WOHNHÄUSER

Allgemeines. Bis um 1700 verfügten die meist einstöckigen, mit einem «Loibe»-Geschoß versehenen Häuser nur über Zweiraumwohnungen (Grundriß A). Die Freude an frommen und weisen Hausinschriften ist in Schmidigehischere besonders auffallend.

1. *«Gurtehüs»* (Abb. 180). Koord. 150/135. Kat.-Nr. 88. Andreas Tenisch. Nach den Friesen zu schließen, ist das wohl spätmittelalterliche Haus 1546 um zwei Stockwerke

22 A. CARLEN, Verzeichnis, S. 18, Nr. 80.
23 107 × 71 cm. 18. Jh. (ebd., S. 17, Nr. 76).

erhöht worden[24]. Am ersten Stockwerk keine Friese, an den übrigen Rillenfriese. Weitere Renovationen 1658, 1672 und 1963–1965. Das durch mehrfachen «Vorschutz» gegliederte, für das Binntal ungewohnte Haus setzt in der Gasse einen pittoresken Akzent. ⌐⌐. 2½. Ehemals A und vorn im Kellergeschoß Schweinekoben. «Vorschutz» auf Balken; über dem ersten Wohngeschoß «Vorschutz» auf Konsolen mit leeren Wappen an der linken Traufseite.

Inschriften. 1. Stockwerk. Dielbaumfragment erhalten: «[Jesusmonogramm ‹IH› auf Reichsapfel]1546». – Vom Stubentürsturz, heute über der Eingangstür: «1.6.M.P.I.H.B.A.L.5.8». – 2. Stockwerk. Auf einem Deckenbrett, entfernt, aber noch erhalten: «[Jesusmonogramm]HANS IN DER SCHMITEN HAT DISE WONVNG BVWEN/1672/MARIA MIT CATARINA FOLCKEN SEINER HOVS FROVWEN». – *Hauskruzifix* (heute in Haus Nr. 8). H. 69,5 cm. Tanne, polychromiert und vergoldet. Mitte 18. Jh. Wohl von PETER LAGGER, Reckingen. Qualitätvolles Kruzifix vom I. Reckinger Hauskruzifixtyp (vgl. Kdm Wallis I, Tf. Ia)[25].

2. Koord. 175/140. Kat.-Nr. 1025. Geschwister Imhof; Walter Tenisch. Entstehungszeit unbekannt. 1923 um ein Stockwerk mit neuem Giebel erhöht und um eine Kammerachse an der rechten Traufseite erweitert. Zusammengebaut mit Haus Nr. 6. Mauersockel auch in der Giebelfront, bei der alten Kammer, gestuft. Ehemals 1½. Ohne neue Kammerachse E. Dielbaum des ersten Stockwerks verkleidet. – *Öfen.* 1. Beim Umbau 1928 alte gekehlte Deckplatte und weitere Ofensteine wiederverwendet. An der Stirn: «J[mhof][Imhof-Wappen]L[eo]/1928». – 2. An der Stirn die Wappen der Familien Tenisch und Imhof, an der Wange: «M[aria].W[alter].T[enisch]/19∗38».

3. (Abb. 181). Koord. 185/140. Kat.-Nr. 929. Geschwister Walpen. Erbaut 1561. Zweites Stockwerk und «Loibe»-Geschoß 1782. Am Giebel: «Anno 1782». Renovationen 1849 und 1867. 1971/72 über den alten Traufkonsolen drei Ringe eingeschoben und Giebel erneuert. Originale Fensteröffnungen im zweiten Stockwerk. ⌐⌐. 3. A (Kammer 1849 durch Täfelwand abgetrennt) und C. Außerordentlich gut erhaltene Stube mit *Täfer* und *Möbelstücken* von 1849 im zweiten Stockwerk (Abb. 182 und 183)[26].

Inschriften. 1. Stockwerk: «IHS MV[mit kleinem hochgestelltem c]XXXXXXI». – An einem Deckenbrett: «1.6.5[27].1 IS[H mit Kreuz auf dem Querbalken]MI.7.6.8.1». – 2. Stockwerk: «KVND.VND.ZVO.WISEN.SEIE WIE.DAS WIER.FIER FIER GEBRIEDER ALS CASPERIOSEPH.IOHANES IGNATZIVS.MORIZ VND.IOHANESPETRVS ZVMTVREN.DVRCH.DIE.GNADEN GOTIS.BAVWEN.LASEN.IM.MONAT.ABRILEN.ANN 1782» – «HIT.DICH. VOR:ALZOLIECHT.VND.ALZV.VIL.VERSPRECHEN/WEIL.ES.DIER.SEHADEN.BRINGT.GEGEBNES.WORTH.ZVOBRECHEN». – Auf einem Deckenbrett: «LVST.VND.LIEB.ZV.EINEM.DING/MACHT.ALLE.MIE.VND.ARBEIT.RING. ANNO 1782». – *Öfen.* 1. Eingeschossig, mit gekehlter Deckplatte. An der Stirn, in einem eingerollten Schriftband, die Jahreszahl 1561, an der Wange ein erhabenes Wappen mit gekreuzten Balken und einem Punkt im linken Zwickel. – 2. (Abb. 182). Zweigeschossig, mit mehrfach gekehlter schwerer Deckplatte. Links an der Stirn Wappenschild mit den Initialen «NT.PZ/MZT/ANNO/1707». An der Wange zwei sternförmige Füllungen mit Jesusmonogramm und einer Blüte. «Ofestängeli», d.h. Holzkranz an der Decke, noch erhalten.

4. Koord. 85/130. Kat.-Nr. 2796. Rudolf Clemenz. Erbaut 1565. Aufgestockt in den zwanziger Jahren unseres Jahrhunderts. 1972 um 3–4 Ringe erhöht und Giebel erneuert. Wohlproportioniertes Haus mit «Vorschutz» auf Balken. Rundbogige Kellertür. ⌐⌐. 2. (ehemals 1½). D. *Inschriften:* «DISES . HABENT . LASEN.BAVWEN.DIE.KINDER.JOHANES.BVNGENVND.SEINE.HAVS.FRAVW.CATTRINA.IMHOF.ERSTLICH.HANS. JOSEPH.B.1565VND.JOHANES.BVNGEN.IDEM.MARTINE.BVNGEN.VND.MARIA.BVNGEN.GELOBT.SEI.DER.NAMEN. JESVS . VND . MARIA». – Auf einem Deckenbrett in Zierfeld, zwischen den Ziffern der Jahreszahl 1760,

---

24 Es beirren zwar die auf das 17. Jh. weisenden «Vorschutz»-Konsolen mit den versetzten Zwickeln und den Roßköpfen an der linken Traufseite.

25 Sehr derbes, aus zwei Architekturgeschossen mit gewundenen Säulchen bestehendes Hausaltärchen aus diesem Haus bei Gerd Graeser, Ebmet, Gießen.

26 Jahreszahl, eingelegt in der Stubentür.

27 Umgestürzte Ziffer Fünf; die Ziffern Eins nach rechts gewendet.

Wappen mit Dreiberg und dem Buchstaben «B.» unter zwei Sechsstrahlensternen[28]. – *Ofen.* Eingeschossig, mit gekehlter Deckplatte und gefasten Kanten. An der Stirn die Jahreszahl 1591.

5. Koord. 125/145. Kat.-Nr. 970. Paul Wenger. Erbaut 1614 (Jahreszahl am Giebel), renoviert 1723. ⌐⌐. 1½. A. *Inschriften:* «ANNO 1614 LIeSeN DIS HAVS BAVWEN LAVRENZ uNd[Jesusmonogramm]HANS ZVR-SCHMITEN GOTT GEB INEN gnad». – Auf Deckenbrettern: «ES SOL EINEM IEDEN/GEFALEN WAS/GOT. WIL.DAS/WIL.ICH.AVCH» – in einem Medaillon mit der Umschrift «HEILIG.MARIA.JESVS.IOHANEK.»:«M.I.H. 1723».

6. Koord. 160/135. Kat.-Nr. 1026. Erben Leo Inderschmitten. Erbaut 1630 (Jahreszahl am Giebel), renoviert 1963. Guterhaltener Konsölchenfries. ⌐⌐. 2 (ehemals 1½). A. Vom Keller bis zum ehemaligen «Loibe»-Geschoß führende Innentreppe in der linken hinteren Ecke des Hinterhauses. Dielbaum verkleidet. – Eine in die Rückwand des Hauses eingemauerte Ofen-Stirnplatte zeigt in einem Wappenschild das Jesusmonogramm, die Initialen «CIDS/HIDS[Inderschmitten]» und die Jahreszahl 1666.

7. Koord. 240/135. Kat.-Nr. 1001. Erben Marcel Schmid. Erbaut 1632 (kräftiger Konsölchenfries). Anbau einer Kammerachse an der rechten Traufseite 1727. Renovation 1752. «Loibe»-Geschoß und Giebel 1922. ⌐⌐. 1½. Vor Anbau der Kammerachse A. *Inschriften.* 1. Stockwerk. Auf dem verkleideten Dielbaum: «ANTONIVS.IOSEPH.IOHANES.PETER.IN.D[er].S[chmitten]/1.6.3.2 [Jesusmonogramm] 1.7.5.2/MARIA.BVWHAR. IN.GOTES.ER.ALE.DING». – Auf einem Deckenbrett: Jesusmonogramm in Medaillon mit der Umschrift «IIDS 1752». – In der Kammer: «W.I.I.D.S.C.D.F.17 [Jesusmonogramm].27[in einer Hand die Initialen ‹H.P./I.S›]». – Im «Loibe»-Geschoß: «IHS G[uillaume].Schmid u. O[liva].geb. Guntern. 1922». – *Ofen.* Eingeschossig. Kehle an der schweren Deckplatte. An der Stirn: «I.K.M.A/1635».

8. Koord. 115/100. Kat.-Nr. 1073. Leopold Tenisch. Erbaut 1638, später links erweitert; 1921/22 um ein Geschoß erhöht. Konsolenartig vortretender Würfelfries unter glattem Kamm. ⌐⌐. 3 (ehemals 1½). A und F. *Inschrift,* entfernt, aber erhalten: «IESVSMARIA DISES HAVS HAT LASSEN DAWEN PETER IMHOFF/IM IAHR 1638 DERFRIDGOTTES IS MITVNS AMEN» (Spiegelschrift).

9. Koord. 225/130. Kat.-Nr. 1006. Anton Imhof. Erbaut 1663 (Jahreszahl am Giebel). Kräftige Würfelfriese. ⌐⌐. 2. Ehemals E und G, nur mit «Stutzwand» unterteilt, heute vollständig verändert. Dielbaum mit *Inschrift,* seit der Innenrenovation an der Front des Hauses angebracht: «[Buchstabe P in kleinem

Abb. 180 und 181. Schmidigehischere. Dorfgasse mit «Gurtehüs». Text S. 178. – Haus Nr. 3, 1561, obere Geschosse 1782 (inzwischen verändert). Text S. 179.

Abb. 182 und 183. Schmidigehischere. Haus Nr. 3 (vgl. Abb. 181). Stube von 1849. – Text S. 179.

Wappenschild. Jesusmonogramm]Ŷ MARIA GEHERT DIE ER DIE SINT MEISTEER Ŷ BVWHER AVF DISER WELT NIEMAN KAN ZV GEFALN BVWEN IEDERMAN DOCH HEN ICHMIN BEST GETAN Ŷ DISES/HVS AVF BVWEN LAN MIR ZV GEFALEN Ŷ ZV DIENST DENEN DIE ES BRVCHET ALEN ICH PETER IN DER SCHMITEN KATRINA DAFORNEN IM 1663 IAR». – *Hauskruzifix.* H. 76 cm (Korpus 27 cm). Holz. Beschädigte Originalfassung: Polychromie und Polimentgold. Mitte 18. Jh. I. Reckinger Hauskruzifixtyp (vgl. Kdm Wallis I, Tf. Ia).

10. Koord. 110/125. Kat.-Nr. 423. Erben Edmund Anthamatten. Erbaut 1671, aufgestockt um ein Geschoß 1756. Hohes, schmales Haus. ⌐‾2½. A und E. *Inschriften.* 1. Stockwerk: «JESVS.MARIA.VND. IOSEPH.SEI.MIT.VNS.1671/HANS.IN.DER.SCHMITTEN.VND.BARBARA.DA.FORNA.SEIN.HAVS.FRAVW». – An einem Deckenbrett: «DAS.ZITLICH.LEBEN.VND.IPIG.HEITDIE.WELTLICH.FRIDVND/ITELKEIT.DVRCH.DOTENS. MECHTES.WOLBETRACHT.WIE.BALD/IST.ALES.VIRGANGEN.DIE.EWIG.FRID.SO.NIE.VIRGEIT DAR.NACH.HABE.IN VIRLANGE.» – 2. Stockwerk: «DISES.HAVS.IST.GEBAVWEN.WORDEN.DEN.6.APRELEN.ANNO 1756.GOT:SEI:GE- LOBT.IN.EWIGKEIT» – «IOSEPH.IN.DER.SCHMITEN.VND.IOSEPH.ANTONI.IN.DER.SCHMITTEN.VND.BARBALA. MANGE[l?]».

11. Koord. 130/100. Kat.-Nr. 1081. Leo und Theophil Imhof. Erbaut 1697 (Jahreszahl am Giebel). Reicher Friesschmuck: kleiner Würfelfries unter Wolfzahn. 1966/67 Innenrenovation und Anbau an der rechten Traufseite. Keller früher auch von der Rückseite her zugänglich. ⌐‾. Ehemals 1½. D. *Inschriften.* «IESVS.MARIA.VND.IOSEPH.SEI.MIT.VNS.DISES.HAVS.HAT.GEBAVWEN.IOSEPH.IN.DER.SCHMITEN.IM 1697 IAR. SEINES.ALTERS.32.IAR./WER.GOT.VER.TRAVWET.HAT.WOL.GEBAVWET.DAN.ALES.STEHT.IN.SEINEM.GE- WALT.» (Zackenzahnschnitt an den Wangen des Dielbaums). – An Deckenbrettern: «IN.WOLFART.VNT. GLICKSELIGKEIT/HAT.MAN.GVOT.FRINT.ZV.IEDERZEIT/WAN.ABER.HER.ZV.KVMPT DER.VN.FAL/SO.IST.KEIN. FRINT.MER.VBERAL.» – (in Rechteckfeld) «TRAVW.GOTT.DEM.HE/REN.HALT.SEIN.GEBOT./SO.DERFEST. NICHT.FERCHTEN/WAN.KVMT.DER.DOT.VNT/TRAVW.SVNST.KEINEM.FRINT/SO.FAST.DENT.DV.NIT.WOL./ER. FAREN.HAST.AMEN» – «[Jesusmonogramm in Herz].1.7.0.1.[Marienmonogramm in Herz]». – Im «Stubji». Auf einem Deckenbrett: «16[Jesusmonogramm in Medaillon]99». Die im Goms eher selten zu beobach- tenden, vielleicht mit Rädchen angebrachten Querrillen an den Deckenbrettern sind hier deutlich als Zierde zu erkennen, da auch Wellenlinien sowie große, über einige Bretter laufende Andreaskreuze aus gleichen gebündelten Rillen erscheinen. – *Tür* (im Besitz von Gerd Graeser, Ebmet, Gießen). Lärche.

28 Freundl. Hinweis von Paul Heldner, Glis.

Rechteckfüllungen. Eingelegt oben die Initialen «IIDS» rund um Jesusmonogramm, unten die Ziffern der Jahreszahl 1700 rund um einen Stern.

12. Koord. 55/110. Kat.-Nr.1013. Adelheid Anthamatten und Geschwister Walpen. Erbaut Ende 17.Jh. (kleiner Würfelfries unter Wolfszahn). Renoviert 1969. Das unscheinbare Häuschen wird durch das Nutzbautenquartier vom Dorf abgesondert. Außen an der straßenseitigen Traufwand die Inschrift: «GOT . GEHERT . ALEIN . DIE . EHR/ES . DOCH . AVF . ERDEN . NIEMANT . KAN . ZV…», über den «Loibe»-Fensterchen: Mond + Kleeblatt + Sonne. ⌐⌐. 1½. A und C. Dielbäume verkleidet. – Wuchtiger eingeschossiger *Ofen* mit tief gekehlter Deckplatte. 17.Jh.

13. Koord. 135/135. Kat.-Nr.1032. Alfred Guntern. Erbaut 1711. 1970/71 Giebel um drei Ringe erhöht. Das hohe, schmale Haus besitzt an seiner rechten Traufseite gut gezimmerte alte Balkone mit zierkonturierten Brüstungsbrettern. Ehemals «Vorschutz» auf Balkon. ⌐⌐. 2½. A. Geräumiges Treppenhaus in der rechten hinteren Ecke des Hinterhauses. *Inschriften.* 1.Stockwerk: Die Ziffern der Jahreszahl 1711 zwischen den Monogrammen der Heiligen Familie in Wappenschildern. – Jesusmonogramm auf einem Deckenbrett. – 2.Stockwerk: «ALEIN . DIE . EHR . SO:LEN . WIER . GEBEN . GOT . VNT . FLEISIG . HALTEN . SEIN . GEBOT/BIT.GOT.VMB.GNAT.ZV.IEDER.ZEIT.DAN.OHN.SEIN.HILF.VER.MAGST.DV.NEIT» – «+JESVS.MARIA. VND . JOSEPH . SEI . MIT . VNS . DISER . BAVW . HAT . GEBAVWEN . JOSEPH . IN . DER . SCHMITTEN/VNT . MADALENA . KVOCHEN . SEIN.HAVS.FRAVW.IM.IAR 1711». – Auf Deckenbrettern: (in einer Füllung) «IIDS/1711/MLK» – (in einem reichkonturierten Vielpaß) «JE/SVS/IN.WOL.FART…[usw. wie in Haus Nr.11]» – (in einem Medaillon) Jesusmonogramm über dem Herzen Jesu, umschriftet: «GELOBT.SEI.DER.HEILIG.NAMEN.JESVS». – *Öfen.* 1. Eingeschossig, mit gekehlter Deckplatte. Rautenspiegelschmuck. An der Stirn in einem Wappenfeld: «1619/[stehender halber Bogen]MIN». – 2. Zweigeschossig, mit Karnies an der schweren Deckplatte. An der Stirn, in einem Wappenschild, das Jesusmonogramm und die Jahreszahl 1720; an der Wange, in einer Füllung, die Inschrift: «MEISTER IOSEPH IN/DER SCHMETTEN VND/MADLENA KVCHEN». – *Rundbogentür.* Ehemalige Seitenpforte der Pfarrkirche? Lärche. Mitte 18.Jh. Breit und tief gerahmte Spiegel, oben mit eingezogenem Bogen, unten querrechteckig. Nagelkopfdekor.

14. Koord. 160/110. Kat.-Nr. 1086. Dr. Anton Tenisch; Otto Welschen. Erbaut 1714. 1964 unter dem Giebel um einen Ring erhöht. Kielbögen am nördlichen Fußbalken. Würfelfries unter Wolfszahn. Das stattliche Haus beherrscht mit seiner hohen Giebelfront die Gruppe nahe bei der Kapelle. ⌐⌐. 2½. E und F. *Täfer* **19.Jh.**

Inschriften. 1.Stockwerk: «BIT . GOT . VM . GENAT . ZV . IEDER . ZEIT . DAN . OHN . SEIN . HILF . VER . MAGEST . DV . NEIT/GOT.ALEIN.GEHERT.DIE.EHR.DAN.ER.IST.MEISTER.VNT.BAVW.HER» – «JESVS.MARIA.VND.IOSEPH.SEI. MIT . VNS.DIS.HAVS.HAT.GEBAVWEN. MEIER . PETER . THENISCH. VND.ANNA. IM. HOF. SEIN. HAVS. FRAVW./VNT. PETER. IM. HOF. VNT. MARIA. THENISCH. SEIN. HAVS. FRAVW. IM1714. IAHR. DA. SEIN. KINT. JOSEPH. IM. HOF. 22. MONAT.ALT.WAR». – Auf Deckenbrettern: (in reichkonturiertem Vierpaß mit den Monogrammen der Heiligen Familie in den Pässen) «ES.SOL.EINEM/IEDEN.GEFALEN/WAS.GOT.WIL./MIT.VNS.ALEN/AMEN» – (in einem Medaillon) Jesusmonogramm über dem Herzen Jesu, umschriftet: «GELOBET.SEI.DER.HEILIG.NA-MEN.IESVS» (Abb.187b). – 2.Stockwerk: «MENTEM + SANCTAM…[usw. wie am Ofen Nr.2 des Hauses Nr.2 in Zenbinnen(S.211)[29]]1714/BETRACHT.O.MENSCH.DEN.TODT.WAN.DV.GEST.AVS.ODER.EIN.DAN.EIN.MAL. MVOS.ES.GESTORBEN.SEIN». – «GOT.ALEIN…[usw. wie im 1.Stockwerk]ES.DOCH.AVF.ERDEN.NIEMANT.KAN. ZV.GEFALEN.BAVWEN.IEDER.MAN/DARVM.SO.RVOFEN.WIER.IESVS.MARIA.VNT.JOSEPH.AN.ES.SOL.EINEM. IEDEN.GEFALEN.WAS.GOT.WIL.MIT.VNS.ALEN.AMEN.» – Gleiche Inschrift wie im Vielpaß von Haus Nr.13. – Auf Deckenbrettern: «TRAVW.GOT…[usw. wie im Rechteckfeld von Haus Nr.11 (S.181)]» – (Umschrift in großem Medaillon mit den Monogrammen der Heiligen Familie) «IESVS.MARIA.VNT.IOSEPH.SEI.VNS.GNE-DIG.VND.BARMHERTZIG». – *Täfer* 19.Jh. – *Ofen.* Zweigeschossig. Mit Karnies und Kehle profilierte Deckplatte. An der Stirn, in reichkonturiertem Wappenschild, gleicharmiges Kreuz unter zwei Sechsstrahlensternen, die Initialen «PIH MT» und die Jahreszahl 1742; an der Wange in erhabenem Wappenschild, zwischen zwei Rauten, die Initialen «IIH/HPIH/AMIH».

15. Koord. 140/90. Kat.-Nr.1080. Josef Imhof; Hilda Walpen. Erbaut 1718. 1964 um drei Ringe aufgestockt und Giebel erneuert. Späterer Block- und Ständeranbau an der Rückseite. ⌐⌐. 2 (ehemals 1½). F (kleiner ausgeschiedener Raum im Hinterhaus des ersten Stockwerks, als Treppenhaus dienend). *Inschriften.* 1.Stockwerk: «GOT.ALEIN.GEHERT.DIE.EHR.DAN.ER.IST.MEISTER.VND.BVWHER.WAS.GOT.WIL.

---

29 Vgl. S.211, Anm.13.

Abb. 184. Schmidigehischere. Hotel «Ofenhorn». Vignette auf einem Rechnungsformular, 1883–1916.
Text S. 185.

MIT . VNS . ALEN . SOLEN . WIER . VNS . LAN . GEFALEN . IN . GOT . VND . MARIEN . EHR . HAB . ICH . ERBVWEN . BIS . HIE . HER / DISES . HVS . HAT . LASEN . BVWEN . CHRISTIAN . ZVM . THVREN . MIT . SEINEM . EIDEM . IOSEPH . LAVBER . BARBRA . ZVM . THVREN . SEINER . HVS . FRAVWEN . GOT . SEI . MIT . VNS . 1718». – 2. Stockwerk (ehemals «Loibe»): «O . CHRISTEN . MENSCH . DENCK . AN . DEN . TOT . GE . AVS . ODER . EIN . MAL . MVS . GESTORBEN . SEIN / PETRVS . ZVM THVREN 1718 DAN». – *Ausziehtisch* (veräußert). Nußbaum. Anfang 19. Jh. Sehr reich profilierte Balusterbeine. An der Zarge drei Füllungen; in der mittleren eingelegt die Initialen «H T». Originalbeschläg. Wertvolles Möbelstück.

16. Koord. 260/95. Kat.-Nr. 2630. Adolf Anthamatten; Paulina Imhof; Hermine Tenisch-Imhof. Erbaut 1782 (Rautenfries unter Wolfszahn), 1932 rechts fast um die Hälfte erweitert, etwas aufgestockt und mit neuem Giebel versehen. ⌐─⌐. 2½. A und C. *Inschriften*. 1. Stockwerk: «STEL DICH BEY IEDEM WERCK VOR GOTES ANGESICT + VND FRAGE IN ERNST WAS FORDERT MEINNE PFLICHT DEN 23. MEI 1780 VND 2 / EIN GVTH GEWISEN SEY MEIN GRESTER SHATZ AVF ERDEN + DVRC HALTVNG DER GEBOT RAN ICH NVR SELIG WERDEN». – Auf einem Deckenbrett: «SCHAW OB DICH KANST DV LESSEN / SO HERST WAS BAVWEN IST GEWESEN / MIT KOSTEN ARBEIT GFART VND SORGEN / HAT ES AGFANGEN VND AVSGMACT WORDEN». – 2. Stockwerk: «ICH . IOHANIOSEPH . CARLEN . MEIER . MIT . MEINER . HAVS FRAW MARIA IGNAZIA IM . HOF . SAMBT . ZECHEN . LABENTIGEN . KINDREN . ALS DREI . SIN / PETRVS IOSEPH . PETRVS ANTONI . FRANZIOSEPH . MARIOSA . THERESIA . MARICATRINA . ANA MARIA . CHRISTINA . LVZIA . MARIA MATHALENA» (in der Mitte des Dielbaums reichgeschnitztes Carlen-Wappen) – «WAN . GOT . DER . SEGEN . DARZV . GIBT . SOFELT . DAS . BAVEN . SICHER . NIT + / HERR . MEISTER . WEIBEL . LAVBER . HAT . DISES . HAVS + ZVM . NVTZ . VND . EHR . GANTZ . GMACHET AVS». – Auf Deckenbrettern: «WELKER . MEINT ER SEI SO KLVOG / DAS ER VERSTE GANTZ ALES WOL / DER SCHREIBET EIN MIT GVOTEM FVOG / INS NAHREN . PROTTOCOL» – «WER IN DISEM ZIMER / WIL SCHLAFEN DEM WEHL / GOT DIE GESVNTHEIT SCHAFEN». – Im 2. Stockwerk des Anbaus: «IHS [Maria] IOS. [Rosette] IM JAHR 1932 IST DISER ANBAU VON EDUARD WELSCHEN / SEINE FRAU MARIE INDERSCHMITTEN MIT 8 ERWACHSENE KINDER». – *Öfen*. 1. Eingeschossig, mit profilierter Deckplatte. Wohl aus älteren Teilen zusammengefügt. An der Stirn, zwischen den Ziffern der Jahreszahl 1785, umranktes Carlen-Wappen (wie W. Wb., Tf. 3, jedoch Kelch statt Dreiberg und gegenständige Monde an Stelle des oberen Sternenpaars). (Abb. 198). Zweigeschossig, mit geschweifter Unterzone und reichprofilierter Deckplatte. An der Stirn Vollwappen der Familie Carlen in Ranken- und Rollwerkkartusche zwischen Rankenornamenten. An der Wange Fuchs und Rosette in umrankten Feldern.

17. Koord. 205/70. Kat.-Nr. 1776. Karl und Oliva Tenisch. Erbaut 1783. Linke Traufwand ehemals mit Blendmauer gegen das Backhaus hin verkleidet[30]. Das 1. Stockwerk war durch den Keller hindurch über eine Stiege im Hinterhaus erreichbar. Zum «Bildstock» im Mauersockel vgl. S. 178. ⌐⌐. 2½. E und F. *Inschriften.* Dielbaum des 1. Stockwerks verkleidet. – 2. Stockwerk: «ZVO VOR ABER GEHE IN DICH SEL-BER + WER DV SEI VND WER GOT SEI + ANNO 17 + 83 DEN 12 MAIEN/GOT BEGEHRT VON DIR + O CHRISTLICHEN SEHL DV SOLEST IHMEN TEGLICH BRINGEN» – «IESVS.MARIA.VND.IOSEPH STEHE MIR BEI AN MEINEN EHND/ES GESCHE.CHEN IN DENN IM TEGLICH ZVO BRINGEN ZVO MARIA». – Auf einem Deckenbrett: beidseits von einem Wappen mit einem Herzen unter drei Sternen und mit den Initialen «HI IDS» zwei Medaillons; im ersten ein Jesusmonogramm über dem Herzen Jesu und die Umschrift: «ICH WIL SIE AN EINSAMES OHRTH. FIHREN + », im zweiten Marienmonogramm und die Umschrift: «IHR.LIECHT.WIR.DIR.ZV.HERTZEN.RE-DEN + ». – «Loibe»-Geschoß. Auf einem Deckenbrett: «DIE WEIL AVF ERD DES MENSCHEN LEBEN/MIT ANGST VND NOT ALZEIT VMGEBEN/GANTZ KVTZ VND DARZV VNGESINE IST/SO SOLT FIR WAR EIN IEDER CHRIST SOL ICH/WOL BETRACHTEN DIE SIND MEIDEN AVF DAS/ER NICHT MVS EWIG LEIDEN DAN SINDIGET/DV GOT SICH VER WAR ALE GEDANCKEN». – *Öfen.* 1. Zweigeschossig, mit schwerer, reichprofilierter Deckplatte. An der Stirn eigenartig konturierte «Füllung» mit einem Herzen unter drei Sternen als Wappenzeichen, mit den Initialen «IAS» und dem Dreiberg über der Jahreszahl 1789. – 2. Zweigeschossig, wiederum mit schwerer, reichprofilierter Deckplatte. An der Stirn gleiches Wappen zwischen den Ziffern der Jahreszahl 1797, an der Wange eine «Füllung» mit Blumen und eine weitere mit den Initialen «JAZS/HIZS/VZS».

18. Koord. 225/150. Kat.-Nr. 767. Erich und Oswald Imhof. Erbaut wohl 1784 (Rautenfries unter Wolfszahn). 1956 an der rechten Traufseite Kammerachse angebaut und neuer Giebel, um zwei Ringe erhöht. ⌐⌐. 2 (ehemals 1½). E (ursprünglich A) und F. Dielbaum verkleidet. – *Ofen.* Zweigeschossig, mit Karnies an der Deckplatte. An der Stirn, in Wappenschild: «1785/HZS/MIK».

19. Koord. 175/165. Kat.-Nr. 982. Theophil Hanhart. Erbaut 1788, um einige Ringe erhöht und rückseitig erweitert 1904. Friese: Paar versenkter Rundstäbe. Unveränderte Fensteröffnungen im ersten Stockwerk. An der Tür zum zweiten Stockwerk Scherenpfosten mit Kerbdekor, am Sturz Jesusmono-gramm und die Jahreszahl 1904. ⌐⌐. 2 (ehemals 1½). A. Profilleistentäfer im zweiten Stockwerk. *Inschriften.* 1. Stockwerk: «ICH . CASPER . IOSEPH . ZVM . TVREN . VND . MARIA . IOSEFA . GORSAT . MEIN . HAVS-FRAVWEN/HAB ES SELBST GMEISTRET ZVO GOTES EHR VND MEINEM NVZ ERBAVWEN ANNO 1788». – 2. Stock-werk: «halt das hl. Herz Jesu ist da! Dieses Haus hat umbauen lassen Clemenz Camil und seine Gattin Maria Tenisch mit ihren neun Kindern/durch[?] den Zimmermeister Genelten Joseph u. seine Arbeiter Schmid.Wend. Mutter Jul. Bittel Wend. und Genelten Jos. im Jahr 1904» – «Wer auf Gott vertraut, hat auf festen Grund gebaut. Nur nicht verzagen. Wenn Stürme weh'n Nach diesen Tagen wird's besser geh'n/Die truben Sorgen Erdulde fein. Es kann ja morgen Schon anders sein! Jesus, Maria u. Joseph seid unsere Beschützer jetzt und allezeit Amen.» – *Ofen.* Zweigeschossig. Flach gekehlte schwere Deckplatte. An der Stirn, in Wappenschild: «1790/C.I.Z.T». Holzsockel. Etwas roh gehauen.

20. Koord. 145/110. Kat.-Nr. 2276. Erben Oskar Walpen. Erbaut 1826. Gebrochener Wellenfries. Inschrift außen an der Rückwand: «WEN NEIT BRENTE WIE FEVER/SO WÄR DAS HOLZ NIT SO TEVER» – «Wer.mich.zurecht.legt.gedenkt.seiner.nicht.Gedächt er seiner vergäß.er.Meiner». ⌐⌐. 2½. C (mit gewandetem Längsgang mitten im Hinterhaus des ersten Stockwerks und schmalem, mit dem Hinterhaus verbundenem Raum an der rechten Traufseite des Vorderhauses). *Inschriften.* 1. Stockwerk: «WER . WOL . VER.TRAVWT.HAT.WOL.GEBAVWT.IM.HIM̃EL.VND.AVF.ERDEN/WER.SICH.VER.LAST.AVF.IESVM.CHRIST.DEM. SOL . DER . HIM̃EL . WERDEN». – Im Hinterhaus: «AVF GOT ALLEIN SEZT ICH MEIN VERTRAVWEN AVE/MENSCHEN HILF IST NICHT ZV BAWEN». – Auf Deckenbrettern: «AVS andern Fehlen und Gebrechen/Kanst du großen vortheil zichen/Statt das du Tatlen wilst/So suche Sie zu fliechen» (früher nur aufgemalt, nun einge-kerbt) – «O CHRISTEN MENSH DENCK AN DEN/DOTH GEHE AVS ODER EIN/DEN EINMAL 18 MVOS /GESTORBEN SEIN[31]». – 2. Stockwerk: «Hr:Kastl:Fr. Karlen.hat.dis.Haus.gebaut.ohne.schlafen.Hernach.seine.Kinder. mit . Gott/darin . wohnen . lasen. 1826 . Durch . Anti Blatter». – Auf Deckenbrettern: «O IVNGI IN PREGE DIER DOCH DISE WARHEIT EIN/ERST MVOS DER MENSCH GETREW IN SEINEN PLIHTEN SEIN/DAN WIRT IM GVOT DIE GRESTE SELIGKEITEN/WEIL ER SIE FASSEN KAN IN ZVO KVMBET ZVOBERITEN[Carlen-Vollwappen]» – «GOT̃ . ALEIN.GEHORT.DIE.EHR/DEÑ.ER.IST.MEISTER.VND.BAVHER/WAS.GOT̃.WIL.MIT.VNS.ALEN/SOLEN.WIR.VNS. LASEN . GFALEN». Alle Inschriften der Deckenbretter stehen in reichkonturierten Feldern, gerahmt von Kerbschnittrosetten oder von den Monogrammen der Heiligen Familie. – *Wandbüfett* (im Besitz von Gerd Graeser, Ebmet, Gießen). Tanne. Um 1800. Dreiachsig, mit Kredenznische. An den Rändern vorschwin-

---

30 Freundl. Hinweis von Gerd Graeser, Ebmet, Gießen.

Abb. 185 und 186. Schmidigehischere. Nutzbautenquartier am westlichen Dorfeingang. Text unten. – Stadel mit der für das Binntal charakteristischen Variante der Stützel ohne steinerne «Stadelplane». Text S. 186.

gender rechteckiger Schubladenblock. In den Türchen des mittleren Aufsatzes geschnitzt links heraldisches Zeichen der Familie Carlen (wie W. Wb., Tf. 3, jedoch nur mit oberstem Sternenpaar) über den Initialen «F K», rechts ein Blumenmotiv. – *Hausorgel* (im Besitz von Anton Rovina, Brig). Lärche, braun lackiert. 1. Hälfte 19. Jh.[31]. Dreiachsiger, mit waagrechtem Sims abgeschlossener Prospekt. Breites Mittelfeld zwischen schmalen Rahmenachsen. In den Zwickeln vergoldete Ranken und Blüten.

21. *Schul- und Gemeindehaus.* Koord. 195/125. Kat.-Nr. 539. Burger- und Munizipalgemeinde. Ein wohl aus dem frühen 19. Jahrhundert stammendes Häuschen wurde 1904 rechts um die Hälfte erweitert, um ein Stockwerk erhöht und mit einem neuen Giebel sowie mit einem gemauerten Treppenhaus an der Rückseite versehen. Friese am ursprünglichen Häuschen: gebrochene Wellenlinie und Paar versenkter Rundstäbe.

Hotel «Ofenhorn» (Abb. 184). Koord. 255/150. Unter- und Mittelgoms AG. Erbaut 1881 auf dem prähistorischen Gräberfeld «uf em Acher», rückseitig erweitert 1897 (S. 170). Das langgestreckte, dreigeschossige Gasthaus zeigt an der Stirn einen Krüppelwalm. Auf den Flanken des Blechdachs sitzen zwei Reihen von Lukarnenhäuschen. Im Hotel werden prähistorische Fundgegenstände aufbewahrt.

NUTZ- UND GEWERBEBAUTEN

Zum Nutzbautenquartier am westlichen Dorfeingang, dem einzigen des Untergoms, das sich in Größe und Wirkung mit denjenigen des Obergoms messen kann, siehe S. 172 und Abb. 185. Die Gruppe wird im Innern beherrscht von einem mächti-

31 BRUHIN, S. 206, Nr. 42. Mit Angabe der Disposition.

Abb. 187 und 187a. Schmidigehischere. Spätgotischer Kruzifixus, H. 50,5 cm, um 1500, ehemals an einem Speicher beim westlichen Dorfeingang (heute in der Kapelle des St.-Jodern-Heims, Visp). Text S. 187. – Muttergottes, H. 39 cm, 2. Hälfte 17. Jahrhundert, aus unbekannter Untergommer Werkstatt (Bellwald?) (im Pfarrhaus Wileren). Text S. 177.

gen, am Türsturz des Unterbaus auf 1863(5?) datieren *Stadel* (Koord. 55/95), der an Stelle der üblichen «Stadelplane» mit Rundplatten eine wuchtige Binner Variante zeigt (S. 152 und Abb. 186). Die im Osten der Siedlung gelegene Nutzbautengruppe verfügt dagegen über einzelne schmuckere Vertreter, so über ein *Miniaturspeicherchen* bei Koord. 200/140. Der stattliche, mit «Stadelplanen» ausgerüstete *Stadel* bei Koord. 155/160 ist arg baufällig.

Das *Backhaus* bei Koord. 220/70 ist 1966 abgerissen worden[32]. *Dielbauminschrift* (im Restaurant der Pension «Albrun», Schmidigehischere): «ANNO 1786 IM MONAT MEI IST. GMACHT WORDEN. DVRCH DIE GMEINT. ALS ERSTLICH. H. MEIER ZVR SCHMITEN. H. MEIER CARLEN. H. WEIBEL ZVRSCHMITEN/KASPER ZVM THVREN. PETER ZVR SCHMITEN. IOHANES ZVR SCHMITEN. VND HANTZ ZVRSCHMITEN. PETER CARLEN. MELCKER IM HOF. IOSEPH IMHOF/ HANTZ. ZVM TVREN. PETER ZVMTVREN. ANTONI. GORSAT. ANTONI IMHOF. PETER IMHOF. IOSEPH HVG. MARTI BVNGEN. CRISTEN. IMHOF. IOSEPH. LAVBER. IOSEPH. CARLEN/MARTI IM HOF. IOSEPH ZVRSCHMITEN. HANZ BVNGEN. IOSEPH IMHOF. MORIZ TVM TVREN. HANS BVNGEN. VALENTIN GRE-DIG. PETER IOSEPH MANGEL IOSEPH STEFEN».

Die alte *Mühle*[33] bei Koord. etwa 75/75 ist schon um 1955 entfernt worden. Die einst dicht neben der Mühle stehende *«Ribi»* (Hanf- und Flachsmühle) bei Koord.

32 A. Roos, Kulturzerfall und Zahnverderbnis, eine neue Feldforschung im Hochtal Goms, Bern 1962, Abb. 147.   33 Abb. bei STEBLER, S. 79.
34 Vgl. die Kruzifixe an den Dorfeingängen von Geschinen (Kdm Wallis I, S. 252, Haus Nr. 6).

etwa 80/75 mußte 1973 dem Parkplatz weichen, ist aber 1975 von ADOLF IMHOF, Schmidigehischere, an dessen südlichem Rand wiederum aufgerichtet worden.

BRÜCKE

Ein Wahrzeichen von Schmidigehischere ist die nahe der Kapelle über die Binna setzende steinerne Bogenbrücke (Abb. 166, 171 und 184), wohl ein Werk von lombardischen Baumeistern bzw. von Walsern aus den Tälern am Südhang der Alpen. Außen am östlichen Scheitel der Brüstungsmauer eingemeißelte Jahreszahl 1564 in arabischen Ziffern. Elegant verjüngter Brückenscheitel.

ABGEWANDERTER KUNSTGEGENSTAND

Am westlichen Dorfeingang[34] hing am Unterbau des Speichers bei Koord. 60/130 ein wertvoller spätgotischer *Kruzifixus* (Abb. 187), der von Prof. Albert Schnyder erworben und dem St.-Jodern-Heim, Visp, geschenkt wurde, wo er nun in der Hauptnische des rechten Seitenaltars steht. H. 50,5 cm. Holz. Neue Fassung. Polychromie und Vergoldung. Um 1500. Streng symmetrisch gestalteter schmächtiger Körper mit großem, edlem Haupt.

Abb. 187b. Schmidigehischere. Haus Nr. 14. In ein Deckenbrett eingeritztes Medaillon mit Jesusmonogramm, 1714. – Text S. 182.

Abb. 188. Gieße. Weiler Gieße und Ebmet auf der linken, südöstlichen Talseite. – Text unten.

GIESSE

GESCHICHTLICHES. «In den gießun»[1], wie der Weiler 1437 heißt[2], fand man um 1860 eine heute verschollene, prachtvolle Emailscheibenfibel aus römischer Zeit[3], 1964 eine Steinbeilklinge[4], was hier am Weg zum Albrunpaß nicht als Hinweis auf eine so frühe Besiedlung zu werten ist. – Inschrift an der Front des Heustalls am westlichen Eingang des Weilers bei Koord. 65/115: «IM.IAHR*1888.DEN*26*FEBRUAR *SIND*IN*DEN*GIESSEN*8*STÄLLE*3 WOHNHÄUSER*VON*DER*LAVINE*ZERSTÖRT*WORDEN ...»

Quellen und *Literatur* vgl. S.151.

SIEDLUNG. *Anlage* (Abb. 188–190). Lawinengänge werden Gieße (Gießen) im Tal-grund zur heutigen Streusiedlung gelichtet haben. Die übrigen Siedlungen des Weilers bilden dagegen kleine, eng geschlossene Baugruppen: das teilweise hinter Wald verborgene Ebmet auf einer Hangterrasse oberhalb von Gieße, topographisch ähnlich gelegen wie Fäld, und die anmutig in den nördlichen Wiesenhang eingebette-ten Grüppchen von «Ober» und «Unner Holzerehischer».

1 Man wird den Namen kaum mit der Eisengewinnung im Tal in Verbindung bringen dürfen.
2 GdeA Binn, D1.
3 ASA 7 (1861), S.12, Tf.I, Nr.5a und b. – GRAESER nennt als Fundort Gießen (G. GRAESER, Aus der Ur- und Frühgeschichte des Kantons Wallis, Naters 1967, S.63).
4 O.-J. BOCKSBERGER, Binn, distr. Conches, VS, Jahrbuch der Schweizerischen Gesellschaft für Urgeschichte 51 (1964), S.88.

Abb. 189. Gieße. Weiler Ober und Unner Holzerehischer am rechten, nordwestlichen Talhang. – Text
S. 188.

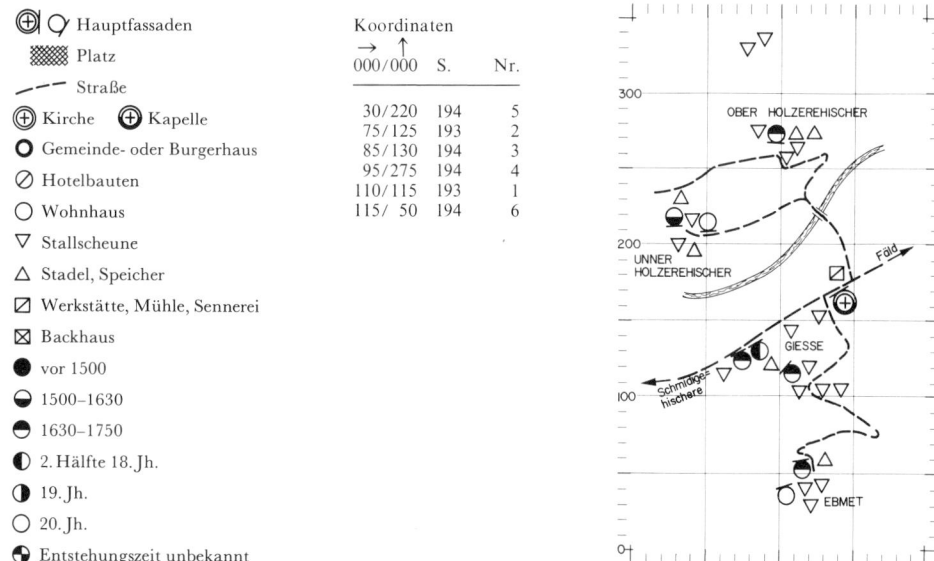

	Hauptfassaden		Koordinaten		
			→ ↑		
	Platz		000/000	S.	Nr.
	Straße				
	Kirche Kapelle		30/220	194	5
	Gemeinde- oder Burgerhaus		75/125	193	2
	Hotelbauten		85/130	194	3
			95/275	194	4
	Wohnhaus		110/115	193	1
			115/ 50	194	6

- Hauptfassaden
- Platz
- Straße
- Kirche Kapelle
- Gemeinde- oder Burgerhaus
- Hotelbauten
- Wohnhaus
- ▽ Stallscheune
- △ Stadel, Speicher
- Werkstätte, Mühle, Sennerei
- Backhaus
- ● vor 1500
- 1500–1630
- 1630–1750
- 2. Hälfte 18. Jh.
- 19. Jh.
- ○ 20. Jh.
- Entstehungszeit unbekannt

Abb. 190. Gieße. Siedlungsplan (vgl. «Wegleitung»). – Text S. 188.

KAPELLE MARIÄ VERKÜNDIGUNG

GESCHICHTE. 1660 segnete Johann de Sepibus im Auftrag des Bischofs das Heiligtum ein[5]. Am Giebel die Jahreszahl 1734, Datum einer Renovation, vielleicht Baujahr des Schiffs. Das schwere, mit den Chorbogenkämpfern nicht korrespondierende Gesims und die Stichbogenfenster im Schiffsinnern, vor allem aber das noch fast intakte, in das Dachstützmauerwerk einbezogene ehemalige Glockenjoch(?) über dem Chorbogen sowie ein kaminartiges Mauerstück mit nicht zum heutigen Dachreiter führender Seilröhre an der östlichen Schultermauer über dem Chordach, deuten auf spätere tiefgreifende Veränderungen an der Kapelle. Der Chorbogen war bis in unser Jahrhundert mit einem Holzgitter verschlossen[6]. Neuere Renovationen: 1896 (u.a. neues Schindeldach)[7], 1936 (Gesamtrenovation, Brusttäfer und Stühle)[8] sowie 1962 (Innenrenovation) nach den Erdbebenschäden von 1960[9].

BESCHREIBUNG. *Äußeres.* Die nach Süden gerichtete Kapelle stößt quer an den Weg. Das kurze Schiff und das allseits eingezogene Rechteckchor tragen Satteldächer, deren traufseitiges Vordach auf Konsolen ruht. Nahe dem Chor einfacher Dachreiter mit achteckigem Pyramidenhelm. Abgesetzte Sockelzone. In der Mittelachse der Giebelfront granitgerahmtes Rundbogenportal, rundbogige Nische[10], als Gegenstück zur Chorstirnlünette innen zu einer Lünette vermauerter Okulus und spitzbogige Öffnung hoch im Giebel.

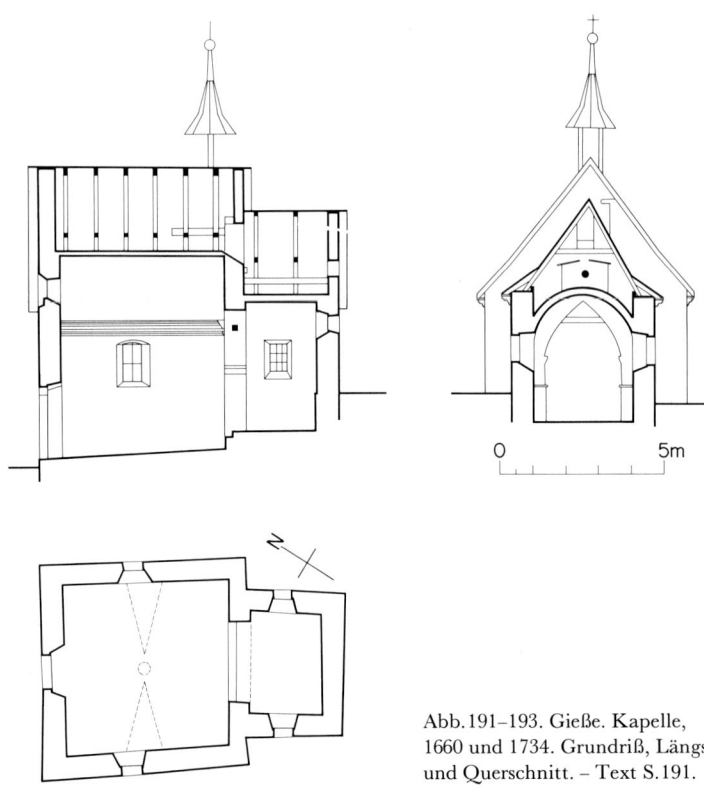

Abb. 191–193. Gieße. Kapelle,
1660 und 1734. Grundriß, Längs-
und Querschnitt. – Text S. 191.

Abb. 194 und 195. Gieße. Kapelle, 1660 und 1734. Inneres gegen das Chor. Text unten. – Altar, 3. Viertel
17. Jahrhundert (1660?). Text unten.

Inneres (Abb. 191–194). Die Achse des Chors weicht von derjenigen des Schiffs um
vier Grad nach rechts ab. Die spitzbogige Chorbogenöffnung mit dem hocheingezo-
genen Kreuzbalken weist im Gegensatz zu derjenigen von Fäld einen Kämpfer auf.
Ungegliedertes Tonnengewölbe im Chor. Den weiten Schiffsraum mit nur einem
Stichkappenpaar, hier mit Rundell im Scheitel, und die außen rechteckigen, innen
aber stichbogigen Fensterkammern hat Gieße mit den jüngeren Kapellen des
Binntals in Schmidigehischere (1690) und Ze Binne (1725) gemein. Das kräftige
Gesims, das die Schiffsrückwand ausspart, stößt in Höhe des Kreuzbalkens an den
Chorbogen. Die Chorwände sind nicht gegliedert.

Altar (Abb. 195). Drittes Viertel 17. Jahrhundert (1660?). 1962 wurden die Fassung
durch EDMUND IMBODEN, Raron, erneuert, die Randleistenzier ergänzt, das Altargemälde wiederhergestellt und ein kleiner Tabernakel hinzugefügt[11]. – Einfaches, aber
formschönes Frühbarockaltärchen mit ionischem Säulenpaar sowie mit gesprengtem
Gebälk und Giebel. Qualitätvolles Altarblatt der Verkündigung italienischer Her-

5 PfA Binn, Abschrift von D. IMESCH aus A Valeria, Collec. de Sepibus, o. Nr.
6 Die Nut, in der das Gitter verankert war, ist noch sichtbar.
7 PfA Binn, Kapellenbuch, G 4.
8 Ebd. und PfA Binn, o. Nr. Damals wurde das Schindeldach durch Blech ersetzt.
9 Ebd., Protokollbuch des Kirchenrats, o. Nr.
10 Darin früher die Pietà, S. 192.
11 PfA Binn, Rechnungen und Protokollbuch, o. Nr.

kunft(?). Bekrönende Muttergottesstatue im Strahlenkranz, Mitte 17. Jahrhundert. Das aus vertikalen Streifen zusammengenähte lederne *Antependium* (sog. Cordobaleder) aus dem späten 17. Jahrhundert zeigt in Ölmalerei auf punziertem Goldgrund abermals eine Verkündigung in einem Medaillon zwischen breiten vegetabilen Streifen.

Weihwasserbecken. Giltstein. 2. Hälfte 17. Jh. Keulenblätter am Becken, Hohlkehle am achteckigen Rand. Sorgfältig gehauen. – *Chorbogenkruzifix.* H. etwa 100 cm. Holz. Neuere Polychromierung und Vergoldung. Wohl 1734 von JODOK RITZ. Qualitätvolles, charakteristisches Kruzifix der Ritz-Werkstatt in Selkingen. – *Altarkreuz.* H. 55,5 cm (Korpus 15 cm). Holz, polychromiert und vergoldet. Wohl Mitte 19. Jh. Derber Korpus. Herz in der dreipaßförmigen, aus Palmette und Ranken gebildeten Fußkartusche. Üppige Strahlen und Palmetten als Balkenenden. – *Muttergottesgemälde.* 104 × 88 cm. Öl auf Leinwand. Bezeichnet: «anno 1707». 1970 dubliert von URIEL-HULDRICH FASSBENDER, Luzern. Die Muttergottes mit dem Kind auf Wolken thronend. Auf der Erde stehend: links der hl. Petrus, rechts der hl. Dominikus mit Lilie vor einer weiblichen Heiligen mit zwei Schlangen in der Hand (Christina von Bolsena oder Thekla von Ikonium?[12]). – *Kreuzwegstationen.* Stiche, bezeichnet: «JOS.FUHRICH PINX.PETRAK SC./Verlag von B. Kühlen, M. Gladbach».

Kelch (Abb. 196). Silber, gegossen, Kupa vergoldet. H. 21,5 cm. 1. Hälfte 17. Jh. Oberitalienisch[13]? Sechsseitiger, an den Ecken in Stegen vortretender Standring; darauf senkrechter, oben grätig vorkragender Fries mit dichter Ornamentik aus Früchten und Cherubim in Bandwerk, überspannen gleich wie der konische Fuß, der pokalförmige Knauf und der kompakte Korb. – *Kerzenleuchter.* Paar. Gelbguß. H. 27,5 cm. Barock. Profilierter, oben vorkragender Dreikantfuß. Schlankes Balustermotiv und Knäufe am Schaft. – *«Tovaglia Perugina»*[14], früher bei Versehgängen als Tischtuch («Sakramentszwele»), später als Unterlage für das Altartuch benutzt. 184 × 45 cm. Blauweißgewebe. Wohl 17. Jh. Beschädigt. In den Friesen stilisierte Baummotive. – *Sakristeischrank.* Tanne. Ende 17. Jh. Dreiachsig, auf kannelierten Pilasterfüßen. Am Gebälk Zahnschnitt und kannelierte Pilasterstümpfe. An der Tür unten T-förmige Füllung, oben Kreis in Achteckfüllung. In den schmalen Seitenachsen drei Füllungen, die oberste mit Kämpfer und Rundbogen.

Glocke[15]. Dm. 45 cm. Ton cis''. Glatte Kronenbügel. Schulterumschrift: «A FVLGVRE ET TEMPESTATE LIBERA NOS DOMINE». Flankenreliefs: Muttergottes, Kruzifixus, hl. Bischof und Cherub. Zwischen Schnurstäben die Jahreszahl 1750.

Abgewanderte Kunstgegenstände. Maria vom Sieg (im Obergeschoß des Altars in der Kapelle des bischöflichen Palastes, Sitten). H. 62 cm. Holz. Neue, unpassende Fassung. 2. Viertel 18. Jh. Aus der Werkstatt des ANTON SIGRISTEN, Glis? Die großen Aureolen von Mutter und Kind entfernt[16]. Geradezu eine Kopie von einer größeren, aus der Gliser Kirche stammenden Statue in der Herz-Jesu-Kirche, Brig. – *Pietà* (im

Abb. 196 und 197. Gieße. Kapelle. Spätrenaissancekelch. Text oben. Fäld. Kapelle. Kelch, um 1600. – Text S. 200.

Pfarrhaus von Willern). H. 29,5 cm. Arve? Neuere Fassung. Polimentgold und Polychromie. Mitte 18. Jh. Ehemals unter einem Kreuz (Nut im Rücken) und aufgestellt in der Frontnische der Kapelle. Mit anatomischen Unzulänglichkeiten, aber ausdrucksvoll. – *Armenseelendarstellung* mit Muttergottes und Heiligen (in der Pfarrkirche von Willern). 116 × 91 cm. Öl auf Leinwand. Stark übermalt. 3. Viertel 17. Jh. Wohl von italienischem Maler (vgl. Tituli). Links unten Rollwerkkartusche mit Wappenzeichen in geteiltem Oval: aus breiten Balken gefügtes Kreuz mit dreiteilig gespaltenem Fuß im unteren Feld. In hyperbelförmigem Wolkenband kniende(?) Maria mit Kind in pelerineartigem Mantel und mit tiaraförmiger Kopfbedeckung. Unten kleine Fegfeuerdarstellung zwischen knienden Heiligen, links «IODern» inmitten von Reben, rechts «ANTONIO/DA PADVA» mit Buch und Lilie. Ein Engel hebt eine Arme Seele aus dem Fegfeuer. – Vgl. das von Gieße stammende obere *Altarblatt* im Hochaltar von Hl. Kreuz (S. 214).

WOHNHÄUSER

1. Koord. 110/115. Kat.-Nr. 1642. Edmund Welschen; Odilo Zumthurm. Erbaut 1699 (Jahreszahl am Giebel). Würfelfries unter Wolfszahn. Stattliches Haus. ⌐—⌐. 2½. E und C. *Inschriften.* 1. Stockwerk: «GOT . GEHERT. DIE. EHR. DAN. ER. IST. MEISTER. VND. BAVW. HER. O. JESV. DVRCH. DEIN. DODT. VND. LEIDEN. /[Jesusmono-gramm]16[Marienmonogramm]99. WIL. ICH. GETREST. AVS. DISER. WONIG. SCHEIDEN. MEISTER. IOSEPH. IN. DER. SCHMITEN»[17]. – 2. Stockwerk: «VRHEBER . DISES . BAVWS . SEIN . HANS . MENIG . VND . IOANNES . THENISCH . IN . BINN . WAS. IST. DER. LOHN. EINMAHL. DRAVS. VND. NICHT. MEHR. DRIN /1699/WIE. MANCKER. SCHENER. LERCHEN. BAVM. BEFREINDT . MIT . DER . ZYPRESSEN . IST . MIT . DER . WVRTZEL . DA . ER . KAVM . BERIEHRT . INS . GRABGE . SESSEN». – *Öfen.* 1. Zweigeschossig, mit Zahnschnitt unter dem Karnies des Simses. An der Stirn Wappenschild mit Jesusmonogramm unter zwei Sternen, darunter: «1719 MA VND IOSEPH». An der Wange zwei derbe Reliefs mit kämpfenden Gemsen, Wildhuhn, Hase und Adler, ferner in einem Feld zwischen rahmenden vertikalen Textstollen die Inschrift: «IOHNES . THENISCH . EIN . IEGER/VNVERTROSEN . HAT . GEIREN/GEM-SCHEN/GSCHOSEN». – (Abb. 199). Zweigeschossig, mit Kehlsims. An Stirn und Wange je ein großes Rund-bogenfeld unter drei kleineren «Füllungen», von dickem, gekerbtem Rundstab eingefaßt. Im Wappen-schild des Rundbogenfeldes der Stirn: «ACH.IESV/MEINN/HERTZ.WI/L.ICH.SCHENCK/EN.DEIR.HOFF/AVCH», in der kleineren mittleren «Füllung» darüber Jesusmonogramm mit den Initialen «I T» und der Jahres-zahl 1703. Im großen Feld der Wange Blumenvase, in den kleinen Feldern Jäger und Gemsen.

2. Koord. 75/125. Kat.-Nr. 1647. Klara Rovina-Welschen und Leo Welschen. Erbaut 1716. Pfeilschwanz-fries unter Wolfszahn, sorgfältig geschnitzt und guterhalten. ⌐—⌐. 2 (ehemals 1½). E. Ein Hauseingang führte früher im Kellergeschoß der rechten Seitenmauer entlang über eine Treppe ins Hinterhaus empor (vgl. Haus Nr. 3). *Inschriften.* 1. Stockwerk: «IESVS . MARIA . VNT . IOSEPH . SEI . MIT . VNS . DISES . HAVS . HAT . GEBAVWEN. HANS. IM. HOF. MIT. SAMPT. SEINEN. SIHNEN/DER. IOHANES. VNT. MARTEINES. IOSEPH. VNT. PETER. WIE. AVCH . IHR . SCHWESTER . MARIA . IM . HOF . IM . IAR. 1716». – Im ehemaligen «Loibe»-Geschoß: «MAR . T IOHANES IOSEPH PETER . IESVS MARIA . VNT IOSEPH». – *Ofen.* Zweigeschossig, mit schwerem, profiliertem Sims. An der Stirn, in plastischem Wappenschild, Jesusmonogramm unter zwei Sternen[18] und die Jahreszahl 1719. – Volkstümliches *Hauskruzifix.* H. 46 cm (Korpus 16 cm). Holz, polychromiert. Von PETER JOSEF RÜTTI-MANN (1832–1913), Termen. – Walliser *Ausziehtisch* (Kdm Wallis I, Abb. 47). Nußbaum. Einlegearbeit. Auf erhabenem Wappen die Jahreszahl 1732, das Wappenzeichen der Familie Gredig (W. Wb., S. 115) und die Initialen «R[everendus]D[ominus]C[hristianus]G[redig]»[19], in Zierspiegeln ferner: «[Katze] A F C K[20] [Hühner]».

---

12 R. PFLEIDERER, Die Attribute der Heiligen, Ulm 1920, S. 144.

13 Freundl. Hinweis von Werner Jaggi, Zürich.

14 Vgl. J. SCHNEIDER, Textilien, Katalog der Sammlung des Schweizerischen Landesmuseums Zürich, Zürich 1975, S. 29, Nr. 21.

15 1660 Glockenweihe in Gießen (vgl. Anm. 5).

16 Diapositiv vom ursprünglichen Zustand bei H. H. Romann Bumann, Bellwald.

17 Vielleicht der Zimmermeister.

18 Zwei Sterne über einem Kreuz, hier allerdings über demjenigen des Jesusmonogramms, sind das Wappenzeichen der Familie Imhof (W. Wb., S. 129, V.2).

19 Pfarrer in Binn 1727–1734 (vgl. W. Wb., S. 115).

20 Initialen der Eltern?

3. Koord. 85/130. Kat.-Nr. 2411. Christian Tenisch; Gertrud Zenklusen. Erbaut 1783 (Jahreszahl am Giebel). Rautenfries unter Wolfszahn. Zusätzlicher Eingang durch den Keller wie bei Haus Nr. 2, vielleicht eine Schutzvorrichtung bei Lawinengefahr. ⌐⌐. 2. E und F (ehemals wohl C). Dielbaum entfernt. – *Ofen.* Zweigeschossig, mit sehr reich profiliertem und getrepptem Sims. Wohl aus der Bauzeit des Hauses.

OBER HOLZEREHISCHER (Abb. 189)

4. Koord. 95/275. Kat.-Nr. 646. Hermann Guntern; Karoline Wyssen. Erbaut 1652. Würfelfries-Fragmente. 1946/47 um zwei Ringe aufgestockt. Rechts neuer gestrickter Anbau. ⌐⌐. Ehemals 1½. E. *Täfer,* 19. Jh., mit profilierten Rechteckfeldern. *Inschrift:* die Jahreszahl 1652 und Jesusmonogramm. – *Ofen.* Zweigeschossig. Gefaste Kante mit Rollwerk. An der Stirn leeres Wappenschild und die Jahreszahl 1900, an der Wange in Ornament aufgelöstes Jesusmonogramm. Sorgfältig gehauen.

UNNER HOLZEREHISCHER (Abb. 189)

5. Koord. 30/220. Kat.-Nr. 631. Rudolf Lüssj. Erbaut 16./frühes 17. Jh. (1577?). Rillenfriese. 1946/47 um einen Ring aufgestockt. ⌐⌐. 2 (ehemals 1½). A. – *Ofen.* Eingeschossig, mit Kehlsims. An der Stirn, in zweiteiliger «Füllung»: «P.T.1879» und «L.T.1578».

EBMET (Abb. 188)

6. Koord. 115/50. Kat.-Nr. 2523. Dr. Stefan Graeser. 1716 über verändertem Mauersockel eines Hauses von 1699 neu aufgebaut. Pfeilschwanzfries unter Wolfszahn. ⌐⌐. 2. F und E (im Hinterhaus original eingezimmertes «Sälti» [= «Spänz»] in Form eines «getrennten Stubji» und kurze Stichwand als Abschrankung gegen den Hausgang). «Trächa» im «Loibe»-Geschoß. *Inschriften.* 1. Stockwerk: « + IESVS.MARIA.VND.IOSEPH.SEI. MIT . VNS . DISES . HAVS . HAT . GEBAVWEN . HANS . REITER . VND . PETER . WELSCHEN . WIE . AVCH . CHRISTINA . WEL- SCHEN . /DES.OBGEMELTEN.H.R.SEIN.HAVSFRAVW.IM.IAHR 1716/ES.SOL.EINEM.IEDEN.GEFALEN.WAS.GOT.WIL. MIT . VNS . ALEN . DAN . WAS . ER . DVOT . IST . WOL . GETAN . DARVM . SOLEN . WIR . VNS . GEFALEN . LAN . » – 2. Stockwerk («Loibe»?), Stube: «IESVS.MARIA.IOSEP.HANS.REITER . /PETER.WELSCHEN.1699 + CHRISTINA.WELSCHEN»[21]. – «Stubji»: «TRAVW . GOT . DEM . HEREN . HALT . SEIN . GEBOT . SO . DARFST . NICHT . FERCHTEN . WAN . KVMT . DER .

Abb. 198 und 199. Schmidigehischere. Ofen, wohl 1785, in Haus Nr. 16. Text S. 183. – Gieße. Ofen, 1703, in Haus Nr. 1. Text S. 193.

DOT/VNT.TRAVW.SVNST.KEINEM.FRINT.SO.FAST.DEN.DV.NIT.WOL.ER.FAREN.HAST.1716». – *Öfen.* 1. Zweige-schossig, mit Karnies an der Deckplatte. An der Stirn, in Wappenschild: «H.R/P.W/1719». – 2. «Stubji»-Öfchen. Eingeschossig, mit Kehle am Sims. An der Stirn, in Rautenspiegeln, die Ziffern 17 und 17; an der hinteren Wange die Jahreszahl 1562. – *Wandbüfett* aus dem Haus Nr. 7 in Fäld (S. 202).

«Osel»-Haus (Koord. 105/35), 1975–1977 von Gerd Graeser auf den Grundmauern eines zerfallenen Hauses erbaut. – *Tür* aus dem Haus Nr. 11 in Schmidigehischere (S. 181). – *Truhe.* Oberwalliser Herkunft. Erworben aus dem Kunsthandel. Tanne und Nußbaum. Eingelegt Bandwerkrechteck mit kleinen Eckquadraten und zentralem Stern, in den schmalen, rahmenden Feldern eine Raute, die Jahreszahl 1631 und die Initialen «C S». – *Schälchen* aus dem Haus Nr. 14 in Fäld (S. 204). – *Mörser* aus Ernen (S. 89). – Der Archäologe G. Graeser besitzt eine wertvolle archäologisch-ethnologische Sammlung.

ABGEBROCHENER GEWERBEBAU

Das *Backhaus,* das um 1955 bei der Verbreiterung der Straße weichen mußte, stand bei Koord. 145/175.; Holz teilweise in einer Werkstatt (Koord. 140/180) wiederverwendet.

---

21 Eigentümliche Schreibweise des Lautes «sch» unter Verwendung des Buchstabens D.

FÄLD

GESCHICHTE. Aus Fäld (Imfeld) ist neben einem Kindergrab mit unleserlichem römischem Sesterz der bisher ausgeprägteste archäologische Siedlungsfund des Tals bekannt: 1967 entdeckte man oberhalb des Hauses Nr. 12 (Koord. 100/150) eine Abfallgrube des 1./2. Jahrhunderts n. Chr., in der sich zum Teil große Schüsseln, Töpfe, Teller aus Terra sigillata, Glas und Giltstein fanden, ferner Steinwerkzeuge, weitere Geräte sowie Bergkristalle[1].

Der 1319 erstmals erwähnte[2] Weiler teilte politisch wie kirchlich seit je die Geschicke mit der übrigen Talschaft (S. 148). Großbrand 1598[3]. Lawinenkatastrophen 1827 und 1951.

Quellen und *Literatur* vgl. S. 151.

SIEDLUNG. *Anlage und Geschichte* (Abb. 200, 201 und 212). Fäld, eine der anmutigsten Siedlungen des Oberwallis, drängt sich als dichter Haufenweiler an den östlichen Rand des «Feldes», eines sanft gegen die nördliche Talflanke ansteigenden Plateaus, das an seinem Ostrand steil abbricht. Besonders malerisch ist die gerade emporfüh-rende Gasse am westlichen Dorfrand (Abb. 208), die zum «Feld» hin von einer einzigen Reihe von Bauten, darunter der Kapelle, gesäumt wird. An dieser Gasse stehen die stattlichsten Häuser. Der kleine, stimmungsvolle Platz vor dem Haus des Meiers Tenisch (Nr. 14) bei Koord. 70/115 und der geräumigere Dorfplatz bei der Kapelle gehen ineinander über. Am Ostrand über dem Steilabfall des «Feldes» stehen hohe Stadel zu eindrücklicher Schaufront vereinigt (Abb. 212). Auf Höhe der Kapelle zieht sich eine Flucht von Stadeln quer durch das Dorf. Vereinzelt mischen sich Nutzbauten auch unter die Häuser.

Dem Großbrand von 1598 fiel offenbar die ganze Siedlung bis auf das Haus (Nr. 1) von 1530 «in der Ledi» bei Koord. 135/165 zum Opfer. Da in den darauffolgenden fünfzehn Jahren nicht weniger als sieben oder sogar acht Häuser im Dorfkern wieder

---

1 GRAESER (wie S. 150, Anm. 19), S. 335–353. 1970 fand man beim Bau einer Wasserleitung ein stark abgenutztes römisches Steigeisen.
2 W. Wb., S. 32.   3 PfA Ernen, D 17.

Abb. 200. Fäld. Ansicht von Südwesten. Aufnahme 1978. – Text S. 195.

aufgebaut wurden, zählt Fäld zu den homogensten Siedlungen des Goms. Nach dem
Bau des Gemeindehauses 1669 ist um die Wende vom 16. zum 17. Jahrhundert eine
neue, jedoch geringere Bautätigkeit festzustellen, die sich vor allem dem südlichen
Dorfteil zuwandte. Einen neuen Akzent setzte Meier Johann Tenisch mit seinem
stattlichen Haus von 1789 mitten im Dorf an der Gasse; die unruhigen Zeitläufe
ließen aber nur mehr Umbauten folgen. Das einzige neue Haus (1960) bei Koord.
45/60 steht teilweise auf der Hofstatt des gleich orientierten einstöckigen «Eggerhüs»
mit Grundriß A. Am 13. Januar 1827 soll die Feldbachlawine achtzehn Firste
gebrochen haben[4]; 1951 zertrümmerte sie ein stattliches Holzhaus unterhalb der
Kapelle, das die Flanke des Dorfplatzes besser zu schließen vermochte als die heutige
gemauerte Sennerei an derselben Stelle. Seit der Übernahme des Naturschutzgebiets
1964 sucht der Schweizerische Bund für Naturschutz mit einer beratenden Binntal-
Kommission auch die wertvolle Siedlung Fäld zu erhalten.

4 PfA Binn, Notizen von Pfr. HERMANN JOSSEN (1918), o. Nr. – Der damalige Pfarrer spricht zwar nur
von «mehreren Ställ und Stadlen» (ebd., G 8).
    5 Ebd., D 2.
    6 Ebd., G 8.
    7 1879, 1888 (Arbeit am Türmchen), 1895 (ebd., G 3). – 1924 Teilrenovation durch JULES SARTORETTI
(ebd., «Gotteshäuser von Binn», o. Nr.).
    8 Ebd. und Inventarbuch, o. Nr.
    9 Ebd., Kapellenbuch.
    10 Ebd., G 3 und o. Nr.

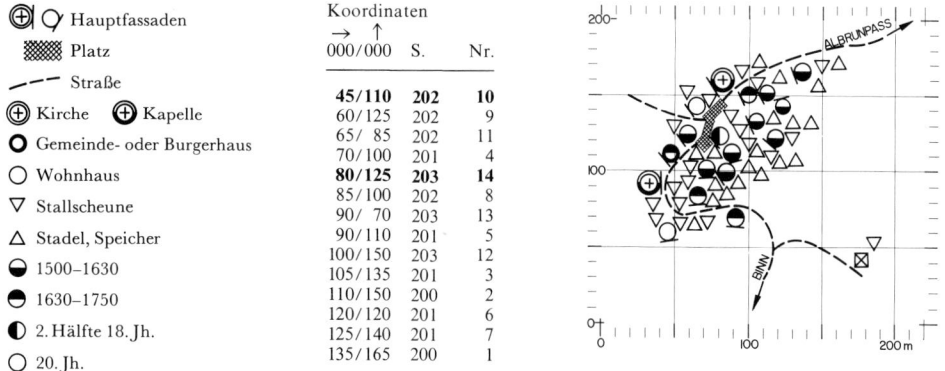

Hauptfassaden

Platz

Straße

Kirche   Kapelle

Gemeinde- oder Burgerhaus

Wohnhaus

Stallscheune

Stadel, Speicher

1500–1630

1630–1750

2. Hälfte 18. Jh.

20. Jh.

Koordinaten

000/000 →	S. ↑	Nr.
45/110	**202**	**10**
60/125	202	9
65/ 85	202	11
70/100	201	4
80/125	**203**	**14**
85/100	202	8
90/ 70	203	13
90/110	201	5
100/150	203	12
105/135	201	3
110/150	200	2
120/120	201	6
125/140	201	7
135/165	200	1

Abb. 201. Fäld. Siedlungsplan (vgl. «Wegleitung»). – Text S. 195.

KAPELLE HL. MARTIN

GESCHICHTE. Der Dorfbrand von 1598 wird auch die Kapelle in Mitleidenschaft gezogen haben. Am 19. Juli 1660 segnete Johannes de Sepibus eine neue(?) Kapelle ein[5]. Auf dem Weihwasserstein eingehauene Jahreszahl 1710, ganz oben im vorderen Giebel eingeritzt 1722 oder 1732. 1827 fegte die Feldbachlawine den Helm des Dachreiters weg[6]. Wiederholt Reparaturen nach 1880[7]. Neubemalung durch JULIUS SALZGEBER, Raron, 1919, durch JOSEF MUTTER, Naters, 1935/36[8]. Brusttäfer 1937[9]. Bei der Außenrenovation 1960/61 ersetzte man den Dachstuhl, ferner das frühere Schindeldach durch Asbestzement[10].

BESCHREIBUNG. *Äußeres* (Abb. 202). Die hohe Kapelle mit dem kurzen, dreiseitig schließenden Chor folgt, nach Norden gegen den Hang gerichtet, der Dorfgasse. Die

Abb. 202. Fäld. Kapelle, 1660.
Außenansicht von Südosten. – Text oben.

Sockelzone ist an der Dorfseite abgesetzt, gegen das «Feld» hin bloß gemalt. An der Westflanke ist der Dachansatz des Chorwalms von Steinplatten in der Schiffsstirnwand gesäumt. Die Hochfenster sind im Chor rundbogig, im Schiff flau spitzbogig. Eine kleine, innen zu einem Rundbogenfenster erweiterte Lünette in der Chorstirn ist vermauert. In der östlichen Seitenwand des Schiffs breit gefastes Rundbogenportal über halbrund angelegter Freitreppe. Der chorseitige Schiffsgiebel geht in ein Glockenjoch mit viergiebeligem Pyramidendächlein aus Schuppenblech und Steinplatten über. Von der Sonnenuhr an der Südfassade zeugt nur mehr der Schattenstock.

Inneres (Abb. 203–205 und 206). Eine spitzbogige Chorbogenöffnung mit weit oben eingezogenem Kreuzbalken verbindet die hohen Räume. Die Wände sind nicht gegliedert, der gotisierende Blattrankenfries an der Stelle der Gesimse ist neuere Zutat. Am sechskappigen Chorgewölbe scheiden die Gräte keine Schildbögen aus. Bemerkenswert und für die regionale Architektur der Mitte des 17. Jahrhunderts charakteristisch[11] ist das Schiffsgewölbe: kuppelartig ansteigend mit drei Kappenpaaren sowie mit dreiteiligen Fächergewölben gegen Chorbogen und Kapellenrückwand hin; die Eckkappen unterfangen von einem Schildbogen, der zwei kleinere Kappen, d.h. für jede Wand eine, umschließt. Am Scheitel in runden Gipsmedaillons von hinten nach vorn eine Rosette, ein Jesusmonogramm und die Hl.-Geist-Taube.

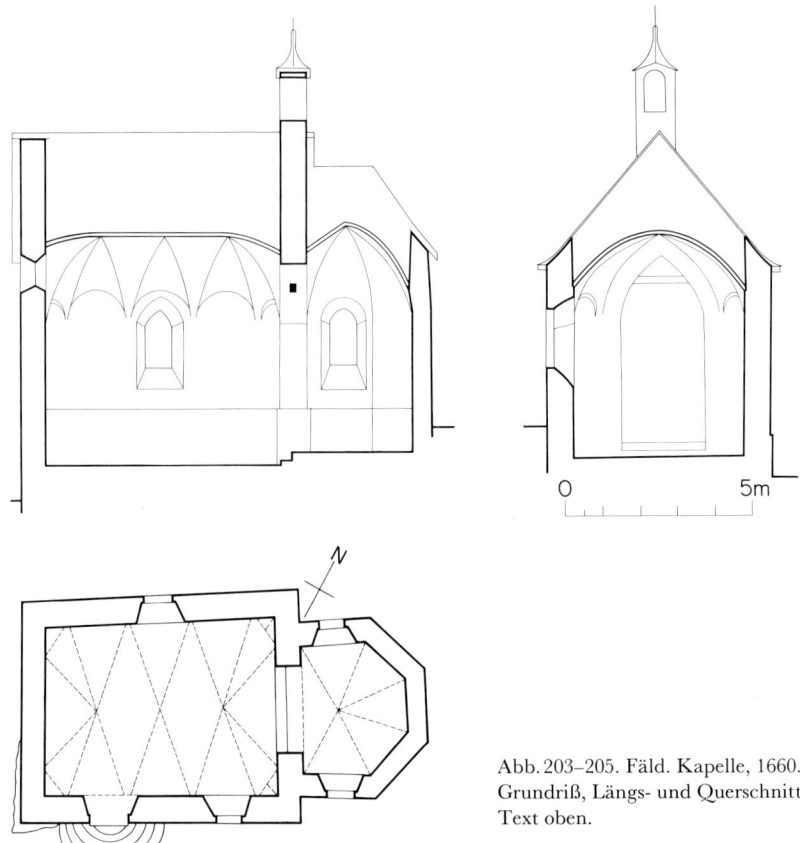

Abb. 203–205. Fäld. Kapelle, 1660. Grundriß, Längs- und Querschnitt. Text oben.

Abb. 206 und 207. Fäld. Kapelle, 1660. Inneres gegen das Chor. Text S. 198. – Altar, um 1700, wohl von
Johann Ritz, Selkingen. Text unten.

Altar (Abb. 207). Als um 1700 entstandenes Werk JOHANN RITZ, Selkingen, zugewiesen[12]. Über der Hauptnische Wappen der Pfarrei Ernen[13]. In der Kartusche der
Predella die Jahreszahl 1763, Datum der Weihe oder einer Renovation[14]. Veränderung der Oberzone[15]. – In den beiden Geschossen wiederholen sich Architekturaufbau und Figurenanordnung: durch die Nische beschnittenes waagrechtes Gebälk,
gestützt von einem Säulenpaar vor Antenpfeilern; pyramidenförmige Staffelung der
Figuren. Im Obergeschoß üppiger Akanthus an Stelle der Flankenstatuen. Im
Hauptgeschoß ein überproportionierter hl. Martin[16] mit dem Bettler zwischen den
Aposteln Petrus und Johannes, flankiert von Ignatius und Sebastian; im Obergeschoß Muttergottes, links der hl. Josef, rechts die hl. Agatha. Bekrönender Gottvater
zwischen Engelchen. Größtenteils guterhaltene Originalfassung: Marmorierung,
Gold und Silber auf Steinkreide. Ungewöhnlich hartgrätiger Faltenstil der Figuren;
hart gemeißelte Kopftypen, in denen sich Schwerblütigkeit mit klassischem Ebenmaß

11 Vgl. die Kapelle in «Wasen» (Bitsch) von 1657.

12 STEINMANN, Ritz, S. 116–118. STEINMANN weist auf die Verwandtschaft mit den Altären des
Meisters in der Ibrich (1694), in Burgen bei Törbel (1701) und in Sedrun (1703) hin.

13 Vertauschte Farben wie am Portal der Kirche in Willern (S. 154). STEINMANN vermutet, der Altar
sei eine Stiftung der Gemeinde Ernen (ebd.).   14 Nach STEINMANN wohl ein Weihedatum (ebd.).

15 Säulen und Akanthuskelche über den Seitenstatuen wirken neu; leerer Fries; fehlende Nischenrückwand; andere Gebälkprofile; neuere Fassung.

16 Ähnliche Proportionen bei zu kleinem Haupt besitzt die Muttergottes auf der Reckinger Orgel
(Kdm Wallis I, S. 284).

verbindet. – *Antependium* mit Ölgemälde auf Leinwand, gleich gestaltet wie die Antependien der Pfarrkirche in Wileren (S. 160). Im Medaillon hl. Martin mit Bettler.

Chorbogenkruzifix. H. etwa 70 cm. Holz. Neue Ölfassung. 1. Hälfte 17. Jh. Der archaisierende Korpus mit dem steifen, degenartig hochgerafften Lendentuchzipfel dürfte von einem Binner Meister stammen (S. 168). – *Altarkreuzigungsgruppe.* H. (inkl. Sockel) 70 cm. Holz. Originalfassung, teilweise übermalt: Polimentgold, Lüster und Kaseintempera-Marmorierung. 3. Viertel 18. Jh. (1763?). Ikonographisch eigenwillige, ausdrucksvolle Gruppe.

Kelch (Abb. 197). Silber, Kupa vergoldet. H. 21 cm. Um 1600. Beschau Brig? Meistermarke (Tab. I, Nr. 31). Profilierter Sechspaßfuß. Auf den Kappenrücken und am Schaftfuß gravierte Akrotermotive. Profilierter Sechskantnodus. Schmucklose geschweifte Kupa. – *Altarglöcklein.* Bronze. Dm. 8,5 cm. 19. Jh.? An der Flanke zweimal das Motiv dreier Lilien in Akanthuskelch, am Saum drei Schnurstäbe. – *Kerzenleuchter.* 1. Paar. Gelbguß. H. 25,5 cm. Auf Klauen Dreikantfuß mit vorkragender Abschlußplatte. – 2. Paar. Bronze. H. 35 cm. Stil Louis-Philippe. – *Kasel.* Violett. Lyon? 2. Hälfte 19. Jh. Großblumiger Damast. Am Kreuzstab in Seide gestickte Blütenranke mit zentralem Jesusmonogramm. – *Sakristeischrank.* Tanne. Neuere Übermalung. 2. Hälfte 17. Jh. In den beiden Rechteckfüllungen der Tür kleinere Füllungen mit perforierten Blechfensterchen. Schmale Rahmenfüllungen.

Glocke[17]. Dm. 42 cm. Ton g′. An der Schulter, zwischen Schnurstäben, die Umschrift: «SIT NOMEN DOMINI BENEDICTUM.I.[durch eine Linie geteilter schräger Halbkreis]B.W.M. 1.8.0.0»[18]. An der Flanke, zwischen Blattfries und Schnurstab, zwei Reliefs: Kruzifixus und Muttergottes(?).

Verschollene Kunstgegenstände. «*Tovaglia Perugina*»[19]. Zwei Stück. Motive der einen Türme und Vögel, der andern zusätzlich Hirsche und Bäume (vgl. S. 192).

BILDSTOCK

Alter unbekannt. 1936 von THEODOR IMHOF, Fäld, renoviert[20]. Das bescheidene, mit Schindeldach versehene Kapellchen am unteren Dorfende birgt in rundbogiger vergitterter Nische ein neugotisches Holzkruzifix.

WOHNHÄUSER

ALLGEMEINES. Die zahlreichen unmittelbar nach dem Brand von 1598 wiederaufgebauten Häuser waren durchwegs schmal mit Grundriß A, Wohn- und «Loibe»-Geschoß auf gestuftem Mauersockel umfassend. Bei späterem Aufstocken wählte man den Eingang für das zweite Stockwerk bei steilem Gelände an der Rückwand, wo in einzelnen Fällen zum Schutz gegen den Luftdruck der Lawinen auch ein als Flur oder Schopf benütztes «Withüs» (vgl. Kdm Wallis I, S. 34) angeschoben wurde.

1. Koord. 135/165. Kat.-Nr. 173. Hans Reiner. Erbaut 1530 (Jahreszahl in arabischen und römischen Ziffern am Giebel). Trichterrinnenfries, an der Fassadenwand des «Loibe»-Geschosses der seltene gekerbte Rinnenfries. Späterer Anbau an der rechten Traufseite. Renovation 1970. ⌐⌐. 1½. A. Hausgang von der Küche durch «Stutzwand» abgetrennt. Kamin noch erhalten. *Täfer* 19. Jh. *Inschrift:* Jesusmonogramm, die arabische Jahreszahl 1530 und Zeichen, ähnlich der Zahl Vier. – *Ofen.* Eingeschossig, mit Karniessims. An der Stirn: «M. PADL/BJH/1666».

2. Koord. 110/150. Kat.-Nr. 170. Leo und Otto Imhof. Erbaut 1598, renoviert 1774, aufgestockt 1806. Flauer Rillenfries. Fries des oberen Stockwerks: Paar versenkter Rundstäbe. ⌐⌐. 2. A und C. *Inschriften.* 1. Stockwerk: auf dem verkleideten Dielbaum in zwei Feldern «CT NT» und «1598 1774». – 2. Stockwerk: «1806 + DIS HAVS HAT LASEN BAVWEN INT SAMBT SEINER HVSFRAVW KATRINA IMHOF IATVAT IT FITCT». – *Öfen.* 1. Eingeschossig, mit flau gekehltem Sims. An der Stirn, in breitem Spiegel, die Jahreszahl 1604 und Wappenschild wieder mit der Jahreszahl sowie mit den Initialen «MA IH» über dem Wappenzeichen der

---

17 Die 1660, wohl in Gießen, für Imfeld geweihte Glocke ist 1800 vielleicht in die heutige umgeschmolzen worden (PfA Binn, Notiz von D. IMESCH aus A Valeria, Collec. de Sepibus, o. Nr.).

18 JOSEPH und BONIFAZ WALPEN, Reckingen?   19 A. CARLEN, Verzeichnis, S. 18/19, Nr. 88 und 89.

20 K. JOST, 650 Jahre Binntal, Ms 1946 (PfA Binn, o. Nr.).

Abb. 208. Fäld. Dorfgasse
mit Gemeindehaus,
1669. – Text S. 195.

Familie Imhof: Kreuz zwischen zwei nicht bis zum Querbalken reichenden Stäben; ferner schmaler
Spiegel mit den Initialen «M/A/GF/B» und einem Steinmetzzeichen (Tab. II, Nr. 8). Jesusmonogramm in
einem der beiden Wangenspiegel. – 2. Zweigeschossig, mit Kehle unter abgerundeter Deckplatte. An der
Stirn, in flachem Blattmedaillon: «18/F.D/A . S/58».

3. Koord. 105/135. Kat.-Nr. 183. Leo und Irene Imhof. Erbaut 1599, 1932 um zwei Ringe aufgestockt.
Rechts, ursprünglich angebaut, Stall und Speicher. «Vorschutz» auf Konsolen, unter der Fensterzone des
ersten Stockwerks «Vorschutz» von halber Balkenbreite. ⌐——⌐ (an der Rückseite bis zum Dach reichend).
2. G mit Quergang. *Inschrift.* 1. Stockwerk: «IESVS.MARIA.DISERS HVS.HAT.EIN.GVOTEN.STANT.VND.IN GOTES
HAND.AMEN/MARTI IM HOF[Wappenzeichen wie auf Ofen Nr. 1 in Haus Nr. 2]1599.DER FRIT GOTES MIT VNS
AMEN[wohl zwei Hauszeichen]». – *Ofen* (Abb. 209). Breit gekappte Kanten. Am Sims die Jahreszahl 1601.
Im Wappenschild der Stirn: «M MRTI/MH» und heraldisches Zeichen der Familie Imhof wie auf dem
Dielbaum. Bossenpolster und Spiegel an den Schrägseiten; im Spiegel des linken Feldes: «A EN/GOT[?]/
DEER[?]/MS/[Steinmetzzeichen Tab. II, Nr. 7]», in demjenigen des rechten Feldes Jesus- und Marienmono-
gramm. An der Wange in eingerolltem breitem Schriftband: «GOT GAB DEN FRIDEN/DER CHRISTENHEIT/
NACH DISEM.DIE/EWIG.SAELIGKEIT». Für das Binntal außerordentlich frühes Beispiel eines zweigeschossi-
gen Ofens, erklärbar wohl durch den auswärtigen Steinmetzen. – Gotische *Stollentruhe* (im Besitz von
G. Graeser, Ebmet, Binn) (Abb. 213). Lärche. Kerbschnittrosetten und Rautenborten.

4. Koord. 70/100. Kat.-Nr. 205. Josef Imhof; Margrit Walpen-Imhof. Erbaut 1604. ⌐——⌐ (an der Rückseite
zur Hälfte bis zum Giebel reichend). 1½. C. Im «Loibe»-Geschoß Kaminmantel noch erhalten. *Inschrift:*
«1604 [klappstuhlähnliches Zeichen]IN DEM NAEN [Jesusmonogramm] VND MARIA LAST BETR KVONROT
VND/IERIG SINI SVN LASEN BVEN DIS HVS BVEN GOT GEB NEN GLIK DARIN».

5. Koord. 90/110. Kat.-Nr. 208. Mathilde Imhof; Willy Kraft. Erbaut 1604. ⌐——⌐. Ehemals 1½. A.
Inschrift. «MARTIIMHOF 1604». – *Ofen.* Eingeschossig, mit gekehlter Deckplatte. 1604/05. An der Stirn
Wappenschild mit der Jahreszahl 1869 und den Initialen «SIÄDE/MIT».

6. Koord. 120/120. Kat.-Nr. 218. Dr. Ernst Scheuz. Erbaut 1611, renoviert 1766. Wohlproportioniertes
Haus abseits der Gasse, inmitten von Nutzbauten. «Vorschutz» auf Balken. Heustall an der rechten
Traufseite. ⌐——⌐ (an der Rückwand bis zum Giebel reichend). 1½. A. Kaminhaube im «Loibe»-Geschoß
nocherhalten. *Inschrift.* «jjM.NAMEN.IESV.VND.MARIA.HAT.DISES.HAVS.LASEN.BAVWEN.HANS.VND.TLARIVS.
IM.HOF.1611/VND.WIDER.VM.ER.NEIWRET.JOSEPH.ANTONI.IM.HOF.EIN.SOHN.IOSEPH.ANTONI.IM.HOF1766».–
Ofen. Eingeschossig, mit gekehlter Deckplatte. An der Stirn die Jahreszahl 1603.

7. Koord. 125/140. Kat.-Nr. 295. Viktor Zumthurm. Erbaut wohl 1611, renoviert 1789. Rillenfriese. ⌐─┘ (an der Rückwand bis zum Giebel reichend). 1½. A. Zierliches *Rokokotäfer. Inschrift.* Auf verkleidetem Dielbaum: «IT 1789 INT». – *Ofen.* Eingeschossig, mit gekehlter Deckplatte. An der Stirn in eckgekehltem Feld: «IH.T/MI.S²¹/1612/1879», an der Wange in Ornament aufgelöstes Jesusmonogramm mit Rosetten. – *Wandbüfett* (im Besitz von G. Graeser, Ebmet, Binn). Lärche. Mitte 18. Jh. Dreiachsig, mit geschweiftem Schubladenblock. Türfüllungen teils geschweift, teils rechteckig.

8. Koord. 85/100. Kat.-Nr. 1936. Mathilde Kaufmann-Gorsatt. Erbaut 1612/13. 1970/71 Renovation mit Neubau des eingestürzten Hinterhauses. «Vorschutz» auf Balken. ⌐──┘. 2 (ehemals 1½). A. *Inschrift:* «IM NAFN[Jesusmonogramm]LAT IERIU WIDEN DIZ HVS BVEN ANNE IM HOF 1612 1613».

9. Koord. 60/125. Kat.-Nr. 157. Rosi und Walter Imhof. Erbaut Anfang 17. Jh. Wohl glatter Kammfries. Renoviert 1717. Angebaut rückseitiger Flurraum («Withüs») und Heustall an der linken Traufseite. Im ursprünglich erbauten Hinterhaus originale Fensterpartie mit den nach dem ersten Jahrzehnt des 17. Jahrhunderts üblichen doppelt geführten, kreuzbekrönten Kielbögen. Zwei rundbogige Kellertüren. ⌐──┘ (im Anbau gestuft). 2. A und C. In der rückseitigen Mauer eingelassene Nische vom ehemaligen «Firhüs». *Inschriften.* Dielbaum des 1. Stockwerks verkleidet. – 2. Stockwerk: «JESVS . MARIA . VND . IOSEPH . SEI . MIT . VNS . 1717 IAHR/CHRISTEN . IM . HOF . VND . SEIN . HAVS . FRAVW . CATHRINA . ZLAPFRIGEN . IOSEPH . IM . HOF». – *Öfen.* 1. Eingeschossig, mit Karniessims. 16. Jh.? – 2. Eingeschossig, mit leicht profiliertem karniesförmigem Sims. Schräggebänderte Kanten. An der Stirn, in umkränztem Medaillon: «LW/LK»²², darunter die Jahreszahl 1845 in eigenem Feld.

10. *Gemeindehaus* (Abb. 208). Koord. 45/110. Kat.-Nr. 154. Gemeinde; Emil Imhof. Erbaut 1669, rechts vorgezogenes Hinterhaus 1796. Das schmucke Haus mit den farblich etwas hart abstechenden, aber zierlichen Fensterbekrönungen (um 1940) bewacht den Eingang zur Dorfgasse. Kräftige Würfelfriese. ⌐───┘. 2. F. Im Hinterhaus des ersten Stockwerks Mauer zwischen «Stubji» und Küche. Reiches *Rokokotäfer*, zum Teil mit Rautenmotiven, 1796.

Inschriften. 1. Stockwerk: «[Monogramme von Jesus und Maria]DISES . HAVS . HAT . LASEN . BVWEN . HANS . IM . HOF . V̂ . ANNA . IM . HOF . V̂ . HANS . SIN . SOHN . MICHEL . IM . HOF . CHRISTINA . IM . HOF . AM . 20G . TAG . Ŵ IM . 1669 IAR». – 2. Stockwerk: «[Jesusmonogramm, Schweifrad]IŌS[Schweifrad]HANS IOSEPH[Rosette]ELSIG 1796». – *Ofen.* Eingeschossig, mit gekehlter Deckplatte. An der Stirn plastisches Wappenschild mit den Initialen «H . I . H/AIH/HIHMIH/1672».

Abb. 209 und 210. Fäld. Ofen, 1601, in Haus Nr. 3. Text S. 201. – Ze Binne. Ofen, 1715, in Haus Nr. 2. Text S. 211.

Abb. 211. Fäld. Wandbüfett, 1804, in Haus Nr. 14. – Text S. 204.

11. Koord. 65/85. Kat.-Nr. 201. Nikolaus Krzemnicki. Erbaut 1691. Stichbogige Kellertür. ⌐⌐. 2 (ehemals 1½? A. *Inschrift:* «IESVS . MARIA . VNT. IOSEPH . SEI . MIT. VNS. HANS. REITER . VNT. CHRISTEINE . WELSCEN . 1691/ALER. KINSTEN. MITEL. ANFANG. VNT. ENTH. WEIS. DER. AM. BESTEN. SO. GOT. RECHT. KENT.» – *Ofen.* Eingeschossig, mit gekehlter Deckplatte. An der Wange eingehauen: «158[in Wappenschild: HR]2[oder 5]». Holzsockel. – *Truhe* (im Besitz von G. Graeser, Ebmet, Binn). Tanne. Mit Nußbaum eingelegt im Stirnfries: «HANS IM HOF 1626», in den Feldern Stern in Raute, verschlungen mit dem Rand.

12. Koord. 100/150. Kat.-Nr. 1928. Erben Anna Gorsatt-Tenisch. Erbaut 1699. Guterhaltener Würfelfries unter Wolfszahn. Fensteröffnungen an der Front des «Loibe»-Geschosses noch ursprünglich. An der Rückseite späterer gestrickter Anbau. ⌐⌐. 1½. E (früher A). *Inschrift:* «+ JESVS . MARIA . JOSEPH . DISES . HAVS. HAT. LASEN. BAVWEN. HANS. IM . HOF . MIT. SAMPT. SEINEN . SCHWESTERN . /MARIA . CHRISTINA . ANNA . BARBARA . CATHARINA . IM . HOF 1699». – Gotische *Stollentruhe* (im Besitz von G. Graeser, Ebmet, Binn). Tanne. Zierkonturiertes Giebelstück.

13. Koord. 90/70. Kat.-Nr. 233. Hugo Gloor. Erbaut 1706 (Jahreszahl an der Fensterwange des Mauersokkels). Würfelfries unter Wolfszahn. ⌐⌐ (mit Sa). 1½. F. *Inschrift:* «ALEIN . DIE . EHR . SOLEN . WIR . GEBEN . GOT . VND. FLISIG. HALTEN. SEIN. GEBOT. IESVS. MARIA. IOSEP 1706/DISES. HAVS. HAT. LASEN. BVWEN. IERIG. BVNGEN. MIT. SEINER . HAVS . FROW . CKTTREINA . THENISCH . SEIN . SON . MAT . BVNGEN». – *Ofen.* Zweigeschossig, mit eigenartig unterkehltem Deckplattenrand. An der Stirn, in Wappenschild: «G.B G.T/[Jesusmonogramm]M. + B/1715». – *Truhen.* 1. Klein. Tanne. Eingelegt: «AM.G» und die Jahreszahl 1793. – 2. Tanne. Eingelegt: gestufte Würfelpyramiden, die Initialen «UC MBIH[in Ligatur]» und die Jahreszahl 1789. – 3. Truhe aus dem Haus Nr. 14 (siehe unten).

14. Koord. 80/125. Kat.-Nr. 2135. Rudolf Imhof; Maria Volken-Tenisch. Erbaut 1789. Das stattliche, reichverzierte Haus scheidet auf halber Höhe der Gasse ein stimmungsvolles Plätzchen aus. Inschrift über der obersten Fensterreihe der Fassade: «Johanes Tenich Meier All Hier Und Maria Cecilia Holtzer». Pfeilschwanzfries unter Wolfszahn und große Spiralranken. ⌐⌐. 2½. G und F.

Inschriften. 1. Stockwerk: «DISES . HAVS . HAT . LASEN . BAVWEN . HERR . MEIER . JOHANES . THENISCH . SAMBT . SEINER . GEMALIN . CECILIA . HOLTZER . VND. NACH. FOLGENDE. KINDER . /DER. WOHL. EHRWIRDIGE. HERR. JOHAN.

---

21 Wohl Johann Thenisch und Maria Josepha Schmidt. Heirat 1864 (PfA Binn, F 3).
22 Wohl Leopold Walpen und Ludowina Luisa Carlen. Heirat 1841 (ebd.).

Abb. 212. Fäld.
Nutzbauten am Südostrand der Siedlung.
Text S. 205 und 195.

JOSEPH.MICHAEL.TENISCH.DER.ZEIT.PFAHR.HERR.ZV.STALDEN.VND.PETER.CHRISTIANVS.CÄCILIA.THERESIA.
THENISCH.ANNO 1789 DEN 9 IVNII». – 2.Stockwerk: «[wappenähnliche Kartusche mit den Initialen ‹H:M:/
J**T./C.H.›]DIS . HAVS . HAB . ICH . IHR . KINDER . MEIN . FIR . EICH . ERBAVWEN . LASEN . DAS . MAN . DAREIN . SOL .
FRIDSAM.SEIN.GOT.LIEBEN.VNT.ZSINDT.HASEN/LAST.AVCH.GERECHTIGKEIT.STEHS.EIWER.RICHT.SCHNVHR.
SEIN . NACH . WELCKER . JHR . AL . ZEIT . DAS . LEBEN . RICHTET . EIN . 1789». – *Öfen*. 1.Eingeschossig, mit karniesartig
profilierter Deckplatte. An der Stirn Tenisch-Wappen (wie W.Wb., Tf. 5, jedoch mit kleinerem T) in
Medaillon, umgeben von den Initialen «HM HT/CH» und der Jahreszahl 1790. – 2. Zweigeschossig, mit
Karnies unter der Deckplatte. Auf Holzrahmen und -füßen. In geschweifter «Füllung» mit Ovalmedaillon
in Rankenwerk: «J.T/M.C.H/1795». Leere Zierspiegel und «Füllungen». – *Hauskruzifix*. H. 65 cm. Tanne,
häßlich gefaßt. Mitte 18.Jh. Korpus des II.Reckinger Hauskruzifixtyps (vgl. Kdm Wallis I, Tf. Ia).
Geschwungener konischer Fuß mit Rankenpalmette und Totenkopf. Halbe Rosetten als Balkenenden. –
Wandbüfett (Abb. 211). Nußbaum. Eingelegt: die Initialen «IST/AMR», die Monogramme von Jesus und
Maria sowie die Jahreszahl 1804. – *Truhen*. 1. Tanne. 15./16.Jh. Auf Stollen der Längsfronten stehend.
Stirnleisten, geschmückt mit dem aus der damaligen Hausarchitektur bekannten Motiv des Tropfens in
der Kehle. Gleicher Konturdekor an der Innenseite der Fußstollen. – 2. Tanne. Eingelegt: «FW EW» und
die Jahreszahl 1816. – 3. (im Besitz von Hugo Gloor, Imfeld). Tanne. Eingelegt: die Jahreszahl 1742,
Jesus- und Marienmonogramm, «CIH» und Wappen der Familie Imhof (schräg rechts zwei Tatzenkreuze, schräg links zwei Sechsstrahlensterne[23]). – *Schälchen* (im Besitz von G. Graeser, Ebmet, Binn). Dm.
10,3 cm. Giltstein. 2.Hälfte 18.Jh. Rosettenförmig.

---

23 Gleiches Wappen und gleiche Jahreszahl ehemals auf einer Truhe in der Pfarrkirche von Binn
(W.Wb., S. 129).
24 Erbaut von Severin Andereggen, heute im Besitz der Familie Rudolf Imhof, Schmidigenhäusern
(JOST [wie Anm. 20]).   25 PfA Binn, Inventarbuch, o. Nr.
26 1817 Erkanntnisse an die Kapelle (ebd., G 1).   27 Ebd., G 8.   28 Ebd., D 7 und 26.
29 An den Untergang der Leischen-Kapelle knüpft eine Ursprungslegende des Gnadenbildes von
«Zen Hohen Flühen»: Die Binna habe die Marienstatue von den Leischen bis «Zen Hohen Flühen»
getragen (JOST [wie Anm. 20]. – Walliser Bote 25 [1882], Nr. 30. – PfA Münster, Tagebuch der H.H.
Pfarrer, o. Nr.).

NUTZ- UND GEWERBEBAUTEN

Die Nutzbauten am Südostrand (Abb. 212), vornehmlich schmale, hohe *Speicher,* stehen wohl der Lawinen wegen mehrheitlich unmittelbar auf Mauersockeln oder gemauerten Eckpfeilern. Wie im übrigen Binntal ist der Oberbau der Stadel und Speicher in Fäld oft bloß durch eingeschobene Balkenabschnitte (von Dielbäumen) abgehoben. Der stattliche, im Unterbau zwar durch den Einbau einer Garage veränderte *Stadel* mit «Plane» bei Koord. 65/110 schließt den kleinen Platz vor dem Haus des Meiers Tenisch (Nr. 14) nach Süden hin.

Backhaus (Koord. 175/40). Stein. Hinterhaus mit Backofen zerfallen.

BILDSTOCK DER MUTTERGOTTES BEI DER BRÜCKE

Privatkapelle[24], gegen Ende des 19. Jahrhunderts als Ersatz für die einst etwas weiter westlich stehende, fortgeschwemmte Leischen-Kapelle erbaut, 1936 von RUDOLF IMHOF, Imfeld, renoviert[25]. In das hohe, mit Steinplatten gedeckte Kapellchen ist eine große, bis zum Boden reichende Spitzbogenkonche eingetieft; darin kleine Spitzbogennische über einer Steinbrüstung.

Bilddokument. Zeichnung von FRITZ BERNER vom «3.9. 1926» (ZBZ, Graph. Slg., Mappe Kt. Wallis I, 1).

VERSCHWUNDENE KAPELLEN

Die einst rund 30 m unterhalb des heutigen Bildstocks stehende *Kapelle «uff der Leische»*[26] stürzte bei der Überschwemmung von 1834 ein[27]. Obwohl der Bischof von einem Wiederaufbau abriet, muß die Kapelle bescheiden wiederhergerichtet worden sein[28]. Erneut zerstört am 9. Juli 1882[29], blieb sie Ruine[30]. *Muttergottesstatue* (im Besitz von Karl Imhof, Schmidigenhäusern). H. 53 cm. Holz. Fragmentarische Originalfassung, um 1960 von EDMUND IMBODEN, Raron, überfaßt mit Ölgold und Lüster. Stehend, mit Kind und Zepter. Nichtursprüngliche Kronen. Untersetzte Figur mit allzu großem Haupt. Über der linken Schulter geteilte Locken.

Auf der 1888 weggerissenen *Brücke* scheint früher ein *Kapellchen* gestanden zu haben[31]. – FRANZ JOLLER SJ († 1894) spricht von einer der hl. Agatha geweihten *Kapelle am Bach,* die JOH. JOSEF RUF an jener Stelle, wo sein Sohn gestorben sei, zweimal erbaut habe[32].

---

30 Ihr Fundus wurde 1883 mit Erlaubnis des Bischofs der Bruderschaft des allerheiligsten Altarssakramentes in Binn übergeben (PfA Binn, G 11).

31 «... auf der Bruggen im feld» (PfA Binn, Testamentarische Gabe von 1787 an die Erneuerung des Kapellendachs, D 19).   32 F. JOLLER, AGVO, J 2.

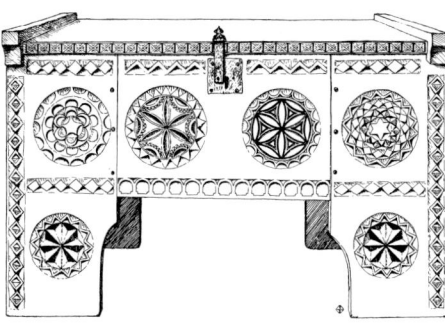

Abb. 213. Fäld. Gotische Stollentruhe aus dem Haus Nr. 3. Zeichnung von Gerd Graeser (G. Graeser, Ebmet, Binn). – Text S. 201.

Abb. 214. Ze Binne. Ansicht von Norden. Aufnahme 1977. – Text S. 207.

LENGTAL

Nur Ze Binne unmittelbar am Eingang des Lengtals ist ständig bewohnt. Früher war das Tal nicht nur dichter besiedelt, kleine Weiler stiegen wie im Fieschertal und anderorts auch höher ins Gebirge hinauf[1]. Besonders am rechten Talhang finden sich verlassene Siedlungen: «Eigne» mit vier Ställen, «Schappelmatte» mit einem jüngeren Haus und einigen Nutzbauten sowie «Leh» mit drei Häusern und Nutzbauten. Die einzige größere Maiensäßsiedlung des Tals, «Heilig-Kreuz», liegt auf dem Gemeindegebiet von Grengiols.

ZE BINNE

GESCHICHTLICHES. Der 1395 erwähnte «Petrus zenbünnen de bün» ist wohl ein früher Zeuge für die Existenz der Siedlung Ze Binne (Zenbinnen)[2] ebenso wie das «Heidehüs» bei Koord. 90/160, das einzige spätmittelalterliche Haus der Binner Dauersiedlungen neben dem frühen «Heidehüs» von Wileren (S. 167). Zur Geschichte vgl. diejenige des Tals, S. 148.

---

1 JOST spricht 1946 noch von zerfallenen Hofstätten in Dießel und im Saflischtal (K. JOST [vgl. Literatur, S. 151]). «Nicolaus an der Schappelmatten» 1376 (GREMAUD VI, S. 77), «Maria an der Schappelmatten» 1570 (StAS, A Clausen-Perrig, G 148). «In der Statt» waren bis in die jüngste Zeit Mühlsteine zu sehen. Dem «großen Tod» von 1565/66 sollen dagegen im Lengtal 30 Jungfrauen zum Opfer gefallen sein. Der Bestand der Häuser in Heilig-Kreuz spricht dagegen eher für eine spätere Besiedelung (S. 219).
2 GdeA Ulrichen, C 2.

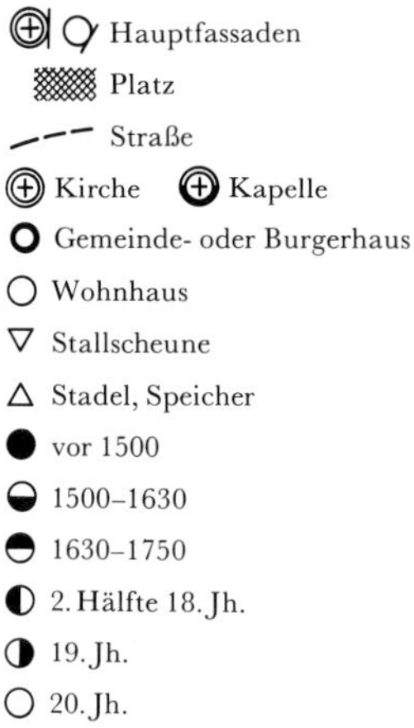

⊕ ○ Hauptfassaden

▨ Platz

– – Straße

⊕ Kirche   ⊕ Kapelle

○ Gemeinde- oder Burgerhaus

○ Wohnhaus

▽ Stallscheune

△ Stadel, Speicher

● vor 1500

◗ 1500–1630

◖ 1630–1750

◐ 2. Hälfte 18. Jh.

◑ 19. Jh.

○ 20. Jh.

Koordinaten

→ ↑
000/000   S.   Nr.

90/160   210   1
95/140   210   2

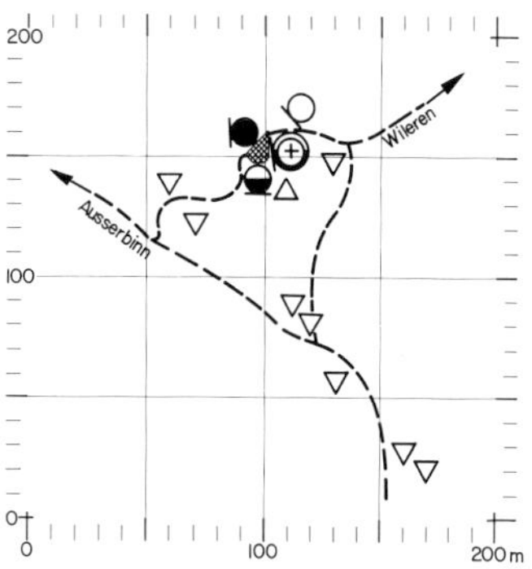

Abb. 215. Ze Binne. Siedlungsplan (vgl. «Wegleitung»). – Text unten.

SIEDLUNG. *Anlage* (Abb. 214–216). Auf der kleinen Kuppe über dem Zusammenfluß von Binna und Lengtalwasser scharen sich zwei alte Häuser[3] und Nutzbauten rund um die Kapelle zu einem außerordentlich reizvollen Weiler. Ein Haus und ein Stadel auf hohen Sockeln bilden gegen das Lengtal hin eine kühne Front. Im Süden legt sich eine lockere Reihe von Heuställen wie ein loser Kranz davor.

3 Das kleine Gebäude mit Stube (ohne Küche), Speicher und Schweinestall bei Koord. 115/170 steht an der Stelle eines 1938 abgebrannten Hauses.

Abb. 216. Ze Binne. Ansicht von Südwesten. Aufnahme 1977. – Text oben.

KAPELLE HL. SEBASTIAN

GESCHICHTE. In den Visitationsakten[4] des 18. Jahrhunderts noch als Heiligtum zu Ehren des dornengekrönten Christus bezeichnet, heißt sie im 19. Jahrhundert stets Kapelle des hl. Sebastian[5]. Auf der Archivolte des Portals steht die Jahreszahl 1725. Portalgeläufe und -nischenrahmen könnten ein Werk der ortsansässigen Ofenmacher JACOB oder PETER STEFEN sein (vgl. Anm. 11). Renovationen: 1882 (Dach)[6]; 1936 (Außenrenovation, u. a. Zementsockel)[7]; 1961 (Totalrenovation, Asbestzement an Stelle des Schindeldachs[8]; einfache Glasfenster von THEO IMBODEN, Täsch).

BESCHREIBUNG. *Äußeres* (Abb. 216). Die nach Osten gerichtete Kapelle schließt dreiseitig mit nicht ausgeschiedenem Chor. Steiles, unten kräftig eingebuchtetes Satteldach und Walm, außer an der Stirnfassade, von hölzernen Konsolen gestützt. Über dem Chorbogen Pfahldachreiter mit achtseitigem Spitzhelm. In der Chorstirn eine Lünette, im Fassadengiebel ein Okulus. Das rundbogige Giltsteinportal zeigt am scharf abgesetzten Scheitelstein, zwischen den Ziffern des Baujahrs, das Jesusmonogramm und an dessen Unterseite einen Granatapfel. Auf dem Scheitel flache, von fein profiliertem Giltsteinrahmen umschlossene Nische, früher wohl mit Gemälde.

Inneres (Abb. 217). Ein nur wenig eingezogener Chorbogen läßt die Räume von Schiff und Chor ineinanderfließen. Im Chor Stichkappenpaar und dreiteiliges Kappengewölbe mit Scheitelrosette; die Schildbögen stehen auf dem reichprofilierten, aber frieslosen Gesims, das nur an der Chorstirn unterbrochen wird. Über dem Chorbogensims mit großen Blumen bemalter Kreuzbalken; an der Chorbogenstirn drei Gipsrosetten. Gemauertes Schiffsgewölbe und Fensteröffnungen ähnlich wie in der Kapelle von Gieße (S. 191).

Altar (heute rechter Seitenaltar in der Pfarrkirche von Wileren) (Abb. 218). Zwischen diesem Altar zu Ehren des dornengekrönten Christus und dem 1467 von Pfarrkaplan Martin Steyner mit 20 Pfund beschenkten[9] Hl.-Kreuz-Altar in Binn kann ein Zusammenhang bestehen. Das heutige Retabel ist als ein 1730–1740 entstandenes Werk des Gliser Bildhauers ANTON SIGRISTEN anzusprechen. 1959 renoviert durch EDMUND IMBODEN, Raron, und mit dem Rosenkranzaltar der Pfarrkirche vertauscht.

Am zweigeschossigen Altar ist die kleine Oberzone im Geist der Régence bekrönungsartig gestaltet. Kompakte Predella. Das Gewände der Hauptzone kehrt die Seitenstatuen schräg nach außen, links hl. Petrus, rechts hl. Sebastian[10]. In der Mittelachse Altarblätter, unten Ecce Homo[11], oben die Heilige Familie. Akroterfigu-

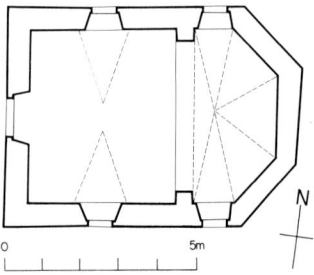

Abb. 217. Ze Binne. Kapelle, 1725. Grundriß. – Text oben.

Abb. 218. Ze Binne. Kapelle. Altar, 1730–1740, im Stil des Anton Sigristen, Glis. – Text S. 208.

ren, links der hl. Antonius von Padua, rechts die hl. Ursula. Neue, rötliche Marmorierung auf Steinkreidegrund. Typisch für ANTON SIGRISTEN ist neben dem Figuren- und Faltenstil der Rückgriff auf die Altarsilhouette des späten 17. Jahrhunderts und auf Dekormotive der Werkstatt des JOHANN SIGRISTEN: schräge Statuenkonsolen, Fruchtgehänge und Draperie. – Die mit Öl auf Leinwand gemalte Füllung des *Antependiums* in bloß marmoriertem Rahmen zeigt üppige Blatt- und Blumenmotive.

Zu dem heute in der Kapelle stehenden Rosenkranzaltar siehe S. 159.

Chorbogenkruzifix. H. (Korpus) 58,5 cm. Holz. Originalfassung: Polimentgold und Tempera. 1. Hälfte 17. Jh. Vom wohl einheimischen Meister des Chorbogenkruzifixes der Kapelle Fäld (S. 200) und einer

---

4 PfA Binn, D2 (1736) und D3 (1754). Auf das Patrozinium nahm auch das Altargemälde Bezug (S. 208).

5 Nach der Pestepidemie von 1565 gelobten die Binner, den Vortag von St. Sebastian als Fasttag zu begehen («Binner Bohnentag») (F. KREUZER, W. Jb. 1946, S. 46). – Vgl. die ältere Sebastiansstatue (S. 168 und S. 158, Anm. 49).

6 PfA Binn, Buch von J. KIECHLER, o. Nr. – Nach A. CARLEN, Verzeichnis, S. 21, Nr. 121, ist die Kapelle um 1882 auch ausgemalt worden.

7 PfA Binn, Inventarbuch, o. Nr.

8 Auch der Dachstuhl mußte wiederhergestellt werden (ebd., Protokollbuch der Kirchenrechnungen und Korrespondenz, o. Nr.).

9 PfA Ernen, D37. – Nebenpatrone waren die Heiligen Barbara und Katharina.

10 Vgl. Anm. 4.

11 «in honorem Jesu Christi Spinis coronati» (1736) (PfA Binn, D2).

Reihe von Statuen im Pfarrhaus von Wileren (S.168). Steif, gotisierend. – *Altarkreuz.* H. 57 cm (Korpus 14,5 cm). Holz, polychromiert und vergoldet. Mitte 19.Jh.? Vom Meister des Altarkreuzes in der Kapelle von Gießen (S.192)? Derber Korpus und wuchernd üppige Ornamentik. Vor dem Kreuzfuß Schnitzwerkkartusche mit einem Stich, 1.Hälfte 18.Jh.: stehender Christus mit Weltkugel und Kreuz, die Rechte im Lehrgestus erhoben. An den Balkenenden stilisiertes Palmettenmotiv.

Gemälde des hl. Antonius von Padua. 82,5 × 63 cm. Öl auf Leinwand. 2.Hälfte 18.Jh. Der Heilige umfaßt den vor ihm stehenden bekleideten Jesusknaben. In den Wolken Cherubim. Bis 1959 oberes Altarblatt des Rosenkranzaltars (S.160). – *Kreuzwegstationen* wie in der Kapelle von Gießen (S.192).

Kelch. Silberne Kupa, 17.Jh., übrige Teile wohl erneuert. H. 18,5 cm. Urnenförmiger Knauf zwischen flauen Schaftringen. Kompakter, schmuckloser Korb. – *Kerzenleuchter.* Paar. Arve, polimentvergoldet. H. 38 cm. Stil Louis XVI. Dreikantfuß auf Kugeln mit gebrochenen Eckvoluten. Schaftring und runder Knauf. – *Blumenvasen* (oder Kerzenleuchter). Paar. Arve. H. 22 cm. Fragmentarische Fassung, teilweise Polimentgold. Entstehungszeit unbekannt. Runder, profilierter Fuß. Schaft als Herz mit Jesusmonogramm in Medaillon ausgebildet. Beidseits des Herzens Henkel. Rustikale Schnitzerei. – *Altarglöcklein.* Bronze. H. (inkl. Griff) 13 cm. 17.Jh.? Die Glocke und der einem schlanken Baluster gleichende Griff sind aus einem Stück gegossen. Flaue Fasen und Schnurstäbe. – *Kasel.* Rot. Mitte 19.Jh. Großblumiger Damast. Stab leichter Silberbrokat. Am Stab sprießt aus neugotischer Architektur ein Rebstock, der eine Dornenkrone mit dem Jesusmonogramm umschlingt. – *Sakristeischrank.* Tanne, bemalt. Ende 17.Jh.? Füllungen beschädigt. Ein Paar geschuppter ionischer Pilaster rahmt die mit Ranken bemalte Tür, die zwei achteckige Füllungen mit Blumenmalereien aufweist. Ungewöhnliches Stück.

Glocke. Dm. 24,5 cm. Ton g″. 17.Jh. Zwei Kronenbügel. Flankenrelief: schmuckloses Kreuz auf getrepptem Sockel.

WOHNHÄUSER

1. Koord. 90/160. Kat.-Nr. 335. Katharina Gorsatt-Mangold; Josef Mangold. Erbaut im ausgehenden Mittelalter, renoviert 1759, 1977 um einige Ringe aufgestockt. «Heidechriz» zwischen kreuzförmigen Öffnungen an beiden Giebeln. Ehemals ⌐─┐. 1½. B. Einst «Loibe»-Lauben an beiden Traufseiten. *Inschrift.* Südliche Stube: «PETER . IM . HOF . VND . SEINE . HAVS . FRAVW . MARIA . CATRINA . GRDIG . VND . SEINEN . SOHN. IGNACIVS. ANTONI. IM. HOF. /VND. SEINE. TOCHER. ANNA. MARIA. IGMACIA. IESVS. MARIA. VND. IOSEPH. ANNO 1759». – *Ofen.* Eingeschossig, mit Kehlsims. An der Stirn, unter der Jahreszahl 1601 auf großem Polsterspiegel, eingeritztes Wappenschild mit den Initialen «...[?]V[?]/VND/IHSEF». An der Wange schmaler und quadratischer Polsterspiegel.

2. (Abb. 220). Koord. 95/140. Kat.-Nr. 2072. Geschwister Schalbetter. Erbaut 1628, um das zweite Stockwerk und das «Loibe»-Geschoß aufgestockt 1696. Das über dem Abhang auf hohem Mauersockel erbaute stattliche Haus prägt die Schauseite der Siedlung im Süden (vgl. S.207). ⌐──┘. 2½. E und F. Wegen der Hanglage besitzen alle Stockwerke eigene Zugänge. Ehemals Innentreppe in der linken hinteren Ecke des Hinterhauses. *Inschriften.* 1.Stockwerk: «HANS VND PETER STEFEN IHS MARIA 1628 [Wappen mit dem heraldischen Zeichen – S, ähnlich einem schrägen Z – und den Initialen ‹J(?)H›]»

Abb. 219. Ze Binne. Ofen, 1715, in Haus Nr. 2 (Ausschnitt) (vgl. Abb. 210). – Text S. 211.

Abb. 220. Ze Binne. Speicher und Haus Nr. 2, 1628 und 1696, am Südrand der Siedlung. – Text unten.

(Spiegelschrift). – 2. Stockwerk: «[drei umrankte Herzen mit den Monogrammen der Heiligen Familie; mitten auf dem Dielbaum von Rankenwerk und der Jahreszahl 1696 umgebene Vollwappenkartusche mit dem heraldischen Zeichen der Familie Steffen und den Initialen ‹I H/H S›]ALEIN . DIE . EHER . SOLEN . WIER . GEBEN. GOT. / VND FLEISIG. HALTEN. SEIN. GEBOTT DISES. HAVS. HAT. LASEN. BAVWEN. IACOB. STEFEN. MIT / SEINEN. SÖHNEN . DREJ . GOT . IST . IHT . HILFER . VND . BAVWHER . GESEIN.» – Auf einem Deckenbrett, zwischen den Ziffern der Jahreszahl 1696: «WER. MIT. SCHWETZE. WIL. FIR. LETZEN / SEINES. NECHTEN. NAMEN. VND. EHR / DIS. ICH. IHM. SCHRIBE. VON. MIR. BLIBE / DER. ZVM. GAST. ICH. IN. NIT. BEGER».– *Öfen.* 1. Eingeschossig. An der Stirn, in einem von schmalen Polstern flankierten Rhombus, die Jahreszahl 1631 über dem Jesusmonogramm und einem Herzen. – 2. (Abb. 210 und 219) Eierstab am Sims. Oktogon- und Rechteckfelder, geschmückt mit Rosetten, Granatäpfeln[12] und Schweifrädern, zum Teil in Rauten. Oben an der Stirn Steffen-Wappen mit den Initialen «P S/P S». An der Stirn ferner die Heiligen Namen, an der Wange die Inschriften: «AMZ[?] / TAG . ABER / ELE . ANO / 1715» – «IACOB / STEFEN . SEIN / SOHN . PETER / STEFEN . HET / DISER . OFEN / GEMACHT» – (spätere Umschrift) «MAGTLENA . GORSAT» – «MENTEM . SANCTAM . SPONTANEAM . HONO-REM / + DEO ET + PATRIA. LIBERACIONEM[13]. SANCTA / AGATHA. ORA. PRO. NOBIS». Qualitätvoll.

NUTZBAU

Der hochgestelzte, schmucke *Speicher* (Abb. 220) bei Koord. 110 / 135 an der Flanke von Haus Nr. 2 ist wesentlicher Bestandteil des außerordentlichen Siedlungsbildes.

12 Auffallenderweise taucht dieses an Öfen ungewohnte Motiv zehn Jahre später am Scheitel des Kapellenportals wieder auf. Die Qualität der Reliefs am Ofen ist derjenigen des Portals ebenbürtig.

13 Einen heiligen wachen Sinn, die Ehre Gott und fürs Vaterland die Befreiung (Freiheit). – Gleiche Inschrift an der schiffsseitigen Wand des Archivs in der Burgerkirche von Visp, seit dem Bestehen des neuen Gewölbes im Dachraum.

Abb. 221. Heilig-Kreuz. Kapelle und Gasthaus. Ansicht von Westen. – Text unten.

HEILIG-KREUZ

Da das Kriegalpwasser die Grenze zwischen dem Territorium der Gemeinde Binn und demjenigen von Grengiols bildet, liegen nur die Kapelle und das Gasthaus auf dem Gemeindegebiet von Binn (Abb. 221)[1].

WALLFAHRTSKAPELLE HL. KREUZ

GESCHICHTE. Die Legende weiß von einer Kapelle des hl. Kreuzes zur Zeit der Kreuzfahrer zu berichten[2]. 1593 verordnete Johann Tscheinen von Obergesteln testamentarisch eine «farrt…in Bynn Zum heilige Crütz»[3]. Einsegnung einer Kapelle 1660[4]. 1669 hatte Domherr Caspar Imboden in bischöflichem Auftrag nach persönlichem Augenschein zu bestimmen, in «welcher Gestalt, Größenordnung, Länge und Breite» die Kapelle bei einer Renovation durch die Talschaft Binn zu bauen sei[5].

1 Weil die Maiensäßsiedlung «Heilig-Kreuz» im inneren Lengtal infolge ihrer Abgeschiedenheit von Grengiols später aber kaum mehr berücksichtigt würde, ist es angezeigt, sie in diesem Kunstdenkmälerband zu behandeln, obwohl sie nicht zum Untergoms gehört (S. 219).

2 Bis 1918, da es entwendet wurde, hing in der Kapelle ein Halseisen, nach der Legende das Exvoto eines wunderbar aus türkischer Gefangenschaft befreiten Kreuzfahrers (Volkskalender für Freiburg und Wallis 10 [1919], S. 35). Andere sprechen von Fußfesseln (L. CARLEN, Wallfahrt und Recht im Wallis, ZSK 48 [1954], S. 169).

3 PfA Münster, B 5e.

4 Notiz des damaligen Offizials JOHANNES DE SEPIBUS, der die Einsegnung vornahm (PfA Binn, Abschrift von D. IMESCH von A Valeria Collec. de Sepibus, o. Nr.).

5 PfA Binn, D 13. In diesem Akt wird der Pfarrer von Binn als Rektor und Inspektor der Wallfahrtskapelle bezeichnet. Für die Behauptung von BURGENER, Melchior Bodenmann, der Erbauer des Hauses auf der Anhöhe (S. 218), habe 1680 die Kapelle erbaut, fehlen Belege (L. BURGENER, Die Wallfahrtsorte der kath. Schweiz I, Ingenbohl 1864, S. 197/98). Vgl. die Daten auf den Altären (S. 214 und 216).

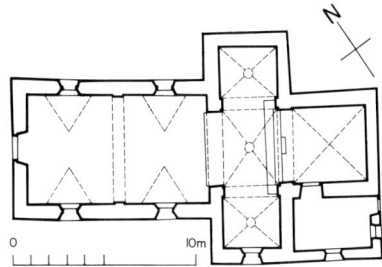

Abb. 222 und 223. Heilig-Kreuz.
Kapelle, 2. Hälfte 17. Jahrhundert.
Grundriß und Außenansicht von
Osten. – Text unten.

Kapellenweihe am 29. Juli 1678[6]. Am Chorgitter Gommer Wappen und die Jahreszahl 1703. Gewiß förderte die 1741 von P. Gaudentius, dem Superior des Kapuziner-
hospizes von Ernen, geschenkte Hl.-Kreuz-Partikel[7] die Wallfahrt zur Kapelle.
Renovationen: zwischen 1861 und 1879[8], 1883[9], 1890/91 (Schindeldach erneuert)[10],
1895[11], 1907 (Zementboden und neue Stühle)[12]; 1914 durch die italienischen Meister
MARTINO und ALBERTO CHIANGO, die Soldaten des Landsturms stifteten Beichtstuhl
und Kommunionbank[13]. 1936 wurde das alte Schindeldach durch ein Blechdach
ersetzt und die Kapelle historistisch ausgemalt[14]. Nach kleineren Renovationen
1948/49 Beschädigung durch das Erdbeben von 1960. Bei der Totalrenovation
1976/77 erhielt die Kapelle wiederum ein Blechdach.

BESCHREIBUNG. *Äußeres* (Abb. 223). Im Bestreben, dem Patrozinium des hl. Kreuzes
auch architektonisch Ausdruck zu verleihen, wählte man die hierzulande unbekannte
Bauform des durchgeschobenen Querschiffs, die sich von dem einheimischen Kreuz-
grundrißtyp mit den chornahen Seitenkapellen wesentlich unterscheidet. Die Satteldächer des «Querschiffs» sind etwas abgesetzt. Die Vierung wird durch einen offenen
Dachreiter mit achtseitigem Helm betont. In der rechten Chorachsel niedrige
gewalmte Sakristei. Stichbogige Hochfenster im Schiff und in der südlichen Quer-

6 StAS, A Philippe de Torrenté, Vol. 16, Fol. 303. (Freundl. Hinweis von Dr. H. A. von Roten, Raron.)
7 SCHMID/LAUBER, BWG II (1897), S. 189. Die Authentik von 1738 (PfA Binn, D 14) ist verschollen. –
Vgl. Volkskalender für Freiburg und Wallis 10 (1919), S. 35.
8 BURGENER (wie Anm. 5). – PfA Binn, D 7.
9 Durch Tessiner Maurer (GdeA Binn, G 2).
10 PfA Binn, G 7.
11 Durch einen Meister PIANZOLA (ebd.).
12 Ebd.
13 K. JOST (vgl. Literatur, S. 151).
14 PfA Binn, Kapellenbuch, Inventarbuch und Vertrag, o. Nr.

hausstirn, rundbogige Oberlichter im Chor. An der Front Rundbogenportal mit bloß gemaltem Gewände, Okulus und kreuzförmige Öffnung hoch im Giebel.

Inneres (Abb. 222 und 224). Das Querschiff ist chorseits begrenzt durch ein Gitter zwischen kräftigen Pfeilern, gegen das Schiff hin durch einen auf Chorweite eingezogenen Schwibbogen in Form eines Triumphbogens. Über dem zweijochigen Schiff gemauerte Tonne mit zwei isolierten Stichkappenpaaren, im Chor und im Querschiff einfache gemauerte Kreuzgewölbe, im letzteren mit Scheitelmedaillons. Bemalte Zugbalken im Gurtbogen des Schiffs und im Schwibbogen. Die Räume hinter dem Schwibbogen sind nur mit Lünetten belichtet, deren rundbogige Kammern in den Schildbögen auf dem Gesims sitzen.

Hochaltar (Abb. 225). Die Initialen «IBM» über dem Bodenmann-Wappen[15] in der rechten unteren Ecke des Altargemäldes nennen als Stifter den späteren Meier von Grengiols und Mörel, Johann Bodenmann[16]. Unter dem Wappen die Jahreszahl 1681. Aus unbekannter Bildhauerwerkstatt wohl des Untergoms (Bellwald?). 1937/38 von FRANZ POHEJACZ, Deisch, größtenteils neugefaßt. Das Altarblatt der Oberzone soll aus der Kapelle von Gieße stammen, der Tabernakel aus der Antoniuskapelle in Schmidigehischere[17]. 1977 restauriert von WALTER FURRER, Brig.

Die beiden Architekturgeschosse des Spätrenaissance-Altars bilden die zeittypische Silhouette mit der stark eingezogenen kleinen Oberzone. Im Hauptgeschoß, zwischen gekuppelten Kompositsäulen, Altarblatt mit einer Kreuzigungsgruppe[18], die bis auf kleine Abweichungen einem Gemälde des gleichen Themas in der Kapelle von Niederernen gleicht (S. 104), in der Oberzone, zwischen Hermen, eine fastenbildartige Ölbergszene in Grisaille, erste Hälfte 18. Jahrhundert, auf der Rückseite bemalt mit einer Pietà-Darstellung im Stil der Fiescher Schule, zweite Hälfte 18. Jahrhundert.

Abb. 224. Heilig-Kreuz. Kapelle, 2. Hälfte 17. Jahrhundert. Inneres gegen das Chor. – Text oben.

Abb. 225 und 226. Heilig-Kreuz. Kapelle. Hochaltar, 1681. Text S. 214. – Linker Seitenaltar, 3. Viertel 17. Jahrhundert. Text unten.

Zwischen den gedrückten Sprenggiebeln der Bekrönung Gottvater als einzige Statue. Charakteristisch sind die von Cherubim gestützten Mittelverkröpfungen der Gebälke. Schuppenborten und Blattrollwerk in den Randranken. Wuchernder Spiral- und Rebrankendekor. – Die zeitgenössische *Antependium*-Füllung (Abb. 227) mit dem Gekreuzigten im zentralen Medaillon ist in Leder gepreßt, bunt bemalt und vergoldet (sog. Cordoba-Leder). Dank der straffen Gliederung der zum Teil abstrakten vegetabilen Ornamentik ist es das kunstvollste des Binntals. Das Motiv der hier mit Kettenborte abgetrennten Oberzone kehrt in späteren Antependien des Obergoms wieder[19].

Altar der Kreuzabnahme (linker Seitenaltar) (Abb. 226). Stilistisch in das dritte Viertel des 17. Jahrhunderts zu weisender Spätrenaissance-Altar, vielleicht aus der gleichen Werkstatt wie der Hochaltar. 1937/38 alte Fassung teilweise übermalt von FRANZ POHEJACZ, 1977 restauriert von WALTER FURRER, Brig. – Flache Ädikula mit geradem Kompositsäulenpaar und steilem, nur wenig gesprengtem Giebel. Typischer Spätrenaissancedekor: feiner Herzblattfries am Giebel, Spiralrankenfries, aufwendiger und heterogener Rahmenschmuck, bestehend aus Spirale, Obelisk, akroterartiger Palmette und Antenkapitell. Ursprüngliches Altarblatt mit Kreuzabnahme, Öl auf Leinwand.

15 Ähnlich W. Wb., Tf. 14, jedoch pyramidenförmig gestufte Säulen und statt der zwei Sechsstrahlensterne über den seitlichen Säulen ein großer Sechsstrahlenstern über dem Wappen.

16 W. Wb., S. 36, und PfA Ernen, D 202 (zum Jahr 1706). Vgl. sein Haus, S. 218.

17 A. CARLEN, Verzeichnis, S. 20, Nr. 105.   18 Kapellenfest Kreuzerhöhung, 14. September.

19 Vgl. die Antependien in der Kapelle von Geschinen und im Ritzingerfeld (rechter Seitenaltar). Vgl. Kdm Wallis I, S. 248 und 373.

Altar der Kreuzaufrichtung (rechter Seitenaltar) (Abb. 228 und 229). Auf der Predella steht die Jahreszahl 1680. Wohl aus der Werkstatt des Hochaltars. Unter dem Suppedaneum des bekrönenden Kruzifixes unbekanntes Stifterwappen mit Lilie[20]. Die mehr Gold als der linke Seitenaltar aufweisende ältere Fassung 1937/38 von FRANZ POHEJACZ teilweise übermalt. 1977 Restaurierung durch WALTER FURRER, Brig. – Während die beiden Architekturgeschosse in der Größe einander angeglichen sind, kontrastiert das Altarbild der Kreuzaufrichtung im flachen Hauptgeschoß mit der Kreuzigungsgruppe des plastisch gestalteten Aufsatzes. Das Kruzifix bildet zugleich die Bekrönung. Im Vergleich zum Hochaltar vertauschte Sprenggiebel. Ähnlicher Dekor wie am Hauptaltar; üppiges Fruchtgehänge mit Cherub als Rahmenwerk der Oberzone.

Die *Altarblätter* der drei Retabel schließen sich zu einem sinnvollen Zyklus. – Die auf Holz gemalten *Antependien-Füllungen* der beiden Seitenaltäre zeigen einen Zierspiegel mit großen, vegetabilen Motiven und spitzem Schneckengehäuse.

Sakristeitür. Nußbaum. 17. Jh. Oben geohrte, unten rechteckige Füllung. – *Tragkanzel.* Holz. Ölfassung über originaler Kaseintempera-Marmorierung. Mitte 17. Jh. Fünfseitiger Kanzelkorb. An den Kanten gebrochene toskanische Pilaster unter jäh vorkragenden Kapitellen. – *Weihwasserbecken.* H. 105 cm. Gneis. 2. Hälfte 17. Jh. Dreizehiger Fuß. Am balusterförmigen Schaft in Relief Palmetten und, in einer Rankenkartusche, Karlen-Wappen[21] mit den Initialen «R[everendus]D[ominus]P[etrus]C[arlen] N H»[22] über zwei Sternen. Über dem Wappen Meisterzeichen Tab. II, Nr. 12, zwischen den Initialen «I» und «R»[23]. Bodenspiegelrosette im Becken. – *Kommunionbank.* An der Armlehne: «Zur Erinnerung an den Fahneneid 1914/Landsturm 40.V. J. Werlen Hptm.».

Chorbogenkruzifix. H. 80 cm. Holz, polychromiert und vergoldet. 3. Viertel 18. Jh. Hagerer Korpus mit nach oben gewendetem Haupt. Zwischen die Schenkel geschwungenes Lendentuch. Durchbrochene Palmetten als Balkenenden. – *Anbetungsengel.* Paar. H. 62 cm. Arve, massiv. Neuere Ölfassung. 2. Hälfte 17. Jh. Ohne Flügel; ein Knie gebeugt. Derbe Bildwerke. – *Bruder Klaus.* 1943 von Bildhauer EMIL THOMANN[24], Brienz, geschenkt von der 1. Kompagnie des Gebirgsfüsilier-Bataillons 210. An dem von Gfr. JÉRÔME BLATTER, Grengiols, und Füs. JULES LAMBRIGGER, Fiesch, geschaffenen Sockel die Inschrift: «Geb. Gz.Füs.Kp. I/210 1943».

Kelche. 1. Gotisch. Silber, ziervergoldet, Kupa vergoldet. H. 19 cm. Zweimal die Marke Tab. I, Nr. 30; eine dritte, nur zur Hälfte sichtbare Marke ist nicht identifizierbar. Frankreich[25]? 15. Jh. Runder Standring mit durchbrochenem Vierpaßfries. Am Fuß flauer Sechspaß. Platter, reichgekehlter Nodus. Schmucklose Kupa. – 2. Spätrenaissance. Kupfer, vergoldet. H. 23 cm. 1. Hälfte 17. Jh. Sechspaßfuß mit Zwischenpässen, geschmückt mit Cherubim in wucherndem Fries. Am Fuß, in beschlägwerkartigen Kartuschen, Fruchtgehänge und Dreiviertelbildnisse der Muttergottes, des Ecce Homo und des hl. Fran-

Abb. 227.
Heilig-Kreuz. Kapelle.
Antependium des
Hochaltars in
Cordoba-Leder, letztes
Viertel 17. Jahr-
hundert. – Text S. 215.

Abb. 228 und 229.
Heilig-Kreuz. Kapelle.
Rechter Seitenaltar, 1680;
Randranke. – Text S. 216.

ziskus. Am schweren, beckenförmigen Nodus drei stehende Engel und Leidenswerkzeuge. Fruchtgehänge und Cherubim am Korb. – *Kreuzreliquiar* (Abb. 231). Holz, polychromiert und ziervergoldet. H. 63 cm. Entstehungszeit unbekannt[26]. Renoviert 1917[27]. Monstranzähnlich. Die Kreuzpartikel in umranktem und bekröntem Herzen. Üppiger Kranz aus kerzenartigen Strahlen und Blüten. Derbe, überladene Schnitzerei.

Dalmatiken. Paar. Rot. 1. Hälfte 19. Jh. Satin mit großen goldgelben Blatt- und Blumenmotiven. – *Kaseln.* 1. Rot. Stil des frühen 18. Jh. Später ausgeringelt. Große symmetrische Komposition von Blumen und Blattwedeln in gemustertem Samt auf gelbem Ripsgrund. Am Stab übertragene(?) Wappenapplik der Familie Inderschmitten bzw. Schmitter (W. Wb., S. 303) mit der Umschrift: «V.S[chmitter] 17.74. M.I[m]H[of]». – 2. Grün. Anfang 19. Jh. Großfiguriger Damast mit Blumen in Vasen und Rankenmotiven. – 3. Schwarz. Anfang 19. Jh. Großblumiger Damast. – 4. Rot. 1. Hälfte 19. Jh. Lyon? Großblumiger Damast, mit großen Band- und Blumenmotiven in Gold bestickt. Im Kreuzstab, in einer Rebranke,

---

20 Zumbrunnen (W. Wb., Tf. 5, jedoch mit einem Herzen an der Stelle des Dreibergs) oder Gasner (W. Wb., Tf. 19)?

21 W. Wb., Tf. 3, jedoch nur mit Sternenpaar unterhalb des Dreibergs.

22 1667–1677 war Peter Carlen Pfarrer in Binn (SCHMID/LAUBER, BWG I [1895], S. 451).

23 Gleiches Meisterzeichen wie ULRICH RUFFENER, Raron. Ein Steinmetz JOHANNES RUFFINER ist in Raron für 1586 bezeugt (PfA Raron, Erkanntnis an den St.-Georgs-Altar, o. Nr.); ein Mann gleichen Namens verschied in Raron vor 1657(?) (PfA Raron, D 88).

24 K. JOST (vgl. Literatur, S. 151).

25 Vgl. S. 165, Anm. 69.

26 Geschaffen für die 1741 geschenkte Kreuzpartikel? (S. 213).

27 Wiederverwendet, nachdem es einem «minderwertigen Metallgestell» aus dem Jahr 1900 hatte weichen müssen (PfA Binn, G 7 und Korrespondenz, o. Nr.).

Jesusmonogramm in goldener Applikenstickerei. – 5. Rot. 2. Hälfte 19. Jh.[28]. Lyon? Dunkelroter Damast mit großen Blumen und Girlanden. Im Kreuzstab rahmen goldbestickte Blumenranken auf hellrotem Damast eine schwere Applik des Apokalyptischen Lammes. – 6. Rot. 2. Hälfte 19. Jh. Lyon? Teilweise später ausgeringelt. Satin, mit geschwenkten Rosen- und Rebranken in Gold bestickt. Im Stabkreuz schwere Applik der Hl.-Geist-Taube. – 7. Weiß. 2. Hälfte 19. Jh. Blumiger Silberbrokatgrund. Am Kreuzstab rahmen Kielbogenädikulen mit bunten Blumengrüppchen das Jesusmonogramm. Reiche neugotische Kasel.

Glocke. Dm. 31,5 cm. Ton dis′. Zwei Kronenbügel. An der Achsel Schnurstabbündel. Flankenreliefs: Muttergottes und Kruzifix. Unten an der Flanke die Umschrift: «SANCTA MARIA ORA PRO NOBIS V[ictor].W[alpen].G[locken].G[ießer] 1887»[29].

Abgewanderte Skulptur. Sitzende Muttergottes (im Besitz von Pfarrer Roman Bumann, Bellwald) (Abb. 230). H. 57 cm. Linde, rundum geschnitzt und gefaßt. Guterhaltene Originalfassung: Polimentgold, blaue Tempera und roter Lüster. 1. Hälfte 17. Jh. Aus einer Untergommer Werkstatt (Bellwald?). Krone und Zepter fehlen. Kleine Mondsichel am Podest. Gotisierender Faltenstil. Charakteristisch sind der verkümmerte Arm der Muttergottes, die hart abgesetzten Nasenflügel[30] und das mutwillig auf den Mantelumschlag gesetzte Kind. Auf der Rückseite Sitzpolster mit Randbüscheln; die Sesselrückwand kann durch einen Schieber geöffnet werden (Reliquienbehältnis?). Auf dem Schieber ovaler Polsterspiegel, bemalt mit dem Marienmonogramm. Das ergreifende Bildwerk ist die qualitätvollste mit diesem Werkstattkreis in Verbindung stehende Skulptur.

GASTHAUS

Auf der Anhöhe nördlich der Kapelle steht das Haus (Abb. 221) ihres großen Wohltäters[31], des Fenners und Meiers Melchior Bodenmann (heute im Besitz der Familie K. Heinen, Grengiols). Erbaut 1667 von Baumeister ANDREAS AN DER LEDE. Außergewöhnlicher, eher ins 16. oder frühe 17. Jahrhundert weisender Fries: vorstehender Balken, an beiden Rändern mit einigen Rillen abgeschrägt. Innenrenovation 1969. Decke des oberen Stockwerks und Pfettenkonsolen erhöht 1972/73. Kellertür (Abb. 232) aus durchstoßenem engmaschigem Gitter; an einem Schild des alten Schlosses eingeritzt die Jahreszahl 1647 über den Initialen «M[elchior]B[odenmann]». ⌐⊥. 2. G. Das Hinterhaus des ersten Geschosses ist mit Mauern unterteilt: von der Hausmitte erreichbarer Längsgang und Kehrtreppe in der linken hinteren Ecke.

Inschriften. 1. Stockwerk: «HONESTVS ET PROVIDVS MELCHIOR BODENMAN A[lia]S VEXILIFER ET MODO VICE MAIOR MORGIAE ET GRENIOLS CVM MODESTA ANNA TENEN VXORE HOC OPVS AEDIFICAVIT ANNO DŃI 1667/ET DISCRETVS IOHANES[32] BODENMAN VEXILLIFER FILIVS EORVM AETATIS SVAE 17 ANNORVM SOLI DEO[Wappen der Familien Bodenmann (W. Wb., Tf. 2) und Tenen (Hakenkreuz als Hauszeichen?)]SIT GLORIA». – Auf einem Deckenbrett: «PREID DICH AL STVND:HIET DICH VOR SINDEN/DAS DICH DER TOD DIE WACHEND EINDEN/WAN DER TOD SO OFT:KVND VN VORHOFT/M:ANDREAS AN DER LEDE HAT DIESE HOVS/IN HOLS VND STEIN GANTZ GMACHET AVS». – 2. Stockwerk: «H ET P MELCHIOR BODEN MAN VICE MAI». – *Öfen.* 1. Eingeschossig, mit Kehle an der schweren Deckplatte. An der Stirn Schiner-Vollwappen unter der Jahreszahl 1727. Monumentaler Ofen. – 2. Ähnlich Nr. 1, aber kleiner. Mit Schiner-Wappen, jedoch ohne Jahreszahl.

---

28 1887 erhielt der Pfarrer eine Gabe von Fr. 100.– für einen «Meßachel» (PfA Binn, G 7).

29 Die alte Glocke wurde eingetauscht (PfA Binn, G 7).

30 Zu beobachten am Altar (1642) des MATTHÄUS MANGOLD von Bellwald und in den Werken des mit MANGOLD wohl identischen Meisters des Altars der Münstiger Johanneskapelle (Kdm Wallis I, S. 106, 357 und 399).

31 Er soll sogar die Kapelle gestiftet haben (W. Wb., S. 36). Vgl. Anm. 5.

32 Meier von Mörel 1684 und 1696 (W. Wb., S. 36), Stifter des Hochaltars in der Kapelle (S. 214).

Abb. 230 und 231. Heilig-Kreuz. Kapelle. Muttergottes, H. 57 cm, Mitte 17. Jahrhundert, aus einer Untergommer Werkstatt (Bellwald?) (heute in Privatbesitz). Text S. 218. – Kreuzreliquiar, Entstehungszeit unbekannt. Text S. 217.

MAIENSÄSS HL. KREUZ

Jenseits des Kriegalpwassers und daher auf Gemeindegebiet von Grengiols, Bezirk Östlich-Raron, sind auf einem quer durchs Tal sanft nach Westen fallenden Hügelrücken fünf alte Häuser und ein neues aufgereiht, taleinwärts begleitet von Heuställen. Das älteste Haus von 1611 (Kat.-Nr. 10-3586, im Besitz von Anna Volken-Heimen, Grengiols) vertritt den Typ der Voralpen- oder Alphütte[33]. Einzig das jüngste, im Jahr 1786 erbaute Haus ist ein stattlicheres Gebäude; alle übrigen sind schmal, mit einem Wohnstockwerk (Grundriß A) und einem «Loibe»-Geschoß.

Haus. Kat.-Nr. 10-3583. Antonia, Maria und Waldomir Welschen. Erbaut 1786. Am Giebel: «I P.P. 17 86 MCAB». Fries: Paar versenkter Rundstäbe. Originale Fensteröffnungen mit Butzenscheiben im «Loibe»-Geschoß. ⌐—⌐. 1½. E. Kehrtreppe in der rechten hinteren Ecke des Hinterhauses. *Inschriften.* Über der rückseitigen Tür zur Küche: «DIE OBRE HAVS BORT . SOL . DISES . SEI/SEI . MIER . WOL . KOMEN . WER . GE . FEER . BEI». – Am Dielbaum: «ZV . EHR . GOTES . VND . MARIA . FIR . BIT . SOL . KEINER . KEIN . ARBEIT . SPAREN : NIT DIESES . HAVS . HAT . ER . BUWEN . IOHANES . PETER . PEREN/IM . IAHR 1786 . SEIN ALTER . WAR 31 . IAHR . MARIA . CATTRINA . AM . BORDT . SEINE . HAVS . FRAVW . WAHR . IHR . ALTER . WAR . AVCH . 31 . IAHR». – *Ofen.* Zweigeschossig, mit Karnies unter der Deckplatte. An der Stirn, in einem Rankenmedaillon, Perren-Wappen (Dreiberg, Beerenstrauch, darüber Doppelkreuz zwischen Sechsstrahlensternen[34]) zwischen den Initialen «I PP/M CB» und den Ziffern der Jahreszahl 1786.

AUS DEM BINNTAL ABGEWANDERTE KUNSTGEGENSTÄNDE

Heiliger Wandel (im Besitz von Arnold Perren, Brig). Etwa 86 × 60 cm. Öl auf Leinwand. 2. Hälfte 18. Jh. Walliser Werkstatt? Auf der Rückseite *hl. Antonius von Padua* mit dem Jesuskind, das ihm ein

---

33 Gemauerter Ofen mit giltsteinerner Deckplatte.
34 W. Wb.₂, S. 193.

Blütenkränzchen aufſetzt. – *Fußschale* (SLM, Inv.-Nr. 27014)[35]. H. 15,7 cm, Dm. 14 cm. Silber, ziervergoldet. Beschau Basel, Meistermarke von GREGORIUS I. BRANDMÜLLER (1621–1689)[36] (Tab. I, Nr. 7).
Geschenk von Kaspar Jodok von Stockalper an die Talschaft Binn für seine Aufnahme ins Burgerrecht am
4. Februar 1676[37]. Zahlreiche gepunzte Besitzermarken: im Schaleninnern Stockalper-Wappen, am
unteren Schaftstück die vier Einzelembleme, nämlich Rebstöcke, Kronen, Adler und Turm. Auf der
unteren Buckelreihe eingraviert die Umschrift: «Casparus Stokalper de Turre Et Ballius Et Communarius
Bondoli Pro Se Suisque Haeredibus D[onum]D[edit] 1676». Runder Fuß mit Buckeln auf gerilltem
Grund. Schaft, bestehend aus elegantem, mit Cherubim und Fruchtbündeln versehenem Baluster auf
knaufförmigem Fußstück. An der Schale verschränkte, randgravierte Buckelreihen. Im Spiegel sternför-
mig angeordnete Blattmotive. – *Dielbaum* (im Besitz von Paul Andereggen, Selkingen). Inschrift: «ALEIN .
DIE . EHR . SOLEN . WIER . GEBEN . GOTT . VND . FLEISIG . HALTEN . SEIN . GEBOTT[Jesusmonogramm] + DISES . HAVS .
HAT . LASEN . BAVEN . IOSEPH IMHOFF VND . HANS . MELCER . IM . HOFF . IM . JAHR.1795.». – *Glocke* (im Besitz von
Arnold Perren, Brig). Taufglocke? Aus einer abgebrochenen Kapelle? Dm. 30 cm. Ton dis″. Bügel in
Form eines flauen Dreipasses. Schulterumschrift: «S IOAN BAPTISTE 1675». An der Flanke auf Schnurstab-
bündel stehende Palmetten und ein mit Blütenranken gefülltes Kreuz.

---

35 1959 aus dem Kunsthandel in Paris erworben. – Vgl. A. GRUBER, Weltliches Silber, Katalog der
Sammlung des Schweizerischen Landesmuseums Zürich, Zürich 1977, Nr. 189.
36 Identifiziert von Dr. Ulrich Barth, Adjunkt des Staatsarchivars, Basel-Stadt.
37 GdeA Binn, B 6 (Burgerbuch). – Auf Grund des Beschauzeichens datiert Dr. Barth die Schale eher
in die Zeit um 1660.

Abb. 232. Heilig-Kreuz. Gasthaus. Kellertürgitter, 1647 (Ausschnitt). – Text S. 218.

BLITZINGEN

GESCHICHTE. Alle fünf Siedlungen, die seit 1848 in der Gemeinde Blitzingen zusammengefaßt sind, nämlich Bodmen, Blitzingen[1], Ammern, Wiler und Gadmen, werden im 14. Jahrhundert erwähnt und zugleich als Gemeinden bezeichnet[2]. 1374 wurde die seit 1247 belegte Naturalabgabe an den Bischof in einen bescheidenen Geldbetrag umgewandelt[3]. Neben dem Landesbischof besaßen auch Adelige Rechte und Lehensansprüche, so die Herren von Raron und von Weingarten bei Naters, ferner die Blandrate von Visp bis zum Verkauf der an den Viztum zu entrichtenden Gedingesteuer 1266 durch Gottfried von Blandrate und endlich die Herren von Restin bis 1347, als Junker Johannes «Besthaupt und Landherrendienst» an die Gemeinde Bodmen abtrat. Mit der Ablösung sämtlicher «Tellungsdienste» des Bischofs 1546 durch die Pfarrei Ernen fielen auch diejenigen von Blitzingen dahin, das 1580 zusammen mit Niederwald einen Viertel des Zehnten erwarb, während es eigene Zehntpflichten an die Kirchen von Biel und von Ulrichen erst 1837/38 ablöste[4]. Im Untergoms, d.h. im Gebiet der «Kilchery» Ernen, bildeten die fünf Gemeinden von Blitzingen zusammen mit Niederwald und Rottenbriggen den obersten Viertel.

In der Nacht vom 12. auf den 13. September 1932 brannte Blitzingen nieder[5]. Kantonsarchitekt KARL SCHMID wurde mit der Planung der Neubauten betraut. Nachdem die Scheunen schon für die Heuernte bereitgestanden hatten, erfolgte am 12. November 1933 die feierliche Übergabe der Häuser mit Enthüllung einer Gedenktafel beim Eingang der Kirche.

Der wie eine Kanzel mit Sicht auf Ober- und Untergoms ins Tal vortretende «Chaschtebiel» (Kastelbiel) war von alters her Versammlungsort[6] des ganzen Zenden Goms[7]. Die Zehntpflichten gegenüber den Kirchen von Biel und Ulrichen (siehe oben) könnten auf eine anfängliche Zugehörigkeit zur Pfarrei Münster hinweisen[8]. Der oberste Viertel löste sich 1666 mit eigener Filialkirche in Niederwald[9] von der Erner Mutterkirche los, wobei die Gemeinden von Blitzingen die Hälfte sämtlicher Pfarreilasten zu tragen hatten. 1818, nach dem großen Lawinenniedergang des Vorjahrs, gründeten diese das Rektorat von Blitzingen und am 19. Mai 1877 eine eigene Pfarrei[10].

---

1 «Blicingen» bereits 1203 erwähnt (I. MÜLLER, Der Paßverkehr über Furka–Oberalp um 1200, BWG X [1950], S. 402).

2 D. IMESCH, Geschichtliche Notizen über Blitzingen. Blitzingen. Der Brand und die Wiederaufrichtung des Dorfes, Brig 1937, S. 7. Wo im folgenden Quellenverweise fehlen, stützt sich der Text auf diese Ausführungen.

3 Bischöflicher Besitz erwähnt 1221 (L. CARLEN, Die Gerichtsbarkeit des Bischofs von Sitten in Goms, ZSK 51 [1957], S. 138).

4 PfA Blitzingen, D 9 und 10. – Vgl. P. AMHERD, Denkwürdigkeiten von Ulrichen, Bern 1879, S. 150.

5 Bericht des amtlichen Hilfskomitees (vgl. Literatur, S. 222), mit Siedlungsplan vor und nach dem Brand. – Es verbrannte auch das Stammhaus der Hotelfamilie Seiler mit wertvollem altem Mobiliar und einer kleinen medizinischen Bibliothek (Neue Zürcher Zeitung vom 25. Sept. 1932). Alte Photographie vom verbrannten Schul- und Gemeindehaus (Zentralbibliothek Zürich, Graph. Slg., Mappe Kt. Wallis I, 1). Ein vom Staatsrat bestelltes Hilfskomitee nahm sich der Brandgeschädigten an. Das Schweizerische Rote Kreuz half. Die aus der ganzen Schweiz eintreffenden Hilfsgelder, bei deren Sammlung sich besonders Zeitungsredaktionen hervortaten, reichten aus, um sämtliche Gebäudeschäden zu decken. Eine studentische Arbeitskolonie räumte die Brandstätten.

6 Zendenversammlungen und zeremonielle Feierlichkeiten wie etwa 1549 ein Zug «mit der Paner unter dem spieß» auf der Brücke fanden auch im Weiler Bodmen statt (PfA Ernen, A 45). Der Viertelskonvent tagte dagegen bei den Mutterkirchen. Vgl. L. CARLEN, Die Landsgemeinde von Goms, BWG XVI (1973), S. 23.

7 Bannerherr und Zendenhauptmann wurden in der Regel hier gewählt; die Wahl des Meiers und der übrigen Gerichtsbeamten wurde 1477 in die Pfarreihauptorte verlegt (L. CARLEN, Die Wahl der Zendenbehörden im alten Goms, W. Jb. 1964, S. 50).

8 Freundl. Hinweis von Br. Stanislaus Noti, O. Cap., Luzern.

9 Damals soll ein Zwist darüber entstanden sein, ob man die neue Pfarrkirche in Niederwald oder in Blitzingen bauen wolle (De rebus Religiosis Blitzingensium von Pfr. AUGUSTIN JULIER, PfA Blitzingen, o. Nr.).

10 Bestattungsrecht auf neuem Friedhof im Dezember 1876 (PfA Niederwald, D 20). Dieses Recht war schon 1695 angestrebt worden (ebd., D 47).

Abb. 233. Blitzingen. Luftaufnahme 1973. – Text unten.

Quellen. PfA und GdeA Blitzingen und Niederwald.
Literatur. STEBLER, S. 43. – K. SCHMID, Das neue Dorf Blitzingen, W. Jb. 1935, S. 56–60. – Blitzingen. Der Brand und die Wiederaufrichtung des Dorfes. Bericht des amtlichen Hilfskomitees. Mit einer historischen Einleitung von Hochw. Domherr D. IMESCH, Brig 1937.
Bilddokumente. Photo- und Plandokumentation im Anhang des Berichts des amtlichen Hilfskomitees (siehe Literatur). – Vgl. Bilddokument zur Kirche, S. 226.

SIEDLUNG. *Anlage und Geschichte* (Abb. 233–236 und 245). Obwohl sich Blitzingen in eine kleine Mulde der Westflanke jenes Sporns schmiegt, der vom «Chaschtebiel» ausläuft, tritt es auf kleiner, schräger Tafel, einem Überrest des ehemaligen Talriegels ähnlich demjenigen von Lax, weit vom Obergoms her sichtbar, ins Tal vor. Die Siedlung folgt dem Muldenrand nach Westen und steigt nach hufeisenförmiger Biegung als Dorfteil «Geren» einen Kamm empor. In der Mulde breitet sich der Ort haufendorfartig aus.

Vom Dorfbrand (1932) verschont blieben neben der Kirche nur die charaktervolle Dorfpartie «Geren», das Pfarrhaus, ein weiteres Haus und das Backhaus am westlichen Dorfrand sowie ein einziges Wohnhaus am südlichen Ende. In der Sitzung des Hilfskomitees vom 24. Oktober 1932, zu der man auch den Präsidenten der Walliser

11 Ebenso weitsichtig war der Beschluß des Hilfskomitees, ein Baureglement auszuarbeiten, «um den Wohnungen Luft und Licht zu sichern und den Dorfstil zu wahren». Genehmigung des Baureglements am 10. Juli 1933.
12 Dem Wunsch einiger Familien nach einem Einfamilienhaus konnte nicht entsprochen werden.
13 Zwei Wohnhäuser, ein Stall und das Schulhaus kamen außerhalb des ehemals überbauten Areals zu stehen.

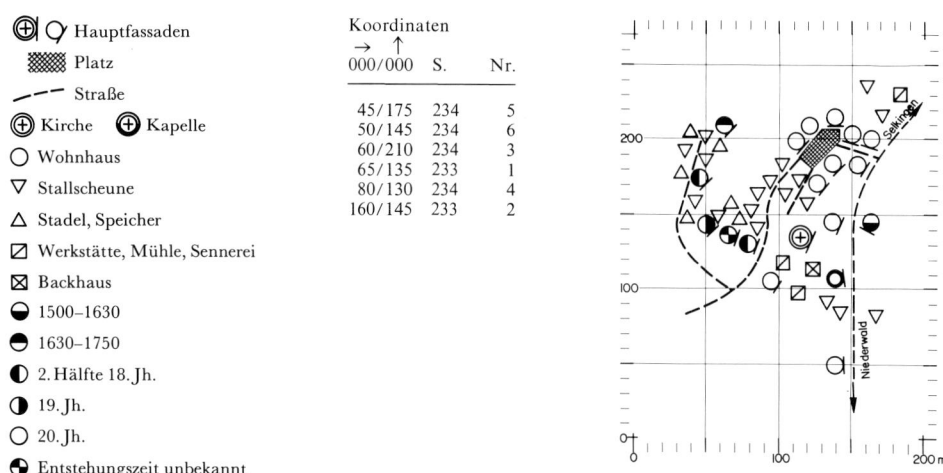

Hauptfassaden			

⊕ Ọ Hauptfassaden

▦ Platz

⟋⟋ Straße

⊕ Kirche ⊕ Kapelle

○ Wohnhaus

▽ Stallscheune

△ Stadel, Speicher

◨ Werkstätte, Mühle, Sennerei

⊠ Backhaus

◓ 1500–1630

◒ 1630–1750

◐ 2. Hälfte 18. Jh.

◑ 19. Jh.

○ 20. Jh.

❂ Entstehungszeit unbekannt

Koordinaten

→ ↑

000/000	S.	Nr.
45/175	234	5
50/145	234	6
60/210	234	3
65/135	233	1
80/130	234	4
160/145	233	2

Abb. 234. Blitzingen. Siedlungsplan (vgl. «Wegleitung»). – Text S. 222.

Vereinigung für Heimatschutz, Domherrn Dr. Dionys Imesch, eingeladen hatte, fiel der Entscheid, es solle «ein währschaftes Gommerdorf errichtet werden». Damit setzte sich unter dem Einfluß der Heimatstilbewegung ein Gedanke durch, der nach dem Brand von Obergesteln (1868) noch nicht zur Diskussion gestanden hatte[11]. Statt der in Asche gesunkenen 34 Firste, d. h. 12 Wohnhäuser und 22 Heuställe, wurden nur mehr 28 errichtet, nämlich 9 Wohnhäuser für je zwei Familien[12], 1 Gasthaus, 1 Schulhaus, 14 Heuställe, größtenteils auch Doppelgemächer, 1 Stadel und 2 Kleinviehställe. Da die neue Siedlung nun weiter nach Westen ausgriff[13] und die Kirche umschloß, konnte man das Dorf zugleich klarer gliedern und geräumiger gestalten. Aus hygienischen und feuerpolizeilichen Gründen verlegte man die Stallungen an das nordwestliche Ende der neuen Siedlung, wodurch man eine klare Scheidung von Wohn- und Nutzbauten erreichte. Daneben ließ man sich zum Teil

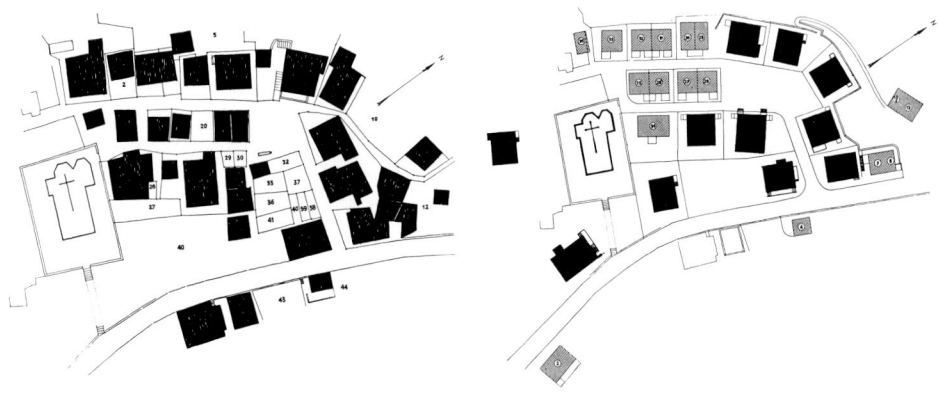

Abb. 235 und 236. Blitzingen. Plan des Dorfes vor und nach dem Brand von 1932. Im Plan des neuen Dorfes sind die Nutzbauten schraffiert. – Text oben.

von romantischen Vorstellungen vom Gommer Dorf leiten: die Kirche als Mittelpunkt des Dorfes und ein geräumiger Dorfplatz als Herz der Siedlung. Die Brandgeschädigten durften zwischen zwei Haustypen wählen (S. 234). Aus Gründen der Feuersicherheit entschied man sich nicht für den Gommer Typ der Nutzbauten, sondern für denjenigen des Mittelwallis mit den eingelassenen Bretterwänden zwischen Eckmauerstollen[14]. Maurerarbeiten: JOSEF ZEITER, Brig. Zimmerarbeiten[15]: VIKTOR ZURBRIGEN, Visp[16]. Dachdecker- und Spenglerarbeiten: BIELER, STEINER & Co., Termen.

PFARRKIRCHE MARIA HILFE DER CHRISTEN

GESCHICHTE. In der zweiten Hälfte des 17. Jahrhunderts war die Kapelle eher ein Bethäuschen[17] und unbedeutender als die Kultbauten der Weiler[18]. Die heutige Pfarrkirche wurde größtenteils 1843/44 als Rektoratskapelle erstellt (vgl. Abb. 237)[19]. Mit einer als «Hanfgarte» bezeichneten Wiese wählte man einen neuen Standort, an dem die Fundamente besonders zu festigen waren. Architekt war ein Italiener namens N. RAMONI[20]. 1845 richtete man den Turm und die drei Altäre auf. Vor der Pfarreigründung (1877) wurde 1876 von den Zimmerleuten AUGUSTIN BITTEL und JOSEPH MUTTER, Blitzingen, zur Aufnahme dreier Glocken ein Glockenstuhl mit der letzten «Reckinger Turmhaube» des Goms geschaffen[21] (Jahreszahl 1877 an einem Balken des Glockenstuhls) – die Haube von 1844 war einfach geschweift (Abb. 237); ferner wurden der Fußboden erneuert, das Portal angefügt[22] und eine von LUKAS WALPEN, Reckingen, geschaffene Turmuhr installiert[23]. 1878 Arbeiten von Maler und Gipser JACOB GIANOTTI, Varallo (Val Sesia): u. a. weiße Marmorierung der Gesimse und der Pfeiler von Chor und Schiff, des Chorbogens und der Säulchen der Orgelempore[24]. Weihe der Pfarrkirche am 17. Juni 1879[25].

14 Mit einer Hydrantenanlage, die insgesamt zehn öffentliche Brunnen speist, und mit einer Abwasserkanalisation bediente man nicht nur das neuerstandene Dorf, sondern auch alle Weiler.
15 Man verwendete Tannenholz hauptsächlich aus dem Binntal.
16 Mitarbeit von Gommer Zimmerleuten.

Abb. 237. Blitzingen. Kirche mit Dorf. Zeichnung, 1845–1850, von Raphael Ritz. Text oben und S. 226.

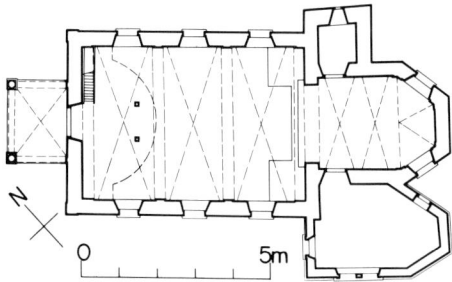

Abb. 238 und 239. Blitzingen. Kirche, 1843–1845.
Grundriß. Text S. 226. – Außenansicht von Norden.
Text S. 226.

1880 Kommunionbank von 1858 ersetzt[26]. 1885 «Kirchenmalereien» von SIMON
MANGOLD[27]. Nach kleineren Reparaturen 1896 führte Maurermeister BAPTISTA
BOTTINI, Brig, 1905 eine Innenrenovation durch[28]. 1915/16 Erweiterung der Orgel-
empore[29]; neue Orgelempore 1921 von JOHANN DIEZIG und LUDWIG IMWINKELRIED,
Blitzingen[30]. 1924/25 Renovation[31] unter Architekt KARL SCHMID, Sitten, durch die

17 PfA Niederwald, D 1.

18 1736 bestand noch kein Kapellenfundus (ebd., D 2). 1765 besaß die Kapelle eine ewige Stiftmesse
(ebd., D 3), 1809 deren drei (ebd., Visitationsakt, o. Nr.). Wohl 1818 wurde der Fundus samt Pflicht zur
Erhaltung der Kapelle dem Rektoratsbenefizium überwälzt (ebd., D 7).

19 Aufzeichnungen von Pfr. A. JULIER 1879 (vgl. Anm. 9). Entgegen diesen Notizen wurden die
Mauern schon 1843 aufgerichtet (PfA Niederwald, D 20).

20 Baumeister RAMONI waren in der Folge in Brig ansässig, als erstbekannter GIUSEPPE ANTONIO 1854
(PfA Ernen, D 219).

21 Am 15. Juli waren die Arbeiten ALEXANDER BLATTER, Reckingen, und dem Schreiner JOSEPH
MUTTER übertragen worden (Bericht von PAUL AM HERD, PfA Blitzingen, o. Nr.); am 20. November hatte
AUGUST BITTEL den Turmhelm bald vollendet (Brief von P. AM HERD, ebd.).

22 Bericht von P. AM HERD (wie Anm. 21).

23 Aufzeichnungen von Pfr. A. JULIER (vgl. Anm. 9). – Die heutige Turmuhr stammt von der
J. MANNHARDT'SCHEN THURMUHREN-FABRIK, München.

24 Vertrag (PfA Blitzingen, o. Nr.). GIANOTTI hatte auch «die Rahmen der im Chorgewölbe u. am[?]
Schiffe angebrachten Malwerke [?](jenes ob der Orgel ausgenommen) gehörig zu vergolden». Applizierte
Malereien auf Leinwand?

25 Aufzeichnungen von Pfr. A. JULIER (vgl. Anm. 9). Das Patrozinium Maria Hilfe der Christen wird
schon 1863 erwähnt (PfA Niederwald, D 9). – Beichtstuhl von Schreiner PERREN (PfA Blitzingen, G 2).

26 PfA Blitzingen, G 1 und G V.

27 Ebd., G 2.

28 Ebd. Einschließlich Portal und Altartische (PfA Blitzingen, Liber Status Animarum, o. Nr.).

29 Ebd.

30 PfA Blitzingen, Inventar der Pfarrkirche von Blitzingen, o. Nr.   31 Ebd., o. Nr.

Firma Rossi und Bodenmüller, Naters–Visp: Bau einer neuen, größeren Sakristei nach Abbruch der alten, eines kleinen, nicht die ganze Chorwange ausmessenden, niedrigen Rechteckraums mit Pultdach[32]; Festigung des Mauerwerks durch einen Betonring unter dem Dachstuhl und durch eiserne Zugbänder an Giebel und Schild- (wohl Chor-)bogen, Ausbessern des Dachstuhls durch Fridolin Zeiter[33]; neues Dach (Blech); Ausbesserung der Gewölbe von Chor, Schiff und Portal sowie der Gesimse; Fenstergewände der Sakristei von Steinhauer Enrico Pedretti; Boden, Brusttäfer und Kirchenbänke aus ungarischer Eiche von Ludwig Imwinkelried und Johann Diezig, Blitzingen; Erneuerung des Besenbewurfs; Zugangsstiegen und Zementboden des Portals. 1926 Malerarbeiten von Josef Mutter, Naters, sowie neue Portaltür, geschaffen von der Firma Eggel & Imboden, Naters, und einem in Sitten wohnhaften Schnitzler namens Mortarotti, aus Varallo[34]. Obwohl 1932 beim Dorfbrand die Flammen, die auf die Zwiebelhaube übergriffen, gelöscht werden konnten, machten Wasserschäden am Gewölbe und Risse im Chorbogen nach dem Weltkrieg (1945/46) eine weitere Totalrenovation[35] durch Maler Edmund Imboden, Zermatt, notwendig; die Kirchenfenster waren schon 1933 von Anton Kübele, St. Gallen, ersetzt worden.

Bilddokument. Ansicht von SW. Zeichnung von Raphael Ritz. 1845–1850. Skizzenbuch Nr. 22, S. 16 (ETHZ, Graph. Slg., Inv.-Nr. 3686A) (Abb. 237).

Beschreibung. *Äußeres* (Abb. 239). Die quer zum Tal nach Norden gerichtete Kirche ist seit dem Wiederaufbau des Dorfes 1933 in die Siedlung einbezogen. Der Chorarm tritt außen nicht in Erscheinung, da in der linken Achsel von Schiff und Chor der Turm, in der rechten die (1924 vergrößerte) Sakristei steht. Das zusammen- hängende, am Frontgiebel gekappte Satteldach fällt über dem Dreierschluß des Chors in steilem Walm herab. Die chorartige neue Sakristei unter Schleppdach wiederholt dieses Walmmotiv. Zweizonige Befensterung. Putzrahmen und Solbänke aus Granit, in der Sakristei Granitrahmen. Die von Fenstern giebelartig eingefaßte Vorhalle zwischen Ecklisenen erinnert an die Fassade von Reckingen. In dünnem giltsteinernem Gewände steht eine skulptierte nußbaumene Holztür, die neben Trophäen aus Leidenswerkzeugen in Gegenüberstellung das älteste Gommer Siegel (Kdm Wallis I, Abb. 2) und das Gemeindewappen[36] sowie das jüdische und das christliche Opfer zeigt. Am Kapitell des gewundenen Säulenstabs geschnitzte Jahres- zahl «MCMXXVI». Der stark eingezogene Turm ist mit der jüngsten «Reckinger Haube» bekrönt, wenn auch der kräftiger eingeschnürte Haubenschaft dürrer und die Zwiebel entsprechend dominierender erscheint.

Inneres (Abb. 238 und 240). Ein über den Kämpfern gestelzter stichbogiger Chorbogen trennt das weite Schiff vom langen, schmalen Chor. Ein mit großem Karnies versehenes Gesims (s. Kdm Wallis I, S. 434, IX) umzieht beide Räume, sich

---

32 Erhaltene Planzeichnungen: Ostfassade, Grundriß und Querschnitt der Kirche vor der Renovation von 1924; Kirche nach dem Umbau; neue Sakristei (ebd., o. Nr.).

33 Ersetzen einiger Balken und sämtlicher Aufschieblinge.

34 Neben Entwürfen von Dr. Leo Meyer, Staatsarchivar, wurden auch Kopien von Friedhofdenkmä- lern in Genua und Mailand als Vorlagen verwendet (PfA Blitzingen, Protokolle der Lotterie- und Baukommission, o. Nr., und freundl. Auskunft von Josef Eggel, Naters).

35 [K.] K[iechler], Dorfbrand und Kirchen-Renovation von Blitzingen, Walliser Volksfreund 27 (1946), Nr. 74. Die von einer früheren Bemalung herrührenden Goldstreifen an Pilastern, Gesimsen und Gräten wurden erneuert, die vier Zifferblätter neu gemalt.   36 W. Wb., Tf. 1, jedoch ohne Blitz.

Abb. 240. Blitzingen. Kirche, 1843–1845. Inneres gegen das Chor. – Text S. 226.

mit den Pilastern in einfachem Polster verkröpfend. (Das Pilasterpaar der Chorwange wurde entfernt.) Die etwas oberhalb des Gesimses ansetzende stichbogige Gipstonne des Schiffs ist in drei kurze Kreuzgratjoche gegliedert. Das Chor endet nach zweijochiger Kreuzgrattonne in drei scharfgrätigen Kappen; in den Schildbögen der tiefmuldigen seitlichen Kappen sitzen Oberlichter. Im Chorarm Hl.-Geist-Taube in Medaillon. Die Pilaster, Simsstäbe und Gräte sind wohl seit 1925/26 mit Goldstreifen und zum Teil mit Ranken gesäumt, Chor- und Gurtbögen mit Kassettenmustern, die Fensterkammern mit leeren Rankenfeldern geschmückt. Ebenfalls gemalt über dem Chorbogen in Rollwerkkartusche: «A[nno]D[omini]MCMXLVI».

Altäre. Rosenkranzaltar (Hochaltar) (Abb. 241)[37]. An der Altarrückseite unten sorgfältig eingeschnitzt: «IONNES.RIZ.B[ildhauer].1715». Bei der Übertragung aus der zerfallenen Chaschtebielkapelle in die Rektoratskapelle von Blitzingen 1845 vielleicht um die Bekrönungsnische ergänzt[38] und durch JOH. JOSEF JERJEN, Münster[39], wiederum gefaßt[40]. Auf der Rückseite schwarz beschriftet: «R.M. 10[41]/R.M 26/Porta Luigi di Gurro/all 15 settembre 1887/1887/Lietti Salvatore[?]/il 15 settembre/di Roveyro/Giulio Lietti/Pittore...[Namen nicht mehr lesbar]». 1908 neuer

37 Vgl. STEINMANN, Ritz, S. 137/38.
38 Bei dem wohl von RITZ etwa gleichzeitig geschnitzten Hochaltar von Oberwald ist die Bekrönungsnische zwar ebenfalls sehr unarchitektonisch aufgesetzt (Kdm Wallis I, Abb. 135).
39 Wohl Bildhauer JOH. JOSEPH JERJEN (1810 bis vor 1874).
40 RITZ, S. 201.   41 Wie am rechten Seitenaltar (vgl. Anm. 54).

Tabernakel von Ferdinand Stoiflasser(?), Ulrich-Gröden, Tirol[42]. Renovation (Vergoldung) durch Rudolf Messmer, Basel, 1911[43]. 1945/46 Restaurierung durch Edmund Imboden, Zermatt, mit Umbau des neuen Tabernakels[44]. Beim Dorfbrand 1932 alter Tabernakel und wohl zehn(?) Rosenkranzmedaillons von der ursprünglichen Hauptnischenrahmung zerstört[45]; restliche Medaillons heute in der Kapelle von Gadme (S. 250).

Mit den zwei formal einander angeglichenen einachsigen Geschossen ein Altarwerk ähnlich dem Katharinenaltar (1713) in der Ritzingerfeldkapelle (Kdm Wallis I, Abb. 307), erhält der Altar durch die architektonisch nicht motivierte Bekrönungsnische Turmretabelcharakter. Reiches Gebälk. Die Engelchen auf den Sprenggiebeln der Oberzone fehlen. Die flachen Akanthusspiralen über den Flankenstatuen des Hauptgeschosses gleichen denjenigen am Hochaltar (um 1716) von Oberwald. Statuen der Mittelachse: von unten nach oben Muttergottes[46], Assunta, Mariä Krönung; Flankenstatuen: links Johannes Ev.[47], rechts der hl. Josef.

Altar der Kreuzabnahme (rechter Seitenaltar) (Abb. 242)[48]. Als Altar für die Dorfkapelle von Blitzingen[49] wohl vor 1745[50] von unbekanntem Bildhauer geschaffen[51]. Um 1749 und 1750 testamentarische Schenkungen[52] zur Fassung des Altarwerks, wobei in derjenigen von 1750 eigens die Vergoldung der zwei (wohl seit 1845) am linken Seitenaltar stehenden Heiligenfiguren von Valentin und Martin verlangt wurde. Renovationen 1911 durch Rudolf Messmer, Basel, und 1945/46 durch Edmund Imboden, Zermatt.

Der Altar weist zwei sehr ähnliche Geschosse unter einfacher Bekrönung auf. Im Hauptgeschoß ist die vorgestellte Mittelsäule durch eine Statue unter Hängekapitell ersetzt. Altarblätter: oben Christus am Kreuz, unten Kreuzabnahme mit leisen Anklängen an diejenige von P. P. Rubens in der Liebfrauenkathedrale von Antwerpen[53]. Flankenstatuen: links der hl. Petrus[54], rechts ein weiterer Apostel; Akroterstatuen: links die hl. Katharina, rechts die hl. Barbara. Die Statuen der weiblichen Heiligen zeigen das bei der Ritz-Werkstatt beliebte Motiv der gespreizten Mäntel.

42 PfA Blitzingen, Liber Status Animarum, o. Nr.   43 Ebd., o. Nr., und Kiechler (wie Anm. 35).
44 Kiechler (wie Anm. 35).   45 Ebd.
46 Nach Steinmann weist diese Statue einen für Ritz fremden Stil auf (Steinmann, Ritz, S. 137). Auffallend ist auch das ungewohnt breite Antlitz des Jesuskindes.
47 In Haltung und Drapierung des Mantels ähnlich dem hl. Petrus von Andermatt (1716) (Steinmann, Ritz, Tf. 26).
48 Im Visitationsakt von 1863 mit Empfehlung einer Reparatur Altar der Schmerzensmutter genannt (PfA Niederwald, D9). 1750 Schenkung an einen Josefsaltar? (PfA Münster, B 16).
49 Aufzeichnungen von Pfr. A. Julier (vgl. Anm. 9).
50 Der Turm der Statue der hl. Barbara trägt noch nicht eine Reckinger Zwiebel (1745) wie z. B. am Altar von Geschinen (1756). Vgl. Anm. 51.
51 J. Lauber nennt ohne Quellenangabe als Entstehungsjahr 1747 und schreibt den Altar Johann Franz Anton Ritz zu (†1768), der in den Archiven allerdings stets nur als Maler bezeichnet wird, sowie dessen Vater Jodok (J. Lauber, Bildhauerfamilie Ritz v. Selkingen, BWG III [1905], S. 344). Nach Steinmann weist der Figurenstil unmißverständlich auf die Werkstatt des Jodok Ritz (Steinmann, Sigristen, S. 211). 1759 wird Bildhauer und Schreiner Valentin Schwick von Ernen, Großvater des Niederwaldner Malers Lorenz Justin Ritz, in Bodmen tätig sein (Ritz, S. 19).
52 PfA Münster, B 16 und Fragment o. Nr. (nicht nach 1749).
53 Vielleicht von Joh. Kaspar Leser (Steinmann, Sigristen, S. 213, Anm. 101).
54 Hinten wie der Hochaltar schwarz beschriftet: «R.M.13».

Abb. 241 und 242. Blitzingen. Kirche. Hochaltar, 1715, von Johann Ritz, Selkingen. Text S. 227. – Rechter Seitenaltar, wohl vor 1745, von unbekanntem Bildhauer (Jodok Ritz?). Text S. 228.

Altar des hl. Antonius von Padua (linker Seitenaltar). 1844 wurde der wohl gleichzeitig und in gleicher Werkstatt geschaffene Altar der Jakobskapelle bei Blitzingen (S. 236) zum Pendant für den rechten Seitenaltar in der Rektoratskapelle ergänzt[55]. Die neuen Teile wurden von der Familie Joseph Ignaz Bittel gestiftet. Altarblätter 1847 von LORENZ JUSTIN RITZ, Sitten[56]. Die Statuen der Heiligen Valentin und Martin ursprünglich zum rechten Seitenaltar gehörend (siehe oben). 1911 Umbau zwecks weiterer Angleichung an den rechten Seitenaltar und Vergoldung durch RUDOLF MESSMER, Basel[57]; Renovation 1945/46.

Altarblätter: unten der hl. Antonius von Padua (Erscheinung des Jesuskindes), oben der hl. Franz Xaver; Flankenstatuen: links der hl. Martin, rechts der hl. Valentin; Akroterstatuen: links Muttergottes (um 1700, im Stil der Bodmer-Werkstatt), rechts der Gute Hirt (3. Viertel 18. Jh.).

Kanzel. Holz, marmoriert und ziervergoldet. Wohl 1845. 1905 um 40 cm tiefer gesetzt und renoviert[58]. Auf einer mit Schuppenzapfen behangenen, profilierten Kegelkonsole ruht der viereckige, gekappte Kanzelkorb mit glatten korinthischen Säulen vor den Ecken. In den Feldern Rautenspiegel und Blattappliken. Der drapierte und quastengesäumte Schalldeckel ist nur an der Stirnseite mit einem Giebel

55 Aufzeichnungen von Pfr. A. JULIER (vgl. Anm. 9).
56 RITZ, S. 166.
57 Nach kleinerer Renovation 1905 (PfA Blitzingen, Liber Status Animarum, o. Nr.).   58 Ebd.

bekrönt. – *Orgel.* 1844 schufen IGNAZ CARLEN, Glis, und FRIDOLIN CARLEN, Naters, die erste Orgel[59], die 1872(?)[60], 1893 sowie 1904/05 renoviert[61] und 1921 von HENRI CARLEN, Glis, ersetzt wurde, wobei das Gehäuse mit den Prospektpfeifen, das Gebläse und sieben Register teilweise umgebaut oder ergänzt wieder Verwendung fanden[62]. 1976/77 Renovation durch HANS-J. FÜGLISTER, Grimisuat. Der Prospekt schwingt bei den hohen Seitentürmen rund vor. Gerade Turmabschlüsse. Zwischen karniesförmig ansteigenden Feldern rundes Mitteltürmchen, bekrönt mit zeitgenössischer Statue der hl. Cäcilia. – Die *Taufsteinnische* in der rechten Kirchenschiffswand vor dem Seitenaltar ist mit einem Nußbaumtürchen[63] verschlossen, auf dessen Spiegel geschnitzt steht: «REDDO/STOLAM/PRIMAM»[64].

Kruzifixe. Chorbogenkruzifix. H. (Korpus) etwa 90 cm. Holz, polychromiert und vergoldet. Anfang 18. Jh. Fassung 1911 von RUDOLF MESSMER, Basel[65]. Ausdrucksvolles Bildwerk, wohl aus der Werkstatt des JODOK RITZ, Selkingen. Cherub am Kreuzfuß. – *Korpus* von einem Kreuz am Weg zum «Chaschtebiel» (heute über dem Kirchenportal) (Abb. 278). H. 86 cm. Arve. Polychrome Originalfassung und Vergoldung, 1971 von der Firma MUTTER, Naters, freigelegt und restauriert. 2. Hälfte 17. Jh. Monumentaler Kruzifixus mit archaisierendem Haupt, rundlichem Rumpf und großen, muskulösen Extremitäten. – *Vortragekreuze* (siehe auch unten). 1. H. 44,5 cm. Holz, polychromiert und vergoldet. Originalfassung, übermalt. Ende 18. Jh. Qualitätvoller Korpus mit Anklängen an die Reckinger Werkstatt der LAGGER, besonders im Haupt. – 2. H. 40,5 cm. Holz, polychromiert und vergoldet. Neugotisch. 1876[66]. Damasziertes Kreuz. – *Altarkreuze.* H. 39,5 cm, 39,5 cm und 52 cm. Holz, polychromiert und vergoldet. Mitte 19. Jh. Neugotisch. Ein üppiger Blattkelch bildet den Fuß, kartuschenartige Palmetten formen die Balkenenden. An demjenigen des Hochaltars kunstvoller Blattknoten am Fuß. – *Kreuzwegstationen-Rahmen.* Holz, vergoldet. Neuromanisch. 1885[67].

Monstranz. Kupfer, vergoldet. Versilberte und vergoldete Appliken. H. 51,5 cm. Mitte 19. Jh., renoviert 1933. Ovaler Fuß, durch Stege gegliedert, mit silbernen vegetabilen Appliken. Am Ostensorium vier hintereinandergelegte Aureolen, abwechselnd silbern und vergoldet. Appliken mit Gottvater, dem Heiligen Geist und Engeln. – *Ziborium.* Kupfer(?), versilbert. H. 24,5 cm. Wohl 1. Hälfte 19. Jh. – *Kelche.* 1. Silber, vergoldet. H. 25,5 cm. 2. Hälfte 18. Jh. Beschau Sitten. Meistermarke von JEAN-JOSEPH RYSS (Tab. I, Nr. 23). Geschweift konturierter Standring. Runder, profilierter Fuß, verziert mit Rocaillekämmen. Schmuckloser urnenförmiger Knauf. Rocaillekämme am kompakten Korb. – 2. (Abb. 244). Gegossen, versilbert und vergoldet. H. 21,5 cm. 1876? Keine Marken. Runder Fuß mit Tulpenfries. Vasenförmiger Schaft. Am massiven Korb großer Fries aus Palmetten und Akanthus über einem Blattkelch. – 3. (Abb. 243). H. 24 cm. Ähnlich Nr. 2, jedoch mit Palmettenfriesen am Fuß und geriefelten Stäben am Korb. – 4. Silber, vergoldet. H. 24 cm. Um 1900. Französischer Qualitätsstempel für 800 Millièmes (BEUQUE, Nr. 91) und rautenförmige Marke wie Tab. I, Nr. 15. Abgesetzter Sechspaßfuß. Schaftringartiger Knauf mit emaillierten Rotuli-Knöpfen. Lanzettenkelch mit durchbrochener Ornamentik. – *Vortragekreuze.* Wohl aus Lyon[68]. 1. Messing, zierversilbert. H. 74 cm (inkl. Tülle). Neubarock. 1876. – 2. Metall, versilbert und vergoldet. H. 49 cm (inkl. Tülle). Neuromanisch. 1876. – *Reliquiare*[69]. 1. Kupfer, getrieben, versilbert und ziervergoldet. H. 43 cm. Keine Marken. Italienische Herkunft? 2. Hälfte 18. Jh., Schaftringe Mitte 19. Jh. Monstranzförmig. Beidseits der Kapsel Engel mit Symbolen. – 2. Mit Kreuzpartikel. Messing(?), vergoldet. H. 31 cm. Wohl 1880. Mon-

59 Aufzeichnungen von Pfr. A. JULIER (vgl. Anm. 9). – Nach F. JOLLER eine Stiftung von Andreas Michel und seinen Söhnen (AGVO, Joller, J 2).

60 Zahlung von Fr. 1800.– an einen Herrn CARLEN in Gluringen (PfA Blitzingen, G 1).

61 1904/05 durch KONRAD CARLEN, HEINRICH CARLEN und GEORGES ABBEY (ebd., Liber Status Animarum, o. Nr.). – Ebd., G 2 und Inventar der Pfarrkirche von Blitzingen, o. Nr.

62 Vertrag (ebd., o. Nr.). – Reparaturen durch H. CARLEN 1928 und 1939 (ebd., Protokollbuch des Kirchenrates 1909 ff., o. Nr.).

63 Wohl nicht mehr das originale Türchen, da man 1876 ein Türchen von Schreiner JOSEPH MUTTER machen lassen wollte. WILHELM RITZ, Sitten, hatte sich bereit erklärt, es unentgeltlich zu bemalen. 1878 sollte dann aber der Maler und Gipser JACOB GIANOTTI, Varallo, «das Äußere des Taufsteinpförtchens mit entsprechenden, das Taufsakrament versinnbildenden Zierungen ausstatten» (ebd., o. Nr.).

64 Ich gebe das erste Kleid [der Gnade] wieder zurück (Übersetzung von Dr. H. A. von Roten, Raron).

65 PfA Blitzingen, Inventar der Pfarrkirche von Blitzingen 1909 ff., o. Nr.

66 Ebd., o. Nr.　　67 Ebd., G 2.

68 Aufzeichnungen von Pfr. A. JULIER (vgl. Anm. 9) und PfA Blitzingen, o. Nr.

69 PfA Blitzingen, o. Nr.

Abb. 243 und 244. Blitzingen.
Kirche. Kelche, um 1876
(Kelche Nr. 3 und 2).
Text S. 230.

stranzförmig. – Zwei *Rauchfässer*. Messing, versilbert. Um 1876[70]. Aus gleicher Werkstatt. Durchbrochene zweizonige Kegelhaube. Applizierte Cherubim als Kettenhalter. – *Osterleuchter*. Holz, bunt gefaßt. H. 110 cm. 1877[71]. – *Kerzenleuchter*. Zwei Paar. Holzkern, mit Kupfer verkleidet, versilbert. H. 45,5 cm. 1. Hälfte 19. Jh.? Dreikantfuß mit breiten Eckstegen auf Spiralranken. In den Zwickeln lorbeerumkränzte leere Ovalspiegel. Balusterförmiger Schaft in Blattkelch. Umkränzte geschweifte Lichtschale. – Drei Paar. Bronze. H. 40,5 cm. Einfache Leuchter im Stil Louis-Philippe ohne Appliken.

Pluviale[72]. Weiß. 1876. Rips, mit Seide broschiert. Am Schild Clipeus mit Lamm Gottes in Blütenranken. – *Kaseln*. 1. Rot. Damast mit silbernen Granatmotiven. 1. Hälfte 19. Jh.? – 2. Weiß. Lyon. 1876. Damast mit großen Phantasieblüten. Im Stabkreuz ornamentales Kreuz aus Goldbändern und bunten Seidenröschen, in der Kreuzmitte Jesusmonogramm. – 3. Weiß. Mailand? 2. Hälfte 19. Jh. Satin. Goldranken in Reliefstickerei, Nelken und Phantasieblüten in bunter Seidennadelmalerei. – 4. Rot. 1876 im Kloster Seedorf geschaffen? Damast mit Blüten und Vierpässen. Am Stab gestickte gotisierende Ranken und Blüten. – *Traghimmel*. 1876 von Leo Wirthner, Sitten, gestiftet. Lyon? – *Rosenkranzfähnchen*. Zehn Stück. 1876. Lyon. Goldfarbener und weißer Damast mit Gemälden, Öl auf Leinwand. – *Sakristeischrank* (im Turm). Lärche. Ende 18. Jh. Einachsig, mit geschweiftbogigen Füllungen an der Tür und in den Rahmenachsen.

Weihwasserstein (auf dem Friedhof). Granit. Um 1945 gehauen von ALPHONS WIRTHNER († 1945), Blitzingen. Balusterschaft mit zentralem Schaftring. Keulenblätter am kleinen Becken. Haube mit drei tonnenförmigen Öffnungen[73]. – *Grabmal der Hotelfamilie Seiler*. Schmiedeeiserner Aufsatz mit dem Wappen in der Bekrönung. 2. Hälfte 19. Jh.[74].

Glocken. 1877 goß VIKTOR WALPEN, Reckingen, vier Glocken[75] (Glockenweihe anläßlich der Visitation 1879); die größte mußte er 1889 nochmals gießen[76], wobei er «das kleine alte Glocklein» von etwa 100 kg als Zahlung entgegennahm. – 1. Dm. 60 cm. Ton e'. Glatte Bügel. Zwischen Schnurstäben die Inschrift:

70 Ebd., o. Nr.   71 Ebd., G 2.

72 Die Angaben zu den Paramenten stehen in den Aufzeichnungen von Pfr. A. JULIER (vgl. Anm. 9) und in PfA Blitzingen, o. Nr.

73 Von A. WIRTHNER stammt auch der Grabstein für Emil Schwick († 1942) von 1945.

74 Der Grabstein des Wohltäters bei der Pfarreigründung, Joh. Josef Michlig, von 1887 ist um 1973 zerstört worden.

75 PfA Blitzingen, G 2.

76 Vertrag vom 17. März 1889 (ebd., o. Nr.). Paten der Glocke von 1877 waren der große Wohltäter der Pfründe, Joh. Josef Michlig von Bodmen, und seine Gattin Katharina (Aufzeichnungen von Pfr. A. JULIER [vgl. Anm. 9]).

Abb. 245. Blitzingen. Alter Dorfteil «Gere» von Süden. Aufnahme 1977. – Text S. 222.

«MAGDALENA VOCOR/MOLEMINOR RE[L]IQVIS.SED VOCE FREQVENTIOR ADSVM»[77]. Flankenreliefs: Kruzifix, Muttergottes, Antonius von Padua und weibliche Heilige. Unter Rebrankenfries, zwischen Schnurstäben, die Inschrift: «PATHEN HOCHW.HERRN PETER IOSEPH VON RIEDMATTEN RECKTOR[78]/U.MAGDALENA SCHINNER/V[iktor].W[alpen].G[locken].G[ießer]./1877». – 2. Dm. 70 cm. Ton cis″. Dekor wie Nr. 1. Über dem Schnurstab der Schulter Cherubim. Flankenreliefs: Muttergottes, hl. Petrus, hl. Antonius von Padua und Kruzifix. Inschriften: «MARIA ROSINA VOCAR/ME SINE NON IUNGIT CONCORDIA GRATIA SOVOVES»[79] – «PATHEN HOCHW.HR.FRANZ BLATTER CAPLAN./FRAULEIN ROSINA SEILER» – «V.W.[mit Helmzier geschmücktes Medaillon, Pelikan mit Jungen darstellend]U.SOHN GG./18 77». – 3. Dm. 84 cm. Ton c″. Dekor wie Nr. 1. Flankenreliefs: Muttergottes, hl. Theodul(?), hl. Antonius von Padua und Kruzifix. Inschriften: «MARIA ALEXANDRA NOMEN MIHI/PESTIVOS SIMVL ORNO DIES QUASI SOLA PROFESTOS»[80] – «PATHEN HR ALEXANDER SEILER/FR CATHARINA SEILER.GEB.CATHRE.» – «VIKTOR WALPEN [Meisterzeichen wie Kdm Wallis I, Abb. 84] HAT MICH GEGOSSEN ANNO 1877». – 4. Dm. 95 cm. Ton a′. Dekor wie Nr. 1. Flankenreliefs: Kreuzigungsgruppe, hl. Antonius von Padua, hl. Petrus. Inschriften: «IOSEPHA MARIA NOMINOR + MANE SONO MARIAM SONO VESPE»[81] – «PATHEN:IOSEF SEILER./U.KATHARINA MICHLIG GEB.INDERSCHMITTEN» – «DURCH FEUER UND FLAMMEN BIN ICH GEFLOSSEN/VICTOR WALPEN HAT MICH GEGOSSEN.ANNO 1889».

Abgewandertes Gemälde[82], genannt «Die Wallfahrer» (in der Kapelle «Zen Spitzen Steinen», Gampel). Etwa 101 × 188 cm. Öl auf Leinwand. Rechts unten: «LUDWIG 19/WERLEN 23». 1928 von der Kirchenbaukommission Blitzingen an Prof. Albert Schnyder, Gampel, verkauft[83]. Drei Männer und drei Lötschentaler Trachtenfrauen im Gebet vor einer Mauernische mit votivartigem Muttergottesgemälde. Symmetrische Komposition. Unter der Nische spätere Stifterinschrift: «AVXILIO CHRISTIANORVM/SCHNYDER ALBERTVS/EX VOTO/SENIORIS CASTRENSIS»[84], mit Chronostikon der Jahreszahl 1947.

77 Ich heiße Magdalena, bin an Gewicht geringer als die übrigen, melde mich aber häufiger mit meiner Stimme.   78 Rektor der Dreifaltigkeitspfründe der Familie in Sitten.

79 Maria Rosina möge ich heißen, ohne mich verbindet die Gnade nicht in Eintracht die Schafe.

80 Mein Name ist Maria Alexandra, ich allein verschönere gleicherweise Fest- und Werktage.

81 Josepha Maria werde ich genannt, ich verkünde Maria am Morgen, ich verkünde sie am Abend.

82 Seit 1943 verlorengegangene Kunstgegenstände. A. CARLEN, Verzeichnis (Blitzingen): Statuen Nr. 28 (Auferstehungsheiland, 18. Jh.), Nr. 29 (hl. Mauritius, um 1700), Nr. 30 (hl. Antonius von Padua, um 1700), ferner Hinterglasgemälde Nr. 27 (Christus im Elend).   83 PfA Blitzingen, o. Nr.

84 [Maria] der Hilfe der Christen Schnyder Albert als Gelöbnis des Feldgeistlichen.

85 PfA Niederwald, D6.   86 PfA Blitzingen, G1.   87 GdeA Blitzingen, G2.

WOHNHÄUSER

1. *Pfarrhaus.* Koord. 65/135. Kat.-Nr. 2912. Entstehungszeit unbekannt. 1818 von Johann Michlig dem Rektorat als Pfrundhaus geschenkt unter Vorbehalt des Wohnrechts im ersten Stockwerk bis zum Ableben[85]. Renovation 1869 durch einen Baumeister ROMONI[86]. Totalrenovationen 1891–1895[87] und 1968/69. ⌐—⌐ (niedrig und nur an den Wangen gestuft). 2. F. – *Ofen.* Zweigeschossig, mit Sitzbank. Kehlsims unter der Deckplatte. Gekappte Kanten. Profilierte Füße. Hölzernes Fußsims. Rankenfelder mit zentraler Blume, Blumenvase, Kelch und mit der Jahreszahl 1858; an der Sitzbank leere Ornamentfelder. – *Hauskruzifix.* H. 37 cm. Holz, polychromiert und vergoldet. Ende 17. Jh. Ähnlichkeit mit dem Kruzifix über dem Kirchenportal (S. 230) in Körperstellung, Kopf und Lendentuch. – *Muttergottesstatue.* H. 58 cm. Holz, häßlich übermalt. 2. Hälfte 17. Jh. Derbes Bildwerk.

2. Koord. 160/145. Kat.-Nr. 2651. Beat Seiler; Beat Walpen. Erbaut 1625. Dieses älteste datierte Haus am südlichen Dorfrand, das 1894 von Gadmen hergebracht worden sein soll, entging dem Brand. ⌐—⌐. 2½. F. *Täfer* 19. Jh. *Inschrift.* 1. Stockwerk: «[Wappen: vierteilige Rautenreihe in der Pfahlstelle, zwischen den Initialen M und W]MARTI WIRTNER * VND SINI * SIN MARTI * HANS * PETER * BALZER 1625 IAR». – *Öfen.* 1. Zweigeschossig, mit Kehle unter der Deckplatte. An der Stirn Ornamentfeld mit der Jahreszahl 1898 und mit den Initialen «W[endelin]SCH[wick]» rund um das Jesusmonogramm. – 2. Zweigeschossig, mit flachem

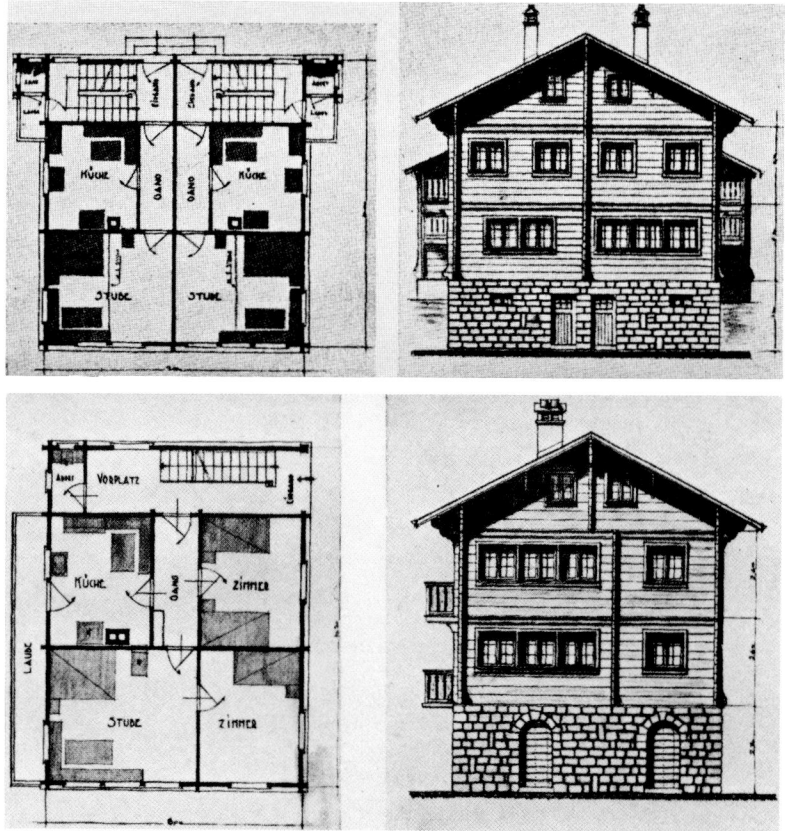

Abb. 246 und 247. Blitzingen. Haustypen des nach dem Brand wiederaufgebauten Dorfes, oben «Halbhaus», durch Mittelwand getrenntes Zweifamilienhaus, unten «Doppelwohnhaus» mit Stockwerkeigentum. – Text S. 234.

Karnies unter der Deckplatte. Gebänderte Kantenrundung. An der Stirn, rund um das Jesusmonogramm, in Blattkranz die Initialen «W[endelin]SCH[wick]/K[lementine]D[iezig]», an der Wange die Jahreszahl 1894.

3. Koord. 60/210. Kat.-Nr. 2921. Geschwister Ritz; Agnes Wirthner. Erbaut 1746. Kammer des ersten Stockwerks angestückt. 1975/76 stilgerecht zu einem zweiten Vollgeschoß unter neuem Giebel aufgestockt. Als oberstes Haus am «Geren» bildet es einen charakteristischen Akzent im Siedlungsbild des Dorfes. Pfeilschwanzfries unter Wolfszahn. Doppelt geführte Kielbögen über den Fenstern. An der linken Traufseite «Vorschutz» auf Streben. ⌐⌐. 2½. G und ehemals Doppelwohnung mit den Grundrissen C. *Täfer* 1. und 2. Hälfte 18. Jh. Reichgeschmückte Dielbäume. *Inschriften.* 1. Stockwerk: «IOHANES NAGER VND MARIA NELEN IM IAHR 1746» – «[unbekanntes Wappen der Familie Nager: auf Berg T-Kreuz mit Punkt unter der rechten Balkenhälfte]O.IESV.BEWARE.DISES HAVS.VERLAS.VNS.NIT   DIE.WIR.ZERST.DRAVS.17/ VND.WELCHER.NACH.MIR.KOMEN.THVT.DER.BIT.VIR.MICH.DAS.HICHSTE   GVT 76 [46?] [Akanthusbüschel, anemonenartige Blume und Tulpe]». – 2. Stockwerk: «[Akanthusbüschel und Tulpe; Wappen wie im 1. Stockwerk]DISES. HAUS. HAT. GEBAVWT. IOSEPH. VND IOHANES. NAGER . LEIBLEICHE . BREIDER / ALES . NIM . AN . WAS.KVMBT.VON.GOT.BETRACHT.TEGLICH.DEN.EWIGEN.TODT/ANO 1746». Dielbaumbreite 39 cm. – *Öfen.* 1. Eingeschossig, mit Stab und Kehle unter der Deckplatte. An der Stirn, in Wappenschild, die Initialen «IM/EL» und die Jahreszahl 1767. – 2. Eingeschossig, mit karniesartigem Profil unter der Deckplatte. An der Stirn Wappenschild mit den Initialen «ITN/MN» und der Jahreszahl 1717. – 3. Eingeschossig, mit Karnies unter dünner Deckplatte. An der Wange, in zierlichem Wappenschild: «IIN/M.D/1762».

4. Koord. 80/130. Kat.-Nr. 2908. Adolf und Raphael Bittel. Erbaut 1763? 1927 um vier Ringe aufgestockt. ⌐⌐. Ehemals 1½. F (quer zum Giebel nach Südwesten gerichtet). Dielbaum verkleidet[88].

5. Koord. 45/175. Kat.-Nr. 2918. Hedwig und Viktor Wirthner. Erbaut 1779 (Jahreszahl am Giebel). Friese: Paar versenkter Rundstäbe. ⌐⌐. 2½. F. *Täfer* 1933. *Inschriften.* 1. Stockwerk. Dielbaum der Stube verkleidet. Im «Stubji»: «IOS[Kerbschnittrosette. Tulpe]». – 2. Stockwerk. Stube: «BEWAHR OHOCH.H.DRIFALTIGKEIT DIS HAUS VOR VN GLICK IEDER ZEIT/MARIA AUCH DIE IVNGEFRAV.REIN.S.IOSEPH WOL DER SHUZ HER SEIN[Tulpe]». – «Stubji»: «ZUR WONUNG GEBAUET FIR MEINE KIND/LIEBT ALZEIT GOT VND FLIECHT DIE SIND[Blume]». – *Öfen.* 1. Zweigeschossig. An der Stirn, in Rankenkelch, hufeisenförmiges Wappenschild: über dem Dreiberg zwei kleine Rechtecke zwischen den Initialen V und S, bekrönt von einer Flamme(?) auf kurzem, schwebendem Balken; darunter die Initialen «AM M»; an der Wange Jesusmonogramm über der Jahreszahl 1781. – 2. Älterer Ofen, umgebaut von ALPHONS WIRTHNER († 1945). Zweigeschossig, mit Kehle und Karnies an der Deckplatte. An der Stirn, in Zierfeld: «WIRTHNER», an der Wange Wirthner-Wappen und die Devise «Werte Wirke».

6. Koord. 50/145. Kat.-Nr. 2913. Maria Holzer; Agnes und Viktor Ritz. Erbaut 1864? Gebrochener Wellenfries und Paar versenkter Rundstäbe. 1944 um drei Ringe aufgestockt und Sockel in Granitquaderwerk erneuert. Wände teilweise erneuert. ⌐⌐. Ehemals 1½. F. Dielbaum verkleidet[89].

Für die *Häuser nach dem Brand von 1932* wurden zwei Typen entworfen[90]: 1. «Halbhaus» (Abb. 246), d. h. vertikal in Hälften getrenntes Haus mit dem Grundriß B. Ausgeschiedene Flure in der Hausmitte; Treppenhäuser an der Rückseite. – 2. «Doppelwohnhaus» (Abb. 247). Getrennte Stockwerke mit den Grundrissen G. Treppenhaus ebenfalls an der Rückseite.

GEWERBEBAU

Backhaus. Koord. 125/115. Entstehungszeit unbekannt (1794?). 1929 renoviert, Mauersockel in Sichtquaderwerk erneuert. Das Holzwerk ist aus altem Bauholz verschiedenster Herkunft zusammengestückt.

---

88 Wortlaut der Dielbauminschrift nach Angabe der Besitzer: Valentin Michlig und seine Hausfrau Katharina Seiler 1763.

89 Nach Auskunft von Maria Holzer steht auf dem Dielbaum die Jahreszahl 1864.

90 Grundrisse des Wohnstockwerks und Aufrisse der Stirnfassaden abgebildet in: Blitzingen, Der Brand und die Wiederaufrichtung des Dorfes, Brig 1937, Anhang.

Abb. 248. Blitzingen. Ehemalige
«Chaschtebiel»-Kapelle.
Zeichnung, vor 1837, wohl
von Lorenz Justin Ritz.
Text unten.

Ofen. Eingeschossig, mit gekehlter Deckplatte. An der Wange, über der Jahreszahl 1795, zierkonturiertes, nichtidentifiziertes Wappen: auf Dreiberg, zwischen Lilien, T unter Fünfstrahlenstern. Neuere Fasenverzierung an den Kanten.

VERSCHWUNDENE KAPELLEN IN DER UMGEBUNG VON BLITZINGEN[91]

MUTTERGOTTESKAPELLE AUF DEM CHASCHTEBIEL (Abb. 248)[92]

Vorn auf der Kuppe des Querrückens über dem Dorf Blitzingen steht inmitten von Lärchen wie eine Burg – der Name «Chaschte[l]biel» dürfte auf eine frühere Befestigungsanlage hinweisen – die Ruine einer ehemaligen stattlichen Kapelle. Das 1743 erstmals erwähnte «Sacellum Castlan biell»[93] ist wohl um 1700 erbaut worden[94]. Es wurde ursprünglich von den heute zu Blitzingen gehörenden Gemeinwesen unterhalten[95], nach der Verwendung des Kapellenfonds für die Rektoratspfründe 1818 durch das Rektorat von Blitzingen[96]. Nachdem die Kapelle beim Erdbeben vom 24. Januar 1837 eingestürzt war, brach man sie 1844 mit Erlaubnis des Bischofs ab, um die Steine für den Bau der neuen Kapelle von Blitzingen zu verwenden, wohin man auch den Altar übertrug[97]. 1964 ließ Dr. Hermann Wirthner, Münster, die Ruine festigen.

Bilddokumente. 1. «Auf dem Kastenbüel». Zeichnung von LORENZ RITZ? Vor 1837 (Museum Majoria, Sitten, Inv.-Nr. 342 [RUPPEN II, 253]) (Abb. 248). – 2. «Kastenbüel». Tuschierte Zeichnung von LORENZ RITZ? Ähnlich Nr. 1 (ebd., Inv.-Nr. 334 [RUPPEN II, 254]).

Die Ruinen lassen noch die Umrisse der Kapelle erkennen. Innenmaße: Schiff L. etwa 8,20 m, B. 6,20 m; Chorbogen je um 1,05 m eingezogen. Das innen etwa 4,80 m breite und 4,30 m lange Chor bildete zusammen mit der Chorwange einen regelmäßigen Fünferschluß. Die Sakristei war an die Chorstirn

---

91 1834 ist von einem schadhaften Gebetshaus «prope Rhodanum» im Gebiet von Blitzingen oder Niederwald die Rede (PfA Niederwald, D 8). 1699/1700 hatten Bischof und Zenden den Blitzingern den Bau einer Kapelle «in haußboden» – «ein absonderlich ohert» – unter Strafandrohung untersagt (StAS, A Louis de Riedmatten, Cart. 5, Fasc. 8, Nr. 100 und 102).

92 Die mündliche Überlieferung von einem Kloster auf dem «Chaschtebiel» könnte sich auf mittelalterliche Klausen beziehen.

93 PfA Münster, G 16, S. 61; im Visitationsakt von 1687 ist die Kapelle nicht aufgeführt.

94 Ende des 17. Jh. waren Chorstirnsakristeien beliebt. Vgl. Antoniuskapelle (1680–1684) in Münster (Kdm Wallis I, Abb. 114) und Katharinenkapelle im Wiler bei Geschinen (1686–1704) (ebd., Abb. 205).

95 PfA Niederwald, Visitationsakt von 1809, o. Nr.

96 Ebd., D 7.   97 AGVO, Joller, J 2.

angebaut und durch eine Tür hinter dem Altar erreichbar. Die Chorwangen waren befenstert, die Chorpilaster in die Ecken geknickt. 1964 wurde das Chor ein Stück weit aufgemauert und mit einem Pultdach abgeschlossen, auf dessen Tragbalken man die Inschrift setzte: «AVE MARIA MDCCCCLXIV SALVE CRVX».

Doppelseitige *Muttergottesstatue*[98]. Kopie von 1974. Original in der Pfarrkirche (Abb. 249–251). Holz. Neufassung. 2. Hälfte 17. Jh. Aus unbekannter Untergommer Werkstatt (Bellwald?). Vorderseite Immakulata(?). H. 73,5 cm. S-förmig geschwungene Figur. Gotisierende Haar- und Faltenmotive. Rückseite Muttergottes. H. 76 cm. Breit ausladend, ohne deutliches Standmotiv.

KAPELLE DES HL. JAKOBUS D. Ä. (Abb. 252)

Unter dem verwachsenen Trassee der alten Landstraße östlich von Blitzingen sind heute noch die talseitigen Grundmauern der Jakobskapelle sichtbar. 1687 besaß «daß kychen Cappeltin», wie man das wohl schon 1489 erwähnte[99] Heiligtum damals nannte, eine Stiftmesse[100]. 1809 war es nur mehr Gebetshaus[101]. Als man 1845 auch den Altar in die neue Dorfkapelle übertrug, zerfiel das Heiligtum[102].

---

98 Nach der Überlieferung ehemals in der «Chaschtebiel»-Kapelle. Der wohl im Burgund entwickelte Typus der Doppelmadonnen, der in den nördlichen Teilen Deutschlands offenbar früher Eingang gefunden hat und verbreiteter war als in den südlichen, setzte eigentlich erst im 2. Drittel des 15. Jh. ein, sieht man von der hochgotischen Figur von Villeneuve-lès-Avignon ab. Die früher vermutlich meist im Kirchenschiff aufgehängten Figuren waren im 17. Jh. selten, im 18. dagegen wieder häufiger (Reallexikon zur deutschen Kunstgeschichte, hg. von E. GALL und L. H. HEYDENREICH, IV, Stuttgart 1958, Sp. 177–179 [E. HOHMANN und K.-A. WIRTH]). (Freundl. Hinweis von Pfr. J. Sarbach, Visperterminen, und Dr. E. Murbach, Basel.) Vgl. Kdm Wallis I, S. 66, Anm. 70. – Möglicherweise war die Figur ohne Kind ursprünglich eine hl. Magdalena.

99 GdeA Blitzingen, D 3. – Die Ortsbezeichnung «in der sitton super der capellon» deutet auf den Standort der Jakobskapelle hin.

100 PfA Niederwald, D 1.   101 Vgl. Anm. 95.

102 Nach F. JOLLER wurde auch diese Kapelle beim Bau der neuen Dorfkapelle abgetragen und als «Steinbruch» benutzt (AGVO, Joller, J 2). 1879 ist von den Ruinen der Kapelle die Rede (Aufzeichnungen von Pfr. A. JULIER [vgl. Anm. 9]).

Abb. 249–251. Blitzingen. Ehemalige «Chaschtebiel»-Kapelle. Doppelseitige Marienstatue. Muttergottesseite (H. 76 cm), Profilansicht und betende Maria(?). – Text oben.

Abb. 252. Blitzingen. Ehemalige Jakobskapelle. Zeichnung, 1845–1850, von Raphael Ritz. – Text S. 236.

Bilddokument. «St. Jacob bei Blizingen (Niederwald)». Tuschzeichnung von RAPHAEL RITZ. Um 1845–1850 (Erben Hermann Ritz, Nachlaß zurzeit bei Frau E. Darioli-Ritz, Zug [RUPPEN II, 326]) (Abb. 252).

An ein 5,30 m langes Schiff stieß ein um 60 cm eingezogenes Rechteckchor von 2,70 m Länge. Die Stirnfassade des geosteten Kapellchens besaß ein Portal, dessen Rundbogen aus Keilsteinen gefügt war, und darüber eine Lünette.

BODME

GESCHICHTE. 1347 kaufte sich die Gemeinde Bodme (Bodmen) von allen Abgaben und Dienstleistungen los, die sie den Rittern Johann und Heinrich von Restin zu entrichten hatte[1]. Unter Meier Moritz Zum Brunnen kam es 1549 zum Landfrieden von Bodmen, der vornehmlich der Erhaltung des katholischen Glaubens galt (S. 221, Anm. 6)[2]. – In einem schluchtartigen Graben südöstlich des Weilers, im sogenannten «Ofumannjiloch», wurde Giltstein gebrochen.

Am 6. Oktober 1348 errichtete man die Spend zu Ehren der Heiligen Dreifaltigkeit, der Muttergottes und des Täufers[3]; sie wurde 1817/18 zur Äufnung des Rektoratsfonds verwendet[4], der 1844/45 für den Kapellenbau herangezogen wurde. Vor der Gründung der Pfarrei Niederwald soll der Vikar von Ernen in der Kapelle alljährlich am Feste der Unbefleckten Empfängnis die hl. Messe gelesen haben[5]. Vgl. die Geschichte von Gemeinde und Pfarrei Blitzingen, S. 221.

SIEDLUNG. *Anlage und Geschichte* (Abb. 253, 254 und 260). In der kleinen, von einer Bodenstufe gerahmten Wanne im Talgrund des linken Rottenufers scharen sich die Gebäude des Weilers zu einem dichten Haufendorf um die Kapelle. Den Dorfkern

1 GdeA Blitzingen, D 1.
2 PfA Ernen, A 45.
3 GdeA Blitzingen, D 2.
4 PfA Blitzingen, D 2.
5 Ebd., Chronik von PAUL AM HERD 1877 ff., o. Nr.

Abb. 253. Bodme. Ansicht von Nordwesten. Aufnahme 1977. – Text S. 237.

bilden vornehmlich Wohnhäuser. Die Nutzbauten stehen zum größten Teil am Rand. Backhaus und Mühle treten allein vor die nordwestliche Schauseite des Dorfes. Der zu den eindrücklichsten Siedlungsbildern des Goms zählende Weiler ist zugleich auch einer der besterhaltenen.

1722 soll Bodme durch eine Feuersbrunst stark beschädigt worden sein[6]. 1831 zerstörte ein Brand vier Gebäude[7]. Die Häuser stammen fast ausschließlich aus zwei Zeiträumen: Ende 16. Jahrhundert bis um 1630 vor allem im Dorfkern und 1750 bis 1850 mehrheitlich am Dorfrand. Zwischen diesen Perioden entstand ein einziges Haus, nach der Mitte des 19. Jahrhunderts keines mehr bis 1976. Seit dem Abbruch eines Hauses 1907 bei Koord. 70/155 öffnet sich die Siedlung gegen Süden in buchtartigem Bogen[8].

6 Ebd. AM HERD stützt sich ausdrücklich auf die mündliche Überlieferung.

7 PfA Niederwald, D 20.

8 Das Haus soll nach Oberwald versetzt worden sein. (Freundl. Auskunft von Joseph Marie Jost, Bodmen.)

9 PfA Biel, D 56.

10 Vgl. Anm. 5.

11 Nach Dionys Imesch (K. KIECHLER, Stiftung und Kapelle zu Ehren der hlst. Dreifaltigkeit im Dorfe Bodmen bei Blitzingen, Walliser Volksfreund 29 [1948], Nr. 49).

12 Bis auf ein unscheinbares Detail gleichen sie nämlich denjenigen im Schiff der Antoniuskapelle auf dem Münstiger «Biel» (1772[?]–1775) (Kdm Wallis I, S. 434, VII).

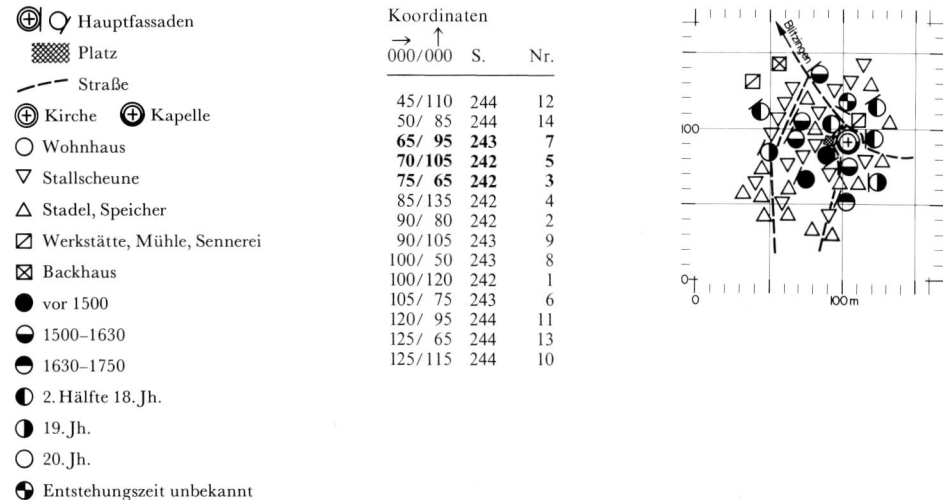

⊕ ◯ Hauptfassaden

▨ Platz

╴╴ Straße

⊕ Kirche   ⊕ Kapelle

◯ Wohnhaus

▽ Stallscheune

△ Stadel, Speicher

▨ Werkstätte, Mühle, Sennerei

⊠ Backhaus

● vor 1500

◓ 1500–1630

◒ 1630–1750

◑ 2. Hälfte 18. Jh.

◐ 19. Jh.

◯ 20. Jh.

◓ Entstehungszeit unbekannt

Koordinaten →↑ 000/000	S.	Nr.
45/110	244	12
50/ 85	244	14
65/ 95	**243**	**7**
70/105	**242**	**5**
75/ 65	**242**	**3**
85/135	242	4
90/ 80	242	2
90/105	243	9
100/ 50	243	8
100/120	242	1
105/ 75	243	6
120/ 95	244	11
125/ 65	244	13
125/115	244	10

Abb. 254. Bodme. Siedlungsplan (vgl. «Wegleitung»). – Text S. 237.

KAPELLE HEILIGE DREIFALTIGKEIT

GESCHICHTE. Die 1684 erstmals erwähnte[9] Kapelle soll beim überlieferten Dorfbrand von 1722 so beschädigt worden sein, daß sich ein Neubau aufdrängte[10]. Die
Deckenmalereien seien 1778 von einem Maler PFEFFERLE (JOH. JOSEF?) geschaffen
worden[11]. Zugleich müssen die Gesimse (Abb. 257) erneuert worden sein[12]. Die
Scheitelmedaillons und die Simsbögen über den Fenstern lassen, wenn nicht auf
einen Neubau, so doch auf eine durchgreifende Innenrenovation in der zweiten
Hälfte des 18. Jahrhunderts schließen (um 1778?). Kapellenbänke 1844 (Jahreszahl

Abb. 255. Bodme. Kapelle,
um 1722. – Text S. 240.

an der Docke der vordersten Bank der rechten Reihe). Weitere Renovationen 1863[13], 1926 durch ERNST BODENMÜLLER und JEAN ROSSI sowie durch Maler JOS. MUTTER, Naters[14], 1947 durch Maler EDMUND IMBODEN, Zermatt[15], und 1977/78.

In den Visitationsakten wird stets das Patrozinium der Heiligen Dreifaltigkeit genannt. Wohl nach dem Brand von 1722 galt sie im Volk als Agathakapelle, seit der Mitte des 18. Jahrhunderts mitunter auch als Muttergotteskapelle[16].

BESCHREIBUNG. *Äußeres* (Abb. 255). Die Kapelle ist mit dem blinden Dreierschluß des eingezogenen Chors hangwärts nach Südosten gerichtet. Zusammenhängendes Satteldach. Ein giltsteinernes Rundbogenportal, eine Stichbogennische mit einer Muttergottesstatue (S. 242) und ein großer Giebelokulus gliedern die Giebelfront.

Inneres (Abb. 256). Das um eine Stufe erhöhte Chor öffnet sich hinter dem seitlich stark eingezogenen Chorbogen als elegante hohe Konche. Kräftig abgesetzte Pilaster über einer Sockelzone unterteilen das von einer Gipstonne überwölbte Schiff. Fünfteilige Chorkalotte mit Stuckrosette. Das Sims bekrönt die innen stichbogigen Fensternischen nach dem Vorbild der Reckinger Pfarrkirche (1745). Die Gewölbe sind bemalt: in den Stichkappen, von hinten nach vorn, links die Heiligen Barbara und Georg, im Chor Johannes von Nepomuk, rechts Apollonia und Valentin, im Chor Antonius von Padua; in den reichkonturierten Scheitelmedaillons (neue) Symbole von Maria und Josef; zwischen den Figuren, die im Schiff in ovalen Medaillons, im Chor dagegen in rocaillegerahmten Dreipässen stehen, reichlich Bandwerk und Ornamentgitter, selbst an den Pilasterschäften und Gurtbögen. Die stark überholten spätbarocken Malereien sind von mittelmäßiger Qualität. Fein gehauener *Weihwasserstein* aus Giltstein in Form einer flachen Pokalkupa mit Keulenblattzier.

Altar (Abb. 258). In der Predellenkartusche gemaltes Weihedatum 1722. Renoviert 1926 durch JOS. MUTTER, Naters[17], 1945 aufgefrischt und neu vergoldet durch WERNER SALZGEBER, Raron[18]. – Der einfach bekrönte Altar umfaßt zwei Geschosse. Die rundbogige Hauptnische wird von stichbogigem Giebel bekrönt, die obere Nische schließt polygonal. Übereckgestellte Säulen in beiden Zonen, im Hauptgeschoß von einem inneren Säulenpaar begleitet. Die Flankenstatuen stehen unter Cherubimhermen. In der Mittelachse Maria vom Sieg und Heilige Dreifaltigkeit; an den Flanken

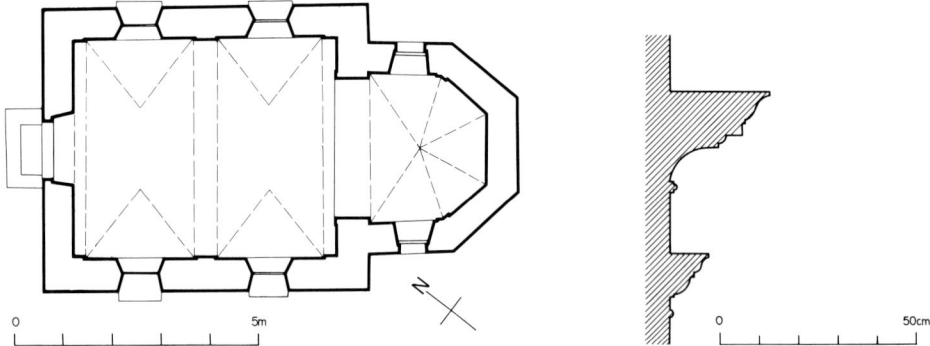

0   5m   0   50cm

Abb. 256 und 257. Bodme. Kapelle. Grundriß. Text oben. – Schnitt durch das Wandsims im Stil der 2. Hälfte des 18. Jahrhunderts (um 1778?). Text S. 239.

Abb. 258 und 259. Bodme. Kapelle. Altar, um 1722, wohl von Jodok Ritz, Selkingen; weibliche Heilige, rechte Flankenstatue am Altar. – Text S. 240/41.

links die hl. Katharina, rechts eine weibliche Heilige (Abb. 259); Akroterfiguren auf hohen Sockeln, links Johannes Ev., rechts der hl. Josef. Der heterogene Altaraufbau deutet wie der Figurenstil auf Jodok Ritz[19], Selkingen. Das hier erstmals auftretende Motiv der jäh geschwellten Säulenschäfte wurde von der Lagger-Werkstatt in Reckingen übernommen.

Chorbogenkruzifix. H. (Korpus) 145 cm. Holz, polychromiert und vergoldet. In einer Spiralrankenkartusche am Kreuzfuß die Jahreszahl 1727. Ausgeprägter Stil des Jodok Ritz, Selkingen. Jüngste Fassung 1926 von Jos. Mutter, Naters. – *Altarkreuz.* H. 60,5 cm. Holz, zum Teil häßlich übermalt. Mitte 17. Jh.,

13 Vgl. Anm. 11.

14 Innenrenovation. Reinigung der Gewölbemalereien und Ausbesserung der Gesimse. Neues Schindeldach (PfA Blitzingen, o. Nr.).

15 Totalrenovation. Die stark verblichenen Deckenmalereien wurden wiederhergestellt und teilweise ergänzt. An Stelle der sehr schadhaften Darstellungen aus dem Leben des hl. Josef und der Gottesmutter in den Scheitelmedaillons malte Imboden Symbole dieser Heiligen (Kiechler [wie Anm. 11]).

16 1753 (PfA Niederwald, Errichtungsurkunde eines Kreuzwegs, D 12, lose eingefügtes Blatt).

17 «Ausputzung u. Ausbesserung des Altares» (Vertrag, PfA Blitzingen, o. Nr.). Jahreszahl aufgemalt an der Rückseite der rechten Flankenstatue.

18 Kiechler (wie Anm. 11).

19 Steinmann, Ritz, S. 160/61. Die Putten stammen nach Ansicht von Steinmann aus der Werkstatt des Johann Ritz.

der dreiteilige Sockel wohl etwas jünger. Renoviert 2. Hälfte 19. Jh.[20]. Gewölbter Rumpf mit knolliger Muskulatur. Zur Seite geschwenkte Knie. Zeittypische Drapierung des Lendentuchs. Die Begleitfiguren der Kreuzigungsgruppe sind nach 1948 entwendet worden. – *Muttergottesstatue* der Fassadennische. H. 60 cm. Holz, ursprünglich wohl nicht gefaßt. Spuren einer späteren Übermalung ohne Grundierung. 1. Hälfte 17. Jh. Strahlenkranz entfernt. Derbes Bildwerk aus einer unbekannten Binner(?) Werkstatt (S. 168).

Kelch. Kupfer, vergoldet. H. 22,5 cm. Mitte 17. Jh. Fuß in der Form eines variierten Vielpasses. Urnenförmiger Knauf. Kompakter Korb. Am Fuß abwechselnd Trophäen aus Leidenswerkzeugen und Dreiviertelbildnisse: Maria, hl. Bischof und hl. Paulus. Reichlicher Band- und Rollwerkzierat. – *Kerzenleuchter.* Paar. Guß, bronzevergoldet. H. 29 cm. Jugendstil. – *Meßglöcklein.* Bronze. Dm. 7,5 cm. 19. Jh.? An der Schulter Rosetten. – *Kelchvelum.* 2. Hälfte 18. Jh. Seidenrips, broschiert mit Seide. Bunte Blümchen.

Glocke. Dm. 42 cm. Ton b′. Glatte Kronenbügel. Zwischen derben Schnurstäben die Umschrift: «SANCTA MARIA.ORA PRONOBIS V[iktor].WALPEN.G[locken].G[ießer].1900». Flankenrelief der Muttergottes. Rebrankenfries und Schnurstäbe.

WOHNHÄUSER

1. Koord. 100/120. Kat.-Nr. 2850. Geschwister Jost. Entstehungszeit unbekannt. Alle Fassaden verschindelt. Innen völlig erneuert.

2. Koord. 90/80. Kat.-Nr. 2854. Ernst und Franz Ritz. «Heidehüs». Spätmittelalterlich. 1909 um einige Ringe aufgestockt und renoviert. «Heidechriz» am Vordergiebel entfernt, an der Rückseite, wo ehemals der Heustall angebaut war, noch erhalten. ⌐⌐ (niedrig). Bis 1909 1½. E, jedoch mit Quergang. Treppe zur «Loibe» im Quergang (vgl. Gemeindehaus von Mühlebach, S. 133). Das Haus ist ausnahmsweise nach Süden gewendet. *Inschrift.* 2. Stockwerk: «[Blüte]JM JAHR 1909 [Blüte]/[in Herz die Initialen ‹E(lias) R(itz)/G(enovefa)G(untern)›]ACH.GOTT.SEGNE.DIESES.HAUS.UND.DIE:DA.GEHEN.EIN.UND.AUS.»

3. Koord. 75/65 (Abb. 261). Kat.-Nr. 2866. Emmanuel Holzer. Spätmittelalterlich (2. Hälfte 15. Jh.?). Renoviert 1735. Guterhaltenes «Heidehüs». «Heidechriz», dasjenige der Vorderfront verziert: Fußkamm, abwechselnd besetzt mit plastischen Quadraten und ziergekerbten Kreisen; ziergekerbt auch die Querbalken des Kreuzes. Balkenkopfkaminschlot (Kdm Wallis I, Abb. 31). ⌐⌐ (niedrig, heute gestuft). 1½. G. Geschweiftes *Täfer* 1825.

Inschrift: «[Hand]IOSEPH.IOST.MARIA.TERISIA.SEILER.1.7.3.5.»

4. Koord. 85/135. Kat.-Nr. 2841. Andreas, Augustin, Fritz Johann und Leo Wirthner. Erbaut wohl 2. Hälfte 16. Jh. Ehemals «Vorschutz»-Haus; als Fußbalkenzier glatte Fasen mit abgesetzten Spitzen an den Enden (Kdm Wallis I, Abb. 13, I). Keine Friese. 1948 «Loibe»-Geschoß mit Giebel und weitere Teile der Fassade erneuert. Früher hoch gestufter Mauersockel. Ehemals 1½. F. Dielbaum des Wohnstockwerks verkleidet. – *Öfen.* 1. Von 1914. Initialen: «J[ohann].W[irthner]». – 2. 1953 von ANTON GRICHTING, Agarn. Wirthner-Wappen mit den Initialen «J[ulius]W[irthner]». – *Hauskruzifix.* H. 71 cm (Korpus 31,5 cm). Holz, übermalt. 3. Viertel 18. Jh. Qualitätvolles Kruzifix aus der Werkstatt des PETER LAGGER (†1788) mit dem charakteristischen Sockel.

5. Koord. 70/105 (Abb. 260). Kat.-Nr. 2847. Käthi Lengen; Remo Schwick. Erbaut 1624. Wertvolles «Vorschutz»-Haus mit hölzernem Kammerstockwerk. «Vorschutz»-Konsolen zum Teil in jüngster Zeit entfernt. Mit Kreuz oder Blume bekrönte Kielbögen am Fußbalken. Wohl frühester großer Würfelfries des Goms, konsolenartig ausladend, mit Kielbögen abwechselnd. Sämtliche noch originalen Fensteröffnungen des «Loibe»-Geschosses bilden einen außerordentlichen Bestand. ⌐⌐ (mehrfach gestuft). Ka. 1½. F. Mit Konsölchen besetzte Dielbaumwangen.

---

20 «ab opifice quondam italo» (vgl. Anm. 5).

Abb. 260. Bodme. Dorfgasse mit Haus Nr. 5, 1624. – Text S. 242 und 245.

Inschriften. Wohnstockwerk: «IHS HANS GLAVSEN VND SIN SVN TOMO VND SIN HVS FROV WAMI WIR[?]TNER VND HANS NAGER [si]N KNECHT.HI.HS.HB 1624 IAR»[21]. – «Loibe»-Stockwerk: Jahreszahl 1624. Im «Loibe»-Geschoß sind alle Deckenbretter einzeln im Abstand von etwa 16 cm mit eingeritzten Rillen- und Wellenbändern verziert (vgl. S. 181, Haus Nr. 11).

6. Koord. 105/75. Kat.-Nr. 2875. Albert Diezig. Erbaut 16./1. Viertel 17. Jh. Guterhaltene Rillenfriesfragmente. Linksseitige Kammerachse ehemals bis zum «Loibe»-Geschoß in Stein, darüber in «Stutzwand» aufgerichtet. ⌐⌐. Ursprünglich 1½. F. Dielbaum des Wohnstockwerks verkleidet.

7. Koord. 65/95. Kat.-Nr. 2849. Geschwister Jost. Erbaut 1655? Stattliches Haus mit «Saal»-Stockwerk im hoch gestuften Mauersockel[22]. 2½. F. An der Rückseite balkonartig vorstehendes «Withüs» mit eingebautem Schweinekoben. Keller halb unterirdisch. Steintreppe im Hinterhaus des «Saal»-Stockwerks. Qualitätvolles *Täfer*, 19. Jh.

Inschrift. 1. Stockwerk: «H.S. 1655[?] [seitenverkehrt]». – *Ofen.* Eingeschossig, mit Karnies unter der Deckplatte. An der Stirn Schwick-Wappen (auf Dreiberg zwei Pfähle mit kleinem schwebendem Rechteck dazwischen[23]) mit den Initialen «C S/B K». An der Wange Jesusmonogramm in herzförmigem Spiegel, in Zierspiegeln links Monogramm Mariens über den Ziffern 17, rechts Monogramm des hl. Josef über 96. – *Wandbüfett.* Lärche. Datiert 1834. Initialen: «V[alentin]S[chwick]/[Anna]M[aria]B[ittel]».

8. Koord. 100/50. Kat.-Nr. 2870. Paul und Walter Nanzer. Erbaut 1655. Am ersten Stockwerk breiter Kamm mit einer Zahnschnittzeile, am «Loibe»-Geschoß breiter, konsolenartiger Kamm mit Pfeilschwanzzeile, offenbar eine Vorwegnahme des späteren Friesmotivs. ⌐⌐. 1½. F. *Täfer* Anfang 18. Jh. und Rokokotäfer, bemalt. *Inschrift:* «IAR 1655». – *Öfen.* 1. An der Stirn die Initialen «G CH», Jesusmonogramm und die Jahreszahl 1900. – 2. «Stubji»-Ofen von 1930. – *Tür.* Tanne. Achteckfüllungen, eingelegt oben Jesusmonogramm, unten ein Stern.

9. Koord. 90/105. Kat.-Nr. 2851. Cäsar Jentsch; Alban Schmid. Erbaut Mitte oder 2. Hälfte 18. Jh. Friese: Paar versenkter Rundstäbe. ⌐⌐. 2½. F? (Stube quer zum First gerichtet). Wohnstock innen völlig umgebaut. Dielbaum veräußert.

21 Für die Buchstaben V und U wird die gotische Kursiv-Minuskel verwendet.
22 Der Raum des Vorderhauses wird wie im Untergoms «Saal» oder «Sälti» genannt.
23 W. Wb., S. 238.

10. Koord. 125/115. Kat. Nr. 2880. Rudolf Wirthner. Erbaut 1784. Friese: Paar versenkter Rundstäbe. ⌐⌐. 2½. F. *Inschriften.* 1. Stockwerk: «DISES . HUS . HABEND . GEBAVET . DIE. 3 BRIEDE . JOSEPH . JOHANES . VND . VALENTDIN . DIETZIG . ANO 1784 . DEN 26. MAI / MAN . MUOS . IN . ALEN . SACHEN . MIT . GODT . DEN . ANFANG . MACHEN . VND . WELCHER . IST . VON . MEINEM BROD BEGE...[verkleidet]». – 2. Stockwerk: «BEWAR O . HOCH . H . DREIFALTIG-KEID. DIS. HVS. VER . VNGLICK. IEDER . ZEIT. MARIA . OVCH . DIE . IVNGFROV . REIN . S . IOSEPH . VOLE . DER . SCHVTZHER . SEIN . / DISES . HVS . HABEN . ERBOVWT . DIE . 3 . EREND . BRIEDER . J . VND . J . VND . F . DIETZIG . IM . IAR. 1.7.8.4».

11. Koord. 120/95. Kat.-Nr. 2878. Hans Loretan. Erbaut 1791, renoviert 1969/70. Friese: Paar versenkter Rundstäbe. ⌐⌐. 1½. F. *Inschriften.* «JESUS . MARIA . UND . IOSEPH . BEWARE . DISES . HAUS . UND . ALE . DIE . EINGEN . UND. WIDER. AUS. / [in Wappenfeld die Initialen ‹R. D / P. I›] DISES. HAUS. HAT. LASEN. BOUWEN. DER. ERSAME. INGLING. IOHANNIS. MARTINUS. JOST. IM. IAHR. 1791. DEN 28 MEIEN». – «Stubji»: Monogramme der Heiligen Familie. – *Ofen.* Eingeschossig, mit gekehlter Deckplatte. An der Stirn die Jahreszahl 1910. Typ des 17. Jh., ehemals auf Holzsockel. – *Truhe.* Tanne und Nußbaum. Datiert 1790. Initialen: «ID/HD» und «VD».

12. Koord. 45/110. Kat.-Nr. 2836. Peter Diezig; Heinrich Jost. Erbaut 1795, zweites Stockwerk eingeschoben 1822. Giebelinschrift: «JM IAHR 1795». Friese: Paar versenkter Rundstäbe. Inschriftfragment über der oberen Fensterreihe: «BEWAHR...[Dreif]ALTIGKEIT DIS HAVS VORVNGLICK...» An der linken Traufseite mit Schleppdach angebauter Heustall. ⌐⌐. 2½. C. *Inschriften.* 1. Stockwerk: «...ST . DAS . FUNDAMENT . AUF DAS ALE IRRDISCH . DOCH . MUS . GESTELT . SEIN . WIE ALEXANDER . SELBST THE HELD VON . SICH . BEKENT . SO . SUCHT . IOSEPH . VALENTIN UND . IOHANN . DIEZIG . MIT / SEINER . FRAU . MARIA . IOSEPHA . HAGEN . DURCH . IHR . ARBEIT . DIE . WAHRE. WOHNVNG. BEI. GOTT. IN. EINER . ZEIT. DEN 1. BRACHMONAT.» (Chronostikon mit den Buchstabenziffern MDCCLXLV; Dielbaumbreite 35,5 cm). – 2. Stockwerk: «DISES HAVS HAT LASEN ERBAVWEN DER EHREDE MAHN JOSEPH ANTON BITEL / SAMBT SEINER HAVS FRAW MARIA JOSEFA DIZIG 1822 DEN 18 MAjj». – *Öfen.* 1. Zweigeschossig, mit Kehle unter der Deckplatte. An der Stirn, in Zierfeld, rund um das Jesusmonogramm: «18/S[everin S]CH[wick]/M[aria]M[üller]/94[Herz mit stehendem Pfeil]». – 2. Von 1913. Ähnlich Nr. 1. Initialen: «A[lbinus]J[ost]/M[aria]S[ch]w[ick]».

13. Koord. 125/65. Kat.-Nr. 2877. Theodor Schwick. Erbaut 1811 (Jahreszahl am Giebel). Gebrochener Wellenfries. ⌐⌐. 1½. F. Dielbaum verkleidet.

14. Koord. 50/85. Kat.-Nr. 2857. Theodul Bittel; Johann Schwick. Erbaut 1833, aufgestockt mit neuem Giebel 1967/68. Gebrochener Wellenfries und Paar versenkter Rundstäbe. ⌐⌐. Ehemals 1½. F (mit sehr geräumiger Stube). *Inschriften.* 1. Stockwerk: «BEWAHRE. O. HOCH. H. DREIFALTIGKEIT. DIES. HAUS. VOR VNGLICK IEDERZEIT. MARIA. AUCH DIE IVNGFRAV REIN / S. IOSEPH WOL DER SCHUZHER SEIN. IM. NAMEN DER OBGEMELDNE. UND. IM. NAMEN. DER. H. DREIFALTIGKEIT SOL DISES HAUS. STEIEDER ZEIT» – «[T unter Punkt (Hauszeichen der Familie Bittel?) und Bittel-Wappen (ähnlich W. Wb., Tf. 2)]DISES HAUS. HAT LASE BAUE

Abb. 261. Bodme. «Heidehüs» Nr. 3, 2. Hälfte 15. Jahrhundert. Text S. 242.

Abb. 262. Bodme. «Teilchammere», 1731. – Text unten.

DER EREND MAN.I.ANTONI BITEL.VND MEINE HAUSFRAU MARIA IOSEFA.SEILER.SAMBT SEINE KINDER.IM IAHR 1833 DEN 9 BRACHET». – *Ofen*. Zweigeschossig, mit Karnies unter der Deckplatte. 2. Hälfte 17. Jh.? Holzrahmen. Abgescheuertes Wappenschild. Ursprüngliche Ofenbank noch erhalten. – *Türen*. Zwei Stück. Wohl Tanne, gestrichen; die eine datiert 1836. Geschweifte Vielpässe in den Füllungen. Altes Beschläg.

NUTZ- UND GEWERBEBAUTEN

An der nordwestlichen Schauseite des Dorfes steht hinter *Backhaus* (Koord. 55/140) und *Mühle* (Koord. 35/130) eine geschlossene Reihe von *Heuställen*. Den Eingang zur Seitengasse hinter dieser Nutzbautenzeile flankiert ein schmucker *Speicher* (Koord. 75/120), an dessen Türsturz eingeschnitzt steht: «M M/1M7 + 5G0». Qualitätvoller Speicher bei Koord. 120/130. Einmalig ist die *«Teilchammere»* (Teilkammer) (Abb. 262) bei Koord. 100/65, in der man die von der Alp geholte kühle Käsemilch («Sirta») zu verteilen pflegte. Es ist ein kleiner zweigeschossiger Blockbau in der Art stützelloser Speicher. Am Giebel, zwischen variierten Rosetten, die Ziffern der Jahreszahl 1731. Auf kräftigen Scherenpfosten eingezogene Rundbogenstürze, geschmückt mit Rautenfries unter Wolfszahn.

Auf dem geneigten Plateau oberhalb von Bodme, im *«Bodmer Lärch»*, bilden gestaffelte Heuställe eine der eindrücklichsten Gommer Nutzbautengruppen abseits der Siedlungen.

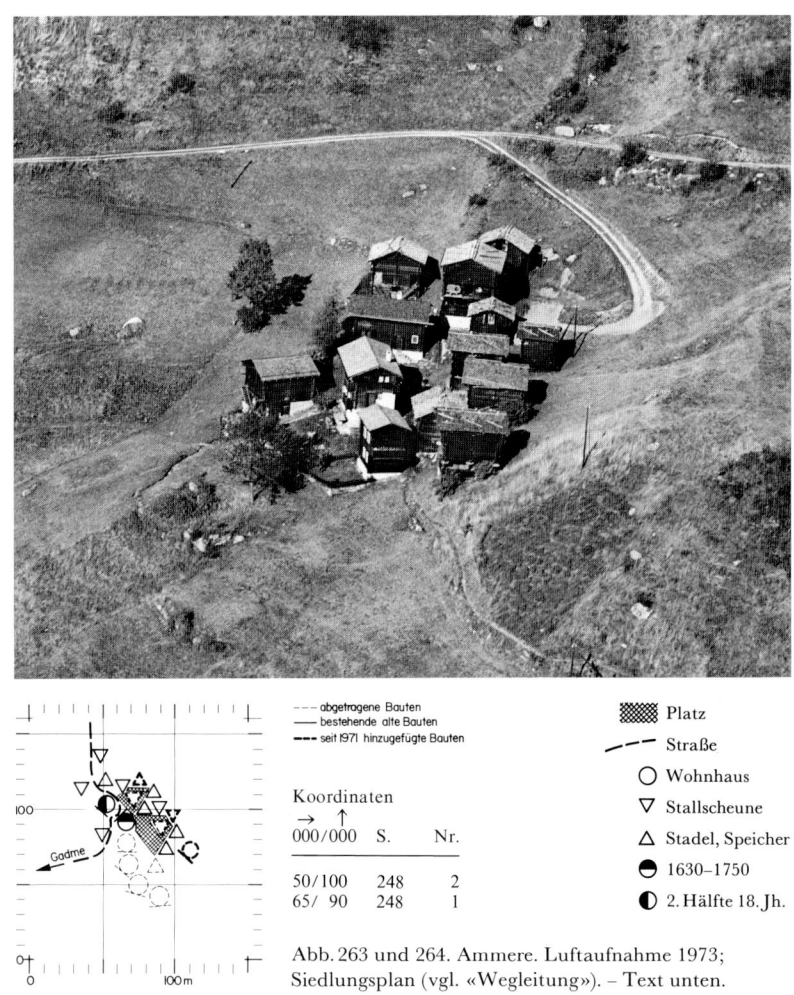

--- abgetragene Bauten
— bestehende alte Bauten
-·- seit 1971 hinzugefügte Bauten

Koordinaten
→ ↑
000/000   S.   Nr.

50/100   248   2
65/ 90   248   1

▨▨ Platz
⌒ Straße
○ Wohnhaus
▽ Stallscheune
△ Stadel, Speicher
◑ 1630–1750
◐ 2. Hälfte 18. Jh.

Abb. 263 und 264. Ammere. Luftaufnahme 1973;
Siedlungsplan (vgl. «Wegleitung»). – Text unten.

AMMERE

Zur *Geschichte* von Ammere (Ammeren), das früher Amoltern[1] hieß, vgl. S. 221.

SIEDLUNG. *Anlage und Geschichte* (Abb. 263–266). Die heute noch aus zwei Häusern und mehreren Nutzbauten bestehende anmutige Haufensiedlung schmiegt sich in eine Hangmulde der Westflanke jenes Sporns, der westlich vom «Chaschtebiel»-Rücken vortritt. Die Siedlung erstreckte sich einst mit Blick nach Südwesten weit über den Hang hinab. Seit 1953 auch das letzte Wohnhaus am Hang (Koord. 65/75), ein stattliches Gebäude von 1786, abgetragen wurde[2], kehrt sich der nun auf die Hangmulde beschränkte Weiler nach innen. Bei Koord. 70/105 stand vor Jahrzehnten ein «Streiwigädi» (Gaden für Streue), bei Koord. 60/95 ein Heustall, bei Koord. 50/90 ein Kleinviehstall. 1957 erwarb der aus Blitzingen stammende Dr. Hermann Wirthner, Münster, Haus Nr. 2. Von 1972 an baute er die Siedlung zu einem ein-

Abb. 265. Ammere.
Ansicht von Westen.
Aufnahme 1977.
Text S. 246.

drücklichen privaten *Freilichtmuseum* aus[3], wobei er den Ring der Gebäude um den freien Innenraum mit verschiedenen Typen von Nutzbauten aus der Umgebung noch enger schloß.

1972: Speicher (Koord. 75/120) aus dem Weiler Gadmen (Koord. 50/80). – 1973: bei Koord. 90/85 Heustall von 1929 entfernt; Schmalvieh-Heustall (Koord. 100/95) von ungewohnt geringer Tiefe, aus Blitzingen am Fuß des Dorfteils «Geren», 1974 innen durch Einbau einer mit Wasser betriebenen Mühle aus Zum Loch bei Ulrichen verändert; bei Koord. 110/70, wo einst eine unscheinbare «Hanfribi» stand, Alphütte (am Türsturz: «17 E.S.S.M.../1826»), aus dem Blitzinger Stafel «Heistette»; Speicher (Koord. 85/110) und Heustall (Koord. 65/115) um etwa 60 cm gehoben; Stadel (Koord. 80/100) auf «Plane» gestellt.

1 GdeA Blitzingen, C 2.

2 Das auf dem Dielbaum datierte Haus soll zuvor «Z'Brüggen», wohl Z'Brigg bei Ernen, gestanden haben (STEBLER, S. 43). 1954 wurde es von Auxilius Stucky auf der Bettmeralp aufgeschlagen, wo es Ende der sechziger Jahre abbrannte. – Bei Koord. 85/60 stand wohl ein Stadel, bei Koord. 85/40 wahrscheinlich ein Haus.

3 Den großen Stadel bei Koord. 50/120 hatte er schon 1965 um etwa einen Meter gehoben, im Unterbau zum Teil erneuert und als Garage geöffnet; ebenso hatte er im Unterbau des Stadels, der einst als «Schnätzchammere» (Schreinerkammer) diente, bei Koord. 100/85 bereits die Webstube mit allen dazugehörenden Geräten eingerichtet.

Abb. 266. Ammere.
Innerortsbild.
Text S. 246.

Abb. 267. Gadme. Luftaufnahme 1973. – Text S. 249.

WOHNHÄUSER

1. Koord. 65/90. Kat.-Nr. 2940. Dr. Hermann Wirthner. Erbaut 1640. 1971 Restaurierung der Fassaden und Modernisierung im Innern. Das schmale Häuschen steht quer zum Hang. Kielbogenfriese an erhabenen Leisten. ⌐──⌐. 1½. A. *Inschriften.* 1. Stockwerk: «[seitenverkehrtes Jesusmonogramm]IO-SEPH.UND.FALTEIN.NAGER/[spätere Inschrift:] [Jesusmonogramm.] MARTIN.WIRTNER 1640 [Jahreszahl wohl zur älteren Inschrift gehörend]». – 2. Stockwerk: «[abgehobelt]...NAGER...» – *Ofen.* Eingeschossig, mit gekehlter schwerer Deckplatte. 17. Jh. An der Stirn unsorgfältig eingeritzt: «1809/IAA».

2. Koord. 50/100. Kat.-Nr. 2943. Rosmarie Wirthner-Volken. Erbaut 1771. Renovationen 1957 und 1960/61; Kammeranbau an der linken Traufseite entfernt. Wohlproportioniertes Haus mit «Vorschutz» auf roßkopfgeschmückten Konsolen. Fries: Paar versenkter Rundstäbe. Am Sturz der Eingangstür Inschriftfragment aus dem Haus Nr. 4 in Biel (Kdm Wallis I, S. 403): «IHS MARIA/IERID[G?] HAVS/ER. ffRENI [I]O/ST SINHAVS/ffROVW.KAS/pERK.B.I.I.MAB», gerahmt von den Ziffern der Jahreszahl 1623 sowie von den Buchstaben «H K» und «KI». ⌐──⌐. 1½. A und C. Lärchenes *Rokokotäfer. Inschriften.* Wohl mit Alabastergips eingelegt in barockem Zierfeld: «IOHANNES/IOSEB ALBRECHT 1771». – Aus der ehemaligen Kammer: «1768.X.D.I.7[?].T.D/IOHANES.IOSEPH.ALBRECHT»[4]. – *Ofen.* Zweigeschossig. Karnies unter Stab an der Deckplatte. An der Stirn, in Lorbeerkelch, Wappen mit den Initialen «IAA/MRS» über der Jahreszahl 1840. – *Truhe.* Tanne. Mit Nußbaum eingelegt: «17 H.I.B 41».

Sammlungsgegenstände. Porträt von Pfr. Jos. Ignaz Nellen. Aus Fiesch (S. 376). – *Türen.* Zwei Stück. Aus dem Haus Nr. 13 in Biel (Kdm Wallis I, S. 406). – Zwei Stück. Aus dem Haus Nr. 6 in Niederwald (S. 276). – *Wandbüfett.* Aus dem Haus Nr. 2 in Gadmen (S. 251). – *Kommode.* Aus dem Hotel «Furka» in Oberwald. Nußbaum. Zwei Achsen mit je drei Schubladen, gesäumt von geflammten Profilen. Im trennenden Stab eingelegt «PM/CI» und die Jahreszahl 1740. – *Standuhr.* Aus dem Haus Nr. 13 in Biel (Kdm Wallis I, S. 406). 2. Hälfte 18. Jh.? Sockel und Tür des tulpenförmigen Schaftes mit Rautenspiegeln geschmückt. Geschweifter Giebelabschluß. – *Dielbauminschriften.* Zwei Inschriften aus dem Haus Nr. 8 in Biel (Kdm Wallis I, S. 404).

---

4 Beim Bau des Hauses bzw. der Kammer wohl als Spolie verwendet.

Hauptfassaden

Platz

Straße

Kirche   Kapelle

Wohnhaus

Stallscheune

Stadel, Speicher

1500–1630

1630–1750

Koordinaten

→	↑		
000/000		S.	Nr.
55/50		251	2
85/50		251	1

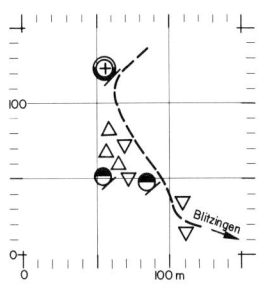

Abb. 268. Gadme. Siedlungsplan (vgl. «Wegleitung»). – Text unten.

GADME

Zur *Geschichte* von Gadme (Gadmen) vgl. S. 221.

Siedlung (Abb. 267, 268 und 270). Gadme wirkt heute wie eine sich den Talhang her-abwindende lockere Nutzbautenreihe mit zwei stattlichen Häusern als Akzenten.

KAPELLE HL. KREUZ

GESCHICHTE. 1687 besaß das Hl.-Kreuz-Kapellchen[1] eine Stiftsmesse[2]. Wohl 1808 wurde es wegen Baufälligkeit neu errichtet von einem Baumeister namens BIGUET aus

1 Im Visitationsakt von 1863 Marienkapelle genannt (PfA Niederwald, D 9); Mater Dolorosa (A. CAR-LEN, Verzeichnis).
2 PfA Niederwald, D 1.

Abb. 269 und 270. Gadme. Kapelle, 1808, Grundriß; Weiler von Norden mit Kapelle. – Text S. 250.

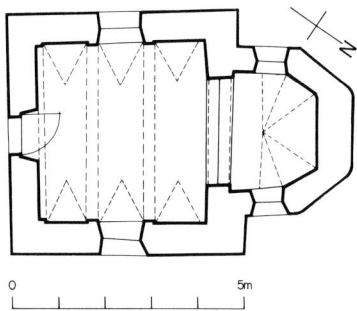

0   5m

der Region von Leuk[3]. Totalrenovationen 1903[4], 1926[5] und, nach kleineren Reparaturen 1945/46, 1970 durch Dr. Hermann Wirthner, Münster.

BESCHREIBUNG. *Äußeres* (Abb. 270). Das gegen den Hang gerichtete Kapellchen steht allein zwischen den Weilern Gadme und Ammere. Das dreiseitig schließende Chor unter gleichem First ist kräftig eingezogen. Auf dem Frontgiebel sitzt ein offener Dachreiter mit achtseitigem Spitzhelm. Halbrunde Stufen führen zum Rechteckportal unter Okulus. Stichbogenfenster im Schiff, Rechteckfenster in den Chorwangen.

Inneres (Abb. 269 und 271). Das schmale Chor ist um drei Stufen erhöht. Das dreijochige Schiff ist von einer Tonne mit kurzen, aber tiefen Stichkappen überwölbt. Im pilasterlosen Chor Tonne und fünfteiliges Fächergewölbe. Rundum geführtes Sims mit ungewöhnlichen Profilen: Karnies und Viertel-Rundstab zwischen Stegen. Stuckcherub am Scheitel des faszierten Chorbogens. Im mittleren Schiffsjoch Scheitelmedaillon in Form eines vom Oval durchschossenen Rechtecks mit qualitätvollem, auf Leinwand gemaltem Verkündigungsengel (3. Viertel 18. Jh.), vor 1970 Tafelbild in der Kapelle[6].

Altar. Das von unbekanntem Bildhauer stammende Retabel ist stilistisch in die Mitte des 18. Jahrhunderts zu weisen. Neue Fassung. Eine mit Öl auf Holz gemalte Darstellung des Grabchristus am Antependium[7] ist 1945/46 entfernt worden. – Das dreiachsige bekrönte Altärchen ist konkav gebogen. Die Seitenachsen sind der dominierenden Mitte zugewendet, wo die Nische von einem «Puttengiebel», einem Lambrequin und von prachtvollem Abschlußmedaillon bekrönt wird. In der Nische Pietà, links der hl. Josef, rechts ein hl. Bischof (Theodul?), im Bekrönungsmedaillon ein Kreuz.

Medaillons mit Rosenkranzgeheimnissen. Fünf Stück[8]. Reliefs in Akanthusrahmen. Dm. 22 cm (mit Rahmen 46 cm). Holz. Originale Polychromie und Vergoldung. Wohl 1715 von JOHANN RITZ, Selkingen, geschnitzt für den Hochaltar der «Chaschtebiel»-Kapelle (S. 228). Themen: Verkündigung, Darstellung im Tempel, Auferstehung, Himmelfahrt Christi und Pfingsten. Kraftvolle, typische Werke des Meisters. – *Altarkruzifix*[9]. H. (Korpus) 16 cm. Holz, polychromiert und vergoldet. Erzeugnis der Volkskunst. – *Kelch.*

Abb. 271. Gadme. Kapelle, 1808. Inneres gegen das Chor. – Text oben.

Gegossen. Fuß und Korb versilbert. H. 20 cm. 1.Hälfte 19.Jh.? Runder, profilierter Fuß und Schaft, fester, gerillter Korb. – *Kasel.* Weiß. 2.Drittel 18.Jh. Taft, bestickt mit weißen gerippten Girlanden und bunten Blumengrüppchen. – *Kerzenleuchter.* Paar. Gelbguß. H. 21 cm. Einfacher Renaissancetyp. Runder, profilierter Fuß, vasenförmige Teile am profilierten Schaft.

Glocke. Dm. 29 cm. Ton fis″. Glatte Kronenbügel. Zwischen Schnurstäben die Umschrift: «AVE MARIA GRATIA PLENA DOMINVS.TECVM 1738». Am untersten Schnurstab hängende Akanthuspalmetten. Flankenreliefs: Muttergottes und Kruzifix. Unter gebündelten Schnurstäben die Inschrift: «A[nton].K[eiser]. GOSS.MICH/VON.ZVG».

WOHNHÄUSER

1. Koord. 85/50. Kat.-Nr.2925. Dr. Peter Z'Brun. Erbaut 1665 (Jahreszahl am Giebel). Würfelfriese. Über den Fenstern und am Fußbalken mit Kreuz bekrönte Kielbögen. «Vorschutz» auf Roßkopfkonsolen. Originale Fensteröffnungen im «Stubji» des «Loibe»-Geschosses. An der Rückseite später angebauter Heustall. ⌐⌐. 1½. F. Dielbaum von 41 cm Breite. *Inschrift:* «[Jesusmonogramm]MARIA[Wappen: T unter zwei Punkten]CHRISTEN BITEL VND MARGRT SEILER SIN HVS FRAVW IM 1665». – Kunstvolle *Tür* aus dem Haus Nr.15 in Fiesch (S.376). – *Öfen.* 1. (aus einem abgebrochenen Haus in Münster, Kdm Wallis I, S.61, Abb.63, Koord. 330/335). Eingeschossig. An der Stirn, in Rechteckfeld, plastisches Wappenschild der Familie Imoberdorf (Lilie unter drei waagrecht aufgereihten Punkten) mit den Initialen «H IO» zwischen der Zeitangabe «15 80/16 MER[zen]». An der Wange Rechteckfeld mit Wappenspiegel und Rautenspiegel in hochrechteckigem Feld. – 2. Zweigeschossig. Von Brig herkommend, 1944 von RUDOLF RITZ, Naters, nachgehauen. – *Wandbüfett* (aus dem Haus Nr.43 in Reckingen, Kdm Wallis I, S.308). Tanne. Eingelegt: «IV ST/1800». – *Truhe* (aus dem Haus Nr.2 in Ulrichen, Kdm Wallis I, S.228). Tanne. Anfang 17.Jh. Schmale seitliche Rahmenfelder vorgeblendet. Eingelegt zweiachsige Gliederung mit großen Lilien in den Trenn- und in den Rahmenfeldern, mit Rautenbandwerk in den beiden Hauptfeldern. – *Ausziehtisch* (aus dem Haus Gustav Heinzmann, Unterstalden, Visperterminen), 1729, und dazugehörende *Eckbanktruhen*, 1.Hälfte 19.Jh.

2. Koord. 55/50. Kat.-Nr.2930. Dr. Peter Z'Brun. Erbaut 1.Drittel 18.Jh. (1711?). An der Flanke der kleinmaßstäblichen Nutzbautengruppe stehend, blickt das Haus mit mächtiger Schaufront ins Tal. Würfel- und Pfeilschwanzfries unter Wolfszahn. Der Blockbau reicht in der rechten Hausachse bis zum Erdboden herab. Ehemals «Loibe»-Balkon an der rechten Traufseite. ⌐⌐ (niedrig). 2½. F (quer zum Giebel nach Westen gerichtet). Dielbaum des ersten Wohnstockwerks ersetzt, des zweiten Stockwerks verkleidet.

Öfen. 1. Eingeschossig, mit Karnies unter der Deckplatte. An der Stirn zwei Wappenschilder, im linken Wirthner-Wappen zwischen den Initialen I und W, im rechten «M.F./1712», an der Wange Jesusmonogramm in eckgekehltem Feld. – 2. Form wie Nr.1. An der Stirn in Wappenschild: «IW/1734». – 3. Form wie Nr.1. – *Truhe.* Tanne. In den Rechteckfüllungen eingelegt: «IB 1647». – *Wandbüfett* (im Besitz von Dr. H. Wirthner, Münster). Tanne. Eingeritzt: «CI.IG[?] 1785 M.I.D». Rustikal.

Ein schmucker *Speicher* bei Koord. 50/80 wurde 1972 nach Ammern versetzt (S.246, Koord. 75/120).

---

3 Ebd., Bischöfliches Schreiben vom 17.Dez. 1807, o.Nr., und PfA Blitzingen, Memoriae breves Sacelli Intercomiensis (v. Gadmen) Anno MDCCCLXXVII(1877), o.Nr. Unter Pfarrer Joh. Xaver Blatter (1808–1820). Eine italienische Familie namens BIGUET lebte am Ende des 18.Jh. in Albinen (SCHMID/LAUBER, S.381 und 369).

4 PfA Blitzingen, Kapellenbuch von Ammern und Gadmen 1889ff., o.Nr.

5 Ebd., o.Nr. Neue Stühle und neues Schindeldach. Ausgemalt von JOS. MUTTER, Naters (A. CARLEN, Verzeichnis).   6 Hinweis auf die Muttergottesverehrung in der Kapelle. Vgl. Anm.1.

7 Vgl. die Malerei am Stipes des Hochaltars in der Hl.-Kreuz-Kapelle von Reckingen (Kdm Wallis I, S.322).

8 Das von STEINMANN aufgeführte Medaillon der Geburt Christi ist verschollen (STEINMANN, Ritz, S.138/39). Diapositiv im Besitz von Alfred Grünwald, Brig.

9 Altarkreuz, um 1650, H. 74 cm, verschollen (A. CARLEN, Verzeichnis, Blitzingen/Gadmen, Nr.3).

Abb. 272. Wiler. Luftaufnahme 1973. – Text unten.

WILER (BEI BLITZINGEN)

GESCHICHTE. Wiler[1] soll die Heimat des ersten Landeshauptmanns und Anführers bei der Schlacht von Visp 1388, Simon Murmann, sein. Am 15. Januar 1737 brach eine Lawine 22 Firste[2]. Bauernzunft 1752[3]. Vgl. die Geschichte von Blitzingen S. 221.

    Literatur. [K.]K[IECHLER]., Die Heimat des ersten Landeshauptmanns von Wallis: Simon Murmann ab Wyler, Walliser Volksfreund 31 (1950), Nr. 20 und 26.

SIEDLUNG (Abb. 272 und 273). Das Flugbild läßt den sonderbaren Aufbau des anmutigen Weilers auf dem kleinen fallenden Hangplateau erkennen. S-förmig aufgereihte Nutzbauten bilden gegen den Graben der «Williger Lowwine» hin einen Wall für die drei Häuser am Westrand der Siedlung, mit denen sie einen heute[4] freien Binnenraum umschließen.

    1 Die Ortsbezeichnung «Wiler» deutet nach ZINSLI ebenso wie die auf «-ingen» endenden Ortsnamen auf eine verhältnismäßig frühe Besiedlung durch die Germanen hin (P. ZINSLI, Namenkundliches zum Deutschwerden der schweizerischen Alpentäler, Alemannisches Jahrbuch 1962/63, S. 268 und Abb. 5).

    2 Als zeitgenössische Aufzeichnung erwähnt in einem Ms von Pfr. K. KIECHLER (PfA Blitzingen, o. Nr.).

    3 GdeA Blitzingen, B 1.

    4 Zu den abgetragenen Häusern vgl. Literatur. Vgl. ferner S. 258.

    5 PfA Niederwald, D 1.

    6 Man beachte den altertümlichen Typ der Gratgewölbekonsolen.

    7 Aufzeichnungen «D Memoriae Sacelli Quid Est In Vico Fanciano (Wiler)Anno MDCCCLXXVII (1877)» (PfA Blitzingen, o. Nr.) und KIECHLER (vgl. Literatur).

    8 PfA Blitzingen, o. Nr.

    9 KIECHLER (vgl. Literatur). Bis zu dieser Renovation hingen an der Schiffsdecke drei holzgeschnitzte Medaillons mit den Heiligen Namen.

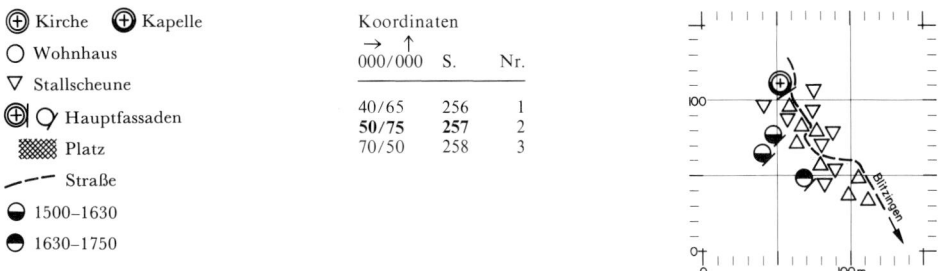

Abb. 273. Wiler. Siedlungsplan (vgl. «Wegleitung»). – Text S. 252.

KAPELLE HL. ANDREAS

GESCHICHTE. Die erstmals im Visitationsakt von 1687 erwähnte[5] Andreaskapelle
wird noch aus der ersten Hälfte des 17. Jahrhunderts stammen[6]. Gegen Ende des
19. Jahrhunderts war sie vom Abbruch bedroht[7]. Renovationen 1900–1910, 1924–
1926 (neues Schindeldach)[8]; 1945/46 Gesamtrenovation[9] mit (neuer?) Bemalung des
Chorgewölbes.

Abb. 274–276. Wiler. Kapelle, 1. Hälfte 17. Jahrhundert. Grundriß und Längsschnitt; Inneres gegen das
Chor. – Text S. 254.

BESCHREIBUNG. *Äußeres.* Die Kapelle steht am Nordrand der Siedlung als Wächter gegen den Lawinengraben. Unter zusammenhängendem Satteldach stößt ein großes eingezogenes Rechteckchor an ein kurzes Schiff. Auf dem Frontgiebel seitlich abgetrepptes, stumpfgiebeliges Mauer-Glockenjoch mit spitzbogiger Öffnung. Die Türöffnung und das Fenster der rechten Schiffswand sind stichbogig, die übrigen Fenster rechteckig.

Inneres (Abb. 274–276). Eine sehr weite Chorbogenöffnung mit Zugbalken verbindet die kontrastreich eingewölbten Räume. Im Schiff, auf hölzernem Sims, Holztonnendecke mit leicht gedrückten Flanken; im Chor grätiges Kappengewölbe nach kleinem Stichkappenpaar. Trompenartige Eckkappenteilung. Die Gräte stehen, außer in den Ecken, auf Konsolen in der Form spätgotischer Dienstkapitelle und sammeln sich in einem Granatapfel aus Stuck. Profilsims nur an der Chorbogenante.

Altar. Kopie, um 1910, nach dem im selben Jahr an das SLM veräußerten spätgotischen Retabel (S. 255). *Hl. Andreas* (in der Pfarrkirche). Vor 1974 Hauptfigur im Schrein. H. 72 cm. Holz, gehöhlt. Alte Polychromie und Vergoldung, übermalt. Letztes Viertel 17. Jh. Untersetzte Figur mit ausdrucksvollem Antlitz.

1974 entwendete Statuen der Bekrönung: *Muttergottes.* H. 43 cm. Holz, massiv, polychromiert und vergoldet. 2. Viertel 16. Jh. – *Hl. Petrus*(?). H. 41 cm. Arve, massiv, aber sehr flach, polychromiert und vergoldet. 1. Hälfte 17. Jh.? – *Hl. Johannes Ev.* H. 40 cm. Pendant zum hl. Petrus. Etwas überlängte Figuren von mittlerer Qualität. – 1976 abhanden gekommene seitliche Schreinfiguren, *hl. Nikolaus von Myra* und *hl. Bischof,* neugotisch, um 1910.

Chorbogenkruzifix (Abb. 277). H. 71,5 cm. Holz, häßlich übermalt. 1. Hälfte 17. Jh. Untersetzter Korpus mit breitem, knolligem Rumpf. Ausdrucksvolles gotisierendes Haupt. Eigentümliche bandartige Drapierung des Lendentuchs. Sonderbarer Kruzifixus. – *Gemälde der Heiligen Familie.* 148 × 91,5 cm. Öl auf Leinwand. Rechts unten überstrichen: «R[?].A.M.R [B?]/L[orenz].R[itz].1866». – *Kelch.* Gegossen, vergoldet.

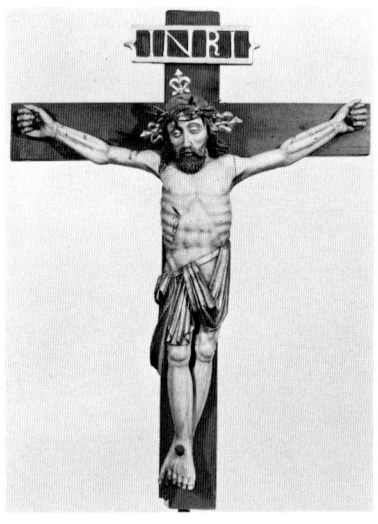 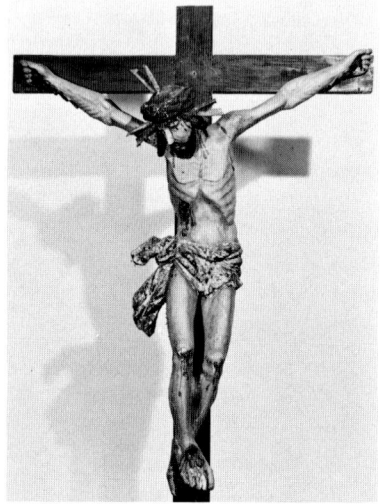

Abb. 277 und 278. Wiler. Kapelle. Chorbogenkruzifix, H. 71,5 cm, 1. Hälfte 17. Jahrhundert. Text oben. – Blitzingen. Kirche. Kruzifixus, ehemaliges Wegkreuz, H. 86 cm, 2. Hälfte 17. Jahrhundert. Text S. 230.

Abb. 279 und 280. Wiler. Kapelle. Abgewanderter spätgotischer Flügelaltar, Anfang 16. Jahrhundert, geschlossen und geöffnet (heute im Schweizerischen Landesmuseum, Zürich). – Text unten.

H. 20 cm. 1. Hälfte 19. Jh.? Runder, profilierter Fuß. Urnenförmiger Knauf. Rillen am geschlossenen Korb. – *Meßglocke.* Bronze. Dm. 8 cm. 19. Jh.? Kurze, breite Glocke mit geradem Stabgriff. Flankenreliefs: Jesusmonogramm und Cherub. – *Kaseln.* 1. Weiß. 2. Hälfte 18. Jh. Stab Anfang 19. Jh.? Taft, bestickt mit silberner und bunter Seide. Kleine Girlanden-, Blüten- und Astmotive. Breite Klöppelspitzen. – 2. Rot. Um 1800? Leinen und Moiré.

Glocke. Dm. 38 cm. Ton b'. An den Kronenbügeln Maskarons. Zwischen Schnurstäben ein Rankenfries mit Maskarons und die Umschrift: «ANNO 1668 [münzenartige Medaille mit Kreuz in Antlitz; Hand mit Krause]HEINRICH FVESLI GOSS MICH». Am untersten Schnurstab üppige hängende Akanthuspalmetten. Relief der Kreuzigungsgruppe an der Flanke.

Abgewanderter gotischer Flügelaltar (SLM, Inv.-Nr. LM 11646) (Abb. 279 und 280). 1910 erworben vom Antiquar und Kirchenmaler R. MESSMER, Basel, der eine Kopie in die Kapelle von Wiler lieferte. Vorerst als Altärchen aus Graubünden ausgegeben, identifiziert durch Karl Zmilachern, Zürich. H. 254,5 cm, B. 96 cm (geschlossen), 194 cm (offen), T. 25 cm. Auf der Glocke des hl. Theodul an der Flügelrückseite signiert: «HANS.RIN»[10]. Anfang 16. Jh.[11]. Zu Füßen der Heiligen der Flügelvorderseiten je drei verstreute Nelken[12]. Teilweise beschädigte alte Fassung. Preßbrokat der Flügel ähnlich demjenigen des Erner

10 HANS RINISCHER, Sitten? Vermutung von Hans Anton von Roten, Raron. Dem Maler RINISCHER wirr das Monogramm HR (in Ligatur) an den Gewölben der Kirchen von Raron (1512) und Ernen (1518) zugeschrieben. Das Fehlen des Punktes nach «RIN», wo die Umschrift gleichsam auf die Rückseite der Glocke verschwindet, wird kaum als Hinweis auf Unvollständigkeit der Umschrift zu werten sein.

11 Von WÜTHRICH in die Zeit um 1510 datiert (L. H. WÜTHRICH, Spätgotische Tafelmalerei, Bern 1969, S. 4–6).

12 Kaum als Nelkenmeistersignaturen zu deuten. Vgl. Die Kirche St. Roman «auf der Burg» in Raron, Burg und Kirche, Basel 1972, S. 52–55 (W. RUPPEN).

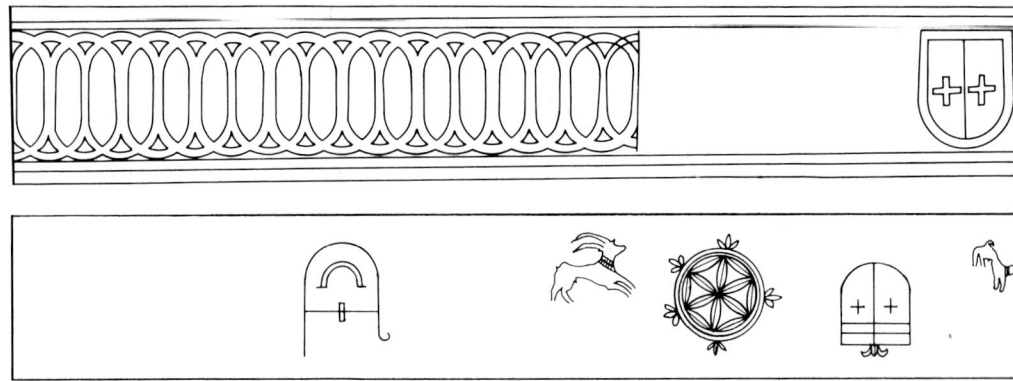

Abb. 281 und 282. Wiler. Kerbgeschnitzte Dielbäume, oben in

Nothelferaltars (S. 31) und des BERNER NELKENMEISTERS[13]. Statuenbestand 1910 durch R. MESSMER verändert[14].

Literatur. J. BAIER-FUTTERER, Die Bildwerke der Romanik und Gotik, Katalog des Schweizerischen Landesmuseums in Zürich, Zürich 1936, S. 47/48. – Kdm Graubünden VII, S. 421/22. – [K.]K[IECHLER]., Die Heimat des ersten Landeshauptmanns von Wallis: Simon Murmann ab Wyler, Walliser Volksfreund 31 (1950), Nr. 26.

Auf schmaler Predella ruht der hochrechteckige Schrein, der in kräftig eingezogenem Rundbogen endet. Auszug ist ein von hohen Diensten getragener Rankengiebel als Rahmen für eine bekrönende Muttergottesstatue auf rechteckigem Aufsatz. In dem ungegliederten Schrein, unter dreipaßförmigem Maßwerk, drei Statuen, der hl. Nikolaus von Bari zwischen Jakobus d. Ä. und einem hl. Bischof, auf den Flügeln je eine gemalte stehende Figur, an der Vorderseite, auf Goldgrund, links der hl. Petrus, rechts die hl. Barbara, an der Rückseite links der hl. Theodul, rechts der hl. Jakobus d. Ä. (!); an der Predella gemaltes Schweißtuch der Veronika. Die Ecken des Schreins sind von dreiteiligen Fächergewölben unterfangen. Dienste auf Stabfüßen tragen den rahmenden Rundstab. Bekrönung der Flügelgemälde auf der Innenseite geschnitztes Maßwerk, auf der Außenseite gemaltes Kohlblattwerk. Auf den Rahmen der Innenseite gemalte weiße Passiflorien, auf denjenigen der Außenseite schwarze. Bekrönende Immergrünblättchen am Auszug.

WOHNHÄUSER

1. Koord. 40/65. Kat.-Nr. 2726. Emma und Josephine Jost. Erbaut 1525. Renoviert 1651. 1973 um drei Ringe aufgestockt, alte Traufpfettenkonsolen belassen. Glatter Kammfries. «Vorschutz» auf Balken mit gekehlten Stirnen. Originale Fensteröffnungen im «Stubji» des «Loibe»-Geschosses. Gerade endende Türpfosten mit einigen Reihen von Kerbfriesen. Ehemals Balkon an der rechten Traufseite des «Loibe»-Geschosses. ⌐⌐. 1½. C und F. *Inschriften.* 1. Stockwerk: «1525 [eingekerbte große Ranken, Erner Wappen]». – Auf dem zweiten Dielbaum prachtvolle Kerbschnittrosette, Blumenranken in Schlaufe, Tartsche mit Lilie(?), Erner Wappen und zahlreiche kettenartig aufgereihte Ovale in der Breite des Dielbaums (Abb. 281). Auf einem Deckenbrett die Jahreszahl 1651. – Im «Stubji» des «Loibe»-Geschosses Erner Wappen. Rillenzier an den Deckenbrettern (vgl. Haus Nr. 11 in Schmidigenhäusern, S. 181). – *Ofen.* Eingeschossig, mit Kehle an der Deckplatte.

---

13 Vgl. Altarflügel mit Darstellung Jesu im Tempel im Zürcher Kunsthaus, Inv.-Nr. 1829.

14 Auf der Rückseite einer Statue soll 1910 die Jahreszahl 1641 oder 1642 gestanden haben (KIECHLER [vgl. Literatur, S. 252]). Statue des hl. Jakobus d. Ä. wohl nicht zum Originalbestand gehörend, da der Apostel auf einer Flügelaußenseite gemalt ist. Wahrscheinlicher Statuenbestand vor dem Verkauf: hl. Bischof, hl. Andreas (barock), hl. Nikolaus von Myra. Die von MESSMER gelieferten neugotischen Seitenstatuen entsprechen diesen Figuren ikonographisch.

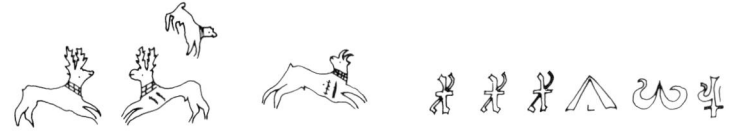

Haus Nr. 1 von 1525, unten in Haus Nr. 2 von 1530. – Text S. 256 und 257.

2. Koord. 50/75. Kat.-Nr. 2727. Rosemarie Seiler. Erbaut 1530. Gekerbter Rinnenfries in beiden Geschossen. Ältestes datiertes «Vorschutz»-Haus auf Konsolen
oberhalb der Talstufe von Fiesch. An den Konsolen neben schrägen Stäben plastische
Wappenschilder mit eingeschnitzten und eingeritzten Zeichen: Andreaskreuz, Erner
Wappen, Hauszeichen? (vgl. Dielbaum). Türpfosten wie bei Haus Nr. 1. Ehemals
Balkon an der linken Traufseite des «Loibe»-Geschosses. Einzige beinahe intakt
erhaltene Balkenkopfkaminanlage des Goms (Abb. 283) (vgl. Kdm Wallis I, Abb. 31
und 32). In die Küchenmauer eingelassene Giltsteintafel mit Seiler-Wappen, beschriftet: «SEILER ROSEMARIE/REN 1960». ⌐—⌐. 1½. A und F.

Inschrift (Abb. 282): Jesusmonogramm und die Jahreszahl 1530 in gotischen Minuskeln; Jagdszene mit
drei Hirschen und zwei Hunden; Erner Wappen; prachtvolle Kerbschnittrosette; Hirsche; geteiltes(?)
Wappen (schwebender, nach oben gekrümmter Balken [Hauszeichen?], ähnlich wie auf «Vorschutz»-
Konsole, jedoch ohne waagrecht gebrochene Enden, darüber von der Teillinie halbiertes Pfahlfrag-
ment). – *Ofen.* Zweigeschossig, mit kräftigem Karnies an der Deckplatte. An der Stirn, zwischen stehenden
Löwen, Nessier-Wappen mit den Initialen «TN/RD», darunter die Jahreszahl 1817. An der Wange ovaler
tropfenförmiger Spiegel, von einem Flechtband gerahmt. – *Porträt* einer Unbekannten in Walliser Tracht.
48,5 × 36,5 cm. Öl auf Leinwand. 1. Hälfte 19. Jh. Von unbekanntem Maler. Brustbildnis in halbem
Rechtsprofil.

Abb. 283. Wiler. Haus Nr. 2, 1530. Einzige beinahe intakt erhaltene Balkenkopfkaminanlage des Goms.
Text oben.

3. Koord. 70/50. Kat.-Nr. 2734. Rosemarie Seiler. Erbaut 1682. Würfelfriese. Unteres Stockwerk 1954 ausgebrannt und hernach erneuert. ⌐——⌐. 2 und Giebel-«Loibe». C. *Inschriften.* 1. Stockwerk. «Stubji»: «...DIE.HASA...IM 1681 IAR DEM.SCHRIBER.EIN.HAS.UNV.DEMNIT.FALT» (teilweise abgehobelt). – 2. Stockwerk: «[Kreuzmotiv in Kerbschnitt]DIEES.HAVS HAT LASEN MACHEN.HANS.VND.IOSEPH.IOST DISES HAVS. STET.IN.GOTES HAND KEINS.AVNRECHT VND.VNFRIEDEN.SOL.SIN.IN.DISEM.HAVS/GOT.VND.MARIA.EIST. AVNSER.TROST 1681 KEIN.TANtz.STAVBEN.SOLEN.NIE.WERDEN.NAMBT DAS.SOL.HIE.WERDEN.SPLOSEN.AVS» (dazwischen Lilie in Wappen und Sonnenblume). – «Stubji»: «[Wappen: über ornamentaler Lilie an der Stelle des Dreibergs Andreaskreuz mit kleinem griechischem Kreuz im unteren Zwickel, Initialen ‹I I›]IM 1682 IAHR [Jesusmonogramm] MARIA.IOSEP[Kerbschnittlilie]». – *Ofen.* Eingeschossig, mit Karnies unter der schweren Deckplatte. An der Stirn Wappenschild mit der Jahreszahl 1716 und den Initialen «I.I ML» rund um ein Jesusmonogramm.

NUTZ- UND GEWERBEBAUTEN

Zur eigentümlichen Anordnung der zahlreichen Nutzbauten vgl. S. 252. Die drei vor die Siedlung, an den Rand der Kuppe, tretenden *Stadel* bilden eine imponierende Gruppe. Bemerkenswertes *Speicherchen* bei Koord. 65/85. Bei der «Hoffstatt» (Koord. etwa 70/60) soll das *Backhaus* gestanden haben; die Bezeichnung «Millimatte» (Koord. etwa 80/100) weist noch auf die ehemalige *Mühle.*

NIEDERWALD

GESCHICHTE. Wie Niederwald als unterste Siedlung über der Talstufe von Fiesch das Gegenstück zu Oberwald bildet, wurde es bisweilen ebenfalls «Wald» (Zwalt) genannt. Hier trat die alte Landstraße, von Ernen herkommend, über eine Brücke auf die rechte Talseite[1]. Im 14. Jahrhundert wurden durch richterliche Entscheide die Anteile an den Alprechten, Wäldern und Almenden gegenüber Bellwald und heute verlassenen Siedlungen des Bellwalder Bergs abgegrenzt[2]. 1404 verkaufte Rudolf von Raron an Johann Thomas von Platea in Niederernen die Güter samt allen Herrschaftsrechten über seine Lehensleute in Niederwald und weiteren Gemeinden des Untergoms[3]. Bauernzunft gemeinsam mit «Rottebrigge» 1565[4]. Neue Gemeindestatuten 1772[5].

Im 19. Jahrhundert trat die Familie RITZ mit dem Porträt- und Kirchenmaler LORENZ JUSTIN (1796–1870) und dessen Brüdern, dem Bildhauer ANTON (1800–1853) und dem Maler FRANZ (1788–1859), hervor[6]. Aus Niederwald stammte auch der 1918 in Paris verstorbene weltberühmte Hotelier Cäsar Ritz, dessen sterbliche Überreste 1961 beim Tode der Gattin Marie Louise, geb. Beck, nach Niederwald übertragen wurden.

---

1 1386 hölzerne Brücke von Zimmermeister WALTHER VASSEN von Ulrichen (GdeA Niederwald, E 1).

2 Alp Richinen 1335 (ebd., C 1); Nesselschluchten 1357 (ebd., C 2). Spätere Auseinandersetzungen und Übereinkommen: mit «obere Schlettre» 1503 (ebd., C 7), mit «Nesselschluchten» 1601 (ebd., C 11), mit der «obere Schlettren» und «Nesselschluchten» 1777 (ebd., C 29). – 1767 veräußerte Niederwald die Alp Bettelmatte im Formazzatal (Pomat), die schon 1453 in seinem Besitz war (ebd., C 4 und 28, ferner W. Wb., S. 184).

3 GREMAUD VII, S. 8/9. Ehemals im Besitz der Familie von Urnavas (E. HAUSER, Geschichte der Freiherren von Raron, Schweizer Studien zur Geschichtswissenschaft VIII, Heft 2, Zürich-Selnau 1916, S. 177).

4 GdeA Niederwald, B 1.

5 Ebd., B 2.

6 LORENZ JUSTIN und FRANZ verließen Niederwald, weshalb die Söhne des LORENZ JUSTIN, der Genremaler RAPHAEL (1829–1894) und der Maler WILHELM (1827–1906), in Brig geboren sind.

Abb. 284. Niederwald.
Ansicht von Südwesten.
Zeichnung, 1857, von
Johann Rudolf Rahn.
Text unten.

Die Trennung von der Mutterkirche Ernen erfolgte unter größten Schwierigkeiten. 1666 erlaubte zwar Bischof Adrian IV. von Riedmatten die Gründung der Pfarrei, deren Kollatur er für sich und seine Nachfolger beanspruchte[7]. Ernen zögerte die endgültige Loslösung aber so lange hinaus, daß der Nuntius trotz Parteinahme für Niederwald Taufstein und Friedhof erst 1698 gestatten konnte[8]. Von Niederwald trennte sich Blitzingen mit den umliegenden Gemeinden 1818 als abhängiges Rektorat, 1877 als eigene Filialkirche (S. 221). Eigentümlicherweise hatten im 19. Jahrhundert u. a. auch die Pfarrherren von Reckingen und Biel Anspruch auf den Zehnten von Niederwald[9].

Quellen. PfA von Niederwald und Ernen. GdeA Niederwald.

Bilddokumente. 1. Dorfpartie mit Kirche von SW. Zeichnung. «Niederwald». «…[?] Heinerich». Nach 1863[10] (Museum Majoria, Sitten, Inv.-Nr. 379). – 2. (Abb. 284). Dorfpartie mit Kirche von SW. Zeichnung. «Unterwald, Ct. Wallis». 1857 (ZBZ, Rahnsche Slg., Skb. Nr. 407, S. 10). – 3. Dorfansicht von S. Zeichnung von RAPHAEL RITZ. 1845–1850? (Museum Majoria, Sitten; RUPPEN II, 324). – 4. Dorfansicht von O. Zeichnung von RAPHAEL RITZ. 1845–1850 (ETHZ, Graph. Slg., Inv.-Nr. 3686A, Skb. Nr. 22, S. 15).

Fahne. Verschollen. Abb. bei FURRER (wie S. 8, Anm. 15), S. 56/57. Quadratisch. In kleinem, zentralem Medaillon Untergommer (Erner) Wappen. Weiße, grüne und rote Flammen, vom Rand her zur Mitte strebend.

Siegel. Vgl. Pfarrsiegel, S. 263.

SIEDLUNG. *Anlage und Geschichte* (Abb. 284–286). Niederwald ist eine der unberührtesten und charaktervollsten Siedlungen des Goms. In die Mulde des Zwickels zwischen Schuttfächer und bewaldeten Talhang geschmiegt, wirkt es noch wie ein Obergommer Dorf, um so mehr als auch die Siedlungslandschaft des «Mittelgoms» hier wiederum derjenigen des oberen Goms gleicht. Da die Siedlung, teilweise in übereinander aufgereihten Zeilen, bis in den Steilhang hinansteigt, ergibt sich bei der engen Bauweise des Haufendorfes eine sehr wirkungsvolle Staffelung der Giebel. Schauseite ist der östliche Dorfrand, wo die Siedlung die Landstraße verläßt, um noch ein Stück

---

7 PfA Ernen, D 138, und PfA Niederwald, D 43.

8 PfA Niederwald, D 46 (56?). – Von der festgesetzten jährlichen Abgabe für «Mortuarien oder Seelgrätten» kaufte sich Niederwald unverzüglich los. SCHMID nennt für den Friedhof die Jahreszahl 1696 (F. SCHMID, Nachtrag zum Jahrzeitbuch von Ernen, Monatsschrift für vaterländische Geschichte 3 [1864], S. 14). Vgl. A Stockalper, Brig, L 37, Nr. 151, 151a und 152.

9 PfA Niederwald, loses Blatt in Rechnungsbuch o. Nr. – Vgl. die ähnlichen Verhältnisse in der anderen Mittelgommer Pfarrei Blitzingen (S. 221).

10 Auf der Zeichnung fehlt im Dachreiter des Beinhauses die 1863 entfernte Glocke.

Abb. 285. Niederwald. Luftaufnahme 1973. – Text S. 259.

weit dem Hang zu folgen. Wie wenn der Dorfplatz hinaus an den Rand des dichten Haufendorfes gedrängt worden wäre, umschließen hier neben Nutzbauten einige prachtvolle Häuser zur Hälfte einen Platz mit Brunnen (Abb. 298)[11]. Die alte Landstraße, die mitten durch das Dorf führt, wird hangwärts von einer dichtgeschlossenen Häuserzeile, talwärts von Nutzbauten begleitet. Die Kirche und zwei Häuser hinter dem Gotteshaus sind nach Südwesten in Richtung der Straße gewendet, die übrigen Giebel blicken hangabwärts nach Südosten. Nutzbauten vereinigen sich südlich des Dorfplatzes zwar zu einer stimmungsvollen Gruppe[12]; sie mischen sich aber noch zahlreicher unter die Häuser, mitunter ansehnliche Zeilen bildend. «Im Schleif» blieb das stellenweise dekorativ angeordnete Kopfsteinpflaster zum Teil erhalten.

Das einzige «Heidehüs» steht hoch am Hang nahe dem nordwestlichen Dorfrand. Die Häuser aus dem Zeitraum 1500–1630 befinden sich fast ausschließlich im Dorfteil oberhalb der alten Landstraße. Mehr geprägt wird das Dorf durch die zahlreicheren Wohnhäuser der Barockzeit (1630–1750) in der Mitte und in der westlichen Hälfte der Siedlung. Ende des 18. Jahrhunderts sind außer dem Pfarrhaus die beiden prachtvollen Häuser neben dem Platz am Ostrand entstanden. Die letzten beiden Häuser aus der ersten Hälfte des 19. Jahrhunderts wurden im Dorfkern

11 Ansicht des Dorfplatzes mit «Gundihüs» in STEBLER, S. 30, Fig. 21 (1903).
12 Dem 1971/72 erbauten Haus bei Koord. 170/165 mußte ein Heustall weichen.

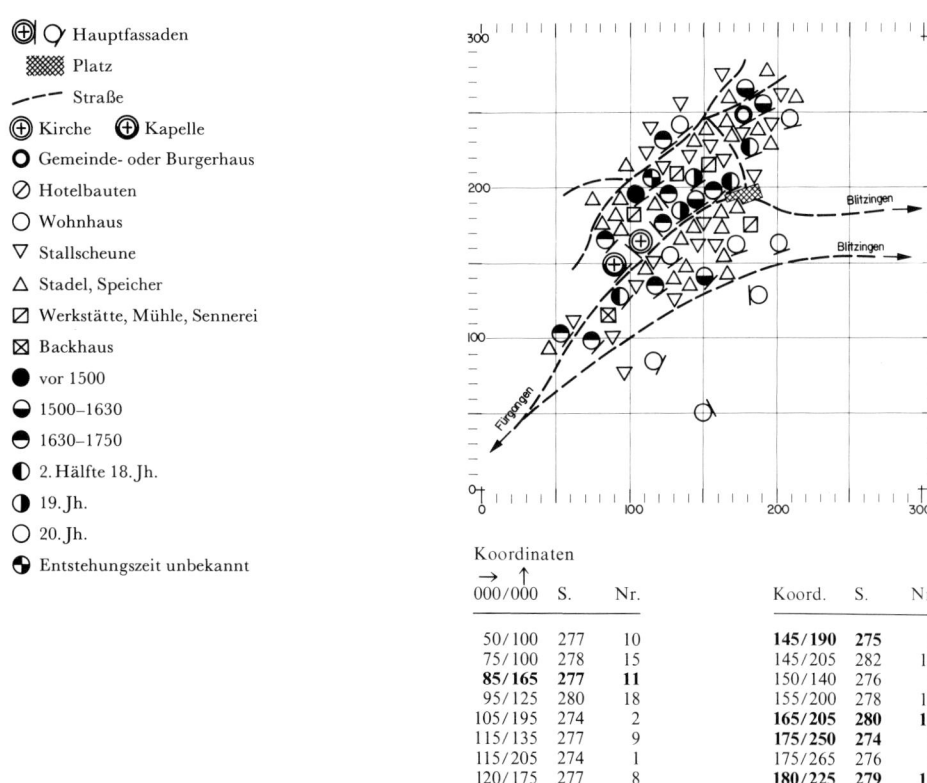

⊕ ○ Hauptfassaden

▨ Platz

╶╴╴ Straße

⊕ Kirche   ⊕ Kapelle

○ Gemeinde- oder Burgerhaus

⊘ Hotelbauten

○ Wohnhaus

▽ Stallscheune

△ Stadel, Speicher

▢ Werkstätte, Mühle, Sennerei

⊠ Backhaus

● vor 1500

◒ 1500–1630

◓ 1630–1750

◑ 2. Hälfte 18. Jh.

◐ 19. Jh.

○ 20. Jh.

◓ Entstehungszeit unbekannt

Koordinaten

→ ↑
000/000   S.   Nr.

Koord.	S.	Nr.	Koord.	S.	Nr.
50/100	277	10	145/190	275	5
75/100	278	15	145/205	282	19
85/165	277	11	150/140	276	6
95/125	280	18	155/200	278	14
105/195	274	2	165/205	280	17
115/135	277	9	175/250	274	3
115/205	274	1	175/265	276	7
120/175	277	8	180/225	279	16
120/230	278	13	190/255	274	4
125/195	278	12			
135/185	283	20			

Abb. 286. Niederwald. Siedlungsplan (vgl. «Wegleitung»). – Text S. 259.

errichtet. Abgesehen von einem etwa fünfzigjährigen Unterbruch um die Mitte des 18. Jahrhunderts, hielt vom Beginn der Neuzeit bis in die erste Hälfte des 19. Jahrhunderts eine verhältnismäßig stete Bautätigkeit an (vgl. Anm. 17).

Bezeichnungen von Dorfpartien. «Bim Zubi» (nordöstliche Ecke des Dorfes); «uff em Schloß» (Fluh beim Haus Nr. 7, Koord. 175/265[13]; «i der Rosmatta» (beim Haus Koord. 210/245); «im Schleif» (östlich vom «Gundihüs», Koord. 165/205, emporsteigende Gasse); «z'finschter Gässelti» (westliches Parallelgäßchen zum «Schleif», zwischen dem «Gundihüs» und Haus Nr. 14, Koord. 155/200, auf den Platz mündend); «im Salzgäbi» (beim Haus Nr. 11, Koord. 85/165) (Abb. 299); «uff em Platz» (bei Koord. 175/190); «ds unner Dorf» (Dorfteil unter der alten Landstraße); «unner der Chirche» und «unner dem Beihüs» (Nutzbautengruppen unter diesen Gebäuden); «bim Brunne» (beim Pfarr- und Backhaus, Koord. etwa 85/120); «im Mossji» (bei den neuen Häusern südlich der Autostraße).

13 Vielleicht lebt in der Ortsbezeichnung noch die Erinnerung an ein Gebäude der Feudalzeit fort.

PFARRKIRCHE HL. THEODUL

GESCHICHTE. 1464 verschaffte sich Niederwald einen bischöflichen Ablaßbrief[14], um die nötigen Mittel zur Ausschmückung der (eben?)[15] erbauten Kapelle und für den Kauf des Kirchengeräts zu erhalten. Auf die Pfarreigründung hin baute man 1666 ein größeres Gotteshaus mit Turm[16]. Der Kirche und dem Friedhof mußten im Dorfkern verschiedene Nutzbauten weichen[17]. Möglicherweise hat Bischof Adrian IV. von Riedmatten das Portal gestiftet (S. 264)[18]. Kirchweihe am 31. Juli 1678[19]. In der zweiten Hälfte des 18. Jahrhunderts bemalte der in Geschinen ansässige Tiroler Maler JOH. GEORG PFEFFERLE[20] das Schiffsgewölbe mit Darstellungen der Sieben Schmerzen Mariens, dasjenige des Chors mit drei Szenen aus dem Leben des hl. Theodul[21].

Nachdem 1861 infolge des Ausbaus der Furkastraße der untere Teil der Umfriedungsmauer sowie das Beinhäuschen an der Südwand der Sakristei abgebrochen werden mußten – das neue «Gebein-Häußlein» entstand im selben Jahr am Turm –, erneuerte man 1862 Vorzeichen[22] und Treppenaufgang[23], um anschließend zu einer durchgreifenden Innenrenovation überzugehen: Die Chorgewölbemalereien und die ornamentalen Rahmenmalereien der Gemälde am Schiffsgewölbe wurden mit Gipsdekor überdeckt; später (1898?) scheinen auch die Medaillons am Schiffsgewölbe überstrichen worden zu sein. 1867 neues Chor- und Sakristeidach, 1883 neue Kirchenfenster[24]; Kommunionbank von FRANZ PERREN. 1892/93 Schiffsdach.

Nach größeren Reparaturen 1898 durch BAPTIST BOTTINI, Brig, und einige Gipser führte man 1910 eine Innenrenovation durch. Die Medaillons im Schiffsgewölbe

---

14 PfA Niederwald, D 42 und o. Nr.

15 Ablaßbriefe gleichen Wortlauts von 1538 und 1550 (ebd., o. Nr.).

16 In der bischöflichen Erlaubnis zur Pfarreigründung ausdrücklich erwähnt (PfA Ernen, D 138, und PfA Niederwald, D 43). Blitzingen soll den Bau der Pfarrkirche im eigenen Dorf ebenso wie Niederwald begehrt haben. Die passende Wiese in Blitzingen sei aber nicht abgetreten worden, während Niederwald noch 1000 Pfund aus dem Kapellenfonds in Aussicht gestellt habe (PfA Blitzingen, De rebus religiosis Blitzingensium von Pfr. AUGUSTIN JULIER, o. Nr.).

17 Ein Heustall im Norden der Kirche, ein Stadel im Westen, ein Speicher und ein Stall unterhalb der «via regia» (PfA Niederwald, D 44).

18 Die Wappentafel kann aber auch als Zeichen der Dankbarkeit für die Stellungnahme des Bischofs im Streit mit Ernen um die Pfarreigründung angebracht worden sein.

19 PfA Niederwald, D 45. Fest «Revelationis Sti Theoduli», 4. Sept. Eigentlich handelt es sich um eine Relevatio, d.h. eine Übertragung der Gebeine im 12./13. Jahrhundert aus dem Grab in der karolingischen Krypta der Theodulskirche in Sitten (F.-O. DUBUIS, «Sepulcrum Beati Theodoli», No spécial du Bulletin du Diocèse de Sion, oct. 1962, S. 23–26).

20 RITZ, S. 24. Nach einem bibliographisch nichtidentifizierten Bericht von W[ILLI].Z[ELLER]., Eine Kirche redet um 1774 (PfA Niederwald, o. Nr.).

21 Die 1794 genannte Confraternitas septem Dolorum Beatae Virginis Mariae mag schon damals bestanden haben oder gegründet worden sein (PfA Niederwald, D 23). Zu den Chormalereien vgl. M. WERDER, Das Nachleben Karls des Großen im Wallis, BWG XVI (1976/77), S. 465.

22 Vorher wird die Kirche eine niedrigere, mit Pultdach versehene Vorhalle besessen haben. Zugleich wurden die Fassadenfenster verändert, die 1857 noch rundbogig endeten; das erhöhte mittlere Fenster war nicht verkürzt. Vgl. Bilddokument, S. 259, Nr. 2 (Abb. 284).

23 PfA Niederwald, D 17, und Notizen von Pfr. L. WEISSEN, 1922, im Pfarrbuch von Niederwald, o. Nr. In diesen beiden Dokumenten finden sich alle Angaben zu den Renovationen bis 1910.

24 1911 verhandelte man mit F. X. ZETTLER, München, zwecks Figurenfenster im Chor, die Heiligen Johannes und Josef darstellend (PfA Ernen, o. Nr.).

wurden freigelegt und aufgefrischt bzw. neu gemalt, die Wände dekoriert; Mosaikzementboden im Chor; Beichtstuhl (vgl. Anm. 34) und Chorstühle. 1912 Turmuhr von Jakob Mäder, Andelfingen[25]. 1924/25 Mosaikzementboden im Schiffsgang und in der Sakristei[26]. 1923 lärchene Kirchentür und Bestuhlung von Gregor Tenisch, Grengiols[27]. Als man 1930 nach Wiederherstellung der Turmmauern den Helm mit galvanisiertem Blech deckte, reparierte und vergoldete man das Turmkreuz mit der auf 1744 datierten Fahne. Gleichzeitig Renovation des Portals sowie der ganzen Kirchenfassade mit Eckquadrierung durch Emil Guntern, Reckingen, und Maler Anton Imsand, Münster. Im Innern malte Imsand den Sockel und die 1928/29 neugeschaffene Orgelempore braun an Stelle des vorherigen Grüns.

Bei der Gesamtrenovation 1948/49 legte Julius Salzgeber, Raron, die dekorativen Rahmenmalereien am Schiffsgewölbe und die Theodulsszenen im Chor frei (vgl. Anm. 27); das Medaillon am Chorbogen, «Erster Schmerzen Marias», wurde nach einer Darstellung desselben Themas in der Kapelle «Zen Hohen Flühen», Mörel, neu gemalt, ebenso alle Legenden; Brusttäfer und neue Kanzelstiege; die Rafenköpfe verkleidete man mit einem hölzernen Traufsims; weil sich der Treppenaufgang samt den Portalsäulen gesenkt hatte, wurde dieser erneuert; Andreas Kübele, St. Gallen, reparierte die Glasfenster; das «Gebein-Häußlein» am Turm wurde abgerissen. 1964 neuer Beichtstuhl. 1967 Restaurierung der Chorgewölbemalereien durch die Firma Mutter, Naters. An der Südfassade ehemals gemalte Sonnenuhr[28]. 1951 gestaltete man den Friedhof einheitlich mit hölzernen Kruzifixen von Leopold Jerjen, Reckingen, die jeweils vor Einbruch des Winters entfernt werden.

Baugeschichtliches Problem. Die Architekturgliederung im Innern von Schiff und Chor stammt aus der zweiten Hälfte des 18. Jahrhunderts[29]. Damals wird man die (hölzerne?) Tonnendecke durch das heutige Gipsgewölbe ersetzt und dieses mit Malereien geschmückt haben (S. 264).

Bilddokument. Ansicht von NO. Zeichnung von Wilhelm Ritz? «Niederwald». 1845–1850? (Museum Majoria, Sitten, Inv.-Nr. 379).

Pfarrsiegel. Oval. Dm. 3,3 × 3 cm. 1. Hälfte 19. Jh. Auf strichförmigem Podium stehender hl. Theodul mit dem Pedum in der Rechten, die Glocke links zu Füßen. Umschrift: «PAROCHSUBSILVENSIS IN DESENO COMESIAE IN WALLES» (Zeichnung bei Furrer [wie S. 8, Anm. 15], S. 56/57 [1864–1867]).

BESCHREIBUNG. *Äußeres* (Abb. 284). Die Kirche steht, nach Nordosten gerichtet, längs dem Hang in der westlichen Dorfhälfte, wo sich die Siedlung bereits zu lichten beginnt. Der Turm an der linken Achsel und die unter Schleppdach angefügte Sakristei gegenüber verbergen den Übergang vom Rechteckschiff zum eingezogenen, dreiseitig schließenden Chor. Das hohe, zusammenhängende Satteldach ist über dem Chorschluß steil gewalmt. Das Schleppdach der Sakristei ist gegen Osten abgewalmt, um die befensterte Chorwange freizugeben. Die stichbogigen Schiffsfenster sind des Hangs wegen hoch angebracht, diejenigen des Chors bis zur hölzernen Traufverscha-

25 PfA Niederwald, Vertrag, o. Nr.

26 Platten der Marmor-Mosaik-Werke, Baldegg. Ebd., Pfarrbuch von Niederwald, o. Nr. Hier auch die Angaben zu den folgenden Renovationen.

27 Ebd. und Rechnungsbuch und Notiz von 1922, o. Nr. Daran steuerte der bekannte Benediktiner Lukas Ettlin (A. C[arlen]., Kirchenvergrößerung in Niederwald, Walliser Bote 109 [1949], Nr. 71).

28 Abb. bei Biner, S. 132.

29 Vgl. Bodmen, S. 239, und das Tableau der Wandgesimse, Kdm Wallis I, S. 434, VI und VII.

lung angehoben. Drei pyramidenförmig angeordnete, (heute) flach stichbogige Fenster rahmen das konkav geschweifte Satteldach des hohen Vorzeichens, das von tuskischen Granitsäulen auf hohen Sockeln gestützt wird. Rundbogiges Portal mit später versetzten Giltsteinkapitellen im postgotischen Tuffgewände (Ende 16. Jh.?). Über dem Scheitel, auf eingelassener Giltsteintafel, Vollwappen des Bischofs Adrian IV. von Riedmatten, die Initialen «A[drianus de]R[iedmatten]E[piscopus] S[edunensis]» und die Jahreszahl 1666.

Der schlanke, nur dürftig mit Lichtschlitzen befensterte Turm zeigt unter dem blechverkleideten Glockengeschoß noch den fürs Obergoms zeittypischen Dachkranz[30]. Die Zwillingsarkaden der Schallöffnungen sind nur vorgeblendet. Der Helm leitet vom Zeltdach über das Achteck zur Kegelspitze über.

Inneres (Abb. 287 und 289). Das Chor weicht um vier Grad, die Stirnfassade um zwei Grad von der Schiffsachse zum Tal hin ab, um der Formation der Hangmulde folgen zu können. Das weite Chor wird vom Schiff durch einen kräftigen Chorbogen abgeschnürt. Ionische Pilaster mit hohem Gesims (Abb. 288) gliedern das Schiff in drei Joche. Die zweizonigen Pilaster im Chor – wo allerdings Gesimse fehlen – und die im Schiff stichbogig über die Fenster setzenden Kranzgesimse sind Motive der Reckinger Pfarrkirche (1745). Hinter dem Hochaltar blieb ein Fragment des originalen frieslosen Profilgesimses mit Zahnschnitt erhalten. Im Schiff Stichkappengewölbe, im flach eingewölbten Chor Stichkappenpaar mit Stuckcherub am Scheitel und fünfteiliges Kappengewölbe. Zierkonturierte Scheitelmedaillons in Schiff und Chor. Cherubim über den Fensterscheiteln des Chorschlusses.

Gewölbemalereien in Schiff und Chor. In den Chorschlußkappen stark überholte Theodulsszenen aus der zweiten Hälfte des 18. Jahrhunderts: «Sanct Jodere beim Opfer Gottesbotschaft erhäldt»[31]; «Der Kaiser Sanct Jodere das Schwerdt verleihedt»[32]; «Sanct Jodere den Weyn vermehredt». Die Taube des Heiligen Geistes im Chormedaillon wirkt wie alle szenischen Darstellungen am Schiffsgewölbe neu (R. MESSMER, Basel, 1910). Am Chorbogen beginnend und in den Stichkappen von rechts nach links alternierend die Sieben Schmerzen Mariens; in den Scheitelmedaillons, die im Kontur denjenigen in der Reckinger Pfarrkirche und in der Antoniuskapelle auf dem Münstiger «Biel» gleichen[33], von hinten nach vorn die hl. Cäcilia, die thronende Muttergottes und Maria, zwei Mädchen Anhängeschildchen mit einem

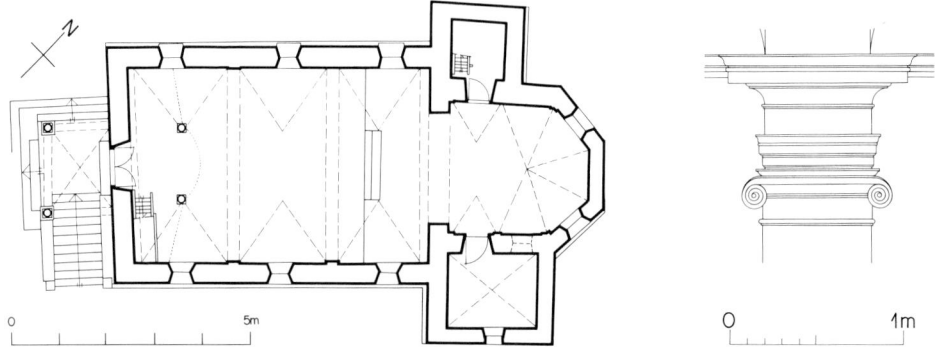

Abb. 287 und 288. Niederwald. Kirche, 1678. Grundriß und ionisches Pilasterkapitell. – Text oben.

Abb. 289. Niederwald.
Kirche. Inneres gegen das Chor.
Text S. 264.

Kreuz und der Initiale «M» zeigend. Rocaillegerahmte Ornamentgitter an beiden Gewölben. *Orgelempore,* 1930–1940, auf marmorierten tuskischen Säulen, zweite Hälfte 18. Jahrhundert.

Altäre. Hochaltar (Abb. 292). Das bestehende Retabel des 1678 den Heiligen Theodul, Petrus und Mauritius geweihten Altars[34] ist 1787 von JOHANN BAPTIST LAGGER (1748–1791), Reckingen, für 132½ Kronen geschnitzt und anschließend gefaßt worden[35]. Bis zur Renovation[36] durch R. MESSMER, Basel, 1910, war im Altar ein Gemälde des hl. Theodul[37] eingefügt, das 1863 durch einen Maler namens

---

30 Eigenartigerweise sind im Innern unter dem Glockengeschoß nun verschlossene Zwillingsrundbogenfenster mit hölzernem Mittelpfeiler sichtbar, die außen wohl aus Holz gezimmert, innen aber mit gemauerten Bögen versehen sind.

31 «... das durch sin villfältiges, und gott angenemes gebett, und meßopffer dem Kaiser [Karl d. Gr.] sein sünd verzüchen weren» (Abschrift des 17. Jh. aus Helvetia Sancta des HENRICUS MURER der Carthus Ittingen profeß und procurator, PfA Niederwald, D 57).

32 Vgl. die Ausführungen zur «Karolina», Kdm Wallis I, S. 105, Anm. 290. – M. GRENAT, Dissertation sur l'existence de Saint Théodule, évêque de Sion, Fribourg 1880.

33 Vgl. S. 263 und Anm. 29.

34 PfA Niederwald, D 45. – 1863 stand hinter dem Altar ein Beichtstuhl (ebd., D 17).

35 Notiz im Inventar von 1863 (ebd., D 17). Die genauen Angaben und der Hinweis auf den amtierenden Notar lassen keinen Zweifel an der Richtigkeit der Notiz aufkommen. – Vgl. Pfarrbuch von Niederwald (ebd., o. Nr.).

36 1922 äußerte sich Pfr. L. WEISSEN über die Arbeit MESSMERS, der Altar sei «neu vergoldet oder besser entgoldet» worden (ebd., Pfarrbuch von Niederwald, o. Nr.).

37 Ebd., Visitationsprotokoll des Dekans, o. Nr. – Die heutige Theodulstatue wurde um 1908 beschafft.

Abb. 290 und 291. Niederwald. Kirche. Linker Seitenaltar, 2. Viertel 18. Jahrhundert, wohl von Anton Sigristen, Glis. Text S. 267. – Rechter Seitenaltar, 1. Hälfte 19. Jahrhundert(?). Text S. 268.

STOCKER (JOSEPH STOCKER, Zug?) ersetzt worden war (S. 282)[38], und dahinter stand eine Marienstatue (S. 270) im Stil des Altars, die an den Marienfesten gezeigt wurde (vgl. Ernen, S. 26); auch rahmten den Altar zwei Portale, bekrönt mit den Statuen der Heiligen Sigismund(?) und Mauritius[39]. Tabernakel, 1. Hälfte 19. Jh., wohl vom Meister des rechten Seitenaltars[40], verändert nach 1863[41]. Bekrönende Ranken 1948/49 von JULIUS SALZGEBER, Raron, etwas beschnitten, um den Blick auf die Chorgewölbemalereien freizugeben.

Der Altar ist ein aufwendig bekröntes, dreiachsiges Architekturgeschoß. Säulen umklammern die mit Lambrequin bekrönte, geschweiftbogige Altarnische; zwei nach vorn gestaffelte Säulenpaare bilden den Rand des schüsselförmig nach vorn gekrümmten Altargewändes. In der vorgezogenen Bekrönung rahmen Bandspiralen unter schwingendem Gebälk eine Krönung Mariens zwischen den Akroterfiguren der Apostelfürsten. Die Statuen des Hauptgeschosses sind pyramidenförmig angeordnet: von links nach rechts die Heiligen Mauritius(?), Ludwig(?), Theodul, Karl d. Gr.(?) (Abb. 293) und Sigismund(?) (vgl. Anm. 39). Entstellte Fassung (1910), auf Grau

38 Ebd., D 17.

39 Konstantin? (Ebd., neueres Pfarrbuch von Niederwald, o. Nr.) Wohl vertauschte Fahnen, da die Mauritiusfahne nicht zur bekrönten(!) Figur paßt. Zum hl. Sigismund gehörte demnach die Fahne mit den nichtgedeuteten vier Tauben (M. WERDER [wie Anm. 21], S. 429).

40 Vgl. vor allem den Stil der vorderen Säulchen.

41 PfA Niederwald, D 9.

Abb. 292 und 293. Niederwald. Kirche. Hochaltar, 1787, von Johann Baptist Lagger, Reckingen; Karl der
Große am Hochaltar. – Text S. 265 und 266.

gestimmt mit Sandstrukturen, die Statuen zum Teil original gefaßt. In Figurenstil,
Architektur und Ornamentik sind Motive der väterlichen Werkstatt des PETER
LAGGER (1714–1788) teilweise selbständig fortentwickelt. Einziges archivalisch gesi-
chertes Werk des im besten Mannesalter verunglückten Meisters.

Altar der Heiligen Familie und des hl. Rosenkranzes (linker Seitenaltar) (Abb. 290). Der
bei der Kirchweihe 1678 «Jesus, Maria und Josef» geweihte[42] Altar der Heiligen
Familie besaß 1736 auch das Patrozinium des hl. Rosenkranzes[43]. Nach dem Stil der
Flanken- und Akroterstatuen zu schließen, ist das heutige Retabel ein Spätwerk des
ANTON SIGRISTEN (†1745), Glis; fremd wirken die verschiedenartigen Putten, der
Sprenggiebel und die dreipaßförmige Kartusche am Hauptgebälk. Die ungeschickt
eingepaßten Gemälde gehören kaum zum ursprünglichen Bestand. O. STEINMANN
schreibt Altararchitektur und -ornamentik mit Vorbehalt der Ritz-Werkstatt nach
Ableben des JOHANN (†1729), d. h. JODOK, zu[44]; indessen weisen auch hier Motive auf
den Gliser Meister[45].

42 Ebd., D 45. 1704 «sand Josephs altar» genannt (ebd., D 12).
43 Ebd., D 2.
44 STEINMANN, Sigristen, S. 211/12, bes. Anm. 83. STEINMANN schließt auch eine Zusammenarbeit der
Werkstätten nicht aus. Ähnliche Säulenstellungen in den von JODOK RITZ geschaffenen Seitenaltären
(1733) von Wassen. Der Akanthus der gewundenen Säulen gleicht demjenigen an dem wohl von JODOK
geschnitzten Schrank im Pfarrhaus von Münster (Kdm Wallis I, S. 119).
45 Dynamischer Altaraufbau; aus geschupptem Band ausschlagender Akanthus.

Das hohe Retabel baut sich aus zwei einachsigen Geschossen auf. In beiden Zonen schieben nach außen gedrehte gebündelte Stützen die Mittelachse der Altarblätter optisch vor, was durch die geöffneten Sprenggiebel noch betont wird. Bekrönendes Herz in Akanthuskranz. Altarblätter: unten Rosenkranzgemälde mit der üblichen Ikonographie, oben Heilige Familie (Ende 18. Jh.?). Im Hauptgeschoß, unter Hänge-kapitellen, links ein unbekannter Heiliger (Josef?), rechts Johannes Ev.(?). Akroterfi-guren: links Ignatius von Loyola, rechts Antonius von Padua, lehrend, mit Buch. Beschädigte Randranken. Neuere Ölmarmorierung. Lüster und Polimentgold der Figurenfassungen größtenteils original.

Altar der Heiligen Drei Könige und der Sieben Schmerzen Mariens (rechter Seitenaltar) (Abb. 291). Bei der Kirchweihe 1678 wohl als neues Retabel den Heiligen Drei Königen geweiht[46], wird der Altar 1879 mit den Sieben Schmerzen Mariens als erstem Patrozinium genannt[47]. Als Pendant zum linken Seitenaltar in der ersten Hälfte des 19. Jahrhunderts(?)[48] von unbekanntem Meister (ANTON RITZ [1800–1853] von Niederwald?) geschnitzt, 1886/87 wohl vergoldet von einem Maler namens COALINO, Monthey[49].

Pendant zum linken Seitenaltar, jedoch mit nach innen gewendeten Säulenbün-deln und ohne Sprenggiebel. Quastenbesetzter Lambrequingiebel am Hauptgeschoß. Auge Gottes in der Bekrönung. Altarblätter: unten Anbetung der Heiligen Drei Könige mit Wappen Schärtig(?)[50] (stundenglasförmiges Zeichen) zwischen den Ziffern der Jahreszahl 1678 unter den Initialen «M.S.», oben Kreuzabnahme, drittes Viertel 18. Jahrhundert. Im Hauptgeschoß links der hl. Stanislaus Kostka(?), rechts der hl. Antonius von Padua; Akroterfiguren: links die hl. Katharina, rechts eine Märtyrin. Die rocaillegerahmte Statue der Schmerzhaften Mutter in der Predellen-zone nimmt wie das obere Altarblatt auf das spätere Patrozinium der Sieben Schmer-zen Bezug. Charakteristisch ist der träge Bewegungsfluß im Körper- und Faltenstil sowie in der Ornamentik. Unter der Ölvergoldung ältere Polychromie.

Kanzel (Abb. 294). Nußbaum, ungefaßt. Vergoldete Appliken. Um 1700 wohl von JOHANN SIGRISTEN, Glis, geschnitzt. 1862 Vergoldung gefirnißt[51]. Auf geschweifter kegelförmiger Konsole fünfseitiger Kanzel-korb mit Evangelistenstatuetten in Rundbogennischen. Schalldeckelädikula ähnlich derjenigen in Glis. In den Arkaden, auf kreiselförmigen Podesten vor einer Balustrade, Statuetten von heiligen Päpsten und Bischöfen (Kirchenlehrer?). Bekrönender Posaunenengel, vergleichbar demjenigen auf der Erner Orgel, jedoch mit leerer Kartusche. An der Kanzelrückwand Jesusmonogramm zwischen Festons unter einem Cherub. Typischer Figurenstil der Sigristen-Werkstatt. In der Kanzelhand Kruzifix aus der Werkstatt des PETER LAGGER, Reckingen, 3. Viertel 18. Jh. – *Orgel.* Die ursprüngliche Orgel im erhaltenen Prospekt soll 1776 von FELIX CARLEN (1734–1816), Gluringen, gebaut worden sein[52]. Reparaturen 1868 durch EDUARD(?) KONOPKA und 1903[53]. 1923 Umbau[54] auf pneumatische Traktur durch HEINRICH CARLEN,

---

46 PfA Niederwald, D45.   47 «B.V.M. VII dolorum, vel III Regum» (ebd., D10).
48 Vgl. Tabernakel des Hochaltars, S. 266; ferner Wechsel des Patroziniums und Auge-Gottes-Motiv.
49 Einer der Seitenaltäre (StAS, A de Kalbermatten, Nr. 1045, und PfA Niederwald, D17).
50 Vgl. W. Wb., S. 233 und Tf. 4.   51 PfA Niederwald, D17.
52 Jahreszahl 1776 am Fries des Fußsimses des Prospekts. (Freundl. Hinweis von Heinrich Mutter, Niederwald.) – KATHRINER, S. 100. Er stützt sich auf die unzuverlässigen Aufzeichnungen von KONRAD CARLEN. BRUHIN, S. 209; mit Angabe der Disposition. Pfr. L. WEISSEN nennt 1922 einen WALPEN als Erbauer (PfA Niederwald, Pfarrbuch von Niederwald, o. Nr.).
53 Neuer Blasbalg von KONOPKA (ebd., D17).
54 PfA Niederwald, Vertrag, o. Nr. Zuvor war eine Offerte mit neuromanischem Prospekt von KARL HOCHREUTENER, Wil, eingeholt worden; Zeichnung erhalten (ebd., o. Nr.).

Abb. 294 und 295. Niederwald. Kanzel, um 1700, wohl von Johann Sigristen, Glis. Text S. 268. –
Taufstein, 1671, mit Aufsatz, 3. Viertel 18. Jahrhundert, im Stil der Werkstatt des Peter Lagger,
Reckingen. Text unten.

Glis, unter Wiederverwendung des Gebläses und von nur vier alten Registern, die teilweise noch
verändert wurden. Neuer Spieltisch. Brauner Anstrich des Prospekts, Bronzierung des Dekors. Revisionen
durch HEINRICH CARLEN 1928 und 1949 (Motorantrieb)[55]. Renovation 1967 durch Orgelbauer FRANCIS
GRUAZ, Lausanne. Zwischen schlanken, runden Seitentürmen komplexes Mittelstück mit eingefaßtem
zweizonigem Mitteltürmchen, das von Karniesen giebelartig gerahmt wird. Horizontale Gesimse. Lang-
strähniger Akanthus. – *Taufstein* (Abb. 295)[56]. Am giltsteinernen Becken eingekerbt die Jahreszahl 1671.
Eine stilistisch zum ersten Aufsatz[57] gehörende Wappenkartusche der Familie Bittel (W. Wb., Tf. 2) mit
den Initialen «I.B» noch erhalten. Hölzerner Aufsatz aus der Lagger-Werkstatt, Reckingen, 3. Viertel
18. Jh. Der etwas derbe «Pokal» des Taufsteins zeigt am quadratischen Fuß und an der achtseitigen Kupa
symmetrische vegetabile Flachreliefs. Umschrift am Beckenrand: «IH.THVFE/NIMNAHE/N.GOT.DES/VATERS
VND/DES SOHN/VND.DES HEILIGEN/G[eist]ES». Der größtenteils noch original mit Polimentgold und Lüster
gefaßte Aufsatz folgt formal und teilweise ikonographisch demjenigen des Taufsteins (1725) in Oberwald
von ANTON SIGRISTEN[58]. Säulenbaldachin auf dem Deckel als oktogonalem Kern mit Rundbogennische

55 Pfarrbuch (vgl. Anm. 52).

56 Standort bis 1859 vor dem rechten Seitenaltar (PfA Niederwald, D 17), hernach rechts hinten in der
Kirche, seit 1951 neben dem eigens hierfür verkürzten Beichtstuhl links vom Eingang.

57 Im Visitationsakt von 1687 wurde ein neuer Deckel mit Türchen und Raum für die Ölgefäße
gefordert (ebd., D 1). FURRER (wie S. 8, Anm. 15), S. 56B.   58 Kdm Wallis I, S. 172.

an der Schaufront. Bekrönender Gottvater auf geschuppten Voluten. In der Rundbogennische plastische Gruppe der Opferung Christi im Tempel (Kind fehlt). Inschrift der Scheitelkartusche: «VNVS DOMINVS VNA FIDES VNVM BAPTISMA». Im Baldachin Taufe Christi mit Hl.-Geist-Taube. Inschrift der Rollwerkkartusche: «BAPTIZANTES.EOS/IN.NOMINE.PATRIS.ET/FILII.ET.SPIRITVS.SANCTI». Die Kanten des «Pokals» werden von hölzernen Akanthuspalmetten umklammert. Etwas steife Statuetten mit symmetrischen Antlitzen. Im Innern Kupferschüssel, Dm. 42,5 cm, in Form eines rosettenförmigen Blattkelchs, gehämmert, innen versilbert.

Skulpturen. Kreuzigungsgruppe (an der linken Chorwange, ehemals wohl am Chorbogen). Kruzifix. T. etwa 190 cm. Holz, polychromiert und vergoldet. Unten am Kreuzesstamm in weißer Farbe: «P.S./1687». Frontal hängender Korpus. Lendentuchknoten und -lappen symmetrisch angeordnet. Maria und Johannes. H. 170 und 173 cm. Holz, flach, gehöhlt. 2. Viertel 18. Jh.? Vor 1949 standen die Figuren, weiß gefaßt, im Beinhaus. Reparatur sowie Neufassung mit Gold und Lüster durch JULIUS SALZGEBER. – *Vortragekreuz.* H. (Korpus) 46 cm. Holz. Häßliche neuere Ölfassung. 2. Viertel 18. Jh. Werkstatt des ANTON SIGRISTEN, Glis. Krone erneuert. – *Muttergottes vom Siege* (ehemals in der Hauptnische des Hochaltars hinter dem Altarblatt des hl. Theodul). H. 134 cm. Holz. Neue häßliche Fassung. 1787 von JOHANN BAPTIST LAGGER (†1791), Reckingen, geschnitzt. Behend nach vorn schreitende, elegante Figur. Beschwingt fliegende Gewandung. – *Grabchristus* (Abb. 296)[59]. L. 120 cm. Arve, gefaßt. 1. Hälfte 18. Jh. Die Hände über dem Bauch gekreuzt, das ausdrucksvolle Haupt schräg nach unten geneigt. Zahlreiche Merkmale weisen auf die Ritz-Werkstatt. – *Jesuskind.* H. 63,5 cm. Holz, polychromiert. Neugotisch. Stehend, bekleidet, mit ausgebreiteten Armen entgegenschreitend. Herz auf der Brust.

Gemälde. Kreuzwegstationen. 65 × 45 cm. Öl auf Leinwand. 1851–1853[60]. Auf der ersten Station unten mit gelber Farbe beschriftet: «Der heil. Kreuzweg in 14 Stationen nach dem von/Jos. Führich, Professor, in der neuen Pfarrkirche/St. Johann in der Praterstraße zu Wien gemalten Fresken gemalt vom Ortsbürger L. J. Ritz» (1796–1870). Legenden in schwarzem Fußstreifen. Zwillingsrahmen, ehemals schwarz, 1949 weiß gestrichen und mit vegetabilen Schnitzornamenten versehen von LEOPOLD JERJEN, Reckingen, nach einer Zeichnung von JULIUS SALZGEBER, Raron. – *Hl. Antonius von Padua.* 56 × 44,5 cm. Öl auf Leinwand. 1823. Von LORENZ JUSTIN RITZ. Geschenk der Eltern des Malers[61]. Halbfigurenbildnis. Das Kind sitzend im Profil. – *Hl. Franz Xaver.* 56 × 44,5 cm. Öl auf Leinwand. 1823. Von LORENZ JUSTIN RITZ. Geschenk der Eltern des Malers[61]. Halbfigurenbildnis. Der Heilige weist auf das Kruzifix in seiner erhobenen Rechten.

KIRCHENSCHATZ. *Monstranz.* Kupfer und Silber. H. 77,5 cm. 2. Hälfte 18. Jh. Um 1908 renoviert. Keine Marken. Ovaler, geschweift konturierter Fuß, geschmückt mit Profilen, Kartuschen, Silberappliken und Glasflüssen. Zierlicher, aus Spiralranken gebildeter Dreikantnodus. Mandelförmige Gloriole mit silbernem Rocaillekranz. Appliziert, über dem herzförmigen Schaugefäß, Krone, Gottvater und Heiliger Geist, rundum, in vergoldeten Nischen, Statuetten der Heiligen Theodul, Petrus, Nikolaus von Myra, Wendelin(?) und Antonius von Padua(?). – *Ziborium.* Kupfer, vergoldet. H. (inkl. Deckel) 32 cm. 2. Hälfte 17. Jh. Gestufter Sechspaßfuß. Rosettenförmiger, scharfer Schaftring. Profilierter, birnförmiger Knauf. An der Kupa nur kleine Scheibe als Dekor. Geblähter, profilierter Deckel, bekrönt mit einem Kreuz.

Kelche. 1. Silber, teilweise vergoldet. H. 28 cm. 1. Hälfte 18. Jh. Beschau Zug. Meistermarke Tab. I, Nr. 25. Rundlicher Sechspaßfuß, reichdekoriert: Leidenswerkzeuge tragende Putten; applizierte silberne Medaillons mit Darstellungen des hl. Johannes von Nepomuk(?), des hl. Theodul und eines knienden Ordensmannes, der das Kreuz umfaßt (hl. Aloysius von Gonzaga?). Dreikantnodus mit leeren Spiegeln. Am durchbrochenen silbernen Rankenkorb Putten mit Leidenswerkzeugen und Leidenssymbole in Medaillons. – 2. Silber, vergoldet. H. 23 cm. Um 1700. Verschlagene Beschaumarke Brig. Meistermarke von JOACHIM WICKART? (Tab. I, Nr. 13). Sechspaßfuß, geschmückt mit Fruchtbündeln und glatten, querovalen Spiegeln in Akanthusrahmen. Über scharfem Schaftkranz Dreikantnodus mit leeren Spiegeln. Am durchbrochenen Korb große Ranken. – 3. Bronze, vergoldet. H. 20 cm. 1888[62]. Gedrehte Schnurmotive an Schaftring und Knauf. Durchbrochener Kelch aus Reblaub. Trichterförmige Kupa.

---

59 Das Heilige Grab, die Fahnen und anderes Kirchengerät wurden 1799 beim Einbruch der Franzosen «Zu Zelten genommen», d.h. wohl für Zelte verwendet (RITZ, S. 20). 1862/63 «Opferkorn beim hl. Grab» (PfA Niederwald, D 17).

60 RITZ, S. 195 und 202. 1853 vielleicht noch nicht vollendet.

61 Ebd., S. 69.

62 PfA Niederwald, D 17.   63 Ebd.

64 Die dazugehörende Kasel durch neuen Kreuzstab entwertet.

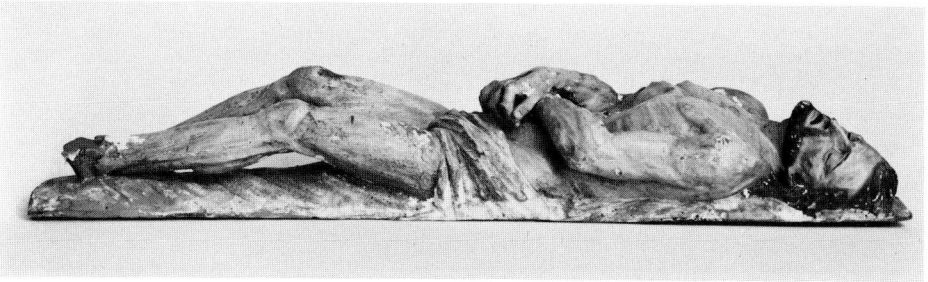

Abb. 296. Niederwald. Kirche. Grabchristus, L. 120 cm, 1. Hälfte 18. Jahrhundert. – Text S. 270.

Rauchfaß. Silber, gegossen. H. 27,5 cm. Stil Louis XVI. Beschau Schwyz. Meistermarke des DAVID STEDELIN (Tab. I, Nr. 19). Eingraviert: «SCHWYZ». Durchbrochene kegelförmige Haube mit hängenden Böglein und Akanthuspalmetten. – Dazugehörendes *Schiffchen.* H. 22 cm. Marken wie Rauchfaß und Ziffer 13 (Tab. I, Nr. 20). Girlanden am runden, profilierten Fuß und am Knauf. Am Becken schlingt sich eine üppige Girlande zwischen leeren Rundspiegeln und Blütenmedaillons hindurch. Auf dem Deckel Rosetten und Pinienzapfen. – *Ampel.* Silber, gegossen. H. (Becken) 27 cm. Keine Marken. Letztes Viertel 18. Jh. Trichterförmiges Becken mit eingeschnürtem Aufsatz. Palmetten und C-Bogen-Dekor. Am Becken Dekormotive im Stil Louis XVI. – *Heiltumsarm.* Silber, gegossen. H. 40 cm. Abgescheuerte Vergoldung am Fuß. Rokoko. Beschau Schwyz. Meistermarke Tab. I, Nr. 18. Eingraviert: «14.DAVID A:STEDELIN FECIT SUITII 1770». Kehle am runden, profilierten Fuß, durch vier Stege gegliedert. Vorn, in einer Kartusche, Brustbildnis des hl. Theodul mit Titulus in Schriftband «S THODULII». Am Ärmel eingravierte Blümlein und Rocaillekämme. Glatter Armreif mit Glasflüssen und Rocaillekrause.

Vortragekreuze. 1. Metall. Späterer gelber Anstrich und Ölvergoldung. H. (inkl. Tülle) 57,5 cm. Mitte 17. Jh. Mit Schuppenmuster versehene Kreuzstäbe ovalen Querschnitts mit seitlichen Kämmen. Als Balkenenden Kugeln auf Blattkelch. Strahlenkranz. Gegossener Korpus, Kupfer, vergoldet. – 2. Holzkern, mit Silberblech verkleidet. Ziervergoldet. H. (inkl. Tülle) 60,5 cm. Mitte 17. Jh. Kleeblattenden. Großer vergoldeter Knauf. Korpus, Silber, gegossen, 2. Hälfte 17. Jh. Auf der Rückseite appliziertes ornamentiertes Jesusmonogramm sowie neuere Stifterplakette: «Anton/Heimen». – 3. Holzkern, mit versilbertem Kupferblech verkleidet. H. (inkl. Tülle) 69,5 cm. 2. Hälfte 18. Jh. Zierkonturierte Dreipaßenden, versehen mit blechernen Evangelistenmedaillons in kupfervergoldeten Ornamentrahmen aus C-Bögen und Blüten. Silberner Kruzifixus auf kupfernem Kreuzchen, 1. Hälfte 17. Jh. Auf der Rückseite Maria, 2. Hälfte 18. Jh.

Kerzenleuchter. 1.–2. Zwei Paar. Holz, versilbert und vergoldet. H. 45,5 und 46,6 cm. Barockstil. Dreikantfuß mit eingerollten Rankenvoluten. Im vorderen Spiegel: «A». Kugeliger Knauf. Perlkranz und akanthusbeschlagener Baluster am Schaft. – 3. Paar. Holz, versilbert und vergoldet. H. 48 cm. Ähnlich Nr. 1, jedoch mit einfacheren Voluten, leeren Rundspiegeln und schlankerem Baluster. – 4. Paar. Gelbguß. H. 38 cm. Profilierter Dreikantfuß auf Klauen mit stark vorspringender Abschlußplatte. Am Schaft Balustermotiv und Ringe. – 5. Paar. Gelbguß. H. 28 cm. Ähnlich Nr. 4, jedoch gekappte Abschlußplatte und profilierte Schaftringe. – 6. Paar. Gelbguß. H. 27 cm. Ähnlich Nr. 4. Am Schaft Vasen-, Urnen- und Balustermotiv. – 7. Paar. Gelbguß. H. 41.5 cm. Profilierter Dreikantfuß auf Kugeln mit leicht vorspringender Abschlußplatte. Vasenmotiv zwischen gehäuften Schaftringen. – 8.–10. Drei Paar. Kupfer, versilbert. H. 61 cm. Stil Louis XVI. Erworben 1904[63]. Dreikantfüße auf Klauen. Im Spiegel rahmen eckige Voluten das Lamm, das Auge Gottes und Ähren. Balusterförmiger Schaft. – *Prozessionslaternen.* Vier Stück. Blech, mit Ölsilber gestrichen. H. etwa 55 cm. Beweglich eingehängt in Achse. Ständer fehlen. Perforierdekor: Herzen und Blüten. – *Chormantel.* Gelb. Mitte 19. Jh. Auf Satin broschierte bunte Rosenmotive. – *Dalmatiken.* Paar. Wie Chormantel. – *Kaseln.* 1. Weiß. «Mailänder». Mitte 18. Jh., 1913 im Kloster Melchtal neu posamentiert. Satin. Gold, Silber und bunte Seide. Blüten- und Phantasierankenmotive in Reliefstickerei. – 2. Rosa. 1. Hälfte 19. Jh. Zwischen goldenen und silbernen Rebranken bunte Blütenzweige, in Seide gewirkt. – 3. Gelb. Mitte 19. Jh. Golddurchwirkter Taft, broschiert mit seidenen Girlanden aus großen Blüten. Im Kreuzstab rahmen die Girlanden eine Monstranz. – 4. Weiß. Mitte 19. Jh. Damast. Broschierte bunte Blütenzweige. – 5. Schwarz. 19. Jh. Samt. Am Stab die Initialen «C.S.». – *Kelchvelen.* 1. Rot[64]. Anfang 18. Jh. Auf grauem, silberdurchwirktem Grund große Phantasieblü-

ten in gemustertem Samt. «Venezianer». Klöppelspitzen. – 2. Rosa. Ende 18. Jh. Mit Gold durchwirkter
Taft, broschiert mit Seide. Röschenbesetzte, tressenartige Vertikalstreifen, dazwischen Girlanden und
Blüten. Klöppelspitzen. – *Sakristeischrank*. Lärche, mit Ölfarbe gestrichen. Über dem Schubladenblock
zurückspringender, geschweiftgiebeliger Aufsatz. Gerade schließende Seitenschränke; an deren Stirn, in
geschnitzten Zierspiegeln, gemalte Ziffern 18 und 17.

Weihwasserbecken (vor dem Portal). H. 104 cm. Gneis, stark verwittert. «Pokal» mit Rollwerk-
Dreikantfuß, hohem akanthusbeschlagenem Schaft und sehr flacher Schale. Am Schaft Mutter(?)-
Wappen (W.Wb., Tf.4, jedoch Herz statt Dreiberg, sechsstrahliger Stern oder Blüte zwischen den
Blütenstengeln und vierstrahliger Stern über den Blüten) mit den Initialen «CM»; an der Schaftkehle
«16[Meisterzeichen, Tab. II, Nr. 9]76» (wohl 1676). – *Grabkreuze*. Schmiedeeisen. 1. Mit reichem Rollwerk-
und Tulpenschmuck. – 2. Doppelkreuz mit Lilienmotiven, 17. Jh. – 3. Teilweise vergoldet. Mit wappen-
förmiger Inschriftbüchse. Von H. H. Valentin Mutter († 1862). – *Friedhofkreuz*. Granit. 1930 gehauen vom
Italiener ENRICO PEDRETTI, Naters[65], als Ersatz für das an der Fassade hängende Missionskreuz von
1894/95[66].

Glocken. 1. Dm. 81 cm. Ton b′. An den Kronenbügeln spitzbärtige Maskarons. Zwischen Schnurstäben
zweizeilige Umschrift: «DIE ERSAME KIRCHEN GENOSEN ZV NIDERWALT HABEN DISE GLOGEN GIESEN LAS-
SEN/GOT VND MARIAE VND DEM H IODREN ZV EHREN ANNO 1679.». Unterster Schnurstab von Fruchtgehänge
gesäumt. Flankenreliefs: hl. Theodul, auf Rollwerkkartusche stehend; Kruzifix; Brustbildnis Maria mit
Kind. Zwischen den Initialen «L» und «K»[67] runde, perlstabgerahmte Marke von 12 mm Dm. Darin
stilisiertes Wappen, gespalten; im rechten Feld S-förmiges Rankenmotiv(?); linkes Feld gerahmt, leer.
Ferner Salbeiblatt. – 2. Dm. 89 cm. Ton gis′. Geriefelte Kronenbügel. Zwischen Schnurstäben vier
Akanthuspalmetten, ein breiter Vasenrankenfries und die Umschrift: «1738 +[Hand]LAVDATE.EVM.
IN.CIMBALIS.BENESONANTIBVS.PSALMO.130.VERSV.3.». Am untersten Schnurstab hängende Akanthuspal-
metten. Flankenreliefs: hl. Theodul; Kreuzigungsgruppe zwischen Salbeiblättchen; hl. Georg; Muttergottes zwischen Salbeiblättchen. Unter palmettenbehangenem Schnurstab die Inschrift: «ZV GOTTES EHR BIN
ICH GEFLOSSEN/ANTONI KEISER VON ZVGHAT/MICH GEGOSSEN». Gebündelte Schnurstäbe. Am Saum Rankenfries. – 3. Dm. 70,5 cm. Ton c″. Geriefte Kronenbügel. Unter Rücksprung tulpenartige Phantasieblu-
men. Zwischen Schnurstäben die Umschrift: «OMNES GENTES DOMINVS [Hand] 1832». Flankenreliefs:
Muttergottes; Cherub; gekrönte weibliche Heilige mit Palme und Rosenkranz; Cherub; Kruzifix. Unter
blattbehangenem Schnurstab weitere Reliefzone: gegeneinander hochgehende Tiere; Adler auf Bäumchen; zwischen Salbeiblättchen Vollwappen des Glockengießers (Hand mit Sonnenstab; im Wappenauf-
satz gekrönter Adler); rund um das Wappen Inschriftband mit den Initialen «S[verkehrt]B M», darunter
die Inschrift: «FRATELLI + MAZZOLA/VALDUGGIA/VALLESESIA». Schießender Jäger und wiederum Adler
auf Bäumchen. – 4. Dm. 51,5 cm. Ton fis″. Glatte Kronenbügel. Zwischen Schnurstäben die Inschrift:
«SIT NOMEN DOMINI BENEDICTVM 1863». Flankenreliefs: zwischen Cherubim Kruzifix; hl. Antonius von
Padua; Muttergottes, von Blütenstollen gerahmt; hl. Petrus. Rebrankenfries zwischen Schnurstäben.
Neben einer Hand die Inschrift: «MEISTER/BONEFATZ/WALPENVON/RECKIGEN/FON WALIS». Wohl Umguß
der 1863 zersprungenen kleinsten Glocke[68].

BEINHAUS

GESCHICHTE. Erbaut wohl im dritten Viertel des 17. Jahrhunderts vor der Anerkennung des eigenen Friedhofs (1698)[69]. 1908 neues Schindeldach[70]. Gesamtrenovatio-
nen 1928 und 1961 (unter Aufsicht von Kunstmaler ALFRED GRÜNWALD, Brig)[71]. Der

---

65 Pfarrbuch (vgl. Anm. 52).

66 PfA Niederwald, D 17.

67 Die Marke besitzt keine Ähnlichkeit mit dem Wappen der Zuger Glockengießerfamilie KEISER.
(Freundl. Auskunft von E. Gruber, Staatsarchiv, Zug.)

68 Nach dem Inventar von 1863 ist zwar die Beinhausglocke als Zahlung verwendet worden (PfA
Niederwald, D 17).

69 Zwar nicht erwähnt im Visitationsakt von 1687, wohl aber in demjenigen von 1736 (ebd., D 2).

70 Ebd., Visitationsprotokoll des Dekans, o. Nr.

71 Pfarrbuch (vgl. Anm. 52).

Abb. 297. Niederwald. Beinhaus. Altar, 3. Viertel 17. Jahrhundert. – Text unten.

für 1857 nachgewiesene offene Frontgiebel-Dachreiter (vgl. Abb. 284)[72] ist wohl 1908 entfernt worden.

BESCHREIBUNG. *Äußeres* (Abb. 284). Der chorlose Rechteckbau ist gegen den Hang gerichtet. Die sichtbare Balkenstützkonstruktion des Schindeldachs an der Fassade ist aufwendiger als diejenige der Annakapelle Zum Loch (1685)[73]. Die in die Mauer versetzten Traufpfetten tragen Querhölzer als Auflager für zwei Rafen. Über einem Kehlbalken ist die Giebelspitze in der Form eines Andreaskreuzes verstrebt. Tuffgerahmte Rundbogentür unter einem Okulus.

Inneres. Einziger Schmuck des Raumes ist die hölzerne gewalmte Felderdecke auf hölzernem Traufsims mit Zahnschnitt und Konsolen. Zeittypische Rundstabprofile scheiden die neun in drei Achsen angeordneten Kassetten.

Altar. 3. Viertel 17. Jh.? Altarblatt (Abb. 297) 1961 restauriert durch HANS ARNOLD, Zürich. Einfache Stichbogenarchitektur mit geraden korinthischen Säulen als Rahmen für ein großes rundbogiges Gemälde. Sprenggiebel- und Scheitelverkröpfung am draperiegesäumten Bogen. Gegenständige Randvoluten. Neuere Ölfassung: Marmorierung und Gold. Ursprüngliche Kaseintempera-Fassung noch erhalten. Das ikonographisch und künstlerisch wertvolle Armenseelengemälde, eine Ölmalerei auf Holz von unbekanntem Maler, verbindet verschiedene verwandte Themenkreise zu komplexer Komposition: die Armen Seelen; Mariä Sieben Schmerzen; der Gekreuzigte, jedoch nur dargestellt durch die Arma Christi und das dornengekrönte, blutende

72 Der Zeichnung ist nicht mit Sicherheit zu entnehmen, ob die Stirnfassade 1857 eine weite vergitterte Rundbogenöffnung mit Brüstung besaß oder ob es sich um eine nur oben gesparrte Tür handelt.

73 Kdm Wallis I, S. 237.

Herz; die Heilige Dreifaltigkeit. Inschrift auf dem gemalten Podest der Muttergottes: «Requies de Sanctis». Inschrift um Gottvater: «Omnia Dona sunt de Patre Lucenium»[74], im Fußstreifen: «Erbarmet eich erbarmet eich/O liebe Christen all zu gleich/Getrofen hat uns Gottes Hand/Ach helfft uns in das Vaterland/Auf Zwenigest ihr Unsere freind,/die ihr jetz noch bim leben seind./Seht wie die flamen schlagen aus,/durch guete werk ach helft Uns draus.»

Monumentalkruzifix. H. 141 cm. Holz. Originalfassung, mit Öl übermalt. 1.Hälfte 17.Jh. (2.Viertel?)[75]. Um 1721 im Beinhaus (von neuem?) aufgerichtet[76]. Das Inventar von 1863 spricht von diesem «wehemüthigen Crucifix-Bilde, versehen mit einem Ablaß von 40 Tagen»[77]. Ausdrucksstarker Pestkruzifixus[78]. Untersetzter, frontal hängender Korpus. Die linke Achsel von klaffender Wunde zerspalten. Steif zur Seite gespreizte gotisierende Lendentuchfahne. Echte Dornenkrone. – *Altarkreuz.* H. 70 cm. Holz. Originale Vergoldung. Inkarnat häßlich übermalt. 2.Hälfte 18.Jh. Im Haupt Motive der Reckinger Hauskruzifixe. Leeres Medaillon vor dem Kreuzfuß. C-Bögen und Rocaille als Balkenenden. – *Kerzenleuchter.* Paar. H. 26 cm. Gelbguß. Dreikantfuß auf Kugeln. Am Schaft Vasen- und Balustermotiv.

WOHNHÄUSER

1. Koord. 115/205. Kat.-Nr.58. Adolf Mutter. Entstehungszeit unbekannt. 1967 um ein Stockwerk erhöht und mit neuem Giebel versehen. ⌐⎯⌐. 2 (ehemals 1½). E (mit abgetrenntem Gang) und F. Dielbaum nach Grächen veräußert.

2. Koord. 105/195. Kat.-Nr.57. Herbert Eyer; Berta Hauser-Ritz. Spätmittelalterlich. «Heidehüs» mit «Heidechriz» zwischen Öffnungen in der Form griechischer Kreuze. An der linken Traufseite Anbau 2.Hälfte 18.Jh. (Friese: Paar versenkter Rundstäbe), an der rechten Traufseite wohl 2.Hälfte 19.Jh. Linke Fensterreihe des ersten Stockwerks ersetzt 1.Hälfte 18.Jh. Balkenkopfkamin-Fragmente. Im Kellergeschoß ehemals Schmiede. ⌐⎯⌐. 1½. B. – *Ofen.* Eingeschossig, mit schwerer, flau gekehlter Deckplatte. An der Stirn Wappenschild mit einfachem griechischem Kreuz zwischen den Initialen «I R» und der Jahreszahl 1641.

3. *Schul- und Gemeindehaus.* Koord. 175/250. Kat.-Nr.68. Gemeinde Niederwald; Johann Stucky. Erbaut 1526. Auf dem Dielbaumvorstoß fußender Firstbug, geschmückt mit schrägem Balken, Erner Wappen und Andreaskreuz, an der Wange mit kerbgeschnitzter Blattranke. Stirnfassadenwand und Fensteröffnungen des ersten Stockwerks erneuert. ⌐⎯⌐. 2. D («Stubji» mit «Stutzwand» abgetrennt) und F.

Inschriften. 1.Stockwerk: Jesusmonogramm zwischen großen Blütenranken. – 2.Stockwerk: «[in Wappenfeld die Initialen ‹I + N›]DER. DISES. HAVS. BEWONEN. WIL. SOL. HABEN. GOTT. ZV. SEINEM. ZIL. ES. SEI. IN. FREIT. ODER. IN. LEIDT. DEN. LIEBET. GOTT. IN ...[verdeckt]/DIE. HEILIG. MES. LIEB. ALLE. ZEIT. BRINGT. DEINEN. GEFARDEN. SICHERHEIT. IM 1526». – *Ofen.* Zweigeschossig, mit geradem Fußsims und mit Karnies unter der Deckplatte. Rücksprung an der gerundeten Kante. 19.Jh.? – *Hauskruzifix.* H. (Korpus) 26 cm. Holz, polychromiert und vergoldet. 2.Hälfte 18.Jh. Gut geschnitzter, schlanker Korpus voll Bluttrauben. Medaillon vor dem Kreuzfuß.

4. Koord. 190/255. Kat.-Nr.69. Erben Otto Zlauwinen. Erbaut 1558. Wohlproportioniertes Haus mit «Vorschutz» auf Balken, beidseits von pfeilerartigen Mauern gestützt. Kräftige Rillenfriese. Hohe Traufpfettenkonsolen. Zwillingsrundbogentüren

---

74 Alles Gute ist Abglanz des Vaters.

75 In Zusammenhang mit der letzten großen Pestepidemie von 1629?

76 Ablaßbrief von 1721 (PfA Niederwald, o.Nr.). 1898 sollte das Kruzifix wegen seiner unpassenden Fassung entfernt werden (ebd., o.Nr.).

77 Ebd., D 17.

78 Nach Aussage von Konrad Ritz, Niederwald, ̶s̶o̶l̶l̶e̶n̶ zahlreiche Bluttrauben entfernt worden sein.

Abb. 298. Niederwald. Dorfeingang mit Dorfplatz und, von links nach rechts, mit den Häusern Nr. 5, 14 und 17. – Text unten, S. 260, 278 und 280.

an der linken Traufseite des Mauersockels. ⌐—⌐. 2½. G («Stubji» gemauert) und F (Kammer durch alte «Stutzwand» getrennt). Im Keller linker Vorderraum durch eingezimmerte «Stutzwand» begrenzt.

Inschriften. 1. Stockwerk: «[Jesusmonogramm] IESVS.MARIA.1.5.5.8 HANS GON.VON.WALS [in Wappen nach rechts gerichteter stehender Winḳel]». – *Ofen.* Zweigeschossig, mit geradem Fußsims und Kehle unter der Deckplatte. Ehemals die Initialen «R[aphael]G[undi]K[atharina]M[üller]» und die Jahreszahl 1900[79]. – *Wandbüfett.* Tanne. Datiert 1817. Initialen: «I[oseph].V[alentin]/G[undi] [Maria]C[atharina]Z/L[auwinen]»[80].

5. Koord. 145/190 (Abb. 298). Kat.-Nr. 34. Heinrich, Josef, Karl und Leo Mutter. Erbaut 1560. Renoviert 1693. «Vorschutz». Auf den «Vorschutz»-Konsolen: unter Andreaskreuz Stabkreuz auf Dreieck, dieses durchdringend, neben omegaähnlichem Zeichen; Stabkreuz auf Dreieck, Stab überkreuzt; über versenkter Lilie Wappenfeld mit eingeschlossenem Erner Wappen unter einer Blüte (Lilie?) zwischen Sechsstrahlensternen; Hand über einer Axt; Stierkopf über einem Dreieck und einer Lilie; in Wappenfeld anthropomorpher Umriß mit Lilie zwischen den Schenkeln; drei erhabene Balken über einem versenkten Stierkopf; Erner Wappen über einer Kerbschnittrosette; idem. Im Firstbaum Öffnung für ehemaligen Firstbug, vor 1560, und Kerbschnittrosette an der Unterseite. An der Wand der rechten Giebelhälfte nichtidentifizierte Inschrift (1560?) in geschweiftem Feld und Lilienwappen. ⌐—⌐. Ehemals 2½. F. Im ersten Stockwerk *Kassettendecke* von 1693.

Inschriften. 1. Stockwerk: «HF.MH 1693». – 2. Stockwerk: «HOC OPVS FIERI FECIT D:V:JOHAÑES WYDĒ MAYOR.AÑO DNI: MDLX.DIE: iiii:APP/[Wappen: über kleinen unregelmäßigen Feldern mit Andreaskreuz und Kerbschnittrosettchen hängende Lilie unter einem Stern im linken Schildhaupt; ferner Kerbschnittrosette; gespaltenes Wappen; versenktes Wappen ähnlich dem erstgenannten; versenkte Lilie]». Prachtvolle Inschrift. – *Öfen.* 1. 1950 von ANTON GRICHTING, Agarn, zweigeschossig umgebaut. Wappen der Familie Mutter (W. Wb., S. 12, jedoch mit einfachen Sternen). Initialen: «H[einrich]M[utter]» und «J[osef].M[utter]A[nna]M[aria].T[roger]»[81]. – 2. Form wie Nr. 1. Mit «Platine» in der Kammer (vgl. Kdm

Wallis I, Abb. 185). An der Stirn die Initialen «F[ranz]M[utter] K[aroline Wenger]», die Jahreszahl 1878 und ein großes Jesusmonogramm, ornamental verbunden mit zwei Sonnen. – 3. Von 1950. Initialen: «L[eo]M[utter]/Z[itta]J[ost]». – *Giltsteingefäße* (im Besitz von Heinrich Mutter). 1. *Mörser*. Aus dem Haus des Domherrn P. Guntern in Münster (Kdm Wallis I, S. 120). Dm. 12 cm, H. 7 cm. An der Wandung eingeritzt: «[stundenglasähnliches Zeichen zwischen Punkten]1412 FIZF». – 2. *Lämpchen* mit Griff. Aus dem Haus Nr. 11 in Unterwassern (Kdm Wallis I, S. 189). Dm. 8 cm, H. 6 cm. Gerippte Wandung. – 3. *Kerzenleuchter*. Unbekannte Gommer Herkunft. Dm. 8 cm, H. 16 cm. Auf gestuftem Sockel kurzer Schaft mit Ring. Gerippte Feuerschale.

6. Koord. 150/140. Kat.-Nr. 1. Viktor Mutter; Erben Josef Ritz; Franz Wirthner; Brigitte Wyden-Mutter. Erbaut 1608. An der rechten Traufseite Anbau 1920 an Stelle eines Bretterverschlags auf Mauersockel. Breites, stattliches Haus am südöstlichen Rand der Siedlung. ⌐‾ (in der Küchenecke hoch gestuft). 2½. G und F (quer in zwei Wohnungen unterteilt). Treppe in dem von der Küche abgetrennten Gang. *Inschriften.* 1. Stockwerk. «Stubji»: «IHS 1608 DAS HVS LAST MACHEN.CHRISTEN RITZ VND SIN BRVODER PETER RITZ IN DEM HE..ST [Herbst]» – «1608». – 2. Stockwerk: «[in Wappenfeld stehendes Hufeisen⁸²]IM DEM NAMEN.IESVS VN MARIA HAT PETER VNT.CRISTEN.GON.ANES.NAMEN RICZ.DISES HVS.LAN MACHEN.IM IAR 1608»⁸³. – *Öfen.* 1. Zweigeschossig, mit Kehle unter der Deckplatte. Gebänderte runde Kanten. An der Stirn die Initialen «J[osef].R[itz] S[usanna].M[utter].R[itz]»⁸⁴, Jesusmonogramm und die Jahreszahl 1879. – 2. Zweigeschossig, mit Kehle unter der Deckplatte. An der Stirn, rund um ein Jesusmonogramm, die Jahreszahl 1903 und die Initialen «E[mil]M[utter]/S[alomena]SCH[mid]». – *Zwei Türen* (heute in Ammern, Haus Nr. 2). Tanne. Oktogonale Füllungen. Eingelegt in der einen «jP/S» und Stern, in der anderen Jesusmonogramm und Stern. – *Porträt* von Pfarrer Wendelin Brunner (im Besitz von Edwin Nüßler, Regensdorf ZH). 54,5 × 39 cm. Öl auf Leinwand. 1850 von LORENZ JUSTIN RITZ (GATTLEN, S. 242, Nr. 519). Brustbildnis. Viertelprofil, Kopf nach vorn gewendet. Qualitätvolles Gemälde, stark überfirnißt. – Kleine *Truhe.* 18. Jh.? Geflammte Profile. Altes Schloß und Beschläg. – *Wandbüfett* (im Besitz von Dr. Hermann Wirthner, Münster). Lärche. Eingelegt Wappen mit den Initialen «JI/H» und «MB/W», an der Schubladenwange: «1M720H».

7. Koord. 175/265. Kat.-Nr. 73. Konrad Diezig. Rechte Haushälfte erbaut 16. Jh. oder 1. Drittel 17. Jh. (Rillenfriese); linke Haushälfte älter oder aus altem Holz erbaut. Die Haushälften klaffen 50–60 cm auseinander. ⌐‾ (hohe Rückwand; vorn sehr niedrig). 1½. B. – *Öfen.* 1. Eingeschossig. Karnies und Kehle an der Deckplatte. An der Stirn, in zierlichem Wappenschild, die Initialen «AHM» über der Jahreszahl 1840 und darunter, über dem Dreiberg, die ursprüngliche Jahreszahl 1771. – 2. Zweigeschossig, mit Kehle unter der Deckplatte. In drei verschränkten Medaillons aus Ranken und Lorbeer: «A[nton].R[itz]/18», Jesusmonogramm und «[Maria]C[reszentia].H[eimen]/60»⁸⁵.

Abb. 299. Niederwald. Haus Nr. 11 und Nutzbauten «im Salzgäbi». Text S. 261 und 277.

8. Koord. 120/175. Kat.-Nr. 32. Hugo Bächer; Hermann Pfammatter. Erbaut 1642. Wohl fast zeitgenössischer Anbau an der linken Traufseite. An der Fassade Treppenbalkon, gedeckt mit geschweifter Zeltdachhaube[86]. ⌐⌐ (über dem talseitigen Keller noch ein Geschoß, ehemals vielleicht mit «Sältini»). 1½. G (quer zum First nach Süden orientiert). *Inschriften.* Im Holzstockwerk: «[in Wappenfeld gestürztes Dreieck unter den Initialen ‹M M›; Jesusmonogramm]MARIA MART.THINNE MVTER.VND.MARIA.IOST.SEIN HAVS.FRAVW.IM.IAR. 1642. DEN. 17 .TAG.MERTZEN/IST[Hand mit der Ziffer Vier]MONAT ALT». – «Stubji»: «[Jesusmonogramm]HANS.MVDTER 1642». – *Ofen* (heute im Backhaus). 19. Jh. Zweigeschossig. An der Stirn Jesusmonogramm in Lorbeerkranz.

9. Koord. 115/135. Kat.-Nr. 21. Rudolf Gundi; Gebhardt Wirthner. Erbaut 1645. ⌐⌐. 2 und Giebel-«Loiba». F. *Inschriften.* 1. Stockwerk: «[unbekanntes Folken-Wappen(?): unter einem Winkel drei vertikal aufgereihte hängende Blütchen]IHS MARIA IERIG . FOLCHEN . SELIGEN . SIN . SEBASTIAN . VND . IERIG . VND . HANS . FOLCHEN . VND . ANNA...[verdeckt]/VND . MARGREDEN . GONEN . IRO . MVOTER . VND . IEX . MARTHINNE . ITEN . IRO . STEIF ... [verdeckt]/ANNO 1645 IAR.AM 27 TAG.WIN.MONAT». Breiter, dichtbeschrifteter Dielbaum. – Auf einem Dielbaum des 2. Stockwerks die Jahreszahl 1645.

10. Koord. 50/100. Kat.-Nr. 30. Rosa Imwinkelried. Erbaut 1. Hälfte(?) 17. Jh. Versenkter Kielbogenfries. Anbau von Kammer und Heustall an der rechten Traufseite unter Schleppdach, 2. Hälfte 18. Jh.? ⌐⌐. 1½. A (und angebaute Kammer). Dielbaum verkleidet.

11. Koord. 85/165 (Abb. 299). Kat.-Nr. 51. Andreas Inwinkelried; Erben Konrad Ritz. Erbaut 1672 (Jahreszahl am Giebel). Das stattliche Haus steht oberhalb der Kirche am westlichen Dorfrand allein mit Nutzbauten. «Vorschutz». Auf den «Vorschutz»-Konsolen in Wappenfeldern: über einer Blume Stierkopf mit Flammen im Maul; Lilie; 16; IHS; 72; Lilie; Stierkopf. Am Fußbalken doppelter Kielbogenfries, bekrönt mit Kreuzen. Kräftige Würfelfriese. Teilweise ursprüngliche Fensteröffnungen mit schmiedeeisernen Aststäben an der östlichen Eingangsseite und in der Rückwand. An der Kellerfront der westlichen Traufseite vermauerte stichbogige Öffnung in der Form spätmittelalterlicher Schaufenster, an der östlichen Traufseite rundbogiges Kellertor mit gefastem Tuffgewände. Rundbogige Tuffportale ehemals auch an beiden Traufseiten des Hinterhauses im ersten Wohnstockwerk; erhalten dasjenige an der westlichen Traufseite. ⌐⌐. 2½. G und F (Kammer als «Loiba» zum ersten Wohnstock gehörend und von dessen Kammer aus mit Treppe erreichbar). Steinerne Treppe zum Keller im Gang zwischen Stube und «Stubji». In der steinernen Mittelwand der Keller vermauerte Tür und Durchreiche. *Täfer* 19. Jh.

Inschriften. 1. Stockwerk: «[Medaillon mit Stern; in Umschrift die Heiligen Namen; Wappen: Dreiberg und kleines Rechteck unter einem Dreieck]DIS . HAVS . STAT . IN . GOTTES . HANT . MARTINVS . WIDEN . VND . IOHANNES . WIDEN . SIND . DIE . BVVMEISTER . GENAHNT . AO 1672. 19 MAY[Lilie]». – 2. Stockwerk: gleiche Inschrift, jedoch mit anderer Monatsangabe: «ZBRACH» (Brachmonat). – «Stubji»: gleiches Wappen in Strahlenmedaillon; in versenktem Relief: «M W.I W.1672 [stilisierte Lilie]». – *Öfen.* 1. Eingeschossig, mit Kehle an der schweren Abschlußplatte. An der Stirn, unter der Jahreszahl 1674, Wappen wie auf den Dielbäumen, jedoch ohne Dreiberg, mit den Initialen «M W/H W». – 2. Form ähnlich wie Nr. 1. An der Stirn plastisches Wappenschild der Familie Schiner mit den Initialen «M S» und der Jahreszahl 1695[87]. –

---

82 Vgl. Wappen auf einer Galgenstabellen-Lehne aus dem Haus des Bildhauers JOHANN RITZ, Selkingen (Kdm Wallis I, Abb. 360).

83 Die Inschrift ist bedeutsam, weil sie auf einen Zusammenhang zwischen der jüngeren Familie Ritz und der alten Familie Gon hinweist.

84 PfA Niederwald, D 19.   85 Ehe 1821 (ebd., D 21).

86 Auf der Haube standen ehemals drei Statuen, u.a. eine Frau mit der Flasche in der Hand (Wirtshaus!) und eine Büste des hl. Mauritius (STEBLER, 30).

87 Herkommend vielleicht von N. Wyden, Gattin des Notars Peter Schiner (†1651), Fiesch (H.A. VON ROTEN, Zur Geschichte der Familie Schiner, BWG XIV [1967/68], Stammtafeln III).

3. Zweigeschossig, mit Karnies unter der Deckplatte. An der Stirn in Wappenschild «T», die Initialen «IR/CH» und die Jahreszahl 1748. – *Truhe*. Tanne. Eingelegt die Jahreszahl 1704. – *Webstuhl*, datiert 1785.

12. Koord. 125/195. Kat.-Nr. 50. Gebrüder Nellen. Erbaut 1684. Würfelfries unter Wolfszahn. Doppelte Kielbögen über den Fenstern. ⌐⌐. 2½. G. Dielbäume der Stuben verkleidet. *Inschrift*. 2. Stockwerk. «Stubji»: «IESVS.MARIA.IOSEPH DEN 12 GAT APRILEN 1684/DIS.STAT.IN.GOTTES HAND UND WERDI.ALLEN.WEL BEKAND». – *Öfen*. 1. Zweigeschossig, mit Karnies unter der Deckplatte. Stirn geschmückt mit «Füllungen», Rosetten, Polstern und Spiegeln; an der Wange, zwischen Spiegeln, in «Füllung» Wappen mit den Initialen «CHMB» über der Jahreszahl 1684, in der unteren Zone Spiegel. – 2. Eingeschossig, mit Karnies unter der Deckplatte. An der Stirn, zwischen Polstern, Wappenschild mit den Initialen «CH» über der Jahreszahl 1696, an der dreiachsigen Wange in kräftigem Relief Jesusmonogramm in Clipeus zwischen monstranzartigen Rosetten. – 3. «Stubji»-Ofen. Eingeschossig, mit gekehlter Deckplatte. 17. Jh.? – *Truhe*. Tanne, zweiachsig. Eingelegt je eine Lilie, die Initialen «IW» und die Jahreszahl 1616.

13. Koord. 120/230. Kat.-Nr. 77. Cäsar und Konrad Diezig. Geburtshaus des weltberühmten Hoteliers Cäsar Ritz (1850–1918). Erbaut 1704 (Jahreszahl am Giebel). Kleiner Würfel- und Pfeilschwanzfries unter Wolfszahn. 1778 zweites Geschoß eingeschoben. Friese: Paar versenkter Rundstäbe. Durch Dachbrücke und Zimmer verbunden mit einem 1930 von der Witwe des Hoteliers Cäsar Ritz an der Stelle eines alten Hauses erbauten Wohnhaus[88]. ⌐⌐. 2½. F. *Inschriften*. 1. Stockwerk: «DISES . HAVS . HAT . LASSEN.MACHEN MELCHER.HOLTZER.CATHARINA/HEIMEN.HAVSFRAW.V.HI.F.IESVS.MARIA.IOSEPH.IM.IAHR 1704». – 2. Stockwerk: «[in Wappen stehendes Hufeisen, vgl. S. 276]J[Jesusmonogramm]N.MARIA.V.IOSEPH. DISES.HAVS.HAT.LASEN.BAVWEN.IOHAN.M.RITZ.VND.MARIA.IOSEFA.BITEL.SIN.HVS.FRAV/VND SIN.3.SEHN. IOSEP.ANTONI.FRANTZISTVS.IN.GOTES.VOR.TRAVWEN.ANNO.1.7.7.8.J.Z.T.B.M.[Tulpe]». – *Öfen*. 1. Zweigeschossig, mit Kehle unter dünner Deckplatte. An der Stirn, in zierlichem Rankenwappen: «I.I.R. IAR/IF.R/1794». – 2. Zweigeschossig, mit reichprofilierter Deckplatte. In altem, mit Zickzacklinien gesäumtem Holzrahmen. An der Stirn, in reichem Akanthusrahmen, unter Krone mit Löwen, variiertes Wappen der Familie Ritz: Bäumchen, drei waagrecht aufgereihte Lilien, oben drei hängende Tulpen. In den seitlichen Zierspiegeln: links «I[oseph]M[aria]R[itz]/I[ohann]I[oseph]R[itz]/17», rechts «M[aria]I[osepha]B[ittel]/80»[89]. – *Wandbüfett*. Tanne Rokoko. Ende 18. Jh. Dreiachsig, mit geschwungenem Schubladenblock. In den Türchen des Aufsatzes zierkonturierte Füllungen.

14. Koord. 155/200 (Abb. 298). Kat.-Nr. 35. Josef Gasser; Erben Kamil Jentsch. Erbaut 1723 (am Giebel: «CS 1723 MH» über den Kielbögen). Pfeilschwanzfries unter Wolfszahn. ⌐⌐. 2½. Ehemals B, mit angebauter Kammer an der rechten Traufseite. Trennmauer im Hinterhaus des ersten Stockwerks. *Inschriften*. 2. Stockwerk. Dielbaum der westlichen Stube verkleidet. Östliche Stube: «[in Flachschnittwappen Dreiberg und die Initialen ‹M› und ‹H› über je einem Fünfstrahlenstern]IN . NAMEN . IESVS . MARIA . VND . IOSEPH.FANG.ICH.AN.ZV.BVWEN.ZV.GOT.HAB./ICH.MEIN.HOFVUNG.VND.VOR.TRVWEN.BVWMAN.MERITZ. HEIMEN.VND.SEIN.SVN/MERITZ.HEIMEN.MARIA.IOST.SEIN.HAVS.MVOTER.IM.IAHR.1723/O.IVNGES.BLVOT. SPAHR . DV . DIN . GVOT . DAN . ARBEITEN . IM . ALTER . WE . TVTT». – *Öfen*. 1. Zweigeschossig, mit Kehle unter der Deckplatte. An der Stirn: «D.G.R/1887», Spiralen und Sterne. – 2. Eingeschossig, mit plastischem Karnies unter der Deckplatte. Profilierte Beine und Fußsims. An der Stirn, zwischen monstranzähnlichen Gebilden, Wappen der Familie Schmid (W. Wb., Tf. 4, Nr. 3, jedoch ohne Sterne) mit den Initialen «CS»; an der Wange plastisches Herz mit Jesusmonogramm zwischen den Monogrammen von Josef und Maria über den Ziffern 17 und 26 in Zierspiegeln. – 3. Form ähnlich Nr. 2. An der Stirn, in Wappenschild, mit drei Sechsstrahlensternen bekrönter Dreiberg und die Initialen «M.H/MI». Beidseits ovale umrankte Spiegel mit den Ziffern 17 und 26. An der Wange, in Wappenschild, die Initialen «MH», in drei zierkonturierten Spiegeln die Monogramme der Heiligen Familie.

15. *«Brunnehüs»* (Abb. 284)[90]. Koord. 75/100. Kat.-Nr. 28. Burgerschaft Niederwald. Erbaut 1727. 1976 Ausstattung entfernt, zum Teil im Restaurant «Zur Mühle», Ried–Brig. Pfeilschwanzfries unter Wolfszahn. ⌐⌐. 2½. C (quer zum First nach Westen orientiert). An der Rückseite «Withüs». *Inschrift*. 1. Stockwerk: «[in schön geschnitzter Akanthusspiralenkartusche: ‹I.M.G.H/Stechstrahlenstern/A . I . G . H›] GOTES.NAMEN HAT.WEIR.BAVEN.DIS.HAVS.WEIR.BITEN.GOT.ER.WOLE.VNS.VOR.ALEM.VBEL.BEHVTEN/IESVS.

---

88 Fassadeninschrift: «Marie[Louise]Ritz 1930».
89 Deutung von Konrad Diezig, Niederwald.
90 Zum Zustand von 1857 vgl. Bilddokument S. 259, Nr. 2 (Abb. 284).

Abb. 300 und 301. Niederwald. Ofen Nr. 2, 1793,
in Haus Nr. 16. Text unten. – Ofen Nr. 2, 1795,
in Haus Nr. 17. Text S. 280.

MARIA . VND . IOSEPH . DAR . BEI . WOLE . AL . ZEIT . VNSER . FVR . SPRECHER . SCHVTZER . SEI . 1727». – *Öfen.* 1. Eingeschossig, mit Karnies unter der Deckplatte. An der Stirn, in Wappenschild, Initialen und Stern wie auf
dem Dielbaum, ferner die Jahreszahl 1735. – 2. Zweigeschossig, mit Kehle unter der Deckplatte. An der
Stirn, in umranktem Clipeus: «F[ranz?]M[utter]/18/62», beidseits Blütenvasen. Übrige Felder von Stirn
und Wange mit geschweiften Feldern verziert.

16. Koord. 180/225. Kat.-Nr. 42. Lydia Anthamatten; Leo Ritz. Erbaut 1788 (am
Giebel: «JMMM/Anno Domini 1788»). Das wertvolle Haus beim Platz am
östlichen Dorfrand, mit seiner reichbeschrifteten Fassade ein unmittelbarer Vorläufer
des «Gundihüs» (S. 280), soll ebenfalls von Zimmerleuten namens SCHMIDT aus
Steinhaus erbaut worden sein[91]. Die zweizeiligen Inschriften über und unter den
Fensterzonen beider Wohnstockwerke, u. a. ein Spruch aus Psalm 132, sind durch den
rücksichtslosen Einbau neuerer Fensterrahmen arg zerstückelt worden. ⌐⌐ (mit Sa).
2½. F.

Inschriften. 1. Stockwerk: «GLICK SELIG SEIND DIE JENIGE SAGT DER KENIGLICHE PSALMIST PSAL 118 WELCHE
ALZEIT DAS GESATZ DES HEREN BETRACHEN» – «[zwei Wappen mit den Initialen ‹MM/JM›, das eine erhaben
geschnitzt, das andere gekerbt; Hand]DISES HAVS HABEN GEBAVWT DIE ZWEN EHRSAM BRIDER JOSEPH VND
MORITZ MVTER SAMBT DES/ERSTGEMELTEN HAVSFRAV ROSSA JM HOF DEN 18 HORNVNG ANNO 1788». –
«Stubji»: große Monogramme der Heiligen Familie. – 2. Stockwerk: «[in Wappen die Initialen ‹J.M/
M.M›]DER GRESTE PRESTEN[92] AN EINEM HAVS JST WO DER FRIDEN WEICHT DARAVS/WO ABER FRIDEN VND
EINIGKEIT DORT GIBT GOTT GLICK ZV ALER ZEIT» – «HIERJST NVHR EIN BILGER FARDT EIN ZEITLANG
BLEIBESTILL/O JESV HIER JCH DEINER WARDT MIT DIER JCH REISEN WILL». – *Öfen.* 1. Zweigeschossig, mit
ungewöhnlicher Deckplatte: Kehle unter profiliertem Sims. An der Stirn, inmitten kunstvoll gehauener
Ranken, in zwei Wappenfeldern Hauszeichen (auf einem Kreuz ein Zeichen, ähnlich der Ziffer Vier) und
die Jahreszahl 1789. – 2. Zweigeschossig, mit großem Karnies unter einem Rundstab. An der Stirn mit C-
Bögen, hornartigen Volutenbändern und Palmwedeln gerahmtes Wappenmedaillon der Familie Mutter
(W.Wb., S. 179, Fig. 2); an der Wange in umranktem Spiegel: «J.M.R.I.H/M.M.AM.W/1793» (Abb. 300). –
Wandbüfett. Tanne. Datiert 1804. Ungewöhnliches Untergeschoß: Tür zwischen geschweiften, gefasten
Schubladen.

---

91 Niederwald soll ihnen als Anerkennung ihrer Zimmermannskunst das Bürgerrecht verliehen haben.
92 Gebresten.

17. *«Gundihüs»* (Abb. 298). Koord. 165/205. Kat.-Nr. 36. Jos. Gundi; Therese Jossen-Gundi; Wenning und Anlauf. Erbaut 1791, nach der Überlieferung von Zimmerleuten namens SCHMIDT aus Steinhaus (wie Nr. 16). Das reichverzierte Wohnhaus, das die Gebäudezeile am Dorfplatz beherrscht, zählt zu den wertvollsten Gommer Häusern. Giebelinschrift: «Jm Jahr Des Herren 1791/Hat Vallentin Mutter Dises Haus Gebauwet Har/maria Josepha Jm Hoff Seine Haus Frauw Wahr». Außerordentlich vielfältige Friese: gebrochener Wellenfries am Fußbalken; üppiger Rankenfries unter der Fensterzone der beiden Wohnstockwerke (siehe S. XIII, Friese XI und XII); Kielbogenfries über den Fenstern im ersten Wohnstockwerk. Rocaillegiebel über den Fenstern der Wohngeschosse, im zweiten Stockwerk mit Blüte in der Archivolte. Kunstvoll mit Blütenmotiven beschnitzte Fensterpfosten der Wohngeschosse. Ähnlich mit Friesen geschmückt ist auch die östliche Traufwand. Originale *Kellertür* aus Lärchenholz mit Türklopfer in Form einer Schlange. Geschmiedetes Zierblech in der Soporte. ⌐¬. 2½. F. Innentreppe zum Kellergeschoß. Estricheinbau ähnlich demjenigen der ersten Hälfte des 16. Jahrhunderts im linksufrigen Untergoms (Kdm Wallis I, Abb. 6).

Inschriften. 1. Stockwerk: «[in dekorativen Wappenfeldern links heraldisches Zeichen der Familie Mutter (W. Wb., S. 179, Fig. 2), rechts der Familie Imhof: Bär mit Kreuz auf dem Rücken, Mond und zwei Sterne]DISES HAVS HAT GEBAVWT VALENTIN MVTTER SAMBT SEINER EHE GEMAHLIN MARIA JOSEPHA JM HOF DE 20 MEIEN 1791/JM NAMEN DER HEILIGEN DREY FALTIGKEIT.SOL ES STECHEN ZV JEDER ZEIT» – «DIS HAVS HAB JCH JHR KINDER IMEIN FIR.EICH.ERBAVWEN.LASEN/DAS MAN DAR EIN SOL.FRITSAM.SEIN.GOTT.LIEBEN.VND.SIND.HASSEN». «Stubji»: große Monogramme der Heiligen Namen. – 2. Stockwerk: «[von Rocaille gesäumtes Mutter-Wappen (W. Wb., S. 179, Fig. 2)]DISES HAVS HAT LASEN ERBAVWEN VALENTINVS MVTTER SAMBT SEINER.EHEGEMAHLIN/MARIA JOSEPHA JM HOFF JM JAHR DES HEREN 1791 DEN 30 MAY» – «[Wappen der Familie Imhof: unter heraldischem Adler rechts H(?), links weiterer Adler]HER VALENTIN MVTTRR JOSEPH ANTONY VNDFRANCISCVS VND HANS JOSEPH MVTTER/SEHN DES OBENGEMELTEN VALENTINY MVTTER». – *Öfen.* 1. Form wie Nr. 1 in Haus Nr. 16 (S. 279). An der Stirn, in Blumenkranz zwischen Ranken, Mutter-Wappen wie auf den Dielbäumen und in rankenumrahmtem Feld die Initialen «R[aphael]G[undi]». An der Wange Wappen wie auf dem zweiten Dielbaum des zweiten Stockwerks und die später hinzugefügte Jahreszahl 1909. – 2. (Abb. 301). Form wie Nr. 1. An der Stirn, zwischen Ranken, Mutter-Wappen wie am Ofen Nr. 2 in Haus Nr. 16 (S. 279) und, in umranktem Zierfeld, die Initialen «V M»; an der Wange, in Bandrollwerk-Kartusche, Wappen wie auf derjenigen von Ofen Nr. 1 und in Zierfeld: «M I I H/1795». Prachtvoller Ofen. *Hauskruzifix* (im Besitz von Alois Jentsch, Mörel). H. 75,5 cm (Korpus 25,5 cm). Arve. Größtenteils erhaltene Originalfassung: am Kreuz Gold sowie roter und grüner Lüster. 3. Viertel 18. Jh. Werkstatt des PETER LAGGER, Reckingen. Wertvolles Kruzifix vom I. Reckinger Hauskruzifixtyp mit dem charakteristischen Sockel (vgl. Kdm Wallis I, Tf. I und Ia). – *Gemälde des hl. Rochus* (im Besitz von Dr. Hermann Wirthner, Münster). 69 × 37 cm, unten beschnitten. Tempera und wenig Gold auf Holz. Mitte 17. Jh. Dreiviertelbildnis. Stab in der Rechten, mit der Linken die Wunde entblößend. – *Mobiliar.* Geschnitzt von JOSEPH GUNDI (†1953): 1. *Pult.* Lärche. Eingelegt Sterne, die Initialen «J[oseph]G[undi]» und die Jahreszahl 1914. – 2.–3. Dazugehörendes *Nachttischchen* und *Schrank.* – 4.–5. Zierliche *Tischkommödchen* mit Flachschnitzereien. – *Nachttischchen*, geschnitzt von EMIL MÜLLER, Reckingen. Nußbaum. Eingelegt: «Joseph Gundi», die Jahreszahl 1928 und reicher Flechtwerkdekor. – *Wandbüfett* (im Besitz von Dr. Hermann Wirthner, Münster) (Abb. 302). Nußbaum. Datiert 1795. In sanftem Stichbogen endende Mittelachse. Geschweifte Spiegelfüllungen. Die Schubladen der in der Mitte zurückspringenden Kredenz sind nach oben zunehmend plastischer geschmückt mit Schnitzereien und Einlegearbeit: C-Bögen, Bandwerk und die Initialen «V-M MI-H».

18. *Pfarrhaus*[93]. Koord. 95/125. Kat.-Nr. 22. Nach dem Brand von 1793[94] im darauffolgenden Jahr unter Pfr. Peter Joseph Jost wiederaufgebaut. Am rückseitigen Giebel eingeschnitzt: «Anno Domini 1794».

---

93 Zum Zustand um die Mitte des 19. Jh. vgl. Bilddokument, S. 259, Nr. 2 (Abb. 284).

94 PfA Niederwald, D 18 und Verzeichnis der Pfrundherrn (Buch), o. Nr.

Abb. 302. Niederwald. Wandbüfett, 1795, aus dem Haus Nr. 17 (Dr. Hermann Wirthner, Münster). –
Text S. 280.

Renovationen 1953[95] und 1968. Friese: Paar versenkter Rundstäbe. ⌐⌐. 2. E. Inschrift: «NISI DOMINUS
AEDIFICAVERIT DOMUM.IN VANUM LABORAVERUNT.QUI AEDIFICANT EAM.PSAL.126.V 1/DILIGITE LUMEN
SAPIENTIAE OMNES.QUI PRAEESTIS POPULIS.SAP.6.V.23 ANNO DOMINI 1794 DIE 31 MAY» (teilweise mit Minuskeln). – *Ofen.* Von Ofenmacher JOSEF BITTEL, Fiesch[96]. In Medaillon drei Tannen als heraldisches Zeichen
der Gemeinde Niederwald unter einem Kelch zwischen je zwei Sternen und einer Rosette; die Initialen
«OAMD BVMG/19[Jesusmonogramm in Lorbeermedaillon]53». – *Wandbüfett.* Tanne. Dreiachsig. Ende
18. Jh. Über dem geschwungenen Schubladenblock an Stelle der üblichen Nische geschweifte Doppeltür
mit eingeschnittem Zierfeld.

Kunstwerke aus Kirchen und Kapellen. Skulpturen. Sitzende Muttergottes. 2. Hälfte 14. Jh. Aus der Kapelle von
«Rottebrigge» (S. 289). – *Muttergottes.* 1. Hälfte 17. Jh. Aus der Kapelle von «Rottebrigge» (S. 289). –
Johannes und Maria von einer Kreuzigung (Abb. 303). H. 25 cm. Arve, massiv. Originale Vergoldung und
Polychromierung. Um 1700. Stilmerkmale des JOHANN SIGRISTEN, Glis. Johannes hält die zusammensin-
kende Maria. Ausdrucksstarke, geschlossene Gruppe. – *Weinende Frau* (Abb. 304). Abschied Jesu von seiner
Mutter? Erhalten nur mehr der gemeinsame Sockel und die Frauenfigur rechts. H. 28 cm. Arve, massiv.
Originalfassung: Polimentgold und Polychromierung. Um 1700. Qualitätvolle Statuette im Stil des
JOHANN SIGRISTEN, Glis. – *Tabernakelfront.* 65 × 28 cm. Holz. Polimentgold, Silber und Lüster. 2. Hälfte
18. Jh. Auf einem Kelch Hostie unter Kruzifix in Rocaillemuschel. – *Gemälde. Zwei Kreuzwegstationen.*
Veronika reicht Jesus das Schweißtuch dar. Jesus begegnet der weinenden Mutter. 76 × 51 cm. Misch-
technik auf Holz. Mitte 18. Jh. (1753?)[97]. Ausdrucksvolle Darstellungen im Stil der Fiescher Schule. –
Fahnenbild 74 × 54,5 cm. Öl auf Leinwand. Anfang 19. Jh. Hl. Nikolaus von Myra, einem Bettler ein
Geldstück reichend. Auf der Rückseite Pietà und zwei Putten mit Anhängerschildchen unter bogenartig
angeordneten Medaillons der Sieben Schmerzen in Dornenrahmen. – *Hl. Philomena.* 54 × 68 cm. Öl auf
Leinwand. Geschenkt vom ehemaligen Pfarrer Franz Joseph Ulrich (†1854)[98]. Die auf dem Sofa sitzende

95 Ebd., Pfarrbuch, o. Nr.   96 Ebd.
97 Errichtungsurkunde (ebd., D 12).
98 Inventar von 1863 (ebd., D 17).

Abb. 303 und 304. Niederwald. Pfarrhaus. Statuetten, um 1700, im Stil des Johann Sigristen, Glis. Johannes und Maria, H. 25 cm; weinende Frau, H. 28 cm. – Text S. 281.

Heilige hält in der Rechten einen Pfeil. Ein Engel steckt die Siegespalme in ihre Linke, während zwei weitere Engel Lilie, Anker und Degen bringen. Genrehaftes, tonig gemaltes Bild. Mit Palmetten beschnitzter, vergoldeter Rahmen. – *Herz Mariä*. 97,5 × 74 cm. Öl auf Leinwand. Vor 1863[99]. Von LORENZ JUSTIN RITZ († 1870). Brustbildnis. Maria hält mit der Linken das vom Schwert durchbohrte Herz. Qualitätvoll. – *Hl. Theodul*. Hochaltarblatt. 183 × 77 cm. Öl auf Leinwand. Rechts unten: «[Joseph]Stokker v. Zug/1883». Neben dem stehenden Heiligen Glocke und kleine Szene des Weinwunders. – *Christus am Kreuz*. Fastenbild[100] für den Hochaltar. 181 × 77 cm. Öl auf Leinwand. Gleicher Bogenabschluß wie die Altarnische. Rechts unten: «[Joseph]Stocker v. Zug/1884». Auf niedrigem Horizont Christus am Kreuz bei Sonnenfinsternis.

19. Koord. 145/205. Kat.-Nr. 45. Rudolf Mutter; Walter Wirthner. Erbaut 1801. Fries: Paar versenkter Rundstäbe. An der Rückseite ehemals Holzschopf unter Scheune. ⌐¬. 2 und Giebel-«Loiba». G und F. *Inschriften.* 1. Stockwerk: «JM JAHR 1801 DEN 15 MAY DISES HAUS HAT LASEN BAUEN DIE 3.EHRSAME BREDER/ JOHANNES IOSEPHUS.UND.VALENTIN.UND.IOSEPH.ANTONI.SCHMIT.UND.IHRE.MUTTER.THERESIA.BINER».– 2. Stockwerk: «[gut geschnitztes versenktes Wappen der Familie Biner (W. Wb., S. 32, Fig., jedoch mit fünf wie auf dem Spielwürfel angeordneten Blüten und mit vier begrenzten Balken)]DERVATTER.DER.ERBAUER. BEGREIFEND.ZU.BEGINNEN/FÜR SICH,SEIN.WEIB UND KINDER,EIN WOHNUNG OHN BESINNEN/ALLEN.DER.TOD. DER.IHN.ERBLASTE/ZERSTÖRTE.DEN.ENTSCHLUS.DEN.ER GESUND.NOCH.FASTE/DOCH.IHN.FÜHRTEN. ENDLICH.AUS/SEINE LIEBSTEN,DIE.DIESES.HAUS/MIT.MÜH,UND.ARBEIT.LIESSEN.BAUEN./UND.CHRISTLICH. IEDERZEIT.AUF.IHREN.HERRN.TRUEN//ES.WERDE.SIE.SEGNEN.VOM.HOHEN.HIMEL./DER,DER.IHREN.VATTER. THEODUL.SCHMIDT,NAHM/VON.DIESEM.WELD.GETIMMEL./DEN 19 APRIL.1801».– «Stubji»: «[Monogramme der Heiligen Familie]BEVAHRE.DISSES.HAVS.VND.ALE.DIE.EINGEND/VND.WIDE.AVS».– *Öfen*. 1. Zweigeschossig, mit schwerem, profiliertem Sims. An der Stirn zwei Wappenschilder, im linken kleines T neben X mit Haken am linken Fuß in umgekehrtem V über der Jahreszahl 1802, im rechten die Initialen «i.i.V.A/

---

99 Ebd.

100 Ebd.

101 RITZ, S. 103.

102 Freundl. Auskunft von Konrad Diezig, Niederwald. – Inschrift am Heustall: «A[dolf]R[itz]19 09 R[itz]K[onrad]».

S.T.S». – 2. Zweigeschossig, mit Kehle unter der Deckplatte. An der Stirn in Medaillon, rund um Jesusmonogramm, die Initialen «G[ebrüder?]J[osef]/A[nton]R[itz]» über der Jahreszahl 18/91. – *Hauskruzifix.* H. 57,5 cm. Holz, nicht gefaßt. Letztes Viertel 18. Jh. Korpus mit Motiven des II. Reckinger Hauskruzifixtyps (vgl. Kdm Wallis I, Tf. Ia). Auf geschweiftem Fußbrett kunstvoller konischer Rollwerkfuß mit Rocaillekartusche. Blüten als Balkenenden.

20. Koord. 135/185. Kat.-Nr. 33. Hugo Bächer; Hermann Pfammatter; Konsum Niederwald. Erbaut 1832 (Jahreszahl am Giebel). ⌐—⌐. 2½. G.

An der Stelle des 1952/53 neuerbauten Hauses bei Koord. 125/155 stand jenes alte Wohnhaus mit Ställen im Erdgeschoß, das 1833 Bildhauer ANTON RITZ (1800–1853) käuflich erworben hatte[101]; dessen Geburtshaus und daher auch dasjenige von Maler LORENZ JUSTIN RITZ (1796–1870) bei Koord. 140/220, das sogenannte «Clara-Hüs», ist 1909 einem Heustall gewichen[102]. – Bei Koord. 95/170 steht ein heute als Speicher benutztes rudimentäres Häuschen ohne Hinterhaus, das von der «Hofstette» am gegenüber liegenden Talhang herkommen soll. Die Kielbögen seines Fußbalkens über balkenbreitem «Vorschutz» sind mit Lilien und mit den Ziffern der Jahreszahl 1663 bekrönt. Neben dem zeittypischen Würfelfries zeigt das Häuschen sonderbarerweise bereits den erst fünfzig Jahre später verbreiteten Pfeilschwanzfries. Dielbauminschrift: «1664[Wappen: lilienartiges Zeichen; im Schildhaupt rechts griechisches Kreuz, links drei senkrechte Stäbe]».

NUTZ- UND GEWERBEBAUTEN

Dank der Qualität und der Präsenz an den wichtigsten Stellen im Dorf kommt den Nutzbauten von Niederwald nicht weniger Bedeutung für das Siedlungsbild zu als den Wohnhäusern. Dem unteren Rand der Dorfstraße folgen als dunkle Frontzeile fast ausschließlich Nutzbauten (Abb. 306 und 307a), darunter einige stattliche Stadel. Zehntenstadel (Koord. 110/145). Unter dem Dorfplatz bilden zwei Speicher eine malerische Front (Abb. 307); der östliche (Koord. 170/185) weist über den Zwillingstüren des

Abb. 305 und 306. Niederwald. Dorfpartie mit Speicher bei Koord. 165/260 (vgl. Abb. 286). Text S. 284. – Nutzbautenzeile entlang der Dorfstraße. Text oben.

Abb. 307. Niederwald. Speichergruppe am unteren Rand des Dorfplatzes. – Text S. 283.

Unterbaus Kielbögen auf, ferner verzierte rundbogige Zwillingstüröffnungen im Oberbau und, im Giebel, die Inschrift «I.T 17 27.C.T». Das Haus Nr. 11 «im Salzgäbi» (Koord. 85/165) wird vom übrigen Dorf durch eine stimmungsvolle Gruppe von Nutzbauten, vor allem Speichern, abgetrennt. Zu dem als Speicher verwendeten schmucken Blockbau bei Koord. 95/170 vgl. S. 283. Eine weitere Ansammlung von zum Teil wertvollen Nutzbauten findet sich im nordöstlichen Dorfteil um Koord. 150/230: stattlicher Stadel (Koord. 140/230); großer Speicher (Koord. 150/235), am Türsturz datiert 1660, heute leider ohne «Stadelplane»[103]. Die Stützel verlor auch das schmucke Speicherchen (Abb. 305) bei Koord. 165/260 in der Gabelung zweier Gassen. Dasselbe Schicksal widerfuhr dem imposanten Stadel bei Koord. 195/230 an der Schauseite des Dorfes, der nun mit Haustein untermauert ist, und dem bemerkenswerten Speicher bei Koord. 165/155, der am runden Bogen der Zwillingstüren die geschnitzten Heiligen Namen und am Fußbalken des «Vorschutzes» die Jahreszahl 170x (1704 oder 1710) aufweist.

Backhaus (Koord. 85/115). Auf dem Dielbaum steht die Jahreszahl 1831. – Ofen. Aus dem Haus Nr. 8, S. 277.

GEBETSHÄUSCHEN IN DER «CHINDBETTI»

Das Kapellchen[104] auf einem bewaldeten Rücken etwa zwanzig Minuten oberhalb Niederwald am Weg zu den «Schlettren» ist ein rechteckiger Bau mit Schindeldach

---

103 Photographie von dieser Nutzbautenreihe um 1900 bei STEBLER, Fig. 173.

104 «Chindbetti» = Wochenbett. Nach der Überlieferung erbaut von der Niederwaldner Linie der Familie Ritz. – An der Stelle eines ähnlichen, nach der Überlieferung ebenfalls von der Familie Ritz gestifteten Bildstocks «uff dem Hubel», etwa zehn Minuten westlich von Niederwald an der Autostraße, steht heute ein Wegkreuz. Ehemals Bild der Heiligen Familie (J. BIELANDER, Die am Wege standen ..., Straße und Verkehr 41 [1955], Nr. 7, S. 34).

auf drei kräftigen Pfetten. Seit der Renovation 1967/68 ist die Gipsdecke der tonnengewölbten Nische mit Holz verkleidet. Rechteckmaschiges Gitter unter Plattenvor-
sprung.

In der Nische stand wohl eine *Kreuzigungsgruppe* (zurzeit bei Medard Gasser, Sitten). Kruzifix. H.
54,5 cm. Arve(?), nicht gefaßt. 2. Viertel 18. Jh. Herabsinkender Korpus. Von Rollwerk gerahmter
konischer Kreuzfuß mit leerem Rocaillefeld. Maria H. 30 cm. Johannes H. 29 cm. Arve(?), nicht gefaßt.
2. Viertel 18. Jh. Bei der Johannesfigur fehlen die Hände. Schlanke, elegante Statuetten, bogenförmig
geschwungen und geschraubt.

KUNSTGEGENSTÄNDE UNBEKANNTER HERKUNFT AUS NIEDERWALD

Tisch (im Besitz der Geschwister Feuillet, Brig). Nußbaum. Biedermeier. Dreh- und Klappvorrichtung
mit seitlichem Stift. – Fünf dazugehörende *Taburette*. – *Wandschrank* (im Besitz von Alfred Bortis, Fiesch).
Tanne, mit Öl bemalt. Datiert 1792. Zweitürig. In den oberen geschweiftbogigen Spiegeln links
Fährmann mit junger Frau, rechts zwei Frauen vor Architektur, in den unteren quadratischen Spiegeln
Stern und Rocaillezwickel. Ungewöhnliches Stück.

Abb. 307a. Niederwald. Vorderfronten der Stadelreihe unter der Dorfstraße. – Text S. 283.

Abb. 308. Rottebrigge. Ansicht von Nordwesten. Aufnahme 1978. – Text unten.

ROTTEBRIGGE

GESCHICHTE. Das schon 1250 erwähnte[1] Rottebrigge (Rottenbrücken) brachte im 15. und 16. Jahrhundert Meier aus dem Geschlecht der Ithen und Ritz hervor[2]. Der ehemalige Weiler gilt als erster bekannter Wohnsitz der Gommer Familie RITZ[3]. Gemeindestatuten von 1565 zusammen mit Niederwald[4]. Burger von Rottebrigge besaßen Rechte auf der Garschneralp[5] im Urserental. 1829 erlosch mit der letzten Einwohnerin auch das für den Weiler nachgewiesene Geschlecht der Walag (Waleg, Vallig)[6].

Quellen. PfA und GdeA Niederwald. PfA Ernen.

SIEDLUNG (Abb. 308). Von der Siedlung sind das Kapellchen frei im Talgrund und eine stimmungsvolle Gruppe von Heuställen inmitten von verödeten Hofstätten am Fuß des Talhangs übriggeblieben.

1 Notizen von Pfr. L. WEISSEN (PfA Niederwald, Pfarrbuch, o. Nr.).
2 S. NOTI, Geschlechter, die einst den Meier im Zenden stellten, Walliser Bote 131 (1971), Nr. 50.
3 W. Wb., S. 214.
4 PfA Niederwald, B 1 (Kopie).
5 A. KOCHER, Die Walser im Urserental, Wir Walser 9 (1971), Nr. 2, S. 14.
6 PfA Niederwald, D 20. – «Rottebrigge» habe einst fünfzig Seelen gezählt, die aber alle der Pest zum Opfer gefallen seien ([K.]K[IECHLER]., Die Heimat des ersten Landeshauptmanns von Wallis: Simon Murmann ab Wyler, Walliser Volksfreund 31 [1950], Nr. 20). Gegen die Annahme, daß die Pest von 1629 den Niedergang des Weilers verursacht habe – in diesem Zusammenhang stellt man auch das Patrozinium des Pestheiligen Sebastian –, spricht der Bau der reich ausgestalteten Kapelle in der 2. Hälfte des 18. Jh.
7 PfA Niederwald, D 12.
8 «S. Sebastiani M. vulgo ‹Zu den 14 Nothelfern›» (Visitationsakt von 1898, PfA Niederwald, o. Nr.).
9 Vgl. Bilddokument.
10 PfA Niederwald, Pfarrbuch, o. Nr.

Abb. 309. Rottebrigge. Kapelle, Mitte
18. Jahrhundert, Ansicht von Südosten.
Zeichnung, 1845–1850, von Raphael Ritz.
Text unten.

KAPELLE HL. SEBASTIAN

GESCHICHTE. Eine Kapelle wird 1712 erstmals erwähnt[7]. Das heutige, wohl wegen des Tafelbilderzyklus (S. 289) auch Nothelferkapelle genannte[8] Heiligtum weist stilistisch in die Mitte des 18. Jahrhunderts. Um die Mitte des 19. Jahrhunderts besaß es noch keinen Dachreiter[9]. Gesamtrenovation, ausgenommen die Decke mit den Malereien, 1928[10]. 1976–1978 Restaurierung des sehr baufälligen Kapellchens durch den Jagdverein des Bezirks, «Diana Goms».

Bilddokument. Ansicht von SO. «16 Oct. Niederwald». Tuschierte Bleistiftzeichnung von RAPHAEL RITZ. 1845–1850 (Museum Majoria, Sitten, Inv.-Nr. 162; Ruppen II, 325) (Abb. 310).

BESCHREIBUNG. *Äußeres* (Abb. 309). Die geostete Kapelle steht auf kleiner Anhöhe, chorseits auf niedrigem Felsblock. Das nur seitlich abgesetzte Chor endet dreiseitig mit breiter Chorstirn. Der Grundriß weist zahlreiche Unregelmäßigkeiten auf. Über dem Chorbogen offener Dachreiter mit ehemaligem Grabkreuz auf dem pyramidenförmigen Helm. Weite Stichbogenfenster in den seitlichen Schiffswänden. Die achtseitigen Okuli in beiden Giebeln sind zurzeit vermauert, das Schutzdächlein über der rahmenlosen stichbogigen Türöffnung ist entfernt.

Inneres (Abb. 310). Das hohe, von einer Gipstonne überspannte Schiff wird vom Chor durch einen runden Chorbogen auf massigen Pfeilern abgeschnürt. Das schachtartige Chor schließt nach einem Tonnenabschnitt in drei Kappen, von denen nur diejenige der Chorstirn auf einem Schildbogen aufruht. Profiliertes Gesims mit Fries, jedoch ohne die für die zweite Jahrhunderthälfte typische Kehle, am Chorbo-

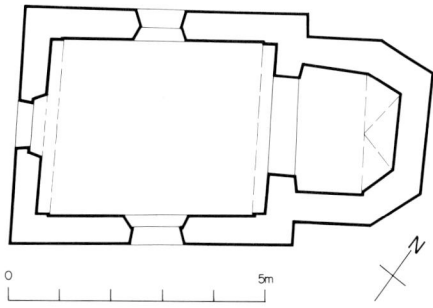

Abb. 310. Rottebrigge. Kapelle, Mitte
18. Jahrhundert. Grundriß.
Text oben.

0   5m

Abb. 311 und 312. Rottebrigge. Kapelle. Deckenmedaillon mit Martyriumszene des hl. Sebastian, im Stil des J. G. Pfefferle. Text unten. – Hl. Pantaleon aus dem Nothelferzyklus, wohl von Johann Georg Pfefferle (†1796). Text S. 289.

gen und an den halben Eckpilastern im Schiff, wo – nach dem Vorbild der Reckinger Pfarrkirche (1745) – nur das Kranzgesims um die Wände läuft und in Stichbögen über die Fenster setzt. An den Gewölben, inmitten von gemalten Ornamentgittern und Röschen, je ein profilgerahmter Vielpaß mit figürlicher Darstellung im Stil des JOHANN GEORG PFEFFERLE († 1796), Geschinen: im Schiff das Martyrium des hl. Sebastian, beschriftet: «S. Sebastian wird nach filen Pein und marter / mit Briglen[11] zu Tot geshlagen» (Abb. 311); im Chor die legendäre Szene, wie die fromme Witwe des Märtyrers Castulus die Pfeile aus dem Körper des Heiligen zieht.

Altar. 3. Viertel 18. Jh. Häßlich übermalt. Im zierlich bekrönten Architekturgeschoß rahmen gewundene Säulen vor Pilastern und (ehemals) Flankenstatuen auf schräg gestellten Konsolen ein holzgemaltes Altargemälde: Christus bringt auf die Fürbitte der Muttergottes dem hl. Sebastian das Kreuz; Putten mit Lorbeerkranz, Palmzweig und Pfeil. Die weiß gefaßten, ziervergoldeten Flankenstatuen[12], links der hl. Rochus, rechts der hl. Jakobus d. Ä., Werke im Stil der Reckinger Lagger-Werkstatt, sind 1975 entwendet worden[13]. Im bekrönenden Volutengeschoß kleine Gottvaterfigur und große Hl.-Geist-Taube.

11 «Prügel» in der Mundartbedeutung von Keulen, Stöcken usw.

12 Vgl. die Statuen der Reckinger Seitenaltäre (Kdm Wallis I, S. 284).

13 Hl. Rochus, H. 56 cm; hl. Jakobus, H. 51,5 cm. Arve(?), massiv. Photos im A der Kdm Wallis, zurzeit in Brig.

14 PfA Niederwald, Pfarrbuch, o. Nr.

15 Vgl. Kdm Wallis I, Abb. 84.

16 Verschollene Kunstgegenstände, aufgeführt in A. CARLEN, Verzeichnis (1943): Nr. 51. Statue einer hl. Jungfrau mit Buch, um 1600(?), alte Vergoldung, damals auf dem Altargiebel. – Nr. 56. Rote Brokatkasel mit Ähren- und Traubenmotiven, um 1660.

Altarkreuz. H. 41 cm (Korpus 20 cm). Holz, polychromiert und vergoldet. 2. Viertel 18. Jh. Steifer Korpus. Zierlicher, mit Rollwerk gerahmter Blütensockel. Tulpenblüten als Balkenenden. – *Gemälde.* 14 Tafeln mit Darstellungen der heiligen *Nothelfer* Achatius, Ägidius, Barbara, Blasius, Christophorus, Cyriakus, Dionysius, Erasmus, Eustachius, Georg, Katharina, Margareta, Panthaleon (Abb. 312) und Vitus. 44 × 30,5 cm. Öl auf Leinwand. Wohl von JOHANN GEORG PFEFFERLE († 1796), Geschinen. 1928 auf Karton aufgezogen und neu gerahmt[14]. Die zum Teil fast kindertümlichen Gestalten sind in pastellhaft milden Farbtönen gemalt. – Brustbildnisse von *Maria* und *Josef.* 41 × 31,5 cm. Öl auf Leinwand. Mitte 19. Jh. Im Stil des MELCHIOR PAUL VON DESCHWANDEN, von unbekanntem Maler.

Kaseln. 1. Blau. Mitte 18. Jh. Damast mit eingewobenen großen Blatt- und Blütenmotiven in zurückhaltenden Buntfarben. Stab aus blauem Taft erneuert. Klöppelspitzen. – 2. Rot. 2. Hälfte 19. Jh. Große vegetabile Motive, darunter Trauben und Ähren in Phantasievasen, mit hellem, golddurchwirktem Faden abgesteppt. Barockisierend. – *Kerzenständer.* Giltstein. 29 × 12 × 9,5 cm. 1. Hälfte 19. Jh. Truhenförmig. Sechs niedrige Füße (einer fehlt). Kanten abgesetzt und gerundet. Oberer Rand gekehlt. Im Frontfeld eingehauene nichtidentifizierbare Zeichen. Vertiefungen für zwei große Kerzen inmitten von fünf kleinen.

Glocke. Dm. 41 cm. Ton h′. Glatte Kronenbügel. An der Schulter, zwischen Schnurstäben, die Umschrift: «[Hand]SANCTE MARIA ORA PRO NOBIS». Flankenreliefs: Muttergottes, Kruzifix und hl. Antonius von Padua. «V[iktor]. W[alpen]. [Meisterzeichen[15]]G[locken].G[ießer]. 1878». Rebrankenfries.

Entfernte Kunstgegenstände (im Pfarrhaus)[16]. *Skulpturen.* Sitzende *Muttergottes* (Abb. 313). H. 33,5 cm. Arve, massiv. Spätere Fassung. 2. Hälfte 14. Jh. Der rechte Vorderarm fehlt. Maria drückt das sitzende Kind gegen ihre linke Hüfte. Die derbe, aber stiltypische Figur ist ein seltener Vertreter hochgotischer Skulptur im Goms. – Stehende *Muttergottes.* H. 48,5 cm. Arve, massiv, nur leicht oval gehöhlt. Originalfassung mit Lüster, Tempera und Gold. 1. Hälfte 17. Jh. Aus unbekannter Untergommer Werkstatt. Eigentümliche Kopfbildung mit Pausbacken und verkümmertem Kinn; schlängelnde Haarsträhnen. Stark ausfallendes Spielbein. Das Kind fehlt.

Abb. 313. Rottebrigge. Kapelle. Gotische Muttergottes, H. 33,5 cm, 2. Hälfte 14. Jahrhundert (heute im Pfarrhaus). – Text oben.

Abb. 314. Bellwald. Luftaufnahme 1973. – Text S. 292.

BELLWALD

GESCHICHTE. Nach der Überlieferung waren vor dem 1293 erwähnten «belwalt»[1] andere Örtlichkeiten der Umgebung bewohnt: das höher gelegene Mutti und die Schlettren[2], ein nach dem 17. Jahrhundert verödender Weiler in einer Waldlichtung unterhalb des Dorfes, wo heute nur mehr Nutzbauten gegen die Nesselschlucht hin träumen. Die Tatsache, daß Niederwald bis 1807 alte und bedeutende Alprechte auf der Bellwalder Alp Richinen besaß[3], könnte auf Rodung und Besiedelung des «mons Bellwald»[4] durch Niederwald hindeuten, woraus sich auch bauliche Eigentümlichkeiten des Dorfes (S. 292) und die heutige

---

1 StA Freiburg (Schweiz), Coll. Gremaud, Valais, Schachtel 2.

2 Da 1374 von «apud Belwalt Zblattun» die Rede ist (GREMAUD V, S. 405), wobei unter «Zblattun» das heutige Dorf Bellwald gemeint ist (vgl. S. 293), galt die Bezeichnung «Bellwald» ursprünglich vielleicht dem ganzen Bellwalder Berg, ohne daß eine Siedlung «Bellwald» geheißen hätte, ähnlich wie in der Talschaft Binn keine Siedlung diesen Namen trägt. In dem oberhalb von Ried und Eggen gelegenen Mutti sind noch Ruinen von Hofstätten zu sehen. 1503 hatten die Leute von den Schlettren und Nesselschlucht Recht auf Holzschlag und Weidgang in den Wäldern wie in den Allmenden von Niederwald, nicht aber von Bellwald (GdeA Niederwald, C 7). Im 17. Jh. werden noch öfters in den Schlettren ansässige Leute genannt (PfA Ernen, D 206; PfA Bellwald, D 3 und G 27). In Dokumenten des 18. Jh. sind uns keine begegnet; sonderbarerweise tritt 1814 wiederum ein «Joanne Nager in den Schlettren» auf (PfA Bellwald, G 1). Die Sage bevölkerte die verlassene Siedlung dann mit dem «Schletterbooze» (C. SCHMID [vgl. Literatur, S. 292], S. 227). Der ausgestorbene Weiler «Wylerun» auf halbem Weg nach Nesselschlucht ist 1374 erwähnt (GREMAUD V, S. 407). (Freundl. Hinweis von H.H. Josef Lambrigger.)

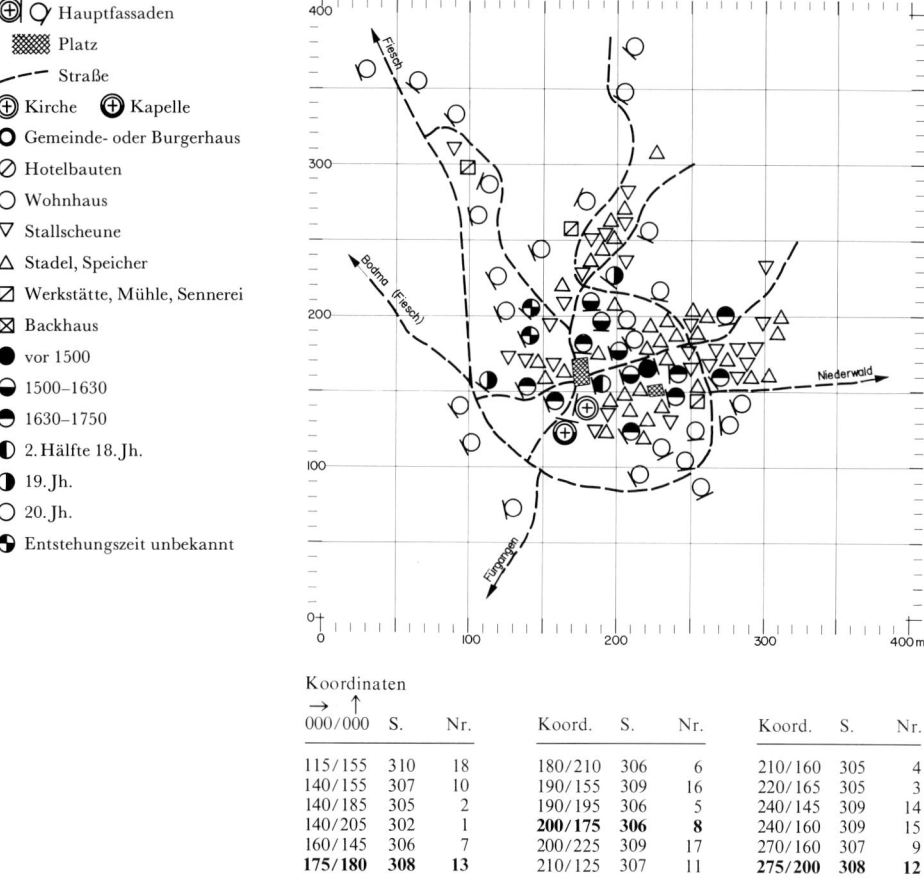

⊕ ○ Hauptfassaden

▨ Platz

‒ ‒ Straße

⊕ Kirche   ⊕ Kapelle

○ Gemeinde- oder Burgerhaus

⊘ Hotelbauten

○ Wohnhaus

▽ Stallscheune

△ Stadel, Speicher

⊡ Werkstätte, Mühle, Sennerei

⊠ Backhaus

● vor 1500

◗ 1500–1630

◖ 1630–1750

◐ 2. Hälfte 18. Jh.

◑ 19. Jh.

○ 20. Jh.

✦ Entstehungszeit unbekannt

Koordinaten

000/000	S.	Nr.	Koord.	S.	Nr.	Koord.	S.	Nr.
115/155	310	18	180/210	306	6	210/160	305	4
140/155	307	10	190/155	309	16	220/165	305	3
140/185	305	2	190/195	306	5	240/145	309	14
140/205	302	1	**200/175**	**306**	**8**	240/160	309	15
160/145	306	7	200/225	309	17	270/160	307	9
175/180	**308**	**13**	210/125	307	11	**275/200**	**308**	**12**

Abb. 315. Bellwald. Siedlungsplan (vgl. «Wegleitung»). – Text S. 292.

etymologische Erklärung des Namens als «Fellwald» erklären dürften[5]. 1374 lebten in Bellwald dem
Bischof zinspflichtige Bauern[6]. 1404 ging adeliger Grundbesitz von Rudolf von Raron durch Kauf an
Johann de Platea in Niederernen über[7]. Frühe Wasserverordnungen 1371 und 1436; Alpreglement 1499;
Dorfstatuten 1555[8]. Nach der alten Zendenordnung bildete Bellwald zusammen mit dem Fieschertal
einen der neun Viertel[9]. Im 17. Jahrhundert muß das Dorf das Zentrum der Untergommer Bildhauer-

___

3 GdeA Bellwald, C 27. 1335 war Niederwald bereits im Besitz dieser Alprechte (GdeA Niederwald,
C 1). Bellwalder «Geteilen» hatten auch Anteil am Niederwaldner Zehnten (PfA Niederwald, A Nr. 8 vom
Jahr 1837). Vgl. auch Anm. 2.

4 Diese Wendung kehrt immer wieder. Im frühen 17. Jh. heißt es wenige Male «Bielwald» (PfA Ernen,
D 201). Vgl. W. Wb., S. 25.

5 Freundl. Auskunft von Dr. Camill Schmid, Bellwald. Vgl. Anm. 4.

6 GREMAUD V, S. 405 ff. – Noch 1548 war der Bischof in Bellwald begütert (CARLEN [wie S. 3, Anm. 10]
S. 33).

7 GREMAUD VII, S. 8/9. – Der Besitz war durch die Familie von Urnavas an die Freiherren von Raron
gekommen (E. HAUSER, Geschichte der Freiherren von Raron, Schweizer Studien zur Geschichtswissenschaft VIII, Heft 2, Zürich-Selnau 1916, S. 177).   8 W. Wb., S. 25.

9 Bericht des JOHANN JOSEPH JOST von 1774 (PfA Biel, A 12).

kunst gewesen sein[10]. Die Kabinenseilbahn (1956) und vor allem die Autostraße (1962) lösten eine hektische touristische Entwicklung aus[11].

Von der Mutterkirche in Ernen trennte sich Bellwald 1697[12]; doch blieb der Kilchherr von Ernen Kollator[13]. Das Totenpfund (Abgabe bei Todesfall) wurde erst 1884 losgekauft[14]. Das zugleich abgelöste Dienstkorn, eine dem Kaplan von Ernen zustehende Abgabe, dürfte ein Überrest des Zehntens gewesen sein, der bis zum Loskauf[15] 1824 ebenfalls an die Kaplanei von Ernen zu entrichten war.

Quellen. PfA von Bellwald und Ernen; GdeA Bellwald.

Literatur. Bellwald, hg. von der Gemeinde und dem Verkehrsverein Bellwald, Visp 1976. – K. RUDIS-UHLI, Studien zur Kulturgeographie des Unteren Goms (Wallis). Bellwald, Fiesch, Fieschertal, Basler Beiträge zur Geographie, Heft 13, Basel 1970. – C. SCHMID, Bellwald, Sach- und Sprachwandel seit 1900, Basel 1969. – Ders., Bellwald und seine Geschichte. Fahnen- und Instrumenteneinweihung der Musikgesellschaft Richenenalp Bellwald/Niederwald, Brig 1976, S. 7–23.

SIEDLUNG. *Anlage und Geschichte* (Abb. 314 und 315). Bellwald liegt 1563 m ü. M. auf der aussichtsreichen Kuppe zwischen Rotten- und Fieschertal. Das alte Dorf wird von den größeren und teilweise in Stein errichteten Neubauten der Peripherie arg bedrängt; lediglich im Norden und im Osten entgeht es noch streckenweise der Umklammerung. Das neue Dorf dehnt sich vor allem auf die Flanke des Fieschertals gegen Nordosten aus. Neben der wertvollen Baugruppe von Kirche und Beinhaus prägen hauptsächlich die Nutzbauten den Charakter des dichtgebauten Haufendorf-kerns. Sie erscheinen stellenweise wie aufeinandergetürmt oder bilden eindrückliche Platzfronten und Straßenzüge (S. 310). In der westlichen Dorfhälfte, wo mehrheitlich die Wohnhäuser stehen, lichtet sich die Siedlung. Der vom Kirchenschiff, von zwei stattlichen Hausfronten und einem schmucken Speicher umfriedete Dorfplatz ist nach Nordwesten hin aufgerissen, seit das Backhaus bei Koord. 165/180 abgebrochen worden ist. Die lockere Verteilung der Wohnhäuser – inmitten der Nutzbautenquartiere wirken sie entsprechend verloren – läßt geradezu an maiensäßartige Anfänge der Siedlung denken, worauf auch bauliche Eigentümlichkeiten hinweisen. Ein einziges, baugeschichtlich noch umstrittenes «Heidehüs» hat sich erhalten[16]. Die Hälfte der Häuser waren schmalbrüstige, kammerlose Bauten, ehe sie in den folgenden Jahrhunderten eine Kammerachse als Anbau erhielten; einige dieser schmalen Häuschen wurden zugleich um Stockwerke erhöht und erweitert. Die Häuser von Bellwald haben in der Regel ungestufte, niedrige Mauersockel, bisweilen sogar ein hölzernes Kellergeschoß. Die drei jüngeren Häuser mit den ungewohnten Zwerchgiebeln – die Einheimischen nennen sie «wältschi Tächer» – wurden von den dorfansässigen Tiroler Zimmerleuten PARIS gebaut oder entsprechend verändert[17].

10 Namentlich bekannt sind die Bildhauer MATTHÄUS MANGOLT (MANGELL) († 1650) und FRANZIS-KUS PERREN (W. RUPPEN, Von Untergommer Bildhauerwerkstätten des 17. Jahrhunderts, Vallesia XXXIII [1978], S. 399–406).

11 1939 entstand das erste Ferienhaus; Anfang der vierziger Jahre erschienen die ersten Touristen.

12 PfA Bellwald, D1.   13 Der Seelsorger in Bellwald durfte nur den Titel eines Vikars tragen.

14 PfA Bellwald, D26.   15 GdeA Bellwald, G1.

16 Haus Nr. 3 (S. 305). – SCHMID spricht von zwei «Heidehischern» (SCHMID [vgl. Literatur, oben], S. 64). Sehr alt waren zwei in den letzten Jahren abgerissene zweiräumige Häuschen, das «alt Bittelhüs» bei Koord. 210/185 und das «Turruhüs» (Koord. 300/175), dessen Holz teilweise im «Stadel» der Familie Pfenninger in Eggen Verwendung fand. An «Heidechriz» erinnert man sich indessen nicht. Vgl. Anm. 17.

17 SCHMID (vgl. Literatur, oben), S. 66. – Inschrift an der Fassade eines Hauses bei Koord. 230/115, das an der Stelle eines alten, auch schon als «Heidehüs» bezeichneten Wohnhauses und teilweise mit dessen Holz errichtet wurde: «1921 DIESES HAUS HAT ERBAUT IOS PARIS ZIMMERM U SEIN SOHN IOHANN». JOSEF PARIS († 1935); dessen Sohn JOHANN († 1948).

Den ältesten Kern bilden einige Häuser nordöstlich der Kirche. Die zahlreichen Wohnhäuser der Barockzeit legen sich in lockerem Ring um die südliche Dorfhälfte; der Dorfplatz gewann durch den Bau des Hauses Nr. 13 (1672) bei Koord. 175/180 ein stattliches Gepräge. Während das einzige im ausgehenden Barock entstandene Haus Nr. 16 neben die Kirche an den Dorfplatz zu stehen kam, wurden die beiden Häuser des 19. Jahrhunderts, darunter das Schulhaus, an der Peripherie errichtet.

Bezeichnungen von Dorfpartien. «Üff em Platz» (bei der Kirche, Koord. 175/165); «bim Brunne» (zwischen «Platz» und Pfarrhaus, um Koord. 165/190); «üff dr Schlüecht» (beim Pfarrhaus, Koord. 140/205); «dr Biel» (das Quartier am nördlichen Hang um Koord. 190/250); «dr Geißfärich»[18] (um Koord. 255/180); «ds Mättelti» (Koord. 225/150); «d Steirufina» (um Koord. 270/160); «z Turre» (Koord. 210/125); «unner dr Blatte» (unter, d. h. westlich der Kirche, um Koord. 160/155).

PFARRKIRCHE SIEBEN FREUDEN MARIENS

GESCHICHTE. Im Visitationsakt von 1687[19] wird die Kapelle «apud Bellwalt Jn honorem Jesus Mariae Joseph»[20] unter den übrigen Kapellen des Bellwalder Bergs nicht als erste aufgeführt. So stand es 1697, als der Bischof in der Stiftungsurkunde[21] der Pfarrei den Bau eines von Grund auf neuen Gotteshauses mit Patrozinium[22] der Sieben Freuden Mariens sowie Friedhof, Taufstein, Glockenturm und Glocken gestattete, noch nicht fest, wo die Kirche zu stehen käme[23]. Baudatum an der Portalstirn 1698[24]. Weihe am 10. September 1704 durch Bischof Franz Joseph Supersaxo[25]. 1717 malte «Johann Frantz Abegg gebürtig von Schweytz» die hölzerne Kirchendecke aus[26]. Zwischen 1717 und 1735 Einbau der Orgelempore[27]. Die Jahreszahl 1801 über dem nördlichen Zifferblatt der Turmuhr wird sich auf eine Erweiterung des heute vorkragenden Glockengeschosses beziehen[28]. Die 1976 entfernte, formal ins 19. Jahrhundert weisende Gipstonne des Schiffs kann 1830–1833 geschaffen worden sein, als Tiroler Maurer größere Mengen Kalk benötigten und das Schindeldach von JOSEPH STEFFEN ersetzt wurde[29]. Die mit Blechziffern an die

---

18 «Färich» = Pferch.　　19 PfA Ernen, D 173.

20 In dieser Kapelle verbrannte 1693(?) durch Unvorsichtigkeit des Stephan Eggs ein mit Ablässen ausgestattetes, vom Erner Ratsherrn Christian Steffen geschenktes Rosenkranzbild (H. A. VON ROTEN, Die Chronik des Johann Jakob von Riedmatten, W. Jb. 1950, S. 24).　　21 PfA Bellwald, D 1.

22 Zur damaligen Beliebtheit dieses Patroziniums vgl. S. 99.

23 Man habe sie zuerst «im Lärch», zwischen Ried und Bodmen, bauen wollen (SCHMID [vgl. Literatur, S. 292], S. 229; siehe ebd. die Ursprungslegende).

24 Die Michel-Chronik von Ernen nennt dasselbe Datum (PfA Ernen, o. Nr.).

25 PfA Bellwald, D 9. Der Chronist JOHANN JAKOB VON RIEDMATTEN will zwar am 17. Sept. an der Kirchweihe teilgenommen haben (VON ROTEN [wie Anm. 20], 1951, S. 36).

26 PfA Bellwald, G 6.　　27 Ebd.

28 Urkundlich ist freilich um 1800 keine Anschaffung von Glocken belegt, die eine Erweiterung des Glockengeschosses nötig gemacht hätte wie etwa in Geschinen (Kdm Wallis I, S. 246).

29 PfA Bellwald, Kirchenrechnungen, o. Nr. – Bei dem von Schreinermeister MORITZ EGGS 1835–1837 geschaffenen «Tafelwerk» im Betrag von Fr. 206.– könnte es sich um ein Brusttäfer handeln (ebd.). – Die 1976 entfernte Gipstonne des Schiffs war seitlich abgeplattet; Stichbogen und Schildbögen waren bloß vorgeblendet. Die zwei am Scheitel mit einer Stuckblüte in Medaillon geschmückten Gurten fußten auf eigenen Konsolen über dem Wandsims. Im Scheitel der Joche saßen einfach gerahmte Medaillons mit historischen Brustbildnissen von Jesus, Maria und Josef, auf den Stichkappenspitzen der innern Joche Cherubim aus Stuck.

Nordflanke des Turmhelms geheftete Jahreszahl 1858 deutet auf Reparaturen am
Turm bei der «Wiederherstellung der Kirche nach dem Unglücksfallen»[30] (des
Erdbebens von 1855?). Renovationsarbeiten 1881–1890[31]. 1869/70 Turmkreuz von
einem Schmied namens RITZ in Niederwald[32], ersetzt um 1931[33] und 1976. Kom-
munionbank 1872/73[34]. Im Frühjahr 1920 malte ANTON IMHOF, Lax, die Kirche
historistisch aus[35]. 1930 Reparatur der Sakristei[36]. 1938 Brusttäfer und Kirchenstühle
von JOSEF DIEZIG sowie von HERMANN und LUDWIG IMWINKELRIED, Blitzingen. 1936
Portaltür von GREGOR GUNTERN, Reckingen, mit den Wappen von Bellwald und
Goms in der Archivolte an Stelle einer 1879/80 von MORITZ EGGS geschaffenen
Kirchentür[37]. 1975–1977 Gesamtrestaurierung durch Architekt AMÉDÉE CACHIN,
Brig, unter Aufsicht von Prof. Dr. ALFRED A. SCHMID als Experten der Eidgenössi-
schen Denkmalpflege.

BESCHREIBUNG. *Äußeres* (Abb. 317). Die Kirche bildet am südlichen Rand des alten
Dorfes zusammen mit Beinhaus und Friedhof eine nach Süden hin noch freistehende
eindrückliche Baugruppe. An das rechteckige Schiff stößt, nur seitlich etwas eingezogen, ein breites Rechteckchor mit Krüppelwalm. In den Achseln von Schiff und Chor
steht links der Turm, rechts die mit Schleppdach angefügte Sakristei. Rundbogige
Hochfenster. In der Chorstirnwand, waagrecht aufgereiht, ein Okulus zwischen
solbanklosen Lünetten. An der Fassade je ein mittelgroßes korbbogiges Fenster mit
kräftiger Granitplatte als Solbank beidseits der Vorzeichenhaube in Gestalt eines
halben Zeltdaches. Einfaches giltsteinernes Portal mit profilierten Kämpfern und
leerer Rundbogennische über dem Scheitel. Mitten in der linken Schiffswand ist eine
stichbogige und daher wohl spätere Seitentür vermauert. An der Südwand, nahe der
Stirnfassade, außerordentliche astronomische Sonnenuhr, 1977 restauriert[38]. Am
niedrigen Turm kragt das Glockengeschoß auf profiliertem Sims vor. Der stark
konkav geschweifte Helm läuft vom Zeltdach über das Oktogon in die Kegelrohr-
spitze aus.

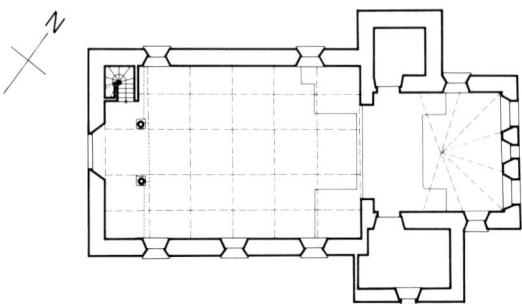

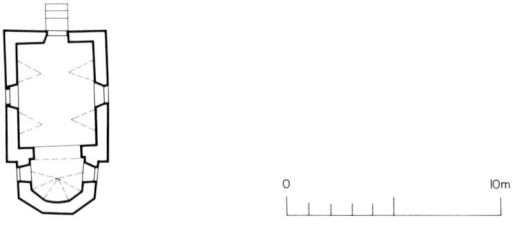

Abb. 316. Bellwald. Kirche,
1698, und Beinhaus, 1733/34. Grundriß.
Text S. 295 und 302.

Abb. 317. Bellwald.
Kirche, 1698, und
Beinhaus, 1733/34.
Ansicht von Südosten.
Text S. 294 und 302.

Inneres (Abb. 316). Die weiten Räume von Schiff und Chor werden durch den Triumphbogen nur wenig getrennt. Ein friesloses Profilgebälk mit Zahnschnitt umzieht beide Räume außer an der Kirchenrückwand, wo es beim Bau der Orgelempore entfernt wurde. Das Schiff wird seit 1977 wieder von einer fünfachsigen Polygonaldecke aus Holz überwölbt. Im Chor wird nach einem Stichkappenpaar das siebenteilige Fächergewölbe des Chorhaupts durch trompenartige unterteilte Stützkappen in den Ecken auf die Wände des Rechteckchors übergeleitet; die Schildbögen stehen wie Arkaden auf dem Gesims. Im Chorschlußscheitel plastisches geschupptes Medaillon.

Bei der Restaurierung 1976 kamen im Chor und am Chorbogen *Malereien* zum Vorschein: am Tonnenscheitel eine auf der Erdkugel sitzende Muttergottes zwischen Cherubim, wohl 1717 in freskoartiger Technik gemalt von JOHANN FRANZ ABEGG, Schwyz. Der Rocaillerahmen des Medaillons stammt aus der zweiten Hälfte des 18. Jahrhunderts[39], ebenso wie die übrigen mit wässeriger Tempera gemalten Orna-

30 PfA Bellwald, G 7. Der Bischof erließ der Gemeinde eine Schuld aus Dankbarkeit für die zahlreichen geleisteten «Gemeinwerke».

31 1881 Reparatur durch BATTISTA BOTTINI im Betrage von Fr. 682,60, darunter für «Chasse calcina formitta» Fr. 57,60 (PfA Bellwald, G 43). 1889/90 Steinplattenboden von FRANZ LAGGER, Münster, durch Zementboden ersetzt (ebd., G 15). Malerarbeiten vom Italiener GIACOMO GIANOTTO, Pentra(?). Stühle von Schreiner ALOYS SCHWYCK, Blitzingen (ebd., o. Nr.).

32 PfA Bellwald, G 15. – 1879/80 ist zwar wiederum von einem geschmiedeten Kreuz die Rede, das in Brig abzuholen war.   33 Ebd., Protokollbuch, o. Nr.

34 Ebd., G 15 und 17. Die schwarz und golden gefaßte Kommunionbank aus Guß ist noch erhalten. Dekor: in Rollwerkrahmen Pokal zwischen Ähren und Traubenranken auf einem Cherub.

35 Nach Aussage von Zacharias Lambrigger, Bellwald. Die Malereien sollen später durch Maler ANTON IMSAND, Münster, ausgebessert worden sein.   36 PfA Bellwald, G 36.

37 Ebd., G 15.   38 Abb. vor der Restaurierung bei BINER, S. 53.

39 Es ist die Strichzeichnung für ein offenbar nur geplantes konkaves Vielpaßmedaillon im Stil des 3. Viertels des 18. Jh. noch sichtbar.

mente, ein Rokokomedaillon mit Gitter und bekrönenden Röschen in der Chorstirn-
kappe sowie ähnliche Motive am Chorbogen, auch an dessen Unterseite. Die Gewöl-
begräte sind grau bemalt[40]. In den Feldern der Schiffsdecke zentralperspektivisch auf
eine Rosette gerichtete Blütenmotive und, im Scheitel, drei Medaillons mit den
Monogrammen der Heiligen Familie, gemalt 1977 von OTTO PFÄNDER, Brig. Nach
vorgefundenen Fragmenten 1977 erneuerte Apostelkreuze.

Die dreiarkadige *Orgelempore* ionischer Ordnung gehört zu jenen «Gallerien», die
dem Vorbild der nun veränderten Gliser Empore folgten. Als Stützen dienen neben
einem Giltsteinsäulenpaar Kapitelle auf kurzen Pilasterabschnitten in den Fensterlai-
bungen und an der Kirchenrückwand. Stuckierte Front mit Muschelnischen, Cherubim sowie mit Fruchtgehängen im Fries des reichen Gesimses. Rosetten im Scheitel
der drei Kreuzgratgewölbe. In den Nischen zwei weibliche und eine männliche
Heilige, zweites Viertel 18. Jahrhundert. H. 32 cm. Arve, massiv. Wertlose neuere
Fassung. Emphatisch bewegte zierliche Statuetten in reicher Draperie. Im nördlichen
Joch Stiegenschacht mit urtümlicher gemauerter Wendeltreppe.

Hochaltar der Sieben Freuden Mariens (Abb. 318)[41]. Stilistische Eigentümlichkeiten
des Rankenwerks wie des Figurenstils weisen auf den Sigristen-Bodmer-Kreis, dem
sich die Seitenstatuen im Hauptgeschoß jedoch nicht einfügen[42]. 1704 wurden
zugleich mit der Kirche die drei Altäre geweiht[43]. Fassung erst 1717 durch JOHANN
FRANZ ABEGG[44] (gemalte Jahreszahl der Fassung 1976 am Altarfuß entdeckt).
Drehtabernakelaufsatz, 1865/66(?), mit kunstvollen Akanthusappliken vom ursprünglichen Bestand[45]. Um 1868 setzte man, wohl nach dem Vorbild des Hochaltars
von Ernen, ein Marienbild vor die Madonna der Altarnische (S. 304)[46]. Bei der
Renovation 1904–1906 faßten JOSEF HEIMGARTNER und die Vergolderin KATHARINA
DIETRICH, Freiburg, den Altar neu[47]. Restaurierung 1976/77 durch WALTER FURRER,
Brig.

Obwohl nur einachsig, entfaltet sich das zweigeschossige Retabel wie eine monumentale Barockmonstranz. Gebündelte Säulen im Hauptgeschoß und nach vorn
getreppte in der Oberzone lassen die Mittelachse mit ihrer dreiteiligen Nischenfolge
schachtartig zurücktreten. Akanthus umkränzt alle drei Rundbogennischen und
umschließt im Hauptgeschoß die reizvollen Reliefmedaillons der Sieben Freuden

40 Ebenso in der Katharinenkapelle in Wiler bei Geschinen (um 1700) (Kdm Wallis I, S. 261).

41 1699 beginnen die Erkanntnisse «ad opus magni altaris seu beneficij Ecclesiae» (PfA Bellwald, G6).
Pfr. R. Bumann teilte O. STEINMANN mit, daß die Statuen eines heiligen Ritters (Mauritius?) und eines
heiligen Bischofs (S. 303) einst auf seitlichen Torbögen gestanden hatten; diese dürften jedoch erst
geschaffen worden sein, nachdem der Bischof 1863 einen bequemeren Beichtstuhl hinter dem Altar zu
erstellen empfahl (PfA Bellwald, D17).

42 1699 tritt in Bellwald bei der Ausfertigung von Akten, die Benefizium und Hochaltar betreffen, ein
Mauritius Bobner des Johannes von Mühlebach auf (PfA Bellwald, G6), bei dem es sich jedoch nicht um
den Bildhauer handeln kann (H. A. VON ROTEN, Ein Oberwalliser Prälat auf dem Großen St. Bernhard,
BWG XIII [1961], S. 68, Anm. 6).

43 PfA Bellwald, D9.

44 «Johann Frantz Abegg gebürtig von Schweytz hat den Chor Altar sambt dem gewelb umb
42 dublen gemahlet Ao 1717» (ebd., G6).

45 1865/66 Zahlung von Fr. 10.– für Tabernakel an ANTON LAGGER (ebd., G15).

46 Stiftung von Joseph Wyden (ebd., G6).

47 HEIMGARTNER strich den Altar zweimal weiß, marmorierte und lackierte ihn mit «superfeinstem
Marmorlack» (ebd., o. Nr.).

Abb. 318. Bellwald. Kirche. Hochaltar, 1704, im Stil des Sigristen-Bodmer-Kreises. – Text S. 296.

Mariens (Abb. 319). Nirgendwo anders im Goms schoß der Akanthus so üppig ins
Kraut. Im Hauptgeschoß, pyramidenförmig angeordnet, eine zu den kraftvollsten
Walliser Barockstatuen zählende Maria zwischen den Heiligen Petrus und Johannes
Baptista als Seitenfiguren unter Hängekapitellen, in der Nische der Oberzone eine
Assunta, in derjenigen der Bekrönung eine Coronatio Mariens. Predella und Gebälk-
zone sind braun marmoriert, die übrigen Partien rot (mit Krapplack bemalte
Firnislasur auf grundiertem Mennigrot). Eigentümlicherweise sind die Säulen nicht
gelüstert, sondern blau marmoriert.

Ehemalige Seitenaltäre. Liebfrauenaltar (linker Seitenaltar). Diesen Altar ließ zu Beginn des 18. Jahrhunderts die Familie Lambrigger wohl von JOHANN SIGRISTEN, Glis (und MORITZ BODMER, Mühlebach?),
schnitzen und hernach fassen[48]. Das Lambrigger-Wappen mit dem Weihedatum 1704 saß vor der

48 Ebd., G 6.

Restaurierung irrtümlicherweise am rechten Seitenaltar. In der zweiten Hälfte des 19. Jahrhunderts dem Herzen Jesu geweiht[49]. Altarblatt 1873 (S. 302). Zugleich Altarneubau unter Wiederverwendung des ursprünglichen Rankenwerks und alter Statuen. 1915 Altarblatt durch Herz-Jesu-Statue ersetzt. 1977 erwies sich eine Restaurierung des Altars als unmöglich, weshalb man ihn durch das Retabel der Anna-Kapelle (S. 339) ersetzte.

Josefsaltar (rechter Seitenaltar). Weihe 1704. Auf die Anschaffung eines neuen Retabels im letzten Viertel des 18. Jahrhunderts, und zwar wohl von JOSEPH ANTON LAGGER, Reckingen, deuten wiederverwendete Teile: das Paar gerader Säulen am Hauptgeschoß ähnlich denjenigen an der Kanzel, die Statue des linken Ordensheiligen im obersten Geschoß, die Schnitzornamentik und die Kartusche mit unbekanntem Stifterwappen über den Initialen «I.EH.UND.IH» in Inschriftband: in geteiltem Wappen oben Adler(?) unter Stern(?)[50], unten Krone(?) auf Dreiberg. Altarblatt 1868–1873[51]. Zugleich Altarneubau unter Wiederverwendung alter Bestandteile verschiedenster Epochen. 1977/78 Verwendung des Altars der Kapelle von Richene (S. 315) an Stelle des zusammengestückten Retabels.

Kanzel. Im letzten Viertel des 18. Jahrhunderts, wohl zugleich mit dem Josefsaltar, von JOSEPH ANTON LAGGER, Reckingen, geschaffen. 1976/77 restauriert von WALTER MUTTER, Naters. Derbe untersetzte Evangelistenfiguren der früheren Kanzel, Anfang 18. Jahrhundert. Im Gegensatz zum damaligen Obergoms behielt man den barocken Kanzeltyp bei, wandelte ihn aber tiefgreifend um: statt der Nischen konkave Kanzelkorbwandung, gegliedert durch lose eingestellte gerade Säulen ähnlich denjenigen am früheren Josefsaltar. Die gedrückten Radialvoluten des Schalldeckels tragen eine ausdrucksvolle Mosesstatue im ausgeprägten Stil des JOSEPH ANTON LAGGER. Langsträhnige Ranken, Rocaillespiralen und langstielige Blumen als Ornamentik. An der Kanzelrückwand gemaltes Zierfeld. Kanzelkruzifix eine frühe Variante des II. Reckinger Hauskruzifixtyps (vgl. Kdm Wallis I, Tf. Ia). – *Taufstein.* Anfang 18. Jh.[52] Restauriert 1976/77 durch WALTER MUTTER, Naters. Giltsteinernes, mit Keulenblättern beschlagenes Taufbecken; zweigeschossiger oktogonaler Aufsatz aus Holz. Im Hauptgeschoß des Aufsatzes leere Rundbogennischen, in der Oberzone stehende lanzettförmige Palmetten. Zahnschnittdekor. Teilweise mißverstandene Architekturgliederung. Als Bekrönung derbe Statue des Auferstandenen. – *Orgel*[53]. Das Werk ist im Zeitraum 1717–1735 angeschafft worden[54]. 1859 größere Reparaturarbeiten von GREGOR KARLEN[55]. 1926 Umbau durch Gebr. MAYER, Feldkirch[56]. 1958 Renovation durch A. FREY, Luzern. 1977 Restaurierung durch HANS-JAKOB FÜGLISTER, Grimisuat. Der Prospekt besteht aus einem niedrigen Mittelstück, in dessen eingezogenem Bogen noch das Serliana-Motiv anklingt, und aus kräftigen Seitentürmen mit geradem Gebälk. Auf Konsolen vorkragende Gesimse. Akanthusschnitzwerk in den Zwickeln. Ehemals Flügel. – Barockisierendes *Chorgestühl* aus Buchenholz, 1939 von EMMANUEL CARLEN, Reckingen, geschnitzt. Innen an der Handlehne beschriftet: «Imwinkelried-Carlen-Diezig»[57].

Skulpturen. Chorbogenkruzifix (Abb. 320). H. 175 cm. Arve. Originalfassung außer an den Armen und am Lendentuch. 1976/77 von WALTER FURRER, Brig, restauriert. Ende 17. Jh. Längster und schlankster[58] Vertreter jenes Obergommer Kruzifixtyps, welcher der Ritz-Werkstatt in Selkingen zuzuweisen ist. Die Bluttrauben enden noch in Knorpelstilknöpfen. Schwere Dornenkrone ähnlich derjenigen des Geschiner Kruzifixes (Kdm Wallis I, Abb. 198). Ausdrucksvolles Bildwerk von ausgeprägtem Lokalcharakter. – *Friedhofkruzifix.* H. 150 cm. Holz. Alte Polychromie, bis auf Spuren verwittert. 1. Viertel 18. Jh. Muskulöser

---

49 Im Visitationsakt von 1863 noch als Marienaltar, in demjenigen von 1898 als Herz-Jesu-Altar bezeichnet (ebd., D 17 und o. Nr.). Errichtung der Herz-Jesu-Bruderschaft 1822 (ebd., G 19).

50 Ähnlich demjenigen an einem Tabernakel in Münster (Kdm Wallis I, S. 248, Anm. 32).

51 Herz-Jesu- und Josephs-Bild waren Stiftungen von Joseph Wenger (PfA Bellwald, G 6).

52 Im Visitationsakt von 1704 wurde ein Deckel bzw. Aufsatz gefordert («Cooperculum, turritum») (ebd., D 9).

53 Wo Quellenhinweise fehlen, stützen sich die Ausführungen auf BRUHIN, der auch die Orgeldisposition gibt (BRUHIN, S. 188). BRUHIN schreibt die Orgel JOSEF ANTON CARLEN zu.

54 «ijohanes Egsch als Kirchen Vogt hat us geben fir die ordlen oder Kirchen zuot[?] mit samst der galerey 265 kronen» (PfA Bellwald, G 6).

55 GdeA Bellwald, G 1. – 1867/68 dem Orgelmeister in Glis Fr. 150.–. Wohl kleinere Reparaturen 1887/88 (ebd., G 15).

56 Einsegnung am 12. Dez. 1926 (Walliser Bote 69 [1926], Nr. 102).

57 Die Schreiner HERMANN und LUDWIG IMWINKELRIED sowie JOSEF DIEZIG, Blitzingen.

58 Wegen der anatomisch unmöglichen Proportionen plante ein Pfarrer, den Korpus zu zersägen.

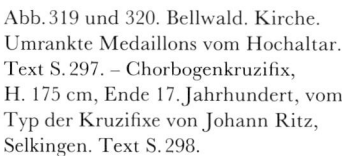

Abb. 319 und 320. Bellwald. Kirche.
Umrankte Medaillons vom Hochaltar.
Text S. 297. – Chorbogenkruzifix,
H. 175 cm, Ende 17. Jahrhundert, vom
Typ der Kruzifixe von Johann Ritz,
Selkingen. Text S. 298.

Korpus; das nervös gefältelte Lendentuch ist mit einem Seil geheftet. – *Vortragekreuze* (Abb. 346). 1. H. (Korpus) 60 cm. Holz. Lendentuch, Strahlenkranz und Vierpaß hinter dem Haupt polimentvergoldet; in Öl gemaltes cremefarbiges Inkarnat. Neuere Fassung? Wohl 1870[59]. Stilistisch FRANZ JOSEF LAGGER, Münster, zuzuweisen. Langer, brettartiger Rumpf ähnlich den Kruzifixen der Ritz-Werkstatt. Innig ausdrucksvolles Haupt. Fülliger, etwas schlaffer Faltenstil. – 2. H. (Korpus) 31 cm. Holz. Ölpolychromierung. 2. Hälfte 19. Jh. Neugotisch. Auf Akanthuskelch stehend. Dreipaßmuscheln an den Balkenenden, Palmetten in den Zwickeln. Ziervergoldeter Dekor am Kreuz. – 3. H. (Korpus) 40,5 cm. Ähnlich Nr. 2, jedoch nur zierkonturierte Balkenenden. – 4. H. (Korpus) 48 cm. Ähnlich Nr. 2. Als Balkenenden mit Kämmen gefüllte Dreipässe aus Rollwerk. Kreuz von geschnitzten Rosen gesäumt. – *Altarkreuze.* 1. H. 60,5 cm. Holz, häßlich übermalt. 2. Hälfte 18. Jh. Sockel, aber nicht Korpus des I. Reckinger Hauskruzifixtyps (vgl. Kdm Wallis I, Tf. I). – 2. H. 69,5 cm. Holz, teilweise häßlich übermalt. 2. Hälfte 18. Jh. Schmuckvoller Sockel des I. Reckinger Hauskruzifixtyps. Korpus ähnlich Nr. 1. – Zahlreiche Skulpturen werden im Pfarrhaus aufbewahrt (S. 303).

Gemälde. Kreuzwegstationen. 58 × 48 cm. Öl auf Leinwand. Ende 17. Jh. Restauriert 1976/77 durch WALTER FURRER, Brig. Etwas derbe, aber ausdrucksvolle Darstellungen. Legenden am oberen Bildrand. – Zahlreiche Gemälde werden im Pfarrhaus aufbewahrt (S. 304).

KIRCHENSCHATZ. *Monstranz.* Silber, vergoldet. H. 70 cm. Beschau Augsburg (mit Buchstaben F oder E). Meistermarke von JOHANN JAKOB SCHOAP (Tab. I, Nr. 4) (vgl. SCHRÖDER, Nr. 20). Ziergeschweifter Standringsaum. Ovaler, geblähter Fuß, durch Gräte in Haupt- und Nebenkappen gegliedert. Muschel- und Rollwerkdekor. In der vorderen Kappe Medaillon mit Lambrigger-Wappen (auf trapezförmiger Brücke Lamm unter zwei Sechsstrahlensternen), beschriftet: «M[artin].I.L[ambrigger]./1744»[60]. Rollwerkknauf. Silbernes Ostensorium aus C-Bogen-Bandwerk und Ornamentgittern, besetzt mit bunten Glasflüssen und Appliken: Maria, Putten mit Flammenherzen, Gottvater, Hl.-Geist-Taube. Flammenherz

---

59 Für die Bruderschaft vom Weißen Kleid? (PfA Bellwald, G 7.)
60 PfA Bellwald, G 6. Kosten samt Futteral und Versand 111 Kronen und 18 Batzen.

als Schaugefäß. – *Ziborium* (Abb.323)⁶¹. Silber, vergoldet. H. 34 cm. 1736/37. Beschau Augsburg (mit Buchstabe B). Marke der Werkstatt von JOHANN DAVID SALER (†1724) (Tab.I, Nr.2) (vgl. SCHRÖDER, Nr.9b). Standring mit vorstehenden geraden und geschwungenen Abschnitten. Am geblähten Fuß Ornamentfelder mit Tulpen und Rosen. Birnförmiger, stark eingeschnürter Dreikantnodus mit Muscheln in Rollwerkfeldern. Rollwerkkrause am kompakten Korb. Deckel und Korb wie der Fuß verziert.

Kelche. 1. (Abb.322). Silber, vergoldet. H. 25 cm. 1737–1739? Beschau Augsburg (wohl mit Buchstabe C). Marke der Werkstatt von JOHANN DAVID SALER (†1724) (Tab.I, Nr.3). Standring in der Form eines mit Kielbögen und Stegen variierten Sechspasses. Über schachbrettgepunzter Kehle geblähter Fuß, geschmückt mit Zwillings-Cherubim und Ornamentgittern in vasenbekrönten Rollwerkkartuschen. Scharfer Schaftring. Birnförmiger, mit Bandwerkkartuschen geschmückter Nodus. Der kompakte, von einer Rankenkrause gesäumte Korb ist wie der Fuß geschmückt. – 2. Kupfer(?), vergoldet. H. 24,5 cm. 1.Hälfte 19.Jh. Rundlicher, geschweifter Fuß mit vier breiten Stegen, profiliert, teilweise mit Blattfriesen. Am Fußrücken, zwischen den Stegen, Buckel mit vegetabilem Dekor. Am kompakten Korb vegetabile Motive in ovalen Medaillons. – 3. Kupa Silber, vergoldet, Fuß Kupfer. H. 23,5 cm. 1901⁶². Französischer Ausfuhrstempel für 950 Millièmes (BEUQUE I, Nr.90). Marke wie Tab.I, Nr.15. Runder Fuß. Gravierte lanzettförmige Blätter und Rankenfries am Fuß und am durchbrochenen Korb.

Rauchfässer und Schiffchen. 1. Kupfer(?), versilbert. H. 26 cm. Mitte 18.Jh. Becken mit kräftig eingeschnürtem rundem Fuß. Am Becken bukranienartige Spiegel und Zierkartuschen mit Ornamentgittern. An der kegelförmigen durchbrochenen Haube Akanthuspalmetten. – Schiffchen. H. 20,5 cm. Runder Fuß mit sechs Buckeln. Urnenförmiger Knauf. Schmales Becken mit vortretendem Mittelstück. Dekor ähnlich wie am Rauchfaß. – 2. Gegossen, vernickelt. H. 25 cm. 1825⁶³. Runder, flach gestufter Fuß. Am kelchförmigen Becken gerippter Stab und vorgezogener Kartuschenfries. Gleicher Fries an der durchbrochenen Haube, die sich zu kleiner Kuppel verjüngt. – Schiffchen. H. 17,5 cm. Geschweift. Auf dem Deckel in Relief ein kreuztragender Cherub.

Armreliquiare. 1. (Abb.321). Holz, vergoldet. H. 41 cm. 2.Hälfte 17.Jh. Den durchbrochenen Fuß bilden sechs Rollwerkstützen auf Palmetten. Von Herzkyma und Rollwerk gerahmte Rechtecknische mit einer Reliquie der Thebäischen Legion⁶⁴ am reichgefältelten Arm; darunter, in Draperie, Heilige Dreifaltigkeit in Gestalt dreier sich durchdringender Antlitze. Eigenwillige, etwas derbe Schnitzerei aus einer unbekannten Untergommer Werkstatt (Bellwald?). – 2. Holz, vergoldet. H. 42,5 cm. 2.Hälfte 18.Jh. Derber, üppig gefältelter Arm auf profilierter Platte. Ovale Reliquiennische in rocailleartigem Rollwerkrahmen. – 3. Silber, gegossen und gehämmert. Fuß und Armkrause vergoldet. H. 43 cm. 2.Hälfte 18.Jh. Beschau fehlt. Meistermarke Tab.I, Nr.36. Profilierter Fuß mit großer, durch Gräte gegliederter Kehle. Mit Rocaille und Rosenranken verzierter Ärmel. An der Stirn Relief eines Brustbildnisses des hl.Theodul(?) in Rocaillekartusche. In den übrigen Achsen leere Kartuschen zwischen gerauteten Feldern. – *Versehgefäß.* Silber, gegossen. H. 18,5 cm. 1818⁶⁵? Keine Marken. Neugotisch. Kielbogenförmiger Schrein, von Fialen und Kreuzblumen überhöht. – *Schale.* Zinn. 25,5 × 18,5 cm. Gießermarke von LOUIS DELLA BIANCA (*1902), Visp. Feinzinnmarke. Geschweift, mit breitem, aufgeworfenem Rand. – *Priorstab* der Bruderschaft vom Weißen Kleid. Holz, vergoldet und versilbert. H. 48 cm (inkl. Knauf). 1897⁶⁶.

Kerzenleuchter. Barocke *Dreikantfußleuchter.* Gelbguß. 1. Paar. H. 67 cm. Vorn am Fuß kleines eingraviertes Schiner-Wappen⁶⁷. Abgestufte Schaftringe. Karniesförmige Leuchterschale. – 2. Paar. H. 36,5 cm. Reichprofilierter Fuß auf platt gedrückten Kugeln. Am Schaft Ringe und Vasenmotiv. – *Régenceleuchter* (im Pfarrhaus). Paar. Kupfer, ehemals wohl vergoldet. H. etwa 61 cm. Dreikantfuß mit gewellten Kantenstegen. Im Fußspiegel blütenbehangenes, mit Wellen gefülltes Feld. Knäufe und Schaftringe mit Ranken verziert. – *Leuchter im Stil Louis-Philippe.* Bronze, vergoldet. Drei Paar. 1879/80 gestiftet von Johann Joseph Schmid⁶⁸. H. 66 cm. – Drei Paar. 1883/84. H. 44 cm.

Kaseln. 1. Rot. Mitte 18.Jh. Neu posamentiert. Reiche Goldstickerei auf geripptem Grund. Blumen und Schlaufen. Vorderflügel ausgeringelt. – 2. Weiß. Mitte 18.Jh. Damast mit C-Bogen-artigem Motiv. Broschiert prachtvolle bunte Blumenbukette in Fruchthörnern und geschweifte Bänder. – 3. Rot. Anfang

---

61 1818 ist eine für den Deckel des Ziboriums bestimmte Krone gekauft worden (ebd., G6).

62 Erworben von Adelrich Benziger, Einsiedeln (ebd., o.Nr.).

63 Ebd., G6.

64 Zusammen mit denjenigen der hl.Benedikta schon 1704 genannt (ebd., D9).

65 Ebd., G6.   66 Ebd., G13.

67 Von Martin Schiner, der 1672 das stattliche Haus (Nr.13) neben der Kirche erbaute?

68 PfA Bellwald, G15.

Abb. 321–323. Bellwald. Kirche. Hölzernes Armreliquiar, 2. Hälfte 17. Jahrhundert (Heiltumsarm Nr. 1).
Text S. 300. – Kelch, 1737–1739(?), Werkstatt Johann David Saler, Augsburg (Kelch Nr. 1). Text S. 300. –
Ziborium, 1736/37, aus derselben Werkstatt. Text S. 300.

19. Jh. Moiré, zusammengestückt. Damast mit goldfarbenen Vasen und Phantasieornamenten, mittels
bunter Woll- und Leinentressen aufgeheftet. – 4. Weiß. 1825[69]? Damast, broschiert mit Silber und Seide.
Auf große, gewundene Bänder, aus denen Blätter schlagen, sind bunte Blumengrüppchen gestreut. Im
Stabkreuz rahmen Rosenranken das Apokalyptische Lamm. Stab des Vorderblatts beschädigt. – 5. Grün.
2. Hälfte 19. Jh. Damast mit großen, gewellten Blumen- und Fruchtranken. Im Stabkreuz rahmen mit
Seide broschierte bunte Blüten und Ähren die Hl.-Geist-Taube. – 6. Weiß. 1891[70]. Auf Satin sind neben
groteskenartigen gelben Architekturmotiven große, bunte Blumengruppen mit Seide broschiert. –
Dalmatiken und *Segensvelum* zu Kasel Nr. 6. – *Fahnen.* 1. Rot. 1857 oder 1882[71]. Damast mit großen,
stilisierten Granatmustern. Die ovalen Leinwandmedaillons der hl. Katharina und des Johannes Baptista
möglicherweise gemalt von LORENZ JUSTIN RITZ[72]. – 2. Schwarz. 1885/86 gestiftet von Johanna Nager[73].
Damast mit Rosen- und Gittermotiven. Auf den von Klöppelspitzen gesäumten Leinwandmedaillons
Kruzifix und Muttergottes mit Armen Seelen. Aufgenähte Tränen.

   Glocken. Die 1699 umgegossene große Glocke[74] wurde bei der Kirchweihe 1704 zusammen mit einer
weiteren Glocke geweiht[75]. 1957 wurden eine zersprungene Glocke von LUDWIG KEISER, Zug, aus dem
Jahr 1705, eine weitere des Meisters von 1706 und eine 1744 von ANTON KEISER gegossene eingeschmol-
zen[76]. H. RÜETSCHI AG, Aarau, schuf vier neue Glocken. – Die 1956 zersprungene Rosenkranzglocke ist
durch Kauf von Kamill Wenger, Bellwald, vor dem Umguß bewahrt worden. Dm. 49 cm. Ton as'. Glatte
Kronenbügel. An der Schulter die Umschrift: «AVE MARIA GRACIA PLENA DOMINVS TEVCM». Mit Lilien
behangener Schnurstab. Flankenreliefs: hl. Antonius von Padua, hl. Theodul, Muttergottes und Kruzifixus. Unter einem Rankenfries die Inschrift: «LVDWIG KEISER IN/ZVG GOSS MICH 1706».

---

69 Es dürfte sich um die «schöne Casel» von «sieben Louis dor und 10 batzen» handeln, welche die
Erben des reichen Johann Joseph Wenger und seiner Frau Regina Widen, Anton Wenger und Johann
Josef Schmidt, schenkten (ebd., G 6).
70 PfA Bellwald, G 15.   71 Ebd. und o. Nr.
72 RITZ, S. 167.   73 PfA Bellwald, G 15.
74 Die Zahlung leistete Mathee Holtzer, der 1699 Kirchenvogt war (ebd., G 6).
75 Ebd., D 9.
76 Ebd., Kostenvoranschlag von H. RÜETSCHI AG, Aarau, vom 21. Aug. 1956, o. Nr. – Nach A.
CARLEN, Verzeichnis, S. 2, stammte die zweitgenannte Glocke (1706) auch aus dem Jahr 1744.

BEINHAUS

GESCHICHTE. Erbaut 1733/34[77]. 1809 Reparatur an Dach und Gewölbe[78]. 1976/77 Restaurierung.

BESCHREIBUNG. *Äußeres* (Abb. 316 und 317). Die stattliche Kapelle steht rechtwinklig zur Kirchenachse in der Südostecke des Friedhofs und bildet daher einen wesentlichen Bestandteil der reizvollen Baugruppe. Vom Satteldach des Schiffs ist der Walm des dreiseitig schließenden Chors etwas abgesetzt. Stichbogige Hochfenster mit gerader Laibung und steinerner Solplatte. In der Front stichbogige Tür und Giebelokulus.

Das *Innere* weist eine für Beinhäuser ungewöhnlich reiche Gliederung auf. Beide Räume werden von einer gedrückten gemauerten Tonne überwölbt. Im Schiff ist diese von zwei Paaren tiefer Stichkappen mit einem Stuck-Akanthusblatt an der Spitze gegliedert, im Chor schließen an ein flaueres Stichkappenpaar die drei Kappen der Kalotte. Das frieslose Profilsims mit Zahnschnitt umzieht auch den Chorbogen. Zugbalken im Chorbogen und im Schiff.

Altar. 2. Viertel 18. Jh. Von unbekanntem Bildhauer. Originalfassung, 1976 von WALTER MUTTER, Naters, restauriert. Das breite, mit geschwungenen Sprenggiebelansätzen versehene Altargeschoß wirkt für die Zeit der Entstehung altertümlich[79]. Voll- und Halbsäulen sind polygonal nach vorn getreppt. In der Bekrönung plumpe, kaum zum Originalbestand gehörende Wolkennische mit Kruzifix, 1. Viertel 18. Jh. Als Altarblatt dient ein Bild der Bruderschaft des hl. Altarssakraments, 2. Hälfte 17. Jh., darstellend oben die Heilige Dreifaltigkeit, in der Mittelzone die Monstranz zwischen Kruzifixus und Schmerzensmutter, unten das Fegfeuer zwischen Verstorbenen, angeführt vom Erzengel Gabriel, und folgenden Heiligen: Ignatius von Loyola, Petrus, Barbara, Josef, Johannes Ev. und eine weibliche Heilige.

Chorbogenkruzifix. H. 65,5 cm. Holz. Ältere Fassung, 1976 restauriert von WALTER MUTTER, Naters. 2. Viertel 18. Jh. Der mit Bluttrauben behangene Korpus zeigt im Haupt und in der Bewegung leichte Anklänge an den Stil des ANTON SIGRISTEN. – *Altarkruzifix.* H. 56 cm (Korpus 16 cm). Holz. Originale bunte Temperafassung, beschädigt. Lendentuch graublau. Mitte 18. Jh. Geschweifte Standplatte. Vor dem Kreuzfuß Doppelspiralennische mit Totenkopf, bekrönt mit Palmette. Gekreuzte Blätter als Balkenenden. Herb geschnitzter, aber ausdrucksvoller Korpus. – *Herz-Jesu-Gemälde.* 150 × 79,5 cm. Öl auf Leinwand. Rechts unten: «EX DONO IOS.WENGER 1873». Altarblatt des linken Seitenaltars der Pfarrkirche. Ganzfigurig. Leise stilistische Anklänge an MARTIN FEUERSTEIN, München. – *Kerzenleuchter.* Paar. Gelbguß. H. 45,5 cm. Frühes 17. Jh. Kegelförmiger Fuß mit runden Profilen. Am Schaft zwei massige birnförmige Knäufe zwischen Ringen. – *Bänke.* Lärche. 1883/84, von einem Schreiner namens MUTTER[80]. Doppelt geschweifte Docken.

WOHNHÄUSER

1. *Pfarrhaus.* Koord. 140/205. Kat.-Nr. 31/26. Entstehungszeit unbekannt. Um 1702 von der Gemeinde für 100 Kronen als «Pfruondhauß» erworben[81]. Renovationen 1860[82], 1879 durch «Maller Cinoti»[83], 1929, 1961–1963 (Innenrenovation mit neuen Fenstern), 1970 (Dach). ⌐⌐. 1½. Ehemals D. – *Tisch* (heute in der Kirche als Zelebrationsaltar verwendet). Nußbaum. Wappen mit dem Lamm Christi zwischen den Initialen «A.M» und «L.B» sowie der Jahreszahl 1715. – *Küchenschrank.* Lärche. 1. Hälfte 17. Jh. Einachsig.

---

77 PfA Bellwald, G 6.   78 Ebd., D 14.

79 Vgl. indessen den ähnlich breiten, den Chorschrägen folgenden Altar von 1729(!) in der Kapelle von Steinhaus (S. 113).   80 PfA Bellwald, G 15.

81 Ebd., G 6.   82 GdeA Bellwald, G 1.   83 Ebd.

Abb. 324 und 325.
Bellwald. Pfarrhaus.
Hl. Soldat (Karl der
Große?), H. 86 cm,
Mitte 17. Jahrhundert.
Text unten. –
Weibliche Heilige,
H. 47,5 cm, um 1700,
im Stil des Moritz
Bodmer, Mühlebach.
Text unten.

Schmale, profilgerahmte Rechtecktür mit Schnitzereien: Rosette und leeres Wappen unter Muschelbogen. Derbe Palmschuppenmuster an Stelle des Kapitells. Punzendekor. Originalbeschläge. Eigentümliches Möbelstück.

Kunstgegenstände aus Kirche und Kapellen. Skulpturen. Hl. Andreas und *hl. Magdalena*(?). Aus der Kapelle der Nesselschlucht (S. 313). – *Hl. Soldat* (Karl d. Gr.?) (Abb. 324). H. 86 cm. Arve(?), massiv, sehr flach. Der Mantel ehemals vergoldet, das übrige polychromiert. Mitte 17. Jh. Aus einer Untergommer Werkstatt (Bellwald?). Arme und Füße fehlen. Mit üppigem Lorbeer umkränzt. Bekleidet mit Schuppenwams und Chlamys. Zeitmodische Haar- und Barttracht. Sonderbare Figur mit «Lokalkolorit». – *Hl. Soldat* (Karl d. Gr.?). H. 57,5 cm. Ähnlich der vorhergenannten Figur. Originalfassung größtenteils erhalten: Polimentgold; Lüster an der Mantelinnenseite. Vorderarme fehlen. – *Leuchterengel.* Paar. H. 68 cm. Arve, rundum geschnitzt. Die eine Figur noch original gefaßt: Polimentgold und Tempera; zeittypische «boskoprote» Wangen. Die andere Figur abgelaugt. 2. Hälfte 17. Jh. Untergommer Werkstatt (Bellwald?). Die Leuchter fehlen. Eierstab am Sockel. – *Maria,* auf einer Wolke stehend. Assunta? Ehemals in der Portalnische der Pfarrkirche. H. 103 cm (inkl. Kuppelkrone). Arve. Nur mehr Spuren einer Fassung. Um 1700. Mantelzipfel über den Oberschenkel geschlagen. Kraftvolles Bildwerk im ausgeprägten Stil des Sigristen-Bodmer-Kreises. – *Weibliche Heilige* (Abb. 325). H. 47,5 cm. Arve. Ältere Polimentgoldfassung. Um 1700. Vorderarme fehlen. Kraftstrotzendes Bildwerk von hochbarocker Fülle mit der wohl für MORITZ BODMER charakteristischen Drapierung[84]. – *Hl. Ritter* (Mauritius?). Zum Hochaltar gehörend[85]. H. 93 cm. Arve, gehöhlt. Beschädigte Originalfassung: Polimentgold, Silber und Lüster. Um 1700. Qualitätvolle, stark gebogene Figur im Stil des JOHANN SIGRISTEN, Glis. – *Hl. Bischof.* Zum Hochaltar gehörend[85]. H. 97 cm. Arve, gehöhlt. Schadhafte Originalfassung, ähnlich derjenigen des hl. Ritters, jedoch mit Blumen als Streumuster. Um 1700. Fein gearbeitete Figur im Stil des JOHANN SIGRISTEN, Glis. – *Männlicher Heiliger* (Apostel?). H. 58 cm. Linde, massiv. Alte Polychromie und Vergoldung, mit Lack überholt. Streumuster am Kleid. Um 1700. Bewegte hochbarocke Figur mit Anklängen an den Stil des JOHANN SIGRISTEN, Glis. – *Hl. Agatha.* H. 117 cm. Arve, gehöhlt. Originalfassung: Gold und Lüster. 2. Viertel 18. Jh. Der linke Vorderarm, der die Schale mit der abgeschnittenen Brust trug, entfernt, weil das Attribut Anstoß erregte[86]. Formschöne Gestalt. Die symmetrische Bildung des Antlitzes und das Motiv der einsinkenden

---

84 Gleiche Drapierung am Unterkörper bei der Muttergottes im Jakobsbildstock von Mühlebach (S. 129) und variiert bei der Muttergottes des Niedererner Hochaltars (S. 102).

85 Vgl. Anm. 41.   86 Freundl. Auskunft von Pfr. Roman Bumann.

Knie weisen auf die Werkstatt des PETER LAGGER in Reckingen. – *Hl. Barbara*(?). Pendant zur hl. Agatha. Qualitätvolle, aber weniger ausgewogene Figur. – *Männlicher Heiliger* (Josef?). H. 58,5 cm. Arve, massiv. Größtenteils wohl Originalfassung: Polimentgold und Lüster. 2. Viertel 18. Jh. Rechter Vorderarm fehlt. In sanftem Bogen geschwungene elegante Figur, entstanden im Umkreis des ANTON SIGRISTEN, Glis. – *Kniender Heiliger.* H. 56,5 cm. Arve. Fassung abgelaugt. Vorderarme fehlen. 3. Viertel 18. Jh. Symmetrisch gerollte Bartspitzen und gotisierende Ohrenlocke. Qualitätvolle Figur im Stil der Lagger-Werkstatt, Reckingen. – *Kruzifix.* H. (Korpus) 39 cm. Holz, polychromiert. 2. Hälfte 19. Jh. Neugotisch. – *Engel* in S-förmig geschlungenem Akanthuswerk, wohl zu einem Altar gehörend. H. 114 cm. Originalfassung: Polimentgold, Lüster und Tempera. Anfang 18. Jh. – *Herz Jesu und Mariä* in Strahlenkränzen. Altarfragmente? Dm. 73 cm. Holz. Strahlen Polimentsilber, Herzen bordeauxrot gelüstert; das Herz Mariens mit Rosen umkränzt; Flammen in den Adern. – *Marienkopf* von einer Prozessionsfigur. Wachs. 1823[87]? Kleid (um Gestänge), 2. Hälfte 19. Jh. – *Weihwassergefäß* (Abb. 335). H. 13 cm. Giltstein. Kanzelkorbartiges Becken, profiliert. An der Wandung eingehauene ornamentalisierte Ziffern der Jahreszahl 1717. Seltenes Stück.

Gemälde. Abschied des Bruder Klaus. 108 × 72 cm. Öl auf Leinwand. 2. Hälfte 17. Jh. 1969 durch WALTER MUTTER, Naters, stark überholt. Inschrift am Fuß des Gemäldes: «Bruder Claus der Helligst wam Einsidlisch Zleben gfangen an mit Gröstem leidt nimbt er abscheid uön/Zehen Kinderen und seim weib ihm Tausent 400 sib und sechstigsten Jahr der Traurig urlaub gesechen wahr». Vorn Bruder Klaus im Kreis der Familie, dahinter sein Haus und eine Kapelle auf der Anhöhe. Cherubim bringen links ein Kreuz, rechts eine Monstranz herbei. In der Mitte Haupt Gottes. – *Emblematisches Sodalenbild* (Abb. 326). 181 × 105,5 cm, rundbogig. Öl auf Leinwand. Um 1700. Ursprüngliches Altarblatt des linken Seitenaltars? Unter der Taube des Heiligen Geistes Maria mit Kind, auf Wolken sitzend, von Putten umkreist. Links unten, am niedrigen Horizont, strahlende Sonne, von der ein Strahl eine offene Muschel mit Perle als Symbol der jungfräulichen Geburt trifft, begleitet von der Inschrift: «SOL PATER EST»[88]. Inschriftband entlang der Archivolte: «VENITE AD ME OMNES,QVI LABORATIS,ET ONORATI ESTIS ET EGO REFICIAM VOS MATTEVS V 28». Schriftband in der Hand eines Putto zu Füßen Mariens: «AVE MARIA GRATIA PLENA DOMINVS TECVM luc. cap. V 28». Die Muschel ist umschriftet: «MATREM MAGIS ISTE SERENAT/SOD[?]ALES»[89]. – *Die vier letzten Dinge.* 136 × 115 cm. Öl auf Holz. 2. Viertel 18. Jh. Stil der Fiescher Schule. Restauriert 1969 durch WALTER MUTTER, Naters. Reichprofilierter, stichbogiger Rahmen. In zwei Zonen geteilt durch waagrechtes Band mit der Inschrift: «In allen deinen Wercken gedencke an die Letste ding und du Wirst in ewigkeit nit sindigen …» In der oberen Zone links die Heilige Dreifaltigkeit über Menschenköpfen, rechts Christus mit Kreuz auf der Weltkugel als Weltenrichter; in der unteren Zone rechts ein Priester an einem Sterbebett, links Sicht durch einen Rundbogen in das Fegfeuer. – *Hl. Philomena.* 82,5 × 97,5 cm. Öl auf Leinwand. 1. Hälfte 19. Jh. Auf der Rückseite: «S. PH./ von Rom». Die Heilige liegt in klassizistischem Sarkophag. – *Maria.* 144 × 72 cm. Öl auf Leinwand. Altarblatt des Hochaltars, um 1868. Stehende, mädchenhafte Maria. Nazarenisch-innig. – *Hl. Josef mit Kind.* 126,5 × 83,5 cm. Öl auf Leinwand. Dreiviertelbildnis. Altarblatt des rechten Seitenaltars, 1868–1873. Rechts unten beschriftet: «EX DONO IOSEPH WENGER». Nazarenisch. – *Hl. Antonius von Padua.* 78 × 48 cm. Öl auf Leinwand. 2. Hälfte 19. Jh. Brustbildnis. Das auf den Armen des Heiligen liegende Kind greift mit der Linken nach dessen Kinn. Nazarenisch. – *Fahnenbilder.* 1. 77,5 × 50 cm. Öl auf Leinwand. Ende 18. Jh. Vom Meister des Niedererner Kreuzwegs, IGNAZ ANDERLEDI (1732–1814)? Vorderseite: Maria Sieben Freuden, stehend, sieben Blumen in der Brust. Rückseite: hl. Josef mit dem Kind, als Greis mit wanderstabähnlicher Lilie schreitend. Originell komponierte Darstellungen, im charakteristischen Sfumato gemalt. – 2. 99 × 79 cm. Öl auf Leinwand. 2. Hälfte 19. Jh. Vorderseite: hl. Josef mit Kind. Rückseite: Immakulata. – *Kreuzwegstationen.* 14 Stück. 86 × 67 cm. Öl auf Leinwand. 1926 von JOSEF HEIMGARTNER, Altdorf, gemalt[90]. Rahmen von MARMON & BLANK, Wil. – *Antependiumfüllung.* 47,5 × 71,5 cm. Öl auf Leinwand. 1. Hälfte 18. Jh. Symmetrische Ranken und Blumen. – *Kanontafeln.* Kolorierte Stiche. Von LENOIR PILLOT, Paris. – *Prozessionslaternen.* Zwei Stück. H. etwa 71 cm. An Achsen aufgehängt. Übliche Form und perforierter Dekor.

---

87 «Bildnüs der seligsten Jungfrau Maria zu machen zum Umtragen» (PfA Bellwald, o. Nr.).

88 Die Sonne ist der Vater. – Zu ähnlicher Emblematik vgl. Emblemata, Handbuch zur Sinnbildkunst des XVI. und XVII. Jahrhunderts, hg. von A. HENKEL und A. SCHÖNE, Stuttgart 1967, Spalten 732/33.

89 Dieser da freut die Mutter mehr, Sodalen(?).

90 PfA Bellwald, G 11. Die Gemälde kosteten Fr. 1700.–, die Rahmen Fr. 1296.–. Aus einem Brief des Künstlers: «Es sind so richtige Barockbilder die also weil Original nirgends existieren.»

Abb. 326. Bellwald. Emblematisches Sodalenbild, um 1700. – Text S. 304.

2. Koord. 140/185. Kat.-Nr. 31/27. Albert Imfeld. Entstehungszeit unbekannt (16./17. Jh.). 1976 abgebrochen. Keine Friese. Das im Holzwerk der rechten Traufseite nicht verbundene Hinterhaus später, aber schon sehr früh hinzugefügt bzw. ersetzt. Anfang des 20. Jahrhunderts durch eine Kammerachse an der linken Traufseite erweitert. Ursprünglich rundum ohne Mauersockel. 1940–1945 an der Front im Kellergeschoß mit Klebmauer versehen, an der rechten Traufseite vorn mit Hausteinmauer. 1½. A (vor Anbau der Kammerachse). Dielbäume verkleidet. – *Ofen*. Dreigeschossig, mit großer Kehle unter der Deckplatte. An der Stirn die Initialen «B[aptist]I[m]F[eld]» und die Jahreszahl 1890 in Lorbeermedaillon. Platine war noch erhalten.

3. *«Weschtihüs»*. Koord. 220/165. Kat.-Nr. 38/53. Konrad Wyden. Rückseitig an das davorstehende Haus Nr. 4 angebaut. Manches läßt die Baugeschichte dieses einzigen erhaltenen «Heidehüs» von Bellwald rätselvoll erscheinen. Das Haus blickt nach Nordosten gegen den Hang(!). Es besaß kein eigentliches Hinterhaus. Die ebenfalls mit «Heidechriz» versehene Rückwand ist in den Gwätten mit den Traufwänden des vorderen Hauses Nr. 4 original verbunden, wie auch dessen Firstbaum ein Stück weit auf das «Hinterhaus» des «Weschtihüs» übergreift. Das «Heidehüs» könnte daher von anderswo hergebracht und an dieser Stelle zugleich beim Bau des Hauses Nr. 4 wiederaufgerichtet worden sein. Renovation um 1970. ⌐⌐. 1½. Ähnlich F, zur südlichen Traufseite gerichtet; an Stelle der Kammer jedoch Treppenhaus zum «Loibe»-Geschoß.

4. Koord. 210/160 (Abb. 327). Kat.-Nr. 38/53. Anna Jeitziner-Perren; Konrad Wyden. Rückseitig mit dem «Weschtihüs» zusammengebaut. Errichtet wohl im 16. Jahrhundert, in neuerer Zeit, jedoch vor 1905, links um eine Kammerachse ohne Mauersockel erweitert. Renovation 1953–1955. Glatter Kammfries. «Vorschutz» auf Balken mit gotisch gekehlter Stirn. Die Stirnfassade bildet zusammen mit derjenigen des gleichgerichteten «Vorschutz»-Hauses Nr. 9 dicht daneben eine überraschend straffe Frontenzeile mitten im eher zufällig anmutenden alten Dorfkern. ⌐⌐. 2. A (vor Anbau der Kammer). Dielbäume verkleidet[91]. – *Ofen*. Zweigeschossig, mit Karnies unter der Deckplatte.

---

91 Auf dem Dielbaum des 2. Stockwerks soll stehen: «Jos. Anton Nager und Anna Maria Wenger». (Freundl. Auskunft von Anna Jeitziner.)

5. Koord. 190/195. Kat.-Nr. 38/70. Erben Josefina Bittel; Hermann Ritz; Maria Wenger. Erstes Stock-
werk wohl im 16. Jahrhundert erbaut. 1729 um ein Stockwerk mit vorkragender Kammer erhöht
(Jahreszahl am Giebel). Anfang 20. Jahrhundert Mauersockel in Haustein erneuert. 1943 unter dem
Giebel vier Ringe eingeschoben. Reiche Pfeilschwanzfriese unter Wolfszahn. «Withüs». ⌐⌐. 3. F.
Inschrift. 1. Stockwerk: «[Tulpe und Kerbschnittrosette]IHSVS . MARIA . VND . IOSEPH . ERBAMET . EICH . IHR .
MEINE . FREIND . DIE . IH...[verdeckt]/BEI. LEBEN. SEIND. SECHT. WIE. DIE. FIAMEN. SCHLAGEND. AVS. DVRCH. GVTE.
WERC...[verdeckt]». – Dielbaum des 2. Stockwerks verkleidet. – *Öfen.* 1. Dreigeschossig, mit wohl älteren
Abschlußpartien: Karnies unter der Deckplatte. Jahreszahl 1956 über dem Wenger-Wappen (W. Wb.,
Tf. 5). – 2. Von 1957 mit den Initialen «R[itz]W[enger]».

6. Koord. 180/210. Kat.-Nr. 38/69. Erben Gustav Eggs. Erbaut 1617? Schmaler Rillenfries. Wohlproportioniertes Haus mit niedrigem, dem Hang folgendem Mauersockel. «Vorschutz» auf Balken. An der Front
des hölzernen Kellergeschosses Zwillingsportale mit kräftigen Scherenpfosten. «Withüs» hinter dem
«Loibe»-Geschoß. Originale Fensteröffnungen und Fensterläden an der linken Traufseite des «Loibe»-
Geschosses. Traufseitige Wand des «Stubji» erneuert. 1½. F. Dielbaum verkleidet[92].

7. Koord. 160/145. Kat.-Nr. 38/104. Johann Ritz; René Willisch. Erbaut 1644. Renovation 1773. 1853
um ein Geschoß aufgestockt, um eine Kammer ohne Mauersockel erweitert und mit neuem Giebel
versehen. Anbau an der rechten Traufseite und Mauer an der Front des ersten Stockwerks 1959. 1961/62
Hinterhaus in Stein erneuert. ⌐⌐. 2½. F (vor Anbau der Kammer). *Inschriften.* 1. Stockwerk: Jahreszahl
1644 und Jesusmonogramm. – Auf einem Deckenbrett: «NELLEN ANO 1773 DISE WELBI HAT GMACHT
IOHANNS MICHLIG EIN SOHN MARIA/JESVS MARIA VND IOSEPH SEIIN DISES HVS VND WENDE ALES VNHIL
DARAVS». – 2. Stockwerk: «[Jesusmonogramm].V . MARIA . IM . IAHR . 1853 . F[ranz]C[lausen]MIOIWRD . S . FCIC . LC .
KC.RSC». – *Ofen.* Zweigeschossig, mit schwerem Kehlsims. An der Stirn, inmitten von Ranken:
«G[abriel]R[itz]», in Medaillons: «J[ohann]R[itz]» und «A[lbert]R[itz]», darunter zwei eine Vase mit
Nelken haltende Löwen und die Jahreszahl 1913, an der Wange in ähnlichem Zierat die Jahreszahl 1854
und die Initialen «J[ulius]R[itz]» und «M[aria]W[enger]».

8. Koord. 200/175 (Abb. 327). Kat.-Nr. 38/54. Armand Holzer. Erbaut um 1600.
Renovationen 1734 und 1962–1964. In gleicher Flucht mit Wohnhaus Nr. 4 stehen-

Abb. 327. Bellwald. Dorfpartie mit den
«Vorschutz»-Häusern Nr. 4 und 8.
Text S. 305 und oben.

des, wohlproportioniertes Haus mit niedrigem, im Hinterhaus doppelt gestuftem Mauersockel und «Vorschutz» auf Konsolen über hölzernem Kellergeschoß. An der Stirn mit Stab in Kehle geschmückte Konsolen, verziert mit Doppel- und Einzelstäben. Roßköpfe an den Randkonsolen. Am Fußbalken doppelt gerillte plastische Kielbögen im Stil der Jahrhundertwende. Guterhaltene Rillenfriese. Malteserkreuzöffnungen im Giebel. Fensteröffnungen verändert 2. Hälfte 18. Jh. und bei der jüngsten Renovation. Ehemals 1½. D. Treppe zum «Loibe»-Geschoß früher in der Stube, hinter vorgetäuschtem Wandbüfett. Dielbäume verkleidet.

Inschriften auf Deckenbrettern (bei Dr. Hermann Wirthner, Münster): «WELCHER.DA GLEIBT/MIT . SPRECHEN . DES . NEC = /HTEN . EHR . ZV . VER . SCHW = /ECHERN . DER . SOLSICH . NIT . VER . MESEN . BIDISEM DISCH DER 2 SIHNEN.ALTER IOSEPH.IM IAR 1719 VALENTINVS IM 1722» – «[drei Flammenstrahlenmedaillons mit den Monogrammen der Heiligen Familie]/WER.SEINEN.NECHSTEN.DIE.EHR.ABSHNEIDT/DER.WEICH. VON . MEINER . TAFEL . WEIT/IOANES 21 IAR . ALT [in Flachrelief geschnitzte Hand]/VALENTINVS . WENGER . IOANNS . WENGER/ANNA . MARIA . WENGER . MDCCXXXIV».

9. Koord. 270/160. Kat.-Nr. 38/19. Johann und Klemenz Schmid. Erbaut 1640. Konsölchenfries am ersten Stockwerk. Oberes Geschoß und Giebel wohl Ende 17. Jh. Würfelfries unter Wolfszahn. Renovation 1791. Anbau der linksseitigen Kammer nach der Tulpenform der Traufpfettenkonsole wohl 19. Jh. Renovation 1961. ⌐⌐. 2. C und F (ohne angebaute Kammer). *Inschriften.* 1. Stockwerk: Jesusmonogramm; Lilie; umgekehrtes Wappen mit waagrecht aufgereihten Punkten: oben drei, unten zwei/ Jahreszahl 1640 – «IHS PETER HOLTZER HANS HOLTZER MARIA HOLTZER HIEMIT SEI GOT UND MARIA WOL PEFOLEN» – «IHS MATTHE HOLTZER VND ANNA ZNIDREST SEIN EHLICHE HVSFRAW.WER GOT VERTRAVWT DER HAT WOL GEBAVWT». – An Deckenbrettern: «DISES.HAUS.HAT GEKAUFT UND VIRBESRET/ IOSEP.HNATZ SCHMIT.UND SEIN HAUS/FRAV ANNA.MARIA.MANGOLD.ANNO 1791/SEIN.SOHN.IOSEPHNATZ [Hand] 4 MONAT ALT [Wappen mit drei waagrecht aufgereihten Sechsstrahlensternen im Schildhaupt und einem am Fuß]» – die Heiligen Monogramme in Wappen, Blumen und Herzen. – *Ofen.* Zweigeschossig. Geblähtes Polstersims unter der Deckplatte und abgerundete, schräg gebänderte Kanten. An der Deckplatte eingeritzt die Jahreszahl 1863(?). – *Wandbüfett* (im Besitz von Paul Andereggen, Selkingen). Lärche. Zweiachsig, mit der üblichen Kredenz und einer Türschrankachse. Datiert 1805. Initialen: «J.N/S AMM».

10. Koord. 140/155. Kat.-Nr. 38/109. Hermann und Oskar Paris; Ida Wyden-Bittel. Erbaut Mitte 17. Jh. Konsolenartig vorstehender Würfelfries oder Konsölchenfries. Zwerchgiebel an der rechten Traufseite und Kammerachse unter Quergiebel um 1900 von JOSEF PARIS (1853–1935). Niedriger, nur am Vorderhaus sichtbarer Mauersockel. «Withüs». 2. C (vor Anbau der Kammerachse). Dielbaum verkleidet. – *Ofen.* Zweigeschossig, mit großer Kehle unter der Deckplatte. An der Stirn die Initialen «C W» über der Jahreszahl 1892, an der Wange Jesusmonogramm in Blattkranz.

11. Koord. 210/125. Kat.-Nr. 38/91. Alfons Perren; Felix Schneider. Erbaut 1665. Wohl 2. Hälfte 19. Jh. Fassadenwand erneuert und Kammerachse an der linken Traufseite angefügt. ⌐⌐. 2. E (vor Anbau der Kammerachse). *Inschrift.* 1. Stockwerk: «[in doppelt gerahmtem zierlichem Wappenschild stilisierte Lilie und rechts im Schildhaupt griechisches Kreuz]DIS HAVS HAT GEMACHT PETER NELEN SELBER MIT SIMEN SCHAWGER IVNHANES EOLCHEN IM IAR 1665/DIS HHVS HAT GEBAWET MARTI NELEN MIT SEINEN SEINEN IVNHANES VND PETEP NELEN ELISABETH/FOLCHEN EIN HAVS FRAVW PETER NELEN HAVS EIST MIT DER HEILF GOTES VND MARIA MACHT[Lilie]». – Dielbaum des 2. Stockwerks verkleidet. – *Öfen.* 1. Zweigeschossig, mit Karnies unter der Deckplatte. An der Stirn, in Wappenschild, die Jahreszahl 1721 über den Initialen «IFMI», an der Wange «H IB/CH/IB» und die Jahreszahl 1864. – 2. Form ähnlich Nr. 1. An der Stirn, in Wappenschild: «IF/MF/1767»; das Wappenschild gerahmt von den Initialen «I[ohann]I[eitziner]» († 1925). – *Kreuzigungsgruppe* und *Wandkästchen*, Bestandteil eines Wandbüfetts, aus dem Saastal. – *Wandbüfett.* Teilweise noch geschweifte Füllungen. Eingelegt die Jahreszahl 1846 und die Initialen «F.C M.W». – *Kerbschnittkästchen.* Zwei Stück. Tanne; an der Front des einen: «A.M.R.1.7.54». – *Hinterglasbilder* von «S. Agatha», «S. Barbara», «S. Catharina» und «St. Johannes».

---

92 Auf dem Dielbaum soll stehen: «Peter Nellen und Maria Wenger 1617». (Freundl. Auskunft von Alina Eggs.)

12. Koord. 275/200. Kat.-Nr. 38/129. Kinder Hans Imhof; Johann Lambrigger; Verkehrsverein. Erbaut 1672 (Jahreszahl am Giebel). Das schmucke Haus wird durch Nutzbauten vom Dorfkern getrennt. Obere Hälfte des Kellergeschosses in Holz; darüber «Vorschutz» auf Konsolen mit Roßköpfen. Flache Kielbögen mit Kreuz am Fußbalken. Am Kellergeschoß zierlicher Konsölchenfries, über dem «Vorschutz» dagegen Würfelfries[93]. «Withüs». ⌐‾‾⌐. 2 (ehemals 1½). F.

Inschrift. Im «Stubji»: «[in Wappen stilisierte Lilie, überlagert von einem mehrfach unterteilten Rechteckfeld zwischen griechischen Kreuzen; Jesusmonogramm] MARIA 1672». Dielbaum verkleidet. – *Ofen.* Zweigeschossig, mit Kehle unter der Deckplatte. Im 19. Jh. verkleinert.

13. Koord. 175/180. Kat.-Nr. 38/99. Josef und Rosmarie Wenger. Erbaut 1672 (Jahreszahl am Giebel). Das imposante «Vorschutz»-Haus auf niedrigem, ursprünglich wohl nichtgestuftem Sockel schließt den Kirchplatz gegen Norden mit mächtiger Front; es folgt in der Erscheinung dem Typ der Obergommer Barockhäuser der Jahrhundertmitte[94], besitzt jedoch kein durchgehendes Mittelgwätt unter dem First. «Loibe»-Balkon an der rechten Traufseite. Der Mauersockel reicht nur bis auf zwei Drittel der Kellerhöhe. «Vorschutz» auf Konsolen mit Roßköpfen, von denen eine mit Schiner-Wappen geschmückt ist. 2½. F.

Inschriften. 1. Stockwerk: «[Jesusmonogramm; Schiner-Wappen]16/[Marienmonogramm]/72 DISES.HAVS. STAT.IN.GOTTES.HANT.MARTI.SCHINER[95].VON.ERNEN ODER MIlIBACH/DER.BVWMAN GENANT.SEIN ELICHE HAVSFRV MARIA.NELLEN.SEIN.KINDER.MARIA VND ANA». – In der Kammer: «M[Schiner-Wappen]S». Dielbaum des 2. Stockwerks verkleidet. – *Öfen.* 1. Zweigeschossig, mit schwerem, profiliertem Kehlsims. An der Stirn je in geschwungenem Blütenzweig «A W» und «T M», an der Wange in ähnlicher Anordnung beidseits von einer Vase die Ziffern der Jahreszahl 1858. – 2. Ähnlich, aber kleiner als Nr. 1. Gleiche Jahreszahl und

Abb. 328. Bellwald. Nutzbautengasse. Text S. 310.

Initialen in einem Lorbeermedaillon zwischen Blumenvasen. – 3. Eingeschossig, mit plastischem Karnies unter kantiger Deckplatte. An der Stirn zwischen den Monogrammen von Maria und Josef, in kreuzförmigen Spiegeln, zwei Wappen: im linken die Initialen «M[?][96]G» und drei Fünfstrahlensterne, angeordnet zu einem gestürzten Dreieck, im rechten Schiner-Wappen mit den Initialen «A S»; an der Wange Barockspiegel mit der Jahreszahl 1715 und wiederum kreuzförmiger Spiegel mit Jesusmonogramm. – 4. Zweigeschossig, mit Kehle unter doppelter Deckplatte. Im Wappenschild der Stirn: «I IH/AMN/1779». – *Wandbüfett.* Lärche. Anfang 19. Jh. Geschweifter Schubladenblock.

14. Koord. 240/145. Kat.-Nr. 38/43. Arthur Bittel; Oskar Jost. Erbaut 3. Viertel 17. Jh. Breiter Würfelfries. Kammer an der linken Traufseite 1. Hälfte 18. Jh. ohne Mauersockel angefügt. Pfeilschwanzfries unter Wolfszahn. 1957 um einige Ringe aufgestockt und mit neuem Giebel versehen; Anbau rechts am Hinterhaus; Front des ersten Stockwerks in Riegelwerktechnik erneuert. ⌐⌐. 2. A und C (vor dem Anbau der Kammer). Dielbäume verkleidet. – *Ofen.* Zweigeschossig, mit plastischem Karnies unter dünner Deckplatte. An der Stirn zwei Wappen mit den Initialen «C R» und «A V» über Sechsstrahlenstern.

15. Koord. 240/160. Kat.-Nr. 38/27. Amandus und Willi Ritz; Georg Perren. Erbaut Ende 17. Jh. Würfelfries unter Wolfszahn im zweiten Wohnstockwerk. 1717–1721 «Loibe»-Geschoß und Kammerachse? Pfeilschwanzfries unter Wolfszahn. Rechts vorspringendes Hinterhaus. ⌐⌐ (niedrig). 2½. G. Wohl aus dem Innern des Hauses stammende *Inschriftfragmente,* seit etwa 1955 in den Böden der rückseitigen Balkone: «GEHERT DEM EHREND IOHNES SCHMIT/HVSFRAVW MARIA WIDEN VND DER KINDE…» – «VALENTIN IM 1717 MAI/ALTER IOSEPH IM IAR 1719[3?]/IM 1721». – *Öfen.* 1. Von 1941. Initialen: «LR/AV». – 2. Ähnlich Nr. 1. Ohne Dekor und Inschriften.

16. Koord. 190/155. Kat.-Nr. 38/96. Ernst Imfeld; Walter Imhasly; Edgar Jermann; Hermann Lambrigger; Josef Perren; Konrad Wyden. Erbaut 1764 (Jahreszahl am Giebel). Friese: Paar versenkter Rundstäbe. Das stattliche Doppelhaus schließt den Dorfplatz gegen Osten hin ab. Fragmentarische Fassadeninschrift mit den Namen der Erbauer. «Withüs». ⌐⌐. 2½. C. *Inschriften.* 1. Stockwerk: «DER . DIS . LAST . MACHEN . NACH . SEIM . TOTT BEGERT . MAN . SP[?]C. BEGNAD . IHN . GOTT. 1764/DISES . HAVS . HABENT . AVFERBAVWEN . IOSEPH + IGNATIVS + NICOLAVS + MAVRITIVS . WENGER DIE 4 BRIEDER». – Auf einem Deckenbrett: Umschrift um Marienmonogramm «ANNA.MARIA.MANGEL», um Jesusmonogramm «IOHAN = IOSEPH.WENGER»; dazwischen die Jahreszahl 17/65 – (verkleidet) «BENIDE DEINE BRIDER NICHT WAN IHN MEHR GUOTS ALS DIER GESIEHT/IOSEPH WENGER IGNATIUS NICOLAUS MAURITIUS HABENT HERBAUEN DISES HAUS ANNO 1646». – 2. Stockwerk: «ICH . IOHAN . IOSEPH . WENGER + VND . IOHANN . IGNATIVS . WENGER[Tulpe]/IOHANN . NICOLAVS . WENGER.IOHANN . MORITIVS.WENGER» – «DER.WOL.GETREST.STERBEN.WIL.DEN.SEELEN.HELFEN.OFT.TVND. FILL/KEINER . IST . VIBEL . GESTORBEN . SO . IHNEN . GNAD . ERWORBEN . ANNO 1764»– «IHR . BRIEDER . IOSEPH . VND . IGNATIVS + NICOLAVS + VND . MORITIVS/IN . BRIEDRLICHER . LIEBE . HALTET . HAVS:IM . IAHR 17:64»– «WAN . WIR . ERBAVWT.DISES.HAVS + VND.WIDERVM.SIND.GESTORBEN.AVS/BETT.GOTT.VIR.VNS.IHR.LIEBE.FRIND.SO.HIR. IN . DISER . WONVNG SIND».

17. Koord. 200/225. Kat.-Nr. 38/117. Josefina Bittel; Ernst Wenger. Erbaut 1807[97]. Gebrochener Wellenfries. Ursprüngliches «Withüs» als Verbindung zu älterem Heustall. ⌐⌐. 2. F. Im Estrich gestrickter Raum zwischen den Mittelpfetten im Vorderhaus ähnlich denjenigen des frühen 16. Jahrhunderts (vgl. Kdm Wallis I, Abb. 6). *Inschrift.* 1. Stockwerk: «O MENSCH . NIM . DISES . WOL . IN ACHT . DIE . HOFFART . IST . VON . GODTT . VER . ACHT . VND . WER . AVS . DEMMVOD . KLEINSICH . MACHT . DER . WIRD . ERHECHT . VND . HOCHGEACHT/DISES HAVS HAT LASEN BAVWEN DER ERSAME MAN IOSEPH ANTONI NAGER VND SEIN HOVSFROV.ANNA MARIA GVNDI.IM.IAR 1807.DEN 17 ABRILEN». – Dielbaum des 2. Stockwerks verkleidet. – *Öfen.* 1. Zweigeschossig, mit mächtigem Kehlsims. An der Stirn, von C-Bögen gerahmt, Herz zwischen den Ziffern der Jahreszahl 1809, an der Wange in Rechteckfeld mit seitlichen Halbrosetten die Initialen «IAN». Platine noch erhalten. – 2. Zwei ältere Deckplatten, die eine gekehlt, die andere mit Karnies versehen. Initialen «L[eopold]B[ittel].E[ster]D[ietzig]» über der Jahreszahl 1916.

---

93 Da im Kammer- oder Kellergeschoß bisweilen ältere Friese Verwendung fanden wie etwa der glatte Kammfries im Obergoms, darf man nicht oder nur mit Vorbehalt auf verschiedene Bauetappen schließen.
94 Vgl. Kdm Wallis I, S. 26.   95 Zu Martin Schiner vgl. BWG XIV (1967/68), S. 190.
96 Später zu M umgewandelt?
97 Bei Grabungen im Keller stieß man auf Brandreste.

18. *Schul- und Gemeindehaus.* Koord. 115/155. Erbaut 1884 von Maurermeister PETER BURGENER, Fiesch, und Zimmermann AUGUSTIN BITTEL, Blitzingen[98]. Ein Ofen wohl von MORITZ BITTEL wurde eingebaut von Maurer IGNATZ BITTEL. Am Giebel die Jahreszahl 1884. Hausteinsockel. ⌐⌐. 2. – *Kruzifix* (im Besitz von Pfr. R. Bumann, Bellwald). H. 98 cm (Korpus 30,5 cm). Renoviert von LEOPOLD JERJEN, Reckingen. Neufassung, Polychromie und Vergoldung, von WALTER MUTTER, Naters. Um 1700. Muskulöser, untersetzter Korpus mit breitem Haupt im charakteristischen Stil des JOHANN SIGRISTEN, Glis. Sockeltyp des frühen 18. Jh. Blüten als Balkenenden.

NUTZ- UND GEWERBEBAUTEN

Die östliche Dorfhälfte wird weniger von den Wohnhäusern als von den teilweise reizvoll gruppierten Nutzbauten geprägt. Im Osten treten diese denn auch als Quartier bis an den Dorfrand, wo Baugruppen und einzelne bemerkenswerte Nutzbauten der Dorfansicht Charakter verleihen, so die Stadel bei Koord. 310/190 und 310/200; ferner bei Koord. 300/160 ein sehr gut erhaltener Stadel mit Tenne entlang der linken Traufseite, beschriftet über den Fenstern des Unterbaus: «MI 1861 KII». Der am Giebel auf 1653 datierte Speicher bei Koord. 275/170 steht bereits mitten im engen Nutzbautenquartier ebenso wie die Speicher und Stadel in der Umgebung des «Geißfärichs»: Stadel bei Koord. 260/200, datiert am Giebel 1676, und Speicher bei Koord. 250/195 mit der Jahreszahl 165(?)1 am Türsturz des Oberbaus. Reizvoll ist der Blick von der Straße bei Koord. 265/135 auf die gedrängte Nutzbautengruppe vor der Kirche und vom «Geißfärich» (Koord. 255/180) nach Südwesten in die von vorgetreppten Stadelfronten belebte schmale, fallende Gasse (Abb. 328). In dieser Gasse weitet sich bei Koord. 240/175 nach Süden hin ein malerischer Platz, umstanden von Nutzbauten: großer Speicher bei Koord. 235/170 mit Inschrift über den Zwillingstüren des Oberbaus: «H.NELEN[Wappen mit griechischem Kreuz]P.NELEN/160H 16[?]11»; Stadel bei Koord. 230/185, datiert am Türsturz des Oberbaus: «1679/BI». Der den Platz beherrschende Stadel (Koord. 240/185) ist bei der jüngsten Renovation an der Dachstirn leider mit zu wenig Vordach versehen worden. Den Abschluß der breiten, wirkungsvollen Gasse[99] entlang den Häuserfronten (Nr. 4 und 8) bilden zwei Speicher bei Koord. 205/150, darunter ein zierlicher mit rundbogigen Zwillingstüren und symmetrisch zur Seite aufsteigenden Treppen im Oberbau; diese beiden Speicher gehören bereits zum eigentümlichen labyrinthartigen Quartier vornehmlich kleiner Nutzbauten nordöstlich von Turm und Chor der Kirche, wobei es sich zum Teil um Speicherchen auf sehr hohem hölzernem Unterbau handelt.

Bemerkenswert sind auch die Nutzbauten auf dem «Biel», die westlich der Gasse wie ein Pendant zu den Häusern der gegenüber liegenden Straßenseite emporsteigen. Inschrift am Türsturz des Oberbaus von Stadel bei Koord. 180/235: «I.M 1782.A.M.W». Es ist bezeichnend für die Rolle der Nutzbauten im Dorf, daß sich der wertvollste

---

98 GdeA Bellwald, G 1.
99 Der Dorfinnenraum bei Koord. 190/185, der in diese Gasse mündet, wirkte noch verschlossener, als der Speicher östlich vom Schiner-Haus bei Koord. 185/185 stand.

Abb. 329. Bellwald. Speicher beim Kirchplatz. – Text unten.

Speicher (Abb. 329) am dürftig geschlossenen Westrand des Dorfplatzes bei Koord. 165/165 als einziger repräsentativer Bau behauptet[100]. Nach Nordwesten geht der Platz in eine vornehmlich von Nutzbauten umstellte Lichtung über. Als eine auch im Dorf seltene Eigenart sind die vor Stadel oder Speicher getrennt mit eigenem Podium errichteten Treppen zu betrachten.

Eine alte *Säge* stand bei Koord. 285/190, eine *Mühle* bei Koord. 205/350 und bei Koord. 90/335. Zu dem um 1964 abgerissenen *Backhaus* vgl. S. 292.

KUNSTGEGENSTÄNDE AUS BELLWALD

Hauskruzifix (im Besitz von Pfr. R. Bumann, Bellwald). H. 63 cm (Korpus 20,5 cm). Linde? Fassung entfernt. 2. Hälfte 18. Jh. Sanft durchgebogener Korpus mit hochgereckten Armen. Fein geschnitztes Haupt. Sockel in Gestalt einer profilierten konkaven Pyramide. Rosetten als Balkenenden. Herz an der Kreuzungsstelle der Balken. – *Portalgitter* (im Besitz von Josette Fonjallaz, Haus «Saint-Jean-Porte-la-Tine», Crêt-Dessous, Epesses VD) (Abb. 403a). Aus einem Haus der Familie Perren. 175 × 110 cm. Schmiedeeisen. Zweiflügelig, kleinmaschig, durchsteckt. Im Riegel eingestanzte Jahreszahl 1624. Das mit Lilie bekrönte Schloßschild ist am Rand durch applizierte Bleche geschmückt. Hornartiger Dekor am Schlüsselloch. Schlaufenförmiger Türklopfer. In der oberen Zone des Gitters zwei Wappenschilder; im linken Jesusmonogramm unter zwei Kreislein (Punkten), die Initialen «M.P.B.M» und, im Schildfuß, Fünfstrahlenstern auf gestürztem Dreieck zwischen Kreislein, im rechten Wappenschild vier und drei Kreislein in waagrechten Reihen angeordnet, darunter «MARIA/.M.I.» und Dreiberg.

---

100 Planzeichnungen bei K. RÜDISÜHLI (vgl. Literatur, S. 292), S. 53.

NESSELSCHLUCHT

SIEDLUNG (Abb. 330). Von der alten Siedlung[1] Nesselschlucht am Steilhang östlich des Tobels sind nur zwei gegen das Tal blickende Nutzbauten, ein niedriger Stall und eine stattlichere Stallscheune, oberhalb der Kapelle erhalten geblieben.

KAPELLE HL. APOLLONIA

GESCHICHTE. Am Gewölbemedaillon im Chor geschnitzte und gemalte Jahreszahl 1666 (Abb. 336). Wohl im Laufe des 18. Jahrhunderts wurde das ursprüngliche Patrozinium der Gottesgebärerin Maria[2] durch dasjenige der hl. Apollonia verdrängt. Das in der ersten Hälfte des 19. Jahrhunderts bei Zahnschmerzen noch von weither aufgesuchte[3] Wallfahrtskapellchen verfiel in der zweiten Jahrhunderthälfte[4], bis es 1891 infolge einer testamentarischen Schenkung des dankbaren Pilgers Joseph Wellig, Fiesch, unter Pfarrverweser Alois Burgener wiederhergestellt[5] und mit einer Stiftmesse ausgestattet wurde[6]. Einsegnung am 9. November 1891. Neues Schindeldach, um 1964.

BESCHREIBUNG. *Äußeres* (Abb. 330). Die schmucklose, fast quadratische Kapelle folgt geostet dem Hang. Zwei stichbogige Fenster an der Talseite; der Okulus der Chorwand ist zugemauert.

Inneres (Abb. 331). Den ungegliederten Raum überwölbt eine hölzerne gebrochene Tonnendecke, die durch eine Gurtleiste in zwei Zonen unterteilt wird. Ein wohl jüngeres gesproßtes Holzgitter unter altem Sturzbalken schrankt den Chorraum ab.

1 1357 verteidigten Wilhelm «de Nesilsluechte» und sein Sohn Johannes ihre Waldrechte gegen die Ansprüche der Niederwaldner (GdeA Niederwald, C 2). Vgl. H. A. VON ROTEN, die Landeshauptmänner von Wallis, BWG XI (1952), S. 144. 1636 starb «Johannes Volcken ex Neßlisliecht» (PfA Ernen, D 206). – Vgl. S. 290, Anm. 2.

2 PfA Ernen, D 173.

3 Sogar aus dem Vispertal.

4 1863 Befehl von Bischof Jos. de Preux, die Kapelle wiederherzustellen oder abzubrechen (PfA Bellwald, D 17), 1879 von Bischof Adrian Jardinier wiederholt.

5 JOSEF PARIS lieferte unentgeltlich das Holz für Dach und Boden, JOHANN JOSEF IMBIEDERLAND machte um Gottes Lohn das Schindeldach.

6 PfA Bellwald, Notizen von Pfarrverweser ALOIS BURGENER 1891, wo sich alle Angaben finden.

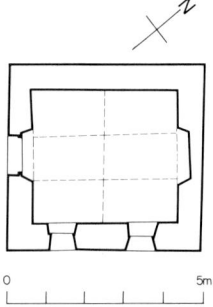

Abb. 330 und 331.
Nesselschlucht. Text oben.
Kapelle, 1666.
Grundriß. Text oben.

0   5m

Abb. 332. Nesselschlucht. Kapelle. Altar, 1740–1745, wohl von Anton Sigristen, Glis. – Text unten.

Inschrift am Balken: «WER . HIER . THVT . BETEN . RECHT . VON . HERTZEN . DEM . WIRT . NACHLA-
SEN . DEN . ZENT . SCHMERZEN».
   Altar aus der Rufibort-Kapelle (Abb. 332) (S. 119).

   Altarkreuz. H. 49 cm. Lärche, unsorgfältig polychromiert und ziervergoldet. 3. Viertel 18. Jh. Korpus
vom I. Reckinger Hauskruzifixtyp mit einem Faltenmotiv des II. Typs (vgl. Kdm Wallis I, Tf. Ia). Am
rechteckigen kelchförmigen Sockel zwei vergoldete Akanthusspiralen. – *Gemälde der hl. Apollonia.*
62 × 48 cm. Öl auf Leinwand. Um 1800. Von mittelmäßiger Qualität. Die Heilige steht, die Zange in der
Rechten, in einer Landschaft mit niedrigem Horizont. – *Altarglöcklein.* Bronze. Dm. 6,9 cm. Rosetten an
der Schulter. – *Kelchvelen.* 1. Violett. Mitte 18. Jh. Damast, broschiert. Wolkenartige, in Zickzack gelegte
Bänder mit kleinen Blümchen; dazwischen Rosenstrauchmotive. Klöppelspitzen. – 2. Weiß. 2. Hälfte
19. Jh. Mit goldenen Rosenranken broschierter Damast.
   Entfernte Skulpturen (im Pfarrhaus von Bellwald). Ehemals Flankenstatuen des Altärchens. Pendants.
Arve, massiv, aber sehr flach. Originalfassung: karminroter Lüster und Ölvergoldung. 1. Hälfte 17. Jh. Aus
einer Untergommer Werkstatt (Bellwald?). *Hl. Andreas* (Abb. 334). H. 42 cm. Untersetzte Figur mit
großem, gotisierendem Haupt auf reliefhaftem Körper voller anatomischer Unrichtigkeiten. – *Weibliche
Heilige* (Magdalena?) (Abb. 333). H. 41,5 cm. Anatomisch richtiger gestaltet, mit ausgeprägtem Standmotiv.

ALP RICHENE

KAPELLE MARIA ZUM SCHNEE

GESCHICHTE. Die heutige Kapelle der alten[1] Alp Richene (Richinen) wurde 1694
erbaut; am Türsturz steht eingeritzt: «M 16 + 94». 1756 (gemalte Jahreszahl an der
Decke) durchgreifende Renovation mit Erneuerung der Decke. 1885/86 Renova-

1 Vgl. S. 290. – Einige Maiensäßhäuser in der großen Alpsiedlung deuten auf eine ausgiebigere
Nutzung des Stafels in früheren Zeiten hin. Eine ähnlich lautende Ortsbezeichnung gibt es auch im
Urserental.

Abb. 333 und 334. Nesselschlucht. Kapelle. Hl. Magdalena(?), H. 41,5 cm, und hl. Andreas, H. 42 cm,
1. Hälfte 17. Jahrhundert (heute im Pfarrhaus Bellwald). – Text S. 313.

tion[2]: Boden von PETER BURGENER; Pforte von JOSEPH IMBIEDERLAND; Stühle, Fenster
und Altartisch von JOSEPH MUTTER, Blitzingen. 1919 Dachreiter[3]. Renovation 1936
mit zurückhaltender historistischer Ausmalung von JOSEF MUTTER, Naters.

BESCHREIBUNG. *Äußeres.* Die dem Hang entlang nach Osten gerichtete Kapelle ist
ein ungegliederter Rechteckbau mit Satteldach aus Blech über beinahe rhomboidem
Grundriß. Nahe dem Fassadengiebel hölzerner Dachreiter; an dessen Querbalken im
Westen «19[Jesusmonogramm]19», im Osten «IO[Kerbrosette]P»; hölzerner Zahn-
schnitt als Traufsims am Zeltdächlein. Vorstehende Sockelzone rund um die Kapelle.
Rundbogige Hochfenster nur an der Talseite. Breites Rechteckportal.

Inneres (Abb. 337). Ungegliedert ist auch der Innenraum. Die gewalmte Holzdecke
wird durch dünne Rundstäbe unterteilt. Gemalte Blümchen an den Kurzseiten der
Füllungen. Historistischer gemalter Streumusterfries entlang der Decke und Ketten-
fries in der Höhe einer Brüstung.

Abb. 335 und 336. Bellwald Pfarrhaus. Weihwassergefäß aus Giltstein, 1717. Text S. 304. – Nesselschlucht.
Kapelle. Deckenmedaillon. Text S. 312.

Abb. 337 und 338. Alp Richene. Kapelle, 1694.
Grundriß. Text S. 314. – Altar, wohl 1694, aus
einer Untergommer Werkstatt (Bellwald?)
(heute rechter Seitenaltar der Pfarrkirche).
Text unten.

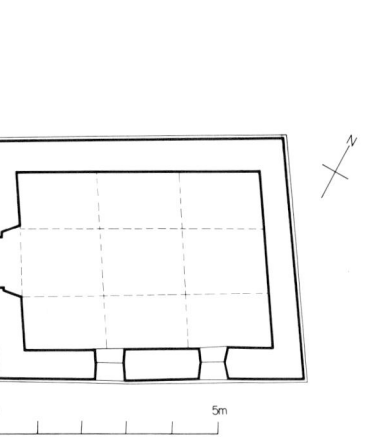

Altar (Abb. 338). Das für die Zeit des Kapellenbaus (1694) gar altertümliche
Retabel wird aus einer der damaligen traditionsverhafteten Untergommer Werkstätten (Bellwald?) stammen (S. 291); doch ist seine Ausstattung zum Teil heterogen
zusammengesetzt. In der Nische der Oberzone (bis 1978) ausdrucksvolle spätgotische
Muttergottes, Anfang 16. Jh., H. etwa 60 cm, polychromiert und vergoldet.
1936–1978 diente als Altarblatt[4] ein farblich störendes Gemälde einer sitzenden
Muttergottes von ANDREAS IMHOF (1901–1938). 1978 Wiederverwendung der bislang
im Pfarrhaus aufbewahrten Hintergrundmalerei, Ende 17. Jh., für eine Muttergottesstatue (siehe unten)[5]. Gottvater der Bekrönung, Anfang 18. Jh. Auf dem trapezförmig
hochgezogenen Giebel des Hauptgeschosses sitzt zwischen geschweiftem Sprenggiebel
ein mit geradem Sprenggiebel bekröntes Obergeschoß. Rebenumrankte Kompositsäulen im Hauptgeschoß, Cherubhermen in der Oberzone. Die bei diesen Werkstätten so bedeutsamen Altarbärte umschließen wie Überreste spätgotischer Altarflügel
kleine Muschelnischen mit Statuetten: links der hl. Rochus, rechts der hl. Sebastian.
Charakteristisch sind auch die Tituli an den Blattkonsolen der Statuetten ebenso wie

2 PfA Bellwald, G 15.
3 Nach Auskunft von Konrad Bittel, Bellwald, erst bei der Renovation von 1936 von HERMANN RITZ
geschaffen.
4 Rechts unten bezeichnet: «Andreas Imhof 1936».
5 Die Muttergottes der Oberzone daher kaum ursprünglich an diesem Standort.

Abb. 339. Ried. Luftaufnahme 1973. – Text S. 317.

am Gebälk unter den Akroterfiguren: rechts der hl. Antonius von Padua, links der hl. Antonius Eremita[6], letzterer eine Figur von beinahe grotesk wirkender, naiver Expressivität.

Altarkreuz. H. 47,5 cm (Korpus 16,5 cm). Lärche, polychromiert und vergoldet, mit Schellack überstrichen. Anfang 19. Jh. Üppiger Strahlenkranz. Sockel in Gestalt eines konkaven Pyramidenstumpfs, beschlagen mit hängenden Palmetten. – *Kelch.* Silber, vergoldet. H. 22 cm. 1. Hälfte 17. Jh. Runder, profilierter Fuß. Der Schaft unter dem Sechskantnodus mit scharfem Ring und Blattkranz abgeschlossen. Kurze, am Lippenrand geschweifte Kupa. – *Kasel.* Rot. 2. Hälfte 19. Jh. Satin, mit großen gelben Rosenranken in Seide broschiert; im brokatenen Stabkreuz rahmt eine große Rosenranke mit bunten Blüten das Apokalyptische Lamm.

Glocke. Dm. 24,5 cm. Ton f″. Inschrift oben, bei den Kronbügeln: «18[?]SAMT AG[?]». Schulterfries, bestehend aus Blüten in Medaillons. An der Flanke Kruzifix, dreiteilige Blütengrüppchen und die Jahreszahl 1895 in Relief. Lilienfries am Saum.

Entfernter Kunstgegenstand. Stehende *Muttergottes* (im Pfarrhaus von Bellwald). Zum ursprünglichen Altarbestand gehörend, ehemals vor der Hintergrundmalerei des Altarblatts (siehe oben), bis 1976 in der Bekrönungsnische des linken Seitenaltars der Pfarrkirche. H. 68,5 cm. Arve. Neuere Fassung. Ende 17. Jh. Großes eingeschnitztes Hauszeichen des Schnitzlers auf der Rückseite (vgl. S. 339). Lebhaftes Kind mit Weltkugel auf der Rechten Mariens. Das Zepter der Linken fehlt. Naiver Gesichtsausdruck Mariens. Charakteristisches splitteriges Gefältel.

---

6 Als Patron des Viehs.

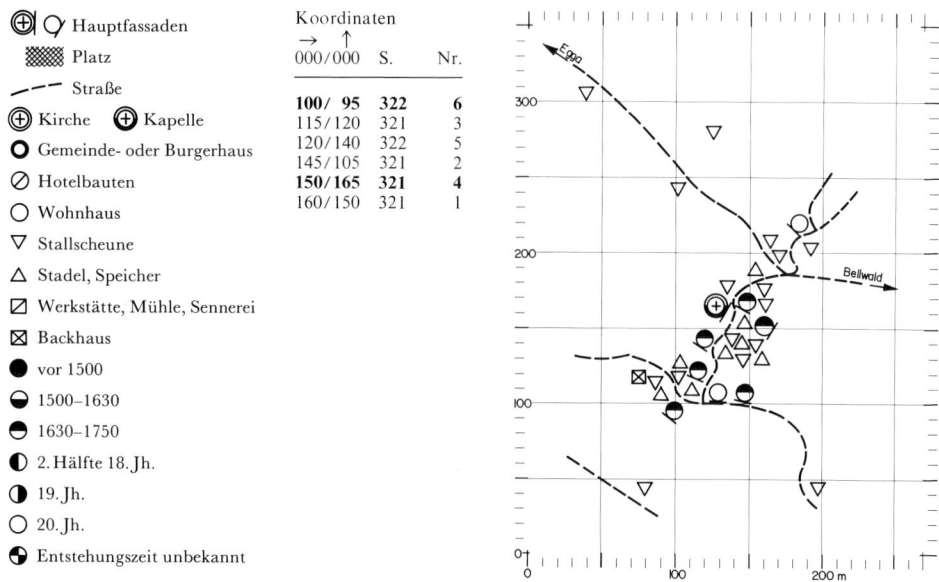

		Koordinaten		
		→	↑	
		000/000	S.	Nr.
⊕ ♀	Hauptfassaden			
▨	Platz	**100/ 95**	**322**	6
⌇—⌇	Straße	115/120	321	3
⊕ Kirche ⊕	Kapelle	120/140	322	5
		145/105	321	2
O	Gemeinde- oder Burgerhaus	**150/165**	**321**	4
⊘	Hotelbauten	160/150	321	1
O	Wohnhaus			
▽	Stallscheune			
△	Stadel, Speicher			
⊠	Werkstätte, Mühle, Sennerei			
⊠	Backhaus			
●	vor 1500			
◖	1500–1630			
◗	1630–1750			
◐	2. Hälfte 18. Jh.			
◑	19. Jh.			
○	20. Jh.			
◓	Entstehungszeit unbekannt			

Abb. 340. Ried. Siedlungsplan (vgl. «Wegleitung»). – Text unten.

RIED

GESCHICHTE. Vor 1374 war «Nicholaus am Ryede de Belwalt» dem Bischof zinspflichtig[1]. Zur Geschichte vgl. Bellwald, S. 290.

SIEDLUNG. *Anlage und Geschichte* (Abb. 339 und 340). Um das Wiesland der Nutzung zu erhalten und zum Schutz vor Lawinen bauten die Bewohner von Ried ihren Weiler als schmale, emporklimmende Siedlung auf einen Kamm der Fieschertal-flanke. Leider hat das außerordentliche Siedlungsbild durch die bei der Anlage neuer Straßen entstandenen tiefen Schürfungen und durch größere Neubauten auf dem südlich vorgelagerten Kamm schon erheblich an Reiz eingebüßt. Die Häuser blicken größtenteils hinunter ins Tal, nur in der oberen Dorfhälfte sind einzelne Bauten nach Südosten, gegen den Talausgang, gerichtet. Ebenfalls quer auf dem Kamm steht, mitten im Weiler, die Kapelle.

Ried muß sich in der Barockzeit unter dem Einfluß einer wirtschaftlichen Blüte vollständig erneuert haben, stammen doch sämtliche Altbauten aus dem Zeitraum von 1630 bis 1750.

KAPELLE DER MUTTERGOTTES

GESCHICHTE. 1633 oder unmittelbar vorher ist im Weiler eine Kapelle errichtet worden[2], die schon 1686 einem Neubau zu Ehren der Unbefleckten Empfängnis wich oder in diesem aufging. Reparaturen wohl im ersten Viertel des 19. Jahrhunderts[3].

1 GREMAUD V, S. 406.

2 «dictae Capellae Am Riedt nunc nouiter ibidem exstructae» (PfA Bellwald, o. Nr.).

3 Im Visitationsakt von 1809 wurde eine Reparatur des Gewölbes gefordert (PfA Bellwald, D 14; vgl. auch ebd., D 13).

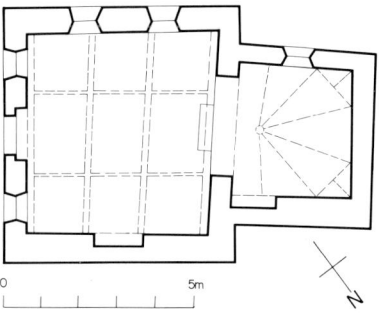

Abb. 341 und 342. Ried. Kapelle, 1686.
Holzdecke; Grundriß. – Text S. 318/19.

1967–1970 Gesamtrestaurierung der sehr baufälligen Kapelle durch WALTER FELISER, Brig, und JOHANNES HORESTES BUNDSCHUH, Naters, unter Aufsicht der Eidgenössischen Denkmalpflege. Restaurierung der Decke und der Ausstattung durch WALTER MUTTER, Naters.

Baugeschichtliche Probleme. Manches deutet darauf hin, daß in den erhaltenen Bau von 1686 eine kleinere, gegen den Berghang gerichtete Kapelle einbezogen wurde. So kamen bei der Restaurierung zwischen den talseitigen Schiffsfenstern Spuren eines Okulus zum Vorschein, in der gegenüber liegenden Schiffswand eine flache (Altar-?)Nische (vgl. Grundriß der Kapelle in der Nesselschlucht, S. 312). Da nichts auf eine Tür unter dem Okulus(?) schließen ließ, hätte man das Kapellchen von 1633 durch die südliche Seitenwand, die heutige Stirnfassade, hindurch betreten, wo man über der Tür und den wieder geöffneten Rechteckfenstern auf einen durchgehenden Balken im Mauerwerk stieß.

BESCHREIBUNG. *Äußeres.* Die auf einem Felskopf stehende Kapelle umfaßt ein breites Schiff und ein nur seitlich abgesetztes Rechteckchor im Nordwesten, das samt der Schiffsstirnwand um drei Grad nach Norden gedreht ist. Über dem Chorbogen offener Dachreiter mit geschlossenem Giebeldächlein.

Inneres (Abb. 342). Das kurze, weite Schiff öffnet sich durch einen stark eingezogenen Chorbogen in das geräumige Chor (Abb. 344). Noch deutlicher geschieden

Abb. 343. Ried. Kapelle. Antependium,
1649. – Text S. 320.

Abb. 344. Ried. Kapelle, 1686. Chor. – Text S. 318.

werden die Räume durch die andersartigen Decken. Im Chor ein fünfkappiges
Gratgewölbe, von den zeittypischen trompenähnlichen Eckkappen abgestützt und
kuppelförmig ansteigend; im Schiff eine flache gewalmte Holzdecke (Abb. 341),
gegliedert in drei Zonen. Mäanderartiger, vereinzelt mit den Buchstaben des Namens
Mariä geschmückter Zahnschnitt säumt rundum den Deckenrand. Reicher beschriftet sind die Gurtleisten; auf der äußeren: «S ANA VND MARIA VND.IOSEP.IM IAR 1686.C
3[z?].CB[darüber 13 oder 1z].ME[darüber IM].PM.PSV», auf der inneren: « + DISE . KABLA .
IST . INDER ER . MVOTER . GOTES . MARIA AVFER . BVEN . WORDEN». Mit wechselnder Kerbzier
versehene Bretter trennen die Längsachsen. Am Scheitel Medaillon mit dem Jesusmonogramm im Flammenkreis. Profilgebälk mit Zahnschnitt legt sich um Schulterwand
und Chorbogenante. In der rechten Schiffswand geradwandige Korbbogennische
(siehe oben).

Altar. Das Retabel ist stilistisch der Werkstatt des PETER LAGGER in Reckingen
zuzuweisen und in das dritte Viertel des 18. Jahrhunderts zu datieren. Hochbarocke
hl. Anna Selbdritt, um 1700. Altarblatt der Immakulata, Anfang 20. Jahrhundert,
von BOHEJAC[4]. – Zwei nach vorn getreppte, freistehende Säulen sind mit einem
Lambrequin nur dürftig verbunden. Im spröden Schnitzwerk der Bekrönung zierkonturiertes, mit Öl auf Holz gemaltes Bild vom Tod des hl. Josef. Die Silhouette wird
von den freistehenden Flanken- und Akroterstatuen entscheidend bestimmt: unten
die Heiligen Petrus und Johannes Ev. auf Konsolen, oben Joachim(?) und Anna
Selbdritt auf Postamenten. Zum Formenrepertoire der Lagger-Werkstatt gehören die

4 A. CARLEN, Verzeichnis, S. 6, Nr. 63.

von Reblaub vergitterten, stark gebauchten Säulen[5] und Figurenstilmotive wie die edle, aber etwas müde Symmetrie der Antlitze.

Antependium (Abb. 343). Öl auf Leinwand. In marmoriertem Rahmen. Unten, über den Initialen «P.M.» und «M.M.», die Jahreszahl 1649. Jesusmonogramm über drei Nägeln in einem Wolkenmedaillon auf damasziertem Grund mit großem, geometrisch stilisiertem Blütendekor. Seltenes Stück.

Weihwasserstein. Giltstein. Am Rand die Jahreszahl 1686. Reich behauen: Bodenrosette und Keulenblätter. – *Chorbogenkruzifix* (Abb. 345). H. 98 cm (Korpus 62 cm). Holz, polychromiert und ziervergoldet. Am Querbalken gemalt: «i688.M.E/A.M». Hochgerissene Arme. Anatomisch zu kleine Extremitäten bzw. zu großes Haupt. Große Lilien-Nimbusstrahlen. Symmetrisch angeordnete Leidenswerkzeuge. Korpus wie Kreuz sind ungewöhnlich; nur das schräge Lendentuch weckt Erinnerungen an die Obergommer Kruzifixe der Jahrhundertmitte[6]. – *Altarkreuz.* H. 49,5 cm. Holz, marmoriert, polychromiert und ziervergoldet. Mitte 18. Jh. Im Korpus Anklänge an den I. Reckinger Hauskruzifixtyp (vgl. Kdm Wallis I, Tf. I). Altertümlicher geschweifter Sockel von trapezförmiger Grundfläche; die Gräte mit Palmetten beschlagen. – *Kreuzwegstationen.* Teilweise handkolorierte Radierungen des frühen 18. Jh. in alten Profilrähmchen mit aufgesetzten Legendentäfelchen; die Radierungen lateinisch und spanisch beschriftet. – *Kasel.* Rot. Mitte 19. Jh. Rips mit gewirkten Blattmotiven als Grund. Darauf mit Gold und Silber broschierte Rosenranken, behangen mit quastenbesetzten Kordeln.

Turmkreuz. Schmiedeeisen. An einem Fußschild die Jahreszahl 1685, ein Jesusmonogramm und die Initialen «H B». Mit Spiralen geschmückte Flacheisenbänder, in durchbrochenen Reifenkugeln und Blattkelchen endend. Blume in der Kreuzmitte.

Glocke. Dm. 32 cm. Ton cis''. Zwei mit Maskarons versehene Kronenbügel. Zwischen Schnurstäben die Umschrift: «1566[Hand]SOLI DEO GLORIA»[7]. Fünf Palmetten, am untersten Schnurstab hängend. Gebündelte Schnurstäbe am Glockenrand.

Entfernter Kunstgegenstand. Gebetstafel (im Pfarrhaus von Bellwald). 73 × 25,8 cm. Tannenholz. Auf zahnschnittverziertem Profilsockel zwei aufeinandergetürmte flache Giebelädikulen. In der unteren Nische Fragmente eines aufgeklebten Textdrucks, in der Giebelzone die Initialen «MP.M.E»[8], in der oberen Nische in Mischtechnik gemaltes Schweißtuch der Veronika über der Inschrift: «O MENSCH BETRACK DAS/LEIDEN MEYN,WAN DV/WILT.EWIG BEY MIR/SAEIN ANNO 1679».

Abb. 345 und 346. Ried. Kapelle. Chorbogenkruzifix, 1688. Text oben. – Bellwald. Kirche. Vortragekreuz, wohl 1870, von Franz Josef Lagger, Münster (Vortragekreuz Nr. 1). Text S. 299.

WOHNHÄUSER

Allgemeines. Die ausgeprägte Hanglage begünstigte nicht nur unabhängige Wohnstockwerke – hier führten in keiner Küche Treppen in das obere Wohnstockwerk –,
sondern auch die Anlage eines «Withüs» vor allem im oberen Geschoß, da man dieses
in der Regel von hinten betrat. Gestufte Mauersockel finden sich trotz der Hanglage
nur bei den Häusern des 17. Jahrhunderts, während gestrickte Estricheinbauten unter
den Zwischenpfetten des Vorderhauses (vgl. Kdm Wallis I, Abb. 6) im 17. und im 18.
Jahrhundert wiederkehren. Bei den Friesen sind «Stilverspätungen» zu beobachten;
so hielten sich Friese mit Würfelkonsölchen bis gegen Ende des 17. Jahrhunderts und
Würfelfriese unter Wolfszahn bis ins frühe 18. Jahrhundert.

1. Koord. 160/150. Kat.-Nr. 13/72. Erben Elisabeth Lambrigger; Anton Lambrigger. Erbaut 1646. Recht
großer, schon würfelfriesartiger Konsölchenfries an konsolenförmig vorkragendem Kamm. Umbauten
1722–1724 und 1961/62. Ständerstud in der Nordostecke. Nahe der Rückwand hohe pultdachgedeckte
Scheune, ehemals durch einen Balkon im zweiten Stockwerk mit dem Haus verbunden. ┌─┘. 2. C.
Inschriften. 1. Stockwerk: «[in Wappenfeld die Initialen ‹H.X.M›, Jesusmonogramm, ‹C›, Hand mit der
Ziffer 3]M MARIA. DISES. HVS. STADT. IN. GOTES. HAND. HANS. MICHEL. VND. MARIA...[verdeckt]/ANNO 1646 IAR.
AN. DEM. 03. TAG. ABERELEN». – Auf einem Deckenbrett: «1724.29. TAG BRCHMONAT 1722 1722[?]1[?]46. PETER.
ANNA. MARIA. MARIA. SIBER». – *Ofen.* Eingeschossig, mit Kehlsims. An der Stirn die Jahreszahl 1647.

2. Koord. 145/105. Kat.-Nr. 13/81. Erwin Bittel; Julius Schnyder. Erbaut 1675? Zweiteilige Würfelzeile,
konsolenartig vorstehend, und kräftige Würfel an einem Kamm. Ehemals beidseits «Loibe»-Balkone.
┌─┘. 1½. B. *Inschriften*[9]. Dielbaum der linken Stube bis zur Unlesbarkeit bemalt: Wappen und Hand mit
den Initialen «PS[?]/Z». – *Ofen.* Zweigeschossig, mit schwerer, eigentümlich profilierter Deckplatte:
Kehle, breiter Steg und Rundstab. An der Stirn zwei zierliche Wappenschilder, 1947 mit neuen Initialen
versehen, links: «A[lbin]E[rwin]A[lina]B[ittel]», rechts: «D[aniel]B[ittel]A[nna]B[ittel]». Über der Kachel-
öffnung die Jahreszahl 1895. Holzsockel.

3. Koord. 115/120. Kat.-Nr. 17/68. Theophil Perren. Erbaut 1686 (Jahreszahl am Giebel). Großer
Würfelfries. ┌─┘. 2½. E und F. Im Estrich eingebauter Raum unter den Zwischenpfetten des Vorderhauses. Ehemals hölzernes «Withüs», nun in Stein. *Inschrift.* Dielbaum des 1. Stockwerks verkleidet. –
2. Stockwerk: «[die Initialen ‹IW/MW› in einem Wappenfeld zwischen zwei Händen, auf deren Rücken
der Buchstabe W steht; M unter Kreuz]MENTEM. SANCTAM. SANCTAM. SPONTANEVM. HONOREM. DEO. ET.
PATRIAE. LV[?]. CRATIONEM[10]. SANCTA AGATA ORA. PRO. NOBIS. ANNO 1686/HVIVS. DOMVS. FVNDATOR IOANNES
WENGER. VO. AI[?]VR[?]. MARIA WENGER EIVS...[?]»[11].

**4. Koord. 150/165. Kat.-Nr. 13/131. Anton Wyden; Erben Hermann Wyden.
Erbaut 1687. Das stattliche «Vorschutz»-Haus überragt die Kapelle. «Vorschutz»
auf Roßkopfkonsolen. «Withüs» zum zweiten Wohnstockwerk. ┌─┘. 2½. E und F.**

Inschrift. 1. Stockwerk: «[Wappenfeld mit dem Buchstaben X]IHS MARIA IOSEPH DISES HOVS HAT LASEN
MACEN PETER MICHEL/VND SEIN SOHN IOHANNES MICHEL IM IAHR 1687». – Dielbaum des 2. Stockwerks
verkleidet. – *Ofen.* Eingeschossig, mit Karniessims. Wohl später umgebaut. Initialen «H[ermann]W[y-
den]/A[ntonia]I[mfeld]» und die Jahreszahl 1923.

---

5 Vgl. den Hochaltar von Wileren (Binn) (S. 157).

6 Vgl. das Altarkreuz der Dorfkapelle von Selkingen (Kdm Wallis I, Abb. 349).

7 Devise des Kardinals Matthäus Schiner († 1522).

8 Vgl. Inschrift am Chorbogenkruzifix (S. 320).

9 Nach Aussage von Erwin Bittel steht auf dem Dielbaum der rechten Stube eine Inschrift mit der
Jahreszahl 1615; die Jahreszahl ist nach dem Typ der Wandfriese gewiß als 1675 zu lesen.

10 liberationem?

11 Einen frommen Sinn, die gebührende Ehre Gott und dem Vaterland zu Nutzen(?). Heilige Agatha,
bitt für uns. Im Jahre 1686. Dieses Hauses Gründer Johann Wenger ... Maria Wenger seine ...

Abb. 347. Ried.
«Withüs» an Haus
Nr. 6. – Text unten.

5. Koord. 120/140. Kat.-Nr. 17/64. Erben Martha Perren; Alfred Wyden. Erbaut 1710. Würfelfries unter Wolfszahn. Von JOHANN SCHWICK (†1967) mit Blumenmotiven bemalte Fensterläden. ⌐⌐. 2. G. *Inschriften.* 1. Stockwerk: «JESVS.MARIAIOSEP SEI MIT VNS.CHRISTE.PEREN IST DER BAVWMAN.VND MARIA SIBER.SIN HAVSFRAVW.IOHANES VND CHRISTE . SIN . KINDER . ANA . MICHEL . GVT . DETREI/[Hand]IM IAR 1710 . IESVS . WAR . EIN . KLEINES . KIND . IST . ALSO . GROS . VND . SI[?]RAFI . DIE . SIM DIM . IVNGSTEN TAG . WIR...[?]». – 2. Stockwerk: «IM IAR 1710 KEIN SO KLVOGER.BVWHER IST.AVF.ERDT DER.DER.ALEN.ZV GFALEN BAVWEN WERDT MARTI ZL...[?]¹²/IST DOCH GAR FIL AN DEM GELEGEN WAN IN DEM HVS.IST GOTES.SEGEN DER BVWHER.BEDANCKET.SIHDEN» – «[Jesus- und Marienmonogramm]IOSEP KEIN CRVTZ.AVF.ERDEN IST SO GROS.DER.DOT.KAN.IN.BALT.MACEN.L[os?]». – *Öfen.* 1. Zweigeschossig, mit schwerem Karniessims. 17. Jh.? Auf die Stirn malte JOHANN SCHWICK zwei Wappen, das eine mit dem heraldischen Zeichen der Familie Schwick (W. Wb., S. 238, jedoch ohne Sterne im Herzen), das andere mit den Initialen «J[o-hann]S[chwick]» über der Jahreszahl 1947. – 2. Form ähnlich Nr. 1. An der Stirn, in Wappenfeld, die Initialen «I[?] P / M N» über der Jahreszahl 1748. – Neugotische *Muttergottes* (Terrakotta) auf geschnitzter neuromanischer *Konsole* mit ebenfalls geschnitzter Rückwand. – JOHANN SCHWICK hat die Füllungen des *Schranks* sowie der *Stuben- und der Kammertür* mit teilweise reizvollen Motiven in Öl bemalt.

6. Koord. 100/95. Kat.-Nr. 25/10. Erben Karl Perren. Erbaut 1745. Stattliches Haus, dessen Mauersockel auf großen Steinblöcken ruht. Hinten altes gestricktes «Withüs» (Abb. 347), das im oberen Stockwerk in Größe und Erscheinung einer Scheune gleicht. Bei der Kammer Rücksprung des Hauses, von Balkon mit Abort eingenommen. ⌐⌐. 2. F. Kellergeschoß mit Holzwänden unterteilt. Estricheinbau unter den Zwischenpfetten des Vorderhauses.

Inschriften. 1. Stockwerk: «HIET DICH FVCHT NIT IN MEININ HAVS ODER GEHE BALD ZVR THIR HIN AVS ES MECHT SONST GOT VON HIMELRICH STRAEN MICH VND DICH ZV GLEICH/SAPIENS AEDIFICAT DOMVM SVAM INSIPIENS EXSTRVCTAM MANIBVS DESTRVET¹³ PROV 13 DEN 22 TAG MAI ANNA 1745» – «[Monogramme der Heiligen Familie und von Tulpen gerahmtes Lambrigger-Wappen: Lamm unter zwei Fünfstrahlenster-nen]DISES HAVS HAT LASEN ERBAVWEN IOSEPH LAMBRIGER VND SEINE HAVSFRAVW MARIA NE¹⁴/VND IHRE

---

12 Zlambrigen (Lambrigger)?

13 Der Weise erbaut sein Haus, der Törichte reißt das erbaute mit seinen Händen nieder. Sprüche 13.

14 Nelen (siehe Inschrift weiter unten).

15 Planzeichnungen bei K. RÜDISÜHLI (vgl. Literatur, S. 292), S. 54.

KINDER 3 GOT IST IHREN HELFER VND BAVWHER GESIGEN ANNA MARIA VND IOHANES IOSEEVS». – Im «Stubji»:
«DER AVF GOT SETZ SEIN VIRTRVWEN KAN IM SELBST EIN WONIG IM HIMEL BAVWEN/DAN ALE PALST VND ZIERT
DER ERDEN MVOS ZV STAVB VND ESCHEN WERDEN 1745». – 2. Stockwerk: «GOTT KANS NEHMEN GOTT HATS
GEBEN STEHT IN SEINER HANDT VNDT GWALT WIESEIN WILL ICH AVCH WIL LEBEN PREISE SEINEN NAHM
ALSBALDT IOEL 1601[?]/DAS ZIL VND ENDT O MENSCH BETRACT DAN DV BIST HIER NVR IBER NACHT» –
«[Monogramme der Heiligen Namen; zwischen Immergrünzweigen Lambrigger-Wappen wie auf dem
Dielbaum des 1. Stockwerks mit den Initialen ‹I› und ‹L›]DISES HAVS HAT LASEN ERBAVWEN IOSEPH
LAMBRIGER VND SEIN HAVSFRAVW MARIA NELEN VND IOHANES IOSFES/SEINES ALTERS 2 IAHR/VND ANNA
MARIA/ 4 IAHR/VND MARIA CATRINA/ 1 IAHR/IN GOTTES SEGEN HAB ANGFANGEN MIT SOR DIS HAVS ZV
BAVWEN DER SEI MEIN DROST SCHVZ VNDT VERLANGEN ZV IHM ICH THVE CERTRAVWEN 1745». – Im «Stubji»:
«VF GOT THVWEN IST WOL BAVWEN VND DAS BESTE FVNDEMEND/GOT ZV LIEBEN IHM ZV DIENEN IST DES
MENSCHEN ZIL VND ENDT 1745». – *Öfen.* 1. Zweigeschossig, mit Karniessims unter der Deckplatte. 17. Jh.?
1921 umgebaut und an den Kanten mit schrägem Banddekor versehen. An der Stirn die Jahreszahl 1921,
an der Wange ein Rechteckfeld mit den Initialen «K[arl]P[erren]». – 2. (Abb. 348). Zweigeschossig, mit
Karniessims unter gekehlter Deckplatte. An der Stirn, in «Profilfüllungen», fein gehaue Wappen; im
linken Feld Wappen mit Initialen wie auf dem Dielbaum, im rechten die Initialen «M N» sowie die
Jahreszahl 1748 rund um eine Rosette. – *Wandbüfett.* Lärche. 19. Jh. Mit teilweise geschweiften Füllungen.

NUTZ- UND GEWERBEBAUTEN

Einige schmale, hohe *Speicherchen* steigern den Reiz des Innerortsbildes. Der
imposante *Stadel* bei Koord. 105/125 trägt am Türsturzbalken des Unterbaus die
Inschrift: «I.L.I.I.L.I.E[F?]L[?] 1794 M.B.H[?].M.I.L[Lamm, wohl als heraldisches Zeichen
der Familie Lambrigger]».

Backhaus[15]. Koord. 75/120. Langgezogener, niedriger Blockbau auf einem Fels; an
der talseitigen Traufseite des Hinterhauses erneuerter steinerner Backofen. Dielbauminschrift: «[Jesusmonogramm]1.7.8.0[Marienmonogramm]». – *Ofen.* Zweigeschossig,
mit gekehlter Deckplatte. An der Stirn die Jahreszahl 1780.

Abb. 348. Ried. Ofen Nr. 2, 1748, in Haus Nr. 6. – Text oben.

Abb. 349. Egga. Luftaufnahme 1973. – Text unten.

EGGA

GESCHICHTE. Vgl. Bellwald, S. 290.

SIEDLUNG. *Anlage und Geschichte* (Abb. 349 und 350). Der anmutige Weiler Egga (Eggen) liegt tief drinnen im Fieschertal in der kleinen Hangrinne, die den oberen sanften Abschnitt der Talflanke vom untersten Steilhang trennt.

Da Häuser verschwanden[1] oder in Nutzbauten umgewandelt wurden (S. 329), gestattet der heutige Häuserbestand nicht mehr zuverlässige Rückschlüsse auf die frühere Erscheinung des Weilers. Bei Koord. 105/135 ist 1976 ein schmucker, quer zum Haus blickender Speicher entfernt und nach Bellwald versetzt worden, wo er nun neben dem neuen Haus von Oswin Holzer beziehungslos steht. Heute baut man Ferienhäuser am oberen Rand der Siedlung und auf dem südöstlich vorgelagerten Kamm.

1 Hofstätten unlängst verschwundener Häuser liegen westlich von Haus Nr. 3 und vor dem Haus Nr. 2.
2 PfA Münster, B 3, S. 307. (Freundl. Hinweis von Dr. H. A. von Roten, Raron.)
3 PfA Ernen, D 173. – 1704 drohte der Bischof, die Kapelle zu schließen (PfA Bellwald, D 9).
4 Renovation bei gleichzeitigem Umbau des Altars? 1784 und 1809 ist wiederum von Schäden an den Mauern und am Gewölbe die Rede (PfA Bellwald, D 13 und 14).
5 PfA Ernen, D 173.
6 PfA Bellwald, D 10. Wohl schon um 1700 (vgl. Antependium, S. 326).
7 Ebd., D 17.
8 Eine gleiche Hl.-Geist-Taube hing bis zur Restaurierung von 1976 im Chor der Pfarrkirche in Bellwald.

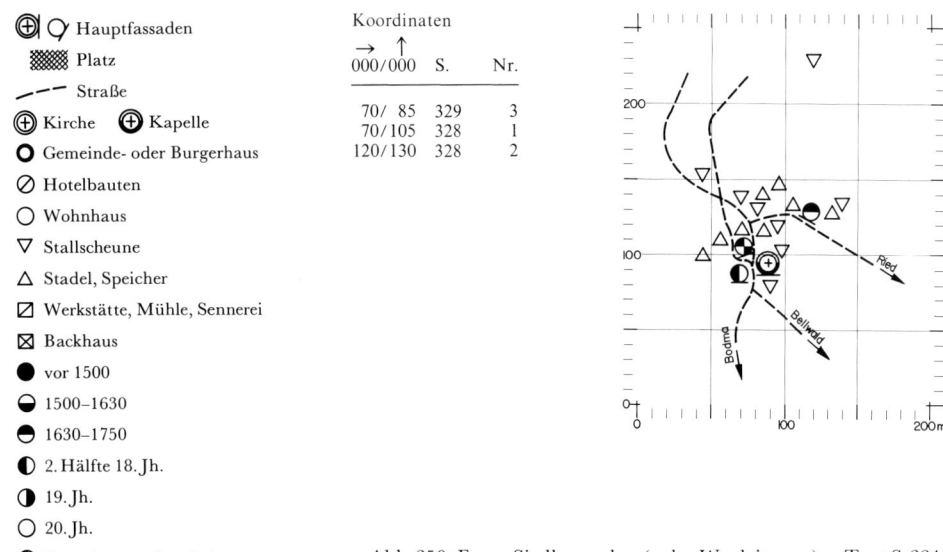

⊕ ○ Hauptfassaden

▨ Platz

╌╱╌ Straße

⊕ Kirche   ⊕ Kapelle

○ Gemeinde- oder Burgerhaus

⊘ Hotelbauten

○ Wohnhaus

▽ Stallscheune

△ Stadel, Speicher

⧄ Werkstätte, Mühle, Sennerei

⊠ Backhaus

● vor 1500

◑ 1500–1630

◕ 1630–1750

◐ 2. Hälfte 18. Jh.

◑ 19. Jh.

○ 20. Jh.

◓ Entstehungszeit unbekannt

Koordinaten		
→ ↑		
000/000	S.	Nr.
70/ 85	329	3
70/105	328	1
120/130	328	2

Abb. 350. Egga. Siedlungsplan (vgl. «Wegleitung»). – Text S. 324.

KAPELLE MARIÄ KRÖNUNG

GESCHICHTE. Eine Stiftung von 1531 «an eins Bild an der Eggen» dürfte auf einen Vorgängerbau hinweisen[2]. Die stilistisch in die zweite Hälfte des 17. Jahrhunderts weisende Kapelle erhielt zu Beginn des 18. Jahrhunderts erst auf Drängen des Bischofs[3] die zum Unterhalt geforderten Meßstiftungen. Im Spiegel des Weihwassersteins die Jahreszahl 1763[4]. Renovationen 1863 (Jahreszahl am Chorbogenscheitel unter der zuletzt angebrachten Zahl), ferner 1937 mit einfacher Innenbemalung von JULIUS WYDEN, Fiesch, und JOHANN SCHWICK, Bellwald. Inschrift am Chorbogenscheitel: «RENOVJERT/1937». – Die Kapelle wechselte zu wiederholten Malen ihr Patrozinium: 1687 Allerheiligen[5], spätestens seit 1736 hl. Mutter Anna[6], seit 1863 Mariä Krönung[7].

BESCHREIBUNG. *Äußeres* (Abb. 351). Die Kapelle bildet zusammen mit einem gleichgerichteten Haus am unteren Dorfeingang gleichsam das Tor zur aufsteigenden Gasse. Das steile Satteldach aus Schindeln umfaßt auch das nur seitlich eingezogene Rechteckchor. Auf dem Frontgiebel gemauertes Glockenjoch mit sehr flachem Satteldächlein aus Steinplatten. Weite stichbogige Fenster nur an der rechten Kapellenseite.

Inneres (Abb. 352). Das Schiff wird von einer steilen gebrochenen Brettertonne überwölbt, die in der Mitte durch eine gurtähnliche Leiste in zwei «Joche» gegliedert wird. Ein friesloses Profilsims umzieht nur das Chor und die Schulterwand. Hinter dem schwibbogenartig herabgezogenen Chorbogen bläht sich das Kreuzgratgewölbe des Chors, an dessen Scheitel ein kleiner Cherub aus Stuck sitzt. Am Scheitel des inneren Schiffsjochs hängt eine spielzeugartige geschnitzte Hl.-Geist-Taube (Abb. 355) mit eingesteckten Federn[8]. Gemalte Rosengirlande von 1937 entlang der Schiffsdecke.

Abb. 351. Egga.
Dorfpartie
mit Kapelle, 2. Hälfte
17. Jahrhundert.
Ansicht von Süden.
Text S. 325.

Altar (Abb. 353). Nach der Form des Gesimses zu schließen, ist das heutige Retabel in der zweiten Hälfte des 18. Jahrhunderts (1763?) aus Fragmenten von einem (Erner?) Renaissancealtar des zweiten Viertels des 16. Jahrhunderts und aus älterem(?) Maßwerk zusammengestückt worden[9]. – Aus damaszierten Tafeln gefügte flache Retabelwand, gerahmt von vorgestellten Säulen unter verkröpftem Gesims. Die Retabelwand in der oberen Zone von maßwerkgefüllten Rundbogenfenstern durchbrochen, die geraden Lapislazulisäulen an der Stirn mit flachem Dekor beschnitzt. Vor der Retabelwand Mariä Krönung inmitten der Heiligen Dreifaltigkeit, bei der Gottvater und Gottsohn einander weitgehend angeglichen sind – eine in Arve geschnitzte, größtenteils wohl noch original gefaßte spätgotische Gruppe aus dem zweiten oder dritten Jahrzehnt des 16. Jahrhunderts, vielleicht aus einheimischer Werkstatt. Vor dem Maßwerkaufsatz[10] der Bekrönung Anna Selbdritt mit kindhafter Muttergottes, Mitte 17. Jahrhundert, aus einer Bellwalder(?) Werkstatt. Akroterstatuen: links der hl. Johannes Ev., Mitte 17. Jahrhundert, rechts der hl. Josef, Mitte 18. Jahrhundert, mit Anklängen an den Stil des PETER LAGGER, Reckingen. Am holzgemalten *Antependium* (Abb. 354) kleine Anna Selbdritt in einem Kelch üppiger Phantasieblüten. Um 1700.

Chorbogen-Kreuzigungsgruppe, auf dem Kreuzbalken stehend. Kruzifix. H. (Korpus) 34 cm. Holz, polychromiert und vergoldet. 1. Hälfte 18. Jh. Bewegt drapiertes Lendentuch. Johannes und die Schmerzensmutter urtümliche, ganz der Volkskunst angehörende Statuetten, 1. Hälfte 17. Jh.(?). Tanne, 30–

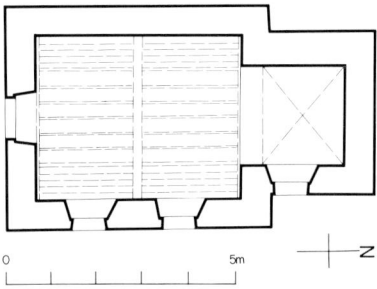

0   5m

N

Abb. 352. Egga. Kapelle, 2. Hälfte 17. Jahrhundert.
Grundriß. – Text S. 325.

Abb. 353. Egga. Kapelle. Altar. Gewände, 2. Hälfte 18. Jahrhundert aus Fragmenten eines Renaissanceal-
tars zusammengestückt. Figuren, 1. Drittel 16. Jahrhundert. – Text S. 326.

32,5 cm hoch, polychromiert. – *Leuchterengel.* Paar. H. (inkl. Leuchter) 89 und 91,5 cm (Engel 86 cm).
Arve, massiv. Teilweise originale Polimentvergoldung. Um 1700. Kraftvolle, bewegte Figuren im Stil des
Johann Sigristen, Glis. – *Kreuzwegstationen* samt einer Darstellung der *hl. Helena mit dem Kreuz.* Radierun-
gen, bezeichnet: «Mart. Engelbrecht excud. A.V.»[11]. Bildfläche 26 × 18 cm. 1. Hälfte 18. Jh. – *Hl.*
Philomena. Radierung. 25,5 × 29,3 cm. Anfang 19. Jh. Handkoloriert. Beschriftet: «s filomena vergine
em/Che si venera nella Chiesa dei S. Martiri in Torino» – «C. Caltanco incise a Torino». Die Heilige sitzt
auf einem Sofa in sarkophagartigem Gehäuse. Zwischen den Fußpranken des Sofas in fünf kleinen
Rechtecken Darstellungen aus ihrem Martyrium. – *Kelch.* Messing, gegossen, vergoldet. H. 22 cm.
2. Hälfte 19. Jh. Zwei Schaftringe als Knäufe. Fuß, Schaft und der durchbrochene Korb reich geschmückt. –
Meßglöcklein. Bronze. 1. Dm. 9 cm. Drei Schnursäume über dem Glockenrand. – 2. Dm. 6 cm. Schmucklos.
– *Kasel.* Weiß. Anfang 19. Jh. Bunter Damast. – *Lesepult.* H. 20 cm, B. 28 cm. Arve. An der Stirn

9 Hinter dem Altar ungefaßtes Fragment von einem weiteren Rundbogenfensterchen wohl aus der
Zeit des Altarumbaus. Neben zahlreichen anderen gotischen Fragmenten lagen im 19. Jh. hinter dem
Altar auch große kufenartige Bruchstücke, wahrscheinlich Reste einer gotischen Altarnische, die den
Buben als «Kufen» fürs Schlitteln dienten (nach Aussage von Benjamin Lambrigger [† 1918], Eggen).
Hierzu gehören vielleicht die beiden spätgotischen Maßwerkfragmente des frühen 16. Jh. mit Hopfenmo-
tiv im SLM, Inv.-Nr. LM 17 731 und 17 732, die nach Angabe des Inventars aus einer Kapelle im «Egg»
bei Fiesch stammen sollen, wo es diese Ortsbezeichnung aber nicht gibt.
10 Senkrechte Schnitzwerkstollen, gerahmt von Maßwerkdornen aus einem Gesprenge (vgl. Kranz
unter der Kreuzblume am Hochaltar von Münster [Kdm Wallis I, Abb. 70]).
11 Wohl Martin Engelbrecht (1684–1756), Augsburg (Kdm Wallis I, S. 152).

Abb. 354. Egga. Kapelle. Antependium mit Darstellung der hl. Anna Selbdritt, um 1700. – Text S. 326.

Kerbschnittrosetten und die Jahreszahl 1680. Kerbschnittrosettenzier auch an den Wangen. Derbe Schnitzereien. – *Sakristeischrank.* Lärche. Um 1700. Tür mit oben X-förmiger, unten achteckiger (neuer) Füllung zwischen je zwei schmalen Rahmenfüllungen.

Glocke. Dm. 37 cm. Ton c″. Geriefelte Kronenbügel. Zwischen Schnurstäben die Umschrift: «AVE MARIA GRATIA PLENA DOMINVS TECVM 1651». Flankenreliefs: hl. Josef mit Kind und Immakulata im Strahlenkranz. Schnurstäbe am Glockenrand.

WOHNHÄUSER

Allgemeines. Das im übrigen Bellwalder Berg so verbreitete «verbundene Stubji»[12] fand nur in dem 1723 eingeschobenen Wohnstockwerk des Hauses Nr. 2 Eingang.

1. *«Hüeberhüs»*[13]. Koord. 70/105. Kat.-Nr. 24/118. Vitus Lambrigger. Entstehungszeit unbekannt (16. Jh.?). Keine Friese. Umbau 1732. Türen an beiden Traufseiten und an der Rückwand des Hinterhauses. ⌐⌐. 1½. A. *Inschrift:* auf einem Deckenbrett die Jahreszahl 1732.

2. Koord. 120/130. Kat.-Nr. 24/5. Alfons Holzer; Josef Lambrigger; Kurt Wyden. Erbaut 1647 (Jahreszahl am Giebel). Frühe Formen des Würfelfrieses: auf vortretendem breitem Kamm und konsolenartig vorkragend, mit rechteckigen statt quadratischen «Würfeln». Zweites Stockwerk 1723 eingeschoben. Pfeilschwanzfries unter Wolfszahn. Stattliches Doppelhaus mit «Vorschutz» auf Roßkopfkonsolen. ⌐⌐. 2½. A und C. Die Treppe aus der Küche des zweiten Stockwerks führt in einen Quergang des «Loibe»-Geschosses.

Inschriften. 1. Stockwerk, linke Stube: «[Wyden-Wappen: Blüte unter nach links gewendetem stehendem Winkelmaß; vier wie auf dem Spielwürfel angeordnete Punkte im linken und zwei Punkte im rechten Schildhaupt]IHS IM. IAR 1647 . HVS . LASEN . BAVWEN . MARTINE . WIDEN . VND . SEIN . BRVODER . SIMON WIDEN . AMEN.»[14]. – Auf einem Deckenbrett: «MARIACATHARINA . IMIAR 1728». – Dielbaum der rechten Stube verkleidet. – 2. Stockwerk, rechte Stube: «[Wyden-Wappen: von vier Sechsstrahlensternen umgebene Blume auf Dreiberg]IESV MARIA VND IOSEPH DISES. HAVS HAT. LASEN BAVWEN IOSEPH WEIDEN VND SEIN HAVS FRAVW ANNA WENGER/[Hand]WIE KVNS DAS DER MENSCH MAG FROLICHI SIN DAS ER MVS GEN. WEIS. NICHT WO HIN. Ano 1723[später hinzugefügt:‹NB›]». – Linke Stube (Dielbaum im Besitz von Dr. Hermann Wirthner, Münster): «[Wyden-Wappen: Bäumchen auf Dreiberg; links Sechsstrahlenstern über vier wie auf dem Spielwürfel angeordneten kleinen Rechtecken, rechts zwei senkrecht aufgereihte Sterne]IHS

---

12 Vgl. Kdm Wallis I, S. 31.

13 Huber hießen die letzten Bewohner des nun verlassenen Hauses. – Planzeichnungen bei K. RÜDISÜHLI (vgl. Literatur, S. 292), S. 51.

14 Alle Buchstaben N wie Z geschrieben.

MARIA VND IOSEPH. DISES HAVS HAT LASEN BVWEN IOANES. VALENTIVS WIDEN VND SEIN HAVSFRA/DAS ZIL VND ENDT O MENSCH BETRACHT DAN DV BIST HIER NVR V̊BER NACHT ANO 1723». – *Öfen.* 1. Zweigeschossig, mit Kehlsims. An der Stirn die Jahreszahl 1649. – 2. Zweigeschossig, mit flachem Kehlsims. An der Stirn Jesusmonogramm und die Jahreszahl 1643 sowie die Initialen «I[ohann]B[aptist]-S[imon]W[iden]» über der Jahreszahl 1919.

3. Koord. 70/85. Kat.-Nr. 27/36. Vitus Lambrigger. Erbaut 1756 (Jahreszahl am Giebel). Pfeilschwanzfries unter Wolfszahn. Ständerstud in der Südostecke. ⌐——⌐. 1½.E. *Inschrift:* «WELCHER. BAVWT. EIN. NEIWES . HAVS . DER . MVOS . AM . ERSTEN . WEICHEN . AVS/IOSEPH . WEIDEN . VND SEIN . HAVS = FRAVW . ANNAE . WENGER . ANNO 1756/DAN . ALEN . MENSCHEN . IST . VON . GOT . NICHT . GWISERS GEBEN . ALS . DER . TODT.» – *Öfen.* 1. Zweigeschossig, mit Karniessims. An der Stirn, in Wappenfeld, heraldisches Zeichen der Familie Wyden (Blume auf Dreiberg) zwischen den Ziffern der Jahreszahl 1768; darüber die Initialen «I.W.VW./I.A.W». – 2. Von 1930. Gleiches heraldisches Zeichen zwischen den Initialen «V[itus]L[ambrigger]M[aria]T[heresia]L[ambrigger]».

NUTZBAUTEN

Der *Stadel* bei Koord. 95/145, ein ehemaliges Haus aus dem 16. oder frühen 17. Jahrhundert (Rillenfriese), ist 1976 von Martin Walder, Wädenswil, sehr rücksichtsvoll in ein Ferienhaus umgebaut worden und hebt sich von aufdringlich umfunktionierten Nutzbauten im Weiler ab. An der Fassade des schmucken *Speichers* bei Koord. 130/125 steht: «1810 IOHAN IOSEPH AM. BIEDER-LANDT. MARIA. IOSEFA. MANGEL». Der qualitätvolle Speicher bei Koord. 85/115 ist am Türsturzbalken des Oberbaus beschriftet: «17.ii.A.W. A.L.I.A.W. 90». Zu dem bei Koord. 105/135 entfernten Speicher vgl. S. 324.

Abb. 355. Egga. Kapelle. Deckenmedaillon mit Hl.-Geist-Taube. – Text S. 325.

Abb. 356. Ober und Unner Bodma. Aufnahme 1978. – Text unten.

BODMA

GESCHICHTE. Vgl. Bellwald, S. 290.

SIEDLUNG. *Anlage und Geschichte* (Abb. 356 und 357). Wo sich die Hangrinne über
dem bewaldeten Steilhang zu einer Wanne mit talseitigem Kamm weitet, liegt der
Weiler Bodma (Bodmen)[1]. Vor der großen Feuersbrunst 1896, bei der acht Gebäude,
darunter drei Wohnhäuser, in Flammen aufgingen[2], zog sich der Weiler als langgestreckte Siedlung über den felsigen Kamm, an beiden Enden haufendorfartig
ausgreifend. Heute zerfällt er in die «Ober Bodma» und in die «Unner Bodma» oder
«Uff dr Halte». Während die lieblich in die Mulde geschmiegte nördliche Haufengruppe der «Ober Bodma» talwärts blickt, sind die am Hang der südlichen Hügelkuppe gestaffelten Bauten der «Unner Bodma» gegen den Hang gerichtet.

Auf der Kuppe der «Unner Bodma» blieb ein «Heidehüs» erhalten. Die Häuser
der Zeiträume 1500–1630 und 1630–1750 finden sich heute je zu Gruppen vereint,
erstere bei der Kapelle, letztere in der «Unner Bodma» nahe der Straße; diejenigen
der zweiten Hälfte des 18. Jahrhunderts stehen dagegen an beiden äußersten Enden
der Siedlung.

1 Der Name leitet sich von «Bode» = ebenes Gelände her (vgl. T. TOMAMICHEL, Bosco Gurin, Orts-
und Flurnamen in Gurin, Wir Walser 11 [1973], Nr. 1, S. 19).

2 E. und H. ANDEREGG, Die Schweizerische Philanthropie anfangs des XX. Jahrhunderts. Kanton
Wallis, Bern 1907, S. 155. (Freundl. Hinweis von Renato Jordan, Gondo.) – In der Umgebung von Koord.
90/385 sind in jüngerer Zeit zwei Häuser abgerissen worden.

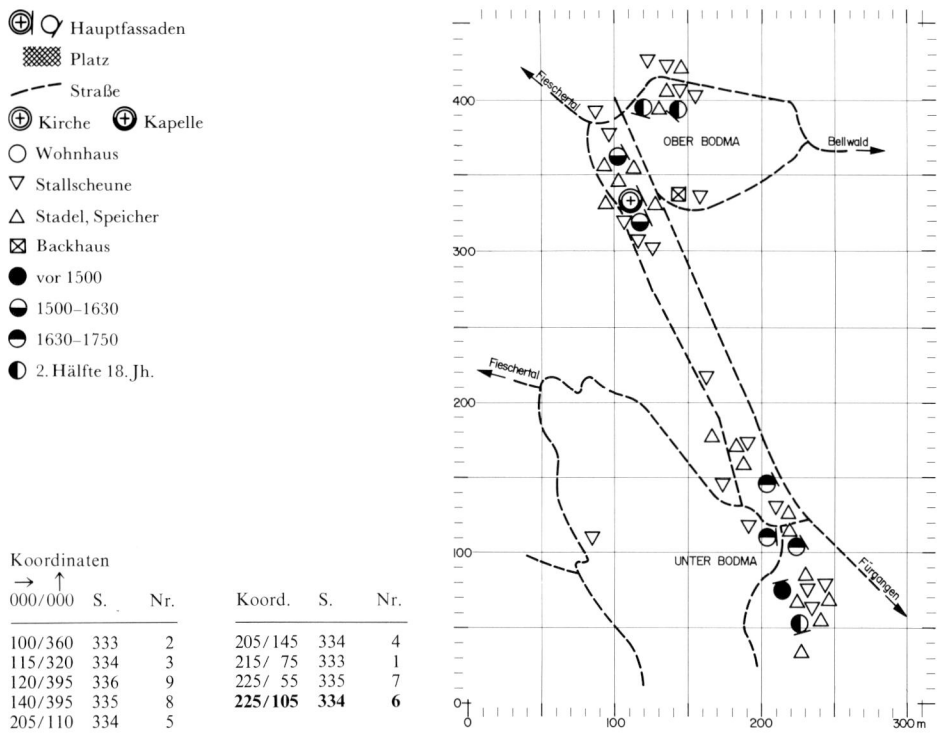

⊕ ♀ Hauptfassaden

▧ Platz

‒ ‒ ‒ Straße

⊕ Kirche   ⊕ Kapelle

○ Wohnhaus

▽ Stallscheune

△ Stadel, Speicher

⊠ Backhaus

● vor 1500

◖ 1500–1630

◕ 1630–1750

◑ 2. Hälfte 18. Jh.

Koordinaten

→   ↑

000/000   S.   Nr.

Koord.	S.	Nr.
100/360	333	2
115/320	334	3
120/395	336	9
140/395	335	8
205/110	334	5

Koord.	S.	Nr.
205/145	334	4
215/ 75	333	1
225/ 55	335	7
225/105	**334**	**6**

Abb. 357. Bodma. Siedlungsplan (vgl. «Wegleitung»). – Text S. 330.

KAPELLE MARIÄ KRÖNUNG

GESCHICHTE. Die aus dem 17. Jahrhundert stammende Kapelle wird 1687 als ein zu Ehren Mariä Krönung errichtetes Privatheiligtum der Familie Perren bezeichnet[3]. Wohl im ersten Viertel des 19. Jahrhunderts wurde die sehr baufällige Kapelle wiederhergestellt[4]. 1961 Betongang (Jahreszahl auf der Betonschwelle). 1972 Schindeldach zur Hälfte erneuert.

BESCHREIBUNG. *Äußeres.* Die anspruchslose Kapelle ist talwärts, quer zum Hang, gerichtet. An das langgestreckte Schiff stößt das nur seitlich abgesetzte unregelmäßige Polygonalchor. Über dem Chorbogen breites gemauertes Glockenjoch mit einem stumpfen Satteldach aus Steinplatten und mit rundbogigem Schalloch über einem Plattenkranz. Okulus über dem rechteckigen Portal.

Inneres (Abb. 358). Die gewalmte Holzdecke über dem schmalen Schiff ist durch drei profilierte Gurten in vier Joche unterteilt. Im Chor fünfkappiges Gratgewölbe. Stark eingezogener Chorbogen mit Kreuzbalken. Simse fehlen.

3 PfA Ernen, D 173. 1653? (Datum der Glocke). Im Zuge einer allgemeinen (finanziellen?) Sanierung der Kapellen drohte der Bischof 1704 das Heiligtum zu schließen, wenn nicht ein Jahrzeit gestiftet und das Bauwerk von den Stiftern gebührend erhalten werde (PfA Bellwald, D 9, und PfA Ernen, D 174 [allgemeine Bestimmungen]).

4 1784 drohten die Mauern einzufallen (PfA Bellwald, D 13), 1809 wurde eine Reparatur von Gewölbe und Außenmauern empfohlen (ebd., D 14).

Altar (Abb. 359). Gemalte Jahreszahl 1684 am Fuß der Bekrönung. Das Altärchen ist das Werk einer unbekannten Untergommer Werkstatt (Bellwald?) (S. 291). – Das aus zwei beinahe gleich großen Geschossen aufgebaute Retabel besitzt eine für die Entstehungszeit ungewohnte Silhouette[5]. Unten tragen rebenumrankte, gewundene Kompositsäulen, oben Hermen das waagrechte Gebälk. Charakteristisch sind der Typ der Säulen, das Motiv der Karyatidencherubim in der Friesmitte und vor allem der ornamentale Reichtum der Altarbärte. Ornamentmotive der Renaissance. Im Hauptgeschoß reliefhafte Mariä Krönung von ergreifender Naivität auf üppigem Früchtepodest. Getreppt aufeinandergelegte Brettchen bilden den Wolkenschleier. Die Muttergottesstatue der Oberzone, eine füllige Figur des Bodmer-Sigristen-Kreises, kann gleichzeitig entstanden sein[6]. Die bekrönende Figur zwischen den großen Rollwerk-Sprenggiebeln fehlt. – Im *Antependium* Ölgemälde auf Leinwand, wiederum Mariä Krönung darstellend, um 1700.

Chorbogenkruzifix. H. (Korpus) 61 cm. Holz, dick übermalt. 1. Hälfte 17. Jh. Derber Korpus mit fließend weicher Lendentuchdraperie. Den Fuß bildet ein Cherub in strahlenumkränzter Wolkenscheibe. – *Altarkreuz.* H. 44,5 cm. Lärche, häßlich übermalt. 3. Viertel 18. Jh. Gut geschnitzter Korpus. Vor dem Kreuzfuß ein mit Rocaille gerahmtes leeres Medaillon. – *Druckgraphische Blätter.* 1. Hl. *Ignatius von Loyola.* Handkolorierte Radierung. Bedruckte Fläche 12,2 × 9,8 cm. Reichprofiliertes Rähmchen. – 2. Hl. *Agatha.* Handkolorierte Lithographie. 38 × 26,5 cm. Bezeichnet: «Lito. Fratelli Verdoni. Torino Via Cavour 5. S. Agata (110)». Brustbildnis der Heiligen in girlandenumkränztem Oval. – 3. *Hl. Philomena.* Kolorierte Lithographie. 33,5 × 26 cm. Beschriftet: «Ste PHILOMÈNE Vierge et Martyre» – «A. Paris, chez Augustoni et Cie rue des Noyers Nr. 27». Brustbildnis. In der rahmenden Blumengirlande Eckmedaillons mit Martyriumsszenen und Darstellung der im Sarkophag ruhenden Heiligen.

Kelch. Messing, vergoldet. H. 19 cm. 2. Viertel 19. Jh. Runder, profilierter Fuß. Vasenförmiger Knauf und Schaftring. Geschlossener Korb mit Ringmotiven am oberen Rand. Geschweifte Kupa. – *Altarglöcklein.* Bronze. Dm. 6,5 cm. Schnurstäbe am Saum. – *Kasel.* Weiß. 1. Hälfte 19. Jh.? Rosafarbenes Moiré. Im Stab eine Rosenranke, mit Seide auf Satin broschiert. – *Kelchvelum.* Schwarz. Mitte 19. Jh. Wolldamast mit großen Rosen. Klöppelspitzen. – *Sakristeischrank.* Tanne und Lärche. Zwei Türachsen, geschieden durch schmale Füllungen. Auf Konsölchen weit vorkragendes Kranzgesims. In den rechteckigen Füllungen eingelegt stilisierte Lilien im Stil des frühen 17. Jahrhunderts, Sterne und die Ziffern der Jahreszahl 1680.

Glocke. Dm 34 cm. Ton c″. Zwei glatte Kronenbügel. Zwischen Schnurstäben die Umschrift: «IN HONOREM B[eatae]M[ariae]V[irginis]ET S THEODVLI 1653». An der Flanke als Glockengießerzeichen ein ovaler Lorbeerkranz mit einer Glocke zwischen den Initialen A und E. Darunter folgende Reliefs: ornamentales Kreuz auf Stufen und, nach gotischen Modeln der 2. Hälfte des 14. Jh., eine sitzende Muttergottes mit stehendem bekleidetem Kind sowie eine Kreuzigungsgruppe. Schnurstäbe am Rand.

---

5 Der Selkinger Bildhauer JOHANNES RITZ gelangte erst um 1700 zu einer Angleichung der Geschosse. Vgl. Altar von Imfeld (Abb. 207) oder den späteren Katharinenaltar (1713) in der Ritzingerfeldkapelle (Kdm Wallis I, Abb. 307).

6 Vgl. den im gleichen Jahr entstandenen Hochaltar in der Kapelle von Niederernen (Abb. 92).

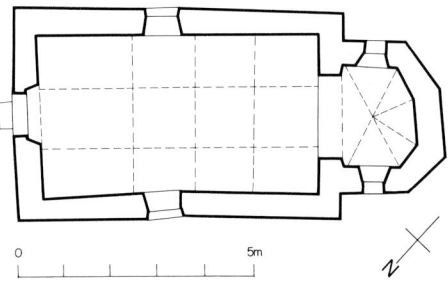

0   5m

Abb. 358. Bodma.
Kapelle, 2. Hälfte 17. Jahrhundert. Grundriß.
Text S. 331.

Abb. 359 und 360. Bodma. Kapelle. Altar, 1684, aus einer Untergommer Werkstatt (Bellwald?). Text
S. 332. – Kapelle der hl. Anna. Altar, 1691, aus einer Untergommer Werkstatt (Bellwald?) (seit 1978 linker
Seitenaltar der Pfarrkirche). Text S. 339.

WOHNHÄUSER

Allgemeines. Mit der Vorliebe für das «verbundene Stubji»[7] und mit den recht
häufigen unabhängigen Wohnstockwerken[8] dank der Hanglage folgt Bodma der
Bauweise des übrigen Bellwalder Bergs, nicht jedoch mit den gestuften Mauersok-
keln[9]. 1705 versuchte der Zimmermeister JOHANN WENGER, Bellwald, bei Haus Nr. 6
(S. 334) eine neue reichere Deckengestaltung mit mehreren Balkenvorstößen, die aber
keine Nachfolge fand.

1. Koord. 215/75. Kat.-Nr. 33/137. Heinrich Messerli. Spätmittelalterlich. Häuschen mit echten «Heidechriz» an beiden Giebeln. Umbau 1970. ⌐──⌐. 1½. A und C. Den Fußboden des Vorderhauses im
Wohngeschoß bilden gegenseitig verdübelte Bohlen, die aber bereits in einen Dielbaum eingenutet sind.
à ie 1970 entfernte Küchendecke war aus ähnlich verdübelten Bohlen von 11 cm Dicke gefügt. *Inschrift* auf
später eingezogenem Dielbaum: «ANO 1653 x PETER.MICHEL UND MARIA STATLEN». – *Ofen.* Eingeschossig,
mit Kehlsims und spiralengeschmückter Fase an den Kanten.

2. Koord. 100/360. Kat.-Nr. 30/44. Helene Lambrigger. Erbaut im 16. Jh. Glatter Kammfries. Erneuerter
Mauersockel. Rechte Traufseite im Hinterhaus ersetzt, mit Ständerstud an der Ecke des «Loibe»-
Geschosses. Kammerfensteröffnung an der Front noch ursprünglich. ⌐──⌐. 1½. D (oder G) und F. Treppe
zum «Loibe»-Geschoß hinter einer «Stutzwand» in der Küche noch erhalten, ebenso der mächtige

---

7 Nur zwei von den neun Häusern besitzen ein teilweise nicht einmal ausgeprägtes «isoliertes Stubji».
8 Bei allen drei Häusern mit mehreren Wohnstockwerken. – In das obere Stockwerk von Haus Nr. 9,
das in der Mulde steht, soll die Treppe von jeher außen an der Rückwand hochgeführt haben.
9 Nur Haus Nr. 9 besitzt einen nicht gestuften Mauersockel.

Balkenkopfkaminbaum und teilweise die innere Flanke der in den Balken eingenuteten Kaminhaube (vgl. Kdm Wallis I, S. 34). Dielbaum verkleidet. – *Ofen.* Zweigeschossig, mit schwerem Karniessims unter der Deckplatte. An der Stirn die neue Jahreszahl 1953 unter zwei Wappen: im linken geteilten Wappen unten drei schräge Stäbe, oben ein kleeblattförmiges Kreuz; im rechten Wappen V unter drei im Dreieck angeordneten Fünfstrahlensternen. Über dem linken Wappen die Initialen «M[atthäus]L[ambrigger]», über dem rechten «H[elene]H[olzer]».

3. Koord. 115/320. Kat.-Nr. 30/49. Lukas Lambrigger. Erbaut 16./frühes 17. Jh. Rillenfriese. Kammer an der rechten Traufseite wenig später angefügt (gleiche Friese). ⌐⌐. 1½. Vor dem Anbau der Kammer C (mit Holzschopf an Stelle des «Stubji»). – *Ofen.* Zweigeschossig, mit Kehle unter der Deckplatte. An der Stirn Rosen und, in Ranken, wappenartiges Feld mit den Initialen «I O H» über der Jahreszahl 1850; an der Wange Jesusmonogramm in Blumenkranz.

4. Koord. 205/145. Kat.-Nr. 30/62. Albert Hischier. Erbaut 1624. Konsölchenfries. Altes, jedoch später angebautes «Withüs». ⌐⌐. 2½. F und C. *Inschrift* auf wohl wiederverwendetem Dielbaum: «IM IAR DOMANZALT 1624 DISEN BVW HAT LASEN MACHEN MARTI ZNIDEREST VND ANA FOLCHEN SIN ELLICHE HVS FROVW/WER VF GOT VER THRVWT DER HAT WOL GEBVW CHRISTEN MOS MAN»[10]. – *Öfen.* 1. Eingeschossig, mit gekehlter Deckplatte. An der Stirn, zwischen Polsterspiegeln, Wappen mit der Jahreszahl 1695 unter den Initialen «C M M[?]M». – 2. Zweigeschossig, mit Karniessims unter der Deckplatte. An der Stirn: «MF + 1744».

5. Koord. 205/110. Kat.-Nr. 30/70. Othmar und Rudolf Holzer. Erbaut 1666. Große Würfelfriese am ersten Stockwerk. 1705 um das obere Stockwerk samt dem «Loibe»-Geschoß erhöht. Pfeilschwanzfries unter Wolfszahn. Über dem Eingang zum «Withüs»: «R[udolf]H[olzer] + M[athilde]B[ittel] / 1936». ⌐⌐. 2½. F. *Inschriften.* 1. Stockwerk: «[Wappen: griechisches Kreuz mit gekreuzten Enden; Jesusmonogramm]MAR.DISES.HVS.STAT.IN.GOTES.HANT.DISES.HAT.LASEN.MACHEN.MARTI.NATER.VN/IOHANES.NATER. IMIAR.1666.WER.GOT.VERTRAVWT.DER.HAT.WOLB/MARIA.MVTER.SIN.HVS.FRVW». – 2. Stockwerk (im Besitz von Oskar Bittel, Bellwald): «[in Wappenfeld oben Doppelkreuz zwischen den Initialen ‹I› und ‹W›, unten die Initialen ‹M A›; Jesusmonogramm]MARIA.VND.IOSEPH.DAS.DER.AN.FANG.MITEL.VND ENDT.ZVO. GOTS.EHR.WERT.AN.GEWT + BIT.GOT.VM.GNADT ZVO/EIDER.ZEIDT.DAN.OHN.SEIN.HILF.FIR.MAGST.DV.NIT + AL.VNSER.WEISHEIT.WIZ.VND.KVNST.OHN.GOTS.GNADT.IST.ALS.VMB.SVNST + ANNO 1705». – Im «Stubji» (im Besitz von Joseph Clausen, Bellwald): «DIE.WELD.IST.ALLER.BOSHEIT.FOL 17/KEIR.DICH.ZVO.GOT.SO. GEZS.DEIR.WOL 05». – *Öfen.* 1. Zweigeschossig, mit gekehlter Deckplatte. An der Stirn, in Wappenfeld, die Jahreszahl 1673 und die Initialen «M N» über einem pfeilartigen Zeichen an der Stelle des Dreibergs. Holzsockel. – 2. Zweigeschossig, mit Kehlsims. An der Stirn Wappenfeld mit dem Jesusmonogramm, der Jahreszahl 1706 und mit den Initialen «OI F» sowie «IN MA»; Doppelkreuz an der Stelle des Dreibergs. – *Wandbüfett.* Lärche. Dreiachsig. Anfang 19. Jh. Vortretende Seitenachsen. Außer an den Türen geschweifte Füllungen.

6. Koord. 225/105. Kat.-Nr. 30/69. Herbert Dirren; Rudolf Grob; Karl Jerjen. Erbaut 1705. Das stattliche, reichgeschmückte «Vorschutz»-Haus steht am Fuß der Hügelkuppe. Würfelfries unter Wolfszahn. Kielbögen am Fußbalken. Auf den «Vorschutz»-Konsolen die Monogramme der Heiligen Familie, die Initialen «MS», «MM» und die Jahreszahl 17 05. Ursprüngliche Balkone an der rechten Traufseite der oberen Stockwerke. Originale Fensteröffnungen an der Rückwand («Stubji»). ⌐⌐. 2½. G («Stubji» mit «Stutzwand» abgetrennt) und F. *Täfer* 19. Jh. In der Stubendecke des zweiten Stockwerks ehemals fünf Dielbäume in der Längsrichtung des Hauses; zwei Träger sind entfernt, an der Stirnfassade sind aber noch alle Balkenköpfe sichtbar.

Inschriften. Dielbaum des 1. Stockwerks verkleidet. – 2. Stockwerk: «DISES.HAVS.HAT.LASSEN BAWEN. MARTINVS.SCVERI[11].VND MARIA.MICHEL AVF GOTTES FERTRAVVEN.1705» – «MEISTER.IOHANNES WENGER HAT.DISEN.BAW.GEFIERT + IESVS + MARIA + IOSE H + DAS + GANZE + HAVS + BEZIERT + 1705». – Im «Stubji» die Jahreszahl 1705. – *Öfen.* 1. Zweigeschossig, mit schwerem Karniessims und gefasten Kanten. An der

---

10 Name des Zimmermanns?   11 Schweri.

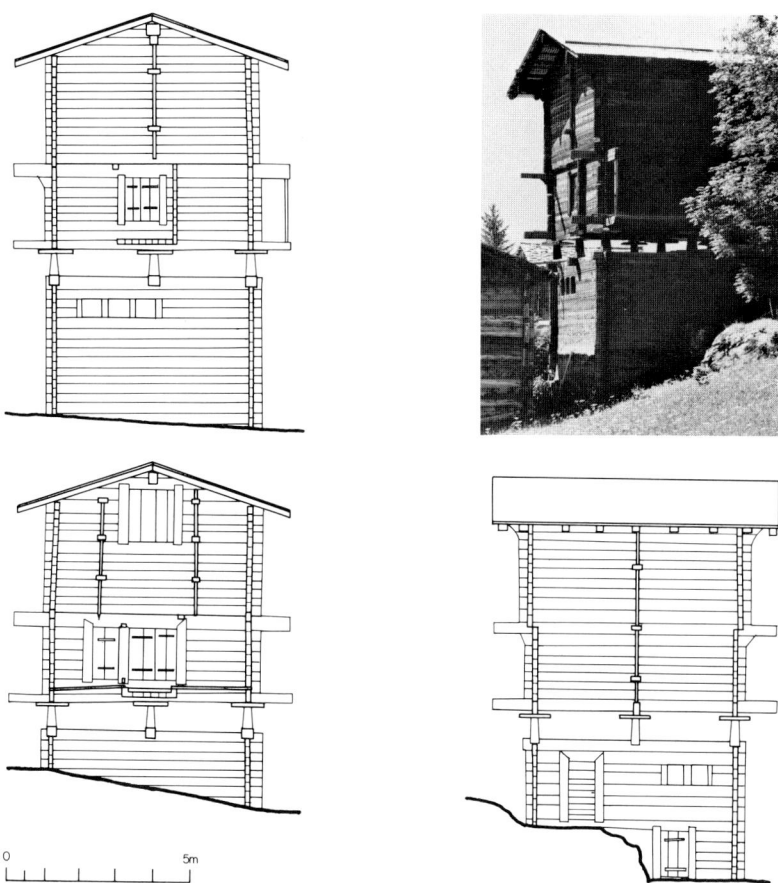

Abb. 361–364. Bodma. Stadel, 1718. Ansicht von Nordosten; Planzeichnungen der Ost-, West- und Südfassade. – Text S. 336.

Stirn Wappenfeld mit dem Jesusmonogramm, mit der Jahreszahl 1706 und den Initialen «MS MM». Stattlicher Ofen. – 2. Zweigeschossig, mit Kehlsims, wohl 17. Jh. An der Stirn, in Wappenfeld, die Jahreszahl 19 + 34 unter den Initialen «K[arl].L[eonie].W[yden]». – 3. «Stubji»-Ofen. Eingeschossig, mit gefaster Deckplatte. An der Stirn die Jahreszahl 1708 über den Initialen «MS MM». – *Truhe.* Lärche. Drei Füllungen, die seitlichen kreuzförmig. Eingelegt: «18 IVIB 13».

7. Koord. 225/55. Kat.-Nr. 33/135. Emil Perren. Erbaut 2. Hälfte 18. Jh. Friese: Paar versenkter Rundstäbe. Der nur an der Hangseite sichtbare Mauersockel ist im Vorderhaus gestuft. Die Firstkonsole setzt auf dem Dielbaumvorstoß des «Loibe»-Geschosses auf. Im Kellergeschoß ehemals Schweinekoben. ⌐⌐. 1½. C. Dielbaum verkleidet. – *Ofen.* Zweigeschossig, mit gekehlter Deckplatte. Früher höher. An der Stirn, in wappenartigem Feld, die Initialen «E[mil]F[ridolina]P[erren]» und die Jahreszahl 1951. – *Küchenschrankaufsatz.* Profiliertes Sims. Am Mittelbrett: «C.P.K./B.B./1708».

8. Koord. 140/395. Kat.-Nr. 29/26. Johann Holzer. Erbaut 1769 (am Giebel: «IZCW/1769»)[12]. Wohlproportioniertes, geradezu schwarzes Haus im Grünen. Friese: Paar versenkter Rundstäbe. Niedriger, nur bis

---

12 Dieselben Initialen stehen auch auf der Stallscheune im Osten und auf dem Stadel im Norden des Hauses.

zur Mitte des Vorderhauses reichender Sockel. Über dem zur Hälfte in Holz errichteten Kellergeschoß nur 10 cm ausladender Zier-«Vorschutz» mit Kielbögen am Fußbalken. Das ursprüngliche «Withüs» mit Ständerstud an der nördlichen Ecke 1972 durch steinernen Anbau ersetzt. ⌐⎯⌐. 1½. C und F. *Täfer,* um 1920. *Inschrift:* «[Wappen: Dreiberg, nach innen gewendeter Winkel im linken Schildhaupt, vier wie auf dem Spielwürfel angeordnete Punkte im rechten]IOSEPH.ZNIDRISCH.VND.CATHARINA.WEIDEN.WER GOTT NICHT EHRT IN MEINEM HAVS/GEHE WIDERVM ZVR PORT HIN AVS.DAN WELCHER.ISST VON MEINEM BRODT BEGEHR ICH DAS ER DIENE GOTT 1769». – *Ofen.* Zweigeschossig, mit Karnies unter schwerer Deckplatte. Gefaste Kanten. An der Stirn, in geteiltem Wappenfeld, oben die Jahreszahl 1893, unten 1769.

9. Koord. 120/395. Kat.-Nr. 29/67. Karl Perren; Vitus Wyden. Erbaut 1786. Friese: Paar versenkter Rundstäbe. ⌐⎯⌐. 2½. F. Im Innern des ersten Stockwerks Mauerabschnitte beim Herd. Die Stuben liegen auf der Nordseite(!)[13]. *Inschriften.* 1. Stockwerk: «[Monogramme von Jesus und Maria]IOSEPH DISES . HAVS . HAT . ER . BAVWEN . LASEN . JOSEPH . VALENTHN . AM . BIEDERLAND VND . MARA . CATRINA . NELEN/WER . AVF . GOTT . HAT . SEEN . VER . TRAVWEN . DER . KAN . IHM . SELBST . EIN . WONVN[?] ER . BAVWEN . ANO 1786». – 2. Stockwerk: «[Jesusmonogramm]MARIA IOSEPH[Tulpe]» – «DISES . HAVS . HAT . ERBAVEN . LASEN . IOSE PH . VALENTHINVS . AM = BIEDERLANDT.SAMBT.SEINEM.SOHN.PETER/VALENTHINVS.IN.DEMSIBENDEN.MONAT.SEINES.ALTERS.IM. IAHR.CHRISTI 1787 DEN 23 TAG.MEIEN». – *Öfen.* 1. Von 1951. Initialen: «K[arl]K[lara]P[erren]». – 2. Zweige-schossig, mit steilem Kehlsims unter abgerundeter Deckplatte. An der Stirn großes Jesusmonogramm zwischen den Ziffern der Jahreszahl 1873, darunter Rechteckfeld mit den Initialen «I[?] II[?] W T C H». Eigentümliche Reichsapfelmotive als Rahmung.

NUTZ- UND GEWERBEBAUTEN

Der stattliche, reichgeschmückte *Stadel* (Abb. 361–365) bei Koord. 180/170 ist das bedeutendste Ökonomiegebäude des Untergoms. Im hölzernen Unterbau sitzen die originalen Fensteröffnungen noch intakt zwischen den breiten Friesborten: Pfeil-schwanz unter Wolfszahn. Über den Zwillingstüren des Oberbaus: «1718 CHRISENATER CH». Inschrift am Dielbaum der Kammer im Unterbau: «DISEN.BVW.HAT LASEN. BAVWN : DEREHREND CHRISENATER . AVF DER HALTEN MER . SEIN . HAVS . FRAVW . CATRINA . HAVBER . IM . IAR 1718». Die Bänke rundum im Innern der Kammer lassen vermuten, daß der Stadel später einem öffentlichen Zweck diente[14]. Leider ist das Schindeldach durch Blech ersetzt.

Abb. 365. Bodma. Stadel
(vgl. Abb. 361–364)
(Ausschnitt). – Text oben.

Schmucker *Speicher* von 1670 bei Koord. 115/355. *Stadel* von 1769 auf dem Kamm des Rückens bei Koord. 165/175. Das *Speicherchen* auf hohem Unterbau bei Koord. 220/115 trägt am Giebel die Jahreszahl 1677.

In den «Obere Bodme» bilden die Nutzbauten hinter den beiden Wohnhäusern am Talhang einen eindrücklichen Kranz, darunter ein qualitätvoller Stadel von 1670 (Koord. 145/420) und, am Rande, ein breiter Doppelstall von 1767 (Koord. 120/425). In den «Unnere Bodme» vereinigen sich ein Stadel, Heuställe und reizvolle kleine Speicher[15] zu einem eigentlichen Quartier an der östlichen Flanke der Hügelkuppe.

Von dem 1958 abgebrannten *Backhaus* bei Koord. 145/335 steht noch der Ofen.

SITTI-KAPELLCHEN

Das nach der Gegend benannte Kapellchen im tobelartigen Steilhang südlich von Bodma soll Ende des 19.Jahrhunderts von Cäsar(?) Ritz aus Niederwald gestiftet worden sein[16]. Um 1960 ist es der neuen Straße wegen etwas nördlich neu aufgebaut worden. – Einfaches, mit Steinplatten gedecktes Gebetshäuschen. Vergitterte Rundbogenöffnung über niedriger Brüstung. Tonnenüberwölbter Raum.

Muttergottesstatue in Schrein (Abb.372a), 1974 entwendet. *Statue.* H. (inkl. Weltkugel) 34 cm. Sockel H. 17 cm. Holz, polychromiert und zierbronziert. 2.Viertel 18.Jh. Sockel 1.Viertel 18.Jh.? Die reizvolle Statuette verbindet ikonographische Motive der Immaculata mit denjenigen der Maria vom Siege; das Kind trägt jedoch nur ein kleines Kreuz. Zweiflügeliger *Schrein.* 60 × 38,5 cm. Holz, rötlich marmoriert. Fuß- und Deckplatte profiliert.

KAPELLE HL. ANNA

GESCHICHTE. 1531 Schenkung «an eins Bild zu Mettien», wo wohl bereits eine Kapelle stand[17]. 1650 Stiftung eines ewigen Jahrzeits «in Capella constructa et fundata in honorem Sanctae Annae Jn den Mettien»[18]. 1659 (Jahreszahl an der Traufleiste der Schiffsdecke) Bau des bestehenden Schiffs? Zwischen den etwas höheren Chorwänden und dem Schiff klafft eine Baunaht. 1684 (Jahreszahl unter den Initialen «SAZ» [St.Anna Z'Mettien?], eingeritzt über dem Giebelokulus der

13 Nach der Überlieferung hat der Erbauer des Hauses die Stube dahin verlegt, um auf die Güter blicken zu können, die ihm seine nichtgeliebte Frau in die Ehe gebracht hatte. («Ds Land ischt säx Manund unnerem Schnee, die Plägga müos i alli Tag gse.»)

14 So waren z.B. 1749 in der Burgerschlosserei und im «Sagehüs» von Visp «bänk zring umb» (BA Visp, BB13).

15 Inschrift an einem Speicher: «IOSEPH HOLTZER VND CATRINA MICHELIG 1734».

16 Nach Aussage von Karl Perren, Bodmen. Es müßte sich um den berühmten Hotelier Cäsar Ritz handeln (S.258).

17 PfA Münster, B3, S.307. (Freundl. Hinweis von Dr. H.A. von Roten, Raron.)

18 PfA Bellwald, D3. – Der Weiler Z'Mettien war um die Mitte des 17.Jh. noch bewohnt (GdeA Bellwald, B2). Vielleicht identisch mit dem 1300 erwähnten «zer Mettelun» ([B.] HIDBER, Walliser Urkunden in Cur, Anzeiger für Schweizer Geschichte 1 [1870], S.12). Von dem verlassenen Weiler im Sattel der «Giebelegge» zeugt noch ein Häuschen mit gemauerter Rückfront vom Typ der Maiensäßbauten inmitten zweier Heuställe. Heute wird der Ort, wo die Kapelle steht, eigentlich nicht mehr «Z'Mettien», sondern «Ze Fäle» genannt (1857: «Zen Fählen» [PfA Bellwald, o.Nr.]; 1558: «apud Mettien loco dicto zen Felan apud Capellaz» [StAS, A de Torrenté Philippe, ATN 11, II 4; freundl. Hinweis von H.A. von Roten, Raron]). Hinweis auf das Vorhandensein mehrerer Kapellen?

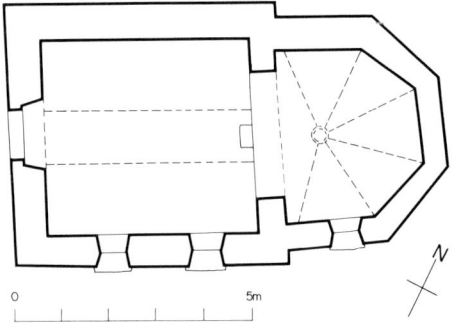

Abb. 366. Bodma. Kapelle der hl. Anna,
1659 und 1684. Grundriß. – Text unten.

Stirnfassade), wohl Datum einer durchgreifenden Veränderung: der Boden um etwa
einen Meter erhöht; die Rundbogenfenster entsprechend nach oben verschoben; das
Fenster in der rechten Chorschräge und ebenso die Lünette der Chorstirn zuge-
mauert. Bei der Visitation 1784 wurde die Kapelle nach Übertragung der drei
Stiftsmessen in die Pfarrkirche zum Gebetshaus (oratorium) erklärt[19]. 1881/82
Totalrenovation und Bau des Dachreiters(?) durch Maurermeister PETER BURGE-
NER[20], Schreiner MUTTER, Blitzingen[21], und Gipser GINOTY[22]. Blechdach 1924
(Jahreszahl auf dem Stirnblech der Firstpfette).

Bilddokument. Stirnfassade und Teil des Schiffs von SW. «St. Anna. Fischerwald 20. Sept.» Zeichnung
von RAPHAEL RITZ. 1845–1850 (Museum Majoria, Sitten, Inv.-Nr. 168; RUPPEN II, 230).

BESCHREIBUNG. *Äußeres.* Die kleine Kapelle steht, nach Nordosten gegen den Hang
gerichtet, in der Senke, wo die «Giebelegga» in den Talhang übergeht. Der Grundriß
des kurzen Rechteckschiffs ist rhomboid verschoben, das große, dreiseitig schließende
Chor nur wenig eingezogen. Die leicht angehobenen Dachflanken des Chors sind im
zusammenhängenden Blechdach abgesetzt. Über dem Chorbogen Pfahldachreiter
mit achtseitigem Helm. In der Front tuffgerahmtes Rundbogenportal und rahmenlo-
ser Okulus.

Inneres (Abb. 366). Das Chor ist von einem fünfkappigen Gratgewölbe mit profilge-
rahmtem Scheitelmedaillon überspannt, das Schiff von einer gewalmten Holzdecke.

Abb. 367 und 367a. Bodma. Kapelle
der hl. Anna. Altar, 1691. Bekrönender
Gottvater; Signatur mittels Hauszeichen
auf der Rückseite der Gottvaterfigur. – Text S. 339.

Abb. 368. Bodma. Kapelle der hl. Anna. Altar, 1691 (vgl. Abb. 360). Altarnische. – Text S. 340.

Die Traufleiste der Schiffsdecke ist mit eingeritztem illusionistischem Zahnschnitt geschmückt, dessen Würfel Ziffern und Buchstaben tragen, links: «1659 AP [Tor] 8 [zweimal Blüten]», rechts: «MA 1659 MARIA». Chorwärts an der Schiffsdecke kleines Medaillon mit Stern und wappenartigen Schildern in den Zwickeln. Im Stern Jesusmonogramm, in den Zwickelschildern: «C[nach links gewendet][gestürztes Kreuz]P; P und M über Andreaskreuz; zwei M über Andreaskreuz; M und N über punktiertem griechischem Kreuz; T; T; A[?]TV». Nur an der Chorbogenante Profilsims mit Zahnschnitt; die Schulterwand wird von der breiten, profilierten Chorbogenstirn eingenommen. Quadratmaschiges Chorgitter aus Holz, in Höhe der Chorbogenkämpfer von einem Sims unterteilt.

Altar (Abb. 360, 367–372). (Seit 1978 linker Seitenaltar der Pfarrkirche.) An der Predella steht die Jahreszahl 1691. Die in der (Bellwalder?) Werkstatt tätigen Bildhauer schnitzten an der Rückseite des bekrönenden Gottvaters ihr Hauszeichen ein (Abb. 367 a). 1978 Restaurierung durch WALTER FURRER, Brig. – Der Altar

19 PfA Bellwald, D 13.   20 Unter anderem Plattenboden erneuert.
21 Auch die Kapellenbänke.   22 PfA Bellwald, G 14.

Abb. 369 und 370.
Bodma. Kapelle der
hl. Anna. Altar,
1691 (vgl. Abb. 360).
Maria vom Siege
und hl. Johannes
Baptista. – Text unten.

umfaßt ein Hauptgeschoß mit verkümmerten Seitenachsen und eine eingezogene
bekrönte Oberzone. Im Hauptgeschoß gewundene rebenumrankte Säulen auf akan-
thusbeschlagenen Füßen, im Obergeschoß Engelhermen. Die schmalen seitlichen
Muschelnischen schmiegen sich an die Säulen. In der Hauptnische die hl. Anna
Selbdritt und der hl. Joachim wie eine Gruppe des Heiligen Wandels, in den Seitenni-
schen, am Standbrett mit den Initialen der Tituli versehen, links ein hl. Apostel oder
Prophet mit den Initialen «M» und «B» (Abb. 372), rechts Johannes Baptista
(Abb. 370). Im oberen Geschoß Maria vom Siege (Abb. 369), flankiert vom hl. Anto-

Abb. 371, 371a und 372. Bodma. Kapelle der hl. Anna. Altar (vgl. Abb. 360). Mädchen Maria, von vorne
und von hinten (vgl. Abb. 368); männlicher Heiliger. – Text oben.

nius von Padua und einer weiblichen Heiligen (Magdalena?). Am Fries der Kapitelle
Appliken mit dem Motiv einheimischer Baumzapfen. Blaues ziervergoldetes Altarge-
wände. Bei den Statuen Blatt-, aber nicht Polimentvergoldung, Tempera und Lüster.

Der Altar ist das Werk einer Untergommer Werkstatt (Bellwald?), die im späten
17. Jahrhundert noch unentwegt aus dem Formenschatz der einheimischen Spätrenaissance schöpfte, zugleich aber mit Motiven von ergreifender Naivität überrascht.
Ornamentalisierte Haare und Kleidersäume. Kleinteilige spröde Fältelung mit den
charakteristischen, zur Seite geknickten Faltentüten unten am Kleid. Unter die
Ornamentmotive der klassischen Renaissance mischt sich der einheimische Arvenzap-
fen.

Meßglocke. Bronze. Dm. 9,2 cm. Flankenreliefs über Schnurstäben: zwei Kruzifixe mit Lilienenden,
Medaillen Christi und Mariens (Kopfbildnisse) und sehr plastisch abgesetzte große Ziffern der Jahreszahl
18/17. – Altargarnitur, bestehend aus *Altarkreuz,* H. 47 cm, und *Leuchterpaar,* H. 30 cm. Bronze, vergoldet.
Stil Louis-Philippe.

Entwendete Kunstgegenstände. Maria und Johannes von einer spätgotischen Kreuzigungsgruppe, H. 37 und
36 cm, mit alter, polychromer Fassung[23]. – Die von THEODOR WALPEN 1881/82 gegossene *Glocke* und das
Turmkreuz[24] wurden im Winter 1970/71 gestohlen.

---

23 A. CARLEN, Verzeichnis, S. 5, Nr. 49.

24 1881/82 wurde dem Schmied LEOPOLD LAMBRIGGER fürs Kreuz bezahlt Fr. 1,50 (PfA Bellwald,
G 14).

Abb. 372a. Bodma. Sitti-Kapellchen. Maria vom Sieg, H. 51 cm, 2. Viertel 18. Jahrhundert, in Schrein
(entwendet). – Text S. 337.

Abb. 373. Fürgangen. Luftaufnahme 1973. – Text unten.

FÜRGANGEN

GESCHICHTE. Im Hochmittelalter unterstand das 1293 erwähnte «Wrgangen» oder «Wurgangeren»[1] den Herren von Blandrate[2]. 1444 kaufte Paul Bogner von Niederernen die einst den Herren von Weingarten zustehenden Herrschaftsrechte[3], worauf er als «judex in Furgangen» amtete[4]. Noch für die Mitte des 16. Jahrhunderts ist die Herrschaft der Bogner nachgewiesen[5]; später soll sie an die Familie Schiner gelangt sein[6]. 1956 entstand am Fuß der Siedlung die Talstation der Luftseilbahn Fürgangen–Bellwald, der seit dem Bau der hier abzweigenden Autostraße nach Bellwald 1969 weniger Bedeutung zukommt.

Da Fürgangen 1793 an die Stiftung des Rektorats von Ernen einen Beitrag leistete[7], wurde es kirchlich durch den Rektor der Mutterkirche betreut. Die Bewohner des Weilers besuchten außer an hohen Festtagen jedoch immer häufiger die Pfarrkirche von Fiesch, weshalb sie sich am Neubau der Fiescher Kirche 1884 beteiligten[8]. Am 31. Mai 1963 kam Fürgangen an die Pfarrei Bellwald.

SIEDLUNG. *Anlage und Geschichte* (Abb. 373 und 374). Seit der verheerende Brand vom 12. Juli 1887 siebzehn Firste, darunter zwei große Häuser, zerstört hat und am 30. Juli des folgenden Jahres auch noch das Wirtshaus mit Stall und Scheune in Flammen aufgegangen ist[9], liegt das alte Fürgangen als Rumpfsiedlung S-förmig angelegt am Talhang. Am unteren Rand des Weilers, nahe der Bahnlinie und der Autostraße, entstanden nach 1940 stattliche neue Häuser und ein Gasthof, am östlichen Hang Chalets, bei deren Bau bewußt auf die Proportionen und auf zahlreiche Details des Obergommer Renaissancehauses zurückgegriffen wurde.

1 StA Freiburg (Schweiz), Coll. Gremaud, Valais, Schachtel 2. – Etymologisch von «Wüergang» (Wasserleitung) herzuleiten?

2 F. SCHMID, Verkehr und Verträge zwischen Wallis und Eschental vom 13. bis 15. Jahrhundert, BWG I (1889/90), S. 156.

3 StAS, A Clausen-Perrig, G 22.

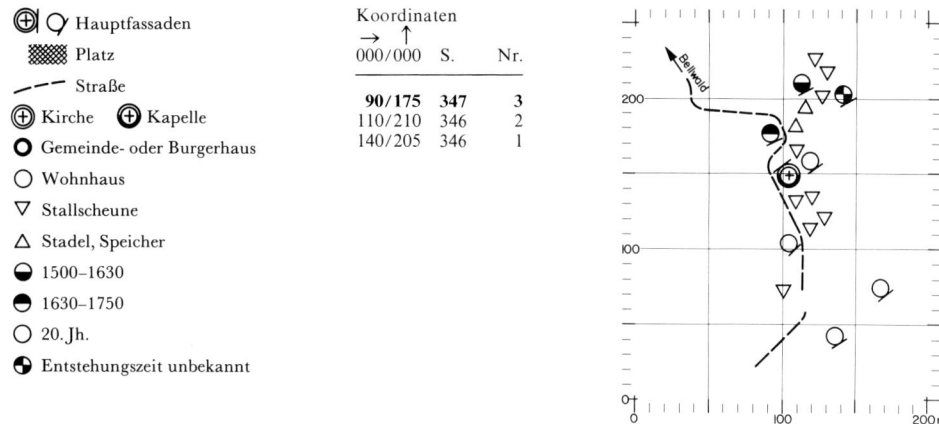

Hauptfassaden
Platz
Straße
Kirche   Kapelle
Gemeinde- oder Burgerhaus
Wohnhaus
Stallscheune
Stadel, Speicher
1500–1630
1630–1750
20. Jh.
Entstehungszeit unbekannt

Koordinaten
→ ↑
000/000   S.   Nr.

90/175   347   3
110/210   346   2
140/205   346   1

Abb. 374. Fürgangen. Siedlungsplan (vgl. «Wegleitung»). – Text S. 342.

KAPELLE HEILIGE DREIFALTIGKEIT

GESCHICHTE. 1687 war das wohl kurz zuvor erbaute, damals der Gottesmutter geweihte Kapellchen noch nicht eingesegnet[10]. In den Visitationsakten seit 1736 wird als Patrozinium dasjenige der Heiligen Dreifaltigkeit genannt[11].

BESCHREIBUNG. *Äußeres.* An das breite Rechteckschiff stößt talwärts, im Südosten, ein nur wenig eingezogenes, kurzes Chor, das dreiseitig mit breiter Stirnwand schließt, mit dieser Chorschlußform einen in der zweiten Hälfte des 18. Jahrhunderts beliebten Typ vorwegnehmend. Auf dem stumpfen, zusammenhängenden Blechdach, über dem Chorbogen, anspruchsloser Pfahldachreiter mit kegelförmigem Helm.

4 Ebd., G 436. (Freundl. Hinweis von H. A. von Roten, Raron.)
5 StAS, A Flavien de Torrenté, Nr. 38. (Freundl. Hinweis von H. A. von Roten.)
6 H. A. VON ROTEN, Zur Geschichte der Familie Schiner, BWG XIV (1967/68), S. 196. – Die Michel-Chronik spricht von einem «freyricht» (Freigericht) um 1500 (PfA Ernen, o. Nr.). – CARLEN möchte die Entstehung dieser kleinen Gerichtssprengel mit dem Vorhandensein von Grundbesitz des Domkapitels neben demjenigen des Bischofs erklären (CARLEN [wie S. 3, Anm. 10], S. 74).
7 PfA Bellwald, Schreiben der bischöflichen Kurie vom 19. Juli 1891, o. Nr.
8 Unter anderem lieferten sie Nußbaumholz für die Kirchenstühle (N. VOLKEN, Was sagen uns die alten Häuser? W. Jb. 1968, S. 54).   9 AGVO, Joller, J 2.
10 PfA Ernen, D 173.   11 Ebd., D 175–177.

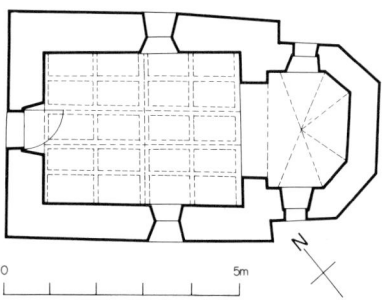

Abb. 375. Fürgangen. Kapelle, um 1687. Grundriß. Text S. 344.

Die stichbogige Türöffnung der Front ist etwas aus der Achse des Okulus nach Westen verschoben. Stichbogiges Fensterpaar im Schiff, rechteckiges in den Chorwangen.

Inneres (Abb. 375). Das Chor wird von fünfkappigem Fächergewölbe überspannt, das Schiff von einer hölzernen Polygonaldecke mit hohen, steilen Flanken und schmaler Scheitelachse. Reiches, aber friesloses Profilsims nur an der Schulterwand und am stark eingezogenen Chorbogen.

Altar (Abb. 376–379). Schrein H. (inkl. Predella 21,5 cm) 194,5 cm, B. 83 cm, T. 41 cm. Rechteckiger Grundriß. Auf den Flügeln originale Temperamalerei, Predella häßlich übermalt. Um 1500. Von unbekannten Meistern[12]. Möglicherweise ehemaliges Retabel des Altars der Heiligen Dreifaltigkeit und Karls d. Gr. in der Pfarrkirche von Ernen (S. 28)[13].

Auf ausladender Predella ruht der hochrechteckige Schrein, gehalten von gekehltem Kopf- und Fußsims. Das abschließende Maßwerk im Schrein tritt stumpfwinklig vor. Den geöffneten Schrein rahmen dünne vierkantige Dienste auf sehr komplexen Stabfüßen. Die einen konischen Kern umschließenden durchbrochenen Blattkapitelle tragen neben dem Baldachinbogenansatz auch noch einen saftigen Astwerksproß. Herzmotive[14] und Immergrünblüten im Maßwerk. Der Schrein ist mit großem Granatmuster in Preßbrokat ausgekleidet[15]. Im Schrein steht eine ergreifende Gruppe der Krönung Mariens, geschnitzt aus einem Stück[16]. H. (ohne Kronen und Nimben) Gottvater 101 cm, Gottsohn 95 cm, Maria 72 cm. Originale Polimentvergoldung, Polychromie der Gewandinnenseiten und Inkarnate erneuert oder übermalt. Christus trägt nur den Liliennimbus, da er seine Krone der Mutter aufsetzt. Gottvater, der

Abb. 376. Fürgangen. Kapelle. Spätgotischer Flügelaltar, um 1500, geschlossen. – Text oben.

Abb. 377–379. Fürgangen. Kapelle. Spätgotischer Flügelaltar, um 1500. Anordnung der Heiligen im geöffneten Schrein: Karl der Große, Mariä Krönung, hl. Georg. – Text S. 344.

zärtlich die Locken Mariens faßt, setzt seinen linken Fuß auf die Weltkugel. Inniger Ausdruck der Antlitze. Der großzügige Faltenstil mutet oberrheinisch an. Auf den Flügelinnenseiten links der hl. Karl d. Gr., rechts der hl. Georg mit Fahne. Die spindeldürren, entkörperlichten Gestalten stehen auf Fliesenböden vor damasziertem Hintergrund. Auf den Flügelaußenseiten links der hl. Sebastian, rechts der Schmerzensmann, die Wunde der Rechten zeigend, in der Linken Geißelrute und Zepter. Diese etwas gröberen, vielleicht von einem anderen Maler stammenden Figuren stehen auf Wiesengrund. Der lyrische Ausdruck vor allem der inneren Flügelfiguren weist nach Schwaben. – Im *Antependium* mit Stoff gefülltes Bogenzierfeld, gerahmt von Schnitzwerk. In der Kartusche: «M.C[?].W/1773».

12 C. LAPAIRE vermutet eine Beeinflussung durch Werke von Meistern aus dem Südtirol, geht aber von der Annahme aus, der Schrein besitze einen siebenseitigen Grundriß (C. LAPAIRE, Les retables à tabernacle polygonal de l'époque gothique, ZAK 29 [1972], S. 52).

13 M. WERDER, Das Nachleben Karls des Großen im Wallis, BWG XVI (1976/77), S. 417. – Für die Dreifaltigkeitsdarstellung bot sich neben dem im Wallis seltenen Gnadenstuhlmotiv am ehesten die Marienkrönung an. Im 17. Jh., als der Altar vermutlich aus der Pfarrkirche nach Fürgangen verlegt worden ist, stand die Kapelle zwar unter dem Patrozinium der Muttergottes.

14 Maßwerkmotiv des Nothelferaltars in Ernen (S. 32).

15 In den Umrissen gleicht das Muster demjenigen des zweiten BERNER NELKENMEISTERS, nicht aber in der lebhafteren Binnenzeichnung.

16 Kleinere spätgotische Gruppe der Marienkrönung aus St. Niklaus, die einige Motive gemeinsam hat, im Besitz von H. A. von Roten, Raron.

Abb. 380 und 381. Fürgangen.
Kapelle. Kreuzwegstationen,
Ende 18. Jahrhundert, im Stil
der Fiescher Malerschule
(Ignaz Anderledi?). – Text unten.

Chorbogenkruzifix. H. 47 cm. Neuere Polychromierung und Vergoldung. 1. Hälfte 17. Jh. Altertümlicher Kruzifixus mit rockartigem Lendentuch. – *Gottvater* (auf dem Altarschrein). Büste. H. 32,5 cm. Holz. Originale, kreidig wirkende Temperapolychromierung. Letztes Viertel 17. Jh. Charakteristisches Werk der Untergommer Werkstatt (Bellwald?). Ausdrucksstarkes gotisierendes Antlitz. Kleinteiliger, splitteriger Faltenstil. – *Kreuzweg* (Abb. 380 und 381). Vierzehn Stationen und Bildnis der hl. Helena mit dem Kreuz, beschriftet: «S.HELENA / ET FOLIA LIGNI AD SANITATEM Apoc. 22.V.2». 59 × 37,5 cm. Öl auf Holz. Ende 18. Jh. Einfacher originaler Rundstabrahmen, bekrönt mit einfachem Kreuz. Inschrift am Fuß. Die rokokohaft umrissenen Figurengrüppchen sind teilweise sehr eigenwillig komponiert. Die Figurenmalerei mit den schummerigen Konturen und der Kopftyp des Gekreuzigten weisen auf die Fiescher Malerschule (IGNAZ ANDERLEDI? Vgl. S. 349, Anm. 13). Treffsicher gemalte Partien wechseln mit gröbern.

Glocke. Dm. 32,8 cm. Ton cis″. Zwei mit Maskarons geschmückte Kronenbügel. An der Achsel, unter Schnurstäben, vier Palmetten, ein Rebrankenfries und die Umschrift: «ANNO 1776 GLORIA INEXCELSIS DEO». Flankenreliefs: in Schuppenkränzen Medaillons mit Halbfiguren einer männlichen und einer weiblichen Heiligengestalt.

Entfernte und abgewanderte Kunstgegenstände. Hl. Theodul und *hl. Martin* (in der Pfarrkirche von Ernen). Hl. Theodul mit Teufel und Glocke, H. 71 cm, Linde, massiv. Hl. Martin mit dem Bettler, H. 72 cm, Linde, gehöhlt. Originale Polychromierung und Vergoldung. 1. Viertel 16. Jh. Restauriert 1945 unter Aufsicht der Eidgenössischen Denkmalpflege, 1968 von WALTER FURRER, Visp. Etwas spröde, aber ausdrucksvolle Figuren, geschaffen vom gleichen unbekannten Meister. – *Kruzifix* (im Pfarrhaus von Bellwald). H. 60 cm (Korpus 30 cm). Holz. Wohl originale Polychromierung und Vergoldung, teilweise übermalt. 1. Hälfte 18. Jh. Feingliedriger Korpus; Schultern und Hüfte jedoch verschoben. Spitzwinklig gefälteltes Lendentuch mit ausfliegendem Zipfel. Anklänge an den Stil des ANTON SIGRISTEN, Glis. Sockel fehlt. – *Meßkännchen* (im Pfarreimuseum Ernen). Zinn. H. 11,3 cm. 18. Jh.? Gestalt der barocken Meßkännchen aus Silber (vgl. Abb. 43). Platter, profilierter Fuß. Am Schnabel der Deckel: «V» und «A». Am Bauch graviert: «R[everendus]D[ominus]I.H».

WOHNHÄUSER

1. Koord. 140/205. Kat.-Nr. 34/36. Emma Schlupf-Schmidt; Anna Weber-Schmidt. Entstehungszeit unbekannt (16. Jh.?). Renoviert um 1965. ⌐. 1½. G (jedoch mit «Sälti» an Stelle des «Stubji»).

2. Koord. 110/210[17]. Kat.-Nr. 34/32. Geschwister Guntern; Ursula Hofstetter; Silvia Kranz; Käthi und Peter Michlig. Erbaut 1570. Rillenfriese. Beginn der Renovation 1961. ⌐. 1½. E. *Inschrift* in eingeritztem Schriftfeld: «M.D.LXX.[Jesusmonogramm; gleiche Jahreszahl in gotischen Lettern; Wappen: über einem T drei waagrecht aufgereihte weitere T]». – *Ofen.* Eingeschossig, mit gefaster Deckplatte. An der

---

17 Um 1900 «Xanders Hüs» genannt (J. HUNZIKER, Das Schweizerhaus. Das Wallis, Aarau 1900, S. 155/56).

Stirn die Jahreszahl 1575 und, zwischen den Initialen «M» und «A», Wappen mit vier im Quadrat angeordneten T. – *Standuhr.* Gehäuse, Zifferblatt und Schwengel von CÄSAR MICHLIG (1884–1969), Obergesteln[18]. Zeiger und Ziffern aus Kalbsknochen. Zierliches Gehäuse.

3. Koord. 90/175. Kat.-Nr. 36/20. Klara Andereggen; Ernst Julier; Albert Ritz. Erbaut 1674. Würfelfriese. Renovationen 1940/41 und 1949/50. Das stattliche «Vorschutz»-Haus ist noch der einzige Zeuge vergangener Größe; leider ist die Wirkung der Fassade durch die türgroßen Fensterausbrüche der neueren Renovationen stark beeinträchtigt. «Vorschutz» auf Konsolen. Mitten in der Kellerfront rundbogiges Tuffportal mit Kämpfern und mit leerer «Füllung» im Scheitelstein. Mauerkamin an der Rückwand. ⌐——⌐. 3. F.

Inschrift. 2. Stockwerk: «[gekerbtes Wappen mit Lilie; Jesusmonogramm]DER . NAMEN . DES . HEREN . SEI . GEBENEIT . FON . NVN AN . BIS IN . EWIG . KEIT/MARIA[19] CHRISTEN . PETER . VND . MARTI . HEIMEN 1674». – *Ofen.* Eingeschossig, mit schwerer gekehlter Deckplatte. 17. Jh. – *Truhe.* Eingelegt: «N W 1786 F Z».

NUTZ- UND GEWERBEBAUTEN

Der für das Siedlungsbild bedeutsame, leider sehr baufällige *Stadel* bei Koord. 115/195 trägt die Inschrift: «MA[Jesusmonogramm]1614». Das stützellose *Miniaturspeicherchen* (Abb. 382) bei Koord. 110/180 zählt zu den anmutigsten seiner Art im Goms; Inschrift: «IKN 1796».

Das *Backhaus*[20] bei Koord. etwa 50/160 ist 1976 vollständig entfernt worden. In der Backstube soll eine sehr schöne Jahreszahl 1591 gestanden haben[21]. *Dielbauminschrift* (im Besitz von Paul Andereggen, Selkingen): «...EN. IESVS. VND. MARIA. V. IOSEPH. HABEN LASEN. BAVWEN. DIE. EHRENDE. MENER. MARTINVS. HEIME / MATHEVS. HOLTZER. VND. CHRISTIANS HEIMEN ANO DOMINI 1718 DEN / 4 MEY».

18 MICHLIG betrieb nach einer Lehre in La Chaux-de-Fonds selber eine Uhrmacherwerkstatt.

19 In Verbindung mit dem Jesusmonogramm, daher als Name der Muttergottes zu lesen.

20 Nach VOLKEN stammte das Backhaus größtenteils aus dem Jahr 1697 (VOLKEN [wie Anm. 8]). Vgl. jedoch die Inschrift.   21 Ebd.

Abb. 382. Fürgangen. Miniaturspeicherchen. – Text oben.

Abb. 383. Fiesch. Ansicht von Süden. Stahlstich nach einer Zeichnung von Ludwig Rohbock, Mitte
19. Jahrhundert (Bilddokument Nr. 3). – Text S. 352.

FIESCH

GESCHICHTE. Der Name Fiesch wird vom lateinischen «ad vias» und vom ligurischen bzw. longobardi-
schen «Ves» = Berg (Talstufe!) hergeleitet[1]. Beim Ausbau der Furkastraße um 1862 fand man oberhalb
Fiesch ein Beil der jüngeren Bronzezeit (1500–1000 v. Chr.)[2]. Im Hochmittelalter verfügten zahlreiche
untereinander versippte Adelsgeschlechter über Güter auf dem Gebiet der Gemeinde, so die de Castello,
Blandrate, von Gluringen, von Fiesch[3] und von Raron. Der Wohnturm der Blandrate auf dem Kirchhügel
von Fiesch war 1342 im Besitz von Franz von Compeys; von dieser «domus lapidea seu turris» spricht der
Ritter Wilhelm von Fiesch, um ein darunter stehendes hölzernes Haus zu lokalisieren, das er zusammen
mit Gütern und Herrschaftsrechten dem Kloster Gnadenberg in Fiesch verkaufte[4]. 1404 erwarb Johannes
de Platea von Niederernen Grundbesitz mit den dazugehörenden Rechten in Fiesch von Rudolf von
Raron[5].

1 Während die Schreibweise im 12. Jh. noch sehr variierte, legte sich klanglich der heutige Name im
13. Jh. fest, freilich immer mit V geschrieben statt des durch Bundesbeschluß vom 15. Aug. 1905
irrtümlicherweise geforderten F (BRIW [vgl. Literatur, S. 352], S. 6). – G. ADOLF, Herkunft einiger Orts-
und Flurnamen im Oberwallis, Walliser Volksfreund 51 (1970), Nr. 2.
2 Musée d'Art et d'Histoire de Genève, Inv.-Nr. B 3438. – F. THIOLY, Note sur des objets de l'époque
antéhistorique, trouvés dans le Valais, ASA I (1868–1871), S. 171 und Abb. S. 170/71.
3 CARLEN (wie S. 3, Anm. 10), S. 45. – Die Herren von Fiesch gelten als Nachkommen der Manegoldi
von Naters (F. SCHMID, Verkehr und Verträge zwischen Wallis und Eschental vom 13. bis 15. Jahrhundert, BWG I [1889/90], S. 157).
4 GdeA Fiesch, E 1. Die Güter und Rechte hatte er zum Teil von Wernher de castris erworben.
5 GREMAUD VII, Nr. 2560. Pfr. Peter Murmann erwarb für das Kloster auch größtenteils die
Besitzungen der Blandrate, denen ein Drittel aller Wälder, Alpen und Allmenden gehörte.

Noch im 14. Jahrhundert zerfiel die heutige Dorfsiedlung Fiesch in verschiedene selbständige Gemeinwesen: Vyes, Vberrecca (Oberegg) und Spem- oder Spampüele (der heutige «Biel»)[6]. Zur Dorfmark
gehörten noch drei weitere Quartarien oder Viertel, nämlich Z'Moos, Birchwiler und Fuxwiler[7]. Wie im
Fieschertal waren einst zahlreiche, zum Teil höher gelegene Weiler auf dem Gebiet der heutigen
Gemeinde bewohnt, wovon heute einige zur Fiescheralp gehören: am Bort, Bienen, im Matt (1680 m
ü.M.), Schlucht, im Stirnig (1550 m ü.M.), Resti (1650 m ü.M.)[8]. Im Zenden Goms bildete Fiesch
zusammen mit Lax einen der neun «Viertel»[9]. Anfang des 17. Jahrhunderts sollen Schwefelheilquellen
von einem Bergsturz verschüttet worden sein[10]. Nach einem Gefecht der kaiserlichen und Walliser
Truppen gegen die Franzosen im Raum Fiesch–Lax 1799 Plünderung durch die Franzosen[11]. Der Brand
vom 22. Mai 1895 zerstörte etwa fünf Häuser unterhalb der Kirche, darunter das Kaplaneihaus
(Abb. 384)[12].

Zur Barockzeit, vor allem im 18. Jahrhundert, war Fiesch neben Niederernen (S. 97) das eigentliche
Untergommer Zentrum der Malerei, das Geschinen im Obergoms an Bedeutung übertroffen haben muß;
die Maler waren meistens auch Siegelstecher[13].

---

6 GREMAUD V, S. 480, und GdeA Fiesch, E 1. 1363: «dye Bantmatta, situm in territorio de Vyes sub
Spenbuele» (GREMAUD V, S. 237). Die heute noch «Bammatta» bezeichnete Wiese liegt am Fuß des
«Biels».   7 BRIW (vgl. Literatur, S. 352), S. 16.   8 Ebd., S. 16/17.   9 PfA Biel, A 12.

10 F.O. WOLF, Wallis und Chamonix, Zürich o.J., S. 31. – Vgl. A. WÄBER, Zur Frage des alten Passes
zwischen Grindelwald und Wallis, Jahrbuch des Schweizerischen Alpenclubs 27 (1891), S. 253–274.

11 PfA Fiesch, D 27bis.

12 J. LAUBER, Historische Notizen für das Pfarr-Archiv Biel, S. 14 (AGVO, S. 20).

13 Das Malerhandwerk wurde möglicherweise eingeführt durch Meister GEORG FÜRDERER «auß
Joßthall Fürstenbergischen Landtgraffschafft», heute Teil der Gemeinde Viertäler (Neustadt) (StAS,
A.B.S., 204/20; Topographisches Wörterbuch des Großherzogtums Baden I, bearb. von A. KRIEGER,
Heidelberg 1903/04, Sp. 1101). Im 18. Jh. betrieben es vornehmlich Vertreter der zugezogenen Binner
Familien Anderledi und Steffen: MORITZ ANDERLEDI (1697–1762); dessen Söhne ANTON (1729?–1811),
IGNAZ (1732–1814) und JOHANN BAPTIST (*1742), wobei ANTON und JOHANN BAPTIST lediglich «Caelato-
ren» genannt werden; aus der Familie STEFFEN die künstlerisch vielseitig begabten Brüder JOHANN (1700–
1777) und AUGUSTIN (1709–1796); ferner JOHANN (1747–1824), Sohn des AUGUSTIN, und JOSEPH (1743–
1790), Sohn des JOHANN, letzterer wiederum nur «Caelator» bezeichnet. Zur Fiescher Malergruppe
gehörte auch der zuerst in Fiesch, nach 1786 in Lax wohnhafte JOSEPH IGNAZ SIGRISTEN (1731–1799).
Bisher konnten lediglich IGNAZ ANDERLEDI (S. 142) und J. I. SIGRISTEN (S. 73 und 428) Werke, und zwar
eher unbedeutende, zugewiesen werden. Caelator = sigelgraber, formschneider, pitschierstecher
(JOHANNES FRISMI Tigurini Dictionarium Bilingue, Tiguri [Zürich] 1734, S. 80). Sichere Erzeugnisse
dieses offenbar blühenden Siegelgraberhandwerks waren bislang freilich nicht auszumachen; vgl. indessen
S. 442 und Kdm Wallis I, S. 316 (Petschaft).

Abb. 384 und 385. Fiesch. Vor dem Brand von 1895. Text oben. – Dorfpartie mit Bogenbrücke. Zeichnung, 1845–1850, von Raphael Ritz (Bilddokument Nr. 4). Text S. 352.

Abb. 386. Fiesch. Luftaufnahme 1973. – Text S. 352.

Dank dem Panorama des Eggishorns (2927 m ü. M.), dem Märjelensee und dem nahen Jungfraugebiet entwickelte sich Fiesch zu einem der ersten touristischen Zentren des Wallis[14]. Ehe im Dorf selbst Hotels (S. 382) errichtet wurden, entstanden zuerst Berggaststätten wie das bescheidene Gasthaus «im obere Tälli» und 1856 das von Alexander und Franz Wellig begründete, später aber von Emil Cathrein zu einem großen Berghotel erweiterte Hotel «Jungfrau» (Abb. 410)[15]. Durch den Bau der Jungfraubahn 1912 verlor Fiesch seine Bedeutung als Ausgangspunkt zum Jungfraugebiet. Wie die 1836 bis Fiesch und 1852–1863 bis Fürgangen ausgebaute Furkastraße[16] wurde auch die am 30. Juni 1914 eingesegnete Furkabahn über Lax–Fiesch und nicht über Ernen geführt[17]. Wegen dieser Verkehrswege hatte Fiesch 1870 das Telegraphenbüro, 1868 dasjenige der Post mit Pferdewechsel erhalten[18]. Das 1966–1968 nach den Plänen der Architekten PAUL MORISOD, JEAN KYBURZ und EDOUARD FURRER, Sitten, geschaffene Feriendorf und die 1966 eröffnete Luftseilbahn nach «Chüebode» leiteten eine neue touristische Entwicklung ein, die durch fieberhafte Bautätigkeit auch die Umgebung des Dorfes veränderte.

14 BRIW (vgl. Literatur, S. 352), S. 58/59. – P. ARNOLD, Licht und Schatten in den 10 Gemeinden von Östlich-Raron, Brig 1961, S. 378–381.

15 Das Haus wurde zuerst vergrößert, hernach aber durch jenen Neubau ersetzt, der 1974 durch Brandstiftung zerstört wurde (ARNOLD [wie Anm. 14], S. 382/83). Abb. in E. KOLLER, Von der schweizerischen Hotelindustrie, Bibliothek der Unterhaltung und des Wissens XII, Stuttgart–Berlin–Leipzig 1904, S. 187. – «sacellum in Hospitio ‹Eggishorn› constructum per D. Emilium Cathrein de Briga» (PfA Fiesch, Visitationsakt von 1898, D 82).

16 BRIW (vgl. Literatur, S. 352), S. 55. – 1866 Einweihung der Furkastraße (K. LEHNER, ... und des Posthorns heller Klang tönt vom Berg hernieder! Die Post im Wallis, Visp 1962, S. 163).

17 Dies obwohl die Verkehrswege am stufenlosen(!) linken Talhang leichter anzulegen waren. BRIW (vgl. Literatur, S. 352), S. 59/60.

18 Ebd.

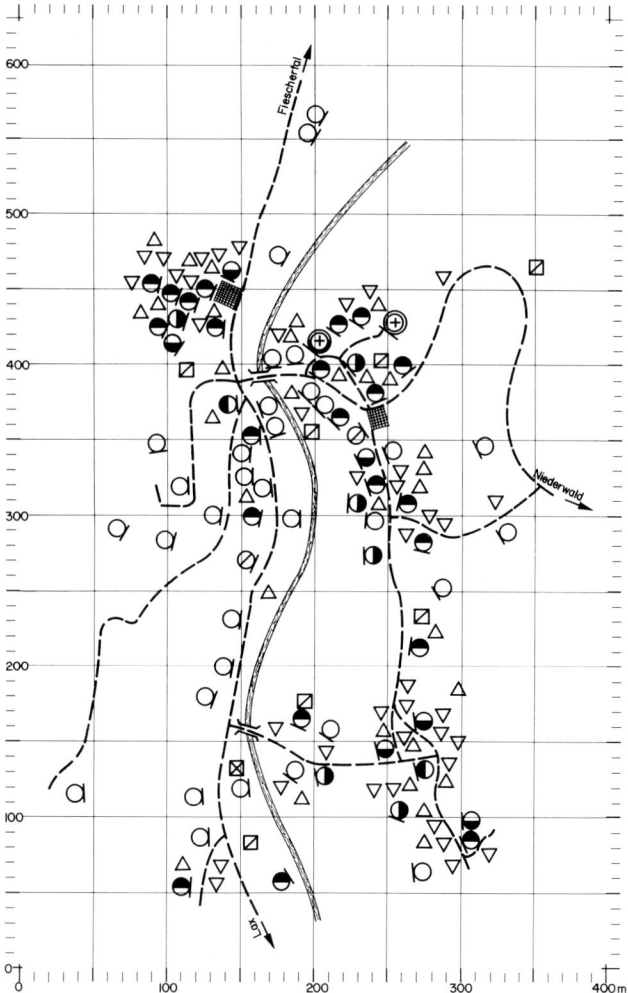

Hauptfassaden

Platz

Straße

Kirche   Kapelle

Gemeinde- oder Burgerhaus

Hotelbauten

Wohnhaus

Stallscheune

Stadel, Speicher

Werkstätte, Mühle, Sennerei

Backhaus

vor 1500

1500–1630

1630–1750

2. Hälfte 18. Jh.

19. Jh.

20. Jh.

Entstehungszeit unbekannt

Koordinaten

→ ↑
000/000   S.   Nr.

Koord.	S.	Nr.	Koord.	S.	Nr.	Koord.	S.	Nr.
90/455	371	4	165/310	**377**	**18**	240/380	374	11
95/425	372	7	185/405	375	14	250/145	378	23
100/415	**370**	**2**	215/365	380	29	260/105	380	28
100/450	371	5	215/425	374	12	260/400	373	10
105/430	373	9	225/400	376	15	270/215	379	25
115/440	371	3	230/310	378	21	275/130	379	27
125/450	372	8	230/430	374	13	275/165	378	22
130/425	372	6	235/335	376	16	275/280	377	19
140/375	380	30	240/270	377	20	305/ 85	379	26
145/460	**369**	**1**	240/320	376	17	305/100	379	24

Abb. 387. Fiesch. Siedlungsplan (vgl. «Wegleitung»). – Text S. 352.

Fiesch erhielt früh die Erlaubnis, einen Glockenturm zu errichten und einen Friedhof anzulegen[19]. In dem schon 1342 «ecclesia»[20] und nicht «capella» genannten Gotteshaus wurde 1361 das Allerheiligste aufbewahrt[21]. Die Altaristenpfründe ist wohl bei der Stiftung des Altars Allerheiligen und Allerseelen kurz vor dessen Weihe am 14.Oktober 1442 errichtet worden[22]. 1532 erhielt Fiesch das Recht auf einen eigenen Taufstein[23]. 1540 Neustiftung der Altaristenpfründe mit doppelter Dotierung[24]. Als Gründungs-jahr der Filialpfarrei nennt D. IMESCH ohne Quellenangabe 1584[25]. Gründung der Kaplanei als Frühmes-serpfründe 1746[26]. Zur Geschichte des Augustinerinnenklosters «Gnadebärg» siehe S. 364.

Quellen. PfA Fiesch und PfA Ernen. GdeA Fiesch.

Literatur. A. BRIW, Aus Geschichte und Brauchtum der Pfarrgemeinde Fiesch, Visp 1961. – J. LAUBER, Das Augustinerinnen-Kloster «Gnadenberg» in Ernen und Fiesch von 1339–1489, BWG V (1915), S. 105–130. – K. RÜDISÜHLI (vgl. Literatur, S. 392). – N. VOLKEN, Dorfgeschichte der Gemeinde Fiesch, 75 Jahre Musikgesellschaft «Konkordia» Fiesch, Naters 1948, S. 1–7. – Ders., Was sagen uns die alten Häuser?, W.Jb. 1968, S. 53–58.

Bilddokumente. 1. Ansicht von W. «VIESCH Maxi. de Meuron [1785–1868] pinx. Falkeisen sculp.» Stahlstich, koloriert mit Öl- und Aquarellfarbe. – 2. Dorf mit Kirche. Ansicht von S, gezeichnet von LORENZ JUSTIN RITZ, lith. von «Kellner à Genève», 1838. – 3. Dorf mit Kirche (Abb. 383). Ansicht von S. «Vissoy im Einfischthal. [irrtümliche Bezeichnung]. L. Rohbock del[ineavi]t J. Umbach sculp[si]t.» Stahlstich. – 4. Dorfpartie mit Brücke und Klosterkapelle. «Fiesch. Sept.7.» Zeichnung von RAPHAEL RITZ, 1845–1850 (Museum Majoria, Sitten; RUPPEN II, 229) (Abb.385). – 5. Kirche mit Dorfpartien. Ansicht von SO. Zeichnung von RAPHAEL RITZ, 1845–1850 (Skizzenbüchlein, ohne Nummer, betitelt «Album»; Nachlaß, zurzeit bei E. Darioli-Ritz, Zug) (Abb.389). – 6. Ansicht von S. Kupferdruck. Die Schweizerischen Alpenpässe und die Postkurse im Gebirge, hg. von der Schweiz. Postverwaltung, illustr. von J.M. STEIGER, Bern 1893₂, S. 72. – Vgl. Anm. 150.

SIEDLUNG. *Anlage und Geschichte* (Abb. 383 und 386–388). Das weitläufige Dorf Fiesch breitet sich in der vom Fieschergletscher geschaffenen Wanne zwischen dem rechten Talhang und dem letzten Sporn der «Giebelegga» aus und liegt zugleich am Fuß der mittleren Talstufe im Abschnitt des Rottentals oberhalb Brig. Die Siedlung bedeckt heute beide Hänge des Weißwassers. Der stattliche Kirch-, ehemals Burghü-gel und der kleinere «Biel» bilden die «Torpfeiler» zum Fieschertal. Als einziges Gommer Dorf, das schon in der Frühzeit des Tourismus Bedeutung erlangt hat, ist es als Siedlungsbild zerstört; es verfügt aber noch über reizvolle Quartiere. Seit 1970 füllt sich die rechte Flanke des Fieschertals monoton mit kleinen Ferienchalets, während gegenüber im Anstieg zur Talstufe schon seit 1960 größere Wohn- oder

Abb. 388. Fiesch.
Talhang südwestlich vom Dorf
mit dem alten «Wiler»
inmitten von neuen
Siedlungen.
Aufnahme 1978. – Text S. 353.

Abb. 389. Fiesch. Kirche.
Vorgängerbau. Zeichnung,
1845–1850, von Raphael Ritz
(Bilddokument Nr. 5). –
Text S. 352.

Appartementhäuser und am felsigen Fuß der Stufe wiederum kleine Häuser entstanden sind. Blickt man noch auf das ehemals streusiedlungsartige «Birchi», auf den geschlossenen Weiler «Wiler» und auf das gut im Fichtenwald verborgene moderne Feriendorf (Abb. 388) aus Beton westlich am rechten Talhang, so erscheint das Areal der Gemeinde Fiesch – wie überdies der ganze Siedlungsraum zwischen Fiesch, Ernen und Lax – als ein wahres Experimentierfeld moderner Siedlungsformen zum Teil in unmittelbarer Nähe alter, gewachsener Siedlungen.

Daß Fiesch aus mehreren, einst selbständigen Gemeinwesen zusammengewachsen ist, drückt sich im Ortsbild des alten Fiesch immer noch aus. «Biel» und «Oberegg» an den diagonal entgegengesetzten Enden der Siedlung besitzen noch geradezu Weilercharakter. Das Quartier des «Gnadebärg» besetzt die südliche und die südwestliche Flanke des Kirchhügels. Der Straßenzug des «Stale» stellt die Verbindung her zum malerischen «Oberegg» (um Koord. 275/130) am westlichen Hang der «Heji», des Ausläufers der «Giebelegga». Entlang der Talstraße am anderen Ufer des Weißwassers stehen ausschließlich jüngere Häuser des 19. und 20. Jahrhunderts. «Oberegg», «Bircheye» (um Koord. 120/90) und das dazwischen liegende Quartier der «Treichi» (um Koord. 190/150) bilden als abschließender Querarm der Siedlung das Gegenstück zu den nördlichen Quartieren.

19 1353 soll beides schon bestanden haben (ebd., S. 64, ohne Quellennachweis). 1425 wird der Friedhof erwähnt (GREMAUD VII, S. 497). Wohl nicht vor dem 14. Jh., da dem Rektor von Binn, dessen Kirche 1296–1298 das Recht auf Glocken, Friedhof und Taufstein erhielt, bei Prozessionen noch 1765 ausdrücklich der Vortritt vor dem Rektor von Fiesch eingeräumt wurde (PfA Fiesch, D 63).

20 GdeA Fiesch, E 1. – Schon 1372/73 Auseinandersetzung mit dem Pfarrer von Ernen wegen der Verteilung der an die Kirche von Fiesch entrichteten Gaben und Opfer (PfA Fiesch, E 2 und 3).

21 PfA Ernen, Db 12.   22 PfA Fiesch, D 3, und PfA Ernen, D 31 (Datum fehlt).

23 PfA Fiesch, D 6.   24 Ebd., D 8.

25 IMESCH, S. 252. – Schon 1343 sprach Bischof Witschard Tavelli von der «parochia» von Fiesch, worunter die Kirche gemeint war (PfA Ernen, Db 29). In der Bauernzunft von 1470 wird das Gotteshaus «Pfarrkirche» genannt (BRIW [vgl. Literatur, S. 352], S. 67).

26 Ebd. Durch testamentarische Schenkung von Christian Guntern, Fiesch, «Rottmeister der Schweizer Garde des königlich Sardinischen Diensts in Turin» († 1743), und seiner Gattin Elisabeth Kleber von Altstätten sowie mit Beiträgen der drei Gemeinden Fiesch, Fieschertal und Wiler. Der Frühmesser hatte im Lesen und Schreiben zu unterrichten. (PfA Fiesch, D 31, 33 und 34.)

Chronologisch sind alle alten Quartiere ähnlich aufgebaut. «Heidehischer» fehlen.
Zum Hauptbestand aus dem 17. und frühen 18. Jahrhundert kamen Einzelbauten
um die Mitte des 18. sowie am Ende des 19. Jahrhunderts. Der «Biel» (um Koord.
110/440), ein sehr homogenes Quartier mit wertvollen Bauten des 17. und frühen
18. Jahrhunderts – das einzige jüngere Haus von 1894 sticht mit seinem Krüppelwalm deutlich ab –, besitzt einen talseits offenen, stimmungsvollen Dorfplatz, der
durch die Aufstockung des Hauses Nr. 8 im Jahr 1809 an Monumentalität gewann.
Seit 1976 die häßlichen Bauten vor der Brücke zwischen Straße und Weißwasser
abgerissen wurden, eröffnet sich bei der Einfahrt ins Dorf ein sprechendes, für die
Dorfgeschichte sehr repräsentatives Innerortsbild (Abb. 404): gegenüber der Kirchhügel mit der Klosterkapelle und der Pfarrkirche, letztere teilweise verdeckt vom
phantasievollen frühen Hotelbau «Glacier et Poste», dazwischen immer wieder
dunkle alte Holzhäuser; und wie Akzente der Blickführung auf diese Kulisse des
Kirchhügels hin links die Front des Hotels «Des Alpes», rechts als Abschluß der
dunklen Häuserzeile des «Stalens» die steinerne Villa «Lindenbaum» mit dem
Zeltdachtürmchen. Am Fuß des Kirchhügels um Koord. 210/390 ist durch die
Feuersbrunst von 1895 eine eng gebaute, in den Hang gestaffelte Dorfgruppe
(Abb. 384) zerstört worden. Bei der Verbreiterung der Brücke verschwanden 1938/39
der reizvolle Brückenbogen (Abb. 385) – auf der Nordseite ist er unter der heutigen
Brücke noch sichtbar – und ein zweistöckiges Haus bei Koord. 175/385; der brücken-
artigen Abzweigung der Fieschertalstraße mußten um 1964 das Bildstöcklein sowie
das 1864 nach einem Brand (1862) wiederum aufgebaute Schul- und Gemeindehaus[27] bei Koord. etwa 150/425 weichen.

PFARRKIRCHE HL. JOHANNES BAPTISTA

GESCHICHTE. Die Bilddokumente (S. 352 und Abb. 389) lassen erkennen, daß der
mittelalterliche Turm mit den romanischen Zwergbogenfriesen[28] bis zum Kirchenneubau 1883 erhalten blieb; Chorgestalt[29] und Gliederung der Schiffsfront wirken
dagegen eher barock[30]. Plünderung durch die Franzosen am 2. Juni 1799[31]. 30. September 1883, am selben Standort, Grundsteinlegung der neuen Kirche[32], die nach
Plänen von Ingenieur XAVER IMFELD, Brig, bis November 1883 unter Aufsicht des
Architekten J. CASPAR ZIMMERMANN, erbaut wurde[33]. Rohbau von Unternehmer

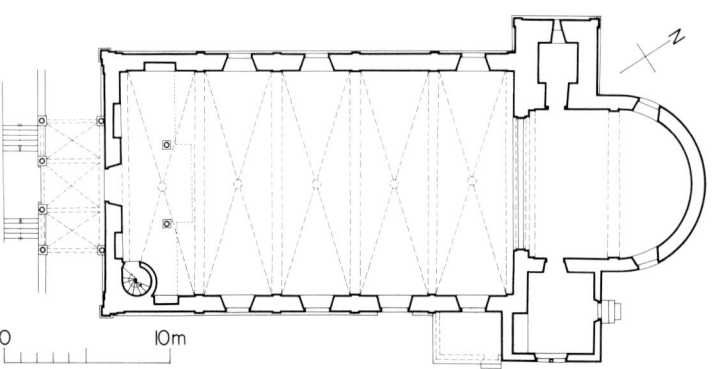

Abb. 390. Fiesch.
Kirche, 1883.
Grundriß. –
Text S. 356.

Abb. 391. Fiesch. Kirche, 1883, nach Plänen von Ingenieur Xaver Imfeld, Brig. – Text S. 356.

PAUL VALENTIN aus Cuvana, wohnhaft in Leuk; Dachstuhl und Zimmerarbeiten von FRIDOLIN IMHOF, Mörel; Schreinerarbeiten von FRANZ PERREN, Fürgangen, und ROBERT METZNER, Fiesch; Schieferplatten von Leytron; Böden aus Zementplatten von FREI & SCHMID, Zürich, verlegt durch FRANZ LAGGER, Münster. 1884 Glasfenster von CARL WEHRLI, Zürich-Außersihl (Signatur am Fuß des rechten Chorfensters). Kirchweihe am 3. Juni 1886[34]. Blechdach 1925. 1931 Ausmalung durch JULIUS

27 PfA Fiesch, B 19.

28 Wie das Beispiel des Turms der Visper Burgerkirche lehrt, wurde das Motiv im Oberwallis auch noch im 14. Jh. verwendet. – Die Bruderschaft des hl. Johannes Baptista wurde vor 1394 gestiftet (BRIW [vgl. Literatur, S. 352], S. 100–103).

29 Dreiseitiger Abschluß mit blinder Chorstirn und rundbogigen Hochfenstern in den Chorschrägen.

30 Es fehlt jedoch jeglicher archivalische Hinweis auf Neu- oder Umbauten in der Barockzeit. Als man 1753 eine neue Orgelempore errichten ließ, wurde die Kirche durch die einheimischen Maler JOHANN und AUGUSTIN STEFFEN mit einigen Fresken ausgeschmückt (PfA Fiesch, D 53).

31 PfA Fiesch, D 27bis.

32 PfA Reckingen, Notizbuch Nr. 18. – Die alte Kirche war schadhaft und zu klein (PfA Fiesch, D 67). Entschluß zu einem Neubau nach der testamentarischen Vergabung des ganzen Vermögens von Anna Maria Perren sowie nach ansehnlichen Beiträgen von Kaplan Johann Baptist Gibsten (PfA Fiesch, D 82).

33 Wo Quellennachweise fehlen, stützen sich alle Angaben zu Kirchenneubau und Ausstattung auf nichtnumerierte Dokumente im PfA Fiesch. Die qualitätvollen Steine der alten Kirche wurden für die neue wiederverwendet, die übrigen in der Kirchhofmauer. Durch Abtragung der Hügelkuppe um zwei Meter gewann man Platz für die größere neue Kirche sowie Sand und Bausteine. Steinhauerarbeiten von THOMAS BRUNZ, wohl aus Bosco-Gurin. Schmiedearbeiten von JOHANN LAMBRIGGER (Kirchentürschloß von Schlossermeister ANTON SUPERSAXO). Die Kirche war von JAKOB GIONOTTI, Fiesch, folgenderweise gestrichen worden: innen Grundfarbe weiß, Lisenen und andere vortretende Partien gelblich, außen Besenbewurf, Lisenen grünlich. Der Turm wurde mit amerikanischen Blechschindeln gedeckt.

34 PfA Fiesch, D 82.

SALZGEBER, Raron (Signatur unter dem ersten Greisenpaar der rechten Schulterwand: «PINXIT PROF.JUL.SALZGEBER»).

Bilddokumente. Vgl. S.352, Nr.1, 2 und 4.

BESCHREIBUNG. *Äußeres* (Abb.391). Die neuromanische Kirche behält das her-
kömmliche Raumprogramm bei. Das allseitig kräftig abgesetzte Chor schließt jedoch
rund. Die mit Pultdach an die rechte Chorwange stoßende Sakristei umfaßt auch die
Ecke des Schiffs. Der Turm in der linken Achsel trägt den oktogonalen kegelförmigen
Spitzhelm auf eingezogenen rundbogigen Zinnengiebeln – ein Motiv des Obergommer Barocks (Reckingen), hier mit den Zifferblättern der Uhr. Neuromanisch ist
neben der Chorapside vor allem der Architekturdekor: Zwergbogenfriese aus Holz[35]
säumen die ebenfalls hölzernen Traufsimse und schließen die großen Blendnischen
der Turmfronten unter dem Glockengeschoß ab. Über einer Sockelzone aus großem
Granitquaderwerk sind die Schiffsseiten durch Lisenen gegliedert. In dem durch ein
Sims abgetrennten Frontgiebel sitzt eine triumphbogenartige Drillingsgruppe von
Rundbogenfenstern. An der Fassade, in einer Nische zwischen Hochfenstern, Skulpturen der Taufe Christi, d.h. der Kirchenpatron Johannes Baptista[36]. Dreijochige
gewalmte Vorhalle auf Granitsäulen. Es verbinden sich Motive der Romanik mit
solchen des einheimischen Barocks und Oberitaliens; besonders letztere hatten in der
ersten Hälfte des 19.Jahrhunderts erneut Eingang gefunden.

Inneres (Abb.390). Die gedrückten Gewölbe von Schiff und Chor bestimmen die
Wirkung des Raumes. Während das Schiff mittels Lisenen in fünf kreuzgratgewölbte
schmale Joche unterteilt ist, rundet sich das Chorhaupt ohne jegliche Architekturgliederung. In die Kalotte des Chorschlusses schneiden die seitlichen Hochfenster der
Apsis ein. Die *Wandmalereien* von SALZGEBER verleihen dem Chor neobyzantinischen
Charakter: in der Kalotte der Pantokrator auf Goldgrund, beidseits des Hochaltars
ein assistierender Engel, an den Chorwangen alttestamentliche Szenen, die auf das
hl.Meßopfer vorausweisen, links der Hohepriester, David die Schaubrote überrei-
chend, rechts der Prophet Elias, in der Wüste vom Engel gestärkt; Hl.-Geist-Taube
im Scheitel des Chorarms. Symbolistische Darstellungen im Stil von Maria Laach am
Chorbogen: auf Kämpferhöhe links die Verkündigung, rechts die Geburt Christi; in
der Archivolte, paarweise angeordnet, die zwölf Greise, kniend und Harfe spielend in
Anbetung vor dem Apokalyptischen Lamm am Bogenscheitel. Harte und bizarre
Schablonenmalerei an den Lisenen, Gurtbögen und Kreuzgräten. Qualitätvolle
Glasfenster aus der Bauzeit mit figurativen Darstellungen: im Chor, in Ädikula vor
grünem damasziertem Hintergrund, die Apostelfürsten, links Petrus, rechts Paulus.
Bei den Schiffsfenstern rahmen bunte Zierborten damaszierte Grisaille-Lanzetten
unter Medaillons mit Brustbildnissen, von vorne nach hinten: Herz Jesu und Herz
Mariä; die hl.Agnes (ohne Gegenstück der Kanzel wegen); die vier Evangelisten; die
Lieblingsheiligen des Wallis, Mauritius und Katharina von Alexandrien; bei der
Orgelempore David und hl.Cäcilia.

Die geradlinige *Orgelempore,* deren Mittelstück vorgezogen ist, ruht mit einem
zwergbogenverzierten Steingußträger auf einem Granitsäulenpaar. Rundbogennischen zwischen geriefelten Pilastern an der hölzernen Brüstung.

---

35 In den Verträgen «Saumbretter» genannt.
36 H. 160 cm. Terrakotta, geliefert von Gebr. CARL & NICOLAUS BENZIGER, Einsiedeln.

Abb. 392 und 393. Fiesch. Kirche. Hochaltar, 1884/85, von Giovanni Andreoletti, Porto Ceresio, und Antonio Aglio, Arzo. Text unten. – Linker Seitenaltar, 1885, von denselben Meistern. Text S. 358.

Hochaltar (Abb. 392). Stiftung eines neuen Hochaltars zu Ehren von Allerheiligen und Allerseelen kurz vor dessen Weihe durch Bischof Wilhelm III. von Raron am 14. Oktober 1442[37], seit 1821 in den Visitationsakten Altar des hl. Johannes Baptista genannt. Um 1667 wurde ein neues Retabel angeschafft[38]. Der heutige Altar[39], ein Werk von GIOVANNI ANDREOLETTI, Porto Ceresio (Italien), sowie von ANTONIO AGLIO, Arzo TI, 1884/85, ersetzte vielleicht ein Altarwerk des Bildhauers ANTON SIGRISTEN, Glis[40]. – Beschreibung siehe unten.

Altar des hl. Josef (rechter Seitenaltar). 1687 stiftete[41] der Bannerherr und Vizelandeshauptmann Johannes Kreyg wohl an Stelle des bisherigen Rosenkranzaltars

37 PfA Fiesch, D 3 und 4. – 1540 Verdoppelung des Fundus (PfA Ernen, D 65).

38 Testamentarische Gabe an den neuen Hochaltar am 23. Jan. 1667 (PfA Fiesch, G 1).

39 Für die Herstellungskosten von Fr. 7000.– kam Präfekt Alexander Wellig auf (ebd., D 82).

40 Nachkomme des bekannten Marmoristen ANDREA SALVATORE AGLIO (1736–1786) von Arzo TI (SKL I, S. 16/17)? Der im PfA Fiesch erhaltene Plan, eine kolorierte Tuschzeichnung, ist signiert: «Porto Ceresio 30 Marzo 1884/Gio. Andreoletti Scultore, anche/pei[?] fratelli Aglio». GIUSEPPE AGLIO war den Leuten von Fiesch als Schöpfer des Hochaltars von Lax (vor 1874) bekannt (S. 426). In den Dokumenten erscheint ANTONIO AGLIO. In einem Vertrag vom 20. Juli 1885 wird auch «Andreoletti Pietro figlio» genannt. Aufgerichtet Juni–August 1885. – Ein Lastwagen voll Altarfragmente wurde 1931 dem Bischof abgetreten, der sie zum Teil für einen Seitenaltar in der bischöflichen Kapelle wiederverwendete (BRIW [vgl. Literatur, S. 352], S. 71/72, und A. CARLEN, Verzeichnis, Nr. 108). Einige Statuen (S. 364) im Bischofspalast zeigen den frühen Stil des ANTON SIGRISTEN, der am 27. Okt. 1725 in Fiesch Pate war (PfA Fiesch, G 4), nicht hingegen der große Engel (S. 364), der vom Bischof um 1948 der Kirche von Eggerberg geschenkt worden ist (75 Jahre Pfarrei Eggerberg 1902–1977, Brig–Glis 1977, S. 42).

41 AGVO, O 196.

(S. 364)[42] ein kunstvolles Altarwerk («elegans Altare»), das er im Stiftungsakt folgenden Patronen weihte: Jesus im Allerheiligsten Sakrament der Eucharistie[43], der bevorzugten Patronin Maria und deren keuschestem Gemahl Joseph, dem Namenspatron Johannes Baptista und seinen weiteren besonderen Patronen Antonius von Padua und Maria Magdalena. Das Patronatsrecht behielt er sich und seinen Erben vor. Wohl Bischof Johann Josef Blatter (1734–1752) verband das Benefizium des Heilig-Familien-Altars mit demjenigen der Familie Bürcher am gegenüber liegenden Seitenaltar[44]. In der zweiten Hälfte des 18. Jahrhunderts trat Antonius von Padua an die Spitze der Patrone, seit dem frühen 19. Jahrhundert sprach man wieder vom Altar der Heiligen Familie[45]. Heutiges Retabel aus gleicher Werkstatt wie der Hochaltar, jedoch wohl mit größerem Anteil von ANTONIO AGLIO[46], aufgerichtet Juni–August 1885. – Beschreibung siehe unten.

Altar Mariä Himmelfahrt (linker Seitenaltar) (Abb. 393). Vor 1884 Altar der Heiligen Drei Könige, genannt der «Bircherenaltar»[47], d. h. Altar der Familie Bürcher. Das Retabel wird von Bildhauer ANTON SIGRISTEN, Glis, um 1725 ersetzt worden sein (S. 357). 1784 stiftete Maria Christina, Tochter des Meiers Caspar Weginer von Brigerberg, ein Antependium[48]. Zum heutigen Retabel vgl. rechten Seitenaltar.

Beschreibung der Altäre. Die aus diskretfarbenem italienischem und Tessiner Marmor[49] gehauenen klassizistischen Altäre sind fein aufeinander abgestimmt. Am Hochaltar tritt die segmentbogige Säulenädikula vor eine Säulenarchitektur mit geradem Gebälk. Nischenfeld grau, mit grünen Zwickeln; Giebelfeld, Fries und Säulen rötlich; profilierte Partien grau. Auf Leinwand gemaltes Altarblatt Johannes Baptistae. Kniende Anbetungsengel aus Terrakotta beidseits der Predella, bekrönendes Apokalyptisches Lamm. Die Seitenaltäre sind flache Ädikulen mit waagrechtem Gebälk auf einem einzigen korinthischen Säulenpaar. Gewände rötlich, Säulen weiß. In edlen kämpferlosen Rundbogennischen ruhen die qualitätvollen Gemälde[50], in denen feines graues Sfumato die Bunttöne umfängt: im linken Altar Mariä Himmelfahrt, im rechten der Tod des hl. Josef.

---

42 1444, d. h. zwei Jahre nach der Stiftung des Hochaltars, nennt der Visitationsakt von Bischof Wilhelm III. von Raron einen «Altare S.V. Mariae et S. Trinitatis» (StA Freiburg, Collection Gremaud, Valais 8). «Altare B.M.V» (Visitationsakt von 1626, PfA Fiesch, D 21). 1668 Rosenkranzaltar geheißen (StAS, A Clausen-Perrig, G 317). Noch 1765 scheint man den Altar der Familie Kreyg Altar vom hl. Rosenkranz genannt zu haben (SCHMID/LAUBER, Verzeichnis, BWG III [1903], S. 126). In einem Recupera-Buch des Altars des hl. Johannes Baptista heißt es zwar 1697: «...an den rechten altar oder pfrundt St. Joais zu Viesch» (PfA Fiesch, D 27, S. 15). 1620 war der hl. Johannes Baptista «dryfaltiger wys patronen in Viesch» (ebd., D 75).

43 Das Retabel wurde dennoch als Altar der Heiligen Familie verstanden. «Altari Jesu, Mariae et Josephi ssmarum personarum» (Testament der Gattin Catharina Zum Brunnen 1692, AGVO, O 217).

44 PfA Fiesch, D 63 und 64a.

45 Ebd. – 1767 schenkte Josef Kreyg 100 Pfund «pro restauratione Altaris familiae Kreyg» (PfA Fiesch, G 1).

46 In der Anschrift der Rechnung als erster genannt.

47 1742: «vulgò der Birchner altar» (PfA Fiesch, D 30).

48 PfA Fiesch, G 1. – Die von ihr gestiftete, mit dem Familienwappen versehene Kasel ist ebenfalls nicht mehr erhalten (ebd.).

49 «marmo fiorito di Arzo»; «il Bradiglio Carrara»; «Brenno chiaro».

50 Die Seitenaltargemälde erworben über Gebr. Carl. & Nicolaus Benziger, Einsiedeln, zum Preis von Fr. 100.–.

Abb. 394. Fiesch. Kirche. Maria vom Sieg, 1683. – Text S. 360.

Kanzel, 1885/86, von Schreiner FRANZ PERREN, Fürgangen, nach einer Zeichnung der Gebr. CARL & NICOLAUS BENZIGER, Einsiedeln, die auch die gemalten Tafeln geliefert haben werden. Die den barocken Typ variierende fünfseitige Kanzel zeigt in Rechteckfüllungen Gemälde der vier abendländischen Kirchenlehrer auf Goldgrund und, im Stirnfeld, ein efeuumranktes Kreuz in Relief. – *Orgel.* 1885 in der Werkstatt des Orgelbauers L. SCHEFFOLD, Beckenried, als 16registriges Werk geschaffen[51]. Reparatur um 1904 durch CONRAD CARLEN, Glis. Neuromanischer dreitürmiger Prospekt, 1885 lackiert und ziervergoldet von PAOLO GUALINO, Monthey. Auf den waagrechten Gesimsen vergoldete Rankenakrotere. – *Taufstein.* 1884/85 von GIOVANNI und PIETRO ANDREOLETTI oder eher von ANTONIO AGLIO in Marmor von Arzo gehauen. Basis und Schaft Geschenk der Bildhauer[52]. Hölzerner Aufsatz von Schreiner FRANZ PERREN, Fürgangen, lackiert und ziervergoldet von PAOLO GUALINO, Monthey. Kunstvoll gehauenes pokalförmiges Becken. Rechteckfüllungen am einfachen fünfachsigen Aufsatz. Insektenkopfähnliche Eckpalmetten am Fries. Dreipaßzinnenkranz. Bekrönende Statue Johannes Baptistae. H. 101 cm. Arve. Neuere Polychromierung und Vergoldung. 2. Viertel 18. Jh. Qualitätvolle Skulptur, wohl aus der Werkstatt des ANTON SIGRISTEN, Glis. – *Chorgestühl*[53]. 1887/88 von Schreiner ROBERT METZ-

51 BRIW (vgl. Literatur, S. 352), S. 72, und BRUHIN, S. 197 (mit Angabe der Disposition). – In der alten Kirche soll ein Werk von FELIX CARLEN (*1734) gestanden haben. Fiesch besaß jedoch schon im 17. Jh. eine Orgel (vgl. Anm. 73). – Den Vertrag vom 19. Jan. 1884 unterzeichneten die Witwe L. Scheffold-Käslin und deren Orgelmeister, JOSEF STALDER. Gutachten von F. O. WOLF, Domorganist zu Sitten.

52 Geschenk wurde auch das Weihwassergefäß der Seitenpforte in Gestalt eines halben «Pokals».

53 Auf dem alten einfachen Chorgestühl standen die Wappen der Familien Kuchen (wie W. Wb., S. 143 und Tf. 3, jedoch mit tiefer liegenden Sternen) und Karlen (W. Wb., Tf. 3, mit nur einem Sternenpaar beim obersten Kreuzbalken) oder Welschen (W. Wb., S. 292) aus Binn (FURRER [wie S. 8, Anm. 15], S. 58/59).

NER, Fiesch. Schnitzarbeiten und Fassung von PAOLO GUALINO, Monthey. Nuß- und Kirschbaumholz, lackiert und ziervergoldet. Zweiteilig, je vierachsig. Zwischen Pilastern Rechteckfüllungen an der Armlehne, Rundbogenfelder an der Rückenlehne. Durchbrochene vegetabile Bekrönung auf dem hohen Profilgebälk. – *Kirchenstühle.* 1884/85 von FRANZ PERREN, Fürgangen. Einfache neuromanische Docken in Nußbaumholz aus Fürgangen (S. 343). – Zwei *Weihwasserbecken*[54]. 1884/85 von GIOVANNI und PIETRO ANDREOLETTI oder von ANTONIO AGLIO in rötlichem Marmor aus Arzo gehauen. Zu demjenigen der Seitenpforte vgl. Anm. 52.

Skulpturen[55]. *Kruzifixus* (auf dem Friedhof). H. 130 cm. Holz. Verwitterte Fassung. 1. Viertel 18. Jh. Muskulöser Korpus des Viernageltyps mit lebhaft gefälteltem Lendentuch. Zahlreiche stilistische Anklänge an die Kruzifixe der späteren Ritz-Werkstatt in Selkingen. – *Vortragekreuze.* 1. H. (Korpus) 64,5 cm. Holz. Neuere Fassung mit Ölvergoldung. Anfang 18. Jh.[56]. Qualitätvoller Korpus der Ritz-Werkstatt in Selkingen. Rosetten auf den Balkenenden. – 2. H. (ohne Knauf) 47,3 cm (Korpus 19,5 cm). Holz, polychromiert und ziervergoldet. 2. Hälfte 19. Jh. Beschädigt. Großer gewunden-gerippter Knauf. Mit Maßwerk gefüllte Vierpaß-Balkenenden. Typisches Werk des Bildhauers FRANZ JOSEF LAGGER, Münster. – 3. H. (Korpus) 63 cm. Holz, polychromiert und vergoldet. Qualitätvoller neugotischer Korpus. – *Grabchristus* (Abb. 395). L. 92 cm. Arve. Originale Polychromie in Tempera, beschädigt. Um 1700. Von Bildhauer JOHANN RITZ, Selkingen. Typisch für den Stil des Meisters sind die langen Proportionen, der brettartige Rumpf und die schrägen Augen im schmerzverzerrten Antlitz. Vergittertes Grab größtenteils noch erhalten. – *Auferstandener.* H. 68,5 cm. Holz, häßlich übermalt. 2. Viertel 18. Jh. Die behend schreitende Gestalt wird vom Mantel schraubenartig umkreist. – *Hl. Franz Xaver.* H. 90 cm. Arve, gehöhlt. Originalfassung: Gold und Silber. Inkarnat überholt. 3. Viertel 18. Jh. Frühwerk von JOSEPH ANTON LAGGER, Reckingen? Stehend in Rochet und Stola, die Linke auf der Brust. Das Kruzifix in der Rechten fehlt. Physiognomie der Lagger-Werkstatt. – *Tabernakel* vom alten Hochaltar. Holz, polychromiert und ziervergoldet. 1. Viertel 18. Jh.[57]. Beschädigt. Säulenpaar mit Akanthuswerk in den Windungen. Feine vegetabile Schnitzappliken. Am Türchen trapezförmige, profilgerahmte Nische über appliziertem Cherub. – *Wappenkartusche* des Johannes Kreyg. H. 43,8 cm. Arve, polimentvergoldet. Vom 1687 gestifteten Heilig-Familien-Altar (S. 357)[58]? In Rollwerk Vollwappen mit plastischem Dreiberg; das gemalte heraldische Zeichen bis zur Unkenntlichkeit abgescheuert.

Gemälde. Maria vom Sieg (Abb. 394). 103 × 63,5 cm. Öl auf Leinwand. Rechts auf mittlerer Höhe des Bildes: «R[everendus].D[ominus].SEBAST:/AN DER LEDE/RECTOR VIESCHAE/1683» und Wappen (W.Wb., Tf. 6). Das Kind steht auf dem rechten Knie der Muttergottes, über der Engelchen auf Wolken die Hl.-Geist-Taube anbeten. Qualitätvoll. – *Hl. Antonius von Padua.* 60 × 44 cm. Öl auf Leinwand. 2. Hälfte 18. Jh. Das Jesuskind bekränzt den vor ihm in die Knie sinkenden Heiligen. – *Hl. Franz Xaver.* 53,5 × 42 cm (beschnitten). Öl auf Leinwand. Ursprünglich in Medaillonrahmen. Unten im Halbkreis: «s[anctus]. F[ranciscus]. X[averius]. A[postolus]. I[ndiae]. D. P. S. P. C[?].». Um 1700[59]. Brustbildnis. – *Abendmahl.* 57 × 139 cm. Öl auf Leinwand. Um 1700. Recht qualitätvolle Malerei. – *Porträte* von Geistlichen. Brustbildnisse. Öl auf Leinwand. 1. *Sebastian Anderledi*, Pfarr-Rektor in Fiesch 1682–1695. 61 × 49 cm. Risse. Links oben Wappen (W.Wb., Tf. 6) über der Inschrift: «AETATIS SVAE 27/1685». – 2. *Johann Christian Hagen* (1683–1746), Dekan von Valeria und Generalvikar. 64 × 51 cm. Rechts oben Wappen wie W.Wb., Tf. 2, jedoch nicht geteilt und mit Malteserkreuz zwischen Sechsstrahlensternen, über der Inschrift: «AETATIS SVAE 60/1747[60]/ Jões christīnus Hagen decnus/Sedunensis et Vicarius/generalis». – 3. *Franz Augustin Bürcher*, Pfarrer in Fiesch 1796–1803. 72 × 59,5 cm. Beschädigt. Links oben, über der Inschrift: «AE.S. 42/1801», Wappen: auf Dreiberg gestielte Rose zwischen Sechsstrahlensternen. – 4. *Josef Anton Arnold*, Pfarrer in Fiesch 1823–

Abb. 395. Fiesch. Kirche. Grabchristus, L. 92 cm, um 1700, von Johann Ritz, Selkingen. – Text oben.

1857. 52 × 40,5 cm. Links oben, über der Inschrift «AEtatis Suae 62/1850», Wappen wie W.Wb.₂, S. 23, II, jedoch mit Fünfstrahlensternen. – 5. Wohl *Franz Anton Erpen,* Pfarrer in Fiesch 1748–1796[61]. 65 × 55,5 cm. Ende 18. Jh. – *Exvotos.* Drei Stück, aus der Klosterkapelle (S. 369).

KIRCHENSCHATZ. *Monstranz.* Silber, teilweise gegossen und getrieben sowie vergoldet. H. 64 cm. Um 1700. Beschau Brig. Meisterzeichen von JOACHIM WICKART?[62] (Tab. I, Nr. 12). Ovaler geblähter Fuß mit vier flauen Pässen und Zwischenpässen. Cherubim zwischen Ranken und umrankte Tropfenspiegel. Über scharfem Kranz birnförmiger Knauf mit Cherubim und Blattwerk. Am silbernen Blattkranz des mandelförmigen Ostensoriums Appliken: Muttergottes, Engel und Putten mit Leidenswerkzeugen, Gottvater, Heiliger Geist. Bunte Glasflüsse auf Filigransternen. – *Kelche*[63]. 1. Silber, gegossen, zum Teil vergoldet. H. 23,5 cm. Mitte 17. Jh. Nichtidentifizierte Marke mit schreitendem Tier (Tab. I, Nr. 32). Runder Standring, geschmückt mit Eierstab und Herzblattkyma. An Fuß und Schaft stehende Heiligenfiguren, von C-Bögen gerahmt: Johannes Baptista, Petrus, Paulus. Dazwischen Cherubim und Rollwerk. Am birnförmigen Nodus Medaillons mit dem hl. Georg und einer Verkündigung. Cherubim und Fruchtgehänge am durchbrochenen Korb. – 2. Silber, vergoldet. Gehämmerter Dekor, größtenteils silberfarben. H. 21,3 cm. 1. Drittel 18. Jh. Régence. Beschau abgebrochen, Meisterzeichen LS (Tab. I, Nr. 34). Am Sechspaßfuß umschließt Bandwerk Motive eines Rauchmantelschildes sowie drei ovale Medaillons mit den Monogrammen der Heiligen Namen in Wolkenkranz. Scharfer Schaftring mit Fruchtmotiven. Leere Spiegel am Dreikantnodus. Durchbrochener Korb, ähnlich dekoriert wie der Fuß, jedoch Ranken statt Bandwerk und Flammenherzen in den Medaillons. – 3. Silber, vergoldet. H. 22,5 cm. Um 1887[64]. Beschau BEUQUE I, S. 22, Nr. 191. Meistersignatur «ANDERS» (Tab. I, Nr. 35). Im Spiegel des Fußes: «Zum 50 jährigen/Priesterjubiläum/gewidmet dem hl. Vater/Leo XIII/vom Klerus des Dekanates/Bregenzerwald». Profile am runden Fuß. Rotuli am Knauf. – 4. Fuß, Schaft und Korb gegossen. Vergoldet. H. 20 cm. 2. Hälfte 19. Jh. Neugotisch. Variierter Sechspaßfuß mit drei Heiligenfiguren und Trauben. Urnenförmiger Sechspaßknauf.

Vortragekreuz (Abb. 396). Holzkern, mit versilbertem Kupferblech verkleidet; kupfervergoldete Appliken. H. (inkl. Knauf) 66 cm. 2. Hälfte 17. Jh. Neu vergoldet 1760[65]. Als Balkenenden Dreipaß mit dreilappigen Pässen; darauf Cherubim in Rollwerk und Glasflüsse auf Filigran. Wertvoller Korpus, wohl Bronze, vergoldet, um 1400. Auf der Rückseite Relief der Muttergottes. Silberner Akanthuskelch auf dem vergoldeten beckenförmigen Knauf, den Cherubim und Blumengehänge zieren. Qualitätvoll. – *Heiltumsarm.* Kupfer, versilbert und vergoldet. H. 41,5 cm. 1. Hälfte 19. Jh.[66]. Keine Marken. Runder gekehlter Fuß. In der von einem Blatt- und einem Flechtfries gesäumten Kehle symmetrische Blatt- und Blütenornamente. An der Stirn Rocaille-Kartusche mit dem Halbfigurenbildnis Johannes Baptistae. Reichgefältelter Ärmel. Vergoldete Rocaille-Krause mit Glasflüssen am Saum. – *Rauchfaß.* Silber. H. 25,5 cm. 1. Viertel

54 Die von den gleichen Bildhauern geschaffene Kommunionbank aus rötlichen Marmorbalustern ist entfernt worden, aber noch erhalten.

55 1653 schenkte Elisabeth im Hoff von Oberegg ihren Kristallrosenkranz, damit man ihn einem Bildwerk (effigiei aut simulachro) Christi in der Kirche umhänge (AGVO, O 111).

56 Wohl das im Inventar von 1716 als Geschenk des Rektors Joseph Ruppen aufgeführte «gros Crucifix sampt Schlinge» (PfA Fiesch, D 27bis).

57 Der ältere Tabernakel wurde damals verkauft (ebd.).

58 Möglicherweise identisch mit einem bei Meister HANS SIGEN, Lötschen, bestellten Wappen (H. A. VON ROTEN, Beiträge zur Geschichte des Lötschentales, BWG XVI [1973], S. 93, Anm. 63).

59 Ein «St. Fransi Xauery bild» schenkte Rektor Joseph Ruppen († 1716).

60 Auffallenderweise datiert das Porträt wiederum ein Jahr nach dem Ableben des Domherrn wie dasjenige in Glurigen (Kdm Wallis I, S. 347/48). Vgl. ebd., S. 349, Anm. 78. Kopien des Jahres 1747 nach einem Porträt von 1743?   61 Erwähnt in einem Inventar von 1803 (PfA Fiesch, D 27bis).

62 In Sitten nachgewiesen (Kdm Wallis I, Tab. I, Nr. 23).

63 Der Ende des 17. Jh. erworbene «nüwen Kelch» kann einer der beiden sein, die am 2. Juni 1799 bei der Plünderung durch die Franzosen abhanden kamen (PfA Fiesch, D 27bis). – Das in A. CARLEN, Verzeichnis, unter Nr. 14 aufgeführte Ziborium fehlt: H. 31 cm. Beschau Brig, Meisterzeichen «IW». Sechspaßfuß mit Früchtebuketten, Voluten und drei Kartuschen. Korb als Akanthusgewinde.

64 Vgl. Inschrift. Der spätere Papst Leo XIII. empfing 1837 die Priesterweihe.

65 «...ist das alte Prozessions creütz von neuem verguldet worden» (PfA Fiesch, D 53).

66 Es kann sich nicht um den 1753 von JOS. IGNAZ SALER, Augsburg, erworbenen «brachium argenteum» handeln (ebd.). Armkrause und Fußkartusche wohl wiederverwendet.

19. Jh.[67] Beschau Schwyz. Meistermarke von DAVID ANTON STEDELIN (1737–1830) (Tab. I, Nr. 21)[68]. Kräftig eingeschnürter runder Fuß, geschmückt mit Palmettenfriesen. Keulenblattfries am Becken. Der laternenförmige Aufsatz mit neugotischen Fenstern durchbrochen. – Dazugehörendes *Schiffchen*. Silber. H. 19 cm. Marken wie am Rauchfaß. Konkaver geriefelter Schaft. Am länglichen Schiffchen Dekor ähnlich wie am Rauchfaß und Lorbeerblattmotiv. – *Zinnteller*. Dm. 21,5 cm. 2. Hälfte 18. Jh. Rosettenförmig. Kronenartige Marke. – *Kerzenleuchter*. Barock. Gelbguß. Drei Paar. H. 32,5 cm, 37 cm und 40 cm. Profilierter Dreikantfuß auf Kugeln. Vorkragende Abschlußplatte. Am Schaft Vasen- und Balustermotiv sowie Schaftringe. – Stil Louis-Philippe. Bronze, vergoldet. Drei Paar H. 45,3 cm, ein Paar H. 56,8 cm. – Neuromanisch. 1. Paar. Gelbguß, versilbert. H. 55,7 cm. Dreikantiger durchbrochener Volutenfuß. Schaft mit Pflanzenmotiven geschmückt. – 2. Drei Paar. Gelbguß, versilbert. H. 70,5 cm. Am Schaft applizierte Lilien. Blattwerk am Fuß, am Knauf und an der Lichtschale. – *Prozessionslaternen*. Vier Stück. H. etwa 64 cm. Sechsseitig, mit Eckfialen. Zierperforiertes Blech, versilbert. Herzen und Blüten, bunt bemalt.

Paramente. Chormantel. Weiß. 1852[69]. Auf feinstem Rips Ranken und Ähren in goldener Reliefstickerei. In Seide gestickte bunte Blütenmotive. – *Kaseln*. 1. Grün. Große stilisierte Blattmotive in gemustertem Samt. Stil des späten 17. Jh. Neu posamentiert. – 2. Weiß. Um 1700. «Mailänder». Auf feinem Rips schwere Ranken, Rollblattwerk und Quastenmotive in großflächiger goldener Reliefstickerei und Phantasieblüten in bunter Seidennadelmalerei. – 3. Rot. Anfang 18. Jh. Seidendamast mit aufgeworfenen Blattmotiven. Blatt-, Blüten- und Girlandenmotive in Silber, Gold und bunter Seide broschiert. Sogenannter «bizarrer Stoff». – 4. (Abb. 397). Rot. Anfang 18. Jh. Große, über das ganze Blatt verteilte Komposition aus Phantasieblüten und Bändern in gemustertem Samt auf silberfarbenem Satingrund. Stab Goldbrokat. Wertvoll. – 5. Rot. 2. Hälfte 18. Jh. (1755?)[70]. Rokoko. Rosafarbener Taft. Broschierte, geschwenkte Girlanden aus Bändchen und Blüten; darauf Bukette aus roten und blauen Blüten in flottierenden Kettfäden. Gitterartig geflochtene Tressen. Kasel von außerordentlicher Feinheit. – 6. Weiß. 3. Viertel 18. Jh. «Mailänder». Auf feinem Rips dünnes Rankenwerk und Ornamentgitter in goldener Reliefstickerei sowie Frucht-, Beeren- und Blütenmotive in bunter Seidennadelmalerei. – 7. Weiß. Anfang 19. Jh. Silberfarbener Satin, lanziert mit recht großen bunten Phantasieblüten und Blütenstielen. – 8. Weiß. 1871. Lyon[71]. Silberfarbener Damast, broschiert mit Rosenranken in Silber und bunter Seide; im Kreuzstab Apokalyptisches Lamm.

Glocken. EMIL WICK sah 1864–1867 noch eine Glocke von 1670 und die große von 1774[72]. Eine vom Italiener CARLO ANTONIO MANZITI am 3. Juli 1696 gegossene große Glocke[73] mußte schon nach einem Jahr wieder durch die damals noch aufbewahrte alte Glocke ersetzt werden, die hernach bis 1773 hielt[74]. – 1. Dm. 61 cm. Ton f′. Kantige Kronenbügel. Zwischen Schnurstäben die Umschrift: «SIT NOMEN DOMINI BENEDICTVM IN SAECVLA». An der Flanke, über einem hoch verlaufenden Rebrankenfries, die Reliefs der Muttergottes und einer Kreuzigungsgruppe sowie die Inschrift: «DURCH BONIFATZ WALPEN BIN ICH GEGOSSEN ANNO 1822»[75]. Unsorgfältiger Guß. – 2. Dm. 120 cm. Ton e′. Glatte Kronenbügel. Flammen- und Rankenpalmetten. Zwischen Schnurstäben die Umschrift: «ZU GOTTES UND MARIA EHR/DEN ABGE-STORBENEN ZUR EWIGEN FREUD AUCH WIDER BOESE WETTERSZEIT SOLL DEINE STIMM ERKLINGEN UNSERM PATRON UND/HIMMELSHEER SOLL DIESE STIMME LOBEN SINGEN/EX COLLECTIS DONIS CIVIUM UTRIUSQUE COMMUNITATIS 1858»[76]. Draperiegehänge und Cherubim unter der Umschrift. Flankenreliefs: hl. Johannes

---

67 Vgl. Anm. 81. Nach dem Stil kann es sich nicht um jenes Rauchfaß handeln.

68 Kdm Aargau V, S. 315.

69 PfA Fiesch, Kapitalienbuch der Kaplanei 1821 ff., o. Nr. Von Luzern herkommend (ebd., Kirchen-rechnungen, o. Nr.).

70 Testamentarische Gabe von Anna Imhasly für «geblümten messachel» (ebd., D 53). Die 1768 verstorbene Barbara Bortis-Lambrigger hatte zwar auch «casulam praetiosam» gestiftet (ebd., G 1).

71 PfA Fiesch, Kapitalienbuch der Kaplanei 1821 ff., o. Nr.

72 FURRER [wie S. 8, Anm. 15], S. 58/59. Vgl. indessen Anm. 74.

73 Wohl von dieser Glocke verkaufte man um 1679 «glocken speyß der gmeint in Vnderbäch»; der Erlos ist «ann die Orgellen geben worden» (PfA Fiesch, D 27bis).

74 BRIW (vgl. Literatur, S. 352), S. 74. – Die 1774 gegossene Glocke wurde als Zahlung an den Guß der Glocke Nr. 2 gegeben (Glockenvertrag, PfA Reckingen, D 3).

75 Nach dem Vertrag war auch JOSEPH BONIFAZ WALPEN, Sohn des BONIFAZ, am Guß beteiligt. Die Glocke wurde am 2. Aug. in Grengiols gegossen (PfA Fiesch, D 49).

76 Aus den gesammelten Spenden beider Gemeinden (Fiesch und Fieschertal). – Durch Umguß einer alten Glocke von 1525 Pfund (PfA Fiesch, o. Nr.). Vertrag (ebd., D 68).

Abb. 396 und 397. Fiesch. Kirche. Vortragekreuz, 2. Hälfte 17. Jahrhundert, mit Korpus um 1400. Text
S. 361. – Kasel, Anfang 18. Jahrhundert (Kasel Nr. 4). Text S. 362.

Baptista, Kruzifixus, hl. Theodul, Muttergottes und Meisterzeichen. Eine von Posaunenengeln gehaltene
Glocke hängt in einem Lorbeerkranz mit folgender Inschrift: «FONDERIE DECLOCHES/DE ST TREBOUX A
CORSIER PRES VEVEY». – 3. Dm. 80 cm. Ton h'. Glatte Kronenbügel. Cherubim. Schulterumschrift:
«[Hand]HEILIGE MARIA BIT FUR UNS». Auf einem Traubenrankenfries mitten an der Flanke stehen die
Reliefs: hl. Antonius von Padua, Muttergottes, hl. Petrus, Kreuzigungsgruppe. Umschrift unten an der
Flanke: «DURCH FEUER UND FLAMMEN BIN ICH GEFLOSSEN VICTOR WALPEN HAT MICH GEGOSSEN 1884».
Sorgfältiger Guß. – 4. Dm. 95 cm. Ton gis'. Mit Köpfen versehene Kronenbügel. Hängender Palmetten-
kranz. Vierzeilige Inschrift, zum Teil mit Unziallettern: «MARIA . JOSEPHA . VOCOR/LAVDATIONEM . DOMINI .
LOQUETVR.OS.MEVM/AERIS.EX.FLORE.FVSA.SVM/ANNO.1905»–«PATRINI/D.JOSEPHVS.SPECKLY.DEPVTATVS/
D.AEMILIA.SEILER.ORTA.WILLIMANN»[77]. Spiralrankenfries, mit Festons behangen. Flankenreliefs: Mutter-
gottes, hl. Mauritius, hl. Johannes Baptista und ein heiliger Bischof (Nikolaus von Myra?). Zwischen drei
Zierfriesen unten an der Flanke die Inschrift: «GEORGES & FRANCISQUE PACCARD FONDEVRS A ANNECY-
LE-VIEVX hte SAVOIE(FRANCE)». Am Saum Eichelfries. – 5. Dm. 60 cm. Ton e''. Glatte Kronenbügel. De-
kor wie Nr. 4. Inschriften: «CATHARINA.NOMEN.MIHI/LAUDABO.NOMEN.DEI.CUM.CANTICO/ESSE.COEPI.AN.
1905» – «PATRINI/D.AUXILIUS.BITTEL.OLIM.PRAESES/D.PHILOMENA.BORTIS.NATA.BORTIS». Reliefs: Brustbildnis des hl. Josef mit Kind auf einer Wolke, hl. Katharina, Brustbildnis des hl. Johannes Baptistae, Herz
Jesu. Inschrift unten an der Flanke wie bei Nr. 4. Spiralrankenfries am Saum.
Entfernte Kunstgegenstände (im Pfarrhaus). *Skulpturen. Büste einer weiblichen Heiligen* (Magdalena?)
(Abb. 398). H. 36 cm. Arve, gehöhlt. Häßlich übermalte Originalfassung. 1. Hälfte 16. Jh. Die Vorderarme
fehlen. Krönchen. Das lange ovale Antlitz ist von wallendem Haar gerahmt. – *Weibliche Heilige.* H.
90,5 cm. Arve, massiv. Originale Polychromierung, Gold und roter Lüster, beschädigt und teilweise
übermalt. 2. Viertel 18. Jh. Preziös elegante Figur mit stilistischen Anklängen an die Werkstatt des ANTON
SIGRISTEN. – *Weibliche Heilige.* Pendant zur vorhergehenden Statue. Häßlich übermalt. Die Heilige hält
mit der Rechten den Mantelwulst. – *Gemälde. Maria mit Kind.* 91 × 69,5 cm. Öl auf Leinwand. 2. Hälfte
17. Jh. Körperteile Mariens und des Kindes in neuerer Zeit durch häßliche Übermalung «bekleidet».
Beschädigt. Brustbildnis. Maria, das ursprünglich nackte Kind stillend. Ein Engel lehnt sich auf das

---

77 Geb. Willimann.

Köpfchen des Kindes. Im Stil der Carravaggio-Nachfolge. Originalrahmen. – *Dornenkrönung.* 163 × 110 cm. Öl auf Leinwand. 1. Hälfte 18. Jh. Beschädigt. Qualitätvolle Malerei. Obwohl buntfarbig, einst vielleicht als Fastenbild für den Hochaltar verwendet. – *Jesus begegnet seiner Mutter auf dem Kreuzweg.* Fastenbild. 144 × 101 cm. Deckfarbe auf Leinwand. 1. Hälfte 18. Jh. Grisaille. – *Jesus am Ölberg.* Pendant zum vorhergehenden Fastenbild. 145 × 90 cm. – *Pietà.* 45,5 × 46,5 cm (bemalte Fläche). Mischtechnik auf Holz. 1. Hälfte 18. Jh. Beschädigt. Ein Putto stützt die Hand Christi. – *Hl. Anna.* 100 × 67,5 cm. Mischtechnik auf Leinwand. Beschädigt. Links unten Wappen der Familie Näfen (wie W.Wb., Tf. 4, jedoch mit gebrochenem Verbindungsbalken) oder Volken über der Jahreszahl 1737. Unten beschriftet: «S.IOANNA». Mutter Anna steht in einer Landschaft mit niedrigem Horizont, ein Kruzifix in der Linken. An der Rechten führt sie das Mädchen Maria, das in einem Körbchen die Leidenswerkzeuge trägt. Links oben, auf Wolken, Maria mit Zepter. Ikonographisch eigentümliches Gemälde mit genrehaften Zügen. – *Josefsgemälde* vom linken Seitenaltar der Gnadenberg-Kapelle (S. 368). – *Fahnenbild.* 88,5 × 64,5 cm. Öl auf Leinwand. Mitte 19. Jh. Maria vom Sieg und Johannes Baptista, letzterer wie eine romantisierte mythologische Figur zeitgenössischer Opern.

Abgewanderte Kunstgegenstände. Skulpturen. Pietà (Bischofspalast, Sitten) (Abb. 399). H. 48,5 cm. Arve, massiv, dick überfaßt. Mantelsaum Mariens und Lendentuch Christi in der Originalfassung vergoldet? Anfang 15. Jh. Maria sitzt in halbem Rechtsprofil mit zurückgeworfener linker Schulter. Die Haltung Christi, seine langen Arme und der hohe, fast schulterlose Oberkörper Mariens sind Motive des 14. Jh. Zeittypisches Tütenfaltenbündel vor dem linken Knie. Altertümliches und eigenwilliges Bildwerk von großer Ausdruckskraft. – *Rosenkranzaltar* (heute Hochaltar der Kapelle im St.-Jodern-Heim, Visp)[78]. 3. Viertel 17. Jh. Wohl schon 1687 durch den Heilig-Familien-Altar des Johannes Kreyg ersetzt (S. 357). Monotone Neufassung mit zu viel Gold. Nicht aus einer Gommer Werkstatt. Säulenädikula mit einem Paar vorgestellter gerader Kompositsäulen unter gesprengtem Giebel. In den Altarbärten Cherub, Feston und Obelisk auf eckiger Volute, in der Nische fast vollplastisches qualitätvolles Relief der Rosenkranzkönigin in cherubbesetzter Wolkenmandorla über den knienden Heiligen Dominikus und Katharina von Siena. (Übrige Skulpturen nicht zum Altar gehörend.) Ikonographisch fremder Typ eines Rosenkranzaltars. – *Engel* (in der Kirche von Eggerberg). H. 103 cm. Arve, gehöhlt. Neue Fassung. Ende 17. Jh. Auf Erdsockel stehend (vgl. Anm. 40). – *Hl. Sebastian* (im Bischofspalast, Sitten). H. 98,5 cm. Holz, massiv. Neufassung. Um 1725 (vgl. Anm. 40). Von ANTON SIGRISTEN, Glis. Stellung, Anatomie und Faltenstil der qualitätvollen Figur sind typisch für den Meister. – *Fastenbild* (im Besitz von Edmund Volken, Fiesch). 230 × 150 cm. Deckfarbe auf Leinwand. Anfang 18. Jh. Grisaille. Jesus am Kreuz, mit Johannes, Maria und Magdalena. Cherubim unter dem Kreuzbalken. Qualitätvoll. – *Vortragekreuz* aus Bergkristall (SLM, Inv.-Nr. LM 107). H. 63 cm. Kupfervergoldete Manschetten. Glattwandiger Kristallschliff, wohl Freiburg i. Br. 15. Jh.[79]. Renovation 1784/85[80]. Erworben 1761[81]? Dreipaßenden und Fußkugel aus Kristall. Manschetten mit zum Teil wohl noch spätgotischen bunten Glasflüssen. Kielbogen- und Fialenkranz am Knauf. Bronzevergoldeter Korpus. – *Glasgemälde* (SLM, Inv.-Nr. LM 8926)[82]. 35 × 31,5 cm. In Arkade vor rotem Grund halten zwei violett gekleidete stehende Engel die Mitra mit Pedum und Schwert als Insignien der bischöflichen Grafschaft Wallis über dem Schiner-Wappen. Am Fuß die Inschrift: «Arma. R[everendi].p[ii?].d[omini].Mathei Schiner/de Aragno.Eposcopi.Sedunensis/Prefecti.et.Comitis Vallesy 1500».

KAPELLE VIERZEHN NOTHELFER UND HL. AUGUSTINUS «GNADEBÄRG»

GESCHICHTE DES KLOSTERS UND SEINER KAPELLE. Das im Avignoneser Ablaßbrief von 1340 erstmals «montis gratiae»[83] genannte Augustinerinnenkloster von Ernen wurde 1344 vom Gründer Pfarrer Peter Murmann selbst nach Fiesch verlegt, weil es in

---

78 A. CARLEN, Verzeichnis, Nr. 107.

79 A. LEGNER, Schweizer Bergkristall und die Kristallschleiferei von Freiburg im Breisgau, ZAK 19 (1959), S. 235 und 238, mit Abb. Tf. 79, Nr. 9. Werner Jaggi, SLM, datiert Kreuz und Korpus um 1500.

80 PfA Ernen, D 192.

81 «aõ 1761 ist das crystalene Creütz gekauft worden 27 [Kronen]. Item ein ampel ...Item rauchfas und schiffel quae omnia seu fecit seu reparavit Jões Georgius Elber professione ein gürtler [Messingschlosser] uon St. Gallen» (PfA Fiesch, D 53).

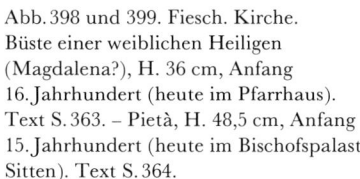

Abb. 398 und 399. Fiesch. Kirche.
Büste einer weiblichen Heiligen
(Magdalena?), H. 36 cm, Anfang
16. Jahrhundert (heute im Pfarrhaus).
Text S. 363. – Pietà, H. 48,5 cm, Anfang
15. Jahrhundert (heute im Bischofspalast,
Sitten). Text S. 364.

Ernen, allzunahe bei der Kirche gelegen, zu gegenseitigen Störungen des Gottesdien-
stes Anlaß gab[84]. Bischof Witschard Tavelli gestattete am neuen Standort Kloster,
Kirche mit Glockenturm und, im Gegensatz zu Ernen, einen eigenen Friedhof. Das
Klösterchen, dessen Patronat bei den Kilchherren von Ernen lag, erlebte seine
Blütezeit nach der Mitte des 14. Jahrhunderts[85]. Privilegien und Besitz führten zu
Spannungen mit der Bauernschaft. Gegen die Mitte des 15. Jahrhunderts verarmte
die schwindende klösterliche Gemeinschaft[86]. So wurde das verödete Kloster am
31. Januar 1489 durch Bischof Jost von Silenen aufgehoben und dessen Güter, Rechte
und Einkünfte der Parrkirche von Ernen übergeben, die dafür wiederum das Chorge-
bet der Geistlichen einzuführen hatte[87]. Die sehr baufällige Klosterkapelle sollte aus

82 1874–1876 von EMIL WICK in der alten Kirche von Fiesch beschrieben (FURRER [wie S. 8, Anm. 15],
S. 58/59). – J. SCHNEIDER, Glasgemälde, Katalog der Sammlung des Schweizerischen Landesmuseums
Zürich I, Stäfa 1970, Nr. 44, Abb. S. 144, Nr. 44.
83 PfA Ernen, Db 2.
84 J. LAUBER (vgl. Literatur, S. 352), S. 111. Pfarrer Murmann hatte zu diesem Zweck von Junker
Wilhelm von Fiesch ein Haus sowie Hoheitsrechte auf Alpen, Wäldern und Allmenden erworben (S. 348).
85 1360 bedachte Wyfried von Silenen, Visp, in seinem Testament die Klosterfrauen mit einer Gabe
um des großen Gebetes zu den neunzig Rittern willen (GREMAUD V, S. 189).
86 1444 ermahnte Bischof Wilhelm VI. von Raron die einzige verbliebene Nonne, ein besseres Leben
zu führen. (Freundl. Hinweis von H. A. von Roten, Raron.) In der Bauernzunft(!) von 1470 nicht mehr
erwähnt (PfA Fiesch, B 1).
87 Bestätigung durch Papst Julius II. erst 1504 (PfA Ernen, Db 28).

dem Klostervermögen wiederhergestellt und mit dem Nötigen ausgestattet werden. 1498 überließ Matthäus Schiner als Pfarrer von Ernen und Dekan von Valeria das Klosterhaus mit Hof, Garten und Rechten innerhalb der Klostermauern[88] der Altaristenpfründe in Fiesch, 1505 vereinigte er, die Verfügung von Bischof Jost bestätigend, das Klostervermögen mit der Erner Herrenbruderschaft. Das Vermögen wird erst bei der Pfarreigründung an den Pfarrer von Fiesch oder an den großen Altar daselbst gekommen sein; die Verwaltung wurde sogar erst 1714 endgültig an die Kirchenvögte von Fiesch abgetreten. Bei der Wiederherstellung der Kapelle 1771/72 (Jahreszahlen über dem Portal und am Weihwasserstein)[89] stieß man auf zahlreiche Gräber, deren Gebeine der damalige Pfarrer Anton Erpen (S. 361) in einem Behälter sammeln und, versehen mit einem Schriftstück in bleierner Kapsel, unter einer Steinplatte mit eingemeißeltem Kreuz vor dem Antoniusaltar beisetzen ließ. Neuere Reparaturen und Renovationen der Kapelle[90]: 1924 (Dach); 1927 Boden und Bestuhlung erneuert, Standort der Gruft durch Kreuz im Zementboden gekennzeichnet; 1928 neue Tür von JOHANN WELLIG, Fiesch; bei der Gesamtrenovation 1931 malte JULIUS SALZGEBER, Raron, das Innere der Kapelle aus[91].

Die Kapelle war ursprünglich dem hl. Augustinus geweiht[92]. Zu Ehren der hl. Vierzehn Nothelfer wurden aber schon 1668 hl. Messen «in claustro» gestiftet[93]. Infolge der wachsenden Verehrung dieser Heiligen im 18. Jahrhundert mag das Heiligtum ausschließlich als Nothelferkapelle betrachtet worden sein (vgl. die Exvotos, S. 369)[94]. Im Visitationsakt von 1821 und den folgenden wird als Patron nach den Nothelfern wiederum der Ordensheilige Augustinus genannt[95].

BESCHREIBUNG. *Äußeres* (Abb. 404). Die Kapelle steht mitten an der Südwestflanke des Kirchhügels, mit dem dreiseitigen Abschluß des kurzen eingezogenen Chors gegen den Hang gerichtet. Trapezförmig verzogener Grundriß des Schiffs. Offener Dachreiter mit breit auskragendem oktogonalem Spitzhelm über dem Chorbogen. Mit zahlreichen Motiven folgt die Kapelle dem Vorbild der Reckinger Pfarrkirche (1745): hohes Schiff mit frontseitigem Krüppelwalm; an der Front Oberlichter unter achtseitigem Okulus; an den Traufseiten zwei Reihen stichbogiger Fenster bei etwas geringerer Höhe der Oberlichter. Eigentümlich ist dagegen die Portalgestaltung: fasziertes Tuffgeläufe und, beidseits des eingezogenen Bogens, Rundspiegel mit den Ziffern des Baujahres 1771.

Inneres (Abb. 400 und 401). Hinter dem Chorbogen, der über einer Attika in vollem Halbrund schließt, erscheint das Chor wie eine flache Nische. Wiederum an Reckin-

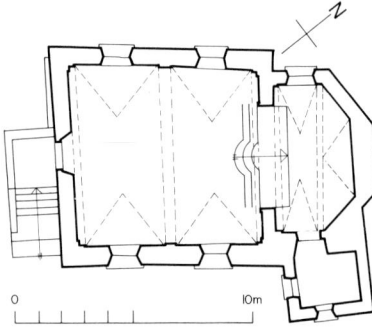

0   10m

Abb. 400. Fiesch. «Gnadebärg»-Kapelle,
1771/72. Grundriß. – Text oben.

Abb. 401. Fiesch. «Gnadebärg»-Kapelle, 1771/72. Inneres gegen das Chor. –Text S. 366.

gen erinnern die zweizonigen Pilaster von Schiff und Chorarm – im Chorschluß fehlen sie –, die gedrückte Stichkappentonne des zweijochigen Schiffs und die stichbogig vorschwingende dreistufige Treppe vor dem Chorbogen. Im Scheitel der durch Gurtbogen vom Chorschluß abgetrennten Chorarmtonne konkaves Vielpaß-medaillon. Historistische Architekturmalerei.

Hochaltar der Muttergottes vom Rosenkranz. Zeit des Kapellenneubaus (um 1772). Wohl 1933, wie die Seitenaltäre, ungeschickt übermalt. – Der einachsige bekrönte Altar verwendet neuere Motive im hochbarocken Aufbau. Neu sind die marmorier-ten korinthischen Säulen mit den Appliken am geraden Schaft, die Lambrequingie-bel sowie der Typ der Bekrönung und einige Ornamentmotive. Qualitätvolle holzgemalte Rosenkranzgeheimnisse rund um die Altarnische. Im Hauptgeschoß Statuen, 2. Hälfte 17. Jh. (vom Rosenkranzaltar der Pfarrkirche? S. 357): Muttergot-

88 PfA Fiesch, D 5. – Die beiden Mauerreste an der steilen, bewaldeten Nordflanke des Kirchhügels, darunter Reste einer den Hang emporsteigenden Mauer, sind entgegen der jüngeren(?) Überlieferung nicht mit Sicherheit dem Kloster zuzuweisen (BRIW [vgl. Literatur, S. 352], S. 66, und STEBLER, S. 31).

89 BRIW spricht vom Neubau einer größeren Kapelle (BRIW [vgl. Literatur, S. 352], S. 77). – 1771 testamentarische Gaben. 18. Mai: «pro reparatione Sacelli Claustralis»; 1. Juli: «pro reparando Sacello claustrali» (PfA Fiesch, G 1).

90 BRIW (vgl. Literatur, S. 352), S. 77/78.

91 PfA Fiesch, D 53. – 1925 hatten ADRIEN und JULES SARTORETTI, Sitten, die Kapelle ausgebessert.

92 Sein Fest wurde feierlich begangen bis 1754 (BRIW [vgl. Literatur, S. 352], S. 78). Im frühen 17. Jh. entwendete Balthasar Mangel die Statue des Heiligen, um sie als «Matze» vor das Haus des Meiers Michel Sieber in Lax zu stellen; er mußte sie in die Kapelle zurücktragen (A. CARLEN, Das Oberwalliser Theater im Mittelalter, Schweiz. Archiv für Volkskunde 42 [1945], S. 89).

93 StAS, A Clausen-Perrig, G 317 (wobei vom hl. Augustinus nicht die Rede ist).

94 Vgl. H. A. VON ROTEN, Josef Ignaz Sigristen 1732–1767, BWG XII (1959), S. 395. – 1787: «prope sacellum XIV Sanctorum» (PfA Fiesch, G 1).

95 PfA Fiesch, D 64a und b.

tes zwischen den Heiligen Katharina von Siena und Dominikus auf isolierten Sockeln; beide Flankenstatuen tragen ein flammendes Herz in der Linken. In der Oberzone ein hl. Bischof (Nikolaus von Myra?) zwischen qualitätvollen Akroterfiguren im Stil des ANTON SIGRISTEN, 2. Viertel 18. Jh., links der hl. Antonius Eremita, rechts die hl. Agatha. Bekrönendes Marienmonogramm. Als Antependienfüllung dient schwarz und rosa gestreifter Satin, bestickt mit hellgrauen Granatmotiven, 2. Hälfte 17. Jh.

Seitenaltäre. 1787 (Datum auf dem Altarblatt des rechten Altars), vom Meister der Altäre der Reckinger Antoniuskaplle, wohl JOSEPH ANTON LAGGER, Reckingen[96]. Altarblatt des linken Altars 1933 durch ein Gemälde von HERMANN LIEBICH, Einsiedeln[97], ersetzt, wobei der Dreipaßbogen der Nische in einen Stichbogen verwandelt wurde; ursprüngliches Altarblatt des hl. Josef erhalten (S. 369).

Vor dem wandartig flachen Gewände vorgestellte Säulenpaare mit Zierkartuschen an der Stirn der korinthischen Kapitele. Ziervasen auf dem wuchtigen Gebälk. Das von C-Bögen gestützte Giebelchen der Bekrönung trägt auf einem Podest ein umflammtes Herz. Am rechten Altar mit Öl auf Holz gemaltes Altarblatt des hl. Antonius von Padua, links unten beschriftet: «I.A.L. Preux/1787». Flankenstatuen: links ein hl. Bischof, rechts ein männlicher Heiliger (Apostel?); in der Bekrönung Marienmonogramm. Am linken Altar ähnlich konzipiertes Gemälde der hl. Theresia vom Kinde Jesu über dem Dorf Fiesch. Flankenstatuen: links der hl. Paulus(?), rechts ein hl. Bischof. Charakteristischer Figurenstil. Sarkophagstipes.

Skulpturen. Altarkreuzigungsgruppe. H. 53,5 cm. Holz, häßlich übermalt. 3. Viertel 18. Jh. Typ der Pestkruzifixe. Zum Teil unbeholfen geschnitzte Figuren. Zwei Frauen (eine weitere Frau an Stelle des hl. Johannes)? Maria qualitätvoller, Anfang 18. Jh. Sockel geschwellt in der Art der Sarkophagstipen. Die allzugroßen Balkenendenpalmetten wohl eine spätere Zutat. – *Altarkreuze.* 1. H. (Korpus) 26 cm. Holz. Neuere Fassung mit bronziertem Lendentuch. Mitte 17. Jh. Astbalken. Zeittypisches Lendentuch (vgl. Kdm Wallis I, Abb. 349). Langer Korpus mit anatomisch zu kleinem Haupt. – 2. H. (Korpus) 20,5 cm. Holz. Übermalte Originalfassung. Korpus der Werkstatt des ANTON SIGRISTEN, 2. Viertel 18. Jh. Außerordentlicher geschnitzter Sockel, bei dem Akanthus-Doppelvoluten eine sitzende Schmerzensmutter umfangen. Fassung: Polimentgold und wohl überstrichenes Grün sowie Schellack. – *Hl. Magdalena* (am rechten Schiffspilaster). H. 76 cm. Holz. Originale Fassung mit Polimentgold. Anfang 18. Jh. Qualitätvoll. – *Hl. Antonius von Padua* (am linken Schiffspilaster). H. 74 cm. Holz, häßlich übermalt. Anfang 18. Jh.

Gemälde[98]. *Kreuzweg.* 72,5 × 52 cm. Mischtechnik auf Leinwand. 2. Hälfte 17. Jh. Derbe Darstellungen, aus denen eine naive Erzählfreude spricht, mit phantasievollen Architekturhintergründen. Originalrahmen. – *Darbringung Jesu im Tempel.* 145 × 98 cm. Mischtechnik auf Leinwand. 2. Hälfte 17. Jh. Vom Meister des Kreuzwegs? Figurenreiche Darstellung im Tempelinneren mit hochgezogener Draperie. Originalrahmen, mit Akanthuspalmetten beschnitzt. – *Nothelferzyklus.* Etwa 77 × 59 cm. Öl auf Leinwand. 2. Viertel 18. Jh. Dreiviertel- und Halbfigurenbildnisse, versehen mit Tituli (rechts vorn im Chor beginnend): «S. BLASIVS» mit Schwert; «S. CHRISOPHORVS»; «S. ERASMVS» mit Darmwinde; «S. CIRIACVS», dargestellt als Mönch mit Pedum; «S. PANTHÄLEON» mit Schwert; «S. AEGIDIVS» als Mönch mit Pedum und Pfeil; der hl. Georg, ganzfigurig, ohne Titulus; «S. DIONISIVS ARE[opa]G[it]A» im Profil dargestellt, das bluttriefende Haupt in den Händen; «S. A[chat]IV[s]» als Soldat mit Lanze, neben einem Engel, arg beschädigt; «S. EVSTACHIVS» mit Speer und Hirschkopf; «S. VITVS» im Kessel über dem Feuer; «S. BARBARA» mit Turm und Palme; «S. MARGARHETA» mit Palme und Drachen; «S. CATHARINA» mit Schwert und Rad. Derbe Malereien von drastischer Ausdruckskraft. – *Maria vom Sieg,* im Strahlenkranz, von Cherubim umspielt. 123 × 61,5 cm. Öl auf Holz. Mitte 18. Jh. Dreipaßförmiger Abschluß, von geflochtenem Stab und

---

96 Kdm Wallis I, S. 327/28.

97 Signiert: «H. Liebich, Maler/Einsiedeln. 1933».

98 Das Gemälde mit Bürcher-Wappen, W. Wb., S. 47, Fig. 2, ist nicht mehr erhalten (FURRER [wie S. 8, Anm. 15], S. 58/59).

Akanthusschnitzwerk gerahmt. – *Kruzifix* mit kniender hl. Magdalena am Fuß des Kreuzes. 160 × 96 cm. Öl auf Leinwand. Frühes 19. Jh. Dunkles Sfumato; fahle Inkarnate. Qualitätvoll. – *Exvotos* (in Pfarrkirche und Pfarrhaus)[99]. Holz, bemalt. 1. 1753. Als Fürbitter sechs Nothelfer, darunter der hl. Erasmus. – 2. Letztes Viertel 18. Jh. Fürbitter: hl. Augustinus (oder hl. Antonius von Padua[100]) mit einem Mönch(?) in einem Buche lesend. – 1798. Von Maler IGNAZ ANDERLEDI, Fiesch[101]? Fürbitter: sieben Nothelfer, in deren Mitte der hl. Christophorus.

Kelch. Wohl Kupfer, vergoldet. H. 21,5 cm. Spätrenaissance. 1. Hälfte 17. Jh. Über dem Standringsaum des Sechspaßfußes Fries mit Cherubim zwischen Fruchtgehängen. Auf dem Fußrücken ovale Medaillons mit Halbfigurenreliefs: hl. Antonius von Padua, Muttergottes und hl. Bischof. Am beckenförmigen Knauf Leidenswerkzeuge in breitem Bandwerk. In Kappen gegliederter kompakter Korb. – *Ampel.* Silber. H. (Becken) 36 cm. Anfang 19. Jh. Nichtidentifizierbare Meistermarke IN(?) (Tab. I, Nr. 38). Beckenspitze als Blattkelch mit lanzettförmigen Blättern ausgebildet. Am Becken hängende Girlande und Fries, bestehend aus abgesetzten Rosettenmotiven. Konkaver, geriefelter Aufsatz. – *Kerzenleuchter.* Gelbguß. Barock. 1. Paar. H. 26–27 cm. Dreikantfuß auf Kugeln. Am Schaft pralle Vasen- und Kandelabermotive. – 2. Paar. H. 27,5 cm. Auf Klauen. Schlanke Kandelaber- und Vasenmotive. – *Kasel.* Schwarz. Wolle. Aufgeworfene Rauten- und Zickzackmotive aus nichtgeschnittenem Flor. Stab aus weißem Wolldamast. Herzförmige Leinwandapplik mit Kuchen-Wappen (wie W. Wb., Tf. 3, aber ohne Dreiberg), beschriftet: «A[nna]. M[aria]. K[uchen]. 1768»[102].

Glocke. Dm. 44 cm. Ton a′. Maskarons an den Kronenbügeln. Vier Cherubim. Fries mit symmetrischen Ranken und Rollwerk. Zwischen Schnurstäben die Umschrift: «1663 OMNIA AD MAIOREM DEI GLORIAM». Am untersten Schnurstab hängende große Palmetten und schwere Fruchtbündel an Draperie. Flankenreliefs: Kreuz; Medaillon mit Dreiviertelbildnis Johannes Baptistae über kleinem Meisterzeichen (in Blütenkranzmedaillon Glocke zwischen Sechsstrahlensternen unter den Initialen «R.F.»); Medaillon mit Christuskopf, umschriftet: «SALVATOR MVNDI», über einem Cherub; Muttergottes über einem Cherub. Schnurstabbündel.

Entfernter Kunstgegenstand (im Pfarrhaus). *Altarblatt* des linken Seitenretabels, darstellend den hl. Josef in einer Pyramide von Engeln, deren «Giebel» Putten mit einer Krone, einem Kranz von Rosen und einem Lorbeerkranz bilden. 108 × 64 cm, in Dreipaßbogen endend. Öl auf Holz. 1787. Von I. A. L. PREUX? Gleiche in Sfumato versinkende Konturen und manieristische Figurenstilmotive wie auf dem Gemälde des rechten Seitenaltars.

WOHNHÄUSER

Da Fiesch nicht mehr als schützenswerte Gesamtsiedlung anzusprechen ist, beschränken sich die folgenden Ausführungen auf die wertvollen Quartiere.

«DR BIEL» (um Koord. 110/450)[103]

1. Koord. 145/460 (Abb. 402). Kat.-Nr. 1467. Arthur und Heinrich Volken. Das 1592 erbaute Haus schließt den Platz gegen Nordosten hin. Linksseitiger steinerner Anbau mit Wendeltreppe unter Pultdach 1609 (unter der oberen Fensterzone eingelassenes Wappenschild aus Tuff mit der Jahreszahl). Über dem steinernen «Saal»-Stockwerk «Vorschutz» auf Roßkopfkonsolen, geschmückt mit schrägen Stäben und leeren Wappen. Rillenfriese (oder glatte Kammfriese?). Stichbogige Eingangstür mitten in der Front des «Saal»-Geschosses. Prachtvolles Kellerschloß, um 1600. ⌐⌐ (Sa). 2½. F und im Anbau vorn und hinten ein Zimmer, getrennt durch das Treppenhaus. Restbestände von *Täfer* 17. und 18. Jh.

99 Inventarisiert mit Abb. (Anderegg, Inv.-Nr. 117–7.1; 118–7.2; 119–7.3).

100 Der Heilige besaß damals in der Kapelle einen Altar (S. 368).

101 Stilistische Anklänge der Nothelfergruppe an dessen Fastenbilder in der Kapelle von Außerbinn (S. 142). 102 Witwe des Matthäus Kämpfen (PfA Fiesch, G 1).

103 1708 kaufte die Gemeinde Fiesch ein altes Schiner-Haus auf dem «Biel» aus dem Erbe der Maria Schiner, Gattin des Curialis Petrus de Riedmatten, Münster (GdeA Fiesch, C 21 und H 3).

Abb. 402. Fiesch.
«Biel»-Platz mit den
Häusern Nr. 1 und 8.
Text S. 369 und 372.

Inschriften. 1. Stockwerk. An der Wange des Dielbaums: «HAB . DISERS . HAVS . STAT . IN . GOTTES . HANT . CHRISTIAN . BIRCHER . IST . DER . BESIZER . GENANT : IM 1592 IR» – «SOLI . DEO . GLORIA . ET . NVLLI . ALIO . PRETEREA[104] IHS [Bircher-Wappen wie W. Wb., S. 47, Fig. 1, jedoch mit drei in gestürztem Dreieck angordneten Sechsstrahlensternen an Stelle des Dreibergs]». – 2. Stockwerk: «159II C[hristian] b[ircher] [Wappenzeichen der Familie]». – *Öfen.* 1. Zweigeschossig. Kleine Kehle an der wuchtigen Abschlußplatte. An der Stirn, zwischen Rahmenpolstern, Rhombenspiegel mit dem Steinmetzeichen wie im Jost-Sigristen-Haus in Ernen (S. 74; Tab. II, Nr. 3) über der Devise «ALEIN/GOT DE/ER»; an der Wange, in Wappenschild der Familie Bircher mit Dreiberg an Stelle der drei Sechsstrahlensterne, die Initialen «C[hristian].B[ircher].V[nd].A.H./S[eine]E[he]F[rau]/15/96». Früher Vertreter zweistöckiger Öfen. – 2. Zweigeschossig. Große flache Kehle und Rundstab am Sims. An der Stirn in Wappenschild: «I[osef].A[nton].F[olken]./ M[aria].I[osepha].S[eiler]/1809». – 3. Zweigeschossig. Große Kehle an der wuchtigen Abschlußplatte. An der Stirn, in Zierspiegel, die Jahreszahl 1811, an der Wange, unter Blütenarkade, Rosette zwischen den Initialen «M» und «W». – *Tür* in ursprünglichem Rahmen (Tf. IV). Lärche, Nußbaum und Tanne. Pilasterpaar mit eingelegten Mauresken. Fries-Inschrift: «DVRCH . GOTTES . GNAD . ALZYT./FRID . VND . EINIGKEIT . HIERINE . SYG.» Am Sims des vorkragenden Gebälks ehemals applizierte Ziffern der Jahreszahl 1592(?); erhalten Fragment einer Ziffer. In den Türfüllungen eingelegte Architekturen: auf Balusterpfeiler ruhendes Arkadenpaar; in demjenigen der oberen Füllung zentralperspektivische Sicht auf Turmarchitektur; im Zwickel Bircher-Wappen mit den Initialen «C B». Kunstvollste erhaltene Tür des Goms. – *Wandbüfett.* Lärche. Geschnitzt die Initialen «IAV» und «MIS» sowie die Jahreszahl 1807. – *Truhe.* Nußbaum. Um 1800. Eingelegt drei sich verschränkende Ellipsen, die äußeren an den Rändern eckgekehlt endend. – *Türschloß* (Abb. 403). 24 × 25 cm. Schmiedeeisen, graviert. 1. Hälfte 17. Jh. Quadratisches Schild mit appliziertem Blech, Spiralendekor.

Bilddokument. Gemälde, 50 × 61,5 cm, Öl auf Leinwand, von LUDWIG WERLEN (Privatbesitz Brig) (S. BIFFIGER, Ludwig Werlen. Das Werk. Verzeichnis seiner Gemälde und Zeichnungen, Brig 1978, Nr. 165 [unter irrtümlichem Titel]).

2. Koord. 100/415. Kat.-Nr. 1438. Ernst Schmidt. Erbaut 1604–1616 (Jahreszahl 1604 an der Firstkonsole). An der rechten Traufseite späterer alter Anbau aus Stein und Blockwerk. «Vorschutz» auf Konsolen. Konsolenzier: schräge Stäbe und Wappen mit den Ziffern der Jahreszahl. Im oberen Wappenschild der Firstkonsole

---

104 Gott allein die Ehre und niemandem sonst daneben.

Wappenzeichen der Familie Berger(?) oder Initiale «H». Rillenfriese. Verwitterte Inschrift am Fußbalken. ⌐——⌐ (im Hinterhaus auf Traufhöhe steigend). 1½ und Giebel-«Loiba». F. Raum im Estrich des Vorderhauses mit Blockwänden unter den Zwischenpfetten (vgl. Kdm Wallis I, Abb. 6). Außerordentlich intaktes Hinterhaus mit «Trächa», Treppen, gemörteltem Kopfsteinboden im «Loibe»-Geschoß und mit Serpentinfliesenboden im Hausgang. *Rokokotäfer.*

Inschriften. 1. Stockwerk. An der Wange des Dielbaums: «ITM MEISTER MARD[?]BERCER VND HANS BERGER MEISTER ITEM DVRC GOT ALZIT FRID VND ENEKEIT...IN N*BR» – «VND CRISTEN BIRHER...16014 IAR GOT ALEIN IST DER WARE EGSTEIN/[Wappen mit den Initialen ‹H B[?]› über dem Jesusmonogramm]R DIS HAVS STADT IN GOTTES HANDT HANS BIRCHER IST DER BESIZER GENAMPT VF GOTVERTRAVWEN IST WOHL GEBAVWEN». – «Loibe»-Geschoß, «Stubji»: «[in Wappenfeld ‹IIBR› über der Jahreszahl 1616] IERIG/ MARGTIS WEN GOT WIL SO IST MINZIL». – *Ofen.* Eingeschossig. Kehle an der wuchtigen Deckplatte. An der Stirn, zwischen den Ziffern 16 und 16, ursprüngliches Wappenschild mit den Initialen «J[o-hann].S[chmidt]./M[athilde].B[ittel]» und der Jahreszahl 1896. – *Truhe.* Tanne und Nußbaum. Eingelegt: «18 H.S.E.W.46».

3. Koord. 115/440. Kat.-Nr. 1454. Konrad Arnold; Paul Gräßlin. Erbaut 2. Viertel 17. Jh. Wandfries: konsolenartige Würfelchen unter glattem Stab. Einige Ringe aufgestockt um 1920. «Vorschutz» auf Balken. Fußbalken mit doppelten Kielbögen geschmückt. ⌐——⌐ (Sa). Ehemals 1½. F. Dielbaum verklei-det. – *Ofen.* Zweigeschossig. Flache Kehle und Rundstab an der Deckplatte. Abgerundete, schräg gebänderte Kanten. An der Stirn, in eckgekehltem Spiegel mit zentralem Bircher-Wappen (W. Wb., S. 47, Fig. 1, jedoch mit Sechsstrahlensternen an Stelle der Kugeln): «JOSEPH IGNATZ/BIRCHER UND.KA/TARINA IMHASLI», an der Wange Jesusmonogramm in Lorbeerkranz und die Jahreszahl 1865 über dem «Kachel-loch». – *Truhe.* Tanne. Eingelegt links: «II[Stern]W», rechts: «17[Stern]72».

4. *«Ritterhüs».* Koord. 90/455. Kat.-Nr. 1448. August und Helene Volken. Erbaut Mitte 17. Jh. Großer Würfelfries. In den 1940er Jahren um drei Ringe aufgestockt. Imposantes Haus. Über dem ersten Wohnstockwerk «Vorschutz» auf Konsolen. ⌐——⌐. 2½. G und F (mit quergeteilter Kammer). Am verkleideten Dielbaum des 2. Stockwerks soll die Jahreszahl 1656 stehen.

5. Koord. 100/450. Kat.-Nr. 1455. Heinrich und Leo Lambrigger. Erbaut letztes Viertel 17. Jh. auf wohl älterem Mauersockel (Türsturz mit der Jahreszahl 1577 von der alten Eingangstür im Mauersockel der rechten Traufseite entfernt, aber noch erhalten). Fragment eines kleinen Würfelfrieses an der Front des 1. Stockwerks. 3. Stockwerk über «Vorschutz» 1770. ⌐——⌐. 3 (ehemals 1½). A und E (Kammer mit «Stutzwand» abgetrennt). Raum im Estrich des Vorderhauses mit Blockwänden unter den Zwischenpfet-ten (vgl. Kdm Wallis I, Abb. 6). *Inschrift.* Dielbaum des 1. Stockwerks verkleidet. – Auf der Dielbaumver-kleidung des 3. Stockwerks: «IHB 1770 B.A.B.X.A.M.B.A». – *Ofen.* Zweigeschossig. 17. Jh.? Karniesähnliches

Abb. 403 und 403a. Fiesch. Schmiedeeisernes Türschloß, 1. Hälfte 17. Jahrhundert, im Hause Nr. 1. Text S. 370. – Bellwald. Abgewandertes Portalgitter, 1624. Ausschnitt mit Schloß. Text S. 311.

Profil unter dünner Deckplatte. An der Stirn, in älterem Wappenschild, mit Kursivmajuskeln: «J[o sef]M[aria]L[ambrigger]O[ttilia]G[ibsten]1912».

6. Koord. 130/425. Kat.-Nr.1472. Alfred Bortis. Geburtshaus des Malers AUGUSTIN STEFFEN (*1709). Erbaut 1706 (Jahreszahl am Giebel). Würfelfries unter Wolfszahn. Originale Giebelfensteröffnungen, von Kielbögen bekrönt. Mitten in der Front des Mauersockels von Akanthusranken gerahmte Nische mit wandgemalter Maria vom Siege über der Inschrift: «ORA PRO NOBIS», frühes 17. Jh. ⌐——⌐. 2 und Giebel- «Loiba». F. *Inschriften.* 1. Stockwerk. Stube: «[in Wappenfeld, bekrönt mit Kreuz, in einer Vier endend: ‹1706/I.Z.S.›, ferner drei im Dreieck angeordnete Herzen mit den Monogrammen der Heiligen Fami- lie]GELOBT. ALEZEIT. SEIE/DER. NAMMEN/IESVS. VND. MARIA DAS. ZITLICH. LEBEN. VND. EITELKEIT. DIE. WELTLICH.FREIT.VND.IPIGKEIT.WIE.GSCHNEL.IST.ES.VERGANGEN/DIE.EWIG.FREIT.VND SELIGKEIT.DAS.WERT. IN.ALE.EWIGKEIT.DARNACH.HAB.DEIN.VERLANGEN.»–Kammer: «DISES.HAVS.HAT.LASEN.BVWEN.IOHANES. STEFFEN.AVS.DEM.TAL.BIN.SEIN.HAVSFRAVW/ANA MARIA.BIRCHER.VND.SEINEN.KINDREN.DREI.GOTT.IST. IHREN. HELFER. VND. BVWHER. GSEIN.»–Auf einem Deckenbrett, in gekerbtem Zierfeld zwischen den Ziffern 17 und 06: «WER.MIT.SCHWTZEN.WIL.VER.LETZEN/SEINES.NESTEN.NAMEN.VND.EHR/DIS.ICH.IHM.SCHREIBE. VON.MIR.BLIBE/DAS.ZVM.GAST.ICH.IHN.NIT.BEGER». – 2. Stockwerk: «[Jesusmonogramm]ALLEIN.DIE.EHR. SOLEN.WIR.GEBEN.GOTT[Marienmonogramm]BITET.GOTT.VMB.GNAD.ZV.IEDER.ZEIT[Josefsmonogramm]/ VND FLISIG.HALTEN.SEIN.GEBOTT.DAN.OHN.SEIN.HILF.VERMEGET.IHR NEIT 1706».–*Öfen.* 1. Zweigeschossig. Reichprofiliertes Sims. An der Stirn, in Rankenrahmen, zierkonturiertes Wappen der Familie Steffen (W.Wb., Tf.5) zwischen der Inschrift: «VALENTIN/STEFFEN./LEO STEFFEN». An der Wange Jahreszahl 1864 und Jesusmonogramm in Blütenkranz. – 2. Zweigeschossig. 18. Jh.? Reichprofiliertes Sims mit Kehle. Hölzernes Fußsims. An der Stirn umranktes Medaillon mit Steffen-Wappen. An der Wange, in umrankter Ellipse: «J.H/STEFFEN/1834». – *Tür.* Nußbaum. 2. Hälfte 18. Jh. Geschweifte Füllungen. Beschläg. Quali- tätvoll. – *Hauskruzifix.* H. etwa 68 cm (Korpus 24,5 cm). Holz. Fragmentarische Originalfassung(?) (Bronzevergoldung). 2. Hälfte 18. Jh. Vor dem Kreuzfuß Pelikan, seitlich Rollwerkvoluten und Blumen, abschließender Lambrequingiebel. Kartuschen als Balkenenden. – *Hinterglasgemälde.* 1. Brustbildnis: «S.MARIA». 32,5 × 25,5 cm. – 2.–4. «S.IOACHIN», «S.ANNA», Auferstehung und Kreuzigung (im Besitz von Dr. H. Wirthner, Münster). Möglicherweise aus einheimischer Malerwerkstatt. Erzählfreudig, eher malerisch empfunden. Qualitätvolle Antlitze, im übrigen zum Teil flüchtig gemalt. – *Wandschrank* aus Niederwald (S. 285). – *Wandbüfett* (im Besitz von Dr. Werner Kämpfen, Zürich). Um 1800. Dreiachsig. Geschweifter Schubladenblock. – *Truhe* (im Besitz von Adolf Schmid, Ernen). Nußbaum. Eingeschnitzt: «17 MCIH 66».

7. Koord. 95/425. Kat.-Nr.1452. Johann Bircher; Louis und Martin Volken. Erbaut 1713 (Jahreszahl am Giebel). Pfeilschwanzfries unter Wolfszahn. Stattliches Haus mit Klebemauern vor dem «Saal»-Stock- werk. Am Giebel Hirschkopf mit rollwerk- und maskaronverziertem Schild, 1713. Ursprüngliche, erstaunlich große Fensteröffnungen im «Loibe»-Geschoß. ⌐——⌐. Sa (mit seitlicher Eingangstür). 2½. F. Dielbäume entfernt. – *Öfen.* 1. Zweigeschossig. Gekehlte Abschlußplatte. An der Stirn in Wappenschild: «1714/IW.MP/S.W». – 2. Zweigeschossiger Ofen von 1925.

8. Koord. 125/450 (Abb. 402). Kat.-Nr.1466. Arnold Lambrigger; Ida Wellig-Kuchen. Schmales Häus- chen von 1718 mit gleichzeitig erbauter Stallscheune an der Rückseite, im Jahr 1809 zum Vorteil des Platzes rechts um ein breiteres Haus erweitert. 1951 ganzes Stockwerk unter dem alten Giebel eingescho- ben. Am alten Haus Pfeilschwanzfries unter Wolfszahn. An der linken Traufseite «Vorschutz» auf Roßkopfkonsolen, im Hinterhaus um ein Stockwerk gestuft. Mitten in der Front des Mauersockels Portal mit den Initialen «V[alentin]W[ellig]» in schmiedeeiserner Sopraporte, um 1809. Zweiflügelige Tür, Mitte 18. Jh. ⌐——⌐ (Klebemauer an der Front des ersten Stockwerks). 2 und Giebel-«Loiba». Altes Haus A, angebautes Haus C. Qualitätvolles *Täfer,* 19. Jh. Intakt erhaltene prachtvolle *Stube* im ersten Stockwerk. *Inschriften.* 1. Stockwerk. Stube (Anbau): «[Jesusmonogramm]. DISES. HAVS. HAT. LASEN. BAVEN. UALLENTIN. WELLIG. VND. SEIN. HAVS. FRAV. ANNA. MARIA. NELLEN. VND. IHREN. MVTTER/ANNA. MARIA. BIRCHER. IM 1809 IAHR. JESVS. MARIA. VND. JOSEPH. DARBEI. SOLENT. DISEM. HAVS. BESCHITZER. SEI».– Kammer: «[Jesusmono- gramm]I.B. 1718». – 2. Stockwerk. Kammer: «[Bircher-Wappen]GELOBET. ALEZEIT. SEIE. DER. NAMEN. IESVS. VND. MARIA. IM 1718 IAR/DISES. HAVS. HAT. LASEN. BVWEN. DER. WEIBEL. IOHANES. BIRCHER. VND. SEIN. HAVS. FRAVW. CHRISTINA. MICHELIG. WAR». – Stube (Anbau): «[unbekanntes Wellig-Wappenzeichen: unter zwei Sechsstrahlensternen Dreieck mit Stern, gestützt von ankerförmigem Zeichen zwischen den Initialen ‹VW›; Jesus- und Marienmonogramm]VND JOSEPH[große, prachtvolle Kerbschnittranke]». – *Öfen.* 1. Zweigeschossig, mit Sitzbank. Außerordentlich reich profiliertes Sims, auch an der Sitzbank. An der Stirn: oben Rankenmedaillon mit der Inschrift «FRANZ/WELLIG/C.B/1848», unten Zierspiegel in Ranken-

Tafel IV. Fiesch. Tür mit eingelegtem Dekor, wohl 1592, im Haus Nr. 1. – Text S. 370

Abb.404. Fiesch. «Gnadebärg» mit Kirche, Kapelle und Hotel «Glacier et Poste». – Text S.354 und unten.

werk. An der Wange, oben Jesusmonogramm in Blütenkranz und Ranken, unten Zierspiegel in Blütenkranz. Wertvoll. – 2. Zweigeschossig. Karnies unter kantiger Deckplatte. An der Stirn, zwischen umrankten Monogrammen von Maria und Josef, Akanthuskranz mit den Wappenzeichen der Familie Bircher und den Initialen «T.W./M B». An der Wange, in drei von Spiralen und Ranken gerahmten Ziermedaillons: «DHS 17 IGH 21 IHS». – 3. Zweigeschossig. Kehle und Stab unter abgerundeter Deckplatte. An der Stirn: «F[ranz].W[ellig]/C[atharina].B[ircher][105/1848». – 4. Dreigeschossig. Rundstab und Kehle unter kantiger Deckplatte. An der Stirn, beidseits vom Wellig-Wappen (siehe oben): «TH[eodor]WELLIG/ M[arina]BORTIS»[106] über der Jahreszahl 1897. – *Porträte.* Öl auf Leinwand. 1. *Domherr Joseph Anton Berchtold* (1780–1859) von Greich. 64,8×54,2 cm. Auf der Rückseite: «L[orenz].J[ustin].RITZ pinx./1841». – 2. *Anton Müller,* Ingenieur und Geograph, von Reckingen, wohnhaft in Sitten. 64,5×52 cm. Brustbildnis. Auf der Rückseite: «Gemalt von L.J. Ritz 1844/Nr.463»[107]. – 3. *Frau Müller,* geb. Tavernier, von Martinach. Pendant zu Nr.2. Auf der Rückseite: «Peint par L. Ritz 1844/Nr.462». – 4. Brustbildnis einer *jungen Frau* in Walliser Tracht. 32,7×27,2 cm. Mitte 19.Jh. Wohl von LORENZ JUSTIN RITZ, Sitten. Qualitätvoll. – 5. *Männerbildnis.* Pendant zu Nr.4. – 5. (im Besitz von Hedwig Bohnet, Fiesch). *Dr. Adolf Brunner* von Leukerbad. 57×46 cm. Rechts unten: «J. Stocker 1882». Brustbildnis. Qualitätvolle Malerei von milder Tonigkeit. – 6. (im selben Besitz). *Creszentia Brunner-von Riedmatten.* Pendant zu Nr.5. – *Wandschrank.* Nußbaum. Um 1800. Drei gerade Schubladen. Geschweiftgiebeliger Aufsatz. – *Truhe.* Tanne. Eingelegt links: «L/16», rechts: «F/14».

9. Koord. 105/430. Kat.-Nr.1453. Amandus Gehrig. Erbaut 1894. Krüppelwalm. ⌐⌐. 2. G und F. *Inschrift:* «DIESES . HAVS . HAT . LASEN . BAUEN . LEO . BODENMAN . SEINE . GATTIN . ANTONIA . BÜRCHER . KINDER . ARMAND.MARINO.ADOLF.GRANDI.SEINE.GATTIN.SUSANNA.BÜRCHER.KINDER.KONSTANTIN.HELEN.[in Wappenumriß 18/94]». – *Ofen.* Zweigeschossig. Gekehlte Deckplatte. An der Stirn, in Wappenschild: «I[osef Ignaz] B[ircher]/K[atharina]I[mhasly][108/1865». An der Wange Medaillon mit Jesusmonogramm.

«GNADEBÄRG» (KIRCHHÜGEL) (Abb.404)

10. Koord. 260/400. Kat.-Nr.393. Emil Grandi; Anton Pianzola. Erbaut 1622 (Konsölchenfries), aufgestockt über dem «Vorschutz» 1699 (Pfeilschwanzfries unter Wolfszahn). Rechtsseitiger, breiter Anbau aus Mauer und Blockbau 1876. Über dem ersten Holzstockwerk «Vorschutz» auf Konsolen, geschmückt mit baumartigem Zackendekor mit der Jahreszahl 1699 und den Initialen «P.M», «C.M» und «M/M» (vgl. Dielbauminschrift). ⌐⌐. 2½. G und F (ohne Anbau). *Inschriften.* 1.Stockwerk: «M.C.MOSZMAN B.S 1622/[in

105 PfA Fiesch, G7.   106 Ebd.
107 GATTLEN, Nr.463 und 462.   108 PfA Fiesch, G7.

gespaltenem Wappenfeld links ‹HS› über Doppelkreuz, rechts ‹BN/CS›, Jesusmonogramm]MARIA DISES HAVSZ IST IN GOTTS HAND.HANS.SCHMIT IST DER BVWMEISTER GENADT 1622». – «MENTEM.SANCTAM. SPONTANEAM . HONOREM . DEO . ET . PATRIAE AB IGNE . LIBERATIONEM . SANCTA . AGATHA . ORA . PRO . NOBIS/ 1699 DEISES . HAVS . HAT . GEBAWEN . MEISTER MATHAEVS . MANGOLT . CATHARINA . BIRCHER . SEIN . EHEGEMAHL . SEIN . SÖHN MAVRITZ . CHRISTEMPETER». – Im Anbau: «FB 1876 UB». – *Hauskruzifix* (im Besitz von Adolf Stucky). H. 80 cm (Korpus 28,5 cm). Holz. Originale Polychromierung. Mitte 18.Jh. Von PETER LAGGER, Reckingen. Qualitätvolles Kruzifix vom I. Reckinger Hauskruzifixtyp mit dem charakteristischen Sockel (vgl. Kdm Wallis I, Tf. I).

11. *Hotel «Hirschen».* Koord. 240/380. Kat.-Nr. 398. Hermann Grandi. Erbaut 1642. Konsölchenartige Würfelfriese. Alter Anbau an der rechten Traufseite. «Vorschutz» auf Roßkopfkonsolen über dem steinernen «Saal»-Stockwerk. An der Südwest- und Westfassade Sonnenuhren mit auf Blech gemalten Zifferblättern[109]. ⌐——⌐. Sa. 1½. Unregelmäßige Stockwerkgrundrisse. Auf dem verkleideten Dielbaum soll die Jahreszahl 1642 stehen. – *Porträt* (im Besitz von Dr. Hermann Wirthner, Münster). Öl auf Leinwand. 42 × 33 cm. Halbfigurenbildnis. Auf der Rückseite: «R.D.Ios. Ign. Nellens/Paroch.in Obergesteln ab ao. 1823./nat 1791.d.24 aet..Sacerd.fact 1814/d 24.Sept./[Lorenz Justin]Ritz p:/1838»[110]. – *Wandbüfett* (im Besitz von Arnold Perren, Brig). Lärche. Mit Nußbaum eingelegt: «IIP AMF»; eingeschnitzte Jahreszahl 1822. – *Kommode* (im Besitz von Dr. H. Wirthner, Münster). Nußbaum. 2.Hälfte 18.Jh. Drei Schubladen, durch eingelegte Zierfelder und durch Beschläg in drei Achsen gegliedert. Mittelachse konkav geschwungen.

12. *Pfarrhaus*[111]. Koord. 215/425. Kat.-Nr. 359. Erbaut 1667[112]. Großer Würfelfries. Renovation 1891/ 92[113]. Alte «Vorlaube» an der linken Traufseite, teilweise in die Wohnung einbezogen. ⌐——⌐ (Sa). 1½. C und F. *Inschrift:* «HAEC DOMVS.EST ERECTA EXPENSIS VTRIVSQUE COM͂VNITATIS ECCLESIAE VIESCHAE PRO-CVRANTIBVS PRO TEMPORE/ILL:ET Rdo DON͂O CHRIST:GVNTREN RECTORE ET CAN:SED:D:MAV:BIRCHER MAIORE SIMONE IM HASEL AMANO»[114]. – *Lehnstuhl.* Nußbaum. Anfang 18.Jh. Stil Louis XIV. An der Lehne reiche Akanthuskartusche mit dem Wappenzeichen der Familie Ruppen (Gemse auf Dreiberg) und den Initialen «R[everendus].D[ominus]I[osephus]R[uppen]»[115]. – *Truhe.* Nußbaum. Wappen (durch geschweifte Spitze gespalten; in den Zwickeln rechts drei Spindeln[?], links Füllhorn, unten drei Geier), darüber «.R∗G.», darunter die Jahreszahl 1689.

Kunstgegenstände aus der Magdalenenkapelle auf der Fiescheralp[116]. *Kruzifixe.* 1. H. (Korpus) 41 cm. Holz, Originalfassung, häßlich übermalt. 2.Viertel 14.Jh. Edel geschnitzter, straffer Korpus. Reiche, zeittypische Drapierung des Lendentuchs mit Zipfeln an beiden Hüften. Deckungsgleich aufeinander gesetzte Füße. Jugendliches Haupt mit großer, geschwungener Ohrenlocke. Wertvoll. – 2. H. (Korpus) 31,5 cm. Holz, häßlich übermalt. 3.Viertel 18.Jh. Von ANTON SIGRISTEN, Glis? Kleines Haupt auf anatomisch gut gestaltetem geschmeidigem Körper. Bewegter Lendentuchzipfel. Sockel mit Rosette in einer Füllung, gerahmt von Akanthuskonsolen. – *Glocke.* Dm. 12,7 cm. Wohl 14.Jh. Schmucklose Glocke mit einem Kronenbügeljoch.

13. Koord. 230/430. Kat.-Nr. 383. Emil Grandi; Cäsar Volken. Erbaut 1705. Inschrift am erneuerten Giebel: «TW 1887 MR»[117]. An der linken Traufseite «Vorschutz» auf Balken, zusätzlich gestützt durch Quermauern, die den Eingang zum Keller und zur Kammer schützen. ⌐——⌐. Ka. 2½. F. *Inschrift.* 1.Stockwerk: «[Bircher-Wappen (W. Wb., S. 47, Fig. 1)]IESVS . MARIA . IOSEPH . SEI . GELOBET . GEEHRET . VND .

---

109 Abb. bei BINER, S. 82.   110 GATTLEN, Nr. 400.

111 Am Standort des Klosterhauses (S. 348)?

112 Gabe der Verena An der Resti (†23.Jan. 1667) «pro noua domo aedificanda» (PfA Fiesch, G 1). Amtsjahr des Meiers Moritz Bircher (vgl. Dielbauminschrift) (S. NOTI, Geschlechter, die einst den Meier des Zenden Goms stellten, Walliser Bote 131 [1971], Nr. 50).

113 GdeA Fieschertal, G 5. – Die östliche Dachflanke war jeweils von der Gemeinde Fieschertal, die westliche von Fiesch zu decken (PfA Fiesch, G 5).

114 Dies Haus ist errichtet worden mit den Mitteln beider Gemeinden der Kirche Fiesch unter Leitung von Rektor und Domherr Christian Guntern, Meier Moritz Bircher und Ammann Simon Im Hasel.

115 Von Saas Fee. Pfarrer in Fiesch 1695–1716.

116 1731 als Kapelle «am Willersbord» bezeichnet (StAS, A Clausen-Perrig, D 11). 1752 wegen Baufälligkeit durch neue Kapelle ersetzt (PfA Fiesch, D 37). Totalrenovation 1935.

117 Wohl Theodor Wellig und Marina von Riedmatten (PfA Fiesch, G 7).

Abb. 405 und 406. Fiesch. Ofen Nr. 2, 1850, in Haus Nr. 14. Text S. 376. – Ofen Nr. 1, 1808, in Haus Nr. 30. Text S. 381.

GEBENEDIET . IETZ . VND . IN . ALE . EWIGKEIT 1705/DIS . HAVS . HAT . GEBAVWEN . CHRISTEN . BIRCHER . WEIBEL . MIT . SINEN . BRÜDREN . MERITZ . VND . IOSEPH . BIRCHER». Pfeilschwanzfries an den Dielbaumwangen. – Dielbaum des 2. Stockwerks verkleidet. – *Rokokotäfer*, 2. Hälfte 18. Jh. – *Öfen*. 1. Zweigeschossig. Flache Kehle unter dünner, abgerundeter Deckplatte. An der Stirn zwei Medaillons in einem Zierfeld, im linken Jesusmonogramm, im rechten «T.W./1868». – 2. Von 1950. Volken-Wappen (W. Wb., Tf. 5, Nr. 2) unter den Initialen «C[äsar]V[olken]» und Imhasly-Wappen (W. Wb., Tf. 3) unter den Initialen «A[gnes]I[mhasly]». – *Wandschrank* (im Besitz von Dr. Peter Stein, Basel). Nußbaum. Rechte vordere Kante abgeschrägt. Doppeltürig über einem Schubladenpaar mit Zierspiegeln und einer Zone von eingelegten Zierfeldern aus Wurzelholzfurnier. Bandwerkstreifen zwischen den Türachsen. Geschweiftbogige Türfüllungen. In den unteren eingelegt je ein Vogel zwischen den Ziffern der Jahreszahl 1786, in den oberen Zierfelder mit reichem Schnitzwerk, links für die heraldischen Zeichen der Familie Nellen (W. Wb., S. 181) über den Initialen «I N», rechts für die Initialen «M C N». – *Truhe* (im Besitz von Dr. Peter Stein, Basel). Tanne, Profilrahmen Nußbaum. Vierachsig. Äußere Füllungen oktogonal, innere einfach geohrt. Eingelegt in den Füllungen die Ziffern der Jahreszahl 1737, in den Rahmenleisten Blumen sowie Jesus- und Marienmonogramm. An der mittleren Trennleiste geschnitztes Wappen Albrecht (W. Wb., Tf. 1, Kreuz jedoch ohne Kleeblattenden) mit den Initialen «I A».

14. Koord. 185/405. Kat.-Nr. 354. Gregor Imhof; Josef und Paul Wellig. Erbaut 1724. Pfeilschwanzfries unter Wolfszahn. Über dem ersten, vielleicht älteren Stockwerk von einem einzigen Balkenvorstoß gestützter «Vorschutz» an der linken Traufseite. Über dem Kielbogenfries des Estrichs kelchartige Ornamente zwischen Halbmonden wie am Haus Nr. 2 «Zer Brigge» (S. 418). Am Giebel die Initialen: «I[ohann].I[osef].F[olken].N[otarius]C.I.I». Hölzernes Rundbogenportal; Archivolte geschmückt mit Wolfszahn und mit der Inschrift: «PAX INTRANTIBVS SALUS EXEŪTIBUS». An der Tür, 18. Jh., vier hochrechteckige Füllungen und Türklopfer, 2. Hälfte 17. Jh. ⌐⌐ (einschließlich erstes Stockwerk). 3 und Giebel-«Loiba». G und F. *Inschriften.* 1. Stockwerk. Ein Dielbaum verkleidet durch Täferdecke, 19. Jh., mit Schweifrosetten zwischen großen Rechteckfeldern. Auf entferntem Dielbaum: «IOH . IOS . VOLCKEN . NOT . PUP . VNDCURIA ZUERNEN . CHRAN . FRDENRICH . MARIA . IOHAÑA ANNA MARIA VOLCKEN GEMACHD DURCH MEISTER ABRHAM . WELLIG / KINDER . DES . BESCHEIDNEN . MRTINI . VOLCKEN . RATHSHER . ZU . ERNEN . ANNO . DNI MDCCXXIIII.HELF.GOT.DAS.WIR.ALL.WERDEN.SELIG.» – Auf Dielbaum (im Besitz von Dr. Bernhard Volken, Fiesch): «DER . TODT . DEN . BAUWHER . FODREST . NIMBT . MIT SEINEM VOLCH VND HAUSGESINT.MEMENTO MORI». Große Lettern. – 2. Stockwerk: «[Allianzwappen Volken (A, von Kreuz überhöht) mit den Initialen ‹M(artin) V(olken)›[118] und Schwick (Herz, bekrönt mit T, unter Sechsstrahlenstern) mit den Initialen ‹M(aria) S(chwick)›]ZU . GOTES . VND . MARIAE EHR . SANT . IOSEPHS . VND . DES . HIMELS . HER . HAT . BAUWEN.LAN.MARIA.SCHWICK.DIS.HAUS.GOT.BHEIT.ES.VOR.VNGLCK/VNDIREN.KINDER.ALLE.SAMBT.WIE.SIE.

118 Martin Folken († 1717), Gatte der Maria Schwick († 1727) (ebd., G 1).

HIERNACH. V̄R.MELDET. STANT. OPERA. MANUUM. TVARUM. DOMINE. Ñ. D̄SPICIAS. PSALM 137». – Dielbaum des 3. Stockwerks verkleidet. – *Öfen.* 1. Zweigeschossig. 17. Jh.? Zwei Karniese am ausladenden Sims. An der Stirn, in Blattkranz, unbekanntes Wappen der Familie Anderledi: Dreiberg und liegende Mondsichel unter Fünfstrahlenstern (vgl. S. 360); an der Wange in umranktem Rechteck: «HN/C/1839[?]». – 2. (Abb. 405). Zweigeschossig, mit Sitzbank. Am Abschlußsims und an der Sitzbank friesartiger Streifen zwischen Stäben unter wuchtiger Platte. Gefaste Kanten. An der Stirn Jesusmonogramm in Blütenkranz, «Joseph/Anton/Stalen», die Jahreszahl 1850 und Nelken in Blumentopf. An der Wange Schweifrosette und Wappen: geteilt, im oberen Feld flaschenartige Motive, im unteren Hahn, eine Blüte pickend. Außergewöhnlicher Ofen. – *Wandschrank, Sekretärkommode* und *Tischchen,* Biedermeierstil, größtenteils aus Nußbaum.

15. Koord. 225/400. Kat.-Nr. 388. Adolf und Julius Bortis; Kaplanei. Erbaut 1896 nach dem Brand (S. 349). Imposantes Haus mitten am Hang, in seiner Wirkung leider durch die 1976 angebrachten unpassenden Frontbalkone beeinträchtigt. An der linken Traufseite ursprünglich angebaute Achse, durch einige Balken mit Schwalbenschwanzkämmen im Binnengwätt verankert. ⌐—⌐. 3 und Giebel-«Loiba». H (mit «verbundenem Stubji»). *Inschrift.* 1. Stockwerk: «Wittwe Catharina Gibsten geborne Volken & ihre Kinder Jdda Agnes & Maria 1896». – *Ofen.* Zweigeschossig. Kehle unter der Deckplatte. An den Kanten Fasen, in Spirale endend. An der Stirn die Jahreszahl 1898, an der Wange Jesusmonogramm und Rosette. – *Tür* (heute in Gadmen, Haus Nr. 1, S. 251). Nußbaum. Einlegearbeit. In der oberen oktogonalen Füllung kreuzförmiges Feld mit Jesusmonogramm in Strahlenmedaillon, in der unteren Rechteckfüllung X-förmiges Feld mit Jahreszahl 1747 und Wappen vielleicht der Familie Jost: Andreaskreuz zwischen Fünfstrahlensternen unter zwei gegenständigen Trauben und Fünfstrahlensternen in den Schildecken.

«DR STALE» (QUARTIER LÄNGS DER STRASSE NACH OBEREGG)

16. Koord. 235/335. Kat.-Nr. 413. Gregor Gibsten; Raphael Imwinkelried. Erbaut Anfang 17. Jh. Rillenfriese. Obere Geschosse 1773 (Jahreszahl am hinteren Giebel). An der linken Traufseite Anbau aus Stein und Holz, 19. Jh.[119]. «Vorschutz» auf Konsolen mit leeren Wappen und schrägen Stäben. Einfache Kielbögen am Fußbalken. Teilweise originale Fensteröffnungen im «Loibe»-Geschoß. ⌐—⌐. 2½. F (ohne Anbau). Dielbaum verkleidet. – *Ofen.* Zweigeschossig. Wuchtige, mit zwei Karniesen profilierte Deckplatte. An der Stirn, in Wappenschild: «VN/CB/1776», an der Wange die Initialen «KA» über der Jahreszahl 1893. – *Zinnteller* (im Besitz von Anton Gentinetta-Bodenmann, Brig). Dm. 21,4 cm. Gießermarke von PAULO G. MACIAGO, Brig, 1. Hälfte 19. Jh. (BOSSARD, Nr. 798). Marke «MN». – *Truhen.* 1. (Abb. 407) (im selben Besitz). Nußbaum. Einlegearbeit. In den Zwischenfeldern vegetabile Motive im Stil des frühen 17. Jh. Geschnitzt links: «Meister/ioseph», rechts: «ANDRES/1747». Wertvoll. – 2. Nußbaum. Zwischen oktogonalen Feldern eckgekehlte Füllung mit der Jahreszahl 1780.

17. Koord. 240/320. Kat.-Nr. 417. Ida Wellig; Raphael Imhasly; Guido Volken. Erbaut 1654 (Jahreszahl am rückseitigen Giebel). Großer Würfelfries. Später angefügte Maueranbauten an beiden Traufseiten. ⌐—⌐. 2½. Doppelhaus mit den Grundrissen E und A. *Inschriften.* 1. Stockwerk, linke Stube: «[in Wappenfeld die Initialen ‹IZ› über zwei Quadrätchen; Jesusmonogramm]MARIA IM.1654.IAR DISES HAVS STAT IN GOTTES HAND AM̄EN IOAÑES ZLAMBEN[120] DER BESIZER» – «[gleiches Wappen; Jesus- und Marienmonogramm]IM IAR 1654 DER FRID DEM HAVS VND DĒ BESIZER AM̄EN IOAÑES ZLAMBRIGGĒ VND SINEM GESCHLECHT». – *Öfen.* 1. Eingeschossig. Gekehlte Deckplatte. An der Stirn, in Wappenschild, Jesusmonogramm, die Initialen «IZ» und die Jahreszahl 1657 über dem Dreiberg. – 2. Zweigeschossig. Gekehlte Deckplatte. An der Stirn Wappenschild mit dem Jesusmonogramm und den Initialen «IZ» über dem Dreiberg; rechts davon «MN 1872» (Datum des Umbaus); an der Wange die Jahreszahl 1657. – 3. Eingeschossig. 17. Jh. Gekehlte Deckplatte. An der Stirn Jesusmonogramm über der Jahreszahl 1884, zwischen den Initialen «V[alentin?]» und «R[itter?]». – 4. Zweigeschossig. Kehle unter abgerundeter Deckplatte. An der Stirn die Jahreszahl 1891, Jesusmonogramm und die Initialen «AMRT». – *Weihwassergeschirr.* H. 36 cm. Holz, geschnitzt. Rokoko. Von Rocaille und Blumen umrahmte Nische mit Muschel am Fuß. Elfenbeinkruzifix. – *Jugendstilmöbel,* aus Nußbaum hergestellt um 1900 von ALFRED WELLIG (1886–1918), Fiesch: Bettstatt, Kommode, Nachttischchen. Qualitätvoll.

18. *«Kreyghüs»*[121]. Koord. 165/310. Kat.-Nr. 452. Thomas Berchtold; Herbert Wellig. Erbaut 1666. Das steinerne «Saal»-Stockwerk auf Megalith-Grundmauern und das

---

119 Soll von Fürgangen hergebracht worden sein. (Freundl. Auskunft von Gregor Gibsten [*1890].)
120 Zlambriggen (BRIW [vgl. Literatur, S. 352], S. 36).   121 Vgl. CARLEN, Inventar, S. 59/60.

Abb. 407. Fiesch. Truhe Nr. 1, 1747, aus dem Haus Nr. 16 (Privatbesitz Brig). – Text S. 376.

giltsteinerne Rundbogenportal in der auf Traufhöhe gestuften Mauer des rechtsseitigen Hinterhauses verraten den Machtanspruch des Meiers und späteren Landeshauptmanns Johannes Kreyg schon an diesem frühesten seiner drei in Fiesch, Ernen und Lax errichteten Häuser. Eine gedeckte Vorlaube schlug ehemals die Brücke vom zweiten Wohnstockwerk zum Hang. Große Würfelfriese. Ursprüngliche Fensteröffnungen im «Loibe»-Geschoß. An der rechten Traufseite eine um 1970 wiederhergestellte Sonnenuhr in Sgraffito[122]. ⌐⎯⌐. Sa. 2 und Giebel-«Loiba». G und F (mit Längsgang im Hinterhaus).

Inschrift. Dielbaum des 1. Stockwerks verkleidet. – 2. Stockwerk: «WEILS NIT KAN BSTENDIG SIN AVF ERDEN SOLS Z'HERREN SEGEN VERTRAVWET WERDEN. ANO 1666/IM ANFANG DIS IAHRS DIS HAVS IST G'HAVWEN AM END DES APRILS INS DACH GEBAVWEN CATHARINA KREYG[Hand]AETATIS VNIVS ANNI»[123]. – *Tür.* Nußbaum. Oben geohrte Füllung mit eingelegtem Jesusmonogramm in Stern, unten Rechteckfüllung mit eingezackten Ecken. Altes Beschläg. – *Kommode.* Nußbaum. Wohl 19. Jh. Geschnitztes Laubwerk und Früchte, u. a. Granatäpfel, an der Zarge, die sich samt der obersten Schublade öffnet. An den Kanten Blattwerkstab, an den Ecken Palmettenkonsolen.

19. Koord. 275/280. Kat.-Nr. 478. Marco Volken. Erbaut 1731. Pfeilschwanzfries unter Wolfszahn. Vollständig umgestaltetes Häuschen. *Inschrift:* «ANFENCKLICH . EIN . HAVS . VATER . FREI . GOTS . FERCHTIG . VND . AVF . RECHT . DAR . BEI/DEIN . WEIB . VND . KIND . AVCH . GLEICHER . STALT . AVF . ZIECHEN . SOLT . WIE . ES . GOT . GEFALT. 1731». – *Öfen.* 1. Zweigeschossig. Großes Karnies unter der Deckplatte. An der Stirn, in zierlichem Wappenschild, heraldisches Zeichen der Familie Anderledi (S. 360), die Initialen «IMA[n]D[er] L[ede]/MBG» und die Jahreszahl 1762. Rankenwerk an der Wange. – 2. An der Stirn: «GEBRUDER 19/ H[einrich]. N[ikolaus]. A[rthur]. / VOLKEN 34».

20. *«Villa Lindenbaum».* Koord. 240/270. Kat.-Nr. 425. Pia Reich. Erbaut 1893/94. Steinernes Haus mit Zwerchgiebel an beiden Flanken. Der mit Zeltdach abgeschlossene Turm an der Nordwestecke, zu dem ursprünglich eine Holzlaube führte, birgt die Toiletten (vgl. Hotel «Des Alpes», S. 382). 2. Grundrisse ähnlich G und F. – *Öfen.* 1. Dreigeschossig. Breit, aber nur wenig tief. Karnies unter der Deckplatte. An der Stirn: «CLAUSEN ADOLF &/SEINE GATTIN/VALERIA GEB. VOLKEN/1894/AN GOTTES SEGEN IST ALLES GELEGEN». In der Mitte der Inschrift Clausen-Wappen wie W. Wb., Tf. 2, jedoch mit Dreiberg und Gemse unter zwei Fünfstrahlensternen. – 2. Gleiche Gestalt; ähnlich beschriftet.

21. Koord. 230/310. Kat.-Nr. 422. Karoline Burgener-Lambrigger. Erbaut letztes Viertel 19. Jh. ⌐⎯⌐. 1 und Giebel-«Loiba». C.

---

122 Abb. bei BINER, S. 83.

123 Hinweis auf eine einjährige Tochter namens Katharina? Die zweite Gattin des Bauherrn hieß Katharina Zum Brunnen.

Abb. 408. Fiesch. Dorfquartier «Oberegg». – Text unten.

«OBEREGG» (um Koord. 275/150) (Abb. 408)

22. Koord. 275/165[124]. Kat.-Nr. 438. Alfred Bortis; Albert Ritz. Erbaut 1550. Rillenfriese. Renovationen 1766 und 1777 (Anbau der linksseitigen Kammerachse). Anbauten auch an der Rückseite, zum Teil aus «Stutzwand». ⌐⌐. 2½. F. *Inschriften.* 1. Stockwerk: «[Jesus- und Marienmonogramm]JOSEPH JM . NAMEN . DES.HEREN.FANGE AN/DER.FIR.UNS.ALE.GNUGGETHAN.MEISTER.IOAN.PETER.ZLAMBRIGEN./UND.SEINE.HAUS. FRAU.ANNA.MARIA.KUOCHEN./UND.IHRE.KINDER.IOSEPH.ANTONI.ALOYSII.Z.IOANES.PATTISTAZ./IOANES. IOSEPH.GABRIEL.Z.MARIA ROSA.THERESAE.Z.IUDITH.Z./JM IAHR 1550 ERBAUET.1777.ERNEUERT». – Auf einem Deckenbrett: «GRAB.EIN.EHLTIEFF.IN.ERDEN.AUS.SOHAST.DU.SCHON.EIN.BAUES HAUS./WAS.TRACHEST. ALZEIT.NACH.GEBI.DU.WIRST.NIT.ALES.MACHEN.NEI.». – Stubji: «[in Wappenfeld die Initialen ‹IS/M.VI›]1766 I.P.Z.B.M A.K.». – In der Stube des ersten Stockwerks *Täferdecke* mit großen geschweiften Füllungen. – *Öfen.* 1. Zweigeschossig. Wuchtige gekehlte Deckplatte, wohl 17. Jh. An der Stirn die Initialen «A[lbert] R[itz][Walliser Wappen]A[nna]J[ulier]/A[urelia]P[aul]», an der Wange Jesusmonogramm und die Jahreszahl 1893. – 2. Zweigeschossig. Breit. Kehle unter kantiger Deckplatte. Kräftig gefaste Kanten. An der Stirn: «GK 1811 MH». – *Türen.* Nußbaum. 2. Hälfte 18. Jh. Obere Füllungen geschweift. Originales Beschläg. – *Truhe.* Klein. Nußbaum. Eingelegt: «J IHS 74 C.W/M.G 5». Aus Bellwald?

23. Koord. 250/145. Kat.-Nr. 613. Gabriel Ritz; Josef und Karl Volken. Erbaut 1611, obere Stockwerke 1738. Am Giebel: «17 R[everendus]D[ominus][Johann]F[ranz]K[uchen]38». Das Haus bildet zusammen mit einem großen Speicher dahinter eine reizvolle Baugruppe. Linksseitiger gemauerter Anbau. Verbindungsbrücke zum Speicher. ⌐⌐. 3. F, G («Stubji» erst später mit «Stutzwand» abgetrennt?) und C. *Inschrift.* 1. Stockwerk: (entfernt, aber aufbewahrt) «[Jesusmonogramm; Schiner-Wappen]MARIA DISERS HAVS STAT IN GOTTES HANT PETER SCHINER IST DER BESITZER GENANT/DVRCH GOTTES GNAT ALE ZYT FRIT VND EINIGKEIT HIERINEN SYG MDCXI»[125]. – *Ofen.* Zweigeschossig. Karnies unter gekehlter Deckplatte. An der Stirn Kuchen-Wappen (W. Wb., S. 143, V 2) zwischen zwei ovalen Medaillons; im linken «R.D/I.F.K/ V[icarius]A[ragnensis]», im rechten die Jahreszahl 17/39.

---

124 Wohl das auf dem Stich von ROHBOCK im Vordergrund abgebildete Haus (Abb. 383).

125 Nach Auskunft von Gabriel Ritz steht auf dem Dielbaum des 3. Stockwerks: «[Monogramme der Heiligen Familie]den 17. Tag Mai 1738».

24. Koord. 305/100. Kat.-Nr. 680. Emil Eggs; Josef Schmidt. Wohnhaus des Malers JOHANNES STEFFEN (1700–1777)[126]? Erbaut 16./frühes 17. Jh. Rillenfriese am ersten Stockwerk. Zweites Stockwerk 1792? ⌐——⌐. 2½. G und F. *Rokokotäfer. Inschrift:* am Dielbaum des 1. Stockwerks Gommer Wappen[127]. – *Öfen.* 1. Zweigeschossig. 18. Jh.? Kehle unter karniesartig profilierter Deckplatte. Neu angebrachte Initialen: «A[lexander]S[chmidt]A[nnemarie Bürcher]». – 2. Zweigeschossig. Großes, schwungvolles Karnies am Sims der Deckplatte. An der Stirn ein von trompetenartigem Rollwerk[128] gerahmtes Medaillon mit zwei gegenständigen Löwen unter sternenumkreister Sonne. An der Wange, in umranktem Medaillon, die Jahreszahl 1793. – *Türen.* Zwei Stück. Lärche. Ende 18. Jh (1792?). Obere Füllungen geschweift. – *Schrank.* Tanne. Datiert 1815. Initialen: «V[alentin]F[olken]C[atharina]B[ircher]»[129].

25. Koord. 270/215. Kat.-Nr. 443. Alfred Bittel; Hans Schmidt. Erbaut 1669 (Jahreszahl am Giebel). Zweites Stockwerk 1904 eingeschoben. ⌐——⌐. 2½. G. Im Estrich des Vorderhauses Raum mit Blockwänden unter den Zwischenpfetten (vgl. Kdm Wallis I, Abb. 6). *Täfer* 1904. *Inschriften.* 1. Stockwerk: «[...ver-deckt]R GOT VND HER ZVO MOeHR ER IHR SEY DISES HAVS GEBAVWEN HER.DEIN GNAD DRIN SEND VNGLICK ABWEND GESTATE NIT DAS DER VNFRID NOCH SPAT NOCH FRIE THIE WOHNEN HIE/...C./M[Allianzwappen Kuchen–Zlambriggen]KVOCHEN NOTARIVS/ZLAMBRIGGĒ EIVS CONIVX[Marienmonogramm]SONDER DEIN NAM DVRCH ALLESÄ MIT HERZ VND MVND ZVO ALLER STVND HIERIN GEEHRT,GEPRISEN WERDT.ANNO CHŘI 1664».– 2. Stockwerk: «FRIEDEN.GLÜCK.U.SEGEN.GEBE.GOTT.DIESEM.HAUS.UND.DENNEN.DIE.DA.GEHEN.EIN. UND AUS/DIESE.WOHNUNG.HAT LASSEN BAUEN.AUXILIUS.BITTEL.UND.SEINE.GATTIN.KRESENZIA.IMHOF.IM JAHRE 1904». – *Öfen.* 1. Zweigeschossig, mit schwungvollem Karnies an der wuchtigen Deckplatte. An der Stirn über dem Kuchen-Wappen die Initialen «[Johannes]K[uchen]N[otarius]F[amiliaris]»[130], darunter das Riedmatten-Wappen «A[nna]M[aria]D[e]R[iedmatten]», darunter die Jahreszahl 1700. Kräftiges Relief auf einem Spiegel. Qualitätvoll. – 2. Initialen «A.B./K.J» zwischen den Ziffern 19 und 05. – *Hauskruzifix.* H. 63,5 cm (Korpus 22 cm). Holz, häßlich übermalt. Um 1800. Lebhaft drapiertes Lendentuch. Zierlicher Profilsockel aus Nußbaumholz.

26. Koord. 305/85. Kat.-Nr. 679. Arnold Lobeck. Erbaut 1693, um ein Stockwerk erhöht 1708 (Jahreszahl am Giebel)[131]. ⌐——⌐. 3. G und F. Estrich wie in Haus Nr. 24. *Inschriften.* 1. Stockwerk: «[zwei Wappen, das eine mit den Initialen ‹MS/S›, das andere mit den Initialen ‹HB› über dem Wappenzeichen der Familie Bircher]HANS BIRCHER IST DER BVWMAN GNAMPT MATHE VNDT IOANES.SEIN SOHN ZVO SAMPT/HABEN DIS HAVS ZVO GOTES EHR VND IHNEN ZVNTZ GEBAVWEN HER IM IAHR 1693». – 3. Stockwerk: «[Bircher-Wappen; Monogramme der Heiligen Namen]DISES HAVS.HAT.LASEN.BVWEN.IOHANES.BIRCHER.VND.MARIA.BIRCHER 1708». – *Öfen.* 1. Zweigeschossig. Gekehlte Deckplatte. An der Stirn Jesusmonogramm in Wappenschild. An der Wange, in Wappenschild, Birkenzweig auf Dreiberg, gerahmt von den Initialen «I B» und den Ziffern der Jahreszahl 1696. – 2. Zweigeschossig. Gekehlte Deckplatte. An der Stirn, in Wappenschild, heraldisches Zeichen der Familie Bircher unter der Jahreszahl 1714, an Stelle der beiden Punkte im Wappen die Ziffern 18 und 84. – 3. Zweigeschossig. Am Sims Kehle und kräftiger Rundstab. Schräg gebänderte abgerundete Kante. An der Stirn Jesusmonogramm in Lorbeerkranz, an der Wange in Rankenwerk, das Wappen der Familie Folken rahmend, die Inschrift: «JOSEPH VALENTIN/FOLKEN UND SEINE/GEMAHLIN ROSINA/18.IMHASLI.65». – *Truhe.* Lärche. Eingelegt: «18 AMR 27». – *Dielbaum* aus unbekanntem Haus: «[Wappen: Stabkreuz auf gespreizten Stäben, umrahmt von drei Sechsstrahlenster-nen; Jesusmonogramm]HANS BORTIS AMMAEN.VF GOT VORTRVEN IST.WOLL GEBVWEN AM 27 TAG WINMONAT DO M ZALT 1587 ER/MARI[Hand]IH HANS POLLEN HAT.LASEN MACHE DISE KAMER.VND.CATHRIANA.BORTIS... NNE FROWEIN THO...».

27. Koord. 275/130. Kat.-Nr. 635. Josef Bortis; Leo Volken. Am Giebel: «Jm Jahr des Herrn 1791». Pfeilschwanz- oder Rautenfries unter Wolfszahn sowie gebrochener Wellenfries. Stirnfassade teilweise erneuert. Nicht mehr ganz entzifferbare Inschrift unter der Fensterzone des «Loibe»-Geschosses. ⌐——⌐. 2½. G und F. *Inschriften.* 1. Stockwerk: «[Wappen der Familie Nellen: Löwe auf diagonal nach rechts steigendem Balken; Jesus- und Marienmonogramm in zierlichen Wappen mit Rocaillekämmen]IOS.DISES HAVS HAT LASEN BAVWEN.VALENTEIN NELLEN VND SEIN HAVS FRAVW CECILIA AN DER LEDI.../SEHN JOSEPH

---

126 1755: «Joannis Steffen Pictoris de OberEgg» (PfA Fiesch, G 1).
127 Am Dielbaum des 2. Stockwerks soll stehen: «1792 Johann Steffen».
128 Ähnlicher Zierat wie an den Öfen der Häuser Nr. 16 (S. 279) und Nr. 17 (S. 280) in Niederwald.
129 PfA Fiesch, G 7.   130 Ebd., G 4.
131 Im dritten Stockwerk wohnte Ofenmacher JOSEF BITTEL (1884–1962).

JGNATIVS VND JOSEPH ANTONI ANNO 1791 DEN 30 MERTZ[...verkleidet]». – 2. Stockwerk: «[in zierlichem Wappenfeld drei im Dreieck angeordnete Fünfstrahlensterne in Gestalt des Davidsterns[132]]VALENTIN NELLEN HAT DISES HAVS GEBAVWEN HAR CECILIA ANDERLEDI SEIN HAVS FRAVW WAR/MIT HILF SEINEN 5 SEHNEN DAZV MAHL GOT BEWAHR SIE VOR VNGLICKS FAHL ANNO 1791». – «Stubji»: Monogramme der Heiligen Familie, Akanthusranken und die Jahreszahl 1791. – *Ofen.* An der Stirn: «J[osef]B[ortis]/19» und «O[liva]B[urgener]/38», ferner «JOHAN/IOSEPH/BORTIS/18 65»; an der Wange unbekanntes kleines Wappen: Dreieck über Sechsstrahlenstern.

28. Koord. 260/105. Kat.-Nr. 643. Josef Bohnet; Emma Volken. Am Giebel: «Anno 1813». Keine Friese. 1885 zweites Wohnstockwerk eingeschoben. Anbau an der rechten Traufseite. Vorlaube an der Rückseite des zweiten Wohnstockwerks. ⌐⌐. 2½. F. *Inschriften.* 1. Stockwerk: «IHS [Marienmonogramm] JOSEPH. DISES . HAVS . HAT . LASEN . BAVEN . IOHANNES . IOSEFVS . FOLCKEN/VND . SEINNE EHGEMEHLI MARIA.CATRINA BIRCHER VND SEIN SOHN JLF 1813». – 2. Stockwerk: «IHS ALOIS VOLKEN 1885». – *Öfen.* 1. Zweigeschossig. Karniesartige Kehle unter der kantigen Deckplatte. An der Stirn die Jahreszahl 1814 über dem Jesusmonogramm. – 2. Dreigeschossig. Breit. Kehle unter abgerundeter Deckplatte. An der Stirn Volken-Wappen zwischen den Ziffern 1886, an der Wange die Initialen «A[lois]V[olken]/K[atharina]B[erchtold]» und Jesusmonogramm in Blütenkranz.

NENNENSWERTE EINZELBAUTEN[133]

29. *«Hoferhüs».* Koord. 215/365. Kat.-Nr. 410. Guido Volken; Hans Volken. Erbaut 1683. Würfelfries unter Wolfszahn (früher Vertreter dieses Friestyps). An der rechten Traufseite, über dem größtenteils gemauerten «Saal»-Stockwerk, «Vorschutz» auf Konsolen mit den Monogrammen der Heiligen Familie, mit den Ziffern des Baujahrs und einem unbekannten Wappen (religiöses Phantasiewappen?): Herz mit drei Nägeln unter Krone zwischen Sechsstrahlensternen und gebogenen Kämmen. ⌐⌐. Sa. 2½. G und F. *Inschriften.* 1. Stockwerk: «R.D.I.[Folken-Wappen: über Dreiberg A, bekrönt mit Kreuz]FOLCKEN P.ARAGNI C FOLCKEN ET DIETZIG EIVS CONIVX ZVO GOTTES VNDT MARIAE EHR IST DISES HAVS GEBAWEN HER IM IAHR 1683». – Kammer: «PAX INTRANTI SALVS EXEVNTI». – 2. Stockwerk: «[Folken-Wappen mit den Initialen ‹R D/J F›]HAS AEDES FIERI FECIT R.DN̄S IŌES FOLCKEN CVRATVS ARAGNI.AÑO DÑI 1683 MENTEM SANCTAM SPONTANEAM + HONOREM[...verdeckt]/PATRIAE LIBERATIONEM + SANCTA AGATA.ORA PRO NOBIS[Jesusmonogramm]MRIA IOSEPH.SINT BENEDI[...verdeckt]». – *Öfen.* 1. Eingeschossig. Karnies unter wuchtiger, kantiger Deckplatte. An der Stirn zwei Felder mit ostensoriumartigen Rosetten in Hochrelief, an der dreiachsig geschmückten Wange Volken-Wappen (W. Wb., Tf. 5, Nr. 2) mit den Initialen «A[dmodum]R[everendus].D[ominus].I[oannes].F[olcken]/P[arochus]V[espiae]»[134] und der Jahreszahl 1687 zu einem monstranzähnlichen Gebilde vereinigt, links Schweifrosette in Ständer über den Initialen «C[hristian]F[olcken]», rechts vertikales Polster. – 2. Zweigeschossig. Karniesartige Kehle unter kantiger Deckplatte. An der Stirn Rosette und Volken-Wappen (wie auf dem Dielbaum des Hauses Nr. 14) mit der Jahreszahl 1686 und den Initialen «C F». – An der Wange großer Rechteckspiegel. Stattlicher Ofen. – *Porträt.* Etwa 23 × 18 cm. Öl auf Leinwand. Brustbildnis einer jungen Walliserin in Tracht. Mitte 19. Jh. Qualitätvoll.

30. Koord. 140/375. Kat.-Nr. 1410. Guido Volken. Erbaut 1752 (Jahreszahl am Giebel), vielleicht an der Stelle des durch Feuer zerstörten alten Hauses von Johannes Kreyg in der Klostermatte[135]. Alleinstehendes, stattliches Haus, 1972 vor allem im Erdgeschoß unpassend renoviert[136] und rückseitig mit neuem gemauertem Treppenhaus versehen[137]. Mitten im Mauersockel der Front rundbogiges Eingangsportal aus Tuff[138]. ⌐⌐ (in der Küchenecke bis zum Dach reichend). Sa. 2½. G und F. *Inschriften.* 1. Stockwerk:

---

132 Die Familie Nellen von Mörel trägt in ihrem Wappen drei Kugeln in gleicher Anordnung (W. Wb., S. 181 und Tf. 15).

133 Die Burgerschaft plant im Häuschen bei Koord. 155/350 ein Museum einzurichten. Das Haus ist nach Angabe der beschrifteten Dielbäume 1690/91 von Christian In der Resti und Maria Schiner errichtet worden. – Im Erdgeschoß des 1697 von Martin Burcken erbauten «Vorschutz»-Hauses bei Koord. 190/165 «i dr Treichi» waren ehemals Mühle und Bäckerei eingerichtet.

134 Deutung der Initialen von Dr. H. A. von Roten, Raron.   135 CARLEN, Inventar, S. 60/61.

136 Planaufnahmen vom Hause vor dem Umbau im Besitz von Guido Volken.

137 Der alte Anbau an dieser Seite war über dem Mauersockel mit «Stutzwand» aufgerichtet.

138 Ein Längsgang führte durch das Saal- und Kellergeschoß zur Wendeltreppe mitten an der Rückwand.

Abb. 409. Fiesch.
Wandbüfett, 1773,
aus dem Haus Nr. 30. – Text unten.

«DIS.HAVS.HAT.LASEN BAVWEN ANA MARIA . GLAVSEN[139].VND . IHR . KINDER . VALENTIN . VND . IOSEPH . KREIG/
MARIA . ELISABET . VND . ANAMARIA . IHR . TOCHTREN ANNO 1752 IAHRS» – «[Kreyg-Wappen; Monogramme der
Heiligen Familie].SEI . GELOBT . IN . EWIGKEIT . DIE . BESCHITZEN . VNS . ZU ALERZ . IM . IAHR . MDCCLII . AVF GOT .
TRAW/WAS UNS . DAS . FEYR GENOHMEN HAT.DIE GNAD GOTTES ERSTATTET HAT . IST . WOHL . BAWE». – «Stubji»:
«ALZEITLIS.GVOT.DA.HAT.KEIN.SPANT.WAN GOTDREIN.SHLAGT.MIT.SEINER.HANT». – Kammer: «+LIEB GOT
ZVALER . ZEIT . SO . WIRST . ERLANGEN . DIE . SELIGKEIT . 1752.» – 2. Stockwerk: «EHR SEY GOTT DEM VATTER VND
DEM SOHN VND DEM HEILIGEN GEIST AMEN ANNO DÑI 1752/IM UNGLÜCK TRAG EIN HELDENMUTH.TRAUW GOTT
ER KAN ALL'S MACHEN GUTH.» – «SCHAUW AUF DICH VND NIT AUF MICH.THUE ICH UNRECHT SO HÜTE DICH./
EHRLICH G'LEBT VND SEELIG G'STORBEN IST AUF ERDEN ALL'S ERWORBEN.» – Kammer: «WEIL DISES HAUS IST
GRATEN WOHL.DEN MEISTER ICH NUN NEÑEN SOL.JGNATIUS WENGER.» – «Stubji»: «AVDI VIDE TACE.VIVERE SI
VIS IN PACE.1752[140]» – «ICH TRAG MEIN CREUZ UND SWEIGE STILL.WAS MIR GESCHICHT IST GOTTES WILL.» –
Öfen. 1. (Abb. 406). Eingeschossig. Mit Kehle sowie geraden und runden Stäben reichprofiliertes Sims.
Durch Spiegel in drei Geschosse gegliedert. An der Stirn, in einem Zierfeld, von Akanthusranken und
Blüten umrahmtes eigentümliches Wappen: über Dreiberg Sonne inmitten von vier Fünfstrahlensternen.
An der Wange in wappenähnlichem Feld: «IIA/B/1808». Geschweiftes «Kachelloch» mit schmiedeeiser-
nem Türchen. Platine, geschmückt mit barockem Zierspiegel. – 2. Zweigeschossig, mit Sitzbank.
Reichprofilierte Simse, dasjenige der Sitzbank mit Karnies. Profiliertes Sims über den kunstvoll gehaue-
nen Füßen. Zierfelder. An der Stirn: «HBB AM 1808». – *Tür.* Nußbaum. Um 1752. Obere Füllung
schwungvoll geschweift. Altes Beschläg. – *Wandbüfett* (im Hotel «Glacier») (Abb. 409). Nußbaum.
Einlegearbeit. Konkave Mittelachse. Niedrige Schubladen-Fußzone. Kredenznische. Seitliche Türen, zur
Mitte hin hochgeschweift. Blumen- und Gitterschnitzereien an den gefasten Kanten. Auf den seitlichen
Schranktüren mit dem Rahmenband verschlungene variierte Vierpässe. Oberhalb der Kredenznische
zwei Vollwappen, im linken Dreiberg, Fünfstrahlenstern und griechisches Kreuz mit Dreipaßenden, im
rechten «F.I.G/S.H/1773». Prachtvolle Rocaillefüllungen an den Wangen.

---

139 Gattin des Valentin Kreyg (PfA Fiesch, G1).
140 Höre, schaue, schweige, wenn du in Frieden leben willst.

FRÜHE HOTELBAUTEN

Zum *Hotel «Jungfrau»*, Eggishorn, siehe S. 350 und Abb. 410.

Hotel «Des Alpes» (Koord. 150/270). Heinrich Berchtold-Haslinger. Um 1860 Bau des nordöstlichen fünfachsigen Teils des Hauses durch einen Unternehmer namens STEINER[141], anschließend erworben von den Geschwistern Meinrad, Alphons und Maria Feller aus St. Johann im Tirol. Zweite Bauetappe zu unbekannter Zeit: Anbau eines zweiachsigen Wirtschaftsraumes mit Flachdach als Terrasse gegen Südwesten. Dritte Bauetappe, 1912: Ergänzung über der Terrasse und Anbau der restlichen Achsen, oben als Speisesaal, unten als Durchgang der Pferde zu den Ställen dahinter benützt[142]. Einfacher, langgezogener Bau, drei Geschosse umfassend. Auf dem Walmdach eine Zeile Lukarnenhäuschen («Lojini»). Mitten an der Rückwand vorgestellter, behäbiger Turm (Aborte) mit Zeltdach. Zwei Rundbogenportale an der Schaufront.

Zinn (im Besitz von R. Giacometti-Haslinger, Zürich). *Kanne.* H. 27,3 cm. Datiert 1835. Von der Gießermarke nur mehr lesbar: «MACI[ago]». Eingraviert: «H*ST» und «NW». – *Teller.* Dm. 24,8 cm. Runde, perlstabgesäumte Gießermarke: über der Jahreszahl 1693 Mohrenkopf, gerahmt von den Buchstaben L, B und M. Strangenförmige Marke (vgl. S. 384): stilisierte Krone(?) über zwei gegenständigen Buchstaben F, links die Jahreszahl 1601, rechts «LYON». Schützengabenstempel ähnlich BOSSARD, Nr. 855, jedoch ein Kreuz statt der beiden Rosetten am Rand über der Krone und breiter Adlerschwanz ohne Jahreszahl. – *Tisch.* Nußbaum. Initialen «VBAM» und Jahreszahl 1766 in Einlegearbeit. – *Tischplatte.* Nußbaum. Einlegearbeit. In der einen Tischhälfte Jesusmonogramm und die Jahreszahl 1584, in der andern großer Sechsstrahlenstern mit folgenden Wappen in den Zwickeln: drei im Dreieck angeordnete Punkte; W von einem Kreuz überhöht; die Initialen «CB»; übrige leer. – *Truhen.* 1. Nußbaum. Klein. Mitte 17. Jh. Eingelegt links Kelch und Hostie, rechts Wappenzeichen: auf Dreiberg von Pfeil schräg durchbohrtes Herz, überhöht von einem Andreaskreuz und einem Sechsstrahlenstern zwischen den Initialen «H» und «I». – 2. Nußbaum. Zentrales akanthusgerahmtes Wappenfeld mit den Initialen «R[everendus].D[ominus].I[oannes].W[erlen]C[uratus].M[ontis].O[ris]»[143] und der Jahreszahl 1744. – 3. Nußbaum. In der linken Füllung die Initialen «I/HM/MB/R[itz]», in der rechten die Jahreszahl 1757, in den zwei Medaillons der Mittelfüllung Wappenzeichen, links Reichsapfel mit Sechsstrahlensternen beidseits des Kreuzes, rechts dasjenige der Familie RITZ (W. Wb., Tf. 4, jedoch mit M-artigem Zeichen an Stelle des Wurzelwerks). – 4. (im Besitz von R. Giacometti-Haslinger, Zürich). Nußbaum. Dreiachsig. Eckgekehlte Füllungen mit plastischen Schnitzereien, in der Mitte zwei gegeneinander aufgerichtete Löwen mit gemeinsamem Haupt, in den Seitenfeldern Doppeladler. Eingeschnitzte Jahreszahl 18(?)00.

Abb. 410. Fiesch. Hotel «Jungfrau», Eggishorn. Aufnahme 1949. Text S. 350.

Hotel «Glacier et Poste» (Koord. 225/350) (Abb. 404)[144]. Guido Volken-Speckly. Erbaut 1871 von Großkastlan Klemenz Bircher, Schwiegervater des «aus dem Gebiet von Feldkirch»[145] stammenden Brigers Josef Speckly[146]. Umbau 1880? (Jahreszahl am Balkongeländer). Mansardendach 1924 an Stelle des Walmdaches mit Lukarnen. Der phantasievolle Hotelbau am Fuß des Kirchhügels ist zu einem Wahrzeichen von Fiesch geworden. Der kompakte Baukörper weist auf der Hangseite drei Geschosse von neun Fensterachsen auf, talseits vier Geschosse mit einer zusätzlichen Fensterachse, weil an der südöstlichen Breitseite ein Risalit in der Fassadenflucht vorspringt. Charakteristisch ist das abwechslungsreich gewalmte rotbraune Blechdach mit Mansardenstirnen beidseits der Schaufront. Granitgerahmte Rechteckportale, Fenstersolbänke aus Granit. Am einfachen neugotischen Metallgeländer des Hauptbalkons vertikal aufgereihte Wappen der Familien Speckly (W. Wb., Tf. 5) und Bircher (W. Wb., S. 47, Fig. 1) zwischen den Initialen «J[osef]S[peckly]» und «M[aria]B[ircher]».

Ofen aus dem Gemeindehaus von Geren (s. Kdm Wallis I, S. 159, Anm. 20). – *Hauskruzifixe.* 1. (im Besitz von Henri Michelet, Siders). H. 77,5 cm (Korpus 25 cm). Holz. Polimentgold und Polychromie mit Lüster. 3. Viertel 18. Jh. Auf reichgeschweifter Sockelplatte dreipaßförmiger Kreuzfuß, gerahmt von C-Bögen und Rocaille. Darin appliziertes Herz und vollplastisches Lamm auf Wolken; davor, auf der Sockelplatte, Pelikan mit Jungen. Beidseits ausfliegende Lendentuchzipfel. Dazugehörendes Paar von Leuchterengeln, H. 30,5 cm. Qualitätvoll. – 2. H. 70 cm (Korpus 25,5 cm). Holz. Reiche, polychrome Originalfassung, teilweise mit Schellack überholt. 2. Hälfte 18. Jh. Angeblich aus Neapel. Hinterglasgemalt die «INRI»-Tafel und, zusätzlich mit Silberfolie hinterlegt, das Rankenwerk der Kreuzbalken. Am Sockel appliziertes Herz Jesu unter einer Blüte, gerahmt von C-Bögen und Blattkämmen. Blüten als Balkenenden. Außerordentliches Stück. – *Porträte.* Außer Nr. 1 im Jahre 1968 von der Firma MUTTER, Naters, restauriert. 1. 49 × 35,5 cm. Öl auf Holz. Halbfiguriges Männerbildnis. Links oben Inschrift «AETATIS SUae[56]/1788» und Wappen: Andreaskreuz mit zentralem Stab. – 2. 57 × 45,5 cm. Öl auf Leinwand. Halbfigurenbildnis. Rechts unten signiert «J.Stocker 1883». Rechts oben Wappen der Familie Loretan (ähnlich W. Wb., Tf. 8). Auf der Rückseite: «Ferdinand Loretan/geb. 1834». – 3. 33 × 24,5 cm. Öl auf Leinwand. Brustbildnis in halbem Rechtsprofil. 1. Viertel 19. Jh. Auf der Rückseite: «Martin Speckly». Metallbeschlagener Rahmen. – 4. 46 × 36,5 cm. Öl auf Leinwand. Halbfigurenbildnis. Auf der Rückseite: «Eduard Speckly von Brieg/21 Aprill 1858». – 5. 57 × 45,5 cm. Öl auf Leinwand. Halbfigurenbildnis in Walliser Tracht. Rechts unten signiert: «J. Stocker 1883». Rechts oben Wappen wie auf Nr. 5. Auf der Rückseite: «Theresia Speckly-Eiholzer/geb. 1800». – *Maria vom Guten Rat.* Kopie nach dem Gnadenbild von Genazzano. 43 × 31 cm. Öl auf Holz. 2. Hälfte 18. Jh. Dunkles Sfumato in der Art, wie es Maler I. A. L. PREUX verwendete (S. 368). – *Mörser.* 1. (im Besitz von Henri Michelet, Siders). Von Landvogt Martin Jost. H. 15 cm, Dm. 19,7 cm. Bronze. Maskarons an den Griffnoppen. Wandung durch Profilbündel in zwei reliefgeschmückte Zonen gegliedert. In der unteren Zone Jahreszahl 1591 und vier kleine Tulpen, in der oberen Hand, Tulpe, M, in Hochrelief Wappenzeichen der Familie Jost (W. Wb., Tf. 3, jedoch mit paßförmigem Dreiberg), «IOST», Tulpe. Dazugehörender Stöpsel mit Reibeknoten an beiden Enden und mittlerem Schaftring. Qualitätvoll. – 2. H. 12 cm, Dm. 17 cm. Bronze. 17. Jh. Rosetten am abgerundeten Rand. Reliefs: Profil eines Männerkopfs und fratzenhafte Halbfiguren alternierend. – 3. H. 16 cm, Dm. 16,8 cm. Bronze. Beschriftet: «H.IOSEPH SPECKLI.GROSRATH.1880». – 4. H. 14,6 cm, Dm. 16 cm. Gelbguß. 19. Jh.? Henkel. Gespreizter Rand. An der Bodenunterseite zielscheibenartige Rillen und, im Koordinatennetz angeordnet, die Ziffern 3, 9 und 30.

---

141 Freundl. Auskunft von Frau Margerit Berchtold-Haslinger, Fiesch. – In A. JOANNE, Guide Illustré du voyageur en Suisse et à Chamonix, Paris 1866, noch nicht erwähnt.   142 Beim Postwechsel.

143 Pfarrer in Mund 1727–1747 (SCHMID/LAUBER, BWG VII [1934], S. 415).

144 Auch «Posthotel» genannt (STEBLER, S. 40).

145 Freundl. Hinweis von Dr. H. A. von Roten, Raron.

146 Ms von Dr. NIKOLAUS VOLKEN (bei Frl. Olga Volken, Fiesch). – Nach Angabe von Frau M. Berchtold-Haslinger wurde auch dieses Hotel zuerst von STEINER erbaut (vgl. S. 382). – 1872, 13. Nov. Ehe von Josef Speckly mit Maria Bircher (PfA Fiesch, G 8).

Zinnkannen des westschweizerischen Typs I (BOSSARD, Tf. XVII). 1. H. 20,7 cm. Zwei Qualitätsmarken. Eingraviert: «AF». – 2. H. 22,7 cm. Abgescheuerte Gießermarke, vielleicht von LORENZO DELLA BIANCA, Visp, 20. Jh. (BOSSARD, Nr. 814). – 3. H. 23,4 cm. Unbekannte Gießermarke: in Medaillon aus Blattwedeln gestielte Blüte mit Blattpaar; über dem linken Blatt Fünfstrahlenstern, darunter Buchstabe P. Eingraviert: «FK». – 4. H. 24,5 cm. Gießermarke: Rosette mit der Umschrift «NTONII.STORNO 1712». Feinzinnmarke. Eingraviert: «CA». – 5. H. 26,2 cm. Gießermarke von PAULO G. MACIAGO, Brig (BOSSARD, Nr. 797). Datiert 1825. Eingraviert: «VH[Andreaskreuz?]CS». – 6. H. 29 cm. Gießermarke von J. ALVAZZI, Sitten, 1. Hälfte 19. Jh. (BOSSARD, Nr. 802). Feinzinnmarke. Eingraviert: «IG». – 7. (im Besitz von Henri Michelet, Siders). H. 29,2 cm. Gießermarke von PIERRE ROZE, Genf (BOSSARD, Nr. 749, aber ohne Qualitätsmarke). Achtseitig ovale Besitzermarke(?): zwischen Punkten Kreuz auf Dreiberg (Kleeblatt?), bekrönt mit den Initialen «MD[e?]R[iedmatten?]». Eicheln als Krücken. – 8. (im Besitz von Henri Michelet, Siders). H. 29,6 cm. Gießermarke von ANTONIUS STOR (BOSSARD, Nr. 781). Eicheln als Krücken, Widderkopf auf dem Deckel. – 9. H. 30 cm. Gießermarke «I.S.», Leuk, 18. Jh. (BOSSARD, Nr. 784, jedoch ohne Marke mit dem Greifen). Feinzinnmarke. Eingraviert: «CA». – 10. H. 36 cm. Marke: Walliser Wappen mit dreizehn Sternen. Feinzinnmarke. – 11. H. 36 cm. Gießermarke wohl von J. ALVAZZI, Sitten, 1. Hälfte 19. Jh. (SCHNEIDER, Nr. 639). Feinzinnmarke. Eingraviert: «M.SP MC.K/F.I. SP/1806». – 12. (im Besitz von Henri Michelet, Siders). H. 39,2 cm, Dm. 25,5 cm. Gießermarke von PIER TONII SIMAVAL (BOSSARD, Nr. 793). Eingraviert: «FDR [Franz-Peter de Riedmatten 1788–1856?] 1823/IEAB/1709». Stattliche Prismenkanne mit voll ausgebildetem Hals und pyramidenstumpfförmigem Leib. Widderköpfe. – *Zinnteller.* 1. Dm. 21,3 cm. Gießermarke: über der Jahreszahl 1600 Löwe mit hochgereckter Pranke, rechts die Buchstaben B und C. Feinzinnmarke. Schützengabenstempel: Sittener Wappen, bekrönt mit Krone über gekreuzten Gewehren; Umschrift: «SEDVNENSIS CIVITAS». – 2. Dm. 22,7 cm. Eingraviert: «AS». – 3. Drei Stück. Dm. 23,8 cm. Lyon. Gießermarke: Greif, gerahmt oben von der Jahreszahl 1711, unten von den Buchstaben «L.M», unter dem Flügel kleiner Buchstabe C. Marke wie auf Teller, S. 382. Eingraviert: «M.E.D.T.». – 4. Dm. 28 cm. Gießermarke von PAULO G. MACIAGO, Brig, 1. Hälfte 19. Jh. (BOSSARD, Nr. 798). – 5. Dm. 32,6 cm. Marken wie Nr. 1.

Möbel. Sekretärkommode (im Besitz von Brigitte Michelet, Fiesch). Nußbaum. 2. Viertel 18. Jh. Schwache Schweifungen an Kommode und Sekretär. Zwei dreiteilige Reihen von Schubladen mit barocken Zierspiegeln und Originalbeschläg aus Messing. Am Deckel zwei von Knospenbögen gerahmte Zierspiegel. Qualitätvoll. – *Tischchen* (im Besitz von Margrit Zurschmitten-Michelet, Fiesch). Nußbaum. Mitte 18. Jh. Ovale Platte. Von Rundstab gesäumte zierkonturierte Zarge. Geschweifte Beine. – *Ausziehtisch.* Nußbaum. Eingelegt: «J[ohann Joseph?].M[utter?].1799 M[aria?].M[ichlig?].» – *Truhen.* 1. Nußbaum. Reliefs in ovalen Medaillons, links Vollwappen des Landvogts Johannes Owlig (W. Wb., Tf. 8, jedoch mit springendem Lamm), in der Mitte die Jahreszahl 1660 in Akanthusrollwerk, rechts Vollwappen von Cäcilia Lagger, zuvor Gattin des Obersten Peter von Riedmatten (W. Wb., Tf. 39, jedoch mit abgehobenem Winkel und Fünfstrahlensternen)[147]. – 2. (im Besitz von Beatrice Michelet, Siders). Nußbaum, geschnitzt. In den oben geohrten Füllungen der Seitenachsen links Stockalper-Wappen (W. Wb., Tf. 9), bekrönt mit Adler zwischen den Initialen von Kastlan «H[ans]S[tockalper]», Bruder von Kaspar Jodok, rechts Michlig-Supersaxo-Wappen (W. Wb., Tf. 8) unter dem Monogramm «C[hristina]M[ichlig]S[upersaxo]». In den Bekrönungen der seitlichen Füllungen die Jahreszahl 1668. Über dem Mittelfeld später eingeritzt: «A.M.S». Originalbeschläg. – 3. Nußbaum. In der mittleren Füllung beilartiges Wappenfeld mit den Initialen «IOME» über der Jahreszahl 1716. – 4. Nußbaum. 1. Hälfte 18. Jh. Zweiachsig. Von geschuppten Pilastern gerahmte Rhombenspiegel mit geschnitzter Rosette. – *Wiege* (im Besitz von Margrit Zurschmitten-Michelet, Fiesch). Nußbaum. Kopf- und Fußlade mit zierkonturiertem giebelförmigem Abschluß. Profilierte Knöpfe an den Ecken sowie an den Wangenbrettern. An der vorderen Wange, in Zierfeld, geschnitzte Jahreszahl 1660, an der hinteren Herz zwischen Akanthusranken, an der Kopflade Jesusmonogramm. Eingeritzte Jahreszahl 1755 innen am Boden. Seltenes Stück. – *Stabelle.* Nußbaum. An der Lehne die Jahreszahl «1.6.4.9.». Bekrönende Blüte mit Leidenswerkzeugen und Jesusmonogramm. – Zwei *Stühle* (im Besitz von Margrit Zurschmitten-Michelet, Fiesch). Kirschbaumholz. Französischen Stils. 17. Jh.

NUTZ- UND GEWERBEBAUTEN

Ein kleines, aber eindrückliches *Nutzbautenquartier* liegt nördlich vom «Kreyghüs» um Koord. 265/325: entlang der Straße zwei verschieden orientierte Heuställe; dahinter am Steilhang in gleicher Flucht ein Stadel, dessen «Schlafboim»-Kranz

Abb. 411. Fiesch.
Zehntenstadel,
1572/73. – Text unten.

von Mauerpfeilern und Studen gestützt wird, und ein ohne «Plane» auf Mauerpfei-
lern ruhender qualitätvoller Speicher mit bandvergitterten Fensterchen, über dem
Sturz der oberen Tür datiert «16+69». Imposanter *Zehntenstadel* (Koord. 275/85)
(Abb. 411) mit niedrigem, hangwärts auslaufendem Mauersockel und kleinem «Vorschutz» an beiden Fronten; am Türsturz des Oberbaus: «1572+1573». Am Giebel
des prachtvollen *Speichers* (Koord. 265/150), der mit dem Haus Nr. 22 durch eine
Brücke verbunden war, die Inschrift: «A[loysius].D[e].R[iedmatten]1852 A[nna].
M[aria].B[ircher]»[148]. Hier steigen die Treppen von den Zwillingstüren des Oberbaus
symmetrisch nach außen, während sonst in Fiesch öfters der Speichertyp mit einer
Randtür erscheint, von der eine Treppe zur Obertür am anderen Rand der Front
emporführt, so beim obengenannten Speicher neben dem «Kreyghüs», am Speicher
(Koord. 280/225), der auf hohem hölzernem Unterbau mit dem Haus Nr. 24 eine
isolierte Gruppe bildet, und am guterhaltenen Speicher bei Koord. 235/390. Der
Unterbau des letzteren besteht vorn aus Blockwand, hangwärts aus Mauer. Qualitätvoller *Stadel* bei Koord. 90/480, am Giebel datiert 1859. An der Front des schräg
davorstehenden Heustalls: «I.I.N. 1825 AMRB». Die weithin sichtbaren *Speicher* am
südlichen Eingang des «Biel»-Quartiers bei Koord. 135/400 und 130/435 zeigen in
der Front des gemauerten Unterbaus portalartige Eingänge.

Die *Schmiede* in der «Bircheye» an der Stelle des Hauses bei Koord. 150/120 ist
1862 abgebrannt[149]. Zur *Mühle* und *Bäckerei* «i dr Treichi» vgl. Anm. 133; Mühle und
Bäckerei waren auch im Haus des Josef Kluser (Koord. 175/65) eingerichtet. Das auf
einem Stich von P. COLOMBIER(?) sichtbare Gebäude hinter der Bogenbrücke am
Weißwasser war das *Waschhaus*[150].

ABGEWANDERTE KUNSTGEGENSTÄNDE

Gemälde des hl. Eustachius (Hubertus?) (im Besitz von Dr. Hermann Wirthner, Münster). Aus einer Alp
bei Fiesch. 45 × 32 cm. Öl auf Leinwand. Um 1700. Halbfigurenbild. Eine Lanze in der Rechten.

147 Freundl. Auskunft von Dr. H. A. von Roten, Raron.

148 Heirat 1835 (PfA Fiesch, G 8).   149 BRIW (vgl. Literatur, S. 352), S. 16/17.

150 Reproduziert in La vallée de Binn, Texte d'après L. DESBUISSON, abrégé, revisé et complété par
E. BOHY, Lausanne o. J., S. 8.

Hirschkopf mit Kruzifix. – *Truhen*. 1. (im Besitz von Rudolf Ruppen, Visp). Aus dem abgerissenen Haus bei Koord. 175/385. Tanne. Mit Nußbaum eingelegt: «M 1683 B/AETATIS SVAE 27» (dazwischen als große Lettern M und b)[151]. – 2. (Walliser Kantonalbank, Sitten). Nußbaum. Ende 17.Jh. Im Mittelfeld Volken-Wappen (W.Wb., Tf.5) mit den Initialen «R[everendus]D[ominus]I[oannes]F[olken]»[152].

BILDKAPELLE IM «SCHRATTI»

1903 Totalrenovation durch PETER BURGENER, Fiesch[153]. Malerisch an einen Felsen geschmiegtes Kapellchen in steilem Waldhang am Weg entlang einer Wasserfuhr. In der tonnengewölbten, mit Holzgitter verschlossenen Nische Statue des *hl. Antonius von Padua*. H. (ohne Podest) 64 cm. Holz, häßlich übermalt. Um 1700. Typ der Obergommer Antoniusdarstellungen im Konventualenkleid, das Kind wiegend.

BILDKAPELLE IM «FUXWILER»

An der «Gassa» vor der «Hengele» steht unter einem Felsblock die Bildkapelle zu Ehren des hl. Kreuzes in dem zur Barockzeit vor allem von der Familie Zum Trog bewohnten[154], heute veröderten «Fuxwiler»[155]. Tonnengewölbter Raum mit hölzerner Felderdecke im Stil des 17.Jh. Holzgitter. *Kreuzigungsgruppe* (heute im Pfarrhaus von Fiesch). 2.Viertel 18.Jh. Von ANTON SIGRISTEN, Glis. Der hl. Johannes fehlt. Kruzifix. H. (Korpus) 46 cm. Holz. Originalfassung übermalt. Charakteristischer, qualitätvoller Korpus. Maria (Abb.412). H. 59 cm. Arve, gehöhlt. Fragmentarische Originalfassung, mit Bronze übermalt.

151 Martin Bircher? (PfA Fiesch, G2 [1695]).

152 †1709. Pfarrer von Fiesch, Ernen und Visp (SCHMID/LAUBER, Verzeichnis, BWG VII [1934], S.391).　　153 PfA Fiesch, D53.

154 Ebd., G4.　　155 1344 Communitas «de Fuxwilere» (GREMAUD V, S.480).

Abb.412. Fiesch. Kapelle im «Fuxwiler». Maria von einer Kreuzigungsgruppe, 2.Viertel 18.Jahrhundert, wohl von Anton Sigristen, Glis. – Text oben.

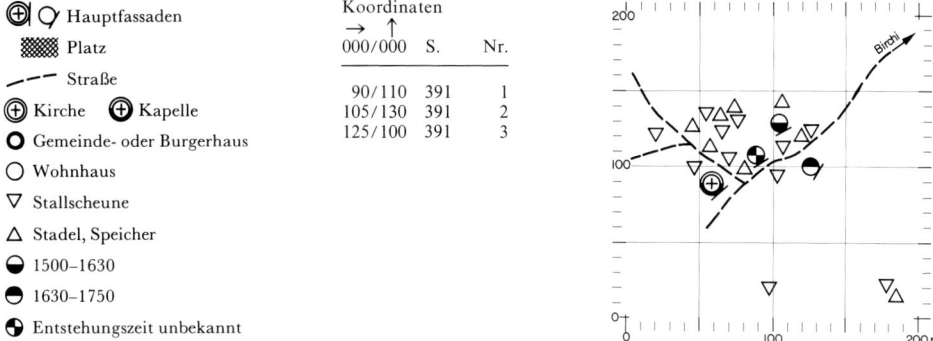

	Hauptfassaden
	Platz
	Straße
	Kirche Kapelle
	Gemeinde- oder Burgerhaus
	Wohnhaus
	Stallscheune
	Stadel, Speicher
	1500–1630
	1630–1750
	Entstehungszeit unbekannt

Koordinaten

000/000	S.	Nr.
90/110	391	1
105/130	391	2
125/100	391	3

Abb. 413 und 414. Wiler. Luftaufnahme 1973; Siedlungsplan (vgl. «Wegleitung»). – Text S. 388.

WILER

GESCHICHTE. Der «ändre Wyller»[1], im Mittelalter wohl mit dem «Birchi» (S. 392) zum «Birchwiler» vereint[2], blieb ein eigenes Gemeinwesen bis 1753[3]. Um 1835 erfolgte der Anschluß an Fiesch, mit dem es kirchlich stets verbunden war. Heimat des Anführers bei der siegreichen Schlacht von Visp 1388, Simon Murmann ab Wyler[4]?

1 PfA Fiesch, G 1. «ändre»=jenseitige; so vielleicht zur Unterscheidung vom Fuxwiler genannt. Vgl. S. 252, Anm. 1.   2 GREMAUD V, S. 480 (1344).

3 GdeA Fiesch, B 5 (verschollen). – Nach BRIW (vgl. Literatur, S. 352), S. 16, bis zur Gründung des Département du Simplon durch Napoleon 1802.

4 Er hatte ein Haus in Fiesch unterhalb des Friedhofs (H. A. VON ROTEN, Die Landeshauptmänner von Wallis, BWG X [1946], S. 21). Nach Auskunft von Dr. H. A. von Roten, Raron, stammt er vom «Wiler» bei Blitzingen.

SIEDLUNG. *Anlage und Geschichte* (Abb. 413 und 414). Wiler ist ein reizvoller alter Weiler rautenförmigen Umrisses auf einer rechtsufrigen Hangterrasse. Die drei Wohnhäuser drängen sich zusammen mit kleinen Nutzbauten in den südöstlichen Zwickel der Siedlung, während ausschließlich Nutzbauten den weiten, platzartigen Binnenraum dahinter umschließen, den das um 1961 abgerissene stattliche Doppelhaus der Familie Zürren bei Koord. 70/115 als Mittelpunkt der Siedlung teilweise eingenommen hat. Die Kapelle bildet die Südwestecke. Laubbäume zwischen den Bauten und an den Rändern mildern das Bild des Weilers, der mit der Front des alleinstehenden vordersten Hauses ins Tal blickt. Eine geometrisch aufgereihte Chaletsiedlung im Westen tritt dem alten Wiler zu nahe. Leider entstehen auch im Nordosten zwischen der neuen Siedlung «Rosetirli» und dem Wiler Chalets.

KAPELLE HEILIGE DREIFALTIGKEIT

GESCHICHTE. Erbaut 1703 (Jahreszahl am Türsturz des Portals). Am Gurtbogenscheitel gemalte Stifterwappen: auf Dreiberg Kreuz zwischen den Initialen «M» und «V»[5] sowie Schiner-Wappen mit den Initialen «M» und «S»[6]. Renovation 1852/53[7]. Unbedeutende Renovation 1932 (Jahreszahl am Chorbogen) durch ANTON BORTIS, Wiler. Qualitätvolle Tür, um 1910, von Joh. Josef Clausen-Riedmatten, Fiesch, gestiftet und in Mühlebach hergestellt[8]. Durch Erdbeben vom 24. März 1960 beschädigt. 1976/77 Gesamtrestaurierung unter Aufsicht der Kantonalen Denkmalpflege (neuer Dachreiter).

BESCHREIBUNG. *Äußeres.* Das nach Nordwesten gerichtete einfache Kapellchen umfaßt ein rechteckiges Schiff und ein eingezogenes Rechteckchor unter zusammenhängendem Satteldach. Nach Norden abgewinkelte walmgedeckte Sakristei an der linken Chorwange. Rundbogenfenster. An der Front rechteckiges Portal aus Gneis, eine Muschelnische (S. 390) und ein großer Giebelokulus.

Inneres (Abb. 415 und 416). Der Chorbogen schnürt das Chor nur wenig ab. Von keinen Stützen getragenes umlaufendes Profilsims, ausgestattet mit Zahnschnitt. An der zweijochigen gemauerten Schiffstonne kurze, dem Gesims aufruhende Stichkappen und barocke Medaillons im Scheitel. Im chorseitigen Medaillon gemaltes Brustbild Gottvaters auf Wolken, im äußeren Himmelfahrt Mariens. Das Chorgewölbe schließt nach kurzer Tonne in siebenkappiger Kalotte mit Stuckrosette. Zugbalken

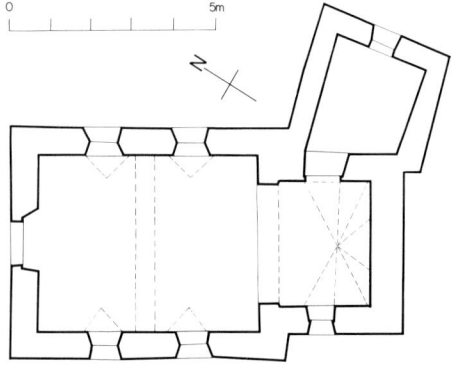

Abb. 415. Wiler. Kapelle, 1703. Grundriß. Text oben.

Abb. 416 und 417. Wiler. Kapelle, 1703. Chor mit Altar, 1704; Altarnische mit Gruppe des Heiligen
Wandels und Heilige Dreifaltigkeit. – Text unten.

auch im Gurtbogen. Das zwischen dem rundbogigen Tuffportal zur Sakristei und
dem Gesims eingezwängte Fenster ist später ausgebrochen worden.

Altar (Abb. 416 und 417). Stifterinschrift in der Akanthuskartusche der Predella:
«MATHEUS et IOHANE / MARIA ZIREN / 1704» (zweite Zeile eingekerbt und später unge-
schickt nachgemalt). Aus der Werkstatt des JOHANN RITZ? 1977 restauriert durch
WALTER FURRER, Brig. – Einachsiges Altargeschoß, bekrönt von umrankter Nische.
Akanthusumwundene gerade Säulen rahmen die Hauptnische mit der plastischen
Gruppe des Heiligen Wandels vor holzgemaltem Hintergrund. Die Skulpturen der
Hl.-Geist-Taube und Gottvaters zu Häupten des Kindes ergänzen die «göttliche
Achse» zur Heiligsten Dreifaltigkeit, dem Patrozinium der Kapelle. In der Bekrönung
Statue des hl. Martin mit dem Bettler wiederum vor Malerei. Wertvolle Originalfas-
sung. Vegetabile Streumuster in Quadrätchen an den Kleidern der Nischenfiguren,
stilisierte Kleeblättchen am Giebelfries. Am qualitätvollen holzgemalten Antependium Heilige Dreifaltigkeit in geschupptem Medaillon zwischen üppigen Phantasie-
blumen.

5 Wappen der Familie Volken? 1717 starb Martin Volken, Assessor Justitiae Aragnensis, Gatte der
Marie Schwick († 1727). Eine Ehegattin mit Namen Schiner ist in den Pfarrbüchern nicht nachzuweisen
(PfA Fiesch, G 1 und 2).

6 Nach BRIW (vgl. Literatur, S. 352), S. 78/79, Martin Schiner mit einem Vermächtnis. Martin Schiner
ist weder in den Stammtafeln der Familie Schiner von H. A. VON ROTEN, BWG XIV (1967/68), S. 203–
215, noch im Sterbebuch nachweisbar.

7 PfA Fiesch, Kirchenrechnungen, o. Nr.

8 Freundl. Auskunft von Ernest Burgener, Wiler. – Vgl. PfA Fiesch, G 8 (1887).

Abb. 418 und 419. Wiler. Kapelle. Muttergottes, H. 72 cm, 1. Viertel 18. Jahrhundert, vielleicht von
Johann Josef Bodmer, Mühlebach. Text unten. – Pestkruzifix, H. 169 cm (Korpus 81 cm), Ende
17. Jahrhundert. Text unten.

Skulpturen. Pestkruzifix (Abb. 419), ehemaliges Vortragekreuz, später als Chorbogenkruzifix verwendet.
H. 169 cm (Korpus 81 cm). Tanne. Eigentümliche originale Temperafassung: Korpus rot, Lendentuch
grauweiß. Ende 17. Jh.[9]. Der Körper überdeckt mit blattartig geformten Blutstropfen. Spangenförmiger
Blutstrahl der Herzwunde. Gotisierende Verschlaufung des Lendentuchs. Vergoldete Stielrosetten für die
Schlinge, die eine original. Derbe Schnitzerei. – *Altarkreuz.* H. 60,5 cm (Korpus 26 cm). Holz. Spätere
Polychromierung. Anfang 19. Jh.? Konischer Sockel, aus großen Profilen gestaltet, schwarz und silbern
bemalt. Mittelmäßige Qualität. – *Muttergottes* (ehemals, aber wohl nicht ursprünglich in der Fassaden-
nische[10]) (Abb. 418). H. 72 cm. Arve, massiv. Polychrome Originalfassung, arg beschädigt. Inkarnat
häßlich übermalt. 1. Viertel 18. Jh. Von JOH. JOSEPH BODMER (†1743), Mühlebach? Stehend. In der
Draperie und im Motiv der mandelförmigen breiten Augen nah verwandt mit der Muttergottes der
Gruppe des Heiligen Wandels im Altar von Steinhaus (1729) (S. 113). Qualitätvoll.
  Gemälde. Vermählung Mariä. 90,5 × 63,5 cm. Öl auf Leinwand. Mitte 17. Jh. Maria und Josef halb kniend
vor dem sitzenden Hohenpriester. Figurenreiche Darstellung vor Säulen und Arkaden. Qualitätvolles
Gemälde mit manieristischen Stilmerkmalen. Originalrahmen. – *Hl. Johannes Ev.* 107 × 66 cm. Öl auf
Leinwand. Ende 17. Jh.? Stehend in Landschaft mit niedrigem Horizont. Derbe Malerei. Rahmen, Mitte
18. Jh., geschmückt mit appliziertem Akanthusrollwerk. – *Kreuzabnahme.* Etwa 92 × 60 cm. Öl auf
Leinwand. Anfang 18. Jh. Diagonal komponiertes Gemälde mit zentraler Pietà, stehendem Johannes und
kniender Magdalena. Mittelmäßige Qualität. Originalrahmen. – *Maria.* 111,5 × 72 cm. Öl auf Leinwand.
Mitte 18. Jh. Aus Sternen gebildeter Nimbus. Eine Lilie in der Linken, steht Maria in hellem, von
Cherubim umschwebtem Lichtkreis, der von der Hl.-Geist-Taube ausgeht. Das qualitätvolle Gemälde
verbindet in eigentümlicher Weise Motive der Immakulata mit denjenigen der Verkündigung.

  9 Vielleicht das S. 361, Anm. 56, erwähnte Kruzifix.
  10 1772: «von welchen er noch ein schutzs engell ob die capellen, zu schneiden vndt zu mallen so vill
miglich bezallen soll» (PfA Fiesch, D 55).

Kelch. Gegossen, versilbert. Eingehauener Dekor. H. 19 cm. 1. Hälfte 17. Jh. Runder, einfach, u.a. mit Karnies, profilierter Fuß. Beckenförmiger Knauf. Einfache Palmettenmotive. – *Kerzenleuchter.* 1. Paar. Arve, schwarz bemalt. H. 31 cm. Barock. Profilierter, glockenförmiger Fuß. Am Schaft Ringe und Balustermotiv. – 2. Paar. Gelbguß. H. 22,5 cm. Dreikantfuß auf Kugeln. Am Schaft Ringe und Balustermotive. – *Kasel.* Weiß. 1. Hälfte 19. Jh. Seide. Bunte Blumen, broschiert auf gerautetem Grund.

Glocke[11]. Dm. 32 cm. Ton d″. Glatte Kronenbügel. An der Schulter Rankenfries. Flankenreliefs: Muttergottes und Kruzifix. Unten an der Flanke die Umschrift: «SANCTA MARIA ORA PRO NOBIS 1859», getrennt durch Schnurstab von den Initialen «B[onifaz]W[alpen]G[lockengießer]».

WOHNHÄUSER

1. Koord. 90/110. Kat.-Nr. 2061. Ernst Burgener. Entstehungszeit unbekannt (16. Jh.?). Keine Friese. Renovation 1891. ⌐—⌐. 1½. F (ehemals Holzschopf an Stelle des «Stubji») und C. *Inschrift.* Auf der Verkleidung des Kammerdielbaums: «Johan.Burginer 1891». – *Ofen.* An der Wange: «19/EB/27».

2. Koord. 105/130. Kat.-Nr. 2063. Alfred Volken; Helene Walker-Burgener. Erbaut 1628, um ein Geschoß aufgestockt 1740. Rillenfriese am ersten Stockwerk, Pfeilschwanzfries unter Wolfszahn in den oberen Geschossen. Rechts am Hinterhaus angebauter alter Heustall. An der rechten Traufseite gedeckte Vorlaube. ⌐—⌐. 2½. C. *Inschriften.* 1. Stockwerk: «[über den Initialen ‹M S› Wappen: Sechsstrahlenstern über Dreiberg]DISERS HAVS STAD IN GOTTES HANT NICLAVS BIRCHER IST DER BESITZER GENANT.IODERO ERO[...verdeckt]MOS CRISTEN SINE SIN AMEN/IM IAR 1628 O HER ICH BE[fehle]MICH IN DINE HEND FER LICH MIER EIN SELIGES END GOT DEM[?] HER GEHERT ALEIN DIE ER.» – 2. Stockwerk: «[in geviertem Wappen mit Dreiberg: Bircher-Wappenzeichen (zwei Sechsstrahlensterne über zwei schwebenden Balken); unbekanntes Lambrigger-Wappenzeichen (F gegen zwei senkrecht aufgereihte Fünfstrahlensterne gewendet); 1740; 22Ho(rnung)]DISES.HAVS.HAT.LASEN.BAVWEN.IOSEPH.BIRCHER.VND.SEIN.HAVS.FRAVW.CATRINA ZLAMBRIGEN/VND IHRE.KINDER.ZWEI.IOSEPH.VND.MAGDALENA.BIRCHER.GOT.IST.IHREN.HELFER.VND.BAVW.HER. GSEIN. ANO 17».» – *Öfen.* 1. Zweigeschossig. Flache Kehle an der wuchtigen Deckplatte. An der Stirn: «1636/ IB». Qualitätvoll. – 2. Älterer Ofen, 1925 verkleinert. An der Wange: «Alex Burgener/Ch[ristina]Oggier/ 19[Sechsstrahlenstern]25».

3. Koord. 125/100. Kat.-Nr. 1893. Basil Burgener. Am hinteren Giebel: «1.6.3.2.J». Fries: große Würfelzeilen unter glattem Stab. Späterer, jedoch alter steinerner Anbau an der rechten Traufseite des Vorderhauses. Das Haus bildet mit seiner lebhaft aus Holz und Stein gefügten Stirnfassade das Antlitz der Siedlung zum Tal hin. ⌐—⌐. 2½. F (ohne Anbau). *Inschrift.* 1. Stockwerk: «[in Wappenschild Dreiberg und T rechts von einem Sechsstrahlenstern]IHS MARIA DVRCH GOTTES GNAT ALLE ZYT FRIT VND ENIGKEIT HIERINĒ SYG/1632 GERIG V̄D.M.S.» – *Ofen.* Zweigeschossig. Flache Kehle unter dünner Deckplatte. 19. Jh. An der Stirn Jesusmonogramm über Rankenwerk, an der Wange die Jahreszahl 1929.

NUTZBAUTEN

Zur Bedeutung der Nutzbauten für das Siedlungsbild vgl. S. 388. Durch den Abbruch des großen Stadels bei Koord. 45/125 ist in den äußeren Ring der Siedlung schon eine Lücke gerissen worden. Bedrohlich nach rückwärts neigen sich auch bereits die beiden imposanten *Stadel* am oberen Rand des Weilers: Der eine (Koord. 75/140) auf «Stadelplane» stammt nach seiner Kielbogenzier am Türsturz aus dem frühen 17. Jahrhundert, der andere (Koord. 65/135) auf Mauerpfeilern ist am Giebel beschriftet: «18 JH.NL.VL.FV.UV.57». Bei der Kapelle qualitätvoller Stadel (Koord. 80/ 100) mit hohen Beinen auf Steinblöcken, am Giebel datiert 1838, und Heustall (Koord. 70/105) von 1831.

---

11 Neuguß der zersprungenen alten Glocke (ebd., Kirchenrechnungen, o. Nr.).

Abb. 420. Birchi. Luftaufnahme 1973. – Text unten.

BIRCHI

GESCHICHTE. Vgl. Wiler (S. 387).

SIEDLUNG (Abb. 420 und 421). Der alte Weiler «Birchi» war wie eine Maureske in die Wiesen des rechtsufrigen sanften Talhangs gezeichnet, meist je ein stattliches Haus zusammen mit kleineren Nutzbauten eine reizvolle Gsuppe bildend, dazwischen von Gebüsch gesäumte Fußwege. Heute verliert sich die Kontur in Chalets.

WOHNHÄUSER

1. Koord. 120/150. Kat.-Nr. 1347. Kamil Lambrigger; Rudolf Volken. Erbaut 1609. 1738 zweites Wohnstockwerk eingeschoben. Rillen- und glatte Kammfriese(?) am ersten Stockwerk und am «Loibe»-Geschoß, Pfeilschwanzfries unter Wolfszahn am zweiten Wohnstock. «Withüs» an der Rückseite des zweiten Stockwerks. Das wohlproportionierte Haus ist Mittelpunkt einer malerischen Baugruppe (Abb. 422). ⌐⌐. 2½. F (im ersten Stockwerk quer zum First nach Westen gerichtet).

Inschriften. Dielbaum des 1. Stockwerks verkleidet. Die Inschrift soll lauten: «Hier innen sy Peter Wyden Maria Guntren und Andres Brigger S.K./Durch Gottes Gnad Frid und Einigkeit 1609». – 2. Stockwerk: «[in Wappenschild, unter zwei Fünfstrahlensternen, nach rechts gewendeter stehender Winkel zwischen den Initialen ‹F› und ‹W›, über Dreiberg]DISES . HAVS . HAT . LASEN . ERBAVWEN . FRANTZ . WEIDEN . VND . SEINE . HAVS . FRAVW . MAGLENA . NELLEN / VND . SEINE . KINDER . DREI . GOTT . IST . IHREN . HELFER . VND . BAVW . HER . SEIN . ANNO 1738». – *Öfen.* 1. An der Wange: «K[amil]L[ambrigger][Jesusmonogramm in Kreis] M[aria]S[ummermatter]/1936». – 2. Zweigeschossig. Karnies unter kantiger Deckplatte. An der Stirn Wappenschild mit gleichen Zeichen und Initialen wie am Dielbaum (W heute in V umgeändert). Formschöner Ofen. – *Wandbüfett* (im Besitz von Josef Garbely, Reckingen). Lärche und Tanne. Geschweifter Schubladenblock. Eingelegt mit Nußbaum die Jahreszahl 1836 und die Initialen «A[nton].B[ittel]C[atharina].F[olken]»[1].

2. Koord. 40/200. Kat.-Nr. 1318. Apollonia Burgener. Erbaut 1721 (Jahreszahl an der Firstkonsole). Imposantestes Haus der Siedlung. Reiche und guterhaltene Pfeil-

1 PfA Fiesch, G 7 (1832).

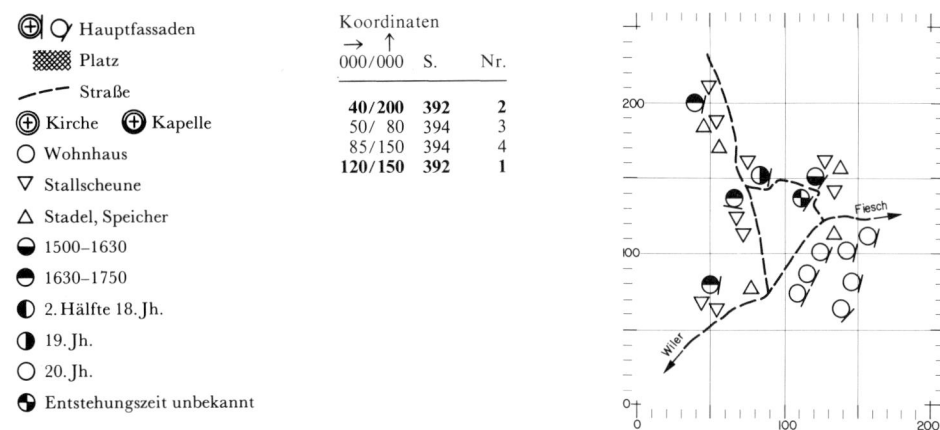

Hauptfassaden
Platz
Straße
Kirche   Kapelle
Wohnhaus
Stallscheune
Stadel, Speicher
1500–1630
1630–1750
2. Hälfte 18. Jh.
19. Jh.
20. Jh.
Entstehungszeit unbekannt

Koordinaten → ↑ 000/000	S.	Nr.
40/200	392	**2**
50/ 80	394	3
85/150	394	4
120/150	392	**1**

Abb. 421. Birchi. Siedlungsplan (vgl. «Wegleitung»). – Text S. 392.

schwanzfriese unter Wolfszahn. Am Giebel Initialen des Bauherrn und seiner Kinder: «M[Kelch]WSII[Kelch]IW MW[Kelch]IWMW VW/CW». Die Kelche, zwischen Halbmonden, sind die Bekrönungen der Kielbögen über den Giebelfenstern. Inschrift auf dem ersten Balken der Stirnfassade: «ICH GIB HERBE[R]G WEILANG NIT[?]IST NACH GFALLEN DER DICH FORTGEHN HEIST BEI MIR IST GIWIS KEIN BLEIBEND ORTH.WAS.BLEIBEND.IST.DAS SVCHE DORT». Mitten im Mauersockel der Front Nische mit *Muttergottesstatue*, Holz, häßlich übermalt, Mitte 18. Jh. ⌐⌐. 3. F. Zum «Loibe»-Geschoß führte eine Binnentreppe aus der Küche und eine alte, noch erhaltene Tür an der Rückwand.

Inschriften. 1. Stockwerk: «[unbekanntes Wappen der Familie Wellig (über Dreiberg Kleeblatt mit verschlungenem Stiel unter den Initialen ‹M[artinus]W[ellig]S[tatt]H[alter]›) und Wappenschild mit den Initialen ‹A(nna) B(ortis)›] DIEES . HAVS . HAT . LALEN . BAVWEN . MARTIEVS . WELLIG . STATHALTER . DER . LOBLICHEN.THALSCHAST.FIESCH/SEIN.HAVSFRAVV.ANNA.BORTIS.SEINE.KINDER.IOHANNA[?].WELLIG MARTNI. WELLIG . IOSEPH . WELLIG . MORITIVS . WELLIG/WALENTINVS . WELLIG . CHRISTIANVS . WELLIG . MARIA . WELLIG .

Abb. 422. Birchi. Weilergruppe mit Haus Nr. 1, 1609 und 1738. Text S. 392.

Abb. 423. Moss. Ansicht von Osten. – Text S. 395.

BARBARA.WELLIG.IM.IAHR.1721.»–2. Stockwerk: «NVR.EIN.MAHL.VNDT.DAS.NIT.LANG.IST.DER.MENSCH.AVF.
DISER.WELT.DAN.KVMBT/DER.TODT.VNDT.MACHT.AHM.BAHG.HILF.NICHTS.DARFIR.FRINDT.GVET.VNDT.
GELT.DAS.ZIL VND.ENDT.O.MENSCH.BETRACHT.DAN.DV.BIST.HIER.NVR.IBERNACHT./BALT.KOMBT.DER.
UNVERHOFTE. TODT. VNSTERBLICH. IST. ALLEINIG. GOT 1721». – *Öfen.* 1. Eingeschossig. Gekehlte Deckplatte.
Wohl 17. Jh. – 2. Zweigeschossig. Gefaste Deckplatte. An der Wange, in Wappenschild: «M.W /B.W/
1758». – 3. Ähnlich Nr. 2. An der Stirn, in Wappenschild: «C.W./I.W./[?]B», an der Wange Wappenschild
mit der Jahreszahl 1738. Nr. 2 und 3 sind stattliche Öfen.

3. Koord. 50/80. Kat.-Nr. 1303. Berta Bürcher; Klemenz und Maria Wellig. Erbaut 1739 (Jahreszahl am
Giebel). «Withüs». ⌐⌐⌐. 2. G und F. *Inschriften.* 1. Stockwerk: «DISES. HAVS. HAT. LASEN. MACHEN. DER. EH-
RENDE.PETRVS.SIBER.VND.SEINE.KINDER.IOHANES.VND.MATHE.VND.SEIN.TOCH[ter]/MAN.PETRVS.VOLCKEN.
VND.ANNA.MARIA.VND.MARIA.VND.CATHARINA.SIN.TOCHTREN.ANNO1739». – 2. Stockwerk: «DISES.HAVS.
B[...?]SCHITZER. SEI. IESVS. MARIA. VND. IOSEPH ALE DREI/WER. AN. DEM. HAVS. HAT. ARBEIT. GEBEN. DEM.
WINSCHE. ICH. DAS. EWIG. LEBEN IM. IAHR.1739». – *Ofen.* Eingeschossig. Karnies unter der Deckplatte. An der
Stirn, in plastischem Wappenschild, die Initialen «SHS».

4. Koord. 85/150. Kat.-Nr. 1343. Anna Franzen; Fridolin Volken. Erbaut 1898/99. Keine Friese. Tulpenförmige Pfettenkonsolen. «Withüs», heute einbezogen. ⌐⌐⌐. 2½. G und F. Ursprüngliches *Täfer,* um 1920
bemalt mit Girlanden und Blumen von ANTON IMHOF, Lax. *Inschriften.* Dielbaum des 1. Stockwerks
verkleidet. – 2. Stockwerk: «DAS.ERSTE.HAVS.AVF.DIESER.STAETTE.WURDE.ABGEBRANT.DEN.31.AUGUST.1898.
UND. 1899. STUND. DIESES. WIEDER. UNTER. DACH.». – *Ofen.* Von 1908. In Lorbeerkranz: «J[o]H[ann]F[ran-
zen]».

Bei Koord. 65/135 steht ein bis zur Unkenntlichkeit renoviertes Haus mit Würfelfrieszier, bei Koord.
110/135 ein wohl im 18. Jahrhundert hergebrachtes Maiensäßhäuschen.

NUTZBAUTEN

Der behäbige Heustall (Koord. 135/140) mit abgeschleppter Dachflanke, am
Giebel bezeichnet «18 FW CB 54», und das Speicherchen (Koord. 135/155) dahinter
tragen wesentlich zur reizvollen Vielfalt der Baugruppe mit dem Haus Nr. 1 bei. Die
kleineren Nutzbauten vor dem obersten Haus Nr. 2 lassen dieses noch dominierender
erscheinen.

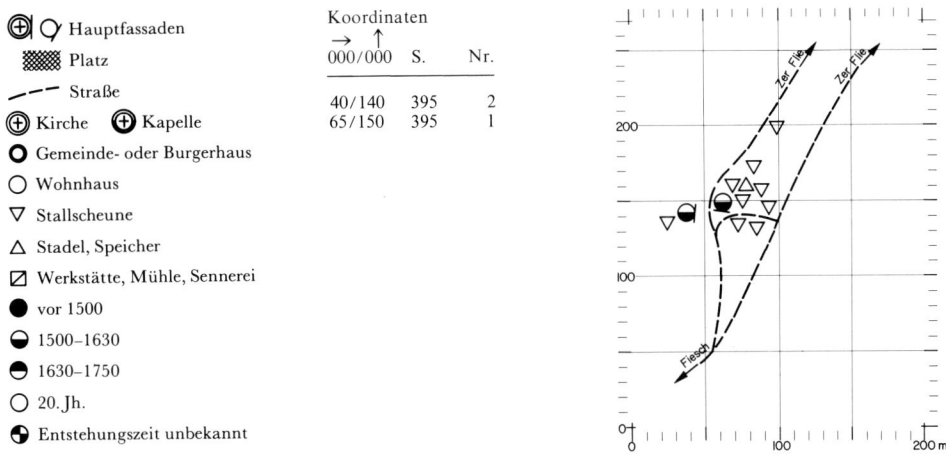

⊕ ◐ Hauptfassaden

▨ Platz

‒‒‒ Straße

⊕ Kirche   ⊕ Kapelle

◯ Gemeinde- oder Burgerhaus

◯ Wohnhaus

▽ Stallscheune

△ Stadel, Speicher

☑ Werkstätte, Mühle, Sennerei

● vor 1500

◖ 1500–1630

◗ 1630–1750

◯ 20. Jh.

◓ Entstehungszeit unbekannt

Koordinaten
→ ↑
000/000   S.   Nr.

40/140   395   2
65/150   395   1

Abb. 424. Moss. Siedlungsplan (vgl. «Wegleitung»). – Text unten.

MOSS

SIEDLUNG (Abb. 423 und 424). Der Weiler «Moss» (Moos), Heimatort der zur Barockzeit angesehenen Familie Kreyg[1], liegt nahe dem Ausgang des Fieschertals in einem Zwickel, der vom Westhang des Tals und einem kleinen Schuttfächer gebildet wird. An die zwei Wohnhäuser am Westrand der Siedlung schließt östlich eine Haufengruppe von Nutzbauten an, Heuställe, die einen stattlichen Stadel umringen.

WOHNHÄUSER

1. Koord. 65/150. Kat.-Nr. 65. Johann Bittel. Erbaut 1557. Ältestes erhaltenes Untergommer Haus mit steinernem «Saal»-Stockwerk[2], wohlproportioniert, mit «Vorschutz» auf Balken. Flache, seitlich gekerbte Kehlen an den Balkenköpfen. ⌐‒⌐ (in Küchenecke bis auf Traufhöhe reichend). Sa (mit Quergang). 1½. F.

Inschrift: Jesusmonogramm und in gotischen Lettern die römische Jahreszahl 1557. – *Öfen.* 1. Zweigeschossig. Kehle unter kantiger Deckplatte. An der Stirn, in Ranken, Jesusmonogramm, umrahmt von den Initialen «K[lemenz]B[ittel]R[osina]B[ittel]» und den Ziffern der Jahreszahl 1884. – 2. Von 1945. In Lorbeerkranz: «A[lfons]B[ittel]».

2. Koord. 40/140. Kat.-Nr. 841. Hermann und Walter Bürcher. Wohnhaus des auch als Ofenmacher tätigen Maurers PAUL COLOMBO (†1916). Erbaut 1622. Zum Teil schon würfelartiger Konsölchenfries unter glattem Stab. «Vorschutz» auf Konsolen mit Wappen (wie auf dem Dielbaum) und schrägen Stäben. Doppelt geführter Kielbogenfries am Fußbalken; Lilien über den Konsolenstirnen. An der Rückseite angebauter Backofen. ⌐‒⌐. 2. G und F.

1 Nach Hauptmann Christian Kreyg vor allem dessen Sohn Johannes (1628–1701), Notar, Bannerherr, Meier, Großkastlan von Eifisch und Landeshauptmann.

2 Der Standort des traufständigen Hauses am steilen Hang mag die Entstehung des Saalstockwerks begünstigt haben.

Abb. 425. Fieschertal von Süden. Aufnahme 1977. – Text S. 397.

Inschriften. Stube: «[Wappen mit Hufeisen³; Jesusmonogramm]MRIA DISES HAVS HAT LASSEN MACHEN DER EHRSAM MELCHIOR IM HASEL VND BARBARA ALBRECHT SEIN HAVSFROW/M[Hand]G IM IAR 1622 DEN 21 TAG MEERZENS. MARTIN HANS CHRISTEN ANNI MERGI VND BARBI IRO BEIDERO KINDER.» – Kammer: «DISER TILBAVM IST IM AERNER WALT/GEWACHSSEN AMEN IN GOTES NAMEN». – *Öfen.* 1. Rund. Zweigeschossig. Kehle an der Deckplatte. 19. Jh. 1935 von Ofenmacher JOSEF BITTEL, Fiesch, von irgendwoher erworben und um ein Geschoß gekürzt. In Ranken die Initialen «E[mil]B[ürcher]A[lina]V[olken]» über der Jahreszahl 1935. – 2. 1956 vom gleichen Ofenmacher aus alten Teilen zusammengefügt. Unter den Initialen «W[alter]B[ürcher]B[erta]V[olken]» Wappen der Familie Bürcher (W.Wb., Tf. 2) und Volken (W.Wb., Tf. 5, Nr. 2).

---

3 An der «Vorschutz»-Konsole sogar mit «Nägeln» versehen.

DAS FIESCHERTAL

SIEDLUNGSLANDSCHAFT (Abb. 425). Das kurze Trogtal des Weißwassers zweigt bei Fiesch nach Norden ab. Die größeren Siedlungszentren finden sich im Talgrund, die kleineren schmiegen sich in die Mulden des stellenweise blank gescheuerten, felsigen Hangs, der das Tal hinten wie ein Wall abschließt; Felsbuckel und Laubbäume unterteilen diesen nach Süden gerichteten Hang in kleine idyllische Siedlungsräume (Abb. 448 und 450). In der malerischen Kleinräumigkeit wie in der tannen- und laubholzreichen Vegetation gleicht das innere Fieschertal dem ebenfalls süd-nord-gerichteten Tälchen von Blatten (Naters). Der mildere Charakter unterscheidet beide Regionen von der herberen Landschaft des übrigen Oberwallis.

GESCHICHTE[1]. Die Herrschaftsrechte der Blandrate im Fieschertal gingen beim Tod des Anton von Blandrate um 1332 an dessen Eidam Franz von Compeys über. Im gleichen Jahrhundert waren neben dem Bischof noch die Edlen von Mörel und von Raron im Tal begütert. Grundbesitz des Rudolf von Raron gelangte mit den dazugehörenden Herrschaftsrechten 1404 durch Kauf an Johann Thomas de Platea von Niederernen. Nach dem Niedergang des Adels ernannte der Bischof im Talammann den für die niedere Gerichtsbarkeit zuständigen Richter und Verwalter[2], der im Zendengericht von Goms Sitz und Stimme hatte; die 1391 erstmals als Gemeinde nachgewiesene Talschaft bildete zusammen mit Bellwald einen der neun Viertel des Zenden Goms. Am 10. Juli 1646 verlieh Bischof Adrian III. von Riedmatten den Talleuten das Recht, ihren Ammann selbst zu wählen; Adrian IV. von Riedmatten überließ ihnen 1652 auch die Wahl des Weibels[3]. Diesen Status der Unmittelbarkeit behielt das Tal bis zur Ausrufung der «Freien und unabhängigen Republik Wallis» durch Napoleon 1802. Schon im 17. und 18. Jahrhundert blühte der Handel mit Bergkristallen[4]. Neben dem Finsteraar-Rothorn vorbei nach Grindelwald soll früher ein Paß begangen worden sein, an dessen Weg auf Alp Ziteren eine Kapelle der hl. Petronilla gestanden habe ähnlich wie im Grindelwaldtal am Mettenberg[5]. Zahlreiche zum Teil hoch gelegene Siedlungen sind wohl wegen der um 1600 einsetzenden «kleinen Eiszeit» in der ersten Hälfte des 17. Jahrhunderts verlassen worden. Ob es sich um eigentliche Weiler handelte oder um Einzelgehöfte, ist meist nicht mehr zu ermitteln[6].

Zu den kirchlichen Verhältnissen vgl. die Pfarreigeschichte von Fiesch (S. 352).

Quellen. PfA Ernen und Fiesch. GdeA Fieschertal.

Literatur. A. BRIW, Aus Geschichte und Brauchtum der Pfarrgemeinde Fiesch, Visp 1961, S. 34–37. – L. CARLEN, Der Ammann von Fieschertal, W. Jb. 1959, S. 60–62. – L. CARLEN (wie S. 3, Anm. 10), S. 132–135. – K. RUDISÜHLI (vgl. Literatur, S. 292). – N. VOLKEN, Was sagen uns die alten Häuser? W. Jb. 1968, S. 53–59.

1 Vgl. Literatur, die Werke von L. CARLEN.

2 Erster urkundlich erwähnter «judex vallis de Vies» Hans Thoenen (1444). Seit dem 16. Jh. nur mehr Einheimische. Ob die Herrschaftsrechte auf den Bischof als Landesherrn zurückfielen oder ob er seinen Grundbesitz im Tal durch Kauf erweiterte, ist nicht bekannt.

3 Kopiensammlung von Dokumenten bei Frau Jean de Kalbermatten, Bex. – Gemeindestatuten 1662 (H. HOLZER, Fieschertal stellt sich vor, o. J., S. 5–7).

4 CARLEN, Inventar, S. 53. – 1757 Fund einer Höhle mit 6–14 Zentnern Kristallen (Hauskalender fürs Stadt- und Landvolk 1830, Der wandernde Bote durch Wallis, gedruckt in Zug bei JOHANN MICHAEL ALOYS BLUNSCHI, S. 46).

5 FURRER (wie S. 8, Anm. 15), S. 24. – F. O. WOLF, Wallis und Chamonix, Zürich, o. J., S. 31. – In diesem Zusammenhang ist auch von warmen Schwefelquellen in der Umgebung der «Biene» nahe dem Ausgang des Tals die Rede (HOLZER [wie Anm. 3], S. 22).

6 Gere, Büebebärg, Unnerbärg, Schlatt, Blätz, Im Hasel, Blatte (S. 411); Brunne, westlich von Zer' Flie, am rechten Ufer des Weißwassers, war in der zweiten Hälfte des 19. Jh. noch bewohnt (PfA Niederwald, o. Nr.); heute Mühle und Säge, 1972 durch die Lawine beschädigt.

Abb. 426. Wichul. Luftaufnahme 1973. – Text unten.

WICHUL

SIEDLUNG. *Anlage und Geschichte* (Abb. 426 und 427). Der Weiler Wichul (Wichel)[1] liegt am sanften Nordhang eines flachen Sporns vor der östlichen Talflanke. Eine Zäsur bei der Kapelle scheidet das dichtere «Ober Derfji», dem ein Ring von Nutzbauten[2] vorgelagert ist, vom heterogenen «Unner Derfji». Noch ist der Blick von der Talstraße her frei auf die Kapelle, die mit dem schmucken, dunkelgebrannten Speicher (Koord. 80/160) davor einen der reizvollsten Siedlungseindrücke des Tals vermittelt (Abb. 429). Im übrigen hat der Wichul seinen Reiz als Siedlungsbild in den letzten Jahren durch Neubauten an der Peripherie, vor allem im Vordergrund, eingebüßt. – 1702 sollen dreizehn Firste abgebrannt sein[3].

KAPELLE DER MUTTERGOTTES

GESCHICHTE. Am Chorbogen steht das Baujahr 1688 und dasjenige einer Renovation 1809, am Sims des Chorgitters: «Befihle Der getlichen Mutter Alles 1721». Reparatur 1863[4]. 1894 «neue Pforte»[5]. 1934/35 Gesamtrenovation (Dach und Bestuhlung neu)[6]. Kapellenfest ist heute dasjenige des hl. Antonius von Padua.

1 Hergeleitet vom Wort Winkel.
2 Darunter ein zu einem Heustall umgebautes Häuschen aus dem letzten Viertel des 17. Jh. (kleiner Würfelfries unter Wolfszahn) (Koord. 115/125).
3 Nach der Chronik von JOH. JOS. BORTIS (N. VOLKEN, Was sagen uns die alten Häuser?, W. Jb. 1968, S. 58).   4 PfA Fiesch, D 66.   5 Ebd., Kapellenbuch Wichel, o. Nr.   6 Ebd., D 53.

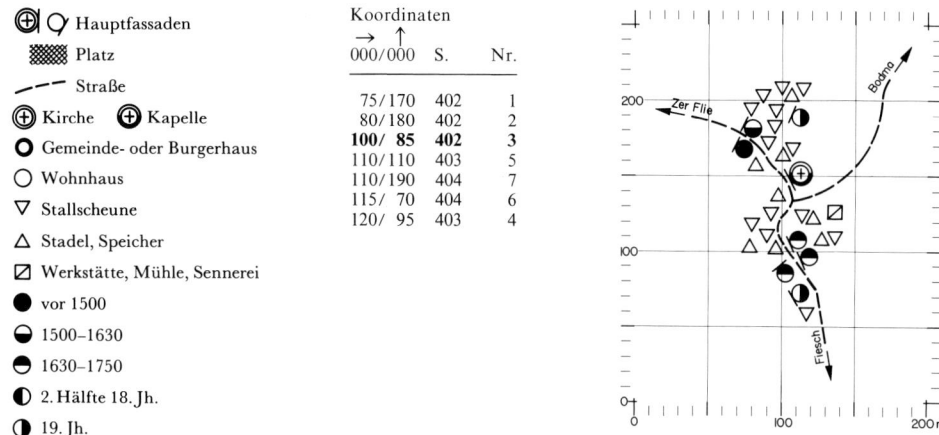

Abb. 427. Wichul. Siedlungsplan (vgl. «Wegleitung»). – Text S. 398.

Legend:
- ⊕ ⚲ Hauptfassaden
- ▨ Platz
- ˗˗ Straße
- ⊕ Kirche ⊕ Kapelle
- ◯ Gemeinde- oder Burgerhaus
- ◯ Wohnhaus
- ▽ Stallscheune
- △ Stadel, Speicher
- ◰ Werkstätte, Mühle, Sennerei
- ● vor 1500
- ◐ 1500–1630
- ◐ 1630–1750
- ◑ 2. Hälfte 18. Jh.
- ◑ 19. Jh.

Koordinaten
→ ↑
000/000 S. Nr.

75/170	402	1
80/180	402	2
100/ 85	**402**	**3**
110/110	403	5
110/190	404	7
115/ 70	404	6
120/ 95	403	4

BESCHREIBUNG. *Äußeres* (Abb. 429). Mit dem nur seitlich eingezogenen Polygonalchor gleicht die Kapelle den übrigen des Tals. Das Chor ist lediglich etwas kräftiger abgesetzt und die Front reicher gegliedert: zwischen Rechteckfenstern Rundbogenportal mit Tuffgewände und schweren, profilierten Kämpfern aus Giltstein, darüber eine Nische mit Statue des hl. Antonius von Padua (S. 401) und ein tuffgerahmter Okulus, heute mit Holz verrammt wie die Lünette der Chorstirn.

Inneres (Abb. 428). Das weite Schiff wird von einer hohen gemauerten Tonne mit zwei isolierten Stichkappenpaaren überspannt, das flach wirkende Chor von fünfkappigem Gratgewölbe. Alle Schildbögen ruhen auf dem frieslosen Profilsims mit Zahnschnitt, das nur an der Kapellenrückwand fehlt. Mit Stukkaturen sind im Geiste des ausgehenden 17. Jahrhunderts zahlreiche plastische Akzente gesetzt: profilierte Scheitelmedaillons, gehalten von zwei Cherubim, zwischen den Stichkappen des Schiffs, ein Engelskopf über dem Chorbogen an der Schiffsdecke, eine Rosette mitten am Schiffsgewölbe und unten am Chorbogenscheitel. Das gesproßte hölzerne Chorgitter reicht bis auf Wandsimshöhe.

Abb. 428 und 429. Wichul. Kapelle, 1688. Grundriß. Text oben. – Kapelle und Speicher. Text oben und S. 398.

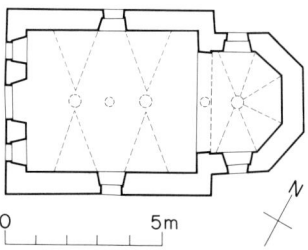

Altar (Abb. 430). Um 1691 von Bildhauer JOHANN RITZ, Selkingen, und Tischler
CHRISTEN RITER. Warum entgegen dem (noch vorhandenen) Vertrag[7] glatte statt
gewundene rebenumrankte[8] Säulen geschaffen wurden, ist nicht bekannt. Die
Abschlußfigur Gottvaters und der «crucifix in eines seraphinen g'stalt» am Gewölbe,
die laut Vertrag zu der wohl von Notar Christian Kuochen[9] angeregten Bekrönungs-
gruppe der Stigmatisation des hl. Franziskus gehörten, sind vermutlich verlorenge-
gangen[10]. Erste Darstellung des hl. Franz von Assisi im Goms. Eigentümlicherweise
nichtsigniertes Altarwerk des Meisters[11].

Der dreiachsige bekrönte Altar folgt mit den Seitenfeldern[12] den Chorschrägen.
Eine Serliana-Architektur mit vier vorgestellten Säulen gestattet die pyramidenförmige Anordnung der drei Statuen in Muschelnischen[13], in der Mitte Maria
(Abb. 431)[14], rechts der hl. Antonius von Padua, links die hl. Agatha (Abb. 432). Auf
dem Segmentgiebel der stigmatisierte hl. Franziskus in Akanthusmedaillon. Zur
schwarz marmorierten, eher strengen Architektur paßt der zurückhaltende Appliken-
schmuck[15]. Fassung der Figuren größtenteils ursprünglich. – Die Skulpturen, in
denen sich eine weiche Körperfülle mit fließender Eleganz verbindet, dürften den
künstlerischen Höhepunkt im Werk des Meisters darstellen. In der Muttergottesstatue
wird das Standmotivschema der Figuren am Heilig-Familien-Altar der Ritzingerfeldkapelle[16] überwunden, was auf eine spätere Entstehung des Wicheler Altarwerks
schließen läßt.

Kreuzigungsgruppe (auf dem Kreuzbalken). H. 61 cm (Korpus 35 cm, Begleitfiguren 30 cm). Holz.
Neuere unpassende Ölfassung. Mitte 17. Jh. Reliefhaft flach, derb. Erdsockel. Sehr zeittypische Begleitfi-
guren. – *Altarkreuzigungsgruppe* (Abb. 433 und 433a). H. 54 cm (Korpus 22 cm). Maria[17] H. 21 cm,
Johannes[18] H. 20,5 cm. Holz. Originalfassung, teilweise übermalt. Außergewöhnlich drapiertes Lenden-

Abb. 430. Wichul. Kapelle. Altar, um 1691, von Johann Ritz, Selkingen, und Tischler Christen Riter.
Text oben.

Abb. 431 und 432. Wichul. Kapelle. Altar (vgl. Abb. 430). Muttergottes und hl. Agatha. – Text S. 400.

tuch ohne Knoten, mit hochfahrendem Zipfel. Skulpturen von geringerer Qualität als die im gleichen Vertrag bestellten Altarfiguren. – *Kruzifixus* an neuem Kreuz (Abb. 434). H. 38,5 cm. Holz, häßlich übermalt. Um 1691. Wohl von JOHANN RITZ. Mit den harten Leidenszügen, den schrägen Augen und der schweren Dornenkrone weist dieser Korpus mehr Merkmale auf, die sich bei den der Ritz-Werkstatt zugeschriebenen Kruzifixen finden, als der Kruzifixus der Kreuzigungsgruppe. – *Hl. Antonius von Padua* (in der Portalnische). H. 35 cm. Giltstein, bemalt. Im Altarvertrag von 1691 mit JOHANN RITZ, Selkingen, bestellt. Kniend, das Jesuskind wiegend. Einzige dokumentarisch gesicherte Giltsteinskulptur[19] des Mei-

7 AGVO, Minutenbuch des JOHANN KUOCHEN von Fiesch, S. 65, abgedruckt bei STEINMANN, Ritz, S. 185/86.

8 «die 4 seüllen sollen geschnitten werden mit trauben und Laubren». – Vgl. die Säulen am Heilig-Familien-Altar in der Ritzingerfeldkapelle (Kdm Wallis I, Abb. 306 und Tf. III).

9 Vermutung von S. Noti, Fr. O. Cap.: Christian Kuochen, der als öffentlicher Schreiber den Vertrag ausfertigte, wird identisch sein mit einem für 1646 nachgewiesenen gleichnamigen Studenten in Luzern und kann die Aufnahme des stigmatisierten hl. Franziskus der Wallfahrtskapelle von Hergiswald LU in des Programm des Wicheler Altars angeregt haben. XAVER VON MOOS nimmt die Entstehung des Seraphischen Heilandes von Hergiswald freilich erst für das Jahr 1656 an (Kdm Luzern I, S. 364 und 348).

10 Es sind noch zwei Haken in der Decke sichtbar, an denen diese seraphische Christusfigur gehangen haben muß. Noti vermutet, daß zwischen dem Heiligen und Christus auch Schnüre gespannt waren wie in Hergiswald.

11 Im Jahre des Vertragsabschlusses hat RITZ nicht nur den Heilig-Familien-Altar der Ritzingerfeld-kapelle signiert, sondern sogar die Seitenranken, die er für den Hochaltar der gleichen Kapelle lieferte.

12 Im Vertrag, in Anlehnung an gotische Flügelaltäre, «blindtflüglen» bezeichnet.

13 Im Vertrag «muschelen» genannt. Ähnlichkeit mit dem Hochaltar der Antoniuskapelle auf dem «Biel» in Münster – auch im Motiv der vorgestellten Säulen.

14 «ein schönes werschafftes Mariae bild sampt einen schönen blosen [nackten] christkindlein».

15 Dem Heilig-Familien-Altar (1691) in der Ritzingerfeldkapelle (Kdm Wallis I, Abb. 306 und Tf. III) entgegengesetzte klassischere Konzeption, vielleicht von den Auftraggebern angeregt.

16 Vgl. Kdm Wallis I, S. 374, Anm. 63.

17 Ähnlich der Maria von einer Kreuzigung aus dem «Fennerhüs» in Selkingen (Kdm Wallis I, Abb. 350). 18 Ähnlich dem hl. Johannes am Hochaltar von Oberwald (ebd. Abb. 138).

19 STEINMANN, Ritz, S. 100.

Abb. 433, 433a und 434. Wichul. Kapelle. Maria und Johannes der Altarkreuzigungsgruppe sowie Kruzifixus, um 1691, von Johann Ritz, Selkingen. – Text S. 400 und 401.

sters. – *Gemälde* der *hl. Eremiten Antonius und Paulus* am Eingang der Höhle. Etwa 120 × 98 cm. Mischtechnik auf Holz. Mitte 18. Jh. Sicht ins Freie mit Kapelle auf felsiger Anhöhe. Gedämpfte Farben. Marmorierter Originalrahmen.

Kerzenleuchter. 1. Paar. Holz, häßlich übermalt. H. 33 cm. Mitte 17. Jh. Unbekannte Untergommer Werkstatt (Bellwald?). Durchbrochen geschnitzt. Auf Spiralranken Kopf als Träger für den Akanthusschaft. Durch weitere Spiralranke zu Dreizehenfuß ergänzt. – 2. Paar. Gelbguß. H. 30 cm. 17./18. Jh. Urnen-, Baluster- und Knaufmotive zwischen scharfen Schaftringen. – *Missale Romanum* mit zahlreichen Stichen, erschienen 1615 in Venedig bei Nicolaus Misserinus.

Glocke. Dm. 35,5 cm. Ton c″. Kleeblattförmige Kronenbügel. Schulterumschrift: «+ IESVS . MARIA . ORA . PRO . NOBIS . 1687». Flankenreliefs: hl. Josef; stehender Cherubim; Kreuzigungsgruppe. Stehende Palmetten auf Schnurstabbündel.

WOHNHÄUSER

1. Koord. 75/170. Kat.-Nr. 16/185. Hilda Bühlmann-Imhasly. Spätmittelalterlich. Einziges «Heidehüs» des Tals. Am vorderen Giebel schmuckes «Heidechriz» mit Zackendekor und Kerbschnittrosette, am Fuß vernutet mit leistenförmigem Vorsprung des Balkens in der Art der «Heidechriz» des linksufrigen Untergoms (S. 115, Haus Nr. 1). Linksseitiger Anbau um 1960. ⌐⌐ (heute ⌐⌐). 1½. F (ehemals im Wohnstockwerk D). «Stubji» im «Loibe»-Geschoß vorkragend. Der später eingezogene beschriftete Dielbaum entfernt. – *Ofen.* Zweigeschossig, mit Karnies unter profilierter Deckplatte. An der Stirn in Wappenschild: « VB 17/I 99», an der Wange: «II:B».

2. Koord. 80/180. Kat.-Nr. 16/178. Emil Volken. Erbaut 16./frühes 17. Jh. Rillenfriese am ersten Stockwerk. Kammerachse und Giebelpartie über den Fenstern des zweiten Stockwerks 1895. ⌐⌐. 2 und Giebel-«Loiba». F (ehemals C). *Inschriften.* Dielbaum des 1. Stockwerks verkleidet. – 2. Stockwerk: «18 KLEMENS ZEITER UND FRAU 95». – *Öfen.* 1. Zweigeschossig, mit Kehle unter abgerundeter Deckplatte. An der Stirn, von stilisierten Ranken gerahmt, Jesusmonogramm und die Initialen «K[lemens]Z[eiter]-C[atharina]V[olken]». – 2. Wie Nr. 1. An der Stirn die gleichen Initialen in Blumenkranz, an der Wange: «J[Kreuz mit gespaltenem Fuß]S» und Sechsstrahlenstern an allen vier Ecken.

3. Koord. 100/85 (Abb. 435 und 435a). Kat.-Nr. 16/162. Josef Marie Eggs. Erbaut 1675. Zweites Stockwerk und «Loibe»-Geschoß 1717. Prachtvolles Haus mit angebautem Mauerkamin und «Vorschutz» an der linken Traufseite. Urtümliche Außentreppenanlage. Ursprüngliche Fensteröffnungen in der Fassadenpartie von 1717,

20 Wohl der beim Abschluß des Altarvertrags (1691) mit JOHANN RITZ anwesende Ammann Johannes Kuochen (vgl. Anm. 7).

21 Auf dem verkleideten Dielbaum des zweiten Stockwerks soll die Jahreszahl 1747 stehen.

bekrönt mit Nelken auf Kielbögen. Im ersten Stockwerk leider durch neue Fenster beeinträchtigt. ⌐—⌐. 2½. E und F. Kammertür, 17.Jh., mit geohrter und unregelmäßiger Oktogonfüllung. Tanne und Nußbaum. Balken innen über den Fenstern gekehlt wie die Dielbaumwangen. *Täfer*, 2. Hälfte 18.Jh.

Inschriften. 1.Stockwerk: in Wappenfeld «F[gestürzt]W/K[seitenverkehrt]H» und die Jahreszahl 1675. – 2.Stockwerk: «[in Wappenfeld ‹A I K› und unbekanntes Kuchen-Wappen: V, gerahmt von vier rhombenförmig angeordneten Sechsstrahlensternen, worunter der eine im Buchstaben; ferner Monogramme der Heiligen Namen]DISES. HAVS. HAT. LASEN. BVWEN. DER. EHRSAME. HER. AMEN. IOANES. KVCHEN[20]. VND. SEIN. HAVS. FRAW. MARIA. HVBER/MEITSAMBT. SEINEN. SIHNEN FRANTZ PETER VALENTIN. SEINT. DREI. GOT. IST IHRN. HELFER. VND. BVW. HER. GESEIN + IM IAR 1717.» – Auf einem Deckenbrett: (in einem Feld, in dem sich Rechteck und Vierpaß durchdringen) «IESVS/MARIA/IN. WOLFART VNT/GLICKSELIGKEIT/HAT. MAN. GVOT. FRINT/ZV. IEDER. ZEIT. WAN/ABER. HER. ZV. KVMT/DER. VNFAL. SO. IST. KEIN/FRINT. MER/VBER/AL»; gerahmt von den Ziffern 17 und 17. – Auf einem Deckenbrett: Medaillon mit Jesusmonogramm und Umschrift: «GLOBT. SEI. DER. HEILIG. NAMEN. IESVS.» – *Öfen.* 1. An der Stirn umgestülptes pflugscharähnliches Zeichen zwischen den Ziffern der Jahreszahl 1598. – 2. Zweigeschossig, mit Karnies unter kantiger Deckplatte. An der Stirn die Monogramme der Heiligen Familie in umrankten Herzen und Kartuschen, an der Wange Rankenfeld, ferner in spindelförmigem Feld, zwischen Früchten (Granatäpfeln) in den Zwickeln, «1720/ F.P.V.C.K» und in Rankenwerkkartusche gleiche Initialen wie auf dem Dielbaum des zweiten Stockwerks, jedoch mit umgestülptem Wappenzeichen.

4. Koord. 120/95. Kat.-Nr. 16/163. Josef Perren. Erbaut 1708 (Jahreszahl am Giebel). Pfeilschwanzfries unter Wolfszahn. ⌐—⌐ (mit Fachwerk). 2. F. *Inschriften.* 1.Stockwerk: «[Monogramme von Jesus und Maria]IOS DISES. HAVS. HAT. LASEN. BAVVE. IOHANES. SIBER/VNT. MADELENA HOLTZER SEIN HAVS FRAVW 1708 IAHR». – 2.Stockwerk. Auf entferntem Dielbaum: «[Monogramme der Heiligen Namen]DISE. OBERE. HECHE. HAT. LASEN. BAVWEN/DER. ERENDE. MARTEINVS. SIBER. IM. 1708». – *Ofen.* Zweigeschossig, mit Kehle unter abgerundeter Deckplatte. An der Stirn, in radartigem Medaillon und stilisiertem Rankenwerk, «I.Z/A.Z/1852», an der Wange in Blumenranken die Initialen «P[erren]J[osef]M[aria]Z[eiter]». – *Pult.* Nußbaum. Um 1923 von Tischler VALENTIN VOLKEN, Fiesch. Geschuppte Füllung an der Schublade. Geflammte Profile.

5. Koord. 110/110. Kat.-Nr. 16/164. Josef Marie Bortis. Erbaut 1747. Pfeilschwanzfries unter Wolfszahn. Originale Fensteröffnungen an der Front des «Loibe»-Geschosses. An der linken Traufseite (bzw. Rückseite) angebauter Mauerkamin, heute in Anbau, aus 2.Hälfte 19.Jh. Küchenrückwand aus Fachwerk. ⌐—⌐. 2½. F (quer zum First nach Westen gerichtet). *Inschriften.* 1.Stockwerk: «ZV GOTES. VND. MARIA. EHR. BIN: ICH. GEBAVWEN. HER. DVRCH. CHRISTIAN. BORTIS: VND. SEIN. HVS. FRAVW. CHATRINA/CLAVSEN. SAMBT. IHR. SIHNEN. IOSEPH. PETER. VND. VALENTIN. BORTEIS IM IAHR. 1.7.4.8.» – «ALLEIN. AVF. GOTT. SETZ. DEIN. VIR. TRAVWEN + AVFZ. MENSCHEN. HILF. GAR. NIT. BAVWEN.»[21]. – *Ofen.* Zweigeschossig, mit zwei Karniesen am

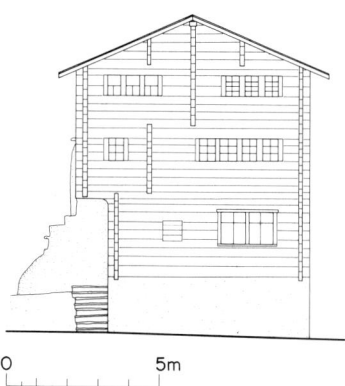

0   5m

Abb. 435 und 435a. Wichul. Haus Nr. 3, 1675 und 1717. Planzeichnung der Front und linke Traufseite. Text S. 402.

Abb. 436. Zer Flie. Luftaufnahme 1973. – Text S. 405.

Sims. An der Stirn, in Rankenwappenkartusche, links «1749/I.B», rechts «CB/VB, in der Mitte unbekanntes Bortis-Wappen: breites Dreieck unter Punkt in Portal, gerahmt von den Initialen «C B» und zwei Sechsstrahlensternen. – *Wandschrank.* Tanne, 2. Hälfte 19. Jh., geschaffen von DOMINIK BORTIS. Zwei Rundbogentürachsen.

6. Koord. 115/70. Kat.-Nr. 16/161. Heinrich Bürcher. Erbaut 1865 (Jahreszahl am Giebel). Fries: Paar von Rundstäben gesäumter Rillen. Späterer Anbau an der rechten Traufseite, rückseitiger 1927/28. Profilierte Dielbaumköpfe. Tulpenförmige Firstkonsolen. Originale Fensteröffnungen in der Front des «Loibe»-Geschosses. ⌐⌐ (niedrig). 2½. F. *Inschrift.* 2. Stockwerk: «Im Iahr 1865 [Monogramme der Heiligen Namen]Gott behüte dieses Haus u. wer hier geht ein u. aus zur Erbaung bracht durch.Allexander Zeitter.u.seine Hausfrau Cresentia/Zeitter gebohrne Wüden samt seinen 5 Kindern Franz Z. Allexander Z. Johanes Z. Klemens Z. u. Kresentia Z. wer auf Gott vertraut hat auf festen Grund gebaut.» – *Ofen.* Zweigeschossig, mit Kehle unter abgerundeter Deckplatte. An der Stirn, in seitlich geschwungenem Feld zwischen Rosetten, Jesusmonogramm, gerahmt von den Initialen «A Z/K W», über der Jahreszahl 1862. – *Wandschrank.* Tanne. 2. Hälfte 19. Jh. Applizierte Vasen- und Beschlagwerkmotive.

7. Koord. 110/190. Kat.-Nr. 16/186. Heinrich Zeiter. Erbaut 1889[22], 1948 fast um die Hälfte verbreitert und mit neuem Giebel versehen. ⌐⌐. 2½. F. Dielbäume entfernt.

NUTZBAUTEN

Durch den Abbruch des Zehntenstadels bei Koord. 100/165 ist unmittelbar neben der Kapelle eine arge Bresche geschlagen worden. Zum zierlichen Speicher bei Koord. 80/160 vgl. S. 398.

Bildstock des hl. Jakobus d. Ä. am alten Weg ins Fieschertal. Statue des Heiligen. H. 54,5 cm. Tanne? Neuere unpassende Fassung. Um 1700. Vorderarme fehlen.

---

22 Nach Aussage von Maria Bürcher.

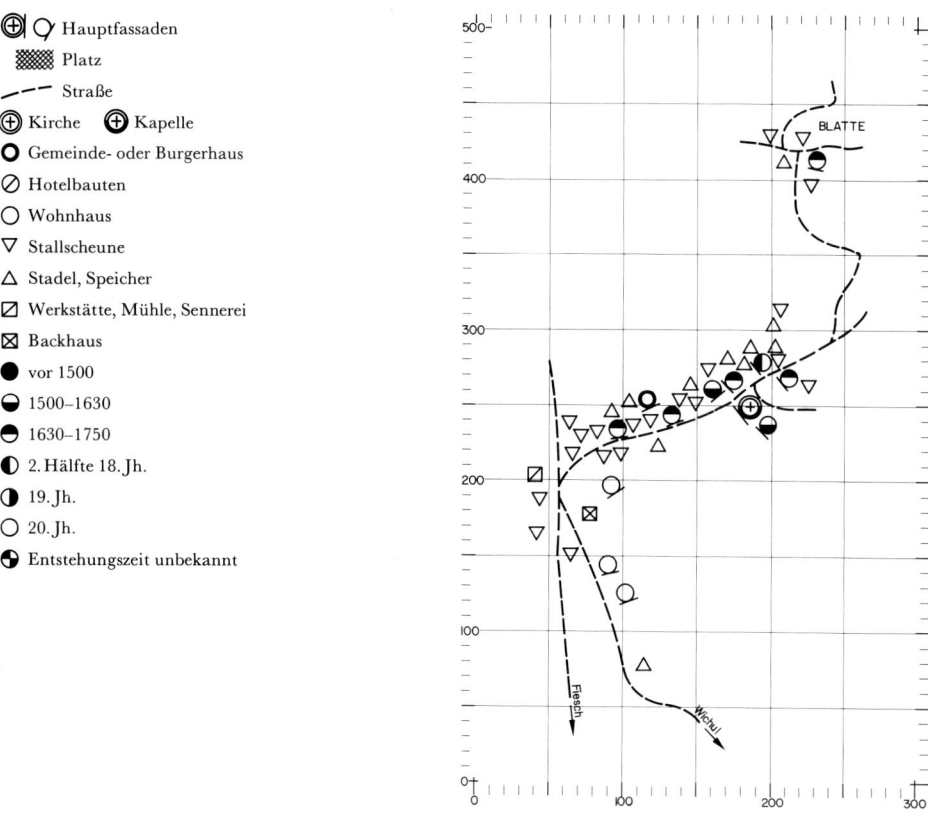

Hauptfassaden

▓ Platz

– – Straße

⊕ Kirche   ⊕ Kapelle

◯ Gemeinde- oder Burgerhaus

⊘ Hotelbauten

◯ Wohnhaus

▽ Stallscheune

△ Stadel, Speicher

▨ Werkstätte, Mühle, Sennerei

⊠ Backhaus

● vor 1500

◗ 1500–1630

◗ 1630–1750

◑ 2. Hälfte 18. Jh.

◐ 19. Jh.

◯ 20. Jh.

✛ Entstehungszeit unbekannt

Koordinaten

→   ↑
000/000   S.   Nr.

Koord.	S.	Nr.
95/235	409	4
115/255	**410**	**7**
135/245	409	5
160/260	409	2
175/265	410	6

Koord.	S.	Nr.
195/280	410	8
200/235	409	1
210/270	**409**	**3**
230/415	411	–

Abb. 437. Zer Flie. Siedlungsplan (vgl. «Wegleitung»). – Text unten.

ZER FLIE

SIEDLUNG. *Anlage und Geschichte* (Abb. 436 und 437). Die größte Siedlung, Zer Flie (Flüe), säumt den nackten Felsriegel hinten im Tal. Wo der Fels im Osten zurückweicht, weitet sich die straßendorfartige Gebäudezeile zu einer kleinen Haufensiedlung. Die Häuser stehen größtenteils nahe der Straße, die Nutzbauten dahinter am Fels. Das Gemeindehaus und zwei Speicher klimmen malerisch den Felsen empor (Abb. 446). Heute wird der Talgrund vor dem Weiler zersiedelt; im Nordwesten, wo seit 1975 der Quader der Neuenburger Kraftwerke steht, entstanden zum Teil großdimensionierte Bauten. – Nach dem vorhandenen Baubestand herrschte im dritten Viertel des 17. Jahrhunderts eine besonders rege Bautätigkeit.

Abb. 438. Zer Flie. Zeichnung, 1835, von Johann Rudolf Bühlmann. – Text unten.

KAPELLE HEILIGE DREIFALTIGKEIT

GESCHICHTE. Nachdem die alte Kapelle[1] bei Koord. 60/215 1860 durch Hochwasser zerstört worden war (Abb. 438), erbaute man die heutige 1862/63 im östlichen Quartier der Siedlung[2]. 1898/99 Reparatur durch PAUL(?) COLOMBO. 1901/02 Dach erneuert[3].

Bilddokument. Ansicht der alten Kapelle. «Bei der Capelle zur Fluh gegen Wirbel u. den Viescher-Gletscher.28 Juni[1835]». Zeichnung, weiß gehöht, von JOH. RUDOLF BÜHLMANN (ETHZ, Graph. Slg., Joh. Rudolf Bühlmann, Nr. 138) (Abb. 438).

BESCHREIBUNG. *Äußeres.* Die Kapelle ist nach Nordosten, gegen den sanft ansteigenden Hang, gerichtet. Das nur seitlich abgesetzte Chor stößt wie ein Fünferschluß an das Rechteckschiff. Über dem Frontgiebel niedriges gemauertes Glockenjoch mit Satteldächlein aus Steinplatten. Rundbogige Hochfenster. Weiter Okulus über einem Rundbogenportal mit Kämpfern in gemaltem Gewände.

Inneres (Abb. 439). Ein nur wenig eingezogener Chorbogen verbindet die weiten Räume von Schiff und Chor. Architekturgliederung ähnlich wie in der Kapelle von

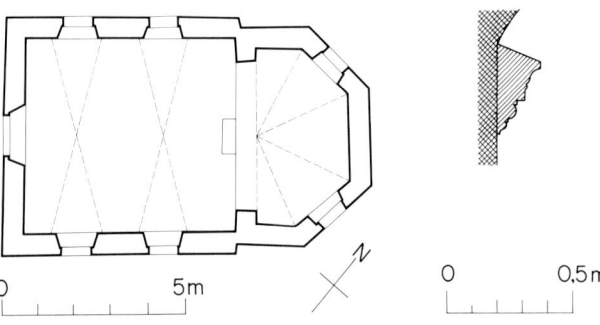

Abb. 439 und 440. Zer Flie. Kapelle, 1862/63. Grundriß und Wandsims. – Text oben und S. 407.

Abb. 441. Zer Flie. Kapelle, Altar, 1694. – Text unten.

Wichul (S. 399), jedoch mit ganzen Kappen im Schiff. Die Bögen der Chorfenster schneiden tief in das eigenartig profilierte Sims (Abb. 440) ein. Unpassende Bemalung.

Altar (Abb. 441). Inschrift in der Kartusche der Predella: «IN HONOREM ET GLORIAM SACRO/SANCTAE & INDIVIDVAE TRINITATIS/NEC NON INTEGERRIMAE DEIGENI = /TRICIS VIRGINIS MARIAE HOC/ALTARE ERECTVM EST.ANO/MDCXCIV». Wohl aus der Werkstatt des MORITZ BODMER von Mühlebach. Statue des hl. Martin, um 1691, von JOHANN RITZ[4]. Der einachsige Altar ist wuchtig bekrönt. Das seitlich vorgetreppte Gewände mit dem vorgestellten Randsäulenpaar läßt die Stichbogennische noch tiefer erscheinen. Zwischen den rebenumrankten Säulen architektonisch nicht ausgeschiedene Seitenachsen lediglich mit bekrönter Rundbogenapplik über den Seitenstatuen. Auf dem Geschoß großes durchbrochenes Herz-Jesu-Medaillon zwischen Putten und bekrönendem Gottvater. Üppiger, aus Rollwerk sprießender Akanthus und schwere Fruchtappliken. In der Nische Gruppe des Heiligen Wandels. Seitenstatuen: links der hl. Martin, rechts Antonius von Padua. Neben der Gestaltung der Häupter weisen vor allem Draperiemotive auf die Bodmer-Werkstatt.

Skulpturen. Stehende *Muttergottes* (Abb. 442). H. 43 cm (inkl. Sockel 8 cm). Arve(?), massiv. Übermalt, ursprünglich wohl nichtgefaßt. Mitte 17. Jh. Aus einer vorbarocken Untergommer Werkstatt? Aufgelöste, über die Schultern fallende Haare. Maria preßt mit der Rechten das anmutige Kind seitlich an sich. Am

1 Die alte Kapelle blickte mit ihrer breiten, von gemauertem Glockenjoch überhöhten Front ebenfalls talauswärts. Mitten in den Wandabschnitten beidseits des Rundbogenportals rundbogiges(?) Fenster; ein Okulus im Giebel und ein weiterer sonderbarerweise als einzige Befensterung in der westlichen Traufseite des Schiffs (vgl. Bilddokument).

2 PfA Fiesch, D 66.   3 Ebd., Rechnungsbuch für die Kapelle Zer Flie 1879ff., o. Nr.

4 STEINMANN, Ritz, S. 100/101. STEINMANN nimmt eine Entstehung im Anschluß an den Altar von Wichul (S. 400) an. Alle übrigen Statuen sind im Gegensatz zu dieser Figur massiv.

Abb. 442 und 443. Zer Flie. Kapelle. Muttergottes, H. 43 cm, Mitte 17. Jahrhundert. Text S. 407. –
Altarkruzifix, H. 49,3 cm, 2. Hälfte 17. Jahrhundert, aus einer Untergommer Werkstatt (Bellwald?). Text
unten.

Sockel, auf Wappenschild: «S.MARIA/ORA POŇ». – *Altarkruzifix* (Abb. 443). H. 49,3 cm. Arve. Originale
Fassung, bunt übermalt. 2. Hälfte 17. Jh. Aus einer unbekannten Untergommer Werkstatt (Bellwald?).
Außergewöhnlicher, expressiver Kruzifixus mit zur Seite geschwenktem Körper und hochgerissenen

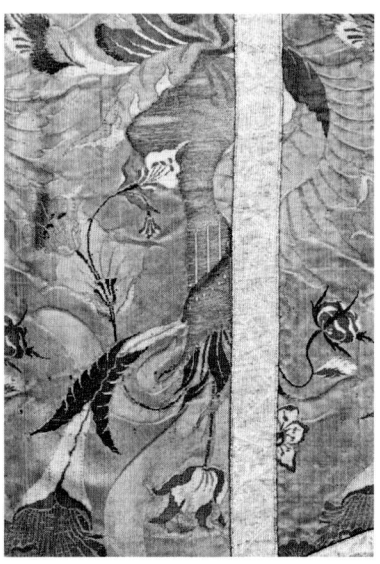

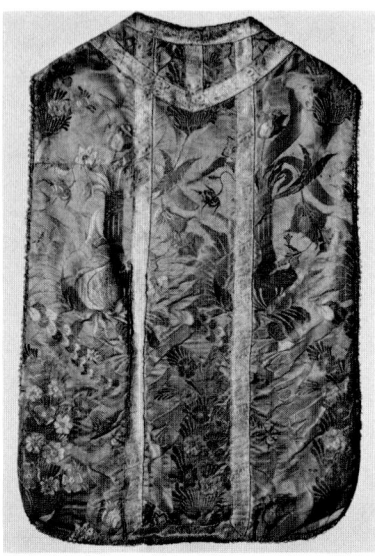

Abb. 444 und 445. Zer Flie. Kapelle. Kasel «bizarren» Stils, 1. Viertel 18. Jahrhundert, wohl französisch;
Ausschnitt (Kasel Nr. 1). – Text S. 409.

Armen. Der zwischen den Beinen vortretende Lendentuchzipfel über den Oberschenkel geschlagen. Dreikantsockel. – *Gemälde. Maria vom Guten Rat* nach dem Gnadenbild von Genazzano. 99,5 × 58,5 cm. Öl auf Holz. Mitte 18. Jh. Wellenartiger Bogenabschluß. Unten beschriftet: «Laufft zu St. MARIA von guten Raht Sie hilft in aller Noth und/That». – *Hl. Johannes Ev.* 102 × 60 cm. Öl auf Holz. Mitte 18. Jh. Mit geschweiftbogigem Abschluß. Sitzend, mit Schreibfeder und offenem Buch. Erleuchtende Helle im Bogenfeld. Recht qualitätvoll.

Kelch. Gegossen, versilbert. H. 20 cm. 2. Hälfte 17. Jh. Keine Marken. Runder, profilierter Fuß. Vasenförmiger Knauf und flauer Schaftring. Kompakter Korb an tulpenförmiger Kupa. – *Kerzenleuchter.* Paar. Gelbguß. H. 37,5 cm. 17. Jh. Dreikantfuß auf Klauen mit vorspringender Abschlußplatte. Schwere Urnen- und Balustermotive sowie Schaftringe. – *Kaseln.* 1. (Abb. 444 und 445). Blau. 1. Viertel 18. Jh. Frankreich? Sogenannter «bizarrer Stoff» mit aufgeworfenen Phantasieblattmotiven auf blaßblauem Damast. Broschierte Blüten in Seide und Silber. Unten am Stab die Initialen «MC AL». – 2. Weiß. 1. Hälfte 18. Jh. Stab 19. Jh. Satin, wohl lanziert mit Seide. Geschwenkte Blütenranken.

Glocke. 1947, von H. RÜETSCHI, Aarau.

WOHNHÄUSER

Da im feuchten Tal die Lärche nur selten gedeiht, wurden die Häuser größtenteils mit Tannenholz aufgeschlagen, das hier aber wenig verwitterte und daher schwarzgebrannt wie Lärchenholz erscheint.

1. Koord. 200/235. Kat.-Nr. 18/223. Josef Zeiter. Erbaut 1585. An der Rückseite Reste von ehemaligem Mauerkamin. ⌐—⌐. 1½. C. *Inschrift:* «DISS.HAUSS HAT LASSEN MACHEN PETER FUR[5] UON DER FLEIU[Lampe] GOT UOR THRUWEN IST WOLL GEBUWE D[?]ISS 1585 [Jesusmonogramm und Hand]». – *Ofen.* Zweigeschossig, mit Kehle unter kantiger Deckplatte. An der Stirn, in Lorbeerkranz, nicht mehr leserliche Initialen von Elias Volken und Antonia Zeiter; Jahreszahl 1874 entfernt[6].

2. Koord. 160/260. Kat.-Nr. 18/220. Theophil Volken. Erbaut wohl 16. Jh. Glatter Kammfries. Renovation 18. Jh. 1944 um fünf Ringe aufgestockt. Linksseitiger Anbau 1957. ⌐—⌐. Ehemals 1½. A und C. Treppe zum «Loibe»-Geschoß einst an der rechten Traufseite der Stube, als Schrank verkleidet. *Inschrift:* «[Jesusmonogramm]I.A.L.M.M.N.WER AVF GOT SETZET SEIN VERTRAVWE.../DER KANSEIN WONVNG.IM.HIMEL. BAVWEN.ANO 17[verdeckt]9».

3. Koord. 210/270. Kat.-Nr. 18/233. Wilhelm Volken. Erbaut 1657. Großer Würfelfries. Das wohlproportionierte Haus besitzt noch die intakteste Front mit ursprünglichen kielbogenbekrönten Fensteröffnungen im «Loibe»-Geschoß. ⌐—⌐. 2½. F.

Inschriften. 1. Stockwerk: (teilweise abgehobelt) «ANO 1657». – 2. Stockwerk: «[in Wappenfeld schräg gestrecktes Z zwischen Punkten (Hauszeichen?), zwei Sechsstrahlensterne im Schildhaupt, einer im Fuß; Jesusmonogramm]MARIA IOHANS HVBER HELL DER INGET VND HEIL DER VSGET ANO 1657 MARTINE.HVEBER». – *Ofen.* Zweigeschossig, mit gekehltem Sims. An der Stirn, in Medaillon: «W[ilhelm]V[olken]», an der Wange: «I[g]N[az]F[olken]/K[reszentia]B[ortis]/18/75». – *Hinterglasgemälde.* «S.IOSEPH», 35,5 × 28 cm (inkl. Rahmen), und «S.ALISIUS», 31,5 × 24,5 cm (inkl. Rahmen). Halbfigurenbildnisse.

4. Koord. 95/235 (Abb. 447). Kat.-Nr. 18/206. Gustav Volken. Erbaut 1670. Kräftige Würfelfriese. ⌐—⌐. 2½. F. *Inschrift:* «[in Wappenfeld die Initialen ‹MG/AZ›]MARTINI GVNTRENN IM 1670 IAR». – *Ofen.* Zweigeschossig, mit Kehle unter kantiger Deckplatte. An der Stirn, in Edelweiß, die Jahreszahl 1908, an der Wange, in Rankenwerk: «J[ohann]V[olken]A[nne Marie]B[ürcher]».

5. Koord. 135/245. Kat.-Nr. 18/216. Albert Zeiter. Erbaut 1670. Kammerachse später angebaut. 1966/67 erhöht und mit neuem Giebel versehen. ⌐—⌐. Ehemals 1½. F. *Inschrift:* «[Jesusmonogramm]MARIA.MARTI. VND.CHRISTEN.MARIA.HVBER.ANNO.1.6.7.0». – *Täfer-*Fragmente, Mitte 18. Jh.

---

5 1590 war Johann Furrer Ammann (BRIW [vgl. Literatur, S. 352], S. 35).
6 Freundl. Hinweis von Hedwig Zeiter.

6. Koord. 175/265. Kat.-Nr. 18/225. Josef Marie Volken. Erbaut 1972. Mit Würfelfriesen geschmücktes Doppelhaus. ⌐⌐. 2½. A und F («Stubji» und Kammer an der Außenwand). *Inschriften.* 1. Stockwerk: «[Hand]IHS MARIA DISES HAVS SIAT GOTES HAND MEIST[?]E[?]R PETER WEIDEN IST DER BAWMEISTER GNAMPT CHRISTEN HVOBER VND SEIN HVSFRAVW MERIA WEIDEN IM IAR 1672» – «[Jesusmonogramm]DEO SOLI . GLORIA . EI . NVLI . ALIO . PRETEREA IM IAR 1672/MARIA . DISES . HVS . STAT . IN . GOTES . HAT . PETE . SCHINER . IST . DER . BVVMEISTER.GENAMBT MRSH[Hauszeichen?]». – 2. Stockwerk: «IM IAR 1672[Hand]IHS MARIA IOSEPE SOLI DEO GLORIA M[?]T[?]T VIRGINIS MARIAE GRAZIAM CASPER HVOBER». – *Öfen.* 1. Zweigeschossig, mit schwerer, roh gekehlter Deckplatte. An der Stirn: «REGINA/WELLIG/B H EM/18 61», an der Wange «V C». – 2. Zweigeschossig, mit Kehle und Rundstab unter der Deckplatte. Abgerundete, schräg gebänderte Kanten. An der Stirn: «VALENTIN FOLCKEN/DIE DREI SEHN/IGNATS FOLCKEN/VALENTIN FOLCKEN/IOSNPH FOLCKEN», an der Wange umranktes Jesusmonogramm unter der Jahrezahl 1854. – 3. Ähnlich Nr. 2. An der Stirn: «JOHANNES/1 WELLIG 8/KRESENSIA/6 WIDER 1», an der Wange: «V[alentin]J[da]V[olken]».

7. *Altes Gemeinde- und Schulhaus* (Abb. 447). Koord. 115/255. Kat.-Nr. 18/211. Gemeinde[7]; Dr. Peter Weis-Müller. Am Giebel: «ANNO DOMINI 1782». Das behäbige Haus besticht durch seine außerordentliche Lage hoch am Felsen. ⌐⌐. 2 und Giebel-«Loiba». A und F (ehemals jedoch mit Keller an Stelle des «Stubji»). Der Fels trat weit ins Hinterhaus vor. «Trächa» (Kamin) des zweiten Stockwerks noch erhalten.

Inschriften. 2. Stockwerk: «[Wappen mit einem im Schildhaupt hängenden Kreuz]DIE.NEMEN.DER. GESCHLECHTREN . ERSTLICH . AMEN . JOHANES . JM . HASLE . ZV . DER . ZEIT . RICHTER . /DES TALS VISCH . VND . AMEN . JOHANES . MICHEL . KVCHEN . ZV . DER . ZEIT . STATHALTER . MARTINE . JM . /HASLE . WEIBEL . JOSEPH . GLAISEN . IOHANES . LAMBRIGER . PETER . BIRCHER . CHRISIAN . HVBER . JOSEPH . IM . HASLE . /IOSEPH . SCHMIT . IOSEPH . GLAISEN . IOHANES . HEINEN . CHRISTEN . GVNTREN . MIT . SEINEN . BRIDREN . BETER . IOSEPH . VOLCHE . /VALENTIN . BORTIS . MEISTER . JOSEPH . BIRCHER . VND . SEIN . BRIDER . VALENTIN . VND . MARTINE . BIRCHER . CHRISTEN . HEINE . ME... / HEINEN . MEISTER . HANS . IOSEPH . HEINEN . IOSEPH . KVCHEN . FRANTZ . IOSEPH . VOLCHEN . BATIST . SCHMID . MEISTER . CHRISTE . FOLC... /AMBROSE . LAMBRIGER . IOSEPH . WELIG . CHRISTEN . FOLCHEN . RANTZ . SCHMIT . IOHANES . WELIG . HILARIVS / HEINEN . /DEN . 15 . WEIN . MONAT . ALES . ZVR . GRESTEN . EHR . GOTES . M . DCC . L . XXX . II» – «JM . JAHR . NACH . DER . GNADEN . REICHEN . GEBVRT . JESV . CHRISTI . 1782 . HABEN . WIER . BVRGER . BAVWET . DISES . HAVS . ZV . JENER . ZEIT / WO . GWESEN . FRIDT . VND . EINIG . KEIT . VND . SOL . AVCH . BLEIBEN . BIS . AN . ZENDT . DAR . ZV . VNS . GOT . SEIN . GNADEN . SENDT.» – *Kruzifixus* (heute im neuen Schulhaus). H. 31,3 cm. Holz. Spätere Ölfassung. Um 1700. Werkstatt des JOHANN RITZ, Selkingen. Lendentuchzipfel abgebrochen. Jüngeres, derb dekoriertes Kreuz.

8. Koord. 195/280. Kat.-Nr. 18/229. Anton Imhasly. Am Giebel: «Jm JAhr Des Hern 1727». Keine Friese. ⌐⌐ (Hinterhaus im unteren Teil Mauer, im oberen Fachwerk[8]). 2½. F. In der Stube des ersten Stockwerks *Kielbogentäfer* über Fenstern und Türen; am Sturz der Kammertür geschnitzte Ranken. *Inschriften.* 1. Stockwerk: «IHS[Marienmonogramm]IOS DIS HAVS BEFIL ICH DIER . VOR VNGLICK ES BEWARE MIER.» – «DIS HAVS HAT LASEN BAVEN JOHAN JOSEPH BIRCHER.SAMBT.SEINER.EHE GEMLIN/BARBAR VOLCHEN JM JAHR 1797 DEN 30 MAYE». – 2. Stockwerk: «JOHAN JOSEPH BIRCHER HAT DIS HAVS GEBAVET HAR/BARBARA VOLCKEN SEIN HAVS FRAV WAR 1797» – «IHS[Marienmonogramm]IOS». – *Öfen.* 1. Zweigeschossig, mit Karnies am Sims. An der Stirn, in eckgekehltem Feld: «17/II B/9 B F 8», an der Wange: «J[osef]J[mhasly]/A[nton]M[aria]J[mhasly]». – 2. Zweigeschossig, mit gekehlter Deckplatte. An der Stirn, in beilförmigem Schild, zwischen Blütenzweigen: «S[Sechsstrahlenstern]F/S[Sechsstrahlenstern]B», rund um die Ziffern der Jahreszahl 1852. – *Wandbüfett.* Tanne. Dreiachsig. Ende 18. Jh. Schubladenblock und Türfüllungen geschweift. – *Eckschränkchen.* Tanne, geschnitzt. Blume in einem aus vier C-Bögen gestalteten, rocaillebesetzten Medaillon.

NUTZ- UND GEWERBEBAUTEN

Zwei kühn in den Felsabhang gestellte *Speicher* bilden zusammen mit dem Gemeindehaus die wohl eigentümlichste Baugruppe des Goms: Der stattliche Speicher bei

---

7 1869 Verkauf des untersten Kellers durch die Gemeinde an Valentin Volken (GdeA Fieschertal, G 3).

8 Der Bauherr habe von der Gemeinde kein Holz mehr erhalten, nachdem ihm eine Rüfe das bereitgestellte beschädigt hatte. (Freundl. Auskunft von Adolf Volken, Fieschertal.)

Abb. 446 und 447. Zer Flie. Gebäudegruppe am südwestlichen Dorfeingang. Text S. 405. – Dorfpartie mit altem Gemeindehaus Nr. 6, 1782, und Haus Nr. 4, 1670. Text S. 410.

Koord. 105/255 ruht auf Mauersockel und hölzernem Unterbau, sein zweigeschossiger Oberbau ist mit front- und traufseitigen Balkonen ausgestattet; das stützellose Speicherchen bei Koord. 90/245 kragt an der linken Traufseite über dem ehemaligen Kleinviehstall fast um die Hälfte vor. Der auf Eckmauern stehende qualitätvolle *Stadel* bei Koord. 125/225 ist unter dem balkenbreiten «Vorschutz» am Türsturz beschriftet: «1I6M8II7».

Das *Backhaus* (Koord. 75/175)[9] ist 1975 abgerissen worden. Dielbauminschrift: «[Monogramme von Jesus und Maria]VND.IOSEPH DISES HAT LASEN BAVWEN DIE 3 BRIEDER II.V.V.V.IMB IM JAHR 1785[?]». – *Ofen.* Eingeschossig, mit gekehlter Deckplatte. 16. Jh.? In den beiden Tartschen der Stirn unten gespreizter Stab als heraldisches Zeichen (Hauszeichen?); darunter links: «O W/H G», rechts: «G G/H G»[10].

KRUZIFIX AUS DER FIESCHERTALER ALP

(Im neuen Gemeindehaus.) H. (Korpus) 64 cm. Holz. Fassung wohl erneuert. Lendentuch bronziert. Ende 17. Jh. Länglicher Kopftyp der manieristischen Kruzifixe. Eigentümlich verschlungenes Lendentuch und krause Zipfel.

BLATTE

Oberhalb Zer Flie liegt in lieblicher Hangmulde der schon im 14. Jahrhundert bewohnte[11], seit 1959 verlassene anmutige Weiler «Blatte», bestehend aus einem Haus, einem Stadel und drei Heuställen (Abb. 437).

Haus. Koord. 230/415. Kat.-Nr. 14/157. Cäsarina Imhasly. Erbaut 1656 (Jahreszahl am Türsturz und, mit den Initialen «BW», am Giebel). ⌐⌐. 1½. F.

Inschrift: «M.BETR.WIDEN.VND.CHRISTEN IMHASLI VND BETER GIPSTEN.[Jesusmonogramm]. VND.MARIA. B.B [nach rechts gerichteter Winkel, aus fünf Punkten gebildet]/[in Rechteck, unter den Initialen ‹.W.L.›, Walliser Wappen mit sieben Sternen; Hand]BASTIAN . WENGER . FIZCENZ . WENGER . HANS . WENGER.1656 IAR AMEN [griechisches Kreuz]».

9 A. ROOS, Kulturzerfall und Zahnverderbnis, eine neue Feldforschung im Hochtal Goms, Bern 1962, Abb. 143.

10 Die Buchstaben G gleichen der Ziffer 6.

11 BRIW (vgl. Literatur, S. 352), S. 37.

Abb. 448. Wirbul, Z'Lambrigge und Zer Brigge. Luftaufnahme 1973. – Text S. 417 und 418.

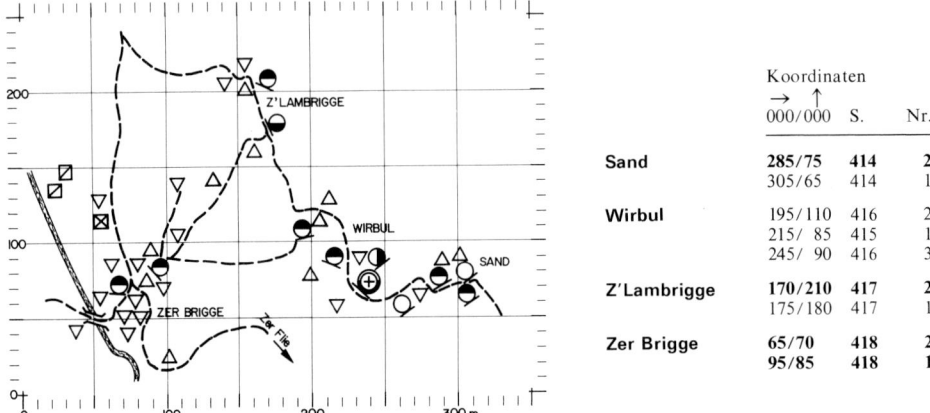

		Koordinaten →↑ 000/000	S.	Nr.
Sand		**285/75**	**414**	**2**
		305/65	414	1
Wirbul		**195/110**	**416**	**2**
		215/ 85	415	1
		245/ 90	416	3
Z'Lambrigge		**170/210**	**417**	**2**
		175/180	417	1
Zer Brigge		**65/70**	**418**	**2**
		95/85	**418**	**1**

Abb. 449. Sand, Wirbul, Z'Lambrigge und Zer Brigge. Siedlungsplan (vgl. «Wegleitung») (Signaturenlegende S. 413). – Text S. 413, 414, 417 und 418.

Abb. 450. Sand und Wirbul. Luftaufnahme 1973. – Text unten und S. 414.

SAND

SIEDLUNG (Abb. 449 und 450). Der Weiler Sand bildet zur Hauptsache eine Gebäudezeile in einer Felsenstufe, über die der Fußweg zu den übrigen Siedlungen am Hang führt. Durch das 1924 im Südwesten angefügte stattliche Haus wurde der besondere Siedlungscharakter des Weilers noch betont.

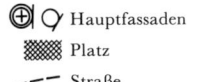 Hauptfassaden	○ Wohnhaus	◓ 1500–1630
▦ Platz	▽ Stallscheune	◒ 1630–1750
⌐‒ ‒ Straße	△ Stadel, Speicher	◑ 2. Hälfte 18. Jh.
⊕ Kirche ⊕ Kapelle	☑ Werkstätte, Mühle, Sennerei	◗ 19. Jh.
◉ Gemeinde- oder Burgerhaus	⊠ Backhaus	○ 20. Jh.

WOHNHÄUSER

1. Koord. 305/65. Kat.-Nr. 14/133. Franz Imhasly. Erbaut 2. Hälfte 17. Jh. Würfelfriese. Anbau an der rechten Traufseite 1962/63. Vorne hoher Mauersockel. Originale Fensteröffnungen, bekrönt mit Kreuz auf Kielbogen, im «Stubji». ⌐¬. 1½. F. Dielbaum entfernt.

2. Koord. 285/75. Kat.-Nr. 14/138. Viktor Bortis. Erbaut 1681 (Jahreszahl am Giebel). Würfelfriese. Mächtiges, dominierendes Doppelhaus. Originale Fensteröffnungen, bekrönt mit Blume auf Kielbogen, links im «Loibe»-Geschoß. ⌐¬. 2½. B.

Inschriften. Dielbäume des 1. Stockwerks verkleidet. – 2. Stockwerk: «[in Wappenfeld ‹MZ/MS› über Dreiberg; Monogramme von Jesus und Maria]ao 1681 o mensch nim alzit war was dv tvost gedenk das dvon hinen mvost/marti zlambrigen ist bavman maria seiler sein hvs fraw elisabet sin docher». – *Öfen.* 1. Zweigeschossig, mit massigem Karnies unter kantiger Deckplatte. 17. Jh.? An der Stirn, von Sternen gerahmt, die Jahreszahl 1921. – 2. Wie Nr. 1. An der Stirn, zwischen zwei Zierspiegeln, Wappenschild mit der Jahreszahl 1683 und den Initialen «MZ[seitenverkehrt]/MS» auf Dreiberg, gerahmt von Quadrätchen.

NUTZBAUTEN

Rechts neben dem Haus Nr. 2, bei Koord. 290/85, steht ein dreigeschossiger *Kammerbau* in Gestalt eines Speichers ohne «Stadelplane», am Giebel datiert 1739 (vgl. Kdm Wallis I, S. 53).

WIRBUL

SIEDLUNG (Abb. 449 und 450). Die Kapelle am vorderen, schon fallenden Rand der Terrasse, ein stattliches Haus hinten am Stirnfels einer weiteren Geländestufe und dazwischen zwei Häuser, aufgereiht entlang dem abgerundeten Plateaurand, bilden zusammen mit wenigen kleinen Nutzbauten den streusiedlungsartigen Weiler Wirbul (Wirbel).

KAPELLE DER MUTTERGOTTES

GESCHICHTE. Ende des 17. Jahrhunderts stand schon eine Kapelle mit Glocke[1]. Die heutige Kapelle stammt wohl aus der Mitte des 18. Jahrhunderts[2]. Renovation 1934. Bei der Totalrenovation 1969/70 wurde das Schindeldach durch Asbestzement ersetzt, ferner wurden sechs reizvolle bemalte Stuck-Amoretten ohne Flügel[3], zweite Hälfte 18. Jahrhundert, und die Pilaster im Schiff entfernt.

---

1 «von der gloggen im wirbell» (PfA Fiesch, D 27bis). – Ehemals der Heiligen Familie (Antependium) oder dem hl. Josef (Glocke) geweiht? Im Visitationsakt von 1863 erstmals Immakulata genannt (PfA Fiesch, D 66).

2 Im Visitationsakt von 1809 wurde die Reparatur von Gewölbe und Dach unter Androhung der Interdiktion verlangt (ebd., D 64a).

3 Im Pfarrhaus von Fiesch aufbewahrt.

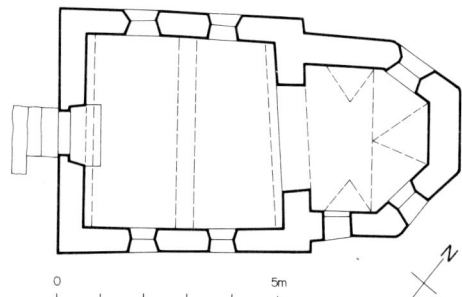

Abb. 451. Wirbul. Kapelle,
Mitte 18. Jahrhundert. Grundriß. – Text unten.

0   5m

BESCHREIBUNG. *Äußeres* (Abb. 450). Die bescheidene Kapelle steht, nach Nordosten gerichtet, quer zum Hang. Das eingezogene, dreiseitig schließende Chor ist im Dach nicht abgesetzt. Über dem Frontgiebel gemauertes Glockenjoch mit Satteldach aus Steinplatten. Rahmenloses Rundbogenportal, ausgezeichnet durch Kämpfer und Scheitelkonsole aus Tuff. Rundbogige Fenster im Schiff, rechteckige im Chor. *Tür,* drittes Viertel 18. Jahrhundert, aus Tannenholz, mit geschweiften Füllungen.

Inneres (Abb. 451). Der trapezförmig unregelmäßige Grundriß des Rechteckschiffs wird durch entsprechende Abweichungen des Chors weitgehend ausgeglichen. Über dem Schiff zweijochige Gipstonne, in der Chorarmtonne kurzes Stichkappenpaar, im Chorschluß dreiteiliges Kappengewölbe mit scharfen Gräten und Stuckcherub im Scheitel. Schmuckloser Chorbogen.

Der entfernte *Altar* war ein bedeutungsloses Retabel, zusammengestückt aus Teilen des 19. und des frühen 18. Jahrhunderts. – *Antependium.* 52,5 × 79 cm. Öl auf Holz. Um 1700. Zwischen Bäumchen Gruppe des Heiligen Wandels unter Hl.-Geist-Taube und Gottvater. In den schummerigen Konturen Anklänge an die Fiescher Schule.

Altarkreuz. H. 60 cm (Korpus 19 cm). Holz, häßlich übermalt. Rokoko. 19. Jh.? Geschweifte Standplatte. Vor dem Kreuzfuß gegenständige C-Bögen mit Rocaille und Blumen. An den Balkenenden ebenfalls Blumen. – *Chorbogenkruzifix* (Abb. 452). H. (Korpus) 42 cm. Holz, häßlich übermalt. 2. Hälfte 17. Jh. Kruzifixus der unbekannten Untergommer Werkstatt (Bellwald?). Nach unten verjüngter Körper mit großem Haupt. Stilisierte Locken. Expressiv hervortretende Augensäcke und Rippenbögen. Wirr zerfurchtes Lendentuch. – *Gemälde der Immakulata* (an der Chorstirn). 92 × 62 cm. Öl auf Leinwand. Rechts unten signiert: «R. Rouchoud Pinxit / 1863». Restauriert 1969 von WALTER MUTTER, Naters. In blauen, kühlen Tönen gemalt. – *Kerzenleuchter.* Paar. Gelbguß. H. 33 cm. Barock. Dreikantfuß mit vorspringender Abschlußplatte. Am Schaft Vasen- und Urnenmotive neben Schaftringen. – *Kasel.* Rot Anfang 18. Jh. Satin mit eingewirkten großen roten Phantasieblütenmotiven; Blattwerk weiß umrandet. – *Buchpult.* Tanne. 2. Hälfte 18. Jh. Mit großen Blumen und Ornamentgittern geschickt in Tempera bemalt.

Glocke. Dm. 42 cm. Ton a''. Maskarons an den Kronenbügeln. Zwischen Schnurstäben die Umschrift: «SANTE JOSEPH ORA PRO NOBIS 1696». Verschwommene Flankenreliefs: hl. Franziskus, die Wundmale empfangend[4], hl. Mauritius(?) und weitere drei Heilige, nichtidentifizierbar wegen des flauen Gusses.

WOHNHÄUSER

1. Koord. 215/85. Kat.-Nr. 14/140. Lukas Imhasly. Am Giebel: «16 H[II?]G 81». Würfelfriese. Linksseitiger Anbau 1930er Jahre. Rechte Traufwand beim Brand des benachbarten Hauses verkohlt. Die alte Tür an der linken Traufseite des «Loibe»-Geschosses früher über lose Holztreppe erreichbar. ⌐—⌐. 1½. E und F.

---

4 Gewiß auf Anregung durch die Bekrönung des Wicheler Altars (1691) (S. 400).

«Trächa» (Kamin) noch erhalten. Dielbaum verkleidet. – *Ofen.* Zweigeschossig, mit Kehle unter Rundstab am Sims. 19. Jh. An der Stirn Jesusmonogramm in Lorbeerkranz, im Rankenfeld der Wange: «Lukas Katha/19 Imhasly 36».

2. Koord. 195/110. Kat.-Nr. 14/144. Peter Huber. Erbaut 1684, Kammeranbau an der linken Traufseite und drittes Stockwerk 2. Hälfte 18. Jh. (1785/86?). Würfelfriese und Paar versenkter Rundstäbe. Das hohe, stattliche Haus schlägt an der Rückseite mit einem «Withüs» die Brücke zum Felsen, der in der linken hinteren Ecke tief ins erste Stockwerk vortritt. ⌐⌐. 3. F. *Inschriften.* 1. Stockwerk: «IM NAMEN . IESV . MARIA . VND. IOSEPH. HAbEN. DISES. HAVS. LASEN. bAVWN. IOËS VND. CATHARINA DEZIG. IM . IAHR . 1 . 6 . 8 . 4 . DEN . 8 . TAG APRILLEN. SANCTA AGATA. ORA. PRO. NOBIS. CHARITAS. ET. / MELIVS. EST. IRE. AD. DOMM. LVCTVS. QVAM. AD. DOMM. CONVIVY. SALVE. IESV. DVX. SANCTORVM. MVNDI. LVX. REX. ANGELORVM. VIA. VITA. VERITAS. PAX. ET. SALVS . FILIORVM . TVA QVOS . OVR . DOLORVM . GNGNIT . MOR[...verdeckt]»[5]. Dielbaum des 2. Stockwerks entfernt, des 3. Stockwerks verkleidet. – *Öfen.* 1. Zweigeschossig, mit weit vorkragendem profiliertem Karniessims. An der Stirn Wappenschild: auf dem Dreiberg, zwischen Zweigen, T-Kreuz unter zwei Sechsstrahlensternen. Links vom Wappen: «IM/IH/HW/17», rechts: «MC / SH / MT /86». – 2. Von 1946. In Blütenkelch: «J[mhasly].F[ranz]/P[erren]. H[edwig]».

3. Koord. 245/90. Kat.-Nr. 14/143. Fritz Wellig. Erbaut um 1880, nach dem Brand eines Doppelhauses am gleichen Standort. ⌐⌐. 1½. F. Dielbaum verkleidet.

---

5 Hl. Agata, bitt für uns! Liebe und ... besser ist es, zum Hause der Trauer zu gehen als zum Haus des Gelages. Gegrüßt seist Du Jesus, Führer der Heiligen, Licht der Welt, König der Engel, Weg, Leben, Wahrheit, Friede und Heil für die Kinder, welche Dein Tod ... zeugt(?).

Abb. 452. Wirbul. Kapelle. Chorbogenkruzifix, H.(Korpus) 42 cm, 2. Hälfte 17. Jahrhundert, aus einer unbekannten Untergommer Werkstatt (Bellwald?). – Text S. 415.

Z[ER]' LAMBRIGGE

SIEDLUNG. *Anlage und Geschichte* (Abb. 448 und 449). Der kleine, schon 1374 erwähnte[1] Weiler – hinter einem Felskamm verborgen und nun schon an der Flanke des engeren Flußtals des Weißwassers – besteht aus einem Haus, Speicher und Stadel mitten auf dem Kamm sowie einer anmutigen Baugruppe in der Rinne, die weniger durch die Autostraße von 1974 als durch ein Seilbahngebäude im Vordergrund an Reiz verloren hat.

WOHNHÄUSER

1. Koord. 175/180. Kat.-Nr. 14/148. Alfred Imhasly. Erbaut 1624. Konsölchenfries. Linksseitiger Anbau 1937. ⌐⌐. 2 (ehemals wohl 1½)[2]. G und F. *Inschrift:* «IM . NAMEN . GOTES . VATERS . VND . DES . SVNS:VND DES HEILIGEN IM IAR . DO . MAN ZAIT 1624[3] / DISEN bAVW lAST MACHEN . PETER WENGER . MIT . SEIM . EHIlICHEN . SVN . PETER[IHS in Wappenfeld]». – *Öfen.* 1. Dreigeschossig, mit gekehlter Deckplatte (17. Jh.?). In Schriftband die Initialen «J[ulius]H[uber]O[liva]V[olken]», Wappen mit Lilie und Jahreszahl 1938. – 2. Von Ofenmacher WALTER BITTEL (*1928), Fiesch. An der Wange zwei Wappenzeichen: links auf Dreiberg pflugscharähnliches Zeichen zwischen Sechsstrahlensternen, rechts auf Dreiberg Burg unter zwei Löwen. Inschrift: links «A[lfred]J[mhasly]/19», rechts «H[ermine]B[ortis]/54».

2. Koord. 170/210. Kat.-Nr. 13/119. Otto Bortis. Erbaut 1. Hälfte 18. Jh. Pfeilschwanzfriese am ersten Stockwerk. Aufgestockt 1865. Das prachtvolle Haus beherrscht die Siedlungsgruppe in der Rinne. Am Giebel eingekerbt und weiß gemalt: «J[ohann Joseph]1865 B[ortis][Wappen wie auf dem Dielbaum]R[everendus]D[ominus]J[ohann]B[aptist]S[chmid]/E[lisabeth]J[m]O[ber]D[orf]». Über und unter den Fenstern des zweiten Stockwerks gemalte Blumenranken wie am Giebel, unter den Fenstern des dritten Geschosses Rosetten. ⌐⌐. 2½. F («Stubji»-Raum im ersten Stockwerk als «Withüs» gebraucht). *Eingangstür* aus Tannenholz mit applizierter zentraler Rosette in den gesparrten Feldern. Qualitätvolles *Täfer;* Kielbögen über den Fenstern und durchbrochener Dekor über den Türen.

Inschrift. Dielbaum des 1. Stockwerks teilweise eingemauert, wohl nicht beschriftet. – 2. Stockwerk: «JM IAHR 1865 HAT LASEN BAUEM DISES HAUS DER HOCHWÜRDIGE WOHL EIRWÜRDIG HErrn HErrn JOHAn BAPTIST/ SCHMID PFArrEr SUPERWIRGILAnT/In SIDER.WER AUF GOTT VERTRAUT HAT AUF FESTEN GRUnD GEBAUT[4] [in urnenähnlichem Wappenfeld auf Dreiberg T zwischen Sechsstrahlensternen unter gekreuztem Kelch und Kreuz]». – *Öfen.* 1. Zweigeschossig, mit flacher Kehle unter dünner Deckplatte. An der Stirn flache Zierfelder mit Eckzwickeln, an der Wange Medaillon mit Jesusmonogramm auf Lorbeerstengel und die Jahreszahl 18/68. – 2. Wie Nr. 1. An der Stirn, zwischen zwei Tulpen, ähnliches Wappen wie auf dem Dielbaum, Kelch und Kreuz, jedoch vertauscht und zwischen den Sechsstrahlensternen; an der Wange gleiche Motive wie an Nr. 1, beschriftet: «RD JP.S/SUPERVIGILANT/U.PFARER IN SIDER/18 68». – *Wandschrank.* Tanne. 3. Viertel 19. Jh. In Rautenspiegeln geschnitzt: «J.Joseph/Bortis» und «Elisabeth/Imoberdorf».

---

1 GREMAUD V, S. 406.
2 Küche ehemals offen bis zum Dach.
3 Geschnitzte Null durch eingeritzte Ziffer Zwei ersetzt. Dielbaum daher wohl Spolie.
4 Auch Pfarrer Klemens Bortis (1815–1884), Professor und Dichter von Volksdramen, soll sich am Bau der oberen Wohnung beteiligt haben, die für Ferienaufenthalte bestimmt war (BRIW [vgl. Literatur, S. 352], S. 95).

Abb. 453. Zer Brigge. Innerortsbild. – Text unten.

ZER BRIGGE

Siedlung (Abb. 448, 449 und 453). Der aus zwei stattlichen Häusern und mehreren Nutzbauten bestehende, seit 1971 verlassene Weiler schmiegt sich unten beim Weißwasser als stimmungsvolle Haufensiedlung hinter die Steilwand des Felskamms, der hier wie ein Riegel vortritt.

WOHNHÄUSER

1. Koord. 95/85. Kat.-Nr. 13/102. Felix Wellig. Erbaut 1675 (Jahreszahl am Giebel). Große Würfelfriese, teilweise konsolenartig vorkragend. ⌐⌐. 2½. F.

    Inschrift. 1. Stockwerk: «[in Wappenfeld ‹P:H› über Dreiberg]IHS[Marienmonogramm]IM 1675 IAR DISES HAVS STAEDT IN GOTTIS HANDT PETER HVOBER IST DER BAWMAN GENANT». – *Ofen.* Zweigeschossig, mit gekehltem Sims. An der Wange: «JP H/1874» und Jesusmonogramm.

2. Koord. 65/70. Kat.-Nr. 13/101. Edgar Schindler; Gustav Schmidt. *«Ammehüs»* genannt als Wohnhaus einiger Ammänner der Talschaft. Erbaut 1693 (Jahreszahl am Giebel). Giebelfensterchen gerahmt von Blüte sowie Mond und Sonne. An der Stirnfassade, unter ein- oder zweiteiligem Wolfszahn, entweder Pfeilschwanzfries[1] oder Inschriften, die heute bis auf Fragmente verwittert sind: «... BEI DEM WEISEN MAN ...» – «O CRVX AVE SPES VNICA». Ehemals Mauerkamin an der Rückwand. ⌐⌐. 2½. F.

---

1 Wohl frühestes Auftreten dieses Frieses im Goms.

Inschriften. 1. Stockwerk: «+ IESVS. MARIA. VND. IOSEPH. SEI. MIT. VNS. DISES. HAVS. HAT. GEBAVWEN. IM. IAR.
1693/MAVRITIVS. IM. HASLE. VNT. ANTONI. CHISTEN. VND. ANNA. SEIN. GESCHWISTERTE». – 2. Stockwerk: «[in
herzförmigem Feld Monogramme von Jesus und Maria über den Initialen ‹MEIH/Y›]GROS. IST. DIE.
GEHORSAMKEIT. WIE. ABRAHAM. SEIN. SVN. ISACH. ZV. SCHLACHTEN. HAT/IM. 3. 8. IAHR. SEINES. ALTERS. ER.
BAVWEN[Lilie]BEREIT. GENESIS. AM XXII CAP». – «+ SAMSON. DET. SEINER. FRAVWEN. ZV. FIL. GLAVBEN. DARVM.
DET. SIE. IN[Ornament]/SEINER. STERCKE. BERAVBEN. IM. BVOCH. DER. RICHTEREN. AM. XVI. CAP. 1693». – *Öfen.*
1. Zweigeschossig, mit Karnies an der Deckplatte. An der Stirn, in Medaillon: «1Y7/W.M.H/MC S/95[?]». –
2. Zweigeschossig, mit Fase und Stab am Sims. An der Stirn Jesusmonogramm, an der Wange plastisch
gehauene Inschrift: «IOHAN IOSEPH/IMHASLI/ANNA MARI W/1861».

NUTZ- UND GEWERBEBAUTEN

Stadel (Koord. 90/95) mit sehr kleinem Zier-«Vorschutz» an beiden Fronten; am
vorderen Türsturz und am rückseitigen Giebel die Jahreszahl 1725, am hinteren
Türsturz Kielbogen, mit Tulpe bekrönt, und die Inschrift: «JESVS MARIA VND IOSEPH/
IOANES LAMBRIGER».

Backhaus (Koord. 55/115). Am rückseitigen Giebel: «A 17+45 H». Renovation
1860 (Jahreszahl am Dielbaum). Umbau zu einem Ferienhaus 1975. Tulpenförmige
Pfettenkonsolen von 1860. – *Ofen.* Eingeschossig, mit wuchtiger, flach gekehlter
Deckplatte, 16./17. Jh. An der Stirn: «18+60». – *Mühle* (Koord. 30/150) und *Säge*
(Koord. 25/135).

BRÜCKE

Wohl 16. Jh.[2]. Renoviert Ende 19. Jh.[3]. Der aus hohen Keilsteinen gefügte runde
Bogen setzt beidseits auf Felsnasen auf. Die Mauern der flaugiebeligen Brüstung
biegen am südlichen Ende trichterförmig auseinander. Kunstvolle Brücke in wildro-
mantischer Landschaft.

AUS DEM FIESCHERTAL ABGEWANDERTER DIELBAUM

(Im Besitz von Jos. Jerjen, Reckingen.) Inschrift: «[in Wappenfeld stufenförmiger Haken mit je einem
Punkt in den Zwickeln; Hand]IM DEM MAN IESVS VND MARIA. MICHEL. GIbSTN IN. DEM IAR 1617».

---

2 Bei dem von W[ILLIAM]FRENCH (um 1815–1898) nach einem Gemälde von H[ERBERT?]JOHNSON
(1848–1906) geschaffenen kolorierten Stahlstich aus der ersten Hälfte des 19. Jh. kann es sich nicht um
diese Brücke handeln; möglicherweise um eine nicht mehr vorhandene in höherer Lage, sofern die
Beschriftung «Im Viescherthal/Wallis» nicht irrtümlich ist (vgl. S. 352).
3 H. HOLZER, Fieschertal stellt sich vor, Naters, o. J., S. 23.

Abb.454. Lax. Luftaufnahme 1973. – Text S.421.

LAX

GESCHICHTE. Lax, dessen Name sich vom lateinischen Wort «lacus» (See) herleitet[1], wird schon in einer Urkunde von 1292 erwähnt. Die westliche Hälfte der Gemeinde, einst Herrschaftsgebiet der Herren von Mörel, kam spätestens in der zweiten Hälfte des 14.Jahrhunderts an das Gommer Gemeinwesen[2]. Mitte des 14.Jahrhunderts verfügte der Bischof von Sitten über Grundbesitz auf dem Dorfgebiet[3]. In der Zendenverwaltung bildete Lax zusammen mit Fiesch einen der neun Viertel. Die Sorge um die lebensnotwendige Bewässerung der Wiesen führte zu frühen Verträgen mit Martisberg und dem Fieschertal[4]. Im 17.Jahrhundert war auch Ebnet unterhalb Martisberg bewohnt[5].

Kirchlich soll Lax seit 1691 ein von Ernen abhängiges Rektorat gewesen sein[6]. Die Pfarreigründung folgte erst 1873[7]. 1959 Anschluß des ehemals zu Grengiols gehörenden Dorfes Martisberg an die Pfarrei Lax. Die Übersiedelung der Kapuziner von Ernen nach Lax 1744 löste bei der Untergommer Bevölkerung und Geistlichkeit unrühmliche Aktionen aus, die 1746 zur Vertreibung der Ordensleute führten[8].

Literatur. T. IMHOF u. a., Lax im Goms, Geschichte und Chronik von Lax, Visp 1973.

1 Nach W.Wb., S.148, jedoch ein Name wohl vorrömischen Ursprungs. StA Freiburg (Schweiz), Coll. Gremaud, Valais, Schachtel 2.

2 F. SCHMID, Die Gerichtsbarkeit von Mörel, BWG II (1896), S.51. – CARLEN (vgl. S.3, Anm.10), S.4.   3 Ebd., S.33.

4 J. BIELANDER, Die Bewässerung des Gebietes von Lax, Schweizerisches Archiv für Volkskunde 39 (1941), S.79ff.

5 PfA Ernen, D202 und 206. – 1374 auch «dien Driesten», heute ein Wiesengelände nordöstlich vom Dorf (GREMAUD V, S.406).

⊕ ○ Hauptfassaden
▨ Platz
⟋⟍ Straße
⊕ Kirche   ⊕ Kapelle
○ Gemeinde- oder Burgerhaus
∅ Hotelbauten
○ Wohnhaus
▽ Stallscheune
△ Stadel, Speicher
▨ Werkstätte, Mühle, Sennerei
⊠ Backhaus
● vor 1500
◗ 1500–1630
◑ 1630–1750
◐ 2. Hälfte 18. Jh.
◗ 19. Jh.
○ 20. Jh.
◆ Entstehungszeit unbekannt

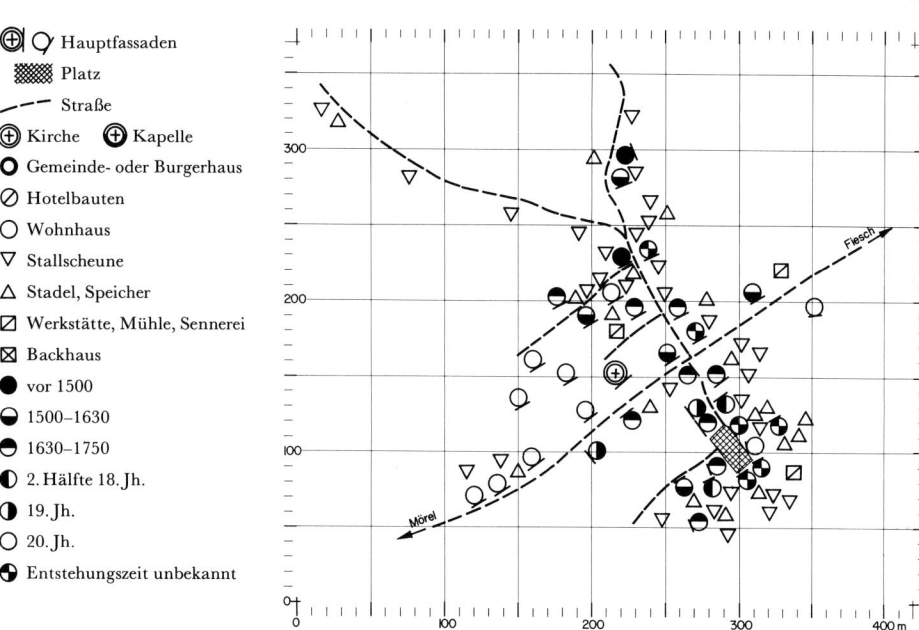

Koordinaten
→ ↑
000/000

000/000	S.	Nr.	Koord.	S.	Nr.	Koord.	S.	Nr.
175/200	436	17	250/165	434	13	285/ 90	436	18
195/190	434	11	260/195	438	22	285/150	436	19
200/100	438	25	265/ 75	**433**	**10**	290/130	438	23
220/230	433	8	265/150	438	21	300/120	431	2
220/280	433	9	270/ 55	436	16	305/ 80	432	5
225/120	436	15	270/130	438	26	310/205	**434**	**12**
225/295	433	7	270/180	431	3	315/ 90	432	4
230/195	**437**	**20**	280/ 75	438	24	330/120	433	6
235/235	431	1	280/120	435	14			

Abb. 455. Lax. Siedlungsplan (vgl. «Wegleitung»). – Text unten.

SIEDLUNG. *Anlage und Geschichte* (Abb. 454 und 455). Das Dorf liegt über der Talstufe von Deisch, auf jener rechtsufrigen Tafel, die das Untergommer Talbecken wie ein Riegel abschließt (weshalb sich hier der Rotten als Ausfluß eines nacheiszeitlichen Sees[9] eine tiefe Schlucht graben mußte). Und zwar erstreckt sich die alte Siedlung quer zum Tal, eingebettet in die Wanne zwischen dem sanften Talhang und einer kleinen felsigen Anhöhe nahe dem Abbruch der Schlucht. Diese topographischen Gegebenheiten, die denjenigen von Ernen und Biel gleichen, ließen bei Koord. 290/ 110 das stimmungsvolle «Platzji» (Abb. 471) entstehen. Wie das weite Wiesengelände der Umgebung von kleinen Baumbeständen und Nutzbauten belebt wird, so ist das

6 FURRER (wie S. 8, Anm. 15), S. 219 (ohne Quellenangabe! Irrtümlicherweise aus dem Baujahr des späteren Pfarrhauses [S. 436] gezogene Folgerung?). – 1858 Neuregelung der Rektoratspfründe (PfA Lax, Nr. 7).   7 PfA Lax, Nr. 11.
8 A. IMHOF, Eine Niederlassung der H. H. Kapuziner in Ernen und Lax 1740–1746, BWG III (1903), S. 144–178.   9 Vgl. oben die Deutung des Namens «Lax».

freundliche Dorf von Obstbäumen durchsetzt: Landschaft und Siedlung scheinen sich gegenseitig zu durchdringen und verschmelzen zu einer Einheit. Deshalb gehören zum Weichbild des Dorfes auch die zwei von Nutzbauten und Bäumen locker gesäumten, schräg hinansteigenden Flurwege oberhalb des Dorfes, die «Ledigassa» («Ledi» = Bürde) und der «Treichwäg» («treiche» = tränken).

Bezeichnungen von Dorfpartien: «Dorfgassa», die quer zur Autostraße nach Nordwesten aufsteigende Hauptgasse; von dieser abzweigend vor dem Haus Nr. 20 (Koord. 230/195) der «Chirchgang» und vor dem Haus Nr. 8 (Koord. 220/230) die alte «Chropfgassa»; in der südöstlichen Dorfhälfte, unterhalb der Autostraße, «ds Platzji» (siehe oben) und der «Guntre Turre» beim «Gredibiel» am südlichen Dorfende, entlang dessen Fuß der «Hohbacherwäg» nach Westen führt.

Die ältesten Bauten befinden sich entlang dem heutigen Querstraßenzug[10] «Dorfgassa»–«Platzji»–«Guntre Turre», wo das Dorf um die Mitte des 18. Jahrhunderts zur Hauptsache den noch erhaltenen Baubestand aufwies. Nur im Norden bei der «Chropfgassa» und im Süden beim «Guntre Turre» griff die Siedlung mit kleinen Armen nach Südwesten aus. Der Baubestand verteilt sich etwa gleichmäßig auf das Spätmittelalter und die folgenden drei Jahrhunderte, wenn auch in den letzten Jahrzehnten des 17. Jahrhunderts eine auffallend rege Bautätigkeit herrschte. In unserem Jahrhundert füllte sich erst der von «Dorfgassa» und Autostraße gebildete nordwestliche Zwickel, dann traten Chalets und Villen einzeln hinaus in den freien Wiesengrund. Am nördlichen Waldrand wurden nach Plänen der einheimischen Architekten HANS, JOSEF und LEO IMHOF Feriensiedlungen von entgegengesetzter Konzeption erstellt: «Zillwald», 1972–1974, am Steilhang als komprimierte Pultdachgruppe mit dominierendem Hotelbau, auch in den Farben und Fensterformen auf Kontrast mit dem Herkömmlichen angelegt; «Relax», seit 1974 im Bau begriffen, in einer Hangmulde, mit Stilelementen auf das Untergommer Haus und in der Gruppierung auf alte Walliser Weiler zurückgreifend.

1566, im Jahr der Pest, gingen drei Häuser und weitere Gebäude in Flammen auf[11]. 1610 wurde das Dorf durch Wasser verheert[12]. Das Haus bei Koord. 310/105 am «Platzji» steht an der Stelle eines 1904 abgebrannten Hauses, dasjenige bei Koord. 215/205 wurde 1956 auf dem alten Mauersockel erneuert.

Abb. 456. Lax. Alte Kapelle, 1864 abgerissen. Zeichnung, 1845–1850, von Raphael Ritz. Text S. 423 und 425.

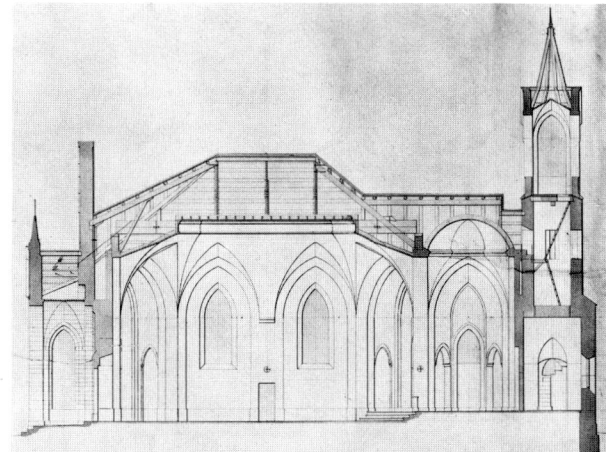

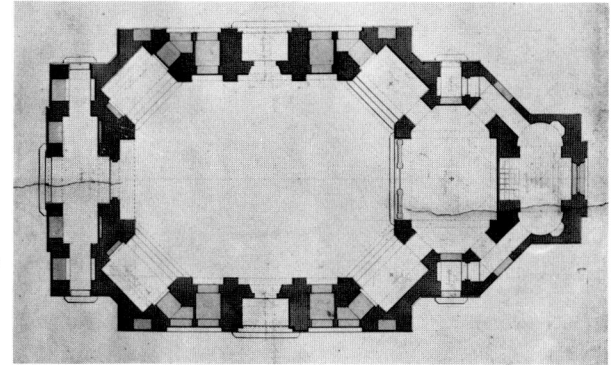

Abb. 457–459. Lax. Kirche.
Nicht genau in dieser Art zur
Ausführung gelangte Originalpläne,
1863, von Architekt Antonio Croci,
Mendrisio. Grundriß,
Eingangsfassade und Längsschnitt.
Text S. 425/26

PFARRKIRCHE HL. ANNA

GESCHICHTE. 1636 wird erstmals ein Heiligtum «in honorem Sanctarum Annae et Agathae in Lax» erwähnt[13]. Die stattliche, längs der Talstraße gerichtete Dorfkapelle (Abb. 456), die 1864 der neuen Straße weichen mußte[14], war wohl in der zweiten Hälfte des 17. Jahrhunderts (1691?) erstellt worden[15]. 1865–1868[16] Bau der neugotischen Kirche durch SILVESTRE RAMONI(?)[17] nach den Plänen von ANTONIO CROCI,

10 Vielleicht führte die Talstraße früher durch die «Dorfgassa», um das Dorf am nördlichen Ende wieder zu verlassen.   11 PfA Ernen, D 17, S. 70.

12 In den Gräben am nördlichen Talhang bilden sich bei heftigen Niederschlägen auch heute Sturzbäche.   13 A Valeria, Sitten, Minuten 334, S. 31. (Freundl. Auskunft von H. A. von Roten.)

14 GdeA Lax, G 2.

15 Auf die Gründung der Rektoratspfründe hin? – Gleiche Anordnung der Fassadenfenster wie bei der Pfarrkirche von Münster (1664). Bei dem auf der Zeichnung (Abb. 456) angedeuteten Zwergbogenfries am Giebel und der entsprechenden Randlisene wird es sich wohl um eine neuromanische Fassadengestaltung handeln.   16 Firstmahl 1865 (GdeA Lax, G 2). 1868 Malerarbeiten von (ANTON?) GUNTERN.

17 Es taucht nur der Name RAMONI bei einer Zahlung «an Tagesleistung» Fr. 197.– auf (ebd.). SILVESTRE RAMONI baute 1862–1865 die Pfarrkirche von Ernen nach den Plänen des ANTONIO CROCI um (S. 18).

Abb 460 und 461 Lax Kirche, 1865–1868.
Ansicht von Süden. Text S. 426. –
Mit «Reckinger Turmhaube», bis 1926.
Text S. 426.

Mendrisio; Kirchweihe am 13. August 1874[18]. 1878 Serpentinfliesenboden von (Franz?) Lagger[19]. Obwohl Lax über eigene Schiefervorkommen verfügte[20], deckte man 1891 die Kirche mit Schiefer aus Leytron[21]. 1922 Innenrenovation und Ausmalung mit feiner ornamentaler Schablonenmalerei durch Adrien und Jules Sartoretti, Sitten. Josef Heimgartner, Altdorf, malte die von Johann Schmidt, Lax, gestiftete Marienkrönung in der Scheitelkassette des Schiffs[22]. 1925 neue Kirchenfenster der Tiroler Glasmalerei und Mosaik-Anstalt Neuhauser, Dr. Jele, Innsbruck[23]. 1926 folgte unter Leitung des einheimischen Kantonsarchitekten Karl Schmid die Außenrenovation, die den Charakter der Kirche zum Teil tiefgreifend veränderte[24]: neuer Turmhelm in spätem Jugendstil von Zimmermeister Guillaume Kronig, Glis, an Stelle der «Reckinger Zwiebel»; Blechdach; graue Tönung des Besenbewurfs; zugleich Renovation der Sakristei. 1935 neue, vergrößerte Orgelempore. 1955 neue Bestuhlung. 1957 Innenrenovation der Sakristei. 1961 neue Fenster in den Wangen der Vorhalle.

18 PfA Lax, Nr. 7.
19 Ebd., Nr. 6. – Vgl. Kdm Wallis I, S. 273 (Pfarrkirche Reckingen).
20 Konzessionsgesuche um Ausbeutung des Bruches im Deischbach 1902 und 1906 (GdeA Lax, G 2).
21 PfA Lax, Nr. 6. – 1898 und 1890 Zahlungen an Baptist Bottini sowie an Maler Ginotti anläßlich kleiner Renovationen.
22 Ebd., Nr. 31. Vorher war das Kircheninnere lediglich getönt.
23 Ebd., Nr. 7.
24 Ebd.

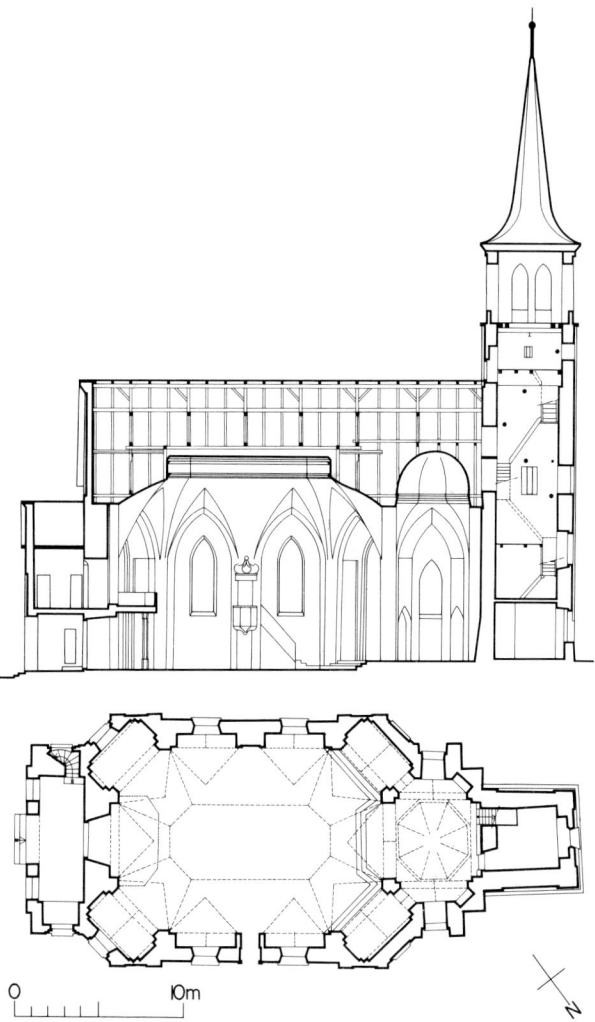

. Abb. 462 und 463. Lax. Kirche, 1865–1868. Grundriß und Längsschnitt. – Text S. 427.

Literatur. B. REICHLIN und F. REINHART, Antonio Croci, Architetto (1823–1884), Unsere Kunstdenk-mäler 23 (1972), 4, S. 210/11.

Bilddokument. Alte Kapelle und Häuserzeile. Ansicht von W. «Lax». Zeichnung von RAPHAEL RITZ. 1845–1850. Skizzenbüchlein, betitelt «Album» (Nachlaß, zurzeit bei Frau E. Darioli-Ritz, Zug) (Abb. 456).

Pläne von ANTONIO CROCI zur neugotischen Kirche, in der originalen Blechbüchse aufbewahrt im PfA Lax. Einzige bekannte Pläne CROCIS für einen Kirchenneubau. In Auftrag gegeben 1863[25]. Es handelt sich um Pläne zu *zwei Varianten:* I. Grundriß (Abb. 457); Aufriß Sicht auf Stirnfassade (Abb. 458): Durchdringung des Längstraktes Vorhalle–Chor mit einem zentralbauartigen quadratischen Schiff, das sich wohl auch im Dach mit breiten Quergiebeln herausgelöst hätte; der unregelmäßig oktogonale

---

25 GdeA Lax, G 2.

Innenraum des Schiffs außen nur durch verschwindend kleine Fasen angedeutet, hingegen breite Chorschlußschrägen; die Kapellen in den Schrägseiten nicht oder nur indirekt beleuchtet; am Turm Schallfenster und Helmgiebel durch Sims getrennt. – II. Aufriß Sicht auf östliche Traufseite; Längsschnitt Sicht von Osten (Abb. 459); Querschnitt durch inneres Schiffsjoch, auf der linken Hälfte versetzt auf Türachse: Oktogon des Schiffs durch breite befensterte Schrägachsen betont; Schrägen am Chorschluß jedoch unterdrückt; das Schallfenster in das Helmgiebelfeld eindringend.

Der 1865–1868 ausgeführte Bau folgte Variante II, weicht aber auch von dieser erheblich ab: nur in der Neigung der Flanken abgesetztes Satteldach statt Oktogonwalm im Schiff sowie niedrigeres Satteldach im Chor; einfachere Stirnfassade ohne Blendbekrönung; Altarnischen der Retabel wegen unbelichtet, in den Plänen mit hochliegenden, reichgewandeten Fenstern versehen; Wangenräume der Vorhalle als Treppenhaus zur Empore und als Abstellraum benutzt und daher seitlich mit Fenstern verschlossen; Risalite der Schiffsseiten nicht über das Kaffgesims hochgeführt; Turmschaft unter dem Glockengeschoß ungegliedert; lokale Barock-Turmhaube (Abb. 461) nach dem Vorbild von Reckingen (1745). Wie das Beispiel von Ernen lehrt[26], können diese zum Teil die innere Konsequenz des Bauwerks gefährdenden Änderungen auf Kompromisse des Architekten CROCI zurückgehen. Die endgültigen Pläne gelangten in die Hände des Baumeisters, wurden beim Bau «verbraucht» und gingen verloren.

BESCHREIBUNG. *Äußeres* (Abb. 460). Die Kirche ist im Gegensatz zum Vorgängerbau quer zur Straße nach Nordwesten gerichtet. Der Turm an der Chorstirn birgt die Sakristei. Das Satteldach ist weit gespreizt, um die trapezförmig vortretenden Schiffsflanken zu umfassen; ein Walmzwickel leitet zum steileren Satteldach des Chors über, das sich zum Turm hin nochmals verengt; auf der Frontseite ist die Schräge von einem kleinen abgesetzten Zwickel überdacht. An den Seitenfassaden trennt ein kräftiges gekehltes Kaffgesims eine Attikazone ab, in die nur die beiden, vom Gesims rechteckig bekrönten Hochfenster eindringen. Mit Lisenen geschmückte Risalite rahmen die breite Seite des Schiffsoktogons. Das Chor ist nach markierendem Pfeiler zum Turm hin abgetreppt. An der Front wird das Triumphbogenmotiv dreimal variiert, nämlich in den blinden Archivolten der Portale, in den Giebelchen der frontbreiten Vorhalle und in den getreppten Blendnischen des Giebels. Am Turm Randlisenen, Kragsteinkranz unter den Schallöffnungen und ein konkav geschweifter Helm mit fein ausgezogener Spitze. Auf die Wand gemalte Sonnenuhr in der Archivolte des Hauptportals[27].

Abb. 464 und 465. Lax. Kirche. Architekturmalerei, 1922, von Adrien und Jules Sartoretti, Sitten. – Text S. 427.

Abb. 466. Lax. Kirche. Chor mit Hochaltar, 1914, von Otto Holenstein, Wil SG. – Text unten und S. 428.

Inneres (Abb. 462 und 463). Das Leitmotiv des länglichen Oktogons wird eindrücklich durchgeführt. Mit dem längsgerichteten Oktogon des Schiffs verbindet sich wabenartig das quergerichtete des Chors. Zehn spitzbogige Nischen umstehen den Schiffsraum; ihre Gewölbestichkappen tragen eine tiefe Scheitelkassette wiederum länglich oktogonaler Form. Da die Nischen der vier Schrägseiten um das Doppelte eingetieft sind, erscheinen die Eingangsnische und der Chorbogen in den Schiffsraum vorgezogen. Im Chor (Abb. 466) leiten vier Pendentifs zum regelmäßigen Oktogon der Kuppel über. In den Schrägnischen des Schiffs die Seitenaltäre, heutiger Taufstein und Beichtstuhl, in den breiteren Mittelpfeilern der Längswände rechts Seitenpforte, links Kanzelvorraum und mit Türchen verschlossene Taufsteinnische. Feine, an Stickerei gemahnende *Architekturmalerei* (Abb. 464 und 465) betont die Eigenart der Raumform. Die Nischenrückwände hinter den Seitenaltären sind braun damasziert, diejenige hinter dem Hochaltar grün. In den Gewölbestichkappen des Schiffs Medaillons aus Leinwand mit Brustbildnissen, über den kurzen Oktogonseiten Engel, über den Längsseiten, d.h. in den mittleren Stichkappen, die vier Evangelisten. Monumentale Marienkrönung in der Scheitelkassette. Im Chor sind auch die

26 W. RUPPEN, Antonio Crocis Pläne zur Neogotisierung der Pfarrkirche von Ernen, Unsere Kunstdenkmäler 27 (1976), 2, S. 216–222.
27 Abb. bei BINER, S. 90.

figürlichen Darstellungen Wandmalereien: ganzfigurige Anbetungsengel in den Pendentifs, ein Apokalyptisches Lamm in Clipeus, Flammen- und Sternenkreis auf blauem Grund im dunklen Scheitel der Kuppel. Die schummerig-stimmungsvollen *Glasfenster* zeigen vor dreiachsigem Baldachin je eine stehende Heiligenfigur, versehen mit Titulus in Anrufung und teilweise mit Stifterinschrift: (rechts vorne im Chor beginnend) Engel mit Kelch: «DAS IST MEIN BLUT!»; hl. Mauritius, Stiftung von Josef Schmid, signiert: «Tiroler Glasmalerei Innsbruck»; der hl. Märtyrersoldat Theodor; hl. Michael; hl. Schutzengel; hl. Agatha; hl. Katharina, Stiftung von Marie Franzen-Jakob; Engel mit Lilie und Hostie: «DAS IST MEIN LEIB!».

WÜRDIGUNG. Trotz den schmerzlichen Abstrichen an den Originalplänen, bei denen sich CROCI wohl durch spätbarocke Raumformen (der Gebrüder ASAM?) hatte anregen lassen, entstand ein eigenwilliger historistischer Kirchenbau von beachtlicher Schönheit und formaler Folgerichtigkeit im Innern.

AUSSTATTUNG. *Altäre* (Abb. 466). Der 1874 geweihte[28] *Hochaltar* der neugotischen Kirche war wohl ein Werk von GIUSEPPE AGLIO, Mendrisio[29]. Der 1906 nach einem Gutachten P. ALBERT KUHNS von KARL KÄLIN, Einsiedeln, geschaffene und von einem Kunstmaler namens PAUL, Zürich, vergoldete Hochaltar[30] gefiel Pfr. Leo Kiechler nicht, weshalb er ihn 1914, unmittelbar nach den *Seitenaltären,* durch einen neuen von OTTO HOLENSTEIN, Wil SG, ersetzen ließ[31]; nur das Altarblatt, wohl von GIOVANNI BAPTISTA SIMEON, Rom, 1875, wurde wiederverwendet.

Dreiachsige monstranzförmige Retabel im Stil der Spätgotik, dunkelrot und grau gefaßt, ziervergoldet. Reiches Blatt- und Fialenwerk. Zierlicher schreinartiger Tabernakel mit Engelreliefs im Innern; tabernakelförmige Nischen ebenfalls in den Seitenaltären. Auch im Figurenstil spätgotisierend. Am Hochaltar (Abb. 466) Gemälde mit den Heiligen Joachim, Anna und dem Mädchen Maria. In der linken Seitenachse unten, mit irrtümlichem Titulus der hl. Agatha, die hl. Apollonia, oben der hl. Aloysius von Gonzaga, in der rechten Achse die Heiligen Katharina und Franz Xaver, im bekrönenden Baldachin Christus zwischen Engeln. Im rechten, dem hl. Josef geweihten Seitenaltar der Altarheilige zwischen Antonius von Padua und Vinzenz von Paul unter bekrönendem Schutzengel, im linksseitigen Marienaltar Muttergottes zwischen den Rosenkranzheiligen Katharina von Siena und Dominikus unter bekrönendem Erzengel Michael.

Orgel. Die Orgel der alten Kapelle[32] wurde 1868 durch eine neue von GREGOR KARLEN ersetzt[33]. 1935 neue Orgel von Orgelbauer HENRI CARLEN, Brig, nach dem Plan von ALFRED IMAHORN, Obergesteln[34]. Drei triumphbogenförmig gestaffelte Pfeifenfelder, bekrönt mit durchbrochenen, maßwerkbesetzten Wimpergen. Formal gut auf die Innenarchitektur abgestimmter Prospekt. – *Kanzel.* 1866 von Maler

---

28 Kirchweih-Urkunde in PfA Lax, Nr. 7. Mit Reliquien der Heiligen Placidius und Amandus.

29 Signierter Plan zu den Seitenaltären, enthaltend den Grundriß sowie die Aufrisse der Front und der Seitenansicht, aufbewahrt in der Blechbüchse mit den Plänen von A. CROCI (S. 425). Wohl auf Veranlassung des Architekten zugezogener Bildhauer.

30 PfA Lax, Nr. 7 und 31. – Weihe 1911 (ebd., Nr. 6).

31 Ebd., Nr. 6 bzw. Nr. 29 und Nr. 33. – Zu den Seitenaltargemälden von 1873 vgl. S. 430.

32 1865 hatte Orgelbauer KARLEN eine Orgel auseinanderzulegen (GdeA Lax, G 2).

33 Ebd. – Disposition bei BRUHIN, S. 202.

34 PfA Lax, Protokollbuch des Kirchenrates, o. Nr. Mit dem Legat von Maria Jakob Franzen. – Revision 1960.

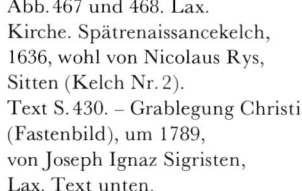

Abb. 467 und 468. Lax.
Kirche. Spätrenaissancekelch,
1636, wohl von Nicolaus Rys,
Sitten (Kelch Nr. 2).
Text S. 430. – Grablegung Christi
(Fastenbild), um 1789,
von Joseph Ignaz Sigristen,
Lax. Text unten.

(ANTON?) GUNTERN gefaßt[35]. Bei der Kirchenrenovation 1922 tiefer gesetzt und mit vier neuen Statuen der vier abendländischen Kirchenlehrer aus St. Ulrich, Tirol, ausgestattet[36]. Die barockisierende Kanzel, bei der vielleicht alte Schnitzwerkappliken wiederverwendet wurden, fällt aus dem neugotischen Rahmen heraus. – *Kirchenbänke,* 1868 von ANTON BIELANDER[37], barockisierend. – *Beichtstuhl.* Lärche, 1956, von den Schreinermeistern GREGOR und FRANZ JOST, Münster, nach Plan von Kantonsarchitekt KARL SCHMID. Schnitzereien von LEOPOLD JERJEN, Reckingen. – *Ambo,* 1960, Beton mit Brüstungsgitter, geschmiedet von JOSEF ZURSCHMITTEN, Brig, nach Entwurf von Bildhauer HANS LORETAN, Brig. – *Taufstein,* 1961, von Bildhauer HANS LORETAN, Brig. Schwarzer und weißer Marmor. – *Kommunionbank,* entfernt, aber aufbewahrt. Guß. Vegetabile Motive.

Skulpturen. Männlicher Heiliger (Josef aus einer Gruppe des Heiligen Wandels?). H. 83 cm. Arve, gehöhlt. Teilweise erhaltene Originalfassung, Lüster und Gold, häßlich übermalt. 2. Hälfte 17. Jh. Vorderarme fehlen. Gotisierendes Haupt. Mantel (Chlamys). Wolkenartige Standfläche. – *Auferstandener.* H. 75 cm (inkl. Profilplatte). Föhre(?), massiv. Originale Fassung: goldgesäumtes, blau gelüstertes Lendentuch, Umschläge vergoldet. Letztes Viertel 18. Jh. Zipfel des Lendentuchs über die Rechte gelegt. Derbe Figur. – *Hl. Magdalena* und *hl. Katharina* aus der Laxer Alpkapelle (s. S. 441). – Neugotische *Vortragekreuze.* 1. H. (Korpus) 40 cm. Holz. Ölfassung, Lendentuch vergoldet. Wohl das 1876 erworbene Bruderschaftskreuz des hl. Altarssakraments[38]. Das polimentvergoldete Kreuz durchbrochen und mit stilisierter vegetabiler Randornamentik versehen. – 2. H. (Korpus) 55,5 cm. Holz, polychromiert. Gewundener Körper. Kleeblattenden. – *Kreuzwegrahmen.* Holz, polimentvergoldet. Um 1880[39]. Neuromanisch.

Gemälde. Grablegung Christi (Abb. 468). 134,5 × 82 cm. Bläuliche Grisaille auf Leinwand. Rechts unten signiert: «F[ecit]I[oseph]I[gnaz]S[igristen].L[a]X». Bei der Aufnahme des Malers als Burger von Lax am 1. März 1789 als Burgergabe gefordertes Fastenbild[40]. Die Figuren kreisförmig rund um das offene Grab angeordnet. – *Hl. Josef mit Kind.* 78 × 62,5 cm. Öl auf Leinwand. 1875[41]? Halbfigurenbildnis. Das Kind

---

35 GdeA Lax, G 2. Wohl der aus Biel stammende, aber in Ritzingen wohnhafte Maler JOSEF ANTON GUNTERN (PfA Biel, D 40).

36 PfA Lax, Nr. 6 und 31.

37 GdeA Lax, G 2.

38 PfA Lax, Nr. 6 bzw. 29.

39 1880 Verkauf des alten Kreuzwegs (ebd.).

40 Gde Lax, B 4. – Das zweite der verlangten Fastenbilder ist in A. CARLEN, Verzeichnis (1943), unter Nr. 7 noch aufgeführt: «Bild Christus am Kreuz mit interessantem Reiter».

41 Gabe für das «St. Joseph Bild» (PfA Lax, Nr. 6 bzw. 29), möglicherweise für das Seitenaltarbild (vgl. Anm. 31).

Abb. 469 und 470. Lax. Kirche. Kasel, 1. Drittel 18. Jahrhundert (Kasel Nr. 2); Kasel, 1856 (Kasel Nr. 4).
Text S. 431.

hält die Lilie. Anklänge an den Stil des späten 18. Jh. Qualitätvoll, aber arg beschädigt. – *Herz Jesu.*
74 × 61 cm. Öl auf Leinwand. 1. Hälfte 19. Jh. Beschädigt. Von Cherubim und Engeln umkreistes
dornengekröntes Herz. Unten Schriftband: «Menschen flieh zu Jesu Herzen/Da findst du hilf in der
Noth/Da weichet Traurigkeit und Schmerzen/Dies Herz versüßet selbst den Tod.» – *Seitenaltargemälde* von
1873 (im Besitz von Leo Imhof, Brig). 260 × 90 cm, spitzbogig. Beschädigt. Ganzfigurige Gestalten,
gemalt in weicher nazarenischer Manier. *Hl. Josef* und *Immakulata.* Auf dem letzteren, links unten: «Zu
Mariens Ehre/ an die würdige Chirche von Lax./ Geschenk von V. Albrecht/ den 8 December. 1873»;
rechts unten: «Gio Bapt. Simeon dipinse/Roma 1873». – *Herz Jesu und Herz Mariä.* Gefühlsselige
Brustbildnisse, 69 × 52 cm (Innenmaße), Öl auf Leinwand, in aufwendigen geschnitzten Architekturrahmen aus Holz, ehemals an den Chorpfeilern aufgehängt; dasjenige Mariens bezeichnet: «P. Franzen.do-
nat. 1878.», dasjenige von Jesus: «Donat V Albrecht/1876».

KIRCHENSCHATZ. *Ziborium.* Silber. H. 27 cm. Marke Tab. I, Nr. 39. 3. Viertel 19. Jh. Neurenaissance.
Keulenblattdekor. Glattes, gebähtes Becken. – *Kelche.* 1. Silber, Kupa vergoldet. H. 22,5 cm. Unten am
Standring eingraviert: «D.A. MDCXII». Neuere 800-Millième-Marke. Kupa in originaler Form erneuert.
Renaissance. Am flachen runden Fuß zehn kleine Pässe, über profilierter Stufe mit Äpfeln in den
Zwickeln wiederkehrend, und Blattschuppenfries. Auf dem dreikappigen Fußrücken in Relief die
Brustbildnisse zweier heiliger Bischöfe und des hl. Georg. Am beckenförmigen Knauf und am kompakten
Korb Fruchtgehänge und Cherubim zwischen Rollwerk. Kleine fruchtbesetzte Pässe am Saum des
Korbes. – 2. (Abb. 467). Gegossen, vergoldet. H. 21,5 cm. 1636 von NICOLAUS RYS, Sitten[42]? Kupa 1906/
07 wohl erneuert[43]. Renaissance. Keine Marken. Am runden Fuß Eierstab- und Herzblattfriese.
Leidenswerkzeuge in Medaillons auf dem Fußrücken, am sechsseitigen vasenförmigen Knauf und am
kompakten Korb. Cherubim und Fruchtgehänge. – 3. Kupfer, versilbert. H. 21,5 cm. Empire. Flacher,
profilierter Fuß. Ein glatter Ring über kelchartigem «Becher» bildet den Knauf. Kurze, breite Kupa.
Kompakter Korb, durch vertikale Rinnen gegliedert und von Perlstab gesäumt. – *Reliquiar.* Kupfer,
versilbert. H. 26,5 cm. 2. Hälfte 19. Jh. Kreuzförmig. Vaiierte Dreipaßenden mit appliziertem Stern. –
Kerzenleuchter. Gotische *Schaftringleuchter.* Paar. Gelbguß. H. 23,5 cm. Renoviert 1967. Ein Schaftring. –

42 1636 übergab Domherr Jakob Pollen, Stadtpfarrer von Sitten, dem Goldschmied NICOLAUS RIS in
Sitten Silbermünzen im Werte von 20 «Scuta», daß er damit einen Kelch herstelle und diesen rasch nach
Lax versende. (A Valeria, Sitten, Minutar 334, S. 31. Freundl. Hinweis von H. A. von Roten.)
43 PfA Lax, Nr. 31.

Dreikantfußleuchter. Gelbguß. 1. Paar. H. 25 cm. 1. Hälfte 17. Jh. Knäufe zwischen scharfen Schaftringen. – 2. Einzelstück. H. 26 cm. Urnen- und elegantes Balustermotiv. – *Hostieneisen.* 2. Hälfte 19. Jh. Motive der großen Hostien: Jesusmonogramm und Kruzifixus, der kleinen: drei Kreuze und flammendes Herz. – Dazugehörender *Stanzring.*

Kaseln. 1. Rot. Stil des späten 17. Jh. Große, stilisierte vegetabile Motive in gemustertem Samt auf weißem, im Stab auf gelbem Satin. – 2. (Abb. 469). Blau. 1. Drittel 18. Jh. Gemusterter Samt. Breites Bandwerk, Blätter und Blüten. Mit feinen Phantasieblütchen und Früchtchen broschierter gelber Stab. – 3. Weiß. Mitte 19. Jh. Auf Taft gewellte Stengel mit Ähren und bunten Rosen in Seide broschiert. Am Stab Rosenbukette. – 4. (Abb. 470). Weiß. Silberbrokat, broschiert mit Seide. Gelber Satin mit Blütenästchen und Musterung in Silber. Bunte Rosenbukette, gebunden mit quastenbesetzten Schärpen. Apokalyptisches Lamm im Maßwerkkreuz des Stabs. Leinwand-Wappenapplik: zwei Ovale, im linken Sechsstrahlenstern über Dreiberg (Jost oder Guntern?); das rechte zweimal geteilt mit leerem Mittelfeld, laufendem Hund im oberen und Aststab im unteren Feld, ferner die Jahreszahl 1856. – *Fahnen.* Zwei Stück. Gelb und rot. Rosendamast, in den Zwickeln bestickt mit Blüten in Goldplättchen. Leinwandbilder. An der gelben, in Wappenfeld: «Ad / Imhof / 1884».

Glocken. 1. (im Schiff der Kirche aufbewahrt). Dm. 54 cm. Ton e″. Sechskantige Kronenbügel mit gewundenem Band auf dem Rücken. Qualitätvoller Granatapfel-Rankenfries. Schulterumschrift: «TEFVNCTOS * PIANGO * COLO * FESTA ET FVLMINA FRANGO * MDCXXXVIII *». Am rahmenden Schnurstab, zwischen hängenden Palmetten, Tituli-Initialen zu den Flankenreliefs: hl. Sebastian, hl. Bernhard von Aosta(?), Muttergottes zwischen Putten und hl. Martin. Schnurstabbündel am Glockenrand. Sorgfältiger Guß. – 2. Dm. 115 cm. Ton fis′. Kantige Kronenbügel. An der Schulter Schnurstab mit großen hängenden Palmetten. An der Flanke in Hochrelief und mit Titulus am Fuß «VJNZENZ», halbfigurig, «MICHAEL», nicht als Engel, sondern als bärtiger Mann mit Waage dargestellt, ferner ganzfigurig «ANNA», «PETRUS», «MARJA» und ein Kruzifixus. Inschrift am Glockenrand: «GEGOSSEN VON JAKOB EGGER IN THAL KT. ST. GALLEN ANNO 1875». Formschöne, sorgfältig gegossene Glocke.

WOHNHÄUSER

1. Koord. 235 / 235. Kat.-Nr. 87. Maria Frankiny. Entstehungszeit unbekannt. Keine Friese. Ehemaliges «Heidehüs»? Um 1950 zweites Stockwerk und Giebel. An der Kellerfront zwei Rundbogenfensterchen, das eine mit Tuffbogen, das andere mit Keilsteinbogen. ⌐⌐. Ehemals 1½ und A. Dielbaum verkleidet. – *Öfen.* 1. Eingeschossig, mit gekehlter Deckplatte. 16. Jh.? – 2. Zweigeschossig, mit Karnies unter der Deckplatte. An der Stirn in Wappenschild: «17 + 38 / C. IM H / MVIWR».

2. Koord. 300 / 120. Kat.-Nr. 155. Leo Ambord; Erbengemeinschaft Bodenmann; Berta Kuchen. Entstehungszeit unbekannt. Wohl spätmittelalterlich (Balken teilweise noch mit Bohrlöchern gespalten). Keine Friese. Zweites Stockwerk und Giebel 1818. ⌐⌐⌐. 2. F (im ersten Stockwerk ehemals C). *Inschrift.* 2. Stockwerk: «ANNO 1818[Monogramme der Heiligen Familie] I[ohann] I[oseph] G[ibsten] A[nna Maria] M[utter]»[44]. – *Ofen.* Zweigeschossig. Kehle unter abgerundeter Deckplatte. An der Stirn Jesusmonogramm, an der Wange, zwischen Zwickelranken: «19 / S[tephanie] T[heresia] G[untern] / 02».

3. Koord. 270 / 180. Kat.-Nr. 98. Josephine Mutter; Johanna Zeiter. Entstehungszeit unbekannt. Ehemaliger Gasthof «Weißes Kreuz». 1730 von der Decke des ersten Stockwerks an erneuert. Pfeilschwanzfries unter Wolfszahn. Rechts mit Pultdach angefügter Maueranbau, 19. Jh.? ⌐⌐. 3. G, im zweiten Stockwerk mit zusätzlichem «verbundenem Stubji», im dritten mit Quergang. *Inschriften.* 1. Stockwerk: «MENTEM . SANCCTAM + SPONTANEAM + HONOREM DEO + ET. PATRIAE. LIBERATIONEM. S. AGATHA. ORA. PRO. NOBIS / TIMOR. DÑI. DELECTABIT. ET. DABIT. LAETITIAM. ET GAVDIVM. ET. LONGITVDINEM. DIERVM. TIMENTI. DNM. BENE. ERIT. IN. EXTREMIS ECCL. C. 1» – «[in Allianz Mangold-Wappen (auf Dreiberg stehende menschliche Figur mit Hellebarde in der Rechten und halber Sonne unter dem linken, in die Hüfte gestemmten Arm) und Schwick-Wappen, wie W. Wb., Tf. 4, jedoch mit tiefer verankertem T]IHS.[Marienmonogramm]. SPECTABILIS DOMINVS. IOAN. NES. IOSEPHVS. MANGOLT. MAIOR . LAVDABILIS. DESENI. GOMESIAE / [Josefmonogramm]CVM. VIRTVOSA. DÑA. ANNA. MARIA. SCWICK. SVA. CONIVGE. HOC. OPVS. RESTAVRARI. FECIT. ANNO. DNI . M . DCC . XXX . DIE XX MAY»[45]. – 2. Stockwerk: «DIS. HAVS HAT GMACHT. ZUVOR BETRACHT. MEISTER. IOAK-

---

44 PfA Ernen, D 203 (1794).

45 Der schaubare Herr Johannes Josephus Mangolt, Meier des löblichen Zenden Goms, ließ zusammen mit der tugendhaften Herrin Anna Maria Schwick, seiner Gattin, dieses Werk wiederherstellen im Jahr des Herrn 1730, den 20. Mai.

NES ANDRES.WEM ES NIT GFALT.SCHAV ES NIT AN.WIRDS DOCH NIT MACHEN ANDERST/MEIN.MENSCH BEDENCH DEIN LEBENSZEIT.DAS SIE HIER WERT EIN KURtE ZEIt.DRVM STEL ALSO DEIN LEBEN HIN DAS ZLEtSCHt DER HIMMEL DEIN GWIN.» – «[Monogramme der Heiligen Namen]SPECTABILIS D$\widetilde{N}$VS I$\widetilde{O}$ES IOSEPHVS MANGOLt MAIOR.L.D.G.CVM.V$\widetilde{T}$A D$\widetilde{N}$A ANNA MARIA SCHWICK SVA CONIVGE HOC OPCS FIERI FECIt Ao MDCCXXX/BEATVS QVI INTELLIGIT SVPER EGENVM ET PAVPEREM IN DIE MALA LIBERABIT EVM DOMINUS.PSAL.40». – Im «Stubji»: «WER VIL MAHLZEITEN LIEBET DER WIRD BALD ARM VND WELCHER DEN WEIN LIEBET/VND WAS FEIST IST WIRD NICHT REICH WERDEN PROV. 7[?]21» – «+ECCE. CRVCEM. D$\widetilde{N}$I. FVGITE. PARTES. ADVERSAE. VICIT LEO. DE. TRIBV. IVDA. RADIX. DAVID. ALLELVIA/+PER. SIGNVM. CRVCIS. DE. INIMICIS. NOSTRIS. LIBERA. NOS. DEVS. NOSTER. ANO 1730»[46]. – 3.Stockwerk: «[Monogramme von Jesus und Maria]O GROSSER GOT DVRCH DEINE MACHT HAB ICH DIS HAVS ZVM END GEBRACHT 1730 DIE 30 IVNY» – «[Josefsmonogramm]ANNA.BEWARE MICH MEIN WEIB VND KIND SAMBT ALLEM.MEINEM HAVS GESINT.» – Im ersten «Stubji»: «IESVS NAZARE-NVS PRO NOBIS CRVCIFIXVS DEFENDAT NOS A MALIGNO SPIRITV»[47]. – Im zweiten «Stubji»: «IHS[Ma-rienmonogramm]FORMA GENVS MORES SAPIENTIA RES.ET.HONORES MORTE CADVNT SVBITA SOLA MANENT MERITA Ao 1730»[48]. – *Öfen*. 1. Eingeschossig. Massige, mit Kehle und Rundstab profilierte Abschlußplatte. An der Stirn, in feinem Ranken- und Rocaillewerk, Rechteckfeld mit nach rechts springendem Hund und Fünfstrahlenstern über burgähnlichem Zeichen. – 2. Zweigeschossig, mit Kehle unter profiliertem Simsrand. An der Stirn: «J[osef]M[utter]/J[osephine]J[mhasly]». – 3. «Stubji»-Öfchen von 1866 auf Holzbalustern. – *Türen*. Nußbaum. In rundbogigem Scherenpfosten-Portal Haustür, mit zwei Rechteck-füllungen; Türklopfer, um 1700. – Kammertür, mit geflammten hochrechteckigen Füllungen und altem Schloß. – Stubentür, mit geschweiften Füllungen, eingelegtem Jesusmonogramm und zierlichem Beschläg. – *Kommode*. Nußbaum, zum Teil furniert. 2.Hälfte 18.Jh. Geschweift. Drei Schubladenzonen. In der Mitte quadratisches Feld, seitlich Rechteckfelder mit rankenartigen Gebilden rund um die Griffe. – *Truhe*. Nußbaum. Im Mittelfeld die Jahreszahl 1785, in den seitlichen Feldern: «V[alentin]N[ellen]» und «M[aria]C[hristina]I[ost]»[49]. – *Tische*. 1. Nußbaum. Eingelegt: «V[alentin?]W[ellig?]1807 A[nna?]M[a-ria?]N[ellen?]». – 2. Ausziehtisch. Nußbaum. Eingelegt: «V M 1794 M I». – *Standuhr* (Abb.472). Nuß-baum. Gerader Schaft mit zwei geschweiftbogigen Füllungen. Eingelegt Jesusmonogramm in Strahlen-kranz, Herz, Zierfeld und die Jahreszahl 1786; über der Füllung: «V[alentin?]N[ellen?]C[reszentia?]I[m-hof?]».

4. Koord. 315/90. Kat.-Nr.169. Anton Imhof; Wilhelm Schmidt. Entstehungszeit des ersten Stockwerks unbekannt. 1746 aufgestockt und mit Kammer über schräg angefügtem Mauersockel versehen. Pfeil-schwanzfries unter Wolfszahn. Eine wohl gleichzeitig in Fachwerk angebaute, heute aber mit Holz verkleidete Achse an der linken Traufseite ließ das Gebäude wie ein «besseres» Erner Haus erscheinen; doch dienten die nur von der Küche her zugänglichen Räume lediglich als «Späntz» (Vorratsraum). ⌐⌐. 2½. C und F. *Inschriften*. Dielbaum des 1.Stockwerks verkleidet. – 2.Stockwerk: «[zierliche Wappen mit gepunztem Grund der Familien Agten (W.Wb.₂, Fig.1) und Millacher: auf Dreiberg M unter Kreuzchen zwischen Sechsstrahlensternen (Elemente von demjenigen in W.Wb., S.177, Fig.2)]VNDER EVREM. SCHVTZ. STEHT. DIS. HAVS. IESVS. MARIA. IOSEPH. GLICKSELIG. DIE. OFT. SPRECHEN AVS/BEHITET. DIS. HAVS.VOP.PEST.VND.BRVNST.VOR.ZAVBEREI.VNHEIL.MISGVNST.IESVS.MARIA.IOSEPH. » – «DISES.HAVS.HAT.LA-SEN. BAVWEN. DER. EHRENDE. CHRISTEN. AGTEN/VND. SEIN. HAVS. FRAVW. MARIA. MAGTALENA. MILLACHER. IN. DEM. IAR. 1746». – *Ofen*. Zweigeschossig, mit Karnies unter gekehlter Deckplatte. Fußsims. Mitten an der Stirn zierliches Wappenschild mit dem Wappenzeichen der Familie Agten, mit den Initialen «C.A» und der Jahreszahl 1747. Links aus Voluten gebildetes Medaillon auf Wappenschild mit den Monogrammen der Heiligen Familie, rechts in gleichem Schild Elemente des Millacher-Wappens: auf dreilappigem Herzen (Dreiberg?) Kreuz unter zwei Sechsstrahlensternen. Stattlicher, aber arg beschädigter Ofen.

5. (Abb.471). Koord. 305/80. Kat.-Nr.180. Paul Franzen. Entstehungszeit unbekannt. Veränderung des im ersten Stockwerk sehr alten Hauses wohl schon im 18.Jh. Anbau einer Kammerachse an der linken Traufseite. 1901 aufgestockt (am Giebel: «I[osef]F[ranzen]M[aria]F[ranzen]/1901»). ⌐⌐. 1½ (vor 1901). D (ohne Kammerachse). Dielbaum des 1.Stockwerks verkleidet. – *Ofen*. Zweigeschossig, mit gekehlter Deckplatte im Stil des 19.Jh. An der Stirn Jesusmonogramm in dünnen Ranken, an der Wange: «JF MF/ 1911».

---

46 Siehe das Kreuz des Herrn! Fliehet, feindliche Mächte; es siegt der Löwe aus dem Stamme Juda, die Wurzel David, alleluja. Durch das Zeichen des Kreuzes befreie uns unser Gott von unseren Feinden.

47 Der für uns gekreuzigte Jesus von Nazareth bewahre uns vor schlimmem Geist.

48 Form, Geschlecht, Weisheit, Güter und Ehren zerfallen beim jähen Tod; nur die Verdienste bleiben bestehen.   49 PfA Ernen, D 203 (1774).

Abb. 471. Lax. «Platzji». – Text S. 421 und 432.

6. Koord. 330/120. Kat.-Nr. 160. Peter Oswald. Entstehungszeit unbekannt. Altes Haus, im 19. Jh. (1854/55?) größtenteils erneuert. Tulpenförmige Dachkonsolen. ⌐——⌐. 2½. E und F. – *Ofen.* Zweigeschossig, mit Kehle unter abgerundeter Deckplatte. An der Stirn, in Flachrelief, zwei von Zweigen gerahmte Medaillons, im linken: «H.F/I.F/18», im rechten: «C.W/C.H/55».

7. Koord. 225/295. Kat.-Nr. 77. Elmar und Werner Clausen. Spätmittelalterlich. «Heidehüs» mit «Heidechriz» am vorderen Giebel. ⌐——⌐. 2 (ehemals 1½). G (mit Quergang; quer zum First nach Süden gerichtet).

8. Koord. 220/230. Kat.-Nr. 108/109. Paul Leuba; Philipp und Ursula Wirthner. Spätmittelalterlich. «Heidechriz» unter der rechten Zwischenpfette. Aufgestockt 1640. Keine Friese. 1658 traufseitiger Anbau am Hinterhaus der linken Haushälfte. Fensteröffnungen in der linken Stube des ersten Stockwerks 1. Hälfte 18. Jh. Späterer Balkenkopfkaminschlot, wohl 1640. Linke Haushälfte Ende 19. Jh. aufgestockt. Renovationen 1928 und 1960/61 (mit rückseitigem Anbau). ⌐——⌐. Ehemals 1½. B. *Inschriften.* Rechte Stube: «[in Wappenfeld ‹IHS› und ‹MAR›]IM ANFANG SOLT.DV GOTS FORCHT HAN.SO WIRT AVS DIR EIN WEISER MAN MARIA LAGER MS/JERIG Z SCHVLER VND SEINE SOHN IOHANNES SCHVLLER.VND.PETER SCHVLER ANNO 1640 IAR 18.APRELIS». – An einem Deckenbrett des Anbaus: «1658 MICHEL SIBER MARIA KVMER/IHS PETER SCHINER CHRSTSTNA/SIBER». – *Ofen.* Zweigeschossig, mit Kehle unter der Deckplatte. An der Stirn: «1[Jesusmonogramm]5/J[osef]B[oden]M[ann]/R[osa]J[m]H[of]».

9. Koord. 220/280. Kat.-Nr. 78. Veronika Albrecht; Hubert Grünwald. Erbaut 1. Drittel 16. Jh. Am vorderen Giebel kräftiger Bug, geschmückt mit Andreaskreuz sowie mit waagrechten und schrägen Stäben. Rillenfriese. Rechts unter Schleppdach vom Erdboden an gestrickter Anbau mit Stall und Kammer, 2. Hälfte 18. Jh. Fries: Paar versenkter Rundstäbe. ⌐——⌐. 2. A (vor Anbau) und F. *Inschriften.* Dielbäume der Stuben verkleidet. – Im Anbau: «IOSEPH . GLAISEN . VND . SEIN . HAVS . MVOTER . ANNA . MARIA . GVNTREN 176[?]2». – *Öfen.* 1. Zweigeschossig, mit Kehle unter kantiger Deckplatte. An der Stirn, über der Jahreszahl [1]839, Wappenfeld mit den Initialen «AAB/CG». – 2. Ähnlich Nr. 1. Jahreszahl 1941; an der Wange, in Wappenschild über den Initialen «A[lbrecht]B[ernhard]K[ummer]C[ölestine]», Kreuz mit kleinen Kleeblattenden auf Dreiberg unter zwei Vierstrahlensternen. – *Wandbüfett.* Kirschbaum. Geschnitzt «IAA» und die Jahreszahl 1834. – *Eckschränklein.* Tanne. 2. Hälfte 18. Jh.

10. Koord. 265/75 (Abb. 474). Kat.-Nr. 198. Josef Guntern und Geschwister Albert, Madlen und Paul. Erbaut 1533. Trichter-Rinnenfries. Linksseitiger steinerner Anbau und neuer Giebel 1677. Das malerische Haus steht auf dem «Guntere Turre». In der

Front des Anbaus Rundbogentür und, im ersten Stockwerk, Zwillingsfenstergruppe mit einfachem Tuffgewände. ⌐—⌐ (im Anbau noch um ein Stockwerk höher geführt). 1½. G. Im Estrich gestrickte Räume unter beiden Giebeln, durch Quergang getrennt. Stichbogige Zwillingsfensternische im Anbau. Groß gerauteter Parkettboden mit Tannenfeldern in Lärchenrahmen.

Inschriften. «[In Tartsche gestürztes V mit abgetrennter Spitze in Form eines Kreisleins]das Hus Hat lan macHen Hanns glausen Vormalss meir JV[überhöht von o]33[Erner Wappen in Medaillon]» (in gotischen Lettern). – Im Anbau: «IHS MARIA MARTINVS IOST ANNA ZLAMBRIGEN SIN HVS FRAVW VND SIN SVN SEBASTIAN MARIA KEMPFEN/1677». – *Ofen.* Zweigeschossig, mit Kehle unter kantiger Deckplatte. An der Stirn in älterem Wappenfeld Herz mit zwei waagrecht aufgereihten Sechsstrahlensternen unter den Initialen «I.G», an der Wange in Zierfeld die Jahreszahl 1778 über einer Spirale. – *Hauskruzifix.* H. 58 cm. Holz. Spätere Übermalung. 1. Hälfte 19. Jh.? Qualitätvoller Korpus. Halbkreisförmige Standplatte. Vor dem Kreuzfuß palmettenartiges Ornament und Muschel. Palmetten als Balkenenden. – *Wandbüfett.* Tanne. Dreiachsig. 1. Hälfte 19. Jh. Stichbogig vortretender Schubladenblock.

11. Koord. 195/190. Kat.-Nr. 127. Siegfried Summermatter. Erbaut 1563. Seitlich in Viertelsbögen endende Rillenfriese. Um 1930 wenig aufgestockt und Giebel erneuert. 1956 rechtsseitiger Anbau neu aufgerichtet. Stattliches Haus mit «Vorschutz» auf Balken. Am Fußbalken gerillte Fase mit abgesetzten seitlichen Spitzen. ⌐—⌐. 2. G. *Inschrift:* «ICH.HILPRANT.POLLEN.ORNIR.ÄREM ZE:BEHALTEN IN DER OBREN.VORDREN.RĀMĀR.ĀB[?]ĀNT SHĀLB[?]DNR.DIE.BESITZER DISES HWVS/1.5.6.3[Tartsche mit Stabkreuz auf gespreizten Stäben, teilweise verdeckt]». – *Ofen.* Von 1947. Initialen: «S.S».

12. Koord. 310/205. Kat.-Nr. 91. Anton Bielander. Erbaut 1584. 1858 Anbau an der rechten Traufseite und neuer Giebel. Am alten Haus «Vorschutz» auf Konsolen mit leeren Wappen und Stäben. Ziergekerbtes rundbogiges Eingangsportal zum zweiten Stockwerk. Stichbogenfenster an der linken Traufseite des Kellergeschosses. ⌐—⌐. 2 und Giebel-«Loiba». Vor der Erweiterung G und C. Weitgehend intakte Interieurs. *Täfer* 19. Jh.? «Träche» (Kamine) in den beiden Stockwerken erhalten.

Inschriften. 1. Stockwerk: «T[in Wappen Kreuz auf A-förmigem Fuß]F[Jesusmonogramm; kleines Dreieck]IOeRIG.FOLCKEN SELIG.VND ANNA ZIREN SIN HVSFROW HANDT DAS HVS LASSEN MACHEN/1.5.8.4 M[Hand]F». – In der Stube des Anbaus: «DIESES.HAVS.HAT.LASEN.BAVEN.DIE.BRUEDER.IOHANIOSEPH. FRANZ.PETERIOSEPH. SCHMID.u.IHRE.MVTER.KATHARINA.FRANZEN.IM.IAHR 1858/O.GOTT.BEWARE.DIESES. HAVS.u.DIE.WOH.GEHEN.EIN.VND.AVS.» – Dielbaum des 2. Stockwerks verkleidet. – *Öfen.* 1. Zweigeschossig, mit flacher Kehle unter dünner Deckplatte. Profilierte Holzfüße. An der Stirn: «JB.JB», an der Wange, in stilisiertem Blattkranz: «P S/1870/M B». – 2. «Stubji»-Ofen. Eingeschossig, mit gekehlter wuchtiger Deckplatte. Gebänderte Kantenrundung. An der Stirn die Jahreszahl 1589. – 3. Ähnlich Nr. 1. An der Stirn, unter Jesusmonogramm und Rankenwerk, zwei verschränkte Medaillons, im linken: «J S/18», im rechten: «P S/62». – *Wandbüfett* (Abb. 473). Nußbaum. In der Mittelachse eingelegte Bandwerkzierfelder, in den Türchen des Aufsatzes die Jahreszahl 1798 über den Initialen «I[ohann]I[oseph]K[uchen]M[aria] T[heresia]F[ranzen]». Prachtvoller Schrank. – *Truhen.* 1. Tanne. Eingelegt links: «HIH», rechts die Jahreszahl 1639. – 2. Nußbaum. Im mittleren Feld Vollwappen: vertikaler Stab mit zwei nach rechts gerichteten Balken, links schräg aufgerichteter Degen mit einem Herzen vor der Spitze. In den Seitenfeldern links: «I.A.M/18», rechts: «M.R.R./20». Wertvoll. – 3. Tanne. 2. Hälfte 18. Jh. Zwischen eckgekehlten Füllungen barockes Feld mit eingezogenen Bögen. Doppelte Nußbaumrahmen.

13. Koord. 250/165. Kat.-Nr. 139. Karl Imhasly; Paul Spycher. Erbaut 1624. 1681 durch Anbau einer vorspringenden Mauerachse an der linken Traufseite des Vorderhauses zum Typ des «besseren» Erner Hauses erweitert. Aufgestockt mit neuem Giebel 1893 (am Türsturz der Eingangstür des oberen Stockwerks: «18 A+G 93»). Renovation 1977/78. «Vorschutz» untermauert, daher nur mehr Roßköpfe sichtbar. Am Fußbalken doppelte Kielbögen. In der Front des steinernen Anbaus Zwillingsfenstergruppe mit gekehltem Tuffgewände. Rückseitiger Anbau mit Scheune und Wohnräumen (über den Fenstern: «18 I.A[nton].I[m].O[ber].D[orf]M[aria]I[o].H[anna].M[angold][50] 07»). ⌐—⌐. 2. D. Quer zum Dielbaum

---

50 Ebd., D 208 (1822).

Abb. 472 und 473. Lax. Standuhr, 1786, in Haus Nr. 3. Text S. 432. – Wandbüfett, 1798, in Haus Nr. 12. Text S. 434.

gerichteter Unterzugbalken, beim Ersetzen(?) der Frontwandpartie, 1. Hälfte 18. Jh. (Pfeilschwanzfries), mit dieser verbunden. Innen an der nördlichen Wand des Anbaus ehemals Fresko wohl religiösen Inhalts. Fragmente von qualitätvollem *Täfer*, Mitte 18. Jh., entfernt, aber erhalten. *Inschriften.* 1. Stockwerk: «[in Wappenfeld über Dreiberg die Initialen ⟨IN⟩]DISES HAVS STAT IN GOTTES HANT HANS NATER IST DER BAWHER GENAMT/MADALENA MVTTER SIN HAVSFRAW WAR GEBAVWEN IM 1624 IAR». – Im Anbau: «[in geschnitztem Herzen die Initialen von Jesus und Maria über ⟨JOSEPH⟩]DISES. HAVS. BAW. HER. IST. ANTHONI. KOVCHEN. GENANT/IM IAR 1681 ELISABET STEFFEN. SEIN. HAVS. FRAVW. IHME. WOL. BEKANT. IOHANNES. MARIA. CATHARINA. IHRE. KINDER.» – Dielbaum des 2. Stockwerks verkleidet. – *Öfen.* 1. Zweigeschossig, mit Karnies unter wuchtiger Deckplatte. An der Stirn, in Wappenfeld, Jesusmonogramm, die Initialen «H.N.M.M.» und die Jahreszahl 1625. – 2. Zweigeschossig, mit Fase unter der kantigen Deckplatte. Gekehlte Kanten. An der Wange: «A G/1825».

14. Koord. 280/120. Kat.-Nr. 172. Johann Albrecht; Geschwister Bodenmann. Erbaut 1641/42 bzw. als nicht lange zuvor erbautes Haus vom oberen Goms hergebracht. Konsölchenfries unter geradem Stab. Am Giebel die Jahreszahl 1642. An der Kellerfront Rundbogenportal aus Tuff, bezeichnet «16.C.S.45». In der Küche des Wohnstocks Fenster mit gefasten Tuffrahmen und Stichbogenkammern im Innern. An der rechten Traufseite zusammengebaut mit Haus Nr. 26; rechte Dachflanke unter dessen Walm. ⌐⌐. 2. G und F. *Inschrift.* 1. Stockwerk: «HOC OPVS SVPER MONTE DEI PRIVS EXSTRVCTVM HVC DEDVXIT CHRISTIANVS BIRCHER NOTARIVS PVBLICVS/[Bircher-Wappen, Jesusmonogramm]ANNO 1641 DEVS FORTVNET OPVS»[51]. – *Öfen.* 1. Zweigeschossig, mit Kehle und Rücksprung unter der Deckplatte. An der Stirn in Blütenkranz mit Eckblüten: «A B/C T/1872», an der Wange kunstvolles Jesusmonogramm. – 2. Eingeschossig, mit Karnies unter der Deckplatte. 17. Jh. An der Stirn, in Wappenschild, die Jahreszahl 1831 über drei in gestürztem Dreieck angeordneten Sechsstrahlensternen; an der Wange, in zierlichem Wappenfeld, vier kreuzförmig aufgereihte Punkte, umgeben von den Initialen «I A/C K». – *Wandbüfett.* Tanne und Lärche. Datiert 1834. Gerader Schubladenblock.

---

51 Dieses zuvor oberhalb Deisch (d. h. im Goms) errichtete Werk schaffte hier herunter Christian Bircher, öffentlicher Notar, im Jahre 1641; Gott bescheide ihm Glück. – Möglicherweise ist aber Deisch selbst gemeint.

15. Koord. 225/120. Kat.-Nr. 176. Theodul Perren. Erbaut Mitte 17. Jh. Mittelgroße Würfelfriese. Das Haus bildet zusammen mit einem dazugehörenden Speicher eine eigene kleine Baugruppe am Rand der Talstraße. «Vorschutz», untermauert; nur mehr Roßköpfe der Konsolen oder Balken sichtbar. Doppelte Kielbögen am Fußbalken. Originale Fensteröffnungen im Giebel. ⌐—⌐. Ehemals 1½. C. Das «Loibe»-Geschoß war früher nur über eine Leiter erreichbar. Gestrickter Raum im Estrich des Vorderhauses. *Inschrift.* 1. Stockwerk: «[Wappen der Familie Zenzünen(?): auf Dreiberg Kreuz mit Fünfstrahlensternen in den Zwickeln]MARIA.IM ANFANG SOLT DV GOTS FORCHT HAN.SO WIRT AVS DIR EIN WEISER MAN.IM IAHR DO MAN ZALT 1652/[Jesusmonogramm].DISERS.HAVS STAT IN GOTES HANT PETER ZVN ZINNEN IST DER BAVW HER GENAMT VND SEINE ...[entfernt]». – *Wandbüfett.* Tanne, gestrichen. Datiert 1837. Initialen: «HIS SG».

16. Koord. 270/55. Kat.-Nr. 200. Anton Albrecht. Erbaut 1670, wohl von jenem Baumeister, der den Anbau von Haus Nr. 10 errichtet hat. Linksseitiger Anbau an bereits vorspringendem Hinterhaus. ⌐—⌐. 2. F. *Inschrift:* «[Clausen-Wappen wie W. Wb., Tf. 2, unter den Initialen ⟨H G⟩; Monogramme von Jesus und Maria]DISES HVS STADT IN GOTES HANDT HANS GLAVSEN IST DER BAVWMAN.VND MARTISIN SVN IM 1670 IAR/ VND MARIA SIN DOCHTER». – *Ofen.* Eingeschossig, mit wuchtiger gekehlter Deckplatte. 17. Jh. Am Fuß der abgerundeten Kante Knollen. Je zwei lange Barockspiegel mit eingezogenen Bögen an Stirn und Wange. Über dem oberen Spiegel der Stirn die Jahreszahl 1831.

17. Koord. 175/200. Kat.-Nr. 116. Konstantin Bodenmann; Maria Imhasly-Schnydrig. Am Giebel: «CHRISTEN 1645 HVSER». Im Erdgeschoß einst Gaststätte. ⌐—⌐. Ehemals 1½. F. *Inschrift.* «Stubji»: «[Jesusmonogramm in Wappenfeld]CHRISTEN HVSER.MARIA DIE HIMEL KINIGEN.VND DIE H.S.AGATA WELEN GOT FIR MICH BITEN 1645 IAR». – *Truhe.* Nußbaum. Eingelegt die Initialen «JCBME/KW» und die Jahreszahl 1799. Wertvoll.

18. Koord. 285/90. Kat.-Nr. 188. Josef Albrecht; Alfred Wellig. Erbaut 1680. Würfelfries unter Wolfs-zahn. ⌐—⌐. 2½. C. *Inschrift.* 1. Stockwerk: «[in Wappenfeld unter den Initialen ⟨M H⟩ drei I oder Stäbe; Jesusmonogramm]V MARIA IODER CHRISTHINN IM IAR 1680».

19. *Altes Pfarrhaus.* Koord. 285/150. Kat.-Nr. 149. Munizipalgemeinde. Erbaut 1691. Der Erbauer geistlichen Standes, Martin Pollen, verband mit dem Haus eine Stiftung für ein Armenasyl. Auf den Protest der Gemeinde Lax hin wurde 1720 durch Bischof Franz Joseph Supersaxo das Haus samt 150 Pfund der Kapelle von Lax, das übrige der Herrenbruderschaft von Ernen zugesprochen[52]. Sitz der Kapuziner 1744–1746 (vgl. S. 62 und 420), am 14. Januar 1746 von den Gegnern der Ordensleute in «symbolischem» Akt abgedeckt und wohl verwüstet[53]. 1961 von der Gemeinde erworben. Rückseitige Vorlauben mit Abschlußwänden, bestehend aus zierkonturierten Brettern, 1898[54], von FRANZ JOSEF IMHASLY und VIKTOR MINNIG. Renovation 1977–1979. ⌐—⌐. Sa. 1½. F. Im Saalgeschoß war eine Wohnung eingerichtet. Teilweise *Täfer* 1. Hälfte 17. Jh. Zugänge an den Traufseiten des Saals neu. *Inschrift.* 1. Stockwerk: «[Wappenfeld mit Jesusmonogramm und Namen Mariens]MARIA VERLEIHE MIR WO ZVO LEBEN VND SELIG

Abb. 474. Lax. Haus Nr. 10, 1533 und 1677. – Text S. 433.

Abb. 475. Lax.
«Kreyghüs» Nr. 20,
1698. – Text unten.

ZVO STERBEN ANNO 1691/GELOBT SEY DAS H SACRAMENT VND STERKE NIH AM LETSTE ENDT AMEN». – *Öfen.*
1. Zweigeschossig, mit wuchtiger gekehlter Deckplatte. 17. Jh. An der Stirn erhabenes Wappenschild mit
Jesusmonogramm. – 2. Zweigeschossig, mit sehr reich profiliertem Sims. An der Stirn, in außerordentlich
plastischem Rankenwerk, vierpaßähnliches Wappenschild mit der Jahreszahl 17/83.

20. *«Kreyghüs»* (Abb. 475). Koord. 230/195. Kat.-Nr. 132. Johann Imhasly; Ernst
Imhof. 1698 von Landeshauptmann Johannes Kreyg für seine dritte Gemahlin
erbaut. Oberes Stockwerk 1884 von Peter Guntern der Pfarrpfründe geschenkt, 1906
wieder an Private verkauft. (Das «Stubji» heißt immer noch «Bischofszimmer».)
Späterer rückseitiger Anbau mit Scheune und Roßstall. Stattliches «Vorschutz»-
Haus mit ursprünglicher linksseitiger Mauerachse vom Typ der Erner Renaissance-
häuser (S. 53). «Vorschutz»-Konsolen. Rundbogiges Tuffportal mitten in der Kellerfront als einstiger Hauseingang zum Längsgang, der zur Treppe an der Rückwand
des Hauses führt. ⌐──⌐. 2½. H (mit «verbundenem Stubji») und F (mit zusätzlichem
«verbundenem Stubji»).

Inschriften. 1. Stockwerk: «TICVRIOLVM HO[?]C SPECTABILIS D̄N̄V̄S̄ ĪŌĀĒS̄ KREYG BADARETVS ET MAIOR
GOMMESIAE VSVM POSTERITATIS CONST̄V̄XT AÑO 1698 IN MARTIO/ADI[?]AMNE VIRTVOSAE ANNAE MARIAE
KEMFFEN SVAE VXORIS»[55] (Zahnschnitt an den Wangen des Dielbaums). – Im Anbau: «MENTEM SANC-
TAM + SPONTANEAM + HONOREM DEO + ET PATIAE LIBERATIONEM + ANNO DOMINI 1698/HEVSER BAVWEN VNT
VIL MAEVLER SPEVSEN KAN EINEN WOL IDND ARMVT WEVSEN». – 2. Stockwerk: «[unter den Initialen ‹I.K.B.›
Kreyg-Wappen zwischen den Ziffern der Jahreszahl 1701; vertikal aufgereihte Monogramme der Heiligen
Namen; unter den Initialen ‹A.M.K› Kämpfen-Wappen wie W. Wb., Tf. 7] [Inschrift gleichen Wortlauts
wie im Anbau des 1. Stockwerks] ECCE CRVCEM DOMINI FVGITE PARTES ADVERSAE VICIT LEO DE TRIBV IVDA
RADIX DAVID A[...verdeckt][56] IM.IAHR ANNO 1698». – *Ofen.* Eingeschossig, mit plastischem Karnies unter
dünner Deckplatte. An der Stirn, in Rollwerkmedaillon: «PC/TW/1869». – *Tür.* Kirschbaum. Unten
eckgekehlter Spiegel. In der oberen geschweiftbogigen Füllung eingelegtes Zierfeld mit Ritter zu Pferd
(hl. Georg?) über der Jahreszahl 1780. Originalbeschläg.

52 PfA Ernen, D 160.

53 L. CARLEN, Dachabdecken im Goms 1746, Folklore Suisse 48 (1958), S. 72–74.

54 GdeA Lax, G 2.

55 Dieses Haus (Nestchen) ließ der schaubare Bannerherr und Meier von Goms, Herr Johannes
Kreyg, für die Nachkommenschaft erbauen im Jahre 1698, im März, mit Hilfe der tugendhaften Anna
Maria Kempfen, seiner Gattin. – Vgl. CARLEN, Inventar, S. 62–65.   56 Vgl. Haus Nr. 3.

21. Koord. 265/150. Kat.-Nr. 170. Peter Franzen; Arthur Schmid. Am Giebel die Jahreszahl 1724 und, an der Firstkonsolenstirn in Wappenfeld, die Initialen «R[everendus]D[ominus]I[gnaz?]⁵⁷P[ierig]» je unter Stern; darunter Rosetten. Guterhaltener Pfeilschwanzfries unter Wolfszahn. Alle Fensteröffnungen in der Front der «Loibe» original. Schmuckvolles Eingangsportal zum ersten Stockwerk; über dem Rundbogen zwischen Scherenpfosten die Jahreszahl 1726, gerahmt von den Monogrammen der Heiligen Namen, und die Inschrift: «O MENSCH BETRACHT DEN DOT GEST DV AVS/ODER EIN ES MVOS DOCH EINMAL GESTORBEN SEIN». In der oberen Füllung der nußbaumenen Eingangstür, über der Jahreszahl 1726, in versenktem flachem Relief, Wappen ähnlich W.Wb., Tf. 12, jedoch mit einfachem Kreuz, Kelch zwischen den Sternen und mit den Initialen «R.D. I.P». Inschrift an der Front des ersten Stockwerks heute durch Bretterwand verdeckt. ⌐⌐. 2½. G und F. *Inschrift.* 1. Stockwerk: «IHS[?] PIERIG RECTOR ZV STALDEN MIT SEINEM BRVODER IOHANNE ANTONIO/IM IAHR 1724 DEN 12 TAG MAI». – *Ofen.* Dreigeschossig, mit schwerer gefaster Deckplatte (Spolie?). An der Wange, rund um Jesusmonogramm, die Ziffern der Jahreszahl 1893 und die Initialen «J[osef]B[ittel].S[abina]B[odenmann]».

22. Koord. 260/195. Kat.-Nr. 97. Theodul Imhof; Robert Kuchen. Erbaut 1739 (Jahreszahl am Giebel). Das charaktervolle Haus an der «Dorfgassa» besitzt noch eine weitgehend intakte, schmucke Fassade. Inschrift am Fußbalken: «GEDENK DER ARMEN ZV IEDER … WAN DV VON GOTT GESEGNET BIST SONST DIR DAS … VOM … NCHEN MANN ANNO MXCCXXXIX». Rundbogiges Portal mit gefastem Tuffgewände im ersten Stockwerk; alter Türklopfer. ⌐⌐ (Sa). 2½. G (mit abgetrenntem Hausflur) und F. Dielbäume verkleidet.

23. Koord. 290/130. Kat.-Nr. 153. Josefine Bittel; Geschwister Bodenmann; Berta Bruttin-Kuchen; Adelbert Franzen. Erbaut 1759 (Jahreszahl am Giebel). Pfeilschwanzfries unter Wolfszahn. Giebel später nach Nordwesten gerichtet? Giebelfries: Paar versenkter Rundstäbe. ⌐⌐. Sa (früh zu Wohnung umgestaltet). 2½. F (quer zum First nach Westen gerichtet). In beiden Stockwerken schmuckvolle Scherenpfostenportale mit Kerb- und Wolfszahnzier am Rundbogen. *Inschriften.* 1. Stockwerk: «ICH. IOHANE. PETRVS. STOCKMAN. IN. MEINEM. ALTER. 39. IAHR HAB. ICH. DISES. HVS. GEBVWEN. HAR. ANMARIA CLAV-SEN. ZVO. VOR. MEIN. HAVS[…entfernt]/VND. MEIN. KIND. IOHANES. PETRVS. STOCKMAN. ZVO. GOTES. EHR. MARIA. VIR. BIT. OHN. IHRE. HILF. BAVWT. KEINER. NIT. ANO. 1759. DEN[…entfernt]» – «VND. SEINE. STEIF KINDER. IOHANNES. IOSEPH. SCHMID. VND. VALENTEINVS. SCHMIDT. VND. ANNA. MARIA. SCHMIDT/VND. IHRE. GROSMVTER. MARIA. CATHARINA. AGTEN». – Dielbaum des «Stubji» verkleidet. – *Öfen.* 1. Zweigeschossig. Gekehltes Sims. An der Stirn, über der Jahreszahl 1761, zierliches Wappenschild mit den Initialen «P S» (Wappenzeichen entfernt), an der Wange, in Wappenfeld mit Dreiberg, die Initialen «IS/VS/AMS». – 2. Zweigeschossig. Karnies an der wuchtigen Deckplatte. An der Stirn, in Rankenfeld, Wappenschild mit der Jahreszahl 1848; an der Wange links in umranktem Wappenfeld Dreiberg, nach rechts gerichteter Greif und Burg oder Torturm unter drei Sechsstrahlensternen, rechts auf kelchartigem Gebilde Kreuz, in einer Vier endend, gerahmt von Schriftbändern, im oberen: «LORENZO POSSETTI», im unteren: «ROSA RITZ». – 3. «Stubji»-Ofen. Zweigeschossig. Karnies am Sims. An der Stirn, in Zierfeld: «I.P.S/IS/VS».

24. Koord. 280/75. Kat.-Nr. 189. Adolf Albrecht; Leo Amacker; Stefan Henzen. Erbaut 1790 (Jahreszahl am Giebel). Um 1940 Wände der Wohngeschosse erneuert und Dielbäume entfernt. Der in der Mitte der Stirnfassade gestufte Mauersockel läßt diese hinterhausartig erscheinen. 2½. F (mit zusätzlichem «Stubji» und zweiter Kammer). – *Ofen.* Von einem Ofenmacher namens IMSAND, Oberwald. An der Wange: «A[dolf].A[lbrecht]/M[aria]L[ouise]B[ielander]/[Jesusmonogramm]/1949».

25. Koord. 200/100. Kat.-Nr. 178. Emil Mangold; Wilhelm Schmid. Erbaut 1830. An der Rückseite großes «Withüs», in Blockbau dem Hause einverleibt. Tulpenförmige Firstkonsolen. ⌐⌐. 2½. F. *Inschriften.* 1. Stockwerk: «DIES. HAVS. HAT. LASEN. BAVWEN. DIE. EHRSAMEN. BRIEDER. ANTON. HANSJOSEPH. BATIST. FELIX. SIEBEER. DIE. MVTER. CATRINA/KVECHEN IHM. IAHR. 1830. DEE 24 TAG APRIL». – 2. Stockwerk: «VIL. MIE. VND. ARBEIT. HAB. ICH. AN. GEWENT. EB. ICH. DIES. HAVS. HAB. GEBRACHT. ZVM. END. DRVM. EINS. ICH. BIT. BET/VOR. MICH. GOT. WENT DV. HIE. WOHNST. NACH. MEINEN. TOD. DEN. 7. TAG. MAII». – *Ofen.* Großer Quader mit reichprofiliertem Sims und flachen Spiegeln. Unter dem «Kacheltürchen» Flachrelief: «[in unsymmetrisch herzförmigem Schild heraldisches Zeichen der Familie Siber (W.Wb., Tf. 5, jedoch nur mit einem Stern über dem Dreieck)]1840/SIBER/M.CV A.M/M.IV M.O». – *Truhe.* Nußbaum. Eingelegt: «JJS 1800[Zapfen an Ranke]K.K». – *Wandschrank,* 1901, von Tischler OSKAR JENTSCH, Außerbinn.

26. Koord. 270/130. Kat.-Nr. 174. Geschwister Bodenmann. Erbaut 1877. Das steinerne Haus umfaßt mit seinem Walmdach auch die nördliche Flanke und den First von Haus Nr. 14. In den Soproraporten der

---

⁵⁷ W.Wb., S. 195.

Abb. 476. Lax. Speicher, 1. Hälfte 16. Jahrhundert. – Text unten.

beiden Eingangstüren, in Schmiedeeisen, das Baujahr und die Initialen «A[lois]B[odenmann]/T[here-sia]W[eger]». – *Öfen.* 1. Zweigeschossig. Kehle unter kantiger Deckplatte. An der Stirn Jesusmonogramm, an der Wange in Zierspiegel: «ALOIS/BODENMANN/THERESIA/WEGER/1878». – 2. Ähnlich Nr. 1. An der Stirn Bodenmann-Wappen, an der Wange: «GESCHW./BODENM./1940». Zierliche «Kacheltürchen».

«Bim Deischbach» entstand um die Mitte des 19. Jahrhunderts eine kleine Siedlung. Ein Haus und einige locker verstreute Nutzbauten, darunter eine heute als Schweine-stall benutzte Mühle, besetzen die Kuppe über dem Einschnitt der Talstraße.

Wohnhaus. Kat.-Nr. 478. Cesarine Imhof. Am Giebel: «ANNO 1854». Gebrochener Wellenfries am Fußbalken, geritzter Rankenfries unter den Fensterzonen. Zwerchgiebel an der linken Dachflanke, wohl um 1920. Wände im Hinterhaus teilweise Fachwerk. Ehemals Schmiede des aus Martisberg stammenden Erbauers im Erdgeschoß, Backofen im rückseitigen Anbau. ⌐—⌐. 2 und Giebel-«Loiba». F (mit original abgetrenntem Flur). *Inschrift:* «DISES HAVS HAT LASEN BAVEN MORITZ IMHOF ADERIA IMHOF FELIDS IMHOF FRANZ IMHOF». – *Ofen.* Zweigeschossig. Kehle und Stab unter abgerundeter Deckplatte. An der Wange in zwei Rankenmedaillons Blütenvasen, rechts: «M.HA/F.H.M/1856».

Porträt eines Mädchens (im Besitz von Anton Erpen-Gasser, Lax). 41 × 32,5 cm. Öl auf Leinwand, Mitte 19. Jh. Stil des LORENZ JUSTIN RITZ, Sitten; im Inkarnat Anklänge an denjenigen von RAPHAEL RITZ († 1894). Halbfigurenbildnis mit blütenumkränztem Haupt.

NUTZ- UND GEWERBEBAUTEN

Schmuckes *Speicherchen* (Abb. 476) bei Koord. 270/65; auf die erste Hälfte des 16. Jahrhunderts weisen der reich mit Rosetten und Kerbfriesen geschmückte Giebel-bug und der Kehlfries am kleinen «Vorschutz» ähnlich demjenigen des Speichers am «Obere Hengert» in Ernen, hier jedoch mit facettierten Knöpfen statt der Tropfen; der hölzerne Unterbau 1672 wohl teilweise erneuert (Jahreszahl am Türsturz). An den Unterbau des qualitätvollen, stattlichen Speichers bei Koord. 190/200 ist ein Kleinviehstall mit Pultdach angeschoben. Eine eindrückliche Gruppe bildet zusammen mit einem Speicher ein noch gut erhaltener *Stadel* bei Koord. 335/105, an seiner Südfront beschriftet: «H 1578 P.ICHANS.BOLLEN NON/LAX»[58]. Baufällig ist der für die «Dorfgassa» bedeutsame große Stadel bei Koord. 230/220, teilweise morsch das eigentümliche behäbige Ökonomiegebäude bei Koord. 295/160, das einen geräumigen Speicher mit einer Stadelachse vereinigt. Beachtung verdient auch die reizvolle *Heustallgruppe* westlich vom Dorf an der Talstraße, die mit der Siedlung «Zillwald» im Hintergrund kräftig kontrastiert.

Für die Siedlung wichtige Nutzbauten sind in jüngster Zeit abgerissen worden: der Stadel bei Koord. 260/60, ein malerischer Akzent des «Guntere Turre», ferner ein großer Stadel bei Koord. 315/115; durch den Abbruch[59] eines Stadels bei Koord. 220/250 1976 verlor die bislang intakte «Dorfgassa» nicht nur ihren reizvollen Fluchtpunkt, sie wurde im Hintergrund aufgerissen, weil nun der Blick auf Neubauten frei wurde. – Das *Backhaus* stand an der Stelle des Hauses bei Koord. 350/200.

KAPELLE HL. MAGDALENA AUF DER LAXER ALP

GESCHICHTE. Die Kapelle ist stilistisch in das Ende des 17. Jahrhunderts zu weisen. Renovationen 1880[60] und 1926/27[61].

BESCHREIBUNG. *Äußeres.* Aus der chorseitigen Westwand des Rechteckschiffs von 6,7 m Länge und 5,75 m Breite tritt eine eingezogene runde Apside, der das Satteldach aus Schindeln mit geschweiftem Rand folgt. Zwei stichbogige Fenster an der Talseite.

Inneres. Gewalmte Profilleisten-Felderdecke mit Zackenzahnschnitt am Traufsims. Der Altar füllt die nischenartige Apside über einer Mauerbank.

Altar. 1898/99 unter Wiederverwendung von Elementen des späten 17. Jahrhunderts erneuert[62]. Einachsiges Architekturgeschoß mit geraden korinthischen Säulen unter verkröpftem Gebälk. Steifer Régencegiebel. Isoliert wirkende hochbarocke Frucht- und Akanthusappliken. *Altarbild* der büßenden hl. Magdalena, 104,5 × 74 cm, Öl auf Leinwand, signiert: «BOLZERN IOSEPH/ROMA 1898»[63]. Bemerkenswertes *Antependium*, Mischtechnik auf Holz, darstellend die heiligen Fünf Wunden je in einem Wolkenmedaillon: für die Herzwunde zentrales dornenbekröntes Herz mit drei Nägeln; in den Ecken die durchbohrten Hände und Füße. Inschrift: «O Jesu Hertz ich liebe dich/Dan du zuvor geliebt hast mich».

58 Christianus Pollen von Lax?

59 Der Gommer Stadel wurde von Dr. Peter Z'Brun, Visp, nach Zeneggen versetzt.

60 PfA Lax, Nr. 6 bzw. 29.

61 Ebd., Nr. 7.

62 GdeA Lax, G 2.

63 Zu Bolzern vgl. Kdm Wallis I, S. 223. – Das Bild soll von einem Laxer Gardisten beschafft oder geschenkt worden sein (J. BIELANDER, Die Laxeralp, Schweizerisches Archiv für Volkskunde 37 [1939], S. 115).

64 Zur Figur der hl. Katharina vgl. die hl. Agatha in der Wandfluhkapelle, Bürchen, von 1695 (STEINMANN, Ritz, Tf. 9). Weicherer Faltenstil als am Altar von Imfeld (S. 199).

Abb. 477 und 478. Laxer Alp. Kapelle der hl. Magdalena. Statuen, um 1700, im Stil des Johann Ritz, Selkingen. Hl. Magdalena, H. 68,5 cm, und hl. Katharina, H. 70 cm (heute in der Pfarrkirche Lax). – Text unten.

Gemälde des *hl. Antonius von Padua.* 65 × 50 cm. Öl auf Holz. Mitte 18. Jh.? Erscheinung des Jesuskindes. – *Kreuzweg.* Stichfolge, signiert: «[Joseph Sebastian und Johann Baptist]Klauber Cath[olici].sc[ulpserunt].ex exc[uderunt].A[ugusta].V[indelicum].» 15,4 × 10 cm. Rokoko.

Entfernte Skulpturen (in der Pfarrkirche von Lax). *Hl. Katharina* und *hl. Magdalena* (Abb. 478 und 477). Pendants. H. 70 und 68,5 cm. Arve, gehöhlt. Teilweise erhaltene Originalfassung, häßlich übermalt. Ende 17. Jh. Von JOHANN RITZ, Selkingen[64]. Qualitätvoll.

MIT DEM GOMS ZUSAMMENHÄNGENDE UND AUS DEM BEZIRK ABGEWANDERTE KUNSTGEGENSTÄNDE

Maria zeigt dem hl. Antonius von Padua das Jesuskind (Museum der Schweizer Kapuzinerprovinz, Kloster Sursee) (Abb. 481). 1939/40 aus dem Kunsthandel erworben. Relief 42 × 21 cm, samt vergoldetem Schnitzrahmen 67 × 44 cm. Linde? Polychromierung. Am Rahmenfuß gemalte Allianzwappen de Montheys–von Riedmatten, dazu die Initialen «N[obilis]F[ranciscus]I[osephus]D[e]/M[ontheys]» und «C[aecilia]D[e]R[iedmatten]» sowie die Jahreszahl 1699[1]. Kunstvolle Schnitzarbeit aus der Werkstatt des JOHANN SIGRISTEN, Glis. – *Hauskruzifix* (im Besitz der Geschwister Feuillet, Brig). Aus Münster. H. 60 cm (Korpus 16,5 cm). Holz. Fragmentarische Originalfassung, teilweise übermalt. Korpus vom I. Reckinger Hauskruzifixtyp (vgl. Kdm Wallis I, Tf. Ia). Mitte 18. Jh. Empire-Sockel und -Kreuz, Anfang 19. Jh. – *Wappenscheibe des Zenden Goms und des Ortes Solothurn* (Sakristei der Abtei St-Maurice). Gestiftet von der Stadt Solothurn zum Anlaß der Bündniserneuerung 1681 zwischen den sieben Walliser Zenden und den sieben katholischen Orten, und zwar in dieser Allianz, weil die Vertreter des Goms und des Ortes Solothurn nebeneinander marschierten[2]. 39,3 × 31,2 cm. In der Fußzone, zwischen Kanonen, Inschrift-

---

1 S. NOTI, Die Adelsfamilie v. Riedmatten v. Münster und ihr einstiger Palast, heute Hôtel Croix d'Or et Poste, Ms 1971, S. 69 (Expl. im PfA Münster).

2 Freundl. Auskunft von Chorherr L. Dupont Lachenal, St-Maurice. Abb. mit kurzem Text von D. LACHENAL in Les Echos de Saint-Maurice 49 (1951), S. 114.

feld: «Die Löbliche Statt/Solothurn. Anno 1681», darüber zweimal: «S[enatus].P[opulus].Q[ue].S[olo-duri].». Von Federbüschen bekrönte Löwen als Schildhalter, rechts mit Fahne, links mit Reichsapfel und Schwert. Die Allianzwappen bekrönt von einem Wappen mit Reichsadler. Links Oberbild mit Darstellung der Heiligen Ursus und Viktor vor der Stadt Solothurn. – *Zendenfahne* (Bernisches Historisches Museum, Bern). Inv.-Nr. 186. BRUCKNER, S. 61, Nr. 350. 300 × 118 cm (ohne Fransen). 17. Jh. Beschädigt. Dünne, durchgehende Kreuzbalken. – *Landratskanne*(?) (Slg. Gaspard-André Caloz, Rathaus Château Bellevue, Siders, Inv.-Nr. 94). H. 53 cm, Dm. 30,5 cm. Zinn. In der Marke (zweimal) die Jahreszahl 1745 über den Sternen der sieben Zenden. Herkunft aus dem Goms trotz Angabe des Sammlers nicht völlig gesichert. Stizenförmig, oktogonal. Bewegliche Griffe an eckig vorstehenden seitlichen Bügeln auf Löwenköpfen sowie an der rückseitigen Kante. Auf dem Deckel Widderkopf. Blättchen als Krücken. Wertvoll. – *Petschaft* (im Besitz von Dr. Louis Carlen, Brig). Von Joh. Melchior Walpen (1676–1742) von Reckingen, Notarius apostolicus, zuletzt Pfarrer von Ernen und Dekan[3]. Dm. 15 mm. Aus einer Fiescher Siegelstecherwerkstatt (S. 349, Anm. 13)? Wappen (W. Wb., Tf. 5, Nr. 1, jedoch mit Nest und Jungen an Stelle des Dreibergs unter dem Pelikan), Kelch auf dem Helm der Wappenzier; Initialen: «R.D.I.M.W.». – *Truhe* (Privatbesitz Lausanne). Nach Angabe des früheren Besitzers aus der Sakristei der Kirche von Münster. Nußbaum und Tanne, beschnitzt. 2. Hälfte 17. Jh. Arkadenfüllung mit symmetrischem Trauben-, Nelken- und Tulpendekor an der Front und an der rechten Wange. Vegetabile Motive in den schuppengerahmten Zwickeln sowie Kreisdekor. Originales Schloß und Beschläg.

---

3 Freundl. Hinweis des Besitzers.

NACHTRÄGE ZU KDM WALLIS I

S. 62, Zeile 14, Baugeschichte der Pfarrkirche von Münster: 1498, 18. Mai, Weihe des Chors und des Altars zu Ehren der Jungfrau Maria und der hl. Barbara durch Bischof Nikolaus Schiner. Eingeschlossen wurden im Altar Reliquien der Heiligen Bernhard, Franziskus, Maria Magdalena und vom Grabe des Herrn (Bezeichnung jenes Dokumentes von 1498, das die Weihe von Altar und Chor der Pfarrkirche von Münster betrifft: PfA Münster, D 157. Die Urkunde wurde 1978 von der Öffentlichen Bibliothek der Universität Basel dem StAS übergeben.)

S. 85, Zeile 4, Orgel von Münster: Der älteste Bestand an Pfeifen der Orgel gleicht dermaßen dem Pfeifenwerk der Erner Orgel, daß man als Erbauer mit größter Wahrscheinlichkeit ebenfalls CHRISTOPHER AEBI (1642 bis etwa 1693) annehmen darf[1].

S. 113, Bildstock des hl. Johannes von Nepomuk, Münster: Abgewandertes *Stifterbild* (im Besitz von Werner Salzgeber-Z'Brun, Raron) (Abb. 480). 143 × 78 cm. Öl auf Leinwand. 2. Viertel 18. Jh. Unter der Glorie des Heiligen mit Engel, Putten und Cherubim kniender Votant im Kleid eines Klerikers(?), auf eine Kartusche mit der Darstellung des Bildstocks weisend. Im Hintergrund als kleine Szenen die Beichte der Königin und das Martyrium des Heiligen. Ikonographisch bemerkenswert.

Abb. 479. Gerental. Truhe, 3. Viertel 17. Jahrhundert (heute in Privatbesitz). – Text S. 443.

Abb. 480 und 481. Münster. Bildstock des hl. Johannes von Nepomuk. Stifterbild, 2. Viertel 18. Jahrhundert (heute in Privatbesitz). Text S. 442. – Münster(?). Maria zeigt dem hl. Antonius von Padua das Jesuskind. Relief, 1699, mit den Allianzwappen de Montheys–de Riedmatten (heute im Museum der Schweizer Kapuzinerprovinz, Kloster Sursee). Text S. 441.

S. 163, Gerental: Abgewanderte *Spätrenaissancetruhe* (im Besitz von Trudy Bürcher, Brig) (Abb. 479). Nußbaum. Mitte 17. Jh. Von Schnitzwerk dicht übersponnene Front. In den vegetabilen Motiven Rabenköpfe und Menschenkopfprofile. Arkadennischen mit Blütenständen und Reben. Cherubim in den Zwickeln über den Archivolten. In der Mittelnische Minnig-Wappen(?) (W. Wb., Tf. 14, jedoch ohne Stielschlaufe und nur mit zwei Sternen). Qualitätvoll.

S. 334, Baugeschichte der Pfarrkirche von Gluringen: Bei der Gesamtrenovation 1977/78 fand man im Dachstuhl Fragmente der hölzernen Polygonal- oder Tonnendecke von 1707 oder 1736: gebogene Bretter, bemalt mit bunten Blumen, u. a. roten und blauen Tulpen, auf blaugrauem Grund. – Die teilweise guterhaltenen Blütenrankenmalereien am Fries des Simses wurden freigelegt. – Die Baunaht zwischen dem hintersten stichkappenlosen Joch aus dem letzten Viertel des 18. Jahrhunderts (1792?) und dem übrigen Schiff war deutlich sichtbar.

S. 359, Ritzingen, Haus Nr. 5: *Zinnplatte* (Musée d'Art et d'Histoire Genève, Inv.-Nr. 7737)[2]. Dm. 32 cm. Gießermarke von NOËL SOËNORI, 1572–1595 in Genf, mit der Jahreszahl (einer Gießerordnung?) 1557. Feinzinnmarke. Wappen des Besitzers, wohl Peter Biderbosten (*um 1556), Notar, Ammann und Zendenhauptmann, Erbauer des Hauses: zwischen den Initialen «P[etrus]» und «B[iderbosten]» sowie unter zwei Sechsstrahlensternen Z mit schrägem Querbalken und halbem Balken links über dem Querbalken; Dreiberg (vgl. Variante in W. Wb, Tf. 2). Daneben Hauszeichen(?) wie heraldisches Z-förmiges Zeichen, jedoch mit Halbbalken rechts unter und links über dem Querbalken.

1 Ergänzungsbericht von JAKOB KOBELT, Mitlödi, zu seinem Bericht vom 1. Okt. 1968, Ms 1978 (A der Kdm des Kantons Wallis, zurzeit in Brig). 2 Freundl. Mitteilung von Mme Wanda Kalwaryjska, Genève.

S 364, Ritzingen, Haus Nr. 13: *Hauskruzifix.* H. (Korpus) 25 cm. Holz. Inkarnat original gefaßt, Lenden-tuch mit Bronze übermalt. 2. Hälfte 18. Jh. Korpus des II. Reckinger Hauskruzifixtyps (vgl. Kdm Wallis I, Tf. Ia) mit anatomischen Mängeln. Sockel mit eingeschnitzter Jahreszahl 1724 an der Rückseite. Rosette zwischen seitlichen Akanthusvoluten. – *Fragment einer Krippe.* 22,5 × 35 × 7 cm. Aus dem Stamm einer Tanne geschnitten, Rindenstück noch sichtbar. Bunte Ölfarbe. 1. Viertel 18. Jh. Großer eingezogener Bogen, bekrönt mit Blüten- und Muschelornamenten. Innen ausgekleidet mit Tapete, vornehmlich Tiermotive, beschriftet: «IOHANN LECHNER IN FUERTH». Wiege, fast ebenso lang wie die Krippe, bestehend aus zierkonturierten, mit Akanthus bemalten Brettchen. – *Kästchen.* 13,5 × 34 × 21 cm. Holz, kaschiert mit Leinwand, mit Tempera bemalt. 15. Jh.[3]? Malerei am Deckel zerstört. Große Vierpaßrosetten, teilweise mit Kielbogenpässen, an den Kurzseiten zwischen Flecht-bandgliedern. Beschläg mit platt gedrückten Enden. Schild des Bügelschlosses noch erhalten.

S. 428, aus dem Obergoms abgewanderte Kunstgegenstände: *Wappenscheibe des Zenden* (im Besitz von Dr. Hermann Wirthner, Münster) (Abb. 482). Erworben aus dem Kunsthandel 1976. Möglicherweise geschaffen für das 1640 erbaute Burgerhaus in Münster (Kdm Wallis I, S. 129, Nr. 47). 47 × 35,5 cm. Beschädigt. Auf damasziertem Grund Zendenwappen unter Krone. Schildhalter: rechts Pannerträger mit Gommer Zendenstandarte, links Krieger mit Hellebarde. Oberbilder: heraldisch links Samson mit dem Löwen, rechts derselbe, die Torflügel der Stadt Gaza auf den Schultern. In der Fußkartusche: «Der Lob:Zhenden Goms/Anno 1641» und Monogramm «SS», wohl von dem damals in Sitten ansässigen Glasmaler SEBASTIAN SCHNELL[4]. Qualitätvoll.

---

3 Ähnlichkeit in Bemalung und Anordnung des Beschlägs mit einem Brautkästchen im SLM, Inv.-Nr. IN 5.

4 In Sitten nachgewiesen 1639–1649 (A Stockalper, Brig, L 1, S. 223 verso, und L 2, S. 70).

Abb. 482. Goms. Wappenscheibe des Zenden, 1641, wohl von Glasmaler Sebastian Schnell, Sitten (heute in Privatbesitz). – Text oben.

TABELLEN UND VERZEICHNISSE

TABELLE I: GOLDSCHMIEDEZEICHEN

MZ = Meisterzeichen

Nr.	Beschau/MZ	Meister	Zeit	Gegenstand	Standort	Seite
		AUGSBURG				
1		Franz Anton Bettel	1716–1728	Monstranz	Ernen. Pfarrkirche	42
2		Johann David Saler (Werkstatt)	1736/37	Ziborium	Bellwald. Pfarrkirche	300
3		Johann David Saler (Werkstatt)	1737–1739?	Kelch	Bellwald. Pfarrkirche	300
4		Johann Jakob Schoap	Um 1744	Monstranz	Bellwald. Pfarrkirche	299
5		Franz Christoff Mäderl	1753–1755	Chorampel	Ernen. Pfarrkirche	45
6		Unbekannt	Um 1800	Kelch	Wileren (Binn). Pfarrkirche	164

*Buchstabe B eigens geschlagen.

Nr.	Beschau/MZ	Meister	Zeit	Gegenstand	Standort	Seite
		BASEL				
7		Gregorius I. Brandmüller	1676	Fußschale	SLM (früher im Binntal)	220
		BRIG				
8		Marx (Markus) Jakob Bichel (Bickel, Biggel)	1697	Kelch	Erner Wald. Kapelle	96
9		Marx (Markus) Jakob Bichel (Bickel, Biggel)	1. Viertel 18. Jh.	Meßkännchen	Ernen. Pfarrkirche	44
10		Marx (Markus) Jakob Bichel (Bickel, Biggel)	1. Viertel 18. Jh.	Kelch	Ernen. Pfarrkirche	43
11		Joachim Wickart (Vicart)?	Um 1700	Monstranz	Wileren (Binn). Pfarrkirche	163
12		Joachim Wickart (Vicart)?	Um 1700	Monstranz	Fiesch. Pfarrkirche	361
13		Joachim Wickart (Vicart)?	Um 1700	Kelch	Niederwald. Pfarrkirche	270
		FRANKREICH				
14		Unbekannt (Lyon)	Um 1858	Monstranz	Ernen. Pfarrkirche	42

Nr.	Beschau/MZ	Meister	Zeit	Gegenstand	Standort	Seite
15		Unbekannt	1894	Ziborium	Ernen. Pfarrkirche	42
16		Unbekannt	1918	Ziborium	Ernen. Pfarrkirche	42

MAILAND

Nr.	Beschau/MZ	Meister	Zeit	Gegenstand	Standort	Seite
17		Unbekannt	1821	Armreliquiar	Wileren (Binn). Pfarrkirche	164

SCHWYZ

Nr.	Beschau/MZ	Meister	Zeit	Gegenstand	Standort	Seite
18		David A. Stedelin	1770	Armreliquiar	Niederwald. Pfarrkirche	271
19		David A. Stedelin	Ende 18. Jh.	Rauchfaß	Niederwald. Pfarrkirche	271
20		David A. Stedelin	Ende 18. Jh.	Schiffchen	Niederwald. Pfarrkirche	271
21		David A. Stedelin	1. Viertel 19. Jh.	Rauchfaß und Schiffchen	Fiesch. Pfarrkirche	362

SITTEN

Nr.	Beschau/MZ	Meister	Zeit	Gegenstand	Standort	Seite
22		Joachim Wickart (Vicart)?	Ende 17. Jh.	Meßkännchen	Ernen. Pfarrkirche	44
23		Jean-Joseph Ryß	2. Hälfte 18. Jh.	Kelch	Blitzingen. Pfarrkirche	230
24		Wilhelm Deer	1826/27	Vortragekreuz	Ernen. Pfarrkirche	44

ZUG

Nr.	Beschau/MZ	Meister	Zeit	Gegenstand	Standort	Seite
25		Unbekannt	1. Hälfte 18. Jh.	Kelch	Niederwald. Pfarrkirche	270
26		Franz Anton Spillmann	Mitte 18. Jh.	Kelch	Ernen. Pfarrkirche	43
27		Franz Anton Spillmann?	Mitte 18. Jh.	Rauchfaß und Schiffchen	Ernen. Pfarrkirche	45
28		Franz Michael Spillmann	2. Hälfte 18. Jh.	Chormantelschließe	Ernen. Pfarrkirche	46

ORT UNBEKANNT

Nr.	Beschau/MZ	Meister	Zeit	Gegenstand	Standort	Seite
29		Unbekannt (Frankreich?)	15. Jh.	Kelch	Wileren (Binn). Pfarrkirche	164

Nr.	Beschau/MZ	Meister	Zeit	Gegenstand	Standort	Seite
30		Unbekannt (Frankreich?)	15. Jh.	Kelch	Heilig-Kreuz. Kapelle	216
31		Unbekannt (Brig?)	Um 1600	Kelch	Fäld (Binn). Kapelle	200
32		Unbekannt	Mitte 17. Jh.	Kelch	Fiesch. Pfarrkirche	361
33		Unbekannt (Pierre-Jacques Ryß?)	2. Hälfte 17. Jh.	Ölgefäß	Ernen. Pfarrkirche	46
34		Unbekannt	1. Drittel 18. Jh.	Kelch	Fiesch. Pfarrkirche	361
35		Unbekannt	Um 1887	Kelch	Fiesch. Pfarrkirche	361
36		Unbekannt	2. Hälfte 18. Jh.	Armreliquiar	Bellwald. Pfarrkirche	300
37		Unbekannt	Ende 18. Jh.	Armreliquiar	Ernen. Pfarrkirche	45
38		Unbekannt	Anfang 19. Jh.	Ampel	Fiesch. Nothelferkapelle	369
39		Unbekannt	3. Viertel 19. Jh.	Ziborium	Lax. Pfarrkirche	430
40		Unbekannt	Letztes Viertel 19. Jh.	Kelch	Steinhaus. Kapelle	114

TABELLE II: STEINMETZZEICHEN

Nr.	Zeichen	Meister	Standort	Zeit	Seite
1			Ernen. «Tellehüs», Haus Nr. 30. Ofenstein	1577	71
2			Ernen. «Tellehüs», Haus Nr. 30. Wappenschild	1577?	71
3			Fiesch. Haus Nr. 1. Ofen	1596	370
4			Ernen. Haus Nr. 21. Ofenstein	1596	65
5			Ernen. Jost-Sigristen-Haus, Nr. 31. Ofen	1599	74
6			Ernen. Jost-Sigristen-Haus, Nr. 31. Über der Kellertür des Anbaus	1598–1601	73
7			Fäld (Binn). Haus Nr. 3. Ofen	1601	201

Nr.	Zeichen	Meister	Standort	Zeit	Seite
8			Fäld (Binn). Haus Nr. 2. Ofen	1604	201
9			Niederwald. Pfarrkirche. Weihwasserbecken	1676?	272
10			Ernen. Pfarrkirche. Orgelempore	1677	22
11			Ernen. Pfarrkirche. Taufstein	1679	34
12			Heilig-Kreuz (Binn). Kapelle. Weihwasserbecken	2. Hälfte 17. Jh.	216

GLOSSAR

Zur Dialektschreibweise: Majuskeln = Betonung   Kursivbuchstaben = kurzer, offener Laut   Verdoppelte Vokale = langer, geschlossener Laut

Ante
In einem Pilaster endende Wandstirn

Balkenkopfkamin
Hölzerne Kaminanlage mit unterkehltem Balkenvorstoß als Schlot (vgl. Kdm Wallis I, S. 34 und Abb. 31 und 32)

«Biel»
Hügel, Anhöhe

Broschiert
Versehen mit Mustern, die ohne durchgehende Schußfäden eingewoben sind (vgl. lanziert)

«Chrizgwätt» (Chrīīzgwätt)
Balkenvorstoß-Reihe (vgl. Gwätt) unmittelbar unter dem First, entstanden durch Verkämmung einer öfters nur rudimentären Mittelwand mit der Giebelwand

Dielbaum
«Tilboim», Tragbalken der Decke, in dessen seitliche Nuten die Deckenbretter eingelassen sind (vgl. Kdm Wallis I, Abb. 30)

Fries
Außenwandzier am Holzwerk (S. XII und XIII)

Gedinge
Mittelalterliche Abgabe

Giebel-«Loiba»
«Loiba» (vgl. «Loiba») im Giebelraum

Giltstein
Lavez-, Speck- oder Topfstein

Gommer
Gomser. (Die Form «Gomser» ist in der Region wie im ganzen Oberwallis unbekannt.)

Gwätt
Balkenvorstoß-Reihe bei verkämmten Blockwänden

«Härdstock» (HÄÄrdschtock)
Prismenförmiger steinerner Anbau am Hinterhaus (vgl. Hinterhaus) mit den Herdnischen und Schloten der Stockwerke (vgl. Kdm Wallis I, S. 35 und Abb. 33 und 34)

«Heidechriz» (HEIdechriiz)
Firstständer (vgl. Kdm Wallis I, S. 12 und Abb. 4)

«Heidehüs» (HEIdehüs)
Typus des ältesten (spätmittelalterlichen) Hauses (vgl. Kdm Wallis I, S. 12 und Abb. 22)

Hinterhaus
«Haushälfte» hinter der durchgehenden Querwand (vgl. Vorderhaus)

Jahrzeit
Verpflichtung zu einer jährlich einmal zu lesenden hl. Messe mit bestimmter Intention

Kammer (ChAmmere)
1. Schmaler Raum neben der Stube, meist Schlafraum
2. Abstell- und Vorratsraum in einem eigenen Geschoß unter dem ersten Wohnstockwerk oder im Kellergeschoß (Obergommer Bezeichnung) (vgl. «Saal»)

Kilchhöry, Kilchöry, Kilcheri
Altertümliche Bezeichnungen für Pfarrei

Kollatur
Kollationsrecht, Recht auf Übertragung eines kirchlichen Benefiziums

Lanziert
Versehen mit Mustern, die mit durchgehenden Schußfäden gewoben sind (vgl. broschiert)

«Loiba»
(Häufiger Plur. «Loibe».) Raum mit mehrfacher Zweckbestimmung (Abstell-, Vorrats- und Schlafraum), in der Regel im nicht ausgezimmerten obersten Voll- oder Kniestockwerk

Majorat
Meiertum, Verwaltungsbezirk des Meiers, ursprünglich eines bischöflichen Lehensmannes mit wirtschaftlichen, dann zunehmend richterlichen Befugnissen, der zum Zendenrichter wurde, als der Bischof die weltliche Macht an die Zenden (vgl. Zenden) verlor

Matze
Bis zum Beginn der Neuzeit im Wallis als Zeichen des Volkswiderstandes verwendeter hauptähnlicher Wurzelstrunk, in den man zum Zeichen der Teilnahme einen Nagel schlug

Musierung
Streifenförmige Textilmusterung vornehmlich barocker Fassungen (17. Jh.), zustande gekommen dank der Oxydierung des Silbers

Patronat
Vorrechte und Pflichten eines Stifters, bei Pfründen u. a. Präsentations- oder Besetzungsrecht

Patrozinium
Kirchenpatronat eines Heiligen

«Platine» (Platiine)
(Oder «Plantine».) Mit dem Stubenofen verbundene giltsteinerne Küchenherd-Rückwand zur Heizung der Stube (vgl. Abb. 405)

Präbendar
Inhaber einer Domherrenstelle mit Anrecht auf eine Präbende (Einkünfte)

Roßkopf
Unten maulartig gespreizter Konsolenkopf

Rotten
Einheimische (deutsche) Bezeichnung für Rhone

«Saal»
(Diminutiv «Säälti», Plur. «Säältini».) Untergommer Bezeichnung. Siehe 2. Bedeutung von Kammer (vgl. «Späntz»)

Serliana
Palladio-Motiv, benannt nach dem Architekturpublizisten S. Serlio: dreiachsige Säulenstellung, in der mittleren Achse von einem Bogen überhöht

Serpentinata(-Figur)
In der Spätrenaissance bzw. im Manierismus beliebte S-förmige Körperhaltung, meist begleitet von Torsion

«Späntz» (Schpänz)
Vorratsraum, in der Regel an der Stelle des «getrennten Stubji» (vgl. «Stubji») aus «Stutzwänden» (vgl. «Stutzwand»), im Untergoms auch «Säälti» genannt

Spolie
Von früheren Bauten wiederverwendeter Bestandteil

«Stadelplane» (SchtAdelplaane)
Beine (Stützel) der Stadel und Speicher

«Stubji» (Scht*U*bji)
Kleiner Schlaf-, seltener Wohnraum im Hinterhaus (vgl. Hinterhaus), und zwar «getrenntes Stubji», durch Quergang von der Stube getrennt (S. X, D, G und H), «verbundenes Stubji», bei fehlendem Quergang an die Stube stoßend (S. X, C und F) (vom Autor geprägte Begriffe)

Stützel
Vgl. «Stadelplane»

«Stutzwand» (Scht*U*tzwand)
Mittels je eines Nutbalkens an Decke und Boden versetzte Bretterwand

Tartsche
Unsymmetrisches Wappenschild der Spätgotik

Telle
Mittelalterliche Abgabe (Leibzins) an den Bischof

Tellungsdienste
Vgl. Telle

«Trächa» (Tr*ä*cha)
Offene Feuerstelle

Vorderhaus
«Haushälfte» vor der mittleren Querwand (vgl. Hinterhaus)

«Vorschutz» (V*O*rsch*u*tz)
Vorkragendes Holzwerk, meist an der Stirnfassade

«Withüs» (W*I*th*ü*s)
Der Eingangstür an der Rückwand vorgelagerter Raum (Untergommer Bezeichnung) (vgl. Kdm Wallis I, S. 34)

Zenden
(Zehnden.) Ehemals mit großer Autonomie ausgestattete politische Region des Wallis

Zwerchgiebel
Quer zum Hauptfirst gerichteter Giebel

REGISTER

Die Sachwörter sind im Register selektiv berücksichtigt.

HERKUNFT DER ABBILDUNGSVORLAGEN

Photographien. BERNHARD ANDERES, Rapperswil: Abb. 9, 20, 61, 118 – JEAN-MARC BINER, Bramois: Abb. 6 – PHOTO BOREL-BOISSONNAS, Genève: Abb. 115 – FRIEBEL AG, Sursee: Abb. 481 – GEORG GERMANN, Zürich: Abb. 457–459 – GERD GRAESER, Ebmet (Binn): Abb. 141/42, 167 – PETER GUGGEN-BÜHL, Zürich: Abb. 438 – KLAY-KÄMPFEN UND SÖHNE, Brig: Abb. 36 – PHOTO KLOPFENSTEIN AG, Adelboden: Farbtafel I – JULIUS MANIAS & Cie, Straßburg: Abb. 461 (alte Postkarte) – CHRISTIAN MOSER, Bern: Abb. 54, 55, 58, 66, 71 – HEINZ PREISIG, Sitten: Abb. 3, 7, 23, 56, 73, 74, 76, 79, 85, 93, 96, 106, 108, 110, 126, 127, 140, 149, 158, 165, 180, 187b, 196–200, 210, 219, 221, 225, 229/30, 233, 240–242, 245, 253, 255, 258–263, 265–267, 271/72, 276–278, 283, 285, 297–299, 301/02, 305, 307/07a, 308, 314, 317/18, 320, 322, 326–329, 337, 339, 346, 349, 351, 360, 368, 373, 382, 385, 388, 391/92, 399, 401–409, 411–413, 416/17, 420, 422/23, 426, 429–436, 441–448, 450, 452–454, 460, 464–466, 468, 470–476, 479/80, 482; Farbtafeln III, IV – OSWALD RUPPEN, Sitten: Abb. 27–31, 146, 161–163, 179; Farbtafel II – WALTER RUPPEN, Brig: Abb. 10, 111–114, 139a, 230, 356, 425 – JOSEF SARBACH, Pfarrer, Visperterminen: Abb. 4, 10, 12, 13, 19, 21, 22, 24–26, 32–35, 37–50, 53, 57, 62, 64, 65, 67–69, 72, 78, 80–84a, 88–92, 95, 99, 100, 103–105, 116/17, 119–121, 124/25, 129, 132–135, 137–139, 143, 147/48, 150–157, 159/60, 164, 168/69, 171, 173–178, 181–189, 194/95, 202, 206–209, 211/12, 214, 216, 218, 220, 223/24, 226–228, 231/32, 239, 243/44, 246–252, 269, 284, 289–296, 300, 303/04, 306, 309, 311–313, 319, 321, 323–325, 332–336, 341, 343–345, 347/48, 353–355, 359, 362, 365, 367/67a, 369–372a, 376–381, 383, 389, 393–396, 398, 404, 418/19, 456, 467, 469, 477/78 – SCHWEIZERISCHES LANDESMUSEUM, Zürich: Abb. 122, 279, 280 – SWISSAIR-PHOTO AG, Zürich: Abb. 5, 386, 410 – UNIVERSITÄTSBIBLIOTHEK, Basel: Abb. 14 – FOTOATELIER URWYLER, Zürich: Abb. 237

Übersichtskarten, Pläne, Strichzeichnungen. NORBERT JUNGSTEN, Erziehungsdepartement des Kantons Wallis, Abteilung für Archäologie und Denkmalpflege, Sitten. Originalpläne ebendort aufbewahrt.

Goldschmiede- und Steinmetzzeichen. INVENTARISATION DER KUNSTDENKMÄLER DES KANTONS WALLIS (Umzeichnungen des Verfassers).

Umzeichnung der Vorlage zur Einbandvignette. ARTHUR BIEDERT in Firma Steiner & Co. AG, Clichés – Photolithos, Basel. – *Vorsatzkarte.* BRUNO BAUR, Geographisches Institut der Universität Basel.

KORRIGENDA

ZU KDM WALLIS I

S. 120, Zeile 10 (Gemälde Nr. 2): Porträt des Bischofs Hildebrand Jost. Inschrift: «Roma 1630/AEtatis suae 44 et E/pisco/patus 17». (Freundl. Hinweis von Dr. Bernhard Truffer, Sitten.)

S. 151/52, Zeilen 25f. bzw. 1ff.: Wirtshausschild des Hotels «Glacier du Rhône». Im dritten Feld nicht eine Groteske, sondern die (mit Groteske geschmückte) *Harfe* als heraldisches Zeichen von Irland. Im Herzschild Wappen von Sachsen, Hinweis auf die Heirat (1840) der Königin Viktoria (1819–1901) mit dem Prinzen Albert von Sachsen-Coburg-Gotha (1819–1861). Das Schild kann daher nicht vor 1840 entstanden sein. (Freundl. Hinweis von Dr. Michel Jéquier, Lausanne, und Chorherr L. Dupont Lachenal, St-Maurice.)

S. 152, Zeile 9: Ofenplatte Nr. 3. Es handelt sich mit Sicherheit um die Wappen *Mannhaft* und *Burgener* (Variante des Wappens, vgl. W. Wb., Tf. 11). (Freundl. Hinweis von Stefan Loretan, Brig.)

S. 244, Abb. 194, und entsprechender Text auf S. 245, Zeilen 3f.: Die Lithographie ist *seitenverkehrt*, weshalb es sich bei den giebelständigen Häusern um Nr. 9 und 10, beim traufständigen um Nr. 6 handelt. (Freundl. Hinweis von Adolf Müller, Geschinen.)

S. 316, Zeile 27: Truhe Nr. 2 im Besitz von Stefan Loretan, Brig, stammt aus dem *Haus Nr. 58* in Reckingen. (Freundl. Hinweis des Besitzers.)

S. 409, Abb. 343, Koordinatenlegende: *Haus-Nr.* in 4., 6., 8. und 13. Zeile.

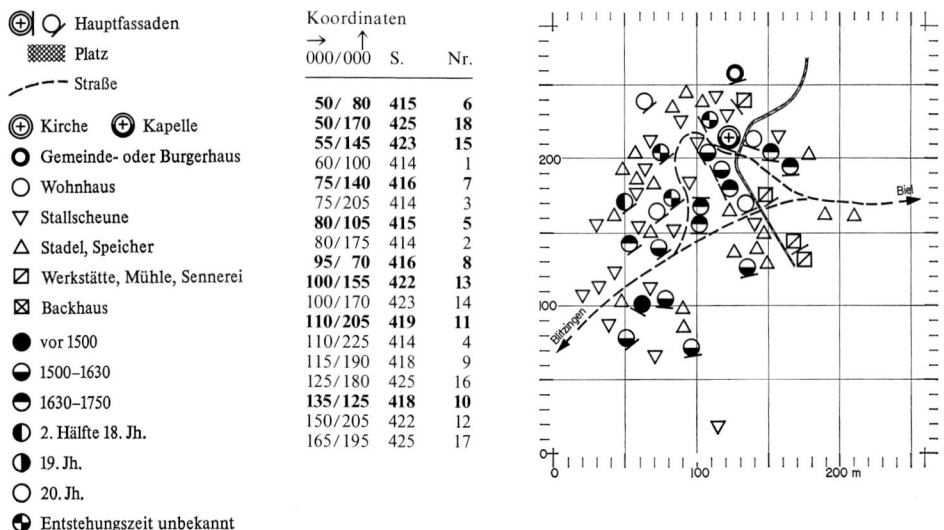

⊕ ♀	Hauptfassaden
▨	Platz
─ ─ ─	Straße
⊕ Kirche	⊕ Kapelle
◯	Gemeinde- oder Burgerhaus
◯	Wohnhaus
▽	Stallscheune
△	Stadel, Speicher
▨	Werkstätte, Mühle, Sennerei
⊠	Backhaus
●	vor 1500
◓	1500–1630
◒	1630–1750
◑	2. Hälfte 18. Jh.
◐	19. Jh.
◯	20. Jh.
⊕	Entstehungszeit unbekannt

Koordinaten → ↑ 000/000	S.	Nr.
50/ 80	**415**	**6**
50/170	**425**	**18**
55/145	**423**	**15**
60/100	414	1
75/140	**416**	**7**
75/205	414	3
80/105	**415**	**5**
80/175	414	2
95/ 70	**416**	**8**
100/155	**422**	**13**
100/170	423	14
110/205	**419**	**11**
110/225	414	4
115/190	418	9
125/180	425	16
135/125	**418**	**10**
150/205	422	12
165/195	425	17

Abb. 343. Selkingen. Siedlungsplan (vgl. «Wegleitung»). – Text S. 410.

ZU KDM WALLIS II

S. 99, Koordinatenlegende zum Siedlungsplan (Abb. 86): über der zweiten Koordinatenreihe ist der *vertikale Pfeil* nicht gedruckt worden.

S. 163, Zeile 18: *Joachim* Wickart(?) statt Johann Wickart(?).